Les Lettres De Saint Jérôme

Jérôme

P. De Champagne P.   C. P. R.   G. Edelick sculp.

Quantum quisque timet, tantum fugit.

S LES M
LETTRES
DE
S. JERÔME.
TRADUCTION NOUVELLE.

À PARIS,

Chez Louïs GUERIN, ruë S. Jacques, à S. Thomas
d'Aquin, vis-à-vis la ruë des Mathurins.

M. DCCII.

Avec Approbations & Privilege du Roy.

PREFACE.

JE sçai bien que le Pere, & les Lettres dont on donne au public une traduction nouvelle, sont infiniment au deſſus de tout ce qu'on en peut dire ; Cependant comme des ſoldats ſuivent avec plus de plaiſir un Capitaine, dont ils connoiſſent la valeur, & executent plus facilement ſes ordres quand ils ſçavent pourquoi on les leur donne, on a crû que des Chrêtiens feroient excitez à la lecture de ce Livre, ſi on leur aprenoit quelle a eſté la ſainteté de ſon Auteur, & a quel deſſein ont eſté écrits les diſcours qui y ſont contenus.

Il eſt vrai qu'il ne faudroit pas eſtre de l'Egliſe, ni de l'union des fidelles, pour ignorer quel eſt ſaint Jerôme : Mais il ſe peut trouver des ames ſimples, pour leſquelles particulierement cette Traduction a eſté faite, qui ne connoiſſant ce Pere que par la conoiſſance generale dont on conoît les grands hommes, ſeront d'autant plus

portées à lire ses Ouvrages, qu'elles verront
qu'il y a beaucoup de choses qui lui attirent l'estime & la veneration de tout le
monde.

Saint Jerôme estoit d'une ville de la
haute Pannonie, que les Geographes Latins apellent *Stridon*, située vers les confins de Dalmatie. Cette ville ayant esté
saccagée par les Goths & les Vandales,
comme le saint Docteur le raporte lui-même, & le païs que les anciens apelloient
Pannonie aiant esté divisé depuis en diverses Provinces ; il est assez difficile de marquer précisement le lieu où elle estoit bâtie. Même tous les Auteurs ne demeurent
pas d'accord qu'elle fut dans la haute Pannonie. Quelques-uns tiennent qu'elle estoit
dans une contrée d'Istrie, qui depuis fut
aussi ruïnée par les Goths ; d'autres au contraire assurent que cette ville est la même
que celle qui a esté connuë à Ptolomée sous
le nom de *Sidrona*. D'autres enfin croiant
connoître parfaitement le lieu de la naissance de nôtre Saint, ont écrit que Stridon
estoit une ville distante seulement de dix
lieuës Françoises de Müer, riviere de la
Province que nous appellons aujourd'hui
Stirie, & que les anciens nommoient haute Pannonie. Cette opinion est la plus
commune ; car outre qu'il y a encore à cet-

te heure une bourgade en ce lieu, ou aux environs, que les habitans du païs apellent *Sdrigna*, mot qui a beaucoup d'affinité avec celui de *Stridon*, on ne trouve en nulle Province du monde aucuns vestiges d'où l'on puisse juger qu'il y ait eu une ville nommée *Stridon*, autre que le Sdrigna d'aujourd'hui. Quoi qu'il en soit, & en quelque lieu qu'ait esté bâtie *Stridon*, il est certain qu'elle fut la patrie de saint Jerôme, qui en prit le nom de Stridonien ou d'Estridonien, comme il est nommé dans quelques vieux manuscrits.

L'argent qu'il employa à Rome à faire une Biblioteque, ce qui lui coûta à la faire porter de Rome à Jérusalem, & d'autres dépenses que l'on void dans ses écrits qu'il fit en diverses occasions, marquent qu'il estoit de bonne famille, & qu'il avoit beaucoup de bien. Il fut baptisé à Rome, assurant lui-même dans une des lettres qu'il écrit au Pape Damase, que ce fut en cette ville qu'il fut revêtu de la robe de J E S U S-C H R I S T. Il y étudia aussi aux humanitez sous un Grammairien apellé Donat, qui a fait de beaux Commentaires sur Terence, & sur Virgile; Mais trouvant en lui des dispositions à quelque chose de plus grand que les simples fleurs de la Rhetorique, & les disputes inutiles de la Philosophie, il

aux prieres & aux foins de quelques Saints ,
il eut la confolation de la voir reparer fon
crime par une penitence auffi âpre, que fa
chute avoit efté grande.

Aiant demeuré quelque temps en fon
païs, il alla en Grece, & de là traverfant
la Trace, le Pont, la Bithinie, la Galatie,
la Capadoce, & la Cilicie, il arriva enfin
en Syrie, où il s'arrefta fept ou huit mois à
Antioche avec Evagre, qui eftoit fon parent, & qui fut depuis Evêque de cette
ville. Ce fut là qu'il connut le Solitaire
Malch, dont il a écrit une partie de la vie,
& que par les confeils de Theodofe homme de Dieu, & animé de fon efprit, il re-
folut d'embraffer la maniere de vie des Solitaires, dont les deferts de cette Province
eftoient pleins, & de renoncer entierement
au monde. Il s'y retira donc dans une
afreufe folitude avec trois Compagnons,
Innocent, Hylas, & Heliodore; Mais la
mort lui aiant enlevé en peu de temps Innocent & Hylas, & Heliodore l'aiant
quité bien-tôt aprés, il y demeura feul. On
a de la peine à croire ce qu'il endura dans
cette retraite, & je penfe qu'il feroit inutile de le raporter aux fidelles pour le leur
perfuader, fi lui-même, dont on ne peut
douter de la verité des paroles, ne l'avoit
dit dans une lettre qu'il a écrite à Euftoche.

forma le deſſein de s'apliquer entierement
à l'étude de la Theologie, qui alors con-
ſiſtoit particulierement dans l'intelligence
de l'Ecriture ſainte. Ce fut ce qui l'obligea
à voyager en diverſes Provinces, & entre-
autres en celles où il y avoit de ſçavans
hommes ; car comme un feu s'allume plus
facilement avec un feu déja bien allumé, il
eſtoit perſuadé que les grandes lumieres &
les hautes conoiſſances ont beſoin en naiſſant de l'aſſiſtance des plus avancées. La
peine qu'il endura dans ſes voyages ne lui
produiſit pas un fruit peu conſiderable.
Outre qu'il fit un progrés merveilleux dans
la ſcience de la parole de Dieu, en conver-
ſant avec les grands hommes qu'il fre-
quenta, il lia avec eux une amitié tres-
étroite qui ne finit que par ſa mort. Heliodore, Nepotian, Valerian, Ruſin, & pluſieurs autres ſerviteurs de JESUS-CHRIST
qui eſtoient l'ornement de leur ſiecle, furent du nombre de ceux que le Saint connut
dans ſes voyages, où il fut toûjours accompagné de ſon fidelle amy Bonoſe.

Ayant amaſſé de la ſorte un treſor que
les voleurs ne peuvent ravir, il retourna en
ſon païs, ou ſa ſœur par la fragilité de ſon
ſexe avoit commis une faute, ce qui lui
cauſa nne douleur mortelle. Mais lui aiant
tendu la main, & l'aiant recommandée

Dans cette horrible folitude brûlée des ardeurs du foleil, où il n'avoit point d'autre
compagnie que celle des beftes feroces &
des ferpens, & où fon corps eftoit tellement attenué de jeûnes, qu'à peine fes os.
tenoient les uns aux autres ; il s'imaginoit
encore voir les Dames de Rome, & eftre
au milieu des delices de cette ville vo-
luptueufe : il couchoit fur la terre dure, il
n'eftoit vêtu que d'un fac, il ne beuvoit que
de l'eau, & ne mangeoit que quelques herbes avec du fel, & neanmoins fa chair li-
vroit de fi rudes affauts à fon efprit, qu'il
eftoit obligé de paffer des femaines entieres fans manger, & les jours & les nuits à
pleurer & à gemir. Son corps eftoit tout
noir & tout deffeché, & les abftinences
l'avoient rendu fi froid, qu'il fembloit que
la chaleur naturelle y fût éteinte ; & toutefois on eût dit, comme il l'affure lui-
même, que celle de la concupifcence le
foûtenoit, tant le feu qu'elle y allumoit
eftoit violent. Il fuyoit fa cellule comme
un témoin qui fçachant fes penfées pouvoit l'accufer, & eftre caufe de fa condamnation. En un mot fi fes grandes lumieres l'ont mis au rang des Docteurs de
l'Eglife, ce qu'il fouffrit dans ce defert
peut le mettre au nombre de fes Martyrs.
Mais ce qui lui donna plus de peine, &

l'obligea enfin à sortir de sa solitude, après y avoir demeuré quatre ans, ce furent les persecutions des trois partis en quoi l'Eglise d'Antioche se trouva alors divisée ; chacun desirant de l'avoir de son côté l'accabloit tous les jours de questions nouvelles, sur les trois Hypostases dont jusques alors on n'avoit point encore parlé, & ne sçachant à quoi se déterminer, il aima mieux quitter le champ à ses ennemis, que rester dans un lieu où il croyoit que la pureté de sa foy estoit exposée à quelque peril.

Estant sorty de Syrie il vint à Jerusalem, où jugeant que la connoissance de la langue Hebraïque lui estoit absolument necessaire pour l'intelligence des lettres saintes, il se la fit enseigner par un Juif qui venoit le trouver de nuit. Ensuite ayant receu l'Ordre de Prêtrise a l'âge de trente ans des mains de S. Paulin Evêque d'Antioche, il alla à Constantinople écouter S. Gregoire de Nazianze à qui on avoit donné le nom de Theologien, à cause de son éloquence & de son admirable érudition.

En ce temps-là de grands troubles s'étant élevez dans les Eglises d'Orient; le Pape Damase & l'Empereur Theodose, qui estoient Espagnols l'un & l'autre, juge-

rent à propos de faire aſſembler un Concile à Rome pour les appaiſer. Pluſieurs
Evêques d'Orient & d'Occident , & beaucoup de grands perſonnages , & entre autres ſaint Jerôme y furent appellez. Ce fut
là que le ſaint Docteur donna des marques
de ſon eminente capacité , que ſon merite
commença à eſtre connu de tout le monde qui le regardoit comme un modelle
achevé de vertu , & l'Egliſe à concevoir
de hautes eſperances de la protection qu'elle en devoit attendre. Il eſtoit conſulté
des plus éclairez , & particulierement du
Pape Damaſe , qui ſur les doutes qui lui
eſtoient propoſez , avoit recours à lui comme à un oracle ſaint qui ne pouvoit eſtre
trompé. On venoit en foule le viſiter , on
baiſoit le bas de ſa robe avec reſpect , on
demandoit avec empreſſement ſa benediction , & il n'y avoit perſonne qui ne le
crût digne de ſucceder à Damaſe, & d'eſtre
élevé au Pontificat. Pendant trois années
qu'il demeura à Rome il compoſa pluſieurs
Ouvrages contre divers Heretiques qui
n'oſerent lui répondre ; il expliqua l'Ecriture ſainte à quantité de gens qui venoient
le trouver de toutes parts ; il enſeigna
à Paule , à Marcelle , à Albine , & à beaucoup d'autres ſaintes Dames , ce qu'elles
devoient faire pour arriver à une per-

fection folide ; Mais il n'y eut rien à quoi il s'occupât avec plus d'ardeur qu'à déraciner le vice de l'ame des Chrêtiens, qu'à reprimer la licence effrenée avec laquelle on vivoit, & qu'à apporter quelque changement aux mœurs corrompuës de quelques Ecclefiaftiques de ce temps-là.

Ce zele brûlant, & cette feverité inoüie à reprendre le vice, fans avoir égard à la qualité de qui que ce fut, lui firent bientoft autant d'ennemis, qu'il avoit auparavant d'admirateurs. Ceux qui avoient baifé le bas de fa robe, qui l'avoient regardé comme un Saint, & qui l'avoient trouvé digne du Pontificat, fe déchaînerent cruellement contre lui, & le noircirent de calomnie, l'appellant feducteur & hypocrite : ils attenterent même à fa pureté, & l'accuferent d'être impudique, on peut dire qu'ils l'attaquerent par l'endroit qui lui eftoit le plus fenfible. La patience du Saint furmonta la malice de fes ennemis : cependant comme elle augmentoit de jour en jour, & qu'elle fe flatoit de l'impunité, le Pape Damafe environ ce temps-là aiant rendu fon ame à Dieu, faint Jerôme crut que fon cher Bethléem, & les lieux facrez où un Dieu Redempteur avoit porté la peine des crimes de fon peuple, lui feroit un azile affuré.

Il partit de Rome suivi du jeune Pauli-
hien, du Prêtre Vincent, & de quelques
autres Solitaires, & aiant esté receu avec
beaucoup d'honneur dans tous les lieux
par où il passa, il arriva à Jerusalem vers
le milieu de l'hyver. La corruption du siecle lui aiant causé un extrême dégoust
des choses du monde, il se fortifia de nouveau dans le dessein qu'il avoit formé de
mourir dans la solitude, & d'employer le
reste de ses jours à l'étude de la parole de
Dieu. Ainsi quoi que sa sainteté servît de
modelle aux autres, & que sur les difficultez qui naissoient dans les Eglises on eût
recours à lui de toutes les Provinces de la
terre, il voulut neanmoins parcourir tous
les Monasteres d'Egypte & de Nitrie, afin
d'acquerir de nouvelles vertus, & de nouvelles connoissances; & aprés y avoir conversé avec tous les Solitaires qui y demeuroient, & avoir, pour ainsi dire, copié ce
que chacun d'eux avoit de plus excellent,
il revint à Bethléem, & y établit sa demeure pour le reste de sa vie.

Je n'ai pas dessein de raporter ici de
quelle maniere il vêcut jusques à sa mort,
les ouvrages qu'il composa, les victoires
qu'il remporta sur les Heretiques, & particulierement sur les Origenistes, qui furent
ses plus cruels persecuteurs, l'âpreté de ses

j'eûnes & de ses abstinences, ni les assistances qu'en receurent les pauvres & les affligez. Outre que cette matiere est d'une
trop grande estenduë pour une simple preface, elle a esté traitée par beaucoup de
bons Autheurs; & il seroit inutile de repeter ici ce que plusieurs ont déja écrit avec
beaucoup d'éloquence. Je dirai seulement
qu'estant parvenu à une vieillesse décre-
pite, & qu'aiant merité d'estre un des
Docteurs de l'Eglise, & un grand Saint devant Dieu, il quitta son cher Bethléem
pour aller recevoir au Ciel la couronne
deuë à ses peines & à ses victoires.

Il y a diversité d'opinions sur le temps
de sa mort, quelques-uns tiennent qu'elle
arriva l'an quatre cens vingt-deux, & d'autres du nombre desquels est Baronius l'an
quatre cens vingt, sous l'Empire d'Honoré & de Theodose son neveu. On ne sçait
pas non plus précisement le temps qu'il
vécut, parce qu'on n'a jamais sçeu veritablement en quelle année il vint au monde :
les uns lui donnent quatre-vingt onze ans,
d'autres quatre-vingt dix-huit & quatre-
vingt dix-neuf, & quelques-uns seulement
soixante & dix-huit ou soixante & dix-neuf.
Ce qu'il y a de certain c'est qu'il mourut
vieux, car il se plaint lui-même de sa vieillesse en plusieurs endroits de ses écrits, &

d'ailleurs s'il n'avoit pas vécu long-temps il lui auroit esté impossible de composer tant de beaux Ouvrages dont l'Eglise lui est redevable.

Il estoit de petite taille, d'une complexion foible & delicate, & naturellement valetudinaire & sujet à de grandes maladies. Quelques-uns croient qu'il n'eut pas les yeux bons; mais on doit moins imputer cela à une infirmité naturelle, qu'à sa forte aplication à l'estude, l'Hebreu de ce temps-là s'écrivant en caracteres menus, dont la lecture donnoit de la peine au plus robuste. Sa vivacité qui fut tres-grande n'estoit point au dessus de la solidité du discernement, & ces deux excellentes parties qui s'accordent rarement ensemble, se rencontrerent heureusement en lui. Il avoit peu de ce que les Latins apellent *Urbanum*, soit que ce fût un effet de son temperament, ou qu'il eût peu frequenté les grands du siecle avec qui cela s'aprend d'ordinaire, ou que les aiant frequentez il eût dédaigné de retenir aucune de leurs maximes. Il estoit implacable, & âpre dans la vengeance, quand il s'agissoit des interests de Dieu ou de ceux de l'Eglise; mais il tenoit si peu conte des siens, qu'il aimoit ses ennemis, & leur estoit obligé des persecutions qu'ils lui faisoient.

II

Il s'adonna fort en sa jeunesse à l'étude des lettres humaines , & aima tellement la beauté du langage qu'il lût plusieurs fois tous les Auteurs Grecs & Latins , qui ont acquis de la reputation par la pureté de leurs discours , & Ciceron pour ne rien dire des autres lui plût extremement ; estant un peu plus avancé en âge il s'attacha entierement à l'Ecriture sainte dont la simplicité des paroles , & le style peu fleuri lui donnerent d'abord quelque degoust : neanmoins non seulement il surmonta cette difficulté , mais il aprit encore avec beaucoup de fatigues & de veilles l'Hebreu , le Syriaque , & le Caldéen qu'il jugeoit necessaires pour entendre parfaitement la parole de Dieu. Son style est dur, âpre , inégal , peu formé & different de lui-même en bien des endroits , & son discours presque toûjours rempli de citations d'Auteurs prophanes , qui quelquefois ne font pas beauté , ce qui a causé beaucoup de peine à celui qui a traduit ses Lettres choisies. Pendant qu'il fut à Rome , il fit en sorte qu'on chantât *Gloria Patri* à la fin de chaque Pseaume , & *Alleluia* pendant toute l'année , excepté depuis la Septuagesime jusques à Pasque , comme il se pratiquoit dans l'Eglise de Jerusalem , car avant lui l'*Alleluia* ne se chantoit à Rome

ē

qu'à Pasque seulement. Quelques-uns nient qu'il ait esté Cardinal, mais la Tradition de l'Eglise assure le contraire. Il y en a même qui croyent que pendant que Damase occupa la place de S. Pierre, ce Saint fut élevé à quelque dignité plus éminente, que n'estoit alors celle de Cardinal, ou de simple Curé de Rome. Quoi qu'il en soit, car ce n'est pas icy le lieu d'examiner cette question, il est certain que quand il n'auroit jamais esté que simple Prêtre, il n'en meriteroit pas moins de veneration; les plus hautes dignitez n'estant pas capables d'ajoûter un nouvel éclat à sa sainteté & à son merite.

Entre toutes les vertus qui le rendent recommandable, on peut dire que la pureté de sa foy tint le premier lieu. Le desert de Syrie qu'il quitta, parce qu'il crut qu'elle y estoit exposée à quelque peril : les Heretiques contre qui il l'a défenduë avec tant de zele & de courage, & le Pape Damase qui l'a consulté en diverses occasions, sont des preuves de cette verité. Il n'eut pas aussi moins de soin de la pureté de son ame, que de celle de sa creance, & ce fut elle sans doute qui fut cause de la cruauté avec laquelle il assujettit toûjours son corps ; car n'aiant soüillé par aucune action la robe blanche, dont il fut revêtu

au Baptême, on ne peut imputer les jeûnes,
les mortifications, & cette penitence continuelle dans laquelle il vécut qu'à un defir
violent de fe conferver un trefor qui rend
les hommes femblables aux Anges. Je ne
dirai rien de fon humilité de peur de n'en
pas dire affez; & certes il eft étonnant que
celui qui fut jugé digne d'eftre un des fuc-
ceffeurs de S. Pierre, ne confentît d'eftre
fait Prêtre qu'à condition qu'il demeureroit dans la folitude, & qu'il ne feroit élevé à aucune dignité. Il eft furprenant que
celui qui eftoit regardé de tout le monde,
comme le plus fçavant homme de fon fiecle, quitât fon defert & allât en Egypte &
en Nitrie, de Monaftere en Monaftere fe
faire enfeigner par de fimples Anachoret-
tes. L'amour qu'il eut pour la pauvreté &
pour les pauvres, l'affiftance qu'ils en receurent, & tant d'autres belles vertus qu'il
pratiqua jufques à la mort, meritent un
difcours plus ample que celui que j'ai deffein de faire; Je dirai neanmoins en paffant
que non feulement il en reçoit aujourd'hui
la recompenfe dans le Ciel, mais qu'il la
receut encore fur la terre, Dieu lui aiant
donné la grace de connoître l'avenir comme il fit, aiant prophetifé la ruïne & le
facagement de Rome : Ce qui arriva du
temps de l'Empereur Honoré fils du grand

Theodofe: Que les Goths eftant entrez en
Italie affiegerent cette ville , la prirent
& la brûlerent.

Voila, mon cher Lecteur , un portrait
ébauché du Saint dont on vous donne la
traduction d'une partie des Ouvrages.
Quoi que l'on n'ait pas mis la derniere
main à cette peinture , & que l'on y ait ob-
mis beaucoup de chofes , de peur de vous
eftre ennuyeux ; elle fuffit cependant pour
vous faire connoiftre qu'un efprit fi éclairé
des lumieres de Dieu , n'a pû rien produire
qui ne foit digne d'eftre confideré comme
un trefor tres-precieux. Ainfi vous devez
avoir une eftime particuliere , même de la
veueration pour fes Lettres choifies. Je dis
une eftime particuliere , car quoi que tous
les Ouvrages de ce Pere foient faints & admirables , celuy-cy toutesfois a quelque
chofe qui vous eft plus propre , & renferme
tous les autres. Les Livres qu'il a écrits
contre des Heretiques , & les Commentaires qu'il a fais fur une partie de l'Ecriture fainte , doivent eftre plûtoft entre les
mains d'un Docteur arrivé au fouverain degré de la perfection , que de celui qui demande le chemin de cette perfection , &
travaille à conformer fa vie aux loix de
l'Evangile. Ces Lettres choifies ont quelque raport avec le miel. Vous fçavez qu'au

Printemps les abeilles prennent dans un
parterre le fuc de chaque fleur & en compofent le miel. C'eft ce qu'a fait faint Jerôme ; aprés s'eftre rempli de l'efprit de
Dieu dans les Livres facrez, aprés y avoir
puifé les lumieres du faint Efprit, il en a
compofé ces Lettres qui peuvent, comme
le miel, fervir de nourriture aux foibles.
Ainfi quand vous feriez capable d'entendre parfaitement la parole de Dieu, & le
langage du S. Efprit; qui, à caufe de la hauteur des myfteres qui y font contenus, nous
paroît obfcur en quelques endroits, & que
vous auriez employé un long-temps à le
méditer, vous n'en tireriez pas aprés plufieurs années de travail & d'aplication plus
de profit que vous en pouvez remporter en
un moment en lifant cette Traduction. Il
eft certain que ces Dames Romaines, Paule, Marcelle, Fabiole, & plufieurs autres
n'ont merité la qualité de Sainte que par
les avis & les inftructions que nôtre Docteur leur donna: Or vous ne devez pas
croire qu'il parlât à elles d'une autre maniere que celle dont il parle dans ces Lettres, ni que ce qu'il leur difoit en particulier fût different de ce qu'il leur écrivoit.
Comme tout partoit du même principe,
qui eftoit Dieu, tout eftoit égal. Croyez
donc que vous avez un moyen affuré pour

devenir un grand Saint, & qu'il dépend
de vous d'eſtre placé dans le Ciel en vous
en ſervant bien ; car ce n'eſt pas aſſez de
lire : Si ſainte Paule & les autres ſe fuſſent
contentées d'écouter ſimplement ſaint Jerôme, elles n'euſſent pas remporté un grand
fruit de ſes inſtructions. Il faut pratiquer
ce qu'il enſeigne. Si vous ne déracinez pas
de vôtre ame l'avarice, ou l'orgueil, vous
lirez toute vôtre vie ſes Lettres ſans en devenir meilleur : Mais au contraire ſi vous
pratiquez en liſant , vous arriverez au but
que le ſaint Docteur s'eſt propoſé en écrivant, qui eſt de conduire au Ciel les ames
des fidelles.

Quoi que toutes ces Lettres puiſſent
eſtre utiles à tout le monde en general, &
qu'il n'y ait perſonne à qui les avis qui y
ſont contenus ne puiſſent ſervir de guides ;
il eſt vrai pourtant qu'il y en a quelques-
unes plus propres à de certaines perſonnes
qu'à d'autres. Une femme mariée chargée du ſoin de l'éducation de ſes enfans ,
& de l'embaras de ſa famille , ne poura pas
admirer le bon-heur de ſa condition dans
la Lettre adreſſée à Heliodore, contenant
l'éloge de la ſolitude, comme une vierge
retirée du monde , ou un Solitaire enfermé
dans ſon Cloître : Mais cette vierge & ce
Solitaire y trouveront le ſiecle attaqué par

de si bonnes raisons , le repos & la seureté de la retraite si solidement établies , & un moien d'arriver à Dieu si court & si facile , que s'ils estoient encore dans le monde , cette Lettre leur en feroit concevoir de l'aversion , & les obligeroit enfin à y renoncer.

Au contraire celui qui veut embrasser une maniere de vie plus relevée que celle d'un penitent : qui se sentant assez fort pour combatre contre l'ennemi , a le courage de l'atendre de pied ferme , & qui desire de dire , le Seigneur est mon partage , en se faisant Ecclesiastique aprendra son devoir avec Nepotien dans la Lettre qui lui est écrite. Il verra dans ce discours admirable quelle doit estre la vie d'un Prêtre , la frugalité de sa table , son amour pour la pauvreté , le secours qu'il doit donner aux pauvres , ceux avec qui il doit frequenter , & la maniere dont il doit s'habiller , parler , marcher , s'apliquer à l'étude de l'Ecriture sainte , respecter son Evêque & lui obeïr. Un Evêque même y trouvera des instructions qui ne lui seront pas inutiles : Il y verra avec quel discernement il doit choisir des Ministres à l'Eglise ; comment il doit vivre avec eux , quelles doivent estre les qualitez de ceux qu'il chargera de l'œconomat des deniers deſtinez à l'aſſiſtance des pauvres, & en un mot il y rencontrera un portrait accompli des vertus des Apôtres, qui ont eſté les premiers Evêques.

La leçon d'un pere de famille qui veut ſatisfaire à l'obligation où il eſt d'élever ſes enfans dans la crainte de Dieu, eſt reduite en peu de paroles, dans la Lettre qui eſt écrite à Gaudence. C'eſt ſur cette peinture qu'il doit jetter les yeux pour ſe rendre ſçavant dans l'art de former à JESUS-CHRIST des hoſties pures & ſans tache ; car je ſupoſe que tous les peres imitent Gaudence, & que comme celuy-cy conſacra au Sauveur ſa petite Pacatule, il n'y en a point qui ne lui faſſent un ſacrifice de leurs enfans.

Les deux diſcours adreſſez l'un à Euſtoche, l'autre à Demetrias contiennent des preceptes ſi excellens, pour conſerver ſa virginité, que tout ce qu'on en peut dire eſt infiniment au deſſous de ce qu'ils valent. Ils découvrent les embuſcades que le diable prepare à une fleur dont ● perte eſt irreparable : Ils donnent à une vierge des armes ſi fortes que pour peu qu'elle s'en ſerve dans le combat, elle eſt aſſurée de remporter la victoire ſur ceux qui oſeront attaquer ſa pureté. Ils détruiſent par des raiſons ſi preſſantes la vanité des plaifirs, que les plus libertins qui dorment enyvrez de leurs douceurs apparentes fe réveilleront à la lecture de ces deux Lettres toutes divines.

Une Dame de qualité qui demeure veuve dans fa jeuneffe, lifant ce qui a efté fait pour Furie, conoîtra le danger où elle s'expofe en paffant à un fecond mariage, & concevra du dégoût pour les cailles & les perdris dont elle s'eft raffafiée en Egypte. Elle s'inftruira avec cette illuftre Romaine du foin qu'elle doit apporter à faire taire les medifans, & à conferver fa reputation; Elle aprendra à éteindre par des jeûnes & des abftinences l'ardeur brûlante d'une jeuneffe naturellement emportée : Elle fçaura quelle difference il y a entre la parole de JESUS-CHRIST, & le langage depravé d'un amant attiré pas les charmes d'une beauté mortelle & paffagere, & enfin elle demeurera perfuadée qu'une fuivante & une nourice corrompuës font des ennemis domeftiques qui la vendent à l'encan, & la livrent au diable.

On ne fçait pas veritablement quel eft l'Auteur de la Lettre à Celantie : Mais que ce foit faint Jerôme, ou faint Paulin, ou un autre, on demeure d'acord qu'elle ne doit rien à aucune de celles qui font contenuës dans ce Volume. Si le ftyle en eft different de celui de faint Jerôme, les maximes qui y font renfermées font femblables aux fiennes. Elle fait voir que les richeffes ne font point un obftacle à la fainteté, que les grandeurs & les honneurs du fiecle fervent quelquefois à nous conduire à la perfection, & que fous le fardeau de la conduite d'une famille nombreufe, une femme peut plaire à fon mary & s'unir à Jesus-Christ.

Que ceux qui ont perdu une femme qu'ils aimoient tendrement, ou un enfant qu'ils regardoient comme le fucceffeur de leurs biens, & celui qui devoit perpetuer leur race, écoutent le difcours que nôtre faint Docteur tient à Julien; ils trouveront que leurs plaintes & leurs larmes font le murmure & les injures d'une ame ingrate; qui loin de remercier Dieu du prefent qu'il lui avoit fait, fe déchaîne inhumainement contre lui, comme s'il n'avoit pas pû reprendre une chofe qui lui apartenoit.

Les avis qui font donnez à Ruftique, qui avoit violé le vœu de continence qu'il avoit fait, font propres à tout le monde; car le pouvoir & les effets de la penitence y eftant admirablement bien exprimez, & y aiant peu de gens qui fe foient maintenus dans l'innocence qu'ils avoient acquife dans le Baptême, ils y rencontreront le moyen de

recouvrer ce qu'ils ont perdu : Ils verront
que les larmes font un port affuré à ceux
qui ont fait naufrage, & que fi leur chûte
a efté defagreable au Ciel, il prend plaifir
à les voir fe relever.

Cette mere & cette fille qui fe feparant
l'une de l'autre avoient retiré chez elles
des Ecclefiaftiques , ont donné lieu à un
excellent difcours , & comme il n'a point
d'adreffe dans nôtre Auteur, chacun doit
s'imaginer qu'il a efté fait pour lui. Le rai-
fonnement en eft folide & bien conduit ; le
fcandale qui naît d'une frequentation fuf-
pecte y eft peint avec toutes fes differentes
couleurs, & l'on ne peut le lire fans avoüer
qu'il n'eft rien de plus pernicieux à l'ame
& à la reputation, que demeurer avec des
perfonnes qui peuvent nous eftre une occafion de pecher.

Ceux qui fe plaifent aux avantures extraordinaires , quoi que feintes pour donner du plaifir à un Lecteur oifif, trouveront
dans la vie de faint Malc quelque chofe digne de leur aplication : Ils y confidereront
un Heros , qui n'eftant pas animé d'un
amour prophane & fenfuel, comme ceux
des Romains, mais de l'amour de la pureté , conferve fa chafteté auprés d'une femme, triomphe de celui qui l'avoit fait efclave ; voit des Lions combatre pour fa dé-

fenfe, & laiffe enfin un exemple admirable du foin que Dieu prend de ceux qui lui font fidelles.

La vie de S. Paul, premier Hermite, & celle de S. Hilarion, font deux tableaux dignes d'eftre copiez par tout ce qu'il y a de Solitaires au monde. Les perfonnes même qui ne s'en font pas retirées peuvent tirer un profit tres-confiderable de la lecture de ces deux difcours; car ils feront convaincus par le premier, que rien ne peut manquer à celui qui s'abandonne à la conduite du Ciel, & l'autre leur aprendra qu'il faut fuïr les loüanges comme un ferpent dont les morfures font fatales à l'ame, & que quand Dieu defire que le merite de fes ferviteurs foit publié, il contraint même les demons à en faire l'éloge.

L'Eloge funebre de fainte Paule, celui de fainte Marcelle & celui de fainte Fabiole font autant de modelles achevez; où la vertu eft peinte avec de fi vives couleurs, qu'elle femble y eftre animée & nous demander pourquoi nous ne la fuivons point, puifque des femmes d'une complexion foible & delicate l'ont fuivie fi heureufement.

Le temps me manqueroit, fi je voulois entrer dans un examen particulier de chacune de ces Lettres, & des differens mo-

tìfs qui obligerent S. Jerôme à les écrire.
On jugera mieux de leur prix en les lifant,
que par les loüanges que je pourois icy leur
donner. Je dirai feulement que le monde
Chrêtien eft tellement perfuadé de l'utilité qu'elles peuvent aporter aux fidelles,
qu'elles parlent le langage de toutes les
Provinces où nos myfteres font adorez.
Pour ne point faire mention des Italiens,
des Efpagnols, & des autres qui les ont
traduites en leur langue avec beaucoup
d'exactitude, elle l'ont efté en la nôtre
jufques à cinq fois.

On ne doit pas pour cela faire paffer
cette Traduction nouvelle pour une injure à ceux qui les fiecles paffez prirent la
même peine que l'on a prife en celuy-cy.
Ils eurent alors leurs motifs & leurs rai-
fons, comme l'Auteur d'aujourd'huy a eu
les fiennes. On leur a même de l'obligation, & leurs veilles aiant fervi à l'avancement des ames faintes, ils font dignes
de beaucoup de reconnoiffance : Neanmoins le temps ayant aporté quelque alte-
ration à la beauté de leurs Ouvrages, &
la nouveauté ayant naturellement quelque chofe qui gagne les efprits, on a crû
que l'on pouvoit s'en fervir comme d'un
moyen propre à attirer à la lecture des
Lettres de faint Jerôme, ceux qui en pou-

voient estre détournez par des expressions & un langage qui ne sont plus au goût
du siecle. Ce n'est pas que ce langage &
ces expressions fassent aucune impression
sur ceux qui cherchant veritablement le
chemin de la perfection, s'arestent seulement à ce qui peut le leur aprendre, sans
considerer de quelle sorte il le fait ; Mais
y en ayant plusieurs qui ne sont pas dans
cet esprit, on a jugé à propos de faire parler à S. Jerôme nôtre langue d'une maniere qui fût recherchée des uns, & indiffe-
rente aux autres : Car en secourant ceux-
là dans leur foiblesse, on n'a point fait de
tort à la simplicité de ceux-cy, le saint
Docteur estant le même dans cette Traduction que dans les anciennes, où il merite
autant d'attention & de respect que dans
une nouvelle. Ce seroit une furieuse ingratitude à un enfant de méconoistre ses ancestres, parce qu'il les voit habillez dans
de vieux Tableaux d'une maniere qui lui
paroît aujourd'hui ridicule. Ce qui lui
choque la veuë n'est pas une faute qui merite d'estre reprise, & quand c'en seroit
une, elle ne peut estre imputée ni au peintre, ni à ceux qu'il a representez ; mais au
tems qui aporte du changement à tout ; car
si le peintre & les peres de cet enfant
avoient esté de nôtre siecle, l'un auroit

travaillé comme le Brun, & Loir, & les
autres feroient habillez comme nous.

Ces anciennes Traductions n'ont pas
empêché que celle-cy n'ait donné beaucoup de peine à fon Auteur : car outre
qu'en quelques endroits il les a trouvées
defectueufes, & opofées au fens de l'Original; le vieux langage a ce malheur qu'il
eft prefque impoffible d'employer fes debris à rien de bon. Les planches & les cordages d'un grand vaiffeau ufé fervent quelquefois à la ftructure d'une fregate &
d'une chaloupe : Mais il n'en eft pas de
même des phrafes & des mots qui eftoient
en credit il y a cent ans; Aujourd'huy ils
n'ont plus rien qui foit à nôtre ufage. La
mode plaît à nos penfées comme à nous-
mêmes, elles la confultent ainfi que nous,
fur la maniere dont elles doivent eftre ha-
billées, & comme nous paroîtrions extravagans en portant un habit fait le fiecle
paffé, fi nous les exprimions avec des termes anciens, elles croiroient eftre femblab-
bles à ces gens qui courent déguifez par les
ruës le carnaval, & qui ne le font jamais
mieux qu'avec des habillemens antiques.
Ainfi bien loin que les vieilles Traductions
ayent aporté quelque foulagement à celui
qui a travaillé à celle-cy, elles l'ont arefté
en quelques endroits, où n'aiant pas ren-

contré une fidelité entiere, il a esté obligé
d'employer du tems à les examiner à fonds.

Cet obstacle a esté accompagné de la difficulté presque insurmontable de bien traduire. Car c'est une erreur qui est enraci-
née sans aucun fondement dans l'esprit de
quelques-uns, de croire que la traduction
est plûtost un jeu d'esprit qui sert à divertir
une personne oisive que l'occupation se-
rieuse d'un homme qui pourroit s'apliquer
à quelque chose de plus important. Quand
on est seulement obligé à marcher dans un
chemin couvert de neige, on chosit les endroits où elles est moins épaisse, & l'on va
tantost d'un côté & tantost d'un autre,
selon que l'on le trouve à propos; Mais
quand il y faut marcher aprés un autre de
telle sorte que l'on pose les pieds où il a posé les siens sans pouvoir en aucune maniere
s'en écarter; c'est sans doute une sujetion
bien grande. Voila ce qui arrive à un Tra-
docteur; Si un homme traitoit une matiere
toute neuve, il la soûmettroit toute entiere à son genie, il donneroit à ses pensées
tel essor qu'il lui plairoit, s'il ne pouvoit
surmonter les difficultez il les laisseroit derriere, & de cette sorte il viendroit à bout
de son sujet quelque épineux qu'il pût estre;
Mais il n'en est pas de même, lors que l'on
travaille sur l'ouvrage d'un autre, & que

pour

pour le faire avec quelque fuccés on eft
dans la neceffité de le fuivre pas à pas , de
rendre à fes penfées leur tour naturel, & à
fes mots leur force & leur eftenduë , & de
marquer jufques aux liaifons, & à la ftructure de fes periodes; Tout cela ne fe fait point
qu'avec de grandes peines , & un folide difcernement. Ainfi on doit avoüer qu'il eft
tres-difficile de bien traduire , & que cette
occupation demande une perfonne qui defire plûtoft de travailler , que de fe divertir
dans fon oifiveté.

Cette verité ne fera plus revoquée en
doute , quand on fera reflexion que S. Jerôme qui eftoit fi rempli de lumieres, fe plaint
en beaucoup d'endroits de la difficulté qu'il
rencontroit lui-même à traduire, car quoi
qu'il fût confulté fur les doutes qui naif-
foient dans toutes les Eglifes , & qu'il donnât beaucoup de temps à les refoudre, on
peut dire neanmoins que la Traduction a
efté une des principales occupations de ce
Pere. Je trouverois encore dans tous les fiecles une infinité de Grands-Hommes , qui
quoi que tres-propres aux affaires importantes dont ils eftoient accablez, n'ont pas
jugé indigne d'eux , de naturalifer en leur
langue les ouvrages eftrangers qu'ils ont
crû en meriter la peine. Mais pourquoy
chercherois-je dans le temps paffé des

exemples que celui-cy nous fournit en
abondance ? Ces fameux Solitaires connus
de tout le monde , n'ont-ils pas acquis une
gloire immortelle en s'apliquant particulierement à ce genre d'écrire ; combien
avons-nous de productions d'esprit qui approchent de la beauté de leurs traductions ?
& aprés tant de sujets nouveaux , traitez
avec une si grande delicatesse , dira-t'on
que l'estenduë de leur suffisance ait esté bor-
née à copier les ouvrages d'un autre? Certes
s'ils eussent eu le loisir de répondre aux souhaits du public , & qu'ils eussent rendu à S.
Jerôme le même office qu'à d'autres Peres
de l'Eglise , on eut bien pris garde de mettre
rien au jour , qui eut esté terni par l'éclat &
l'excellence de leurs écrits. Mais pour ne
s'estendre pas davantage sur les loüanges de
ceux dont le merite ne veut pas même estre
connu, & dire quelque chose de particulier à
nôtre Traduction ; on ne s'est pas contenté
de n'y point perdre de veuë S. Jerôme, on la
suivi pas à pas, on ne lui a point fait l'injure
que quelques-uns prennent la liberté de
faire aux Auteurs qu'ils traduisent, dont ils
examinent, disent-ils, tous les endroits avec
une forte aplication , afin de conserver à
ceux qui sont élevez leur beauté naturelle,
& d'en donner à ceux qui n'en ont point.
De là vient que plusieurs Ouvrages à qui on

donne le nom de Traduction, font bien souvent de pures Paraphrafes, où l'Auteur a moins de part que le Traducteur. Cette faute eft femblable à celle que commettent les ignorans en peinture, qui condamnent un original ancien & de grand gouft, parce que le temps a terni la vivacité de fes couleurs, & qui croient remedier à ce defaut, en y en faifant coucher de nouvelles.

AVIS AU LECTEUR
fur cette nouvelle Edition.

IL eft inutile de vous dire ce que l'on a fait dans cette nouvelle Edition, vous verrez en la lifant qu'elle eft beaucoup plus correcte que ces autres, & que l'on y a corrigé quantité de fautes qui s'eftoient gliffées d'abord, & que l'on n'avoit point apperceuës, quelque foin que l'on eût pris pour les rendre parfaites : Même cette Edition a efté augmentée d'une piece de S. Jerôme qui n'a jamais efté traduite en noftre langue, quoi qu'elle l'ait efté en Italien & en Efpagnol ; C'eft une confolation à un malade Chrêtien, dont les penfées & les fentimens font fi tendres, que fi l'on peut fortement fe les imprimer dans l'efprit, on fupportera avec plaifir la plus longue & la plus douloureufe maladie ; vous en jugerez vous-même par la lecture.

TABLE
DES LETTRES
DE S. JERÔME,
Divisées en trois Livres.

LIVRE PREMIER.

vre des ceremonies de Pasque pour le traduire.
S. Jerôme ayant esté long-temps sans travailler
à cette traduction, en demande excuse par cette
lettre, où il allegue ce qui est cause de ce retardement.   14

voir changé quelque chose au nouveau Testament. 81

A la Même.

A Azelle.

A Exupere Evêque de Thoulouze.

A Theophile.

Cette Lettre est de Theophile.

Réponse de S. Jerôme à Theophile.

Au Même.

Celle-cy est encore de Theophile.

Cette Lettre est d'Epiphanie.

LIVRE II.

DES LETTRES DE S. JEROME.

teur de cette lettre. Quelques-uns croient qu'elle est de S. Cyprien, d'autres l'attribuent à S. Paulin Evêque de Nole, & plusieurs enfin estiment que S. Jerôme aiant esté prié avec instance par Celantie, qui estoit une Dame de tres-grande qualité, de lui enseigner à vivre saintement parmi les honneurs & les richesses, la lui écrivit. Mais on juge aisément au stile & à l'expression qu'elle n'est pas de ce Pere. Quoi qu'il en soit elle ne cede en rien aux precedentes, & contient d'admirables instructions, pour une personne engagée dans le mariage. 344

Consolation à Julien.

LET. XX. Cet homme qui estoit tres-riche, & qui avoit beaucoup d'authorité, perdit deux petites filles, l'une âgée de huit ans, & l'autre de six qui moururent toutes deux en moins de vingt jours. Ensuite de quoi la mort lui enleva encore sa femme appelée Faustine; Ce qui fut cause que S. Jerôme lui écrivit cette lettre, où il l'exhorte à se consacrer lui-même à Dieu, cette offrande estant sans doute la plus excellente de toutes. 379

L'Eloge Funebre de Nepotien à son Oncle Heliodore Evêque.

LET. XXI. Nepotien Prêtre, à qui est adressée la belle lettre que nous avons vuë, estant mort fort jeûne, S. Jerôme console de cette mort l'Evêque Heliodore qui estoit son oncle; il lui represente d'abord que la mort n'a rien de redoutable, lui rapportant l'exemple de quantité de Payens qui l'ont endurée, & même recherchée avec beaucoup de courage, & ensuite il vient aux loüanges de Nepotien, dont il fait admirablement bien l'Eloge. 391

LIVRE III.

DES LETTRES DE S. JEROME.

erererererer:ererere erererererer:ererer

J'Ay. leu une Traduction Françoife des *Lettres choifies de S. Jerôme, avec une Preface.* En Sorbonne le 13. Juin 1672.

PIROT.

NOus fous-fignez Docteurs en Theologie de la Maifon & Societé de Sorbonne : Certifions que nous avons lû & diligemment examiné *Les Lettres choifies de S. Jerôme*, traduites *en François par M. P. A. E. P.* Cet Ouvrage tres-excellent, merite l'eftime & l'approbation de tout le monde : La Traduction non feulement eft tres-exacte & tres-fidelle, & nous pouvons affurer que l'Auteur y a confervé tout l'éclat & toute la force des penfées de faint Jerôme, & que les Lettres de ce fçavant Pere de l'Eglife font auffi belles en nôtre langue, qu'elles le font en Latin : Ainfi aprés avoir lû & examiné cette Verfion autant qu'il nous a efté poffible, nous pouvons dire à la loüange de fon Auteur, ce que S. Jerôme dit de S. Hilaire à l'occafion de quelques Pfeaumes qu'il avoit traduits ; *Nec affedit Littera dormitanti, & putidâ rufticorum interpretatione fe torfit, fed quafi captivos fenfus in fuam linguam victoris jure tranfpofuit.* FAIT en Sorbonne ce vingt-fixiéme Novembre mil fix cens foixante-douze.

S. Hieronymus Epiftolâ 101. ad Pammachium de optimo genere interpretandi.

N. PETIT-PIED.   PH. LEFERON.

J'Ay leu par ordre de Monfeigneur le Chancellier cette Traduction *des Epiftres de S. Jerôme*, & j'ay aifément reconnu que c'eftoit la même que j'avois leuë il y a plus de 30. ans faite par Monfieur PETIT Advocat. Il s'en eft fait déja deux Editions, dont celle-ci eft la feconde imprimée en 1682. la premiere eftant de 1672. Le debit qui s'eft fait de ces deux Editions marque l'Approbation que le Public a donné à cette Verfion, qui me parut fidelle à la premiere lecture que j'en fis la premiere fois, comme elle me la paroift encore dans la revifion que j'en viens de faire. En Sorbonne le dernier Septembre mil fept cens un.

PIROT.

LES

LES
LETTRES CHOISIES
DE SAINT JEROME,
LIVRE PREMIER.

A NICE'E SOUDIACRE
D'AQUILE'E.

Il le prie de luy écrire quelquefois.

LETTRE PREMIERE.

 E Poëte comique Turpilius dit qu'il n'y a que le commerce des Lettres qui nous fasse joüir de la presence de nos Amis, lors qu'ils sont absens. Il ne se trompe point, quoy que cela d'abord ne semble pas veritable. En effet, est-il rien de plus doux & de plus commode à des personnes qui s'aiment, que de s'entretenir pendant leur absen-

A

ce par le moyen des Lettres? Aussi le commerce en estoit estably parmy ces peuples d'Italie, qu'Ennius appelle Casques, Nation barbare, & qui vivoit à la façon des bestes, à ce que raporte Ciceron dans ses livres de la Rhetorique. Même comme le papier * n'estoit pas encore en usage, ils se servoient de l'écorce des arbres, & de tablettes; d'où l'on prit occasion de nommer *Tabularii* les Messagers; & *Librarii*, ceux qui écrivoient les lettres. Aprés cela, mon cher Nicée, pourions-nous dans un siecle, où les Arts sont florissans, ne point pratiquer une coûtume qui n'a pas esté inconnuë à des Bestes? L'illustre Cromatius, & le grand Eusebe, qui n'est pas moins son Frere par la ressemblance des inclinations, que par le sang, m'ont engagé à nous écrire les uns aux autres: Mais pour vous, malgré les défenses judicieuses que Ciceron fait faire à Lælius, vous déchirez plûtost l'amitié que nous venons de lier, que vous ne la décousez. Rompez donc yôtre silence, &, si ce n'est par hazard que vous ayez tant d'aversion pour l'Orient, que vous ne vouliez pas mesme qu'il y vienne de vos lettres, accordez-en une, quelque succinte qu'elle soit, à l'amitié que je vous porte. Souvenez-vous des douceurs que nous avons goûtées dans nostre Patrie, & dans les voyages que nous avons faits ensemble. En un mot si vous m'aimez encore, écrivez-moy, je vous en conjure; & quand je vous aurois déplû, ne laissez pas de le faire; j'auray au moins la consolation de recevoir des lettres, fust-ce d'un Amy irrité.

---

* Il n'y avoit pas encore de papier au temps de S. Jerôme, cependant je me suis servy de ce mot pour rendre sa pensée plus intelligible en ce siecle, où l'on ne comprend pas trop la maniere d'écrire des Anciens.

A JULIEN DIACRE.

Il le prie de l'excuser de ne luy avoir pas écrit, luy promettant de le faire à l'avenir, & s'informe de sa sœur.

LETTRE II.

ON ne croit point les Menteurs, même quand ils disent la verité, dit l'ancien proverbe ; & cela m'est arrivé lorsque vous m'avez fait des plaintes de ce que je ne vous écrivois point. Si je vous assûre aujourd'huy que je vous ay écrit plusieurs fois, & que les lettres ont esté perduës par la faute des Messagers ; vous répondrez que c'est l'excuse ordinaire des Paresseux. Si je vous dis que je n'ay trouvé personne par qui je pûsse vous en faire tenir ; vous soûtiendrez qu'il est allé du lieu où je suis quantité de gens où vous estiez. Et si j'allegue enfin que je leur en ay donné ; ils le nieront, & nostre éloignement empeschera qu'on ne justifie la chose. Que dois-je donc faire ? J'avoüray une faute que je n'ay point commise ; & comme on peut me soupçonner d'estre coupable, je croy qu'il me sera plus avantageux de vous demander pardon, que de contester sur mon innocence. D'ailleurs une longue maladie, jointe à l'ennuy dont mon ame se trouve accablée, m'a reduit à telle extremité, que je me suis presque oublié moy-même. Et afin que vous n'en doutiez pas je me serviray de témoins, après avoir employé des raisons à l'exemple des Orateurs. Le bon Heliodore nostre Frere vint icy

A ij

pour demeurer avec moy dans le defert : Mais il
s'en alla acaufe de mes pechez. Et puis je vous
obligeray en vous écrivant tres-fouvent à ne point
fonger à ce qui eft paffé. Comme c'eft le défaut
des Muficiens, dit Horace, de ne chanter jamais
avec leurs Amis, quand on les en prie, & de chanter continuellement quand on ne les en prie
point, je vous accableray deformais de tant de lettres, que vous me demanderez, comme une grace, que je ne vous écrive point. Au refte j'ay
beaucoup de joye de ce que ma Sœur, voftre fille
en JESUS-CHRIST, perfevere dans fon deffein,
& de ce que vous m'en avertiffez le premier;
Car bien loin que j'aye icy des nouvelles de ce
qui fe paffe en mon Païs, je ne fçay même s'il
fubfifte encore. Mais quand j'y devrois eftre de-
voré par des monftres, je n'apprehenderay point
le jugement des hommes, puifque je feray jugé
par mon Juge ; & fi le monde tomboit, comme dit
un Poëte, je ferois enfevely fous fes ruïnes fans
pâlir. Souvenez-vous donc, puifque l'Apôtre affure que les actions demeureront, de vous preparer des couronnes dans le Ciel en travaillant au
falut de cette Fille, & de me donner fouvent avis
par vos lettres, de la gloire qui nous eft duë en
JESUS-CHRIST à l'un & à l'autre.

A CHRYSOGONE,

Religieux d'Aquilée.

Il se plaint de ne recevoir point de ses lettres.

LETTRE III.

HELIODORE noftre ami commun, qui vous cherit autant que je vous aime n'aura pas manqué de vous apprendre l'amitié que j'ay pour vous, de quelle maniere j'en parle à toute heure, & me souviens dans toute forte d'entretiens, des momens agreables que nous avons paffez enfemble. Il vous aura dit combien j'admire voftre zele, voftre humilité, & toutes vos autres vertus. Cependant, mon cher Chryfogone, vous imitez les Lynx, qui naturellement ne regardent point derriere eux ; de peur que tournant la tefte, de nouveaux objets ne leur faffent perdre l'idée de ce qu'ils voyoient auparavant. Vous vous fouvenez peu de nôtre amitié, & il femble que vous n'ayez pas oublié une ligne ou deux de la lettre que faint Paul dit qui eft écrite fur le cœur des Chreftiens ; mais que vous n'en ayez jamais entendu parler. Neanmoins lorfque les Lynx ont furpris dans un bois une Biche ou un Cerf, ils devorent cette proye, quelque refiftance qu'elle faffe à un Ennemy attaché à fes côtez. Ils fongent à elle autant de temps que dure leur faim ; & s'ils l'oublient aprés s'eftre raffafiez, la neceffité de manger les oblige incontinent à s'en fouvenir. D'où vient aprés cela que noftre amitié, dont vous ne pouvez encore eftre dégoûté,

cesse en naissant ? Pourquoy voulez-vous me
perdre sans que j'aye eu le loisir d'estre à vous?
Si vous me répondez pour excuse de vostre paresse, que vous n'avez eu rien à me mander ; n'a-
voir rien à me mander, estoit au moins une nouvelle que vous deviez m'apprendre.

A FLORENCE.

Il le loüe de ce qu'il assiste les Pauvres, & le priant
de faire tenir une lettre. qu'il écrit à Rufin, il
prend de là occasion de loüer aussi Rufin.

LETTRE IV.

VOus pouvez juger du bruit que vous faites
dans le monde par l'amitié que je vous porte, sans avoir le bon-heur de vous connoître.
2. Tim. 5. L'Apôtre dit, *Qu'il y a des personnes dont les pe-*
chez sont connus avant le Jugement : Mais à vôtre égard, vous vous estes rendu si celebre par
vostre charité, qu'on seroit plus coupable de ne
vous aimer point, qu'on ne merite d'estre estimé
en vous aimant. Je ne dis rien de JESUS-CHRIST,
que vous avez nourry, vêtu & visité dans une infinité de Pauvres. Et la maniere dont vous avez
assisté nostre frere Heliodore, feroit même parler
les Muets. Il m'a raconté si avantageusement pour
vous le secours qu'il en a reçeu dans son voyage,
que ne pouvant vous aller trouver moy-même ;
mes vœux, mes embrassemens, & mon affection
ont prévenu la pesanteur de mon corps languissant. Je vous felicite donc aujourd'huy, & je prie
Dieu qu'il affermisse l'amitié qui se lie entre

Nous. Au reste ayant appris que la vertueuse Melanie, & nostre frere Rufin, à qui la charité m'a uny tres-étroitement, étoient arrivez d'Egypte à Jerusalem, je vous prie de rendre à ce dernier la lettre que vous trouverez avec celle-cy. Mais sur tout, Mon cher Florence, ne jugez pas de Moy par le merite de ce grand personnage. Vous verrez en luy des marques évidentes de sainteté, & Moy de quelque côté que l'on me regarde, je ne suis que de la cendre & de la bouë, & je m'estimerois heureux si mes yeux pouvoient seulement supporter l'éclat de ses vertus; *Il s'est lavé, & il est purifié,* *Psal. 50.* *& blanc comme la neige.* Et Moi soüillé de tous mes pechez, j'attend en tremblant, *qu'on me vienne fai-* *Matth. 5.* *re payer jusqu'à la derniere obole.* Cependant *com-* *Psal. 145.* *me le Seigneur brise les liens des Captifs,* & qu'il *Esa. 66.* pense *aux Humbles,* & *à Ceux qui le craignent,* il me dira peut-estre aussi dans le tombeau, où je suis, *Jerôme, leve-toy.* Le Prestre Evagrius vous saluë, & luy & moy saluons conjointement le frere Martinian, que je desire avec impatience de voir.

AU MÊME.

Il répond à ses Lettres, & lui demande quelques
Livres, en luy faisant offre des siens.

LETTRE V.

J'Ay receu vos lettres dans cette partie du desert, qui tout joignant la Syrie tient aux terres des Sarrasins. La passion que j'avois d'aller à Jerusalem a tellement augmenté, en les lisant, qu'il

A iiij

s'en est peu falu que pour avoir trop excité mon
zele, elles n'ayent point répondu à vostre dessein.
Pour ce qui est de ma santé , je vous envoye des
lettres qui vous tiennent lieu d'un autre Moy-
même. Si ma Personne n'est pas fort proche de
Vous, mon cœur n'en est pas éloigné , & je vous
prie que le temps & la distance des lieux ne rui-
nent point une amitié que JESUS-CHRIST a fait
naistre. Au contraire nous devons la fortifier par
un commerce de lettres. Ecrivons-nous donc
fort souvent, prévenons-nous l'un l'autre , par-
lons-nous de cette maniere ; la charité, sans doute, ne s'éteindra pas par des entretiens de cette
nature. Pour ce qui est de nostre frere Rufin, il
n'est point encore arrivé, comme vous me le
mandez, & il importe peu qu'il le soit au desir
que j'ay de le voir , puisque je suis dans l'im-
possibilité de le faire. En effet il demeure trop
loin d'icy pour me venir voir , & je me renferme
tellement dans la solitude , où je me suis arresté,
que je n'ay plus la liberté d'executer ce que je
voudrois. Cela m'oblige à vous prier de luy demander les Commentaires de Rheticius Evêque
d'Autun pour les transcrire ; car ce grand homme
explique admirablement bien le Cantique des
Cantiques dans cet ouvrage. Un certain vieillard, appellé Paul, m'a mandé que nostre frere
Rufin , qui est de son païs , avoit son Tertullien, & qu'il souhaitoit avec passion qu'il le luy
rendît. Je vous conjure aussi de me faire écrire
les livres que je vous marque par ce billet, &
de m'envoyer la traduction des Pseaumes de David, & le grand volume que S. Hilaire a composé sur les Synodes que je transcrivis moy-même à Treves. Vous sçavez que c'est la nourriture

de l'ame d'un Chrêtien, *que mediter le jour* & Pſal. 1.
la nuit, les Loix de ſon Sauveur. Vous logez les
uns, vous conſolez les autres, & les aſſiſtez de
vos richeſſes : Mais croyez que vous m'aurez tout
donné à la fois, ſi vous m'accordez ce que je vous
demande. D'ailleurs puis qu'il a plû au Ciel que
j'aye quantité de volumes ſur la ſainte Écriture,
vous pouvez à voſtre tour me demander ce que
vous voudrez, & je vous l'envoiray. N'apprehen-
dez point que je trouve mauvais que vous en
exigiez quelques-uns, j'ay des gens qui ne me
ſervent qu'à écrire, & je ſerois fâché de payer
par de ſimples promeſſes une faveur effective
que j'attens de vous. Noſtre frere Heliodore m'a
appris qu'il vous manquoit quantité de livres ſacrez, que vous aviez de la peine à trouver ; &
puis quand vous les auriez tous, la charité ne per-
mettroit pas que je vous importunaſſe moins.
Pour le Maiſtre de voſtre fils, dont vous avez pris
la peine de m'écrire, il n'y a point de doute
qu'il ne l'ait débauché, & même lors que j'é-
tois à Antioche le Preſtre Evagrius reprenoit ſouvent cet homme en ma preſence, & il luy répondoit qu'il ne craignoit rien. Il dit que ſon
Maiſtre luy a donné congé; mais ſi vous le jugez à
propos vous le ferez conduire où il vous plaira,
puis qu'il eſt icy, car je ne penſe pas offenſer
Dieu, en arreſtant un Vagabond. C'eſt pourquoy
ne pouvant pas executer dans ma ſolitude ce que
vous exigez de moi, j'ay prié noſtre cher Evagrius de travailler inceſſamment à cette affaire,
tant à voſtre conſideration qu'à la mienne.

A ANTOINE.

Il se plaint de ce qu'il ne fait point de réponse à tant de Lettres qu'il lui a écrites.

LETTRE VI.

LEs Apôtres estant un jour sur le point d'honneur ; leur Maistre, qui estoit un modele achevé d'humilité, prit un enfant par la main & leur dit: *Celuy de vous autres qui ne se convertira point, & ne deviendra point semblable à un enfant n'entrera point dans le Ciel.* Même de peur qu'on ne crût qu'il ne pratiquoit point ce qu'il enseignoit, il l'a montré par experience, lavant les pieds de ses Disciples, baisant le traître Judas, s'entretenant avec la Samaritaine, discourant de la gloire du Ciel, pendant que Magdelaine estoit assise à ses pieds ; & enfin en se faisant voir d'abord à de simples femmes aprés sa resurrection. En effet, le peché opposé à l'humilité fit perdre à Sathan sa dignité d'Ange : & le peuple Juif qui vouloit par tout la premiere place, fut exterminé par les Payens, que l'on estimoit comme une goute d'eau. Saint Pierre & saint Jacques, qui estoient de pauvres pescheurs, combattirent contre les Sages du siecle, & la raison en est rapportée dans l'Ecriture qui dit, *Que Dieu donne sa grace aux humbles, & qu'il resiste aux superbes.* Voyez, mon frere, ce que c'est qu'avoir un Dieu pour ennemy. C'est encore pour cela que dans l'Evangile un Pharisien arrogant est méprisé, & un Publicain est écouté favorablement. Si je

Math. 18.

Joan. 13.
Luc. 22.
Joan. 4.
Esd. 14.
Matth. 23.

Pet. 5.

Luc. 18.

ne me trompe, je vous ay déja écrit dix lettres pleines de civilité & de prieres, sans que j'en aye receu aucune de vostre part. Un Seigneur s'entretiendra avec ses domestiques, & vous ne voudrez pas parler à un de vos freres: Vous m'avez traité trop indignement, direz-vous. Croyez-moy, si ces sortes de lettres ne me rendoient confus, je vous ferois tant de reproches, dans le ressentiment où je suis, que vous me répondriez même quand vous seriez fâché. Mais puis qu'un Homme se peut mettre en colere, qu'il est défendu à un Chrestien de se vanger, je reviens à mon ancienne maniere d'écrire, & vous prie encore une fois de m'aimer, & de me faire réponse. Adieu.

A THEOPHILE

Evêque d'Alexandrie.

Cet Evêque avoit envoyé à S. Jerôme un livre des ceremonies de Pasque pour le traduire : Saint Jerôme ayant esté long-temps sans travailler à cette traduction, en demande excuse par cette lettre, où il allegue ce qui a esté cause de ce retardement.

LETTRE VII.

DEPUIS que j'ay receu vostre lettre, & le livre que vous avez composé sur la Feste de Pasque, j'ay esté accablé d'une mélancolie continuelle; même ce que l'on dit par tout de l'Eglise, m'a si fort inquieté, que j'ay eu beaucoup

de peine à traduire en Latin voſtre ouvrage.
Vous ſçavez, & c'eſt le ſentiment des Anciens, que l'on n'écrit jamais bien, quand on eſt
affligé, & particulierement lorſque les peines de
l'ame ſont accompagnées des douleurs du corps.
Il y a cinq jours que je garde le lit ; & dans les
ardeurs de la fievre je vous fais écrire cette lettre à la haſte, pour vous apprendre en peu de
mots, que cette traduction m'a coûté infinimenr,
n'ayant pas voulu que vos penſées perdiſſent rien
de leur beauté, ny que la pureté du Grec fût
beaucoup au deſſus de celle du Latin. D'abord
vous parlez en Philoſophe, & ſans attaquer perſonne en particulier, vous confondez voſtre
Ennemy en inſtruiſant tout le monde : Vous
joignez par tout le raiſonnement de la Philoſo-
phie à l'éloquence de la Rhetorique ; & vous
accordez tout-à-fait bien Platon avec Demoſthene ; ce qui, ſans doute, ne manque pas de difficulté. Que ne dites-vous point contre l'impureté ? Quels éloges ne faites-vous point de la
continence ? Vous décrivez le jour & la nuit, &
le mouvement inégal du Soleil & de la Lune,
& vous appuyez vos opinions de l'autorité de
l'Ecriture, afin qu'on ne croye pas que vous traitez une matiere profane dans un livre où vous
n'avez eu deſſein de parler que de la Paſque.
Mais je crains de paſſer pour un flateur, en vous
loüant comme vous le meritez : En un mot, vôtre ouvrage eſt excellent, tant pour la ſolidité du
raiſonnement, que parce qu'il fait ce que vous
vous eſtes propoſé, ſans que Perſonne puiſſe y
trouver à dire. Excuſez-moy donc ſi j'ay eſté
ſi long-temps à le traduire : La mort de l'illuſtre
Paul m'a tellement affligé, que depuis je n'ay

travaillé qu'à cette traduction ; car enfin vous
fçavez que j'ay perdu un fecours, dont je me fer-
vois moins pour Moy-même que pour le foûla-
gement des Pauvres, que cette fainte Femme
affiftoit continüellement. Voftre fille Euftoche,
que rien ne peut confoler de la mort de fa Mere,
& tous vos Amis, vous falüent. Je vous prie de
m'envoyer les livres que vous dites que vous
avez faits il y a long-temps, afin que je les life,
ou que je les traduife. Adieu.

A PAUL.

*Ce Vieillard âgé de cent ans joüiſſoit encore d'une
parfaitè ſanté ; c'eſt de quoy le loüe noſtre Autheur, qui luy envoyant la vie de ſaint Paul
premier Hermite, le prie de luy envoyer quelques autres livres.*

LETTRE VIII.

LE peu de temps que nous vivons eft le châtiment de nos crimes ; & la mort, qui enleve
bien fouvent un homme en fa naiffance, eft une
marque que nous devenons tous les jours plus
méchans. Aprés que le peché eut fait chaffer Adam
du Paradis terreftre, & l'eut rendu mortel, la vie
des hommes, qui alloit au delà de neuf cens ans,
fembloit eftre une feconde immortalité. En fuite l'impieté & l'idolatrie augmentant apporterent
le deluge fur la terre. Aprés le deluge, qui fut
pour ainfi dire le baptême du monde, noftre vie
fut reduite à peu d'années, encore le peché & la

défobeïſſance aux loix de Dieu nous les rendent elles inutiles. Car combien voit-on d'hommes qui paſſent cent ans, ou qui ne s'en repentent point s'ils vivent davantage? *Noſtre vie,* dit David, *eſt de ſoixante & dix ans, ou de quatre-vingt au plus, & ſi l'on va au delà ce n'eſt que pour ſouffrir & avoir de la peine.* Vous direz peut-eſtre que je le prens de trop haut, & que je commence à décrire la guerre de Troye par la naiſſance des enfans de Leda. C'eſt pour faire l'éloge de voſtre vieilleſſe & de cette innocence par laquelle vous tâchez d'être ſemblable à JESUS-CHRIST. Vous avez déja cent ans, & vous gardez étroitement les Loix de Dieu; prenant occaſion de ce qui ſe rencontre en cette vie, de mediter la gloire de l'autre. Vous avez encore les yeux bons, vous marchez bien, vous entendez ſans peine, vos dents ſont blanches, & voſtre voix forte; Vous avez de l'embonpoint, voſtre viſage vermeil ne s'accorde point avec la blancheur de vos cheveux, ny vos forces avec voſtre âge: Les années ne vous ont point oſté la memoire comme elles l'oſtent aux autres, la vivacité de voſtre eſprit ne s'eſt point diſſipée avec la chaleur de voſtre ſang, vous ne paroiſſez point ridé, & en un mot la foibleſſe d'une main qui tremble ne vous fait point mal écrire. Il ſemble que Dieu vous ait déja reſſuſcité, pour nous aprendre à imputer au peché, ce qui arrive aux autres, qui paroiſſent déja morts par le corps, quoy qu'ils vivent encore, & faire croire que la jeuneſſe où vous eſtes eſt un effet de ſa Juſtice. Ce n'eſt pas neanmoins que beaucoup de Pecheurs même ne joüiſſent d'un ſemblable bon-heur; mais cette ſanté ſert à leur faire offenſer Dieu, & vous l'employez à luy

Pſal. 89.

Hor. in Art. Poët.

dire des loüanges. Au reste je pretens aujour-
d'huy estre payé de ce que je dis à vostre avantage, à l'exemple de ces fameux Personnages de
Grece, qui recevoient de l'argent des Rois
dont ils publioient les éloges : Et de peur que
vous ne vous imaginiez que je me contente de peu
de chose, je vous demande un tresor d'un prix
inestimable, car vous sçavez que la sainte parole
de Dieu est de l'argent qui a passé par le feu, &
qui a esté éprouvé à la coupelle jusqu'au dernier
grain. Ce sont les commentaires de Fortuna-
tian, le livre d'Aurelius Victor pour apprendre
l'histoire de la persecution de l'Eglise, & les lettres de Novatian, afin que connoissant le venin de cet Heresiarque, je prenne avec plus de
plaisir l'antidote de l'illustre martyr Cyprien.
Cependant je vous envoye une image de vous-
même, en envoyant au vieillard Paul la vie d'un
Paul plus âgé que luy. Sans doute j'ay pris beaucoup de peine à abaisser mon stile, pour m'accommoder à la portée des Simples ; neanmoins je
ne sçay d'où vient cela, qu'on mete de l'eau dans
un vase jusqu'aux bords, il garde toûjours l'odeur
de la premiere liqueur dont il a esté remply. Si
ce petit present vous est agreable, j'en ay d'autres que je vous envoiray, avec quantité de cu-
riositez que l'on apporte icy des Indes, pourvû
que le saint Esprit donne un vent favorable.

A RUFIN.

Il raporte l'histoire du different qu'eurent deux Femmes devant Salomon, pour sçavoir à qui des deux estoit l'enfant qui restoit en vie.

LETTRE IX.

LA renommée nous trompe bien souvent, lors qu'elle publie du mal des Bons, & du bien des Méchans. Je me réjoüis à la verité des témoignages d'affection que vous & le Prestre Eusebe me donnez, & je ne doute point que vous ne parliez de moy avantageusement ; mais je crains que vous n'ayez d'autres sentimens ; c'est pourquoy je vous conjure de me rendre digne de vos loüanges, en vous souvenant de moy dans vos prieres. Si vous m'avez apris mon devoir en m'écrivant le premier, croyez que cela ne vient pas de ce que je ne me soucie point des personnes de merite, mais d'une ignorance toute pure ; car je vous aurois sans doute prévenu si j'avois eu le bon-heur de vous connoistre. Pour ce qui est du jugement de Salomon sur la contestation de deux femmes débauchées : le sens literal de l'histoire n'est pas fort difficile à comprendre. C'est un Prince de douze ans qui malgré le peu d'experience que l'on a ordinairement en cet âge, jugea des mouvemens les plus secrets de la nature ; ce qui le fit craindre & admirer par le peuple d'Israël ; ne se pouvant pas faire que celuy qui découvroit avec tant de sagesse les choses les plus

cachées,

tachées, ignorât celles qui ne le font point. A l'égard du fens myfterieux, car l'Apôtre nous apprend *que ces chofes ont efté des figures, & qu'el-* *les ont efté écrites pour l'inftruction des fiecles ave-* *nir* : quelques-uns des Grecs penfent que cela fe doit entendre de l'Eglife, & de la Synagogue, & fe raporter au temps qui fuivit immediate-ment la Paffion du Sauveur de nos Ames, que le veritable Salomon commença de regner paifi-blement fur le peuple d'Ifraël, & fur les Infi-delles. J'avouë qu'il eft furprenant que l'Ecritu-re nous reprefente la Synagogue & l'Eglife par des femmes débauchées. Mais jettons les yeux fur les Prophetes ; confiderons Ozée qui épou-fe une abandonnée, qui met au monde des En-fans qui ne font point de luy. Regardons Eze-chiel qui parle à Jerufalem comme à une Profti-tuée qui court aprés fes Amants, fe rend à leurs emportemens fur un grand chemin, & bâtit un Temple à l'impudicité dans un lieu remarqua-ble, nous trouverons fans doute que le Sauveur eft venu marier ces deux femmes, reduire deux troupeaux à un, & mettre les brebis faines avec les malades *en rompant la muraille de féparation.* Ce font là les deux verges qui fe joignent en-femble dans Ezechiel, & dont JÉSUS-CHRIST parle en ces termes par la bouche de Zacharie, *J'ay pris deux verges, en appellant une beauté, &* *l'autre bon-heur ; & ay mené paiftre mon troupeau :* De même cette pecherefse de l'Evangile *qui ef-* *fuye avec fes cheveux les pieds de* JÉSUS-CHRIST *aprés les avoir arrofez de fes larmes, & de qui par* *confequent les pechez furent remis*, eft une image vivante de cet affemblage de peuples infidelles qui compofent l'Eglife.

1. Cor. 10

Ozé 1.

Ezech. 16.

Ephef. 2.

Ezech. 37.
Zach 11.

Luc. 7.

B

J'ay bien voulu raporter cela d'abord, de peur qu'il ne parût étrange que l'Eglise & la Synagogue paruſſent ſous la figure de Femmes de mauvaiſe vie. Si l'on demande quel rapport a l'Egliſe avec une femme de mauvaiſe vie, elle qui eſt exempte de tache, & qui n'a point de defaut? Je ne dis pas qu'elle ſoit encore femme de mauvaiſe vie, mais qu'elle l'a eſté autrefois. De même quand on dit que le Sauveur mangea chez Simon le Lepreux, cela ne s'entend pas qu'il fut alors lepreux, mais ſeulement qu'il l'avoit eſté. Quand on fait mention de ſaint Mathieu, avec les autres Apôtres, on l'appelle Publicain; Cependant il avoit renoncé à ce meſtier, après avoir eſté élevé à la dignité de l'Apoſtolat. Voyez encore comment l'Egliſe repouſſe les calomnies de la Synagogue; *Moy*, dit-elle, *& cette femme nous avons demeuré dans la même maiſon*; car après la reſurrection du Sauveur, l'Egliſe ſe forma de l'un & de l'autre peuple : *J'ay enfanté dans la chambre de cette femme*, continuë-t'elle, parce que l'Egliſe venuë des idolâtres, & n'ayant point auparavant de Loix ny de Prophetes, a enfanté dans la maiſon de la Synagogue, d'où elle n'eſt point ſortie, mais où elle eſt entrée. De là vient qu'elle dit dans le Cantique des Cantiques, *Que le Roy l'a fait entrer chez luy* : Et en ſuite, *Je ne vous mépriſeray point*, ajoûte le Roy, *je vous prendray par la main, & je vous conduiray dans la maiſon de ma Mere, & dans l'appartement de celle qui m'a mis au monde*. Elle dit encore que trois jours après ſon accouchement la Synagogue accoucha auſſi. En effet, ſi l'on conſidere Pilate qui ſe lave les mains, diſant *qu'il eſt innocent du ſang du Juſte*; ſi l'on écoute ces

Math. 26.
Luc. 14.
Can. 1.
Can. 3.
Math. 27.

paroles du Centenier qui eſtoit vis-à-vis de la Croix, *Cét homme eſtoit vraiement le Fils de Dieu*; *Marc. 15.* enfin, ſi l'on jette les yeux ſur ceux qui voulant voir le Fils de Dieu avant ſa Paſſion s'adreſſerent *Ioan. 12.* à Philippe, on ne doutera point que l'Egliſe n'ait enfanté la prémiere, & auparavant la naiſ-ſance du peuple Juif, pour qui J E S U S pria ſon Pere de la ſorte, *Pardonnez-leur, car ils ne ſça-vent ce qu'ils font*, & il s'en convertit trois mille en un jour, & cinq mille en un autre. *Nous eſtions enſemble*, ajoûte l'Egliſe; car tous les Fidelles n'avoient qu'une ame & qu'un cœur, *& il n'y avoit que vous deux dans la maiſon*, il n'y avoit ny Juifs ny Idolâtres : *Il eſt arrivé que l'enfant de cette Femme eſt mort la nuit* : C'eſt à dire que pendant qu'une de ces Femmes eſt aſſujetie à la Loy de Moyſe, & qu'elle tâche de l'unir avec celle de l'Evangile, elle tombe dans l'erreur & dans les tenebres. La Mére en dormant étouffa *Can. 3.* ſon enfant; Car elle ne pouvoit pas dire : *Je dors, & mon cœur veille*; de ſorte que s'eſtant levée à minuit, elle prit celuy de l'Egliſe à ſon côté, pendant qu'elle dormoit. Liſez toute l'Epiſtre de ſaint Paul aux Galates; & vous verrez de quelle maniere la Synagogue prétend que les enfans de l'Egliſe luy appartiennent. Cet Apôtre même *Gal. 4.* leur parle de la ſorte; *Mes petits enfans pour qui je ſens de nouveau les douleurs de l'enfantement, juſqu'à ce que* JESUS-CHRIST *ſoit formé dans vous.* D'ailleurs cette Femme ne dérobe pas un enfant vivant pour le garder, mais pour le faire mourir; elle ne l'enleve pas parce qu'elle l'aime, mais parce qu'elle hait celle à qui il eſt, & elle tâche de mettre le ſien, qui eſt mort par les cérémonies de la Loy, à la place de celuy de l'Egliſe.

Je ferois trop long-temps à vous faire voir par des paffages de faint Paul & d'Autheurs Eccléfiaftiques, que l'Eglife n'a point pris pour fon enfant celuy qui eftoit fous le joug de la Loy, & qu'elle a reconnu au jour celuy qu'elle défavoüoit dans les tenebres. De là vient le differend qu'elle eut avec la Synagogue. *C'eft vôtre enfant qui eft mort,* difoit celle-cy devant le Roy, *& celuy qui eft encore en vie eft à moy. Vous ne dites pas vray,* repliquoit l'autre, *celuy qui eft vivant m'appartient, le vôtre eft mort.* Salomon tenoit en cette occafion la place du Fils de Dieu, ainfi que dans le foixante & onziéme Pfeaume, qui eft intitulé Salomon, où tout ce qui fe dit d'un Salomon, qui n'eft plus, fe raporte vifiblement à JESUS-CHRIST. Ce Roy donc, ou plûtoft le Sauveur, fait paroître de là furprife & de l'irrefolution comme un autre Homme, ainfi qu'il arriva, quand il demanda, où l'on avoit mis Lazare, enfuite il fait apporter une épée ; ce qui eft conforme à ce qu'il dit de luy-même dans un autre endroit : *Ne penfez pas que je fois venu aporter la paix fur la terre : Je ne fuis pas venu y aporter la paix, mais l'épée ; car je fuis venu féparer le Fils d'avec le Pere, la Fille d'avec la Mere ; & la Belle-fille d'avec la Belle-mére, & l'Homme aura pour Ennemis ceux de fa propre maifon.* C'eft ainfi que l'Auteur de la Nature la met à l'épreuve, voulant partager un enfant à la loy & à la grace de l'Evangile. Ce n'eft pas néanmoins qu'il approuve cette cruauté; mais il veut convaincre par cét artifice la Synagogue de menfonge. Celle qui ne vouloit pas que l'Enfant de l'Eglife vêcût dans la grace, & qu'il fût racheté de l'Enfer par le Baptême, confent qu'on le coupe, afin que ne pouvant pas en eftre la mai-

Joan. 11.

Math. 10.

treffé, elle ait au moins le plaisir de le voir tuer.
Au contraire l'Eglise le cede à sa rivale, afin de
luy sauver la vie en l'abandonnant à son ennemie,
& que n'estant pas partagé à la loy de Moyse &
à celle de la Grace, il ne soit point frapé de l'Epée
du Sauveur. C'est ce qui a fait dire à saint Paul,
Je vous avertis moy Paul, que si vous vous faites Gal. 6.
circoncire, Jesus-Christ ne vous servira de rien.
Ces mysteres sont cachez sous le voile de l'allegorie, & vous sçavez que la verité de l'histoire ne
s'exprime pas toûjours heureusement sous des
ombres & des nuages. Au reste, si je me suis trompé en quelque chose, ou que j'en aye écrit quelqu'une de peu de consequence, que l'on en accuse
la veritable cause. Mes forces sont épuisées par
une maladie qui me retient au lit depuis long-
temps, & c'est avec beaucoup de peine que j'ay
dicté cette Lettre. Si je me suis étendu, ce n'a
point esté pour montrer que je sçay écrire ; mais
seulement pour vous obeïr, & ne rien dénier à
une amitié naissante. Demandez à Dieu, dans vos
prieres, ma guerison : afin que je puisse vous satisfaire, & qu'après douze mois entiers de langueur,
je vous envoye quelque ouvrage digne de vous.
Je vous prie aussi de m'excuser si cette lettre n'est
pas semblable à celles que j'écris ordinairement ;
car ce que l'on dicte est toûjours moins châtié que
ce qu'on écrit soy-même. En effet, on change une
infinité de choses en écrivant soy-même ; & en
dictant à un autre, on dit tout ce qui se présente
à l'imagination. Pour ce qui est de Caninius, j'ay
receu ses visites avec beaucoup de plaisir, & il
pourra vous aprendre ce que j'ay enduré de la
blessure que j'ay à la main droite, & le danger
où j'ay esté jusqu'à cette heure.

B iij

A PAULIN

Evêque d'Antioche.

*Il s'excuse de ce qu'il n'est pas plus exact
à luy écrire.*

LETTRE X.

VOus me priez de vous écrire, & en même
temps vous m'en détournez par la beauté de
vos lettres, qui sont peu differentes de celles de
Ciceron. Pour ce qui est des plaintes que vous faites de ce que je vous écris à la haste, & en peu de
mots, cela ne vient pas de ma negligence ; mais de
l'apprehension que j'ay d'un Homme tel que vous,
qui auroit d'autant plus de lieu de reprendre,
que je lui adresserois de longues lettres. D'ailleurs, quand les vaisseaux sont prests à partir, j'ay
tant de réponses à faire, que si je voulois contenter tout le monde, sur ce qu'il me demande, jamais je n'acheverois. C'est pourquoy, sans m'in-
quieter de mon stile, ny des petits soins que
prennent ceux qui composent à loisir, je vous
écris ce qui me vient à la pensée ; vous regardant
plûtost comme mon amy, que comme le juge le
mes ouvrages. J'ay receu ce que vous m'avez
envoyé, * & je l'estime beaucoup moins pour sa
valeur, que pour la charité avec laquelle vous me
l'avez donné ; je m'en serviray à me couvrir la
teste, me réjoüissant d'avoir un Amy qui m'ait
fait un tel present.

* C'estoit un bonnet de laine.

A DESIDERIUS, OU DIDIER.

*Il le loüe d'abord par l'etymologie de son nom,
aussi bien que sa sœur Serenille, les exhortant
l'un & l'autre à venir à Jerusalem, & leur
aprend ensuite pourquoy il ne leur envoye point
de ses ouvrages.*

LETTRE XI.

APRE's avoir lû la lettre dont vous m'avez
honoré, quand je l'attendois le moins, j'ay
esté bien aise, à la verité, de sçavoir les sentimens
d'un Homme sincere & éloquent; mais estant
rentré en moy-même, je me suis trouvé tellement
indigne des loüanges que vous me donnez, que
j'ay plûtôt esté acablé sous leurs poids, que soû-
lagé par leur douceur. Ignorez-vous que je fais
profession de l'humilité, & que je travaille à gagner le Ciel en m'abbaissant ? Et puis qui suis-je
pour meriter que vous m'écriviez, & que vous
fassiez l'éloge de mon éloquence, vous qui m'em-
peschez de vous écrire par la beauté de vos lettres?
Cependant je me feray violence, & si je ne parle
pas en Maistre, je répondray au moins à vostre
civilité ; puisque la charité me défend d'en user
autrement. Je me réjoüis donc avec vous & avec
vostre illustre sœur Serenille qui s'est retirée du
monde pour suivre JESUS-CHRIST. A vôtre égard,
il semble que vostre nom estoit un présage de ce
que vous deviez estre : C'est ainsi que Daniel fut
appellé l'Homme de desirs, & le Favory de Dieu,
parce qu'il brûloit du desir de connoistre ses

myſteres. Je ſatisferay auſſi aux prieres de la venerable Paule, vous conjurant qu'en venant viſiter la Terre-ſainte, nous puiſſions joüir de vôtre preſence à cette occaſion. Quand vous ne
ſeriez pas content de noſtre entretien, vous ſi-
gnalerez au moins voſtre foy en adorant des
lieux, où les pas du Sauveur du monde ſont encore imprimez, & où les marques de ſa Paſſion
ſemblent encore nouvelles. Au reſte, je ne vous
envoye point de mes ouvrages, craignant de vous
envoyer ce que vous avez déja, la plûpart ayant
eſté mis au jour ſans le meriter. Toutefois ſi
vous voulez, prenez la peine d'en demander à
Marcelle, ou à Domnion perſonnage d'une ſi
grande ſainteté, qu'il eſt le Lot de noſtre ſiecle.
Pour moy qui ſoûpire aprés voſtre preſence, je
vous les donneray tous quand vous ſerez icy; ou,
ſi quelque obſtacle vous empeſchoit d'y venir,
je vous envoiray de bon cœur ceux que vous me
demanderez. J'ay écrit la vie des Hommes illuſtres qui ont eſté depuis les Apoſtres juſqu'à
cette heure, à l'imitation de Tranquille, & du
Grec Apollonius : & même comme le dernier
& le plus petit des Chrêtiens, je me ſuis mis à
la fin de ce Livre où j'ay eſté obligé de marquer ce que j'ay compoſé, juſqu'à la quatorziéme
année de l'Empire de Theodoze. Quand ceux,
dont je vous ay parlé vous l'auront donné, s'il
vous manque quelque choſe de la table, je vous
le feray tranſcrire, ſi vous le deſirez.

A CROMATIUS ET HELIODORE.

*Il leur aprend de quelle maniere il a travaillé
à la traduction du livre de Tobie.*

LETTRE XII.

JE suis surpris de la maniere dont vous me priez
de traduire de Caldeen en Latin le livre de Tobie, que les Hebreux n'ont point mis au nombre
des livres sacrez, & qu'ils ont rejetté comme apocryphe. En cela j'ay plûtost suivy vostre inclination que la mienne : car les Hebreux trouvent à
dire que contre leurs maximes on découvre par
des traductions leurs mysteres aux Latins. Cependant j'ay mieux aimé leur déplaire, que ne pas
obeïr à des Evêques : Je m'en suis acquité comme j'ay pû, & parce que le Caldeen a beaucoup
de rapport avec l'Hebreu, je me suis servy d'un
homme qui parle tres-bien l'une & l'autre Langue ; & j'ay employé une journée entie reà faire
écrire en Latin, ce qu'il m'avoit expliqué en Hebreu. Si j'aprens que je me suis bien acquité de ce
que vous m'avez commandé, vos prieres me re-
compenseront de ma peine.

A DOMNION ET ROGATIEN.

Il leur aprend combien la traduction des Paralipo-
menes luy a donné de peine, & rend la raison
des difficultez qu'il y a rencontrées.

LETTRE XIII.

COMME l'on comprend plus facilement
l'histoire de la Grece aprés avoir demeuré à
Athene, & le troisiéme livre de l'Eneïde de Virgile aprés avoir fait le même voyage qu'Enée ;
ainsi on entend mieux l'Ecriture sainte lors qu'on
a vû la Judée, & que l'on a apris la situation &
les noms anciens & modernes de ses Villes. C'est
ce qui m'a obligé à la parcourir avec des Hebreux d'une éminente érudition. Car enfin, mes
chers Amis, je me fie si peu à mes forces & à mes
propres sentimens dans ce qui regarde l'Ecriture
sainte, que je consulte les Autres, même sur les
choses que je croy bien sçavoir ; voyez ce que je
puis faire lorsque j'ay quelques doutes. Parce que
vous m'avez prié de traduire en Latin le livre des
Paralipomenes, j'ay fait venir de Tabarie un
homme, dont la science est en admiration parmy
les Hebreux ; & ayant conferé avec luy sur ce
livre depuis le commencement jusqu'à la fin,
j'ay entrepris avec ce secours ce que vous m'a-
vez commandé d'executer : Et puis, pour vous
parler franchement, les noms propres qui se trouvent dans cet ouvrage sont tellement corrompus
dans le Grec & dans le Latin, qu'on les prendroit

plûtoſt pour des termes barbares que pour dès mots Hebreux. Cependant je n'impute pas ces fautes aux Septante ; qui eſtant remplis du ſaint Eſprit n'ont pû manquer d'écrire la verité : mais aux Copiſtes qui ont mal tranſcrit un original tres-correct, & qui de deux ou trois mots n'en ont fait qu'un ſeul, ou en trouvant un trop long, en ont fait deux ou trois. D'ailleurs les noms appellatifs qui s'y rencontrent ne ſont pas des noms propres d'hommes, comme penſent quelques-uns ; mais ils ſignifient des lieux, des Villes, & des Provinces, & expriment ſouvent des hiſtoires entieres. De là vient qu'on trouve ſouvent ces paroles dans le livre des Rois, *Cela n'eſt-il pas écrit dans le Journal des Rois de Juda ?* & neanmoins il ne s'en voit rien dans noſte ouvrage. Au reſte, ce livre que nous avons diviſé à cauſe de ſa longueur, ne l'eſt pas parmy les Hebreux, qui l'appellent Journal. C'eſt ce qui eſt arrivé à celuy de Ciceron, intitulé Brutus, que l'on a partagé en trois, quoy que ce partage ſoit inconu à l'Auteur de l'ouvrage. Il faut auſſi prendre garde, comme je vous l'ay déja marqué, que les appellatifs y ſignifient plûtoſt les choſes mêmes que des noms propres d'hommes, & que toute la conoiſſance de l'Ecriture ſainte eſt renfermée dans ce Livre. En effet, on y rencontre, par l'explication de quelques mots des hiſtoires qui avoient eſté entierement omiſes, ou touchées legerement en leur place. Je vous envoye donc cet ouvrage que j'ay achevé avec le ſecours de vos prieres, & je ne doute point que s'il eſt vû de bon œil par mes Amis, il ne déplaiſe à mes Envieux : Car comme remarque Pline, la plûpart des hommes aiment mieux mépriſer les bonnes choſes, que les aprendre : Mais si quelqu'un y veut trouver à dire, qu'il consulte les Hebreux, qu'il pense à ce qu'il fait, qu'il examine l'ordre & la suite du discours, & aprés cela qu'il en parle comme il voudra. J'y ay marqué par une étoile ce qu'on a pris de l'Hebreu, & qui n'est pas dans le Latin, & par une ligne de travers ce qui n'est point dans l'Hebreu, & que les Septante ont ajoûté, soit pour la liaison du discours, ou par les lumieres du saint Esprit.

AUX MÊMES.

Sur la traduction des Livres d'Esdras &
de Neemie.

LETTRE XIV.

JE ne sçay qui des deux est le plus difficile, ou de vous accorder ce que vous demandez, ou de vous le refuser. D'un côté je ne suis pas d'humeur à ne vous point obeïr, & de l'autre vous me chargez d'un fardeau si pesant, qu'il m'accablera peuteftre avant que j'en sois déchargé. Ajoûtez à cela, la jalousie des mes Envieux, qui reprennent tous mes ouvrages, & qui déchirent en public ce qu'ils lisent en particulier. Cela m'oblige bien souvent de me servir de cette priere du Prophete, *Défendez-moy Seigneur contre la médisance & contre l'injustice.* Depuis trois ans vous me conjurez par une infinité de lettres de vous traduire de l'Hebreu le livre d'Esdras & celuy d'Ester, comme si vous n'aviez pas le texte Grec & le texte Latin ; ou que tout le monde ne méprisât pas ce que je fais ; ou qu'enfin ce ne fût pas une grande imprudence, comme dit un Poëte Comique, que travailler pour ne faire que des ennemis. Je vous prie donc, mes chers Amis, de vous contenter de lire ce que je vous envoye, sans le donner à personne, & qu'il ne tombe point entre les mains de ces orgueilleux qui critiquent les Autres, & qui sont incapables de rien faire ; Neanmoins s'il ne déplaisoit pas à quelqu'un de nos Freres, vous pourez le luy prêter, & vous l'avertirez qu'en le copiant il écrive distincte-ment, & separe les mots Hebreux qu'il trouvera en grand nombre : car la correction de cet ouvrage seroit inutile, si elle n'estoit conservée par ceux qui le transcriront. Au reste, qu'on ne s'étonne pas que je ne donne qu'un livre, & que j'aye retranché les réveries du troisiéme & du quatriéme, qui sont apocryphes ; Les Hebreux n'ont fait qu'un livre d'Esdras & de Neemias, & nous ne devons point suivre ce qu'ils ont rejetté. Si l'on objectoit la version des Septante, dont les exemplaires sont tronquez & differens, & qu'on dît que cette diversité est incompatible avec la verité ; vous répondrez que l'Evangile raporte une infinité de choses, comme si elles estoient du vieux Testament, & qui cependant ne se trouvent point dans cette version des Septante. En voila des exemples ; *Il sera appellé* *Esa. 11.* *Nazarien. J'ay rappellé mon fils d'Egypte. Ils ver-* *Ose. 11.* *ront celuy contre qui ils se sont gendarmez.* Deman- *Zach. 12.* dez où sont écrits ces passages, & beaucoup de pareils, dont nous parlerons dans un ouvrage de plus longue haleine ; & si l'on ne peut vous répondre, faites voir les exemplaires que j'ay mis au jour, & que la censure cruelle de mes Envieux persecute continuellement. Mais pour terminer l'affaire en un mot, & ne rien dire que de tres-raisonnable, si j'ay avancé quelque chose qui ne se trouve point dans le Grec, ou qui s'y trouve d'une autre maniere, qu'on ataque les Hebreux, dont je ne suis que le traducteur ; & qu'on leur impute la fidelité ou l'infidelité de ma version, puis qu'ils sont mes garands. Cependant je crains qu'on ne me veüille calomnier de quelque maniere que ce soit, & qu'on n'imite pas les Grecs, qui depuis la version des Septante, & dans un siecle éclairé des lumieres de l'Evangile, lisent encore avec aplication Aquila, Symmachus, Theodition, & qui même, par les soins d'Origene, ont consacré au service de leurs Eglises les œuvres de ces Interpretes de l'ancienne loy Juifs & Hebionites. Certes les Latins devroient avoir une grande joye de voir les Grecs prendre avec plaisir quelque chose de leurs livres. D'ailleurs, outre la difficulté qu'il y auroit à trouver tous les exemplaires, sans parler de la dépense, quand même on les rencontreroit, on erreroit toûjours beaucoup ; puisque ceux qui n'entendroient point l'Hebreu ne sçauroient qui de plusieurs auroit dit la verité. Cela est arrivé depuis peu à un illustre Grec, qui s'estant écarté du veritable sens de l'Ecriture, est tombé dans les erreurs de chaque Interprete. Pour moy qui ay quelque teinture de l'Hebreu, & qui m'explique passablement en Latin, je puis juger des ouvrages des Autres, & écrire en nostre langue ce que j'entens bien. De-là vient, que quoy que l'on dise, ou que l'on fasse, je ne me tairay jamais par la grace de Dieu; quand on m'auroit coupé la langue je balbutirois encore : Me lise ou ne me lise pas qui voudra, & que l'on critique jusqu'à mes caracteres, vostre zele m'encouragera plus à travailler, que la médifance de mes Ennemis ne m'en détournera.

◆◆◆◆◆◆◆◆◆◆◆◆◆◆

A MINERIUS ET ALEXANDRE
Solitaires.

Il leur parle de quelques-uns de fes ouvrages.

Lettre XVI.

JE vous écris ces lignes à la hafte , parce que noftre frere Syfinius qui m'a rendu vos lettres eft preft à partir , & je vous avoüeray une chofe plûtoft acaufe de la fincere amitié qui eft entre nous , que pour en tirer aucune gloire. Il m'a aporté des Monafteres de voftre Province quantité de difficultez, aufquelles je penfois que je pourois répondre fort à loifir avant l'Epiphanie , & j'y travaillois aux heures dérobées de la nuit , remettant voftre affaire aprés celle des Autres, comme la plus difficile, quand il m'eft venu dire qu'il s'en alloit. Je l'ay prié de differer encore fon retour ; mais il m'a reprefenté la neceffité où eftoient reduites les maifons Religieufes & plufieurs Fideles d'Egypte par le peu d'eau qui eft au Nil , & j'ay crû que j'offenferois Dieu en le retenant plus long-temps. Je vous envoye donc par pieces & fans coudre , ce que je vous avois preparé ; afin que vous y ajoûtiez ce qui y manque. Vous eftes fçavant & judicieux ; vous avez pteferé l'éloquence de Jesus-Christ à celle du bareau ; & en un mot vous m'entendrez auffi facilement que ce Villageois qui comprit

autrefois la penſée d'un Philoſophe, avant qu'il
fût à la moitié de ſon diſcours. Le peu de temps
que j'ay eu eſt cauſe que je ne vous donne que
les opinions de ceux qui ont écrit ſur l'Ecriture
ſainte, & j'en ay traduit la plus grande partie
mot à mot, tant pour vous oſter le ſujet de ne me
rien demander, qu'afin que liſant vous-mêmes
ces Auteurs, vous vous arreſtiez plûtoſt à leurs
ſentimens, qu'aux miens.

A BONASE.

*Cet homme ayant pris pour luy ce que ſaint Jerôme
diſoit en general contre les vices, écrivit contre
luy. C'eſt dequoy noſtre Auteur ſe mocque dans
cette Lettre.*

LETTRE XVI.

LEs Chirurgiens ont le malheur de paſſer pour
cruels. En effet, il y a de la dureté à n'eſtre
point ſenſible aux bleſſures des autres, à couper
inhumainement la chair, & à faire ce que celuy
même qu'on guerit ne voit qu'avec horreur. C'eſt
ainſi que l'on en uſe: On trouve naturellement de
la douceur dans le vice & de l'amertume dans la
verité. Eſaye prophetiſe en marchant nu la ſervitude dont Jeruſalem eſtoit menacée. On envoye
Jeremie de cette Ville vers l'Euphrate, afin d'y
faire pourir ſa ceinture dans un trou de pierre,
entre le Camp des Caldeens & celuy des Aſſy-
riens. On commande à Ezechiel de manger du
pain pêtri de toutes ſortes d'immondices; & ce
Prophete

Eſa. 20.

Jerem. 13.

Ezech. 34.

Prophete voit mourir ſa femme ſans pleurer.
On chaſſe Amos de Samarie. Pourquoy tout ce- *Amos. 7.*
la ? Parce qu'on vouloit que ces Medecins des
ames fiſſent eux-mêmes penitence, pendant
qu'ils crioient contre les pechez des Autres. Saint
Paul parle en ces termes, *Suis-je devenu voſtre* *Ad Gal. 4.*
Ennemy en diſant la verité ? Et pluſieurs des Diſ- *Ioan. 6.*
ciples du Sauveur le quitterent, parce que ſes
Commandemens eſtoient difficiles à executer.
Aprés cela on ne doit pas s'étonner que nous en
offenſions pluſieurs perſonnes en reprenant le
vice : Cependant ſi j'ay blâmé un nez qui ſentoit
mauvais, que celuy qui le portoit ne ſe mouchoit-
il ? Si j'ay blâmé le Corbeau de ſes croaſſemens,
que ne s'eſt-il aperçeu qu'il croaſſoit ? N'y a-t'il
à Rome qu'un homme dont le nez ſoit de mauvaiſe ódeur ? N'y a-t'il que Bonaſe qui croaſſe
par ſes diſcours enflez ? Je dis que des gens ſe
ſont élevez à une certaine dignité par leurs fauſ-
ſetez, par leurs parjures, & par leurs autres crimes ; que fait cela à un innocent ? Je me mocque
de l'éloquence foible d'un Avocat qui a beſoin
d'un Autre pour plaider ſa cauſe ; eſt-ce offenſer
un Avocat habile ? Je veux qu'on reduiſe en cendres la ſtatuë de Vulcain avec le feu qui brûle ſur
ſon autel ; pourquoy celuy chez qui cette ſtatuë
n'eſt point, & qui ne demeure point auprés d'elle
éteindra-t'il l'incendie ? Que je parle des Hibous
& des Monſtres du Nil, Bonaſe s'imagine que
je l'attaque ; quelques vices que je gourmande,
il croit que je parle des ſiens. Il me fait un procés
& m'appelle ſatyrique : Penſe-t'il valoir quelque choſe, parce que ſon nom ſemble de bon au-
gure ? Les Parques ne ſont-elles pas appellées de
ce nom, quoy qu'elles ne pardonnent à per-

C

fonne ? Nomme-t'on pas les furies, Eumenides,
quoy qu'elles n'ayent point de compaffion, &
ne dit-on pas bien fouvent que les Ethiopiens
font blancs ? Cependant fi la peinture du vice le
met fi fort en colere, il faudra luy conter les douceurs de Perfe, & luy fouhaiter que les Rois &
les Reines defirent de l'avoir pour gendre, que
les Dames courent aprés luy, & qu'il fleuriffe
des rofes fous fes pas. Cependant je veux luy
donner un avis pour le faire eftimer de ceux qui
ne le verront point, qu'il fe coupe le nez, & que
fa langue fe taife, il deviendra par là beau &
éloquent.

Cette Lettre eft de S. Auguftin.

Il affure S. Jerôme qu'il n'a point écrit contre luy.

LETTRE XVII.

J'AY apris que mes lettres vous avoient efté
renduës ; toutefois je ne vous reprocheray
pas de ne m'avoir point fait de réponfe : quelque chofe vous en a empefché, & je prie Dieu
qu'il vous envoye le moyen de me faire tenir de
vos lettres, puis qu'il vous a donné celuy de m'en
écrire, & que vous le ferez aifément quand vous
voudrez. J'ay douté fi je devois croire ce qu'on
m'a raporté ; mais je n'ay point douté que je ne
deuffe vous en parler : il n'y a qu'un mot. J'ay
fceû que quelques-uns de nos Freres vous
avoient dit que j'avois envoyé à Rome un Livre, que j'avois écrit contre vous. Cela eft faux,
& je prens Dieu à témoin de mon innocence.

Si je me trouve en quelques endroits de mes ouvrages d'une opinion differente de la voftre,
vous connoîtrez que j'ay declaré ingenument
ma penfée fans avoir eu deffein de vous attaquer,
ou fi vous ne le pouvez pas connoître, vous devez le croire. Pour moy, non-feulement j'auray
beaucoup de joye que vous repreniez charitable-
ment ce qui vous choquera dans mes ouvrages ;
mais encore je vous prie de les corriger, & de
me faire fçavoir voftre fentiment. Puifque Dieu
ne m'a pas fait la grace de demeurer avec vous,
que ne m'a-t'il fait au moins celle d'eftre voftre
voifin ; que nous nous fuffions entretenus tous
les jours agreablement ! Mais puifque je fuis privé de ce bon-heur, je vous conjure que nous
foyons enfemble autant que nous le pouvons,
& que vous en conferviez les moyens en ne mé-
prifant point mes lettres, pour peu que vous en
receviez. Je faluë Paulinien & les Autres qui ont
la gloire d'eftre auprés de vous. Adieu mon tres-
cher & tres-honoré frere. Souvenez-vous de moy
dans toutes vos prieres.

RE'PONSE DE SAINT JERÔME
à Saint Augustin.

Il luy aprend qu'il a receu sa Lettre, à laquelle
il n'a point répondu pour diverses raisons qu'il
raporte ; & l'assure qu'il se deffendra si l'on l'at-
taque.

LETTRE XVIII.

LE Soûdiacre Asterius mon Amy & nostre
Fils en JESUS-CHRIST partoit quand j'ay receu vostre lettre, par laquelle vous vous justifiez de n'avoir point envoyé à Rome un Livre
écrit contre moy. On ne m'avoit pas dit à la verité que vous l'eussiez fait : mais le Diacre Sysinnius m'a envoyé la copie d'une certaine lettre
qui sembloit s'adresser à moy, par laquelle vous
m'exhortiez à me dédire sur un passage de saint
Paul, & à imiter le Poëte Stesicores, qui ayant
perdu la veuë en parlant mal d'Helene, la recouvra en luy donnant des loüanges. Quoy que la
copie de cette lettre aproche assez de vostre stile,
cependant je ne m'y suis pas arresté legerement.
En effet si je vous eusse offensé en y répondant,
vous eussiez eu sujet de vous plaindre de ce que
j'eusse écrit, sans avoir prouvé que vous estiez
auteur de cette lettre. D'ailleurs la maladie de la
venerable Paule a beaucoup contribué à la longueur de mon silence ; car l'assiduité où j'ay esté
auprés d'elle m'a presque fait oublier cette lettre,
soit qu'elle soit de vous, ou d'un Autre. Eclair-

eissez-moi donc là-dessus, ou m'en envoiez une
copie plus fidelle ; afin que nous disputions sans
animosité sur l'Ecriture sainte ; & que je reconnoisse ma faute, ou que je fasse voir qu'on s'est
trompé en me reprenant. Pour ce qui est de vos
ouvrages je n'y toucherai jamais ; Je suis trop
empesché à examiner les miens sans vouloir corriger ceux des autres : Vous sçavez aussi que tout
le monde a de l'amour propre pour ses sentimens, & que c'est une vanité de jeune homme
que chercher à établir sa reputation en ataquant
des Personnes illustres. Et puis une interpretation différente de la mienne ne m'offense point,
comme ce n'est point vous choquer que n'estre
point de vostre opinion. C'est ainsi que les veritables Amis en doivent user. Aprés cela aimez-
moi autant que je vous aime ; & à la fleur de
vostre âge n'ataquez point sur l'Ecriture sainte
un Vieillard. J'ai achevé ma carriere oû j'ai
couru autant que j'ai pû. A cette heure je dois
me reposer pendant que vous fournissez à celle
où vous estes engagé. De peur aussi qu'il ne
semble que vous soiez seul à raporter quelque
chose des Poëtes ; souvenez-vous du combat de
Dares & d'Entellus, & ne trouvez pas mauvais
que je parle avec cette liberté. Je vous écris cette
lettre avec beaucoup de regret de ne pouvoir pas
vous embrasser, & estre auprés de vous ; sans doute, qu'en nous entretenant ensemble, ou j'apprendrois quelque chose de vous, ou vous ap-
prendriez quelque chose de moi. Au reste, Calphurnius Lanarius m'a envoié, avec son effronterie ordinaire, ses impostures & ses médisances,
qu'il a même répanduës jusques en Afrique, à
ce que j'ai apris par un petit livre dont je vous

fais tenir des exemplaires : j'y répondray quand
il fera temps par un ouvrage de plus longue haleine que je vous adresseray à la premiere occasion : Dans celuy-cy j'ay taché particulierement
de confondre les mensonges d'un ignorant sans
rien dire qui donnât atteinte à la charité Chrêtienne. Souvenez-vous de moy, illustre Prelat,
& jugez si ce n'est pas vous aimer tendrement
que ne me point défendre quand vous m'avez
attaqué, & que ne vous avoir point crû Auteur
d'un ouvrage dont je me serois peut-estre plaint
si un Autre l'eût fait. Nostre frere à vous & à
moy vous saluë.

AU MÊME.

Il louë la beauté de son esprit, & celle de quelques
ouvrages qu'il luy avoit envoyez.

LETTRE XIX.

J'AY receu favorablement le Prestre Osorius
mon Frere & vostre fils en JESUS-CHRIST,
tant à cause de son merite particulier, que parce
que vous me l'aviez recommandé. Mais il est
arrivé en un temps malheureux, où j'ay crû qu'il
valoit mieux me taire que parler ; De sorte que
la médisance a interrompu mes occupations ordinaires, & je n'ay point répondu aux deux livres que vous m'avez fait l'honneur de me dedier. Ce n'est pas que je croye qu'il y ait rien à
reprendre à deux ouvrages pleins de la plus haute érudition, & de la plus pompeuse éloquence ;
Mais, comme dit l'Apôtre, chacun a son senti-

ment ; celuy-cy penſe d'une maniere, & celuy-là d'une autre. Certes vous avez raporté tout ce qui ſe pouvoit dire ſur cette matiere, & vous avez puiſé dans l'Ecriture ſainte tout ce qu'un éminent eſprit y pouvoit prendre. Car il faut que je loüe en paſſant la beauté de voſtre eſprit, puiſque ce que nous en faiſons n'eſt que pour nous inſtruire, & que d'ailleurs nos ennemis, & particulierement les Heretiques, nous accuſe-roient d'avoir de l'animoſité, s'ils nous voyoient dans des opinions directement oppoſées. Pour moy j'ay reſolu de vous cherir, de vous admirer, & de défendre vos ouvrages comme les miens propres ; Même j'ay parlé de vous, comme j'ay dû, dans un Dialogue que j'ay mis au jour depuis peu. Au reſte, faiſons en ſorte que l'on ſepare des Fidelles ces dangereux Heretiques, qui tâ-chent par des mortifications affectées d'obtenir la permiſſion de preſcher dans les Egliſes pour y inſinüer plus facilement leur doctrine, de peur que s'ils l'enſeignoient ouvertement on ne les renverſât tout d'un coup en les chaſſant. Vos illuſtres filles Paule & Euſtoche menent une vie digne de leur naiſſance, & des conſeils que vous leur avez donnez, elles & tous nos Freres qui ſervent icy Dieu vous ſalüent. J'envoyay l'an paſſé à Ravenne, & delà en Afrique & en Sicile, le bon Prêtre Firmus pour les affaires de ces deux Dames, & comme ſans doute il eſt à cette heure en Afrique, je vous conjure de le ſalüer de ma part, ainſi que vos Freres qui demeurent avec vous, & de prendre la peine de luy rendre les let-tres que je luy écris, ſi elles tombent entre vos mains. Je prie Dieu qu'il vous conſerve, & que vous vous ſouveniez toûjours de moy. Comme nous avons icy peu de gens qui sçachent écrire le Latin, je n'ai pû vous obeïr, particulierement en ce qui regarde la version des Septante ; car on m'a dérobé la plus grande partie de ce que j'avois fait sur cette matiere.

Cette Lettre est de Saint Augustin, & il l'écrit à Præsidius, pour le prier de faire tenir une Lettre à S. Jerôme.

LETTRE XX.

JE vous prie aujourd'hui, comme j'ai fait autrefois de vive voix, de rendre mes lettres au Bien-heureux Jerôme nostre frere ; & pour vous aprendre en quels termes vous lui devez écrire en ma faveur, je vous envoie des copies des lettres que je lui ai envoiées, & de celles que j'ai receuës de sa part. Vous verrez en les lisant quelles mesures j'ai gardées avec une personne que je n'ai pas apprehendée sans sujet. Si je lui ai dit quelque chose que je n'aie pas dû lui dire, je vous conjure de m'en faire plûtost des plaintes qu'à ce grand homme, afin que sçachant ma faute, je m'en corrige, & lui en demande pardon.

A AUGUSTIN.

Il le conjure de lui écrire à l'avenir des Lettres d'amitié, sans y mêler aucunes questions inutiles.

LETTRE XXI.

M'INFORMANT soigneusement de noſtre frere Firmus de voſtre ſanté, j'ai eu le plaiſir d'aprendre que vous vous portiez bien : mais lui demandant de vos lettres avec impatience, il m'a dit, qu'il eſtoit parti d'Afrique ſans que vous le ſçuſſiez. Je vous écris aujourd'hui par le même, car il vous cherit tendrement ; & je vous conjure de m'excuſer ſi je n'ai pû lui refuſer une lettre qu'il m'a demandée pour vous ; ſi je commets en cela une faute, entendez-moi s'il vous plaiſt, & croiez qu'on en a commis une plus grande en m'obligeant à vous écrire. Mais baniſſons d'entre nous cette ſorte de langage, & qu'il n'y ait que de l'amour & de l'union ; que nos lettres à l'avenir ne ſoient plus remplies de queſtions inutiles, mais de marques d'amitié & de tendreſſe. Vos Freres qui ſont icy vous ſalüent, & de mon côté je ſalüe ceux qui demeurent avec vous, & entr'autres le venerable Alipius : je prie Dieu qu'il vous tienne dans une parfaite ſanté, & que vous vous ſouveniez toûjours de moi. Si vous avez leu le Commentaire que l'on a fait ſur Jonas, ſans doute vous aurez trouvé à dire à la citroüille ; au reſte ſi je me ſuis vangé de celui qui a écrit le premier contre moy, il est de vostre justice de condamner plûtôt celuy qui a attaqué, que celuy qui s'est défendu. Nous écrirons l'un & l'autre sur l'Ecriture sainte si vous le desirez, mais ne nous difons rien qui nous aigrisse.

AU MÊME.

Il luy recommande le Diacre Præsidius.

LETTRE XXII.

JE vous fis exactement réponse l'an passé, & vous écrivis par le Soûdiacre Assirius une lettre qui fans doute vous a esté renduë. Je vous prie aujourd'hui de vous fouvenir de moi, & de recevoir favorablement les lettres qui vous feront prefentées par le Diacre Præsidius, & de l'assister où il aura befoin de vostre fervice, comme un homme dont les interests me font chers. Ce n'eft pas graces à Dieu, qu'il lui manque quelque chofe, il defire feulement de connoistre les Perfonnes vertueufes, croiant qu'il gagnera infiniment avec elles, & il vous aprendra ce qui l'a obligé à faire un voiage en Occident. Pour ce qui nous regarde, nous fommes battus de diverfes tempeftes dans noftre folitude, & nous endurons toutes les fatigues d'une navigation difficile, cependant nous efperons en celui qui a dit, *Ayez confiance, j'ay vaincu le monde*; & nous ne doutons point qu'avec fon affistance, nous ne remportions la victoire fur le Diable. Je vous fupplie de faluër de ma part le faint & venerable Evêque Alipius, & de recevoir les

Ioan. 16.

civilitez que vous presentent nos Freres qui sont
ici. Je prie Dieu qu'il vous conserve, & que
yous ne m'oubliyez jamais.

A RIPAIRE PRESTRE.

*Il luy donne avis de ce qui se passa en la condam-
nation des opinions d'Origene, & de ce que
Rufin qui les défendoit fut chassé de la Palestine.*

LETTRE XXIII.

J'Ay apris par vos lettres, & par le recit de
plusieurs personnes, qu'estant aux mains avec
les Ennemis de la foi Catholique, vous trouviez
des vents contraires, & que ceux qui devoient
aporter la paix dans le monde, y allumoient la
guerre & la division. Neanmoins je vous dirai
que nostre Catilina, plûtôt par un coup du Ciel
que par l'entremise des hommes, a esté chassé
non-seulement de cette Ville, mais encore de
toute la Palestine; mais nous avons le déplaisir
de voir à Jaffa plusieurs complices de la conjura-
tion qui sont demeurez avec Lentulus. Pour nous,
nous avons mieux aimé changer de sejour que
de foy, & nous avons abandonné les charmes
de nostre demeure ordinaire, afin de n'avoir point
pour voisins des gens à qui il auroit falu ou
ceder, ou livrer tous les jours des combats. Je
pense que vous avez sçeu par le bruit commun,
ce que nous avons souffert, & de quelle maniere
Dieu nous a vangez de nostre ennemi. Je vous
supplie d'achever ce que vous avez commencé;

& que l'Eglise ne manque pas d'un protecteur
pendant que vous vivrez. Vous avez toutes les
qualitez neceffaires pour cela, car en cette occafion on a moins befoin des forces du corps,
que d'un zele qui ne fe laffe point, comme vous
pouvez l'apprendre du Diacre Alens qui fans
doute vous raconte fidellement ce qui s'eft paffé.
Vos Freres qui font icy vous faluüent. Je prie
Dieu qu'il vous tienne en parfaite fanté, & que
vous vous fouveniez toûjours de moi.

A APRONIUS.

*Il le louë de ce qu'il ne s'eft point laiffé infecter
des erreurs des Origeniftes, & l'exhorte à
venir à Jerufalem.*

LETTRE XXIV.

JE ne fçay par quel artifice du Demon il eft arrivé que vos foins, ceux du Preftre Innocent,
& mes defirs n'ont rien produit jufques icy. Cependant je louë Dieu, de ce qu'au milieu des
traverfes que l'enfer vous fufcite, voftre zele ne
s'eft point diminué ; Certes ce m'eft une joye
extrême d'apprendre que mes enfans en JESUS-
CHRIST combatent genereufement pour fes interefts, & je fouhaite que celui en qui nous efperons également, porte noftre courage jufqu'à
mourir avec plaifir dans fa querelle. Je fuis fen-
fiblement touché de la ruine de l'illuftre maifon
dont vous me parlez, quoi que j'ignore encore
comment elle eft arrivée, car celui qui m'a rendu

vos lettres ne le sçavoit pas luy-même. Il est
juste que nous prenions part à l'affliction de nos
Amis, & que nous implorions pour eux la clemence de celuy qui est seul le maistre tout-puis-
sant, quoy que nous l'ayons offensé en favorisant ses Ennemis. Pour vous, ce sera tres-bien fait
de quitter tout pour venir en Orient & visiter la
Terre-sainte ; car enfin tout est tranquille ; &
quoy que quelques-uns gardent encore leur venin, leur bouche neanmoins ne vomit point
d'impietez, & ils sont devenus comme des as-
pics sourds qui bouchent leurs oreilles. Je salüe
nos freres. Nostre Monastere est épuisé de toutes
les commoditez de la vie par les hostilitez des
heretiques, mais graces à Dieu les tresors du
Ciel ne luy manqueront point, & il vaut mieux
mendier son pain, que renoncer à la Foy.

❀❀❀❀❀❀❀❀❀❀❀❀❀❀❀❀❀❀❀:❀

AU PAPE DAMASE.

*Quoy qu'on pût dire alors que l'Arianisme estoit
ruiné, neanmoins quelques Eglises d'Orient en
estoient encore infectées, & entr'autres celle
d'Antioche dont l'Evêque pressoit nostre Auteur
d'avoüer trois hypostases. Le saint Docteur consulte là-dessus le Pape, & luy demande ce qu'il
doit croire, & ce qu'il doit répondre.*

LETTRE XXV.

PUISQUE l'Orient déchiré par les anciennes divisions des peuples, met en pieces *la
Tunique de* JESUS-CHRIST, *qui est sans coûture,* IOAN. 19)

eſtant tiſſuë depuis le bas juſqu'en haut, & que
les renards ſont entrez dans la vigne, il eſt difficile à ceux qui eſtant parmy des mareſts crou-
piſſans manquent d'eau pure, d'aprendre où eſt
cette fontaine promiſe & ce jardin clos. Cela
m'oblige de m'adreſſer au tribunal de ſaint Pierre, & à la foy qui a eſté loüée de la bouche des
Apôtres : & de demander de la nourriture pour
mon ame au même lieu où j'ay eſté revêtu de
l'habit du *Sauveur*. L'étenduë des mers & des
terres qui nous ſeparent, ne me détourne point
de la recherche de ce treſor infini, & d'ailleurs

Luc. 17. *en quelque lieu que ſoit le corps, les aigles s'y aſſem-*
bleront. Dans la diſſipation que de méchans en-
fans font de leur patrimoine il n'y a que vous
qui conſerviez les richeſſes de vos peres dans
leur entier, & chez qui la terre fertile produit
le centuple de la ſemence ; car parmy nous, elle
dégenere en mauvais grain ; le Soleil de Juſtice
ſe leve en Occident, pendant que cet eſprit qui
avoit eſté exterminé, établit en Orient ſa domination & ſon trône ſur les aſtres. En un mot,

Eſa. 14.
Matth. 5. vous eſtes la lumiere du monde, le ſel de la terre, & les vaſes d'or & d'argent ; & ceux d'ar-
gile & de bois attendent icy la verge de fer, &
le feu éternel : Je vous avoüë que voſtre Grandeur m'épouvante, mais voſtre bonté m'attire à
elle, & je vous demande une victime ſalutaire
comme à un Preſtre, & du ſecours pour une
breby comme à un Paſteur. Je parleray donc à
vous ſans eſtre ébloüy de l'éclat qui vous environne, comme au ſucceſſeur d'un peſcheur, & à
un diſciple de la Croix ; car ſans reconnoître rien
au deſſus de Jesus-Christ, je vous ſuis uny
par l'Egliſe que je ſçay eſtre bâtie ſur une pierre.

& quiconque mange l'agneau hors de son sein,
est ·profane , & que celuy qui ne sera pas dans
l'arche de Noé sera submergé dans le déluge.
M'estant retiré à cause de mes pechez dans un
desert limitrophe de Syrie , & joignant à la
Barbarie , & la distance des lieux m'empêchant
d'entendre les oracles que vous prononcez , j'é-
coute les Saints Anacoretes de cette solitude,
dont la foy est semblable à la vostre , & je me
cache parmy eux comme une petite barque qui
est couverte par de grands vaisseaux. Je ne connois point Vital , Muletius, ny Paulin : car quiconque ne moissonne point avec vous , répand
son grain ; c'est à dire que celuy qui n'est pas du
party de J e s u s - C h r i s t , est de celuy de Sathan. Aprés le Concile de Nicée, & celuy d'A-
lexandrie que les Peres d'Occident ont aussi approuvé , les Meleciens me parlent aujourd'huy
de trois Hypostases , termes que ne comprend
point une personne élevée dans la foy de Rome.
En effet quel Apôtre , ou quel nouveau S. Paul
les a enseignez ? Si je leur demande ce qu'ils veulent dire , ils répondent qu'ils entendent parler
de trois personalitez ; si je leur dis que nous
sommes là-dessus de leur sentiment , le sens des
mots ne leur plaît point , & ils en cherchent l'é-
thimologie , car il semble qu'il y ait dessous quelque venin caché. En vain je crie , que quiconque
ne croira pas trois personalitez soit anathême ,
parce que je ne me sers pas des mêmes mots
qu'eux , ils m'appellent heretique, & il est certain
que c'est l'estre, que ne dire pas qu'il n'y a qu'u-
ne même hypostase dans les trois personnes de
la Trinité , prenant le mot d'hypostase pour es-
fence, ou pour nature. Prononcez là-dessus , je

confefferay trois hypoftafes fi vous me l'ordonnez. Faites une nouvelle creance aprés le Concile de Nicée, afin que nous paffions pour Catholiques en ufant des mêmes termes que les
Ariens. Toutes les écoles ne mettant aucune difference entre hypoftafe & effence, pourquoy
faire mention de trois effences, s'il n'y en a
qu'une en Dieu, dont l'exiftence eft veritablement, & fans aucun fecours étranger ? Car quoy
que les creatures femblent auffi en avoir une,
elles n'en ont point effectivement, n'ayant pas
toûjours efté, & ce qui eft forty du neant une
fois, y pouvant rentrer ; le mot d'effence ne convient donc qu'à Dieu qui eft feul Eternel, c'eft à
dire qui n'a point eu de commencement. C'eft
pourquoy parlant à Moyfe dans un buiffon, il

Exod, 3.

luy dit, *Je fuis celuy qui fuis :* & en un autre endroit, *Celuy qui eft m'a envoyé.* Puis qu'il y avoit
alors des creatures, pourquoy s'attribue-t'il à
luy feul une chofe qui luy eftoit commune avec
la terre, les aftres & les Anges ? La raifon en eft
évidente ; c'eft qu'il n'y a que la nature divine dé
parfaite, & qui exifte dans trois perfonnes. Si
celuy qui prend hypoftafe pour effence, ne fe
trompe point en admettant ainfi trois natures,
pourquoy n'eft-il point au nombre des Ariens,
puifqu'il eft dans leur erreur ? Pourquoy Urficin
n'eft-il point uny avec Savinien, & Auxence
avec Ambroife ? Mais que le Ciel preferve de
cette opinion la foy de l'Eglife Romaine, & que
l'ame des Fidelles ne foit jamais infectée de cette pernicieufe doctrine. Croyons feulement une
feule nature en trois perfonnes également parfaites. Ne parlons point de trois hypoftafes fi
vous le trouvez bon. Il faut fe défier des mots
qui

qui ont des sens differens ; demeurons-en à ce qu'on nous a apris. Néanmoins si vous me le commandez j'avoüray trois hypostases, à qui je donneray leur interpretation ; mais croyez-moy, il y a un serpent sous les fleurs, & Sathan s'est autrefois transformé en Ange de lumiere. Ils donnent un bon sens au mot d'hypostase, & ne laissent pas de m'appeller hérétique, quand je dis que je suis de leur sentiment. Pourquoy s'attacher avec tant d'opiniâtreté à un terme ? que cachent-ils sous l'ambiguité de ses significations ? S'ils croyent ce qu'ils luy font signifier, je ne les blâme point de s'en servir, mais aussi si je suy leur opinion, qu'ils souffrent que je m'explique en ma maniere & en des termes differens de ceux dont ils usent. Je conjure donc vôtre Sainteté par la Croix du Sauveur qui a racheté les hommes, de m'aprendre dans une lettre si je dois me servir du mot de trois hypostases, ou le rejetter ; Et afin qu'ignorant le lieu où je suis vous n'ayez pas de peine à m'écrire, vous pouvez adresser vos lettres au Prestre Evagrius qui a l'honneur d'estre connu de vous, & me faire sçavoir avec qui de ceux d'Antioche je dois avoir habitude : car les Ariens & les heretiques de Tarse tâchent de surprendre vôtre autorité, pour pouvoir publier leurs trois hypostases dans le sens qu'ils leur ont donné autrefois.

AU MÊME.

Il le preße de faire réponße à la Lettre precedente.

LETTRE XXVI.

Matth. 15. CETTE femme importune de l'Evangile fut enfin écoutée, & cét Amy qui ayant fermé sa porte s'estoit retiré avec ses domestiques donna même à minuit du pain à son amy. Dieu se laißa flechir aux prieres du Publicain, & Ninive ayant merité sa ruine par ses crimes se conserva par ses larmes. Pourquoy cela ? Pour obliger vostre Sainteté à descendre jusqu'à moy, *Luc. 18.* & faire ensorte qu'un riche pasteur ne rejette *Luc. 15.* pas une breby malade. Le Sauveur conduisit un larron de la Croix au Ciel, & afin qu'on ne croye pas qu'il est quelquefois trop tard de faire penitence, il changea en martyre le châtiment dû à un homicide : il embraße avec joye un prodigue qui revient, & ce pasteur charitable quitte son troupeau pour rapporter sur ses épaules une *Act. 9.* breby qui s'en estoit écartée. Saint Paul de persecuteur devient predicateur, il perd les yeux du corps pour voir mieux de ceux de l'esprit, & celuy qui traînoit les Fidelles chargez de liens aux *Cor. 11.* synagogues des Juifs, met toute sa gloire à porter ceux de JESUS-CHRIST. Pour moy, aprés avoir esté instruit dans la Foy de Rome, comme je vous l'ay écrit, je me suis retiré dans les confins de la Syrie, m'imposant à moy-même cette

peine pour mes pechez, fans avoir en cela fuivy l'avis de perfonne, mais comme dit un Poëte *Hor.*
profane, on ne change point d'humeur en changeant de climat. Mon Ennemy m'a fuivi de fi
prés, que je fuis expofé à de plus grands combats
dans ma folitude. D'un côté je fuis ataqué par les
Ariens qui font appuyez des Puiffances du monde ; & de l'autre les trois partis en quoy l'Eglife
fe trouve divifée tâchent de m'atirer à eux : &
enfin les Anacoretes auprés de qui je fuis veulent fe prévaloir de l'autorité qu'ils ont fur moy.
Cependant je publie que je fuis d'avec ceux qui
font unis avec vous, Militius, Vital & Paulin,
foûtiennent qu'ils font de voftre party ; je le croi-
rois volontiers, fi quelqu'un de parmy eux ne le
nioit point à fon compagnon ; de forte que ne
s'accordant point enfemble ils font fans doute
des Impofteurs. Je vous conjure donc par la Paffion du Sauveur d'imiter la charité de ceux dont
vous avez la dignité & l'employ, & de m'a-
prendre par vos lettres avec qui je dois converfer en Syrie. Ne rejettez pas un mal-heureux
pour qui le Sauveur a bien voulu mourir ; Et
puiffiéz-vous, pour récompenfe, eftre avec les
Apôtres le juge du monde, & joüir de la gloire
du Ciel avec faint Paul.

Cette Lettre eſt du Pape Damaſe.

*Il luy propoſe cinq queſtions tirées
de l'Ecriture.*

LETTRE XXVII.

J'AY réſolu de vous réveiller aujourd'huy par
quelques petites queſtions, & de vous interrompre dans la lecture, où il ſemble que vous
vous attachiez plûtôt ▪ la compoſition de
quelque ouvrage. Ce n'eſt pas que je la condamne entierement ; car c'eſt d'elle que nos penſées
ſe nourriſſent & ſe fortifient : mais quel fruit en
tire-t-on ſans écrire ? Puis donc que le Meſſager
eſt revenu ſans m'aporter de vos lettres, & que
je n'ay receu que celles que vous m'écrivîtes de
vôtre ſolitude il y a quelque temps, que j'ay
leuës avec plaiſir & que j'ay fait tranſcrire, j'ac-
cepte volontiers les offres que vous m'avez faites de compoſer quelque choſe à vos heures
perduës de la nuit, & je ſuis bien aiſe que vous
me preveniez en m'acordant ce que j'eſtois dans
le deſſein de vous demander. Je croy même que
l'Ecriture ſainte eſt le plus noble ſujet, que nous
puiſſions choiſir pour nos entretiens, où je vous
interrogeray & vous me répondrez. Il n'y aura
rien de plus charmant au monde que ce commerce, qui ſera à nos Ames une nourriture plus
douce que le miel. *Vôtre parole*, dit le Prophete,
ſemble à ma bouche plus douce que le miel. Et puis,
ſi nous ſommes differens des bêtes par la parole,
à ce que raporte Ciceron, que ne merite point

Pſal. 118.

Off. 1.

celuy qui excelle dans une chose, qui éleve la
condition des hommes au dessus de celle des bêtes? Preparez-vous donc à me satisfaire ; mais
prenez garde que vous répondiez à ce que je
vous demanderay & que vos lettres ne soient pas
trop étendües. Je vous avoüe que je ne me plais
point à la lecture des livres de Jactance que vous
m'avez envoyez, parce qu'il s'y trouve des lettres, qui quoy que tres-longues traitent rarement du sujet qu'il s'estoit proposé, ce qui donne de l'ennuy en les lisant : & s'il y en a de suc-
cintes, elles parlent de Vers, de Geografie &
d'autres choses pareilles, qui sont moins pour
nous que pour des écoliers. D'abord que veulent
dire ces paroles de la Genese ; *Celuy qui tüera*   *Gen. 4. 9.*
Cain sera puny sept fois. Si tout ce que Dieu a fait
est bon, pourquoy Noë met-il de la difference entre
les animaux purs & les impurs, ceux-cy sans doute ne pouvant pas être bons? D'ailleurs, lors
que saint Pierre après la vision qu'il eut, dit
qu'il *n'avoit jamais rien mangé qui fust impur &*   *Act. 10.*
souillé, pourquoy une voix du Ciel luy repliqua-
t'elle de la sorte, *N'appellez point impur ce que*
Dieu a purifié? Pourquoy Dieu ayant promis à *Abra-*
ham que les Israëlites sortiroient d'*Egypte* à la qua-
triéme generation, Moyse dit-il qu'ils n'en sortirent
qu'à la cinquiéme? Il semble que cela se contre-
dise, si on ne l'explique. Pourquoy la Circon-   *Gen.*
cision a-t-elle esté la marque & le caractere de   *Exod 12.*
la foy d'Abraham? Et d'où vient enfin qu'Isaac   *Gen. 17.*
qui estoit un homme de bien & cheri de Dieu,   *Gen 27.*
se trompa-t-il en donnant sa Benediction à celuy
qu'il avoit dessein d'en priver?

AU PAPE DAMASE.

Il répond aux trois dernieres questions de la Lettre precedente.

LETTRE XXVIII.

AUSSITÔT que j'eus reçeu la lettre de voftre Sainteté je fis venir un homme qui se prepara à écrire pendant que je fongeois à la réponfe que je vous alois faire. Mais comme nous travaillions, luy des mains, moy de la langue, un Hebreu arriva avec plufieurs livres que la Synagogue luy avoit confiez, croyant qu'il vouloit les lire. Voilà, me dit-il en entrant, ce que vous m'avez demandé. Sa venüe inopinée me jetta dans une telle irrefolution de ce que je devois faire, que je quittay tout pour copier ces livres, & je n'ay fait autre chofe jufqu'à aujourd'huy. Mais puis que j'apris hier par le Diacre que vous m'avez envoyé, que vous atendiez de moy une réponfe à qui vous donnez le nom de lettre, quoy qu'on deuft plûtoft l'apeler un commentaire, à caufe de l'étendüe de la matiere dont chaque difficulté demanderoit un volume particulier; Je vous ay fatisfait à l'égard des trois dernieres queftions, fans toucher aux deux premieres. Ce n'eft pas que je ne puffe auffi y répondre; mais Tertullien & Novatien, dont vous connoiffez l'éloquence, les ayant traitées en Latin, il auroit falu compofer un ouvrage

plus long que celuy qu'ils ont mis au jour pour
dire quelque chose de nouveau. J'espere donc
que vous me ferez sçavoir, si je vous découvri-
ray mes pensées dans une simple lettre, ou si
je feray un livre entier pour chacune de ces
deux questions; Cependant, soyez persuadé,
qu'Origene a si bien parlé de la Circoncision
sur le quatriéme chapitre de saint Paul aux
Romains; & des animaux purs, & impurs
sur le Lévitique, que je m'adresserois là si
je n'avois rien à vous en écrire. Et puis, pour
vous parler ingenument, je travaille au livre
de Didyme sur le saint Esprit, & j'ay dessein
de vous en dédier la traduction, afin que vous
ne pensiez pas que je dorme si profondement;
vous qui pensez que c'est dormir que lire &
ne point écrire. Je vous ay donc contenté sur
ce que vous avez desiré de moy à la fin de vôtre lettre, & je vous prie à cette heure d'excuser en même-temps ma diligence & ma paresse;
ma diligence ayant renfermé dans un travail de
peu de momens la matiere d'un ouvrage de plusieurs jours; & ma paresse, ne vous ayant pas
fait plûtost réponse, parce que j'estois occupé à
autre chose.

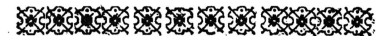

A EXUPERANCE.

Il le loüe, de ce que parmy les armes, dont il avoit embraffé la profeffion, il vivoit en veritable Chrétien : Il l'exhorte à vendre fon bien, à en donner l'argent aux pauvres, & à venir à Bethleem.

LETTRE XXIX.

LE plus grand avantage que j'aye tiré de l'amitié de Quintilien, c'eft de m'avoir uni d'efprit avec vous, fans que je vous connoiffe. En effet, qui n'aimeroit pas un homme, qui fous l'habit de foldat mene une vie de Prophete ; & qui par un interieur creé fur l'Image de Dieu dément les apparences du dehors? Delà vient que je vous engage à m'écrire en vous écrivant le premier, & en vous priant de me donner le moyen de vous adreffer fouvent des lettres, par lefquelles je vous entretiendrai avec plus de liberté qu'aujourd'hui, qu'il me fuffit de vous faire fouvenir en paffant de ces paroles de l'Apôtre: *Eftes-vous engagé avec une femme ? ne cherchez point à vous dégager ; Eftes-vous libre ? ne vous mariez point :* c'eft-à-dire ne vous mettez point dans des liens qui font contraires à la liberté : C'eft eftr. lié qu'avoir une femme, & c'eft eftre efclave qu'eftre lié. Mais enfin puifque vous eftes libre, que vous faites autrement que ce qu'on attendroit volontiers de vous, & que vous avez déja atteint un degré éminent de perfection, vous ne devez point en décendre, regarder derriere vous, ni abandonner la charuë où vous avez une fois mis la main. Laissez vôtre manteau à la maistresse Egyptienne, & vous dépoüillant à l'exemple de Joseph, suivez dans la pauvreté le Sauveur, qui parle de la sorte : *Celuy qui* *ne renoncera pas à tout, & ne me suivra pas en por-* *tant sa Croix, ne poura point estre mon Disciple.* Retirez-vous de l'embaras du siecle, & ne cherchez point des richesses qui sont des bosses de chameau : Soiez nu pour courir plus vîte au Ciel, & que l'or & l'argent ne vous arrestent point. Je ne vous donne pas ces avis pour avoir apris que vous soiez avare ; mais parce que vous estes encore à l'armée pour remplir un sac que JESUS-CHRIST commande de vuider. D'ailleurs, les riches estant obligez de vendre leurs biens, & d'en donner l'argent aux pauvres pour s'attacher au Sauveur, si vous l'estes aujourd'hui, vous devez obeïr à cette loi ; ou si vous estes pauvre, vous cherchez inutilement ce qu'il faudra que vous abandonniez. Dieu sans doute, juge de ce qu'on lui donne par la volonté. Les Apôtres étoient tres-pauvres, & cependant personne n'a plus quitté qu'eux, pour s'unir à la Croix. Cette petite Veuve de l'Evangile qui mit dans le tronc deux deniers a plus merité par cette offrande, que si elle eût donné des sommes immenses, parce qu'elle donna tout ce qu'elle avoit. Ne vous appliquez donc point à la recherche de ce que vous serez contraint de quitter : Offrez ce que vous avez amassé. Que Dieu connoisse pa-là le courage de son nouveau soldat, afin que quand vous arriverez du païs éloigné, vostre Pere vienne avec plaisir au devant de vous,

Matth. 10.

vous mettre l'anneau au doigt, fasse tuer le veau
gras à vostre arrivée, & qu'en un mot il vous délivre de ce qui pouroit vous empescher d'acom-
pagner ici vostre frere Quintilien. Je tâche, comme vous voyez, d'obtenir par cette lettre une
place dans vostre cœur, & si vous me l'accordez,
je l'occuperai toujours.

A PAMMAQUE.

De la vieillesse, & de la jeunesse.

LETTRE XXX.

J'A Y lû en quelque endroit que les maladies du
corps donnoient aussi atteinte aux forces de
l'ame : Neanmoins saint Paul est d'un autre sentiment, *Je suis plus robuste quand je suis malade,*
dit-il, *& mes forces deviennent entieres par la ma-*
ladie, car la chair & l'esprit estant opposez l'un à
l'autre, nous empeschent de faire ce que nous vou-
lons. De là vient aussi que l'Evangile dit, *que l'esprit*
est prompt, & que la chair est foible. Il faut avoüer
que la vieillesse cause une infinité de biens, & une
infinité de maux ; elle nous délivre de l'esclavage des plaisirs ; elle arreste la gourmandise ; elle
éteint la concupiscence ; elle augmente la sagesse,
& nous donne des avis salutaires ; elle dort entre les bras d'une Sunamite vierge, sans que sa
pudicité ait lieu d'apprehender ; elle se mocque de
la volupté auprés de Berzellai, & la renvoye au
jeune Canaam, sans vouloir passer le Jourdain, &
quitter son païs pour un autre. Mais d'ailleurs,

voila ses incommoditez ; de frequentes maladies, une pituite ennuyeuse, des yeux foibles, des
dents décharnées & qui tombent en mâchant,
des douleurs d'estomach, & des gouttes aux pieds
& aux mains ; de sorte que vous ne pouvez ni
marcher ni écrire, & il semble que vous ne viviez qu'à demi, & qu'une partie de vostre corps
soit morte auparavant l'autre. Neanmoins je
souffrirai volontiers les maladies, pourvû que
je ne sois point sous la tyrannie de la concupiscence ; car la vieillesse même n'est pas exempte
de ses amorces ; & saint Cyprien ne croit pas
qu'on puisse estre long-temps en seureté auprés
du peril : mais il y a beaucoup de difference entre de simples amorces, & les emportemens furieux d'un corps jeune & robuste, qui ont obligé
saint Paul à dire, *Je ne fais pas le bien que je vou-*
drois faire, mais le mal que je ne voudrois pas faire:
malheureux que je suis qui me délivrera de cette
mort ? D'ailleurs, ces legeres étincelles que la
vieillesse garde sous des cendres froides s'allument rarement, jusqu'à causer un grand incendie. Cependant, mon cher Pammaque, de qui
les cheveux sont blancs comme les miens, ob-
tenez-moi de Dieu cette sagesse, dont il est parlé
en ces termes ; *Aime-la & elle te cherira, honore-*
la & elle t'embrassera.

A EUSTOCHE.

Il se réjoüit avec elle de ce que ses ouvrages sont bien reçus de quelques-uns de ses amis.

LETTRE XXXI.

IL n'y a point d'écrivain, quelque méchant qu'il soit, qui ne trouve un Lecteur qui lui ressemble, & plus de gens lisent les fables que les livres de Platon ; car ceux-ci donnent beaucoup de peine, & celles-là divertissent. Ciceron qui a traduit le Timée avoüé qu'il ne l'entend point, quoi que les enfans entendent les ouvrages les moins serieux de cet auteur, & les debitent en leurs écoles en se pâmant de rire : Ainsi Lucius Lavinius * mon bon Ami ne manque point d'exemples, & je consens, comme il a plus d'esprit que moy, qu'il ait aussi plus de Partisans. Pour moi je me contente de l'approbation de peu de Personnes, & de la loüange que me donnent mes Amis, qui recherchent mes ouvrages, tant à cause de moi, que pour le respect qu'ils portent à l'Ecriture sainte. Je croi même que quelques-uns s'étonneront de ce que je parle de la sorte à une Fille ; mais qu'ils se souviennent qu'Holda, Anne, & Debbora ont prophetisé pendant que des Hommes demeuroient dans le silence, & que sous le joug de la Croix, on considere moins le sexe que l'esprit.

* Ironie.

A LA MÉME.

Il luy promet la traduction d'Ezechiel.

LETTRE XXXII.

APRE'S avoir achevé un commentaire de dix-huit livres sur Esaïe, j'avois dessein de travailler sur Ezechiel, & de mettre, comme on dit, la derniere main à un ouvrage que je vous ay souvent promis, lorsque j'ay apris la mort de Pammaque, de Marcelle, & de plusieurs de nos Freres & de nos Sœurs qui ont esté tuez au siege de Rome. Cette nouvelle m'a tellement affligé, que j'ay songé jour & nuit à soulager les Malheureux qui sont dans l'esclavage, j'ay crû porter leurs fers, j'ay senty leurs maux, & mon esprit partagé entre l'espérance & le desespoir, ne m'a pas permis d'ouvrir la bouche, que je ne fusse certain de ce qui s'est passé ; & ayant sçeu que la plus belle lumiere du monde est éteinte, & que la Ville capitale de l'Empire Romain est saccagée, ou pour mieux dire, que l'Univers entier est ensevely dans ses ruines, j'ay esté confondu, je me suis tû, n'ayant rien de bon à dire ; ma douleur s'est augmentée & m'a abbatu le courage ; je suis devenu de feu en révant à ce funeste accident ; & je n'ay point douté en un mot que la musique & les larmes ne fussent incompatibles. Mais puisque vous me demandez toûjours la même chose, que cette grande blessure se guerit peu à peu, & que n'estant point obligé de répondre aux Envieux, qui commencent

à se taire, je puis m'appliquer à la traduction de
l'Ecriture sainte. Je vas entreprendre Ezechiel,
dont la version Hebraique montre la difficulté;
même parmy les Hebreux la lecture de la fin & du
commencement de ce Livre, ainsi que celle des
premiers Chapitres de la Geneze, & du Cantique
des Cantiques est défenduë à ceux qui n'ont point
atteint l'âge du Sacerdoce; c'est à dire de trente
ans; afin qu'on puisse, dans un âge parfait, découvrir plus facilement les mysteres qui y sont
contenus. Et aprés avoir achevé cet ouvrage, si
Dieu me fait cette grace, je travailleray sur Jeremie, qui sous la figure de Jerusalem déplore les
malheurs des quatre parties du monde en quatre
alphabets differens.

A LA MÊME.

*Il luy envoye ce qu'il a fait sur Ezechiel, & se
plaint de quelques infirmitez.*

LETTRE XXXIII.

J'AY apris pendant que j'estois jeune, qu'il
n'est rien de si facile qui ne devienne difficile,
quand on est gêné en le faisant. Je vous avouë
qu'il y a long-temps que je vous ai promis un
commentaire sur Ezechiel; mais le monde qui
aborde ici de toutes parts m'a empesché de vous
tenir parole. Il faut aller à toute heure au devant
de nos Freres, qui viennent en foule, & nôtre maison a cessé d'estre une solitude par le nombre de
nos hostes; De sorte qu'il faut ou en fermer les

portes, ou renoncer à l'étude de l'Ecriture sain-
té, qui ouvre celles du ciel. Voila cependant ce
que j'ai fait à la haste à la lumiere d'une petite
lampe, & à quoi j'ai tâché de me desennuyer
pendant quelques heures dérobées de la nuit,
qui commence à estre longue par l'aproche de
l'Hyver. Au reste, je ne vous parle pas par vanité de ceux que nous recevons, comme on se l'i-
maginera peut-estre, mais pour vous aprendre
ce qui m'a empesché de vous satisfaire plûtôt.
Tant de peuples d'Occident, dont la Palestine est
pleine, leurs blessures & leur pauvreté nous font
juger de la cruauté des Barbares, & nous ne pouvons voir sans pleurer, des Personnes qui ont esté
si riches manquer d'habits, de pain, & de couvert;
& ce qui est plus surprenant, la rage de quelques-uns de leurs Ennemis va encore jusqu'à
fouiller dans les sacs, dont elles sont couvertes,
& a chercher de l'argent parmi tant de miseres.
Ajoûtez à cela que la vieillesse m'a affoibly les
yeux, & que je souffre quelques-unes des infirmitez du bien-heureux Isaac. Ainsi bien loin que
je puisse lire l'Hebreu la nuit, ses caracteres menus & déliez me donnent beaucoup de peine en
plein midy. Je ne voy même les commentaires
Grecs que par les yeux de quelques-uns de nos
Freres, & vous sçavez que des viandes mâchées
par un autre causent du dégoût : C'est pourquoi
je vous suplie de recevoir un ouvrage que j'ai
fait écrire par un copiste, que je n'ai pû corriger
qu'à peine, & que neanmoins vous avez attendu long-temps.

A LA MÊME.

Il luy envoye la traduction du troisiéme Livre d'Ezechiel.

LETTRE XXXIV.

CE qui finira un jour ne doit point estre estimé de longue durée, & tous les siecles paf-
sez font inutiles si l'on n'y a fait provision de
bonnes actions, qui servent pour une éternité
qui n'a point de fin. Ces paroles font veritables,
tout ce qui naist, meurt; il devient vieux après
avoir crû; & il est dit en un autre endroit, qu'il
n'y a point d'ouvrage dont la vieillesse ne vienne à bout. Qui croiroit que Rome, cette Ville
victorieuse qui s'étoit élevée du debris de tout le
monde feroit renversée, que ses ruïnes servi-
roient de tombeau à une partie de ses citoyens,
que les autres feroient faits esclaves en Afrique,
en Egypte & dans toutes les contrées d'Orient,
& qu'enfin ses plus nobles & ses plus riches habitans de l'un & de l'autre sexe viendroient en
mendiant chercher un azile à Bethleem ? Plaindre avec eux leur misere, & mêler nos larmes
avec celles qu'ils versent est l'unique secours que
nous pouvons leur aporter. Comme nous ne pouvons les voir aborder en foule sans le dernier ac-
cablement, j'avois cessé de commenter Ezechiel,
& abandonné toute sorte d'étude, preferant les
actions aux paroles, aymant mieux agir qu'écrire; mais puisque vous m'avez exhorté à retourner au travail, j'ay entrepris ce troisiéme Livre

pour

pour vous satisfaire , vous priant , vous & ceux
que le liront, de vous arrester moins à ce que j'ai
fait qu'à ce que j'ai eu dessein de faire, puisque
l'un est l'effet de la foiblesse d'un homme, & l'autre du desir de plaire à Dieu.

A LA MÊME.

Il la remercie de quelques petits presens qu'elle lui
envoya le jour de saint Pierre.

LETTRE XXXV.

DEs brasselets, des Pigeons, & une lettre
ne paroissent pas un present fort considerable : Cependant l'amitié d'une vierge qui
l'envoye me l'a rendu tel : & comme l'on n'offroit point de miel dans les sacrifices vous avez
assaisonné la douceur de ce que vous me donnez
je ne sçai quelle amertume ; car quelque douce
que soit une chose, elle ne plaist point à Dieu,
sans les traits de quelque verité picquante : Delà vient que son Fils fit la Pasque, accablé de
tristesse. Nous devons à son exemple celebrer la
Feste de S. Pierre, & passer cette journée avec
plus de plaisir que les autres , pourvû neanmoins que le discours qui servira à nous divertir, soit tiré de l'Ecriture sainte. Pour ne m'é-
carter pas davantage de mon dessein ; Ezechiel
donne des brasselets à Jerusalem, Baruch reçoit
des lettres de Jeremie, & le saint Esprit décend
sous la forme d'une colombe. Pour donner quelque sel à ce discours, ne cessez point de faire de
bonnes œuvres , elles ressemblent aux brasselets

E

qui font les ornemens des bras. N'effacez point
les caracteres que vous portez imprimez fur le
cœur, comme ce Prince qui déchira la lettre
qu'il avoit reçuë de Baruch. En un mot, prenez
garde qu'Ofée ne vous dife ainfi qu'à Ephraïm:
Vous eftes devenuë fans prudence comme une
colombe: Vous croirez peut-eftre que ma réponfe eft trop ferieufe pour une fefte; mais vous
vous l'eftes attirée telle par vos prefents, & je
mefle la douceur à l'amertume à vôtre imitation. Pour ne rien oublier de ce que vous m'a-
vez envoié, j'ai auffi receu un pannier de cerifes fi fraifches & fi vermeilles, que j'ai crû
qu'elles eftoient de celles que Lucullus aporta le
premier de Ceferafonte à Rome, aprés avoir
fubjugué le Pont & l'Armenie; & de là vient
que ce fruit porte le nom de cette Ville. Au refte,
je ferai l'éloge de vôtre prefent par le pannier
dans quoy je l'ay receu; car l'Ecriture fainte fait
mention d'un pannier de figues,& ne parle point
de cerifes. Je fouhaite que vous deveniez comme un de ces fruits, qui eftoient attachez à la
muraille du Temple de Dieu,parce qu'ils eftoient
entierement bons. En effet le Sauveur ne veut
point de mediocrité. Une ame toute de feu lui
plaît infiniment; il n'en méprife pas même une
glacée; mais il affure dans l'Apocalypfe qu'il
vômira la tiede. Nous devons donc avoir foin
de celebrer plûtoft la fefte d'aujourd'hui par
une réjoüiffance d'efprit, que par une abondance de mets. Il ne feroit pas jufte d'honorer de
cette maniere un Martyr, qui s'eft rendu agreab-
ble à Dieu par fes jeûnes. Il faut manger de telle
forte que nos repas foient toûjours fuivis de
prieres & d'une lecture: Si quelqu'un n'aprouve

point cela, répondez-lui avec l'Apôtre, *que vous ne feriez plus la Servante de* JESUS-CHRIST, *si vous plaisiez encore aux Hommes.*

A CROMATIUS, JOVINUS,
ET EUSEBE.

Cromatius & Jovinus estoient freres, & demeuroient ensemble avec Eusebe leur amy commun; C'est dequoy nôtre Auteur les loüe dans cette lettre.

LETTRE XXXVI.

JE n'ai point dû diviser par des lettres ceux qu'une amitié reciproque lie si étoitement, ni rendre separément mes devoirs à des Amis qui s'ayment si tendrement, qu'il semble que l'amour les retienne ensemble, comme le sang en a uni deux. J'aurois même renfermé vos noms dans un seul mot si leurs caracteres ne m'en avoient empesché, afin de voir trois personnes dans une, & d'en voir une dans trois differentes; ainsi que vôtre lettre m'engage à le faire. Evagrius me l'a renduë dans cette vaste solitude, qui est entre les Syriens & les Arabes, & elle m'a causé une joye pareille à celle que les Romains receurent de la défaite d'Hannibal auprés de Nole. Pour Evagrius, quoy qu'il me vienne voir souvent, tout éloigné qu'il est, son départ neanmoins ne m'a pas moins affligé que son arrivée m'avoit réjoüi. Je m'entretiens à cette heure avec vôtre lettre,

je la baise, elle parle à moi, & elle seule entend bien le Latin dans un païs où il faut se
taire, ou parler d'un langage à demi barbare.
Toutes les fois que les caracteres que vos
mains ont formez me representent des personnes qui me sont si cheres, ou je m'imagine
n'estre point ici, ou je me persuade que vous
y estes avec moi. Croyez-en les transports d'u-
ne amitié sincere. Je pensois en écrivant ces
lignes que je vous voyois ; mais je m'étonne
que vous ayez fait traverser tant de terres &
tant de mers à une lettre si succinte, si ce n'est,
comme vous dites, que je l'ai merité pour ne
vous avoir pas écrit plûtost. En effet, rien ne
vous a manqué à cause du commerce d'Egypte,
& si quelque Ptolomée eû tenu la mer, Atta-
lus auroit supleé au défaut du papier par des
peaux, en vous envoiant du parchemin de Pergame. Delà vient en passant que ces sortes de
peaux s'apellent encore aujourd'hui de la sorte :
A quoi donc imputerai-je cela ? Le Messager
estoit-il prés de partir ? On peut écrire bien
au long pendant une nuit. Aviez-vous des affaires, il n'en est point de plus pressées que celles où la charité a interest : il faut donc, ou
que vous n'ayez pas voulu prendre la peine
d'écrire, ou que je ne l'aye point merité, &
j'aime mieux accuser vostre paresse que rien
imputer à mon amitié, car on se corrige plus
aisément de l'une, que l'on ne fait naître l'autre. Vous m'aprenez que Bonose est un poisson
qui se retire dans l'eau douce, pendant que je
suis un serpent qui demeure dans les lieux deserts & arides ; qu'il écrase la couleuvre pendant que je sers de pâture au serpent qui mange

la terre, suivant la parole de Dieu ; qu'il a atteint le plus haut degré de perfection , lors
que je ne suis pas encore au premier, & que je
doute même si je pourai dire un jour, *J'ay jet-* Psal. 110.
té mes yeux vers les montagnes pour voir d'où il
me viendra du secours. Au milieu des orages de
cette vie il est en seureté dans une Isle, c'est
à dire dans l'Eglise , où il devore déja le livre
à l'imitation de saint Jean : Et je suis encore
chargé des liens des pecheurs dans le tombeau,
où mes crimes m'ont enseveli, & j'attens qu'on
me crie, *Jerôme leve-toi.* Bonose enfin a porté
l'habit qui lui couvroit le dos au delà de l'Euphrate, parce que le Prophete a dit que la force
du diable consistoit dans ses reins , & l'ayant
trouvé déchiré sous la pierre où il l'avoit caché ,
il a parlé au Sauveur en ces termes , *Vous estes*
maistre de mon cœur , vous avez brisé mes chaî-
nes , je vous sacrifierai une victime de loüange.
Pour moi j'ai esté conduit chargé de fers, par
Nabuchodonosor, à Babylone ; c'est à dire dans
la confusion des pechez où il m'a fait esclave, &
m'y aiant percé le nez d'un anneau de fer, il
m'a commandé de chanter des Cantiques de
Sion ; mais j'ai répondu *que le Sauveur rompt les*
chaînes des Esclaves, & rend la veüe aux aveu-
gles. En un mot, pour finir cette allegorie, je
demande pardon , & Bonose attend qu'on le
couronne. Ma sœur est un des fruits du zele de
Julien, il a planté cet arbre, & je vous prie de
l'arroser, car Dieu ne manquera point de le faire croistre. Quoi que le Sauveur lui ait rendu la
vie pour me consoler de la blessure que le Demon
m'avoit faite, je crains pour elle ce qui même est
moins à aprehender. Vous sçavez que la jeunesse

est un pas glissant, j'y suis tombé, & vous ne
l'avez pas passé sans beaucoup d'aprehension.
C'est-là particulierement qu'elle doit estre for-
tifiée des avis & des consolations de tout le
monde ; c'est à dire que vous devez luy écrire ;
Et comme la charité de plusieurs Personnes sert
beaucoup à exciter un courage, je vous prie
d'obliger aussi l'Evêque Valerien à lui écrire.
C'est un motif puissant pour fortifier l'esprit
d'une Fille, de lui montrer que des Personnes
considerables prennent interest à sa conduite :
D'ailleurs le ventre est le Dieu qu'on connoist
en mon païs, qui semble estre le lieu natal de
la rudesse & de la barbarie, & où le plus riche passe pour le plus homme de bien. Et puis,
pour me servir du proverbe, le Prestre Lupicinus est un couvercle propre à ce vase, il est un
mets proportionné aux lévres, comme l'on dit
autrefois à Crassus qui regardoit un Asne manger des chardons, ce qui le fit rire une fois en
sa vie, au raport de Lucilius. Lupicinus est un
Pilote ignorant qui mene une vaisseau à demi
brisé, un aveugle qui en conduit d'autres dans
le précipice, & le pasteur ressemble au troupeau. Je salüe vôtre Mere avec ce respect qui
vous est connu ; car outre qu'elle vit avec vous,
dans l'exercice des vertus, il semble que parce
qu'elle vous a donné la vie elle veüille vous
surpasser en sainteté. Je salüe pareillement vos
Sœurs dignes des hommages de tout le monde, pour avoir triomphé du siecle & de leur
sexe, & pour attendre l'arrivée de l'Epoux avec
de l'huile dans la lampe. Heureuse maison où
demeurent la Veuve Adda, des Vierges qui pro-
phetisent, & deux Samuels élevez dans le Tem-

ple ; Heureuse maison où l'on trouve la Mere des Machabées dans le martyre, & couverte des couronnes de celui de ses enfans. Quoi que vous rendiez tous les jours témoignage de Jesus-Christ en gardant ses Commandemens ; on peut encore dire à vôtre gloire que vous l'avez confessé publiquement en purgeant vôtre Ville du venin de l'Arianisme. Ne soiez pas surpris qu'il semble que je commence à vous écrire, estant sur le point de finir. Je ne puis pas ne vous point témoigner mon estime, quoi que je doive achever ce discours pour ne point aller au de là des bornes d'une lettre ; mais quand l'ordre de mon discours & de mes paroles seroit renversé, l'amour se plaist dans le desordre & dans la confusion.

A CASTRUCE.

Il le console de la perte de ses yeux.

LETTRE XXXVII.

LE Diacre Heraclius, un de mes enfans en Jesus-Christ, m'a apris que vous vous estiez exposé aux tempestes de plusieurs mers, venant de Pannonie jusqu'à Cissa pour me voir, & même que vous eussiez achevé le voiage, si le zele que vous avez pour vos Freres ne vous eût retenu. Je vous en suis autant obligé que si vous aviez executé vôtre dessein ; car on considere dans ses Amis l'intention plûtôt que les effets ; les Ennemis bien souvent faisant pa-

E iiij

roiſtre ceux-ci, & l'affection ſeule produiſant
celle-là. D'abord je vous conjure de ne pas attribuer la perte de vos yeux au peché, à l'exemple des Apôtres qui faiſoient cette demande au
Sauveur, *Eſt-ce le peché de cet Homme, ou celui
de ſon Pere & de ſa Mere, qui eſt cauſe qu'il eſt
né aveugle ?* & J E S U S leur répondit, *Ce n'eſt
point qu'il ait peché, ni ſon Pere ou ſa Mere; mais
c'eſt afin que les œuvres de la puiſſance de Dieu
éclatent en lui.* En effet, combien voyons-nous
de Payens, de Juifs, d'Heretiques, & de gens
de diverſes Religions ſurpaſſer les beſtes en
cruauté, commettre des meurtres, & ſe plon-
ger juſqu'au cou dans le crime, ſans en eſtre
châtiez ; & devenant par là plus orgueilleux,
porter leurs blaſphêmes dans le Ciel, & juſques à Dieu ? Au contraire, il ſe trouve des
Saints accablez de maladies, de miſéres & de
pauvreté. En vain, diſent-ils peut-eſtre, j'ay
tâché de me ſanctifier & de me rendre innocent : Mais, Seigneur, ajoûtent-ils auſſi-tôt
en changeant de langage, ſi je parle de la ſorte, ce ſera refuſer d'eſtre du nombre de vos
enfans. Vous ne devez donc point imputer vôtre infirmité au peché, ni à la colere de Dieu,
ſous pretexte que les Medecins remedient ſouvent à ce mal-heur ; autrement vous faites un
reproche à Iſaac, qui au milieu des lumieres
dont il eſtoit éclairé, fut neanmoins aveugle,
& ſe trompa en donnant ſa benediction à celui qu'il vouloit en priver : Vous imputez un
crime à Jacob, qui ne vit point la naiſſance
d'Ephraïm, ni celle de Manaſſés, quoi que
par des lumieres interieures ; & par un eſprit
prophetique il lût bien loin dans l'avenir que

Joan. 2.

Jesus-Christ naîtroit d'une famille Royale.
En un mot, fut-il un Roy plus saint que Josias,
& quelque chose de plus grand que saint Pierre
ou que saint Paul ? Cependant le premier fut
tué par un Egyptien ; & les autres perirent par
la persecution de Neron. Le Sauveur même,
pour ne dire plus rien des hommes, fut attaché
ignominieusement à une croix. Aprés cela fe-
rez-vous consister la felicité dans les douceurs
de cette vie ? Dieu n'est jamais plus irrité contre les pecheurs, que quand il semble ne l'estre
point. *Je ne me mettrai plus doresnavant en colere contre toi*, dit-il à Jerusalem dans Ezechiel,
car je ne prens plus d'interest à ce qui te regarde.
En effet, il gourmande par des peines ceux
qu'il aime & qu'il veut attirer à lui. Un pere
ne fait point instruire un enfant qu'il hait ; un
Maistre ne donne point tous ses soins à un
écolier s'il ne surpasse ses compagnons par la
vivacité de son esprit ; & dés qu'un Medecin
abandonne un malade, il desespere de sa santé. Si vous répondez qu'à l'exemple de Lazare
vous voulez souffrir en cette vie, afin d'estre
recompensé dans le Ciel, & que Dieu ordinairement ne châtie pas deux fois un pecheur ;
Vous aprendrez dans le livre de Job, personnage
d'une sainteté éminente, & dont l'innocence
passa dans sa posterité ; ce qui fut cause de ses
souffrances. Mais pour me renfermer dans les
bornes d'une lettre, & ne me point étendre, en
raportant sur ce sujet de vieilles histoires, je me
contenterai de ce qui se passa durant mon enfance. Le grand Athanase Evêque d'Alexandrie,
ayant fait venir en cette Ville le Bien-heureux
Antoine pour combatre contre des Heretiques ;

il fut vifité par Dydime Vieillard aveugle &
d'une grande érudition. Le Saint fut furpris de
l'efprit de Dydime, & loüant fa vivacité dans
une conference qu'ils eurent fur l'Ecriture fainte : Eftes-vous point fâché d'eftre aveugle, lui
demanda-t'il ? La honte empefcha celui-ci de
répondre fur le champ, & l'autre continüant
jufqu'à trois fois à lui faire la même queftion,
l'obligea enfin à avoüer qu'il en avoit un peu de
déplaifir. Je m'eftonne, repliqua Antoine, qu'un
homme fi fage s'afflige d'une perte que les fourmis & les moucherons peuvent faire, & qu'il ne
fe réjoüiffe point d'un bon-heur dont les Saints
& les Apôtres feuls ont eu la gloire de joüir ;
vû particulierement qu'il n'ignore pas que les
yeux de l'ame font preferables à ceux du corps,
& qu'il eft plus avantageux d'en avoir qui ne
puiffent point eftre offenfez par le peché. Au
refte, mon cher Caftruce, je ne defefpererai
point de vous voir quand vous ne viendrez point
cette année ; & fi vous retenez par vos embraffemens celui qui vous rendra cette lettre, je
fuporterai patiemment fon abfence, pourvû que
vous me faffiez gagner au double, en l'accompagnant à fon retour.

A CASTORINE.

Il demande à se reconcilier avec elle.

LETTRE XXXVIII.

Saint Jean Apôtre & Evangeliste dit, *que* Joan. 3.
celui qui hait son Frere est un homicide ; Certes
il a raison, puisque le meurtre estant bien souvent un effet de la haine ; quiconque en a, est
déja meurtrier de son ame, quoi qu'il ne se
soit pas encore servi de l'épée. Pourquoi cela ?
me direz-vous : afin qu'oubliant vos vieilles
inimitiez, nous preparions à Dieu une demeure
nette dans nôtre cœur ; *Mettez-vous en colere,* Psal. 4.
dit David, *& ne pechez pas.* Et l'Apôtre rend
cette pensée plus intelligible par ces mots,
Que le Soleil, dit-il, *ne se couche point sur vôtre
colere.* Que ferons-nous au jour du Jugement, Ephes. 4.
nous dont il a vû durer la haine, non pas un
jour, mais plusieurs années ? *Si lors que vous
aportez vôtre don à l'Autel,* dit l'Evangile, *vous* Matth. 5.
*vous souvenez que vôtre Frere a quelque chose contre vous, laissez-là vôtre don devant l'Autel, &
allez vous reconcilier auparavant avec vôtre Frere ;
& puis vous reviendrez offrir vôtre don.* Mal-heureux que je suis, pour ne pas en dire autant
de vous, je n'ai porté aucun don à Dieu depuis long-temps, ou du moins en l'estat où sont
les choses, j'en ai porté inutilement. Pourquoi avons-nous dit tous les jours dans nos
prieres, *Pardonnez-nous nos offenses comme nous*

pardonnons à ceux qui nous ont offensez ? Pourquoi nostre intention n'a-t'elle point esté d'accord avec nos paroles , & nos actions avec nos prieres ? Je vous demande donc encore aujourd'hui ce que je vous demande depuis un an ; de garder entre nous la paix que le Sauveur nous a laissée : soit que vous vouliez la rompre ou l'entretenir , vous en recevrez bientost la recompense ou le châtiment devant son Tribunal ; & si vous ne m'accordez rien , ce que Dieu ne permette pas , la lecture de cette lettre me fera renvoier absous.

A THEODOSE,

Et à quelques autres Solitaires.

Il se recommande à leurs prieres.

LETTRE XXXIX.

QUE je desirerois d'estre à cette heure avec vous , & vous embrasser avec toute l'étenduë de la joie de mon ame ! Quoi que je sois indigne de vous regarder , je verrois un desert plus charmant que les Villes , & une solitude habitée comme le paradis par un peuple de Saints. Mais puisque les pechez dont je me suis noirci , m'éloignent de vostre compagnie, & que vous pouvez obtenir cette grace pour moi, je vous conjure de me délivrer par vos prieres des tenebres de ce monde ; Je vous importune encore dans une lettre d'une chose que je vous ay déja demandée de vive voix, parce que je la souhaite de tout mon cœur. C'eſt à vous à faire en ſorte que mon deſir ſoit accompli, & à vos prieres d'obtenir que je puiſſe faire ce que je veux. Je ſuis comme une brebi malade & ſeparée du troupeau : Si le bon Paſteur ne me reporte ſur ſes épaules, mes pas chancelleront, & je retomberai en tâchant de me relever. Je ſuis cet enfant prodigue qui aprés avoir dépenſé ce que ſon Pere lui a donné, ne ſuis point encore venu me jetter à ſes pieds ; je ne me ſuis point encore éloigné de l'occaſion du peché ; & parce que je n'y ay point renoncé comme j'ay eu deſſein de faire, le Diable me ſurprend dans de nouvelles embuſcades : Je ſuis environné d'une mer, dans laquelle je ne puis avancer, ni aller en arriere ; J'attens donc de vos prieres que le ſaint Eſprit me donne un vent favorable qui me conduiſe au port.

A MARCELLE.

Il la remercie de quelques preſens.

LETTRE XL.

NOuſ faiſons chacun de noſtre côté ce que nous pouvons pour nous deſennuyer pendant noſtre abſence ; vous m'envoyez des preſens, & moi je vous en remercie par des lettres ; mais comme vous eſtes Religieuſe, il faut montrer que

ce que vous donnez n'eſt pas ſans myſtere ; le
ſac eſt le ſymbole de l'oraiſon & de l'abſtinence ; les chaires aprennent qu'une Religieuſe ne
doit point ſortir de ſon cloître ; les cierges,
qu'on doit attendre l'arrivée de l'Epoux avec
du feu allumé, & les coupes enſeignent à eſtre
toûjours preſt pour le martyre ; *Qu'il y a de*
gloire à eſtre enyuré du vin de la coupe du Sau-
veur ! dit le Prophete ; pour ce qui eſt des
éventails dont vous faites preſent aux Dames,
pour chaſſer les mouches, on peut ingenieu-
ſement ſignifier par là qu'on doit arreſter de
bonne heure la ſenſualité, car les mouches en
mourant diſſipent l'odeur du parfum ; Ainſi
vous inſtruiſez en même temps les Veuves &
les Vierges, & vous m'envoyez ce qui me convient tout à fait. Les chaires ſont propres aux
faineants, les ſacs à ceux qui font penitence,
les calices à ceux qui ont ſoif, & un cierge allumé n'eſt pas inutile à une conſcience que les
ſindereſes épouvent pendant la nuit, & tiennent toûjours en alarme.

Pſal. 22.

A AGLASIE.

Cette Dame envoya des extremitez des Gaules Apo-
demius à saint Jerôme, pour lui proposer quel-
ques questions, & les lui ayant resoluës, il la
prie de faire voir son ouvrage au Prestre Alethus.

LETTRE XLI.

APODEMIUS a répondu à l'etymologie de
son nom par la longueur de son voyage.
Il est arrivé des extremitez de l'Ocean & des
Gaules, & a laissé Rome derriere pour se venir
rassasier à Bethleem du pain divin ; afin de pouvoir dire à Dieu, *Mon cœur se répand pour dire*
de bonnes choses, & c'est à la gloire du Roy que
je les consacre ; Il m'a aporté de vôtre part un
petit livre plein de questions importantes ; &
je voi par là que vous ressemblez à la Reyne
de Saba, qui vint du bout du monde consulter
Salomon. Ce n'est pas que je sois ce grand Homme qui a surpassé en sagesse tous ceux qui ont
esté devant & aprés lui : mais on peut vous
prendre pour cette Princesse, estant exempte de
peché ; & vous estant entierement tournée vers
Dieu ; qui vous dira un jour, *Revenez, revenez,* Cant. 6 0♪
Sunamite ; car, Saba en nôtre langue signifie retour. Vos difficultez qui sont sur l'Evangile &
sur les Epîtres de S. Paul me persuadent ou que
vous n'avez pas leu l'ancien Testament, ou que
vous ne l'entendez pas. En effet il est envelopé
de tant de tenebres, & de figures des choses qui

doivent arriver, qu'il a befoin de beaucoup d'interpretation. Cette porte d'Orient qui répand là veritable lumiere, par laquelle le grand Preftre entre & fort, eft toûjours fermée. Elle n'eft ouverte qu'à JESUS-CHRIST, qui a la clef de David ; C'eft lui feul qui l'ouvre & qui la ferme ; & il faudra qu'il l'ouvre afin que vous paffiez dans fon appartement, & que vous difiez, *Le Roy m'a fait entrer dans fon appartement.* Au refte, je fuis furpris de ce qu'ayant auprés de vous un fleuve tres-grand & tres-pur, vous veniez fi loin chercher un petit ruiffeau, & que vous preferiez l'impureté des eaux de Silhor, & l'orage dont elles font battuës, à la netteté & au calme de celles de Siloé. Le Preftre Aletius qui demeure où vous eftes auroit pû refoudre de vive voix, & fort éloquemment les queftions que vous me propofez; fi ce n'eft que vous vous plaifiez aux marchandifes étrangeres, ou que comme les goûts font differents, vous ne vouliez juger de mes penfées. Car les uns aiment les chofes douces, les autres les ameres ; les falées font du bien à ceux-ci, & les aigres à ceux-là. J'ai vû fouvent guerir des maux de cœur & des vertiges avec un antidote que les Grecs appellent πίκρα, & felon Hypocrate les chofes oppofées fe fervent de remedes les unes aux autres. Je vous conjure donc de corriger mon amertume par la douceur de l'éloquence de ce grand Perfonnage. Jettez du bois de la Croix dans les eaux de Mara ; qu'un jeune homme exact & rigide repaffe fur les ouvrages d'un Vieillard, afin que vous ayez le plaifir de chanter, *Que vos paroles font douces à ma bouche, le miel n'aproche point de leur douceur.*

A

A LA MÊME.

Il répond à ceux qui l'accusoient d'avoir changé quelque chose au nouveau Testament.

LETTRE XLII.

DEPUIS ma premiere lettre où j'avois parlé en passant de quelques termes Hebreux, j'ay apris que de certaines gens s'étonnoient de ce qu'au prejudice du sentiment des Anciens, & de l'opinion de tout le monde, j'avois changé quelque chose à l'Evangile. Quoi que je pûsse de mon autorité particuliere méprifer ces fortes d'Ennemis ; cependant je leur répondray, de peur qu'ils ne m'accufent d'orgueil à leur ordinaire. Je ne suis pas dans cette ignorance, où ils font confister leur fainteté, difant qu'ils font difciples de Pefcheurs ; comme si ne rien fçavoir estoit un titre pour estre Saint : & je n'ay pas crû qu'on dût corriger l'Evangile, comme s'il y eût eu quelque chose qui n'eût pas esté infpiré de Dieu : Mais j'ay voulu conferer le texte Latin avec le texte Grec, d'où ils avoüent qu'il a esté tiré, afin d'en faire voir les fautes, dont la diverfité de tous les livres est une preuve. Si une eau tres-pure leur déplaift, qu'ils boivent à un ruiffeau fale & impur ; qu'ils prennent moins de peine à chercher la verité de l'Ecriture fainte, que les Forefts où il y a des oyfeaux delicats, & les mers où fe pefche le poiffon delicieux ; Qu'ils mettent toute leur fimplicité à accufer de peu de politeffe les paroles de JESUS-CHRIST,

F

surquoi une infinité d'éminens esprits ayant travaillé depuis tánt de siecles, ont plûtoft dit leur fentiment fur chaque mot, qu'ils n'en ont raporté le veritable fens : Qu'ils accufent d'ignorance celui que des connoiffances extraordinaires firent paffer pour un infenfé. Les rides, fans doute, vous viendront fur le front en lifant cette lettre, & vous craindrez que la liberté avec laquelle je parle ne foit caufe de quelques nouvelles querelles : & même vous voudriez m'avoir fermé la bouche de voftre main pour m'empefcher de dire ce que les autres n'ont point honte de faire. Cependant quel eft mon crime ? Ay-je gravé des idoles ? ay-je mêlé dans un feftin de Chrêtiens des embraffemens de fatyres avec des regards de Vierges ? Me fuis-je adreffé à quelqu'un avec des paroles un peu trop piquantes? Ay-je efté fâché que des gueux fe foient enrichis, ou que des heritiers ayent élevé un tombeau à leur bien-faicteur ? Pour avoir dit feulement que les Filles doivent plûtoft eftre en la compagnie des Femmes qu'en celle desHommes, j'ay offenfé une Ville entieré, tout le monde parle de moy : *J'ay plus d'Ennemis qui me haiffent* *fans fujet, que je n'ay de cheveux à la tefte.* Aprés cela croyez vous que j'ofe encore ouvrir la bouche ? Mais je crains d'aprefter à rire à Horacé, car pourquoy faire un verre ayant commencé une bouteille ? Je reviens donc à ces ignorans, que je prie de prendre pour eux ces paroles, *Ils* *ont de l'efperance, & ils font les efclaves du fiecle.* Et moi je prendrai celles-ci, *Ils ont de l'efperan-* *ce, & ils font fous le joug du Sauveur :* Qu'ils croyent qu'on puiffe écouter toute forte d'accufation contre un Preftre, pour moi je croirai

Pfal. 68.

qu'on n'en doit recevoir *que sur la deposition de* 1. *Tim.* 11.
deux ou trois témoins & qu'on doit reprendre de-
vant tout le monde ceux qui sont coupables de crimes.
Qu'ils approuvent ces paroles des hommes, à
qui l'on peut donner toute sorte de sens, pendant qu'errant avec les Grecs, c'est à dire avec
saint Paul qui a écrit en Grec ; j'approuverai un
discours veritable & digne d'estre receu par tout.
En un mot qu'ils soient conduits en triomphe
dans des chariots superbes, pendant que je me
contenterai de l'animal qui fut délié pour servir
à l'entrée de JESUS-CHRIST, & qui a fait parler
Esaye de la sorte, *Heureux celui qui seme le long*
de l'eau, où marchent le Bœuf & l'Asne.

A LA MÊME.

Il luy aprend ce que signifioient chez les Hebreux
Ephod-bad & Teraphim.

LETTRE XLIII.

C'Est le propre des lettres de traiter de choses familieres, & de nous faire joüir de la
presence des personnes absentes qui nous font
sçavoir ce qu'elles desirent, & ce qui s'est passé, pourvû que ce commerce soit accompagné
de quelque instruction salutaire. Cependant parce que vous vous apliquez entierement à l'étude, vous ne m'écrivez rien qui ne me mette à la
gêne, & qui ne m'oblige de lire l'Ecriture sainte.
Vous me demandez par la lettre que je receus
hier mon sentiment sur une question importante
que vous me proposez, comme si j'estois quel-

que Docteur Pharifien, & que dés qu'il naît quelque difficulté fur des mots Hebreux je dûffe la refoudre. Toutefois puifque le Meffager eft preffé de retourner, je traiterai une matiere de confequence en moins de temps que je ne devrois faire ; car il eft vray qu'elle eft de celles où l'on doit moins confiderer les paroles, que ce qu'elles fignifient. Quand on cherche de l'éloquence, il faut lire Ciceron ou Demofthene ; mais s'il eft queftion de nos myfteres, il faut confulter nos livres, où le texte Hebreu eft mal traduit en Latin. Vous me priez au commencement de voftre lettre de vous aprendre ce que veulent dire ces paroles du premier livre des Rois, *L'enfant Samuel fervoit à l'Autel de Dieu ceint d'un Ephod-bad, ayant un petit manteau que fa Mere luy faifoit, & qu'elle luy aportoit de temps en temps, venant avec fon Mari facrifier aux jours folemnels.* Vous voulez fçavoir fi cet *Ephod-bad* dont cet enfant eftoit ceint, eftoit une ceinture, ou un encenfoir, comme penfent plufieurs, ou quelque forte d'habillement. Si c'eftoit un habit, pourquoi dit-on qu'il en eftoit ceint, & pourquoy ajoûte-t'on le mot de *bad* à celui d'*Ephod* ? Vous dites encore que vous avez lû ces paroles enfuite ; *Un ferviteur de Dieu vint trouver Heli, & luy dit, le Seigneur me commanda de choifir parmy toutes les Tribus d'Ifraël celle de tes Peres pour me communiquer à elle pendant qu'elle eftoit en Egypte efclave de Pharaon : J'uy étably chez elle mon Sacerdoce afin qu'elle s'aproche de mes Autels, qu'elle brûle l'encens & qu'elle porte l'Ephod.* Et continüant la lecture du même livre vous raportez encore le paffage, où il eft dit que *Doeg Idumeen* fit mourir les Preftres par l'ordre du Roi ; *Doeg Idumeen estant revenu, ce font les paroles du texte, mit à mort les Prestres de Dieu, & tua ce jour-là trois cens cinq hommes,* ou quatre-vingt-cinq, felon la tradition Hebraïque, *qui portoient tous l'Ephod, & Nob passa par le fil de l'épée la ville des Prestres, faifant mourir Hommes, Femmes, Enfans, nourrices & bestes, & il n'y eut que les fils d'Achimelech apellé Abiathar, qui échapa, & fe retira auprés de David.* Je voudrois bien ne pas fuivre l'ordre de voftre lettre en y répondant. D'abord vous remarquerez que le texte Hebreu dit *Ephod-bad*, où le Latin ne fe fert que d'Ephod, & vous fçaurez bien-toft pourquoi je vous fais faire cette obfervation. Vous ajoûtez encore ces mots, *Abiathar fils d'Achimelech s'eftant retiré auprés de David, il arriva avec luy en la ville de Cila, ayant l'Ephod à la main, & Saül ayant apris leur arrivée, David aprehenda qu'il n'affiegeât cette Ville & commanda à Abiathar d'en emporter l'Ephod du Seigneur.* Voilà ce que vous avez tiré du livre des Rois, d'où vous paffez à celui des Juges, où il eft raporté que Micha donna à fa mere de l'argent, dont on jetta un ouvrage en fonte : Et un peu aprés vous dites que cet ouvrage fut apellé *Ephod & Teraphim*, d'où vous concluez que l'Ephod ne pouvoit pas eftre une ceinture ni un habit. Vous eftes, fans doute dans l'erreur de ceux qui n'entendant que le Latin s'imaginent que l'*Ephod* & le *Teraphim*, dont il eft parlé enfuite, furent faits de l'argent que Micha donna à fa Mere. Voila les termes du texte : *La Mere receut l'argent*, c'eft-à-dire celui que fon fils lui donna, *& l'ayant donné à un ouvrier, il en jetta en fonte un ouvrage qui demeura dans la maifon de*

Micha ; de forte que depuis elle fut la maifon de cette Idole , & il fit l'*Ephod* & le *Teraphim* qu'il mit dans la main d'un de fes Enfans le faifant Preftre. Ce qui fuit montre évidemment que cette Idole , qui eft apellée un ouvrage jetté en fonte n'eft pas la même chofe que ce qui eft nommé *Ephod* & *Teraphim*. *Les cinq hommes qui eftoient venus reconnoiftre cette terre dirent à leurs Freres , Sçavez-vous qu'il y a dans cette maifon un Ephod, un Teraphim, & un ouvrage jetté en fonte? Six cens hommes armez,* continue-t'on aprés beaucoup de chofes que vous avez paffées fans vous y arrefter, *entrerent dans la maifon de Micha , & en enleverent l'ouvrage jetté en fonte , l'Ephod & le Teraphim :* Ce qui fert à convaincre ceux qui pour rendre ces paffages difficiles à comprendre tiennent que l'*Ephod* fut fait de l'argent de Micha. Remarquez auffi qu'on ne parle jamais de l'*Ephod* qu'on ne faffe mention du Sacerdoce. Samuel qui en eftoit ceint eftoit de la tribu de Levi, & les Preftres de Noble portoient comme une marque de leur dignité. Cela eft encore prouvé par un autre paffage qui ne fe trouve point dans le texte Latin, *Avez-vous une picque & une épée?* dit David à Abimelech, *car je n'ai point aporté mes armes. L'épée de Goliath que vous tuaftes dans la vallée de Therebinthe ,* repliqua le Preftre, *eft ici derriere l'Ephod , envelopée d'un manteau dans la Sacriftie ;* & c'eftoit-là fans doute qu'on gardoit l'Ephod. Ce que nous avons dit en parlant de l'ouvrage jetté en fonte montre auffi cette verité ; car on fe fervoit du *Teraphim* & de l'*Ephod* dans le culte des Idoles , auffi bien que dans celui de Dieu. Je vous aprendrai ce que c'eft que le *Teraphim,* fi j'en ay le loifir ; mais aupara-

vant il faut expliquer ce que c'est que l'*Ephod*,
puisque j'ay commencé par-là. On lit entr'autres choses ces paroles dans l'Exode ,, où il fut
commandé à Moyse de faire faire des habits aux
Prestres : *On fera un pectoral, un chasuble, des tu-*
niques, & une mître : Au lieu du mot de chasuble la version Grecque des Septante se sert
d'ἐπωμίδα, parce que cette sorte d'ornement se
portoit sur les épaules ; Il est ajoûté ensuite ,
On prendra de l'or, du hyacinthe, de la pourpre,&
du lin, & on en fera un chasuble de diverses cou-
leurs. En un mot tout l'Exode est plein de ces
sortes d'habits ; car il en est encore parlé en ces
termes à la fin : *Tous les bons ouvriers travaillerent*
aux habits des serviteurs de Dieu, c'est à dire du
Prestre Aaron, ainsi que Dieu l'avoit ordonné à
Moyse, & firent un chasuble d'or, d'hyacinthe, de
vermillon, de pourpre & de lin. Mais comme il y
est raporté que l'on commanda de faire un chasuble, & même qu'il fut fait, & qu'il n'y est
point dit qu'Aaron en ait esté revestu ; le Levitique explique quels estoient les habits de ce
Prestre ; en voila les termes : *Moyse apella Aaron*
& ses Enfans qu'il lava avec de l'eau, il le vestit
d'une tunique, lui donna une ceinture & une aube,
& mit un chasuble par dessus, dont il le ceignit
avec une ceinture. Vous voiez par là qu'il estoit
ceint de son chasuble comme Samuël l'étoit de
son Ephod-bad. D'ailleurs , pour ne vous point
ennuier, le texte Hebreu se sert du mot *Ephod*
dans tous les passages où nous nous servons de
celui d'ἐπωμίς qui signifie un chasuble. Mais je
ne sçai d'où vient qu'il se trouve expliqué en
quelques endroits, & qu'il ne l'est point en d'autres, & même depuis peu soit que l'on fust las

de donner tant d'interpretations differentes à
quelques mots Hebreux , on les a laissez en
beaucoup de passages sans les changer. La version d'Aquila apelle τὸ ἐπίραμμα & ἐπίνδυμα , ce
que celle des Septante nomme ἱμάτιον , & ces
deux mots répondent à ce que nous apellons tunique , & les Hebreux mehil , qui veut dire tunique de dessus. Pour ἔνδυμα ou ἐπωμὶς que les
Hebreux traduisent par *Ephod*, il est certain
qu'il signifie l'ornement de dessus & celui dont
le Prestre couvroit les autres. Vous me demanderez sans doute pourquoi on trouve en quelques endroits *Bar,* si *Ephod* seul signifie un habit
sacerdotal. Je vous avoüe que je ne puis l'entendre prononcer sans rire. Les Septante l'ont écrit
par erreur au lieu de *bad*, qui est un mot Hebreu
qui veut dire du lin , mais avec moins d'energie
que Pistha. Aussi dans le passage où il est commandé de faire aux Prestres des chemises de lin ,
le texte Hebreu exprime le mot de lin par celui
de *bad*. L'homme de la vision de Daniel estoit
vêtu de la sorte. *J'élevay les yeux,* dit ce Prophete,
& je vis un homme qui avoit une chemise de lin,
L'Hebreu se sert de *baddin* , qui au pluriel signifie
chemise ou habillement de lin. Pour ce qui est
de l'*Ephod* de lin tout simple, qu'il est dit que
Samüel & les quatre-vingt-cinq Prestres portoient, vous ne devez point en estre surprise. Il
n'y avoit que l'*Ephod* du grand Prestre qui n'é-
toit pas de lin simplement , mais d'or , de pourpre , de vermillon , & de lin entremêlé. Celui
des autres n'estoit point chamarré de la sorte , ni
enrichi sur les épaules de douze pierres , mais il
estoit simplement d'une toile tres-blanche. Puisque je vous ay promis de vous aprendre ce que

veut dire *Teraphim*, & que j'en ay le temps, personne ne me demandant, je vous dirai qu'Aquila
tourne ce mot par μορϑώματα, qui veut dire image, figure, ou reſſemblance. Dans le paſſage où
il eſt dit que Saül envoya pour la ſeconde fois
prendre David, afin qu'il le tuât de ſa propre
main, ſes ſoldats trouverent dans le lit du Prophete, un phantôme ou une image qui eſt apellée
en Hebreu *Teraphim*, & qui n'eſtoit pas un foye
de chévre, comme porte noſtre verſion; mais un
oreiller de peau de chévre qui pouvoit aiſément
repreſenter par ſon poil la teſte d'un homme
couché dans un lit. Cette verité eſt encore prou-
vée par les menaces que Dieu fait au peuple d'Iſraël par la bouche du Prophete Oſée, *Les enfans
d'Iſraël*, dit-il, *ſeront long-temps ſans Roy, ſans
Prince, ſans Sacrifices, ſans Preſtre & ſans Images.*
Ces mots de Preſtre & d'Images ſont exprimez
dans le texte Hebreu, par *Ephod* & par *Teraphim*;
& c'eſt ainſi que Theodotion & Symmachus les
ont traduits. Delà il faut conclure, même ſuivant la verſion des Septante, qui ſe ſont moins
attachez aux mots qu'aux ſens, que l'on entend
Sacerdoce par Ephod & par Teraphim des figures & des images. En effet l'Exode & les autres Livres qui parlent des habits des Preſtres
font mention d'un ouvrage en broderie qui eſt
apellé Cherubim, c'eſt à dire chamarré & couvert de figures, quoi que ce mot eſtant écrit
quelquefois ſans *Vau*, on puiſſe dire qu'il ſignifie plûtoſt des animaux qu'un ouvrage couvert
de figures. Cela eſtant ainſi, ce mot de *Teraphim*
foit voir que Micha fit faire non ſeulement des
habits de Preſtre, mais encore tous les ornemens
neceſſaires à ces habits. Plût à Dieu que je puſſe

à cette heure vous expliquer toutes les differentes especes de ces habits, & vous en découvrir les mysteres. Mais puisque je sors déja des limites d'une lettre, & que Josephe & Philon personnages d'une éminente érudition parmi les Juifs ont traité amplement cette matiere, si vous n'estes pas entierement satisfaite, je vous aprendrai de vive voix ce qu'ils m'ont enseigné, afin que si nous ne sçavons pas quelque chose, nous n'ayons point de juge ni de témoin de nostre ignorance; Au reste depuis que je m'aplique à l'Hebreu mon Latin s'est tellement roüillé, qu'il semble qu'il rend je ne sçai quel son desagreable quand je m'en sers. Je vous conjure donc de pardonner à ma rudesse ; *Si je suis grossier & peu instruit pour la parole,* dit S. Paul ; *il n'en est pas de même pour la science* ; quoi qu'il eût la science & la beauté du langage, il se défend cependant de cette derniere ; & je n'ai ni l'une ni l'autre ; car ayant oublié ce qui me plaisoit pendant ma jeunesse, je n'ai pas apris ce que je pretendois sçavoir, & j'ai fait comme le chien de la fable ; j'ai quitté un petit morceau, pour courir aprés un grand que je n'ai point eu.

A AZELLE.

Il s'estoit fait des Ennemis à Rome pour avoir obligé Paule & Eustoche à se retirer dans un Cloître; & ces Ennemis ayant mal parlé de luy, il s'en plaint dans cette lettre qu'il écrivit en partant de cette Ville.

LETTRE XLIV.

JE ne serois pas sage de croire que je pûsse vous remercier, mais Dieu qui est plus puissant que moi vous rendra ce que vous meritez. Pour moi je suis indigne de vostre amitié, & je n'ai jamais esperé, ni même souhaité que vous me l'accordassiez; cependant quoi que je passe auprés de quelques-uns pour un homme noirci de toute sorte de crimes, & que cette reputation ne réponde pas encore à l'énormité de mes pechez, vous faites bien d'avoir de bons sentimens même pour les méchans: car il est dangereux de juger le serviteur d'un autre; & dire du mal de celui qui n'en fait point, est un peché dont on obtient rarement le pardon. Ce jour viendra que vous & moi nous aurons le déplaisir de voir brûler quantité de gens. Je suis ce pecheur, ce dissimulé, qui se sert de charmes pour seduire; mais où y a-t-il plus de seureté à croire & à inventer ces calomnies d'un innocent, ou à n'en vouloir pas soupçonner un coupable? Quelques-uns me déchiroient d'une langue de serpent en me venant baiser les mains, & prenoient

part de la bouche à ma douleur, pendant que
leur cœur en eſtoit ravi de joie ; mais le Seigneur qui connoiſſoit leurs ſentimens ſe moc-
quoit d'eux, & les remettoit à ſon jugement
dernier ainſi que ſon ſerviteur. Celui-ci trouvoit à dire à ma démarche & à ma façon de rire, & celui-là ſoupçonnoit qu'il y avoit quelque
choſe cachée ſous la ſimplicité de mon viſage.
Pendant trois ans que j'ai vécu parmi eux, je
me ſuis trouvé ſouvent en la compagnie de pluſieurs Filles, à qui j'expliquois l'Ecriture ſainte.
Cette explication les rendoit aſſiduës auprés de
moi, l'aſſiduité fit naiſtre la familiarité, & la
familiarité la confiance. Qu'elles diſent ſi elles
ont jamais penſé de moi quelque choſe d'indigne d'un Chreſtien. Ay-je pris de l'argent de
quelques-unes ? En ai-je receu des preſens petits ou grands ? M'eſt-il échapé un mot à qui on
pût donner un ſens double, ou les ai-je regar-
dées d'un œil laſcif ? On me reproche mon ſexe,
& ce reproche ſe fait quand Paule & Melanie
vont à Jeruſalem. Avant que j'allaſſe chez la
premiere de ces Dames, les ſuffrages de toute
la Ville eſtoient pour moi, tout le monde me
jugeoit digne de la thiare, je ne m'entretenois
que de Damaſe: en un mot je paſſois pour Saint,
pour humble, & même pour éloquent. Depuis
ai-je hanté quelqu'un de plus méchante vie ?
M'a-t'on veu habillé de ſoie, couvert de pierreries, & le viſage fardé, ou ſuis-je devenu avare ? Celle qui parmi tant d'autres femmes m'a
arreſté à Rome jeûnoit continuellement, eſtoit
preſque devenuë aveugle à force de pleurer, paſſoit ſouvent des nuits entieres à implorer la miſericorde de Dieu par ſes prieres ; ſes chanſons

eſtoient les Pſeaumes, ſon entretien l'Evangile, ſa vie un jeûne continuel : enfin je me ſuis plû avec une perſonne que je n'ay jamais veu manger ; cependant à peine ay-je commencé à rendre à ſon merite ce qui lui eſtoit dû, que le mien s'eſt diſſipé, & que toute ma vertu s'eſt évanoüie. Cruelle envie qui t'ataques à toy-même la premiere ! Embuſcades de Sathan qui eſtes tenduës pour ſurprendre l'innocence ! On n'a parlé à Rome que de Paule & de Melanie: qui ayant renoncé à leurs richeſſes ont embraſſé la croix. Si elles ſe plaiſoient aux bains, ſi elles aimoient les parfums, & qu'elles fiſſent ſervir leurs biens & leur viduité au vice & au libertinage, on les appelleroit Dames, & elles paſſeroient pour Saintes. Mais aujourd'hui elles ſont coquettes dans la cendre où elles ſont enſevelies, & ſous les ſacs dont elles ſont couvertes, & elles ſe damnent avec leurs cilices & leurs abſtinences, car on ne veut pas même qu'elles ſe perdent comme les autres. Si des Idolâtres ou des Juifs condamnoient leur maniere de vie, elles auroient au moins cette conſolation qu'elles déplairoient à ceux à qui Jesus-Christ n'a point plû. Mais helas ! des Chreſtiens quittent leurs affaires pour chercher une paille dans l'œil d'un autre, ſans ſonger à la poutre qui eſt dans le leur, blâment un pieux deſſein, croyent qu'il n'y a perſonne de vertueux, & médiſent de tout le monde, comme ſi le grand nombre des damnez pouvoit diminuer leurs peines. Vous prenez plaiſir à vous laver tous les jours, un autre ne peut ſouffrir cette propreté. Vous mangez des mets delicats, je me contente de féves. Vous vous divertiſſez à entendre les bons mots qui se disent dans une compagnie agreable, & moi à voir couler les larmes de Paule & de Melanie; Vous desirez le bien d'autrui, ces Dames donnent le leur! Vous cherchez des vins exquis, & elles trouvent l'eau froide qu'elles boivent plus delicieuse. En un mot vous croyez que ce que vous n'avez pas à cette heure est autant de perdu, & elles soûpirent pour l'avenir, & sont persuadées de la verité de ce qui est écrit. Vous direz que c'est l'effet ridicule de la resurrection qu'elles croyent. Que vous importe à vous dont nous condamnons pareillement la vie? Ayez le teint gras & fleuri, la maigreur me sied bien. Je passe pour miserable auprés de vous, & je tiens que vous l'estes plus que moi; ainsi je vous rends le change, & nous nous estimons insensez reciproquement l'un l'autre. Voilà, Madame, la lettre d'un homme qui monte sur un vaisseau qui vous écrit les larmes aux yeux, & qui remercie Dieu d'estre digne que le monde le haïsse: priez-le que je puisse aller de Babilone à Jerusalem, que je sorte des terres de Nabuchodonosor pour entrer sur celles de JESUS, & qu'Esdras me reconduise en mon païs. Que j'étois fou de vouloir chanter les Cantiques du Sauveur dans une terre étrangere, & de chercher du secours en Egypte aprés avoir quitté la Syrie! Je ne me souvenois plus de cet homme de l'Evangile, qui estant sorti de Jerusalem tomba entre les mains des voleurs qui le dépoüillerent & le tuerent. Mais que le Prestre me rejette, je ferai compassion au Samaritain, qui lors qu'on lui reprocha qu'il estoit Samaritain, & possedé du Diable, avoüa à la verité qu'il estoit Samaritain, parce que ce mot veut dire Gardien, mais il niâ qu'il fust possedé du Diable. A son exemple je ne desavoüe point la Croix que je garde comme la marque de ma foy, pendant que quelques-uns m'appellent pecheur. On dit que je suis Magicien : les Juifs en dirent autant de mon Sauveur, & saint Paul passa pour un seducteur. D'ailleurs qu'ai-je souffert, moi qui combats sous les étendarts de JESUS-CHRIST! On me calomnie ; mais la bonne & la mauvaise reputation servent également à gagner le Ciel. Saluez de ma part Paule & Eustoche, que je cherirai toûjours en JESUS-CHRIST quoi qu'on en dise. Saluez aussi Albine, Marcelle, Marcelline & Félicité, & leur dites que nous serons un jour devant le tribunal de Dieu, où l'on verra quelles auront esté les intentions de chacun. Adieu, souvenez-vous de moi dans vos prieres, vous qui estes un modele achevé de vertu & de chasteté, afin que je puisse trouver la mer calme.

A EXUPERE

Evêque de Toulouze.

Il luy envoye quelques-uns de ses ouvrages qu'il luy dedie.

LETTRE XLV.

LE Solitaire Sysinnius nostre Frere à vous & à moi, m'aporta sur la fin de l'Automne une lettre de vostre part, par laquelle j'apris

avec beaucoup de joye que vous vous portiez
bien, & que vous vous souveniez de moy & de
ceux qui servent ici JESUS-CHRIST. Vous vous
en estes fait des Amis, & vous vous estes ouvert
la porte des Tabernacles éternels, avec un bien
qui vous estoit inutile, en leur envoyant des ra-
fraîchissemens. Vous vous estes mis par là en
estat de dire avec David, *Que vos Tabernacles*
sont aymables, ô Dieu! mon ame languit & se con-
sume du desir d'entrer dans la maison du Sauveur.
En effet si les Oyseaux trouvent une place à
mettre leur nid & leurs petits, pourquoi vous
qui estes un Evêque, & qui cherchez à rassasier
ceux qui sont alterez du Sang de JESUS CHRIST,
ne diriez-vous pas un jour, *Mon cœur se réjouit*
en Dieu, & bien-heureux celuy qui demeure dans
son Palais? Je sçay que dans un sejour de larmes,
& dans un lieu où nous sommes pour combattre
afin d'estre couronnez, vous allez de vertu en
vertu, que vous vous appliquez toûjours avec
ferveur à la lecture de la sainte Ecriture, & que
vous estes pauvre à l'exemple du Sauveur, afin
que devenant riche avec lui, il apuye sa teste sur
vous, que vous lui donniez des habits, & que
vous le nourrissiez. Vous ayant promis quelque
petite production de mon esprit, & me trouvant à la fin du commentaire que j'avois commencé sur les douze Prophetes, j'ay pris la liberté de vous le dedier. Je vous prie de ne pas attendre de l'érudition dans cet ouvrage; car je
n'en ay point, ou j'en ay tres-peu; mais de juger
par là de quelle maniere je suis à vous, afin de
m'engager par ce moyen à travailler sur le reste
de l'Ecriture sainte. S'il se trouvoit quelqu'un à
qui j'eusse promis ce livre, & quelques autres
qu'il

Psal. 83.

qu'il pardonne à l'amitié que je vous porte, &
qu'il croye que tout ce que je vous écris s'a-
dresse à lui. La charité est indulgente, & bien
loin d'estre envieuse de ce qu'ont les Autres,
elle abandonne même ce qui lui apartient.

A THEOPHILE.

*Il le remercie de luy avoir donné quelques avis, &
se plaint de ce qu'il n'use pas d'assez de severité
envers les Origenistes.*

LETTRE XLVI.

VOus vous souvenez, sans doute, que je n'ai
point manqué à mon devoir pendant vostre
silence : & que sans considerer ce que vous pouviez faire, je me suis toûjours acquité de ce qui
vous estoit dû ; & je m'aperçois aujourd'hui
que la lecture de l'Evangile ne m'a pas esté inutile. En effet, si l'importunité d'une femme y
surmonte la dureté d'un Juge, à plus forte raison
un Pere a dû se laisser fléchir aux prieres de son
enfant. Je vous suis obligé des avis que vous me
donnez sur les Constitutions Ecclesiastiques, car
le Seigneur *chastie celui qu'il ayme, & frape de* Hebr. 12
verges tous ceux qu'il reçoit au nombre de ses En-
fans. Sçachez cependant que je n'ai jamais rien
eu plus à cœur que de conserver les droits de
JESUS-CHRIST : & ne point aller au delà de ce
qui a esté établi par nos Anciens. Je me souviens toûjours que la foy de Rome est l'ouvrage
des Apôtres, & que l'Eglise d'Alexandrie s'estim:

G

glorieuse de participer à ses mysteres. A l'égard des Origenistes : des personnes d'une sainteté éminente trouvent à dire que vous ayez tant de patience, & que vous esperiez de reduire ces rebelles par la douceur. Elles aprehendent que pendant que vous attendez la penitence de quelques-uns, l'orgueil des autres n'augmente, & que le parti ne devienne plus fort.

Cette Lettre est de Theophile.

Il avertit saint Jerôme que les Origenistes ont esté chassez des Monasteres de Nitrie.

Lettre XLVII.

LE saint Evêque Agathon, & nostre cher Athanase vous vont trouver pour une affaire qui regarde l'Eglise. Quand vous la sçaurez je ne doute point que vous n'aprouviez nostre zele, & que vous ne preniez part à la victoire que Dieu a remportée. Nous sommes venus à bout, avec la faux du Prophete de quelques Insensez qui vouloient infecter les Monasteres de Nitrie de la doctrine d'Origene, & nous nous sommes souvenus de l'avis de S. Paul, qui commande de reprendre fortement ces sortes de gens. Travaillez donc aussi de vostre côté, & desabusez par vos instructions ceux que vous rencontrerez dans l'erreur. Pour nous, s'il se peut, nous avons dessein de conserver la foy des Apôtres, & les Constitutions de l'Eglise pendant que nous vivrons, les faisant observer aux peuples qui nous sont soûmis, & d'éteindre toute sorte de nouveautez.

Tit. 1.

RÉPONSE DE S. JEROME
À Theophile.

Il se réjoüit avec lui des victoires qu'il a remportées sur les Origenistes.

Lettre XLVIII.

JE reçeus il y a quelque temps une lettre de voftre part, par laquelle rompant voftre long filence, vous me fiftes fouvenir de ce que je vous dois, & depuis je n'ai point eu de vos nouvelles, parce que Prifcus & Eubulus ne font point venus ici. Cependant puifque nous les voyons emportez de zele parcourir toute la Palestine, & y faire fuïr les ferpens jufqu'au fond de leurs cavernes, je vous dirai en peu de mots que tout le monde prenant part à vos victoires regarde avec beaucoup de plaifir l'étendart de la Croix, & des trophées élevez des dépoüilles des Heretiques arborez dans Alexandrie. Vous avez montré par là que fi vous avez differé à faire réüffir voftre deffein, c'eftoit par un effet de voftre prudence, & non pas faute de charité; car, pour vous parler franchement, nous eftions furpris de tant de lenteur, & nous attendions avec impatience la défaite des rebelles : Mais à ce que je voy vous n'avez eu long-temps le bras levé que pour donner un plus grand coup. Pour ce qui eft de la perfonne que nofte Evêque a reçeu chez lui, vous ne devez point le trouver mauvais, car outre que vous ne lui aviez pas écrit de ne le point faire, & qu'il y eût eu de la temerité à decider ce qu'il ne sçavoit point, je ne pense pas qu'il voulût, ou qu'il osât vous offenser en quoi que ce soit.

***

AU MÊME.

Il lui écrit encore sur le sujet des Origenistes.

LETTRE XLIX.

VOs lettres m'ont obligé en deux manieres, l'une parce qu'elles m'ont esté aportées par l'Evêque Agathon & le Diacre Athanase; & l'autre, parce qu'elles m'ont apris avec quel zele vous avez combattu contre les Origenistes. Vôtre voix a esté entenduë par tout le monde, & le Diable s'est tû parmi les réjoüissances des Eglises de JESUS-CHRIST. Le vieux serpent ne siffle plus, il est écrasé, & il cherche l'obscurité des cavernes, ne pouvant souffrir l'éclat du Soleil. Avant que j'eusse reçeu cette nouvelle, j'avois écrit en Occident, & apris cette victoire à ceux qui parlent ma langue ; mais Dieu a permis que vous l'ayez confirmée, la mandant au même temps à l'illustre Athanase. Aprés cet avis je travaillerai avec plus d'ardeur à remettre les Simples au bon chemin, soit qu'ils soient prés ou loin de moi. Je ne craindrai point de me mettre mal avec quelques-uns ; car on doit plûtost plaire à Dieu qu'aux hommes ; quoi que ceux-cy défendent les heresies avec plus d'opiniâtreté que nous ne les combattons avec de force. Je vous conjure de m'envoier vos Conſtitutions ſynodales, ſi vous en avez une copie, afin qu'eſtant apuié de voſtre autorité, je ſoûtienne la cauſe du Sauveur avec plus de hardieſſe. Le Prêtre Vincent vous ſaluë. Il arriva icy de Rome deux jours avant que j'écriviſſe cette lettre, & ne nous parle que de cette Ville & de toute l'Italie, que vos lettres ſeules ont conſervée aprés Jesus-Christ. Continuez donc, illuſtre Prelat, & ne laiſſez paſſer aucune occaſion que vous n'écriviez aux Evêques d'Occident ; qu'ils coupent en naiſſant les mauvaiſes herbes avec la faux, pour me ſervir de vos termes.

Celle-cy eſt encore de Theophile.

Il avertit ſaint Jerôme de prendre garde à quelques hypocrites qui ſoûtenoient en ſecret les opinions d'Origene.

LETTRE L.

J'A y apris que vous connoiſſiez Theodore, & j'ai aprouvé le deſſein de ce Solitaire, qui s'embarquant pour Rome n'a pas voulu partir ſans vous voir & ſans vous embraſſer vous & tous les Freres qui ſont dans voſtre Monaſtere. Quand il y ſera arrivé, vous vous réjoüirez avec lui de la tranquillité de l'Egliſe. Il a viſité tous les Monaſteres de Nitrie, & il vous racontera quelle eſt la moderation de ces Solitaires, & de quelle maniere la paix & la doctrine de Jesus-Christ ont eſté rétablies parmi eux aprés la défaite des partiſans d'Origene. Plût à Dieu que

G iij

ceux de voſtre Province qui tâchent par des menées ſecrettes de donner atteinte à la verité de
l'Evangile ſe fuſſent auſſi défaits de leur hypo-
criſie. Quelques-uns de nos Freres qui n'en ont
pas bonne opinion m'obligent de vous écrire en
ces termes. C'eſt pourquoi gardez-vous de ces
ſortes de gens , & les évitez, car il eſt commandé de ne donner pas même le bon-jour à celui
qui n'eſt pas fidele à l'Egliſe ; mais il eſt inutile
de parler de la ſorte à celui qui eſt capable de
retirer les autres de leur erreur : Toutefois lors
qu'il s'agit de la foi, il n'y a point de mal d'a-
vertir même les plus éclairez. Adieu, je vous
prie de ſaluër de ma part tous ceux de voſtre
Monaſtere.

***

Cette Lettre eſt d'Epiphane.

*Il avertit ſaint Jerôme que les opinions d'Origene
ont eſté condamnées par les ſoins de Theophile
Evêque d'Alexandrie , & le prie de lui envoier
ce qu'il a compoſé ſur cette matiere.*

LETTRE LI.

LA lettre circulaire qui a eſté écrite à tous les
Catholiques s'adreſſe particulierement à
vous, qui eſtant l'ennemi capital de tous les
Hereſiarques vous eſtes declaré principalement
contre les ſectateurs d'Origene & d'Apollinaire. Il ſemble que Dieu a permis que l'impieté
de leurs principes vît le jour & fût ſçeuë à Alexandrie pour eſtre exterminée du monde. Je

vous aprens, mon cher enfant, qu'Amalech a
esté ruiné jusqu'aux fondemens, & qu'on a ar-
boré la Croix sur la montagne de Raphidim.
Ainsi que les Israëlites triomphoient de leurs
Ennemis pendant que Moyse levoit les mains au
Ciel, le Sauveur a donné de la force à Theophile, & cet illustre Evêque a remporté la victoire
sur Origene dans Alexandrie. C'est en lui que
ces paroles ont esté accomplies, *Remarquez ce
prodige, Je purgerai la terre de l'heresie d'Origene
comme j'en ai exterminé Amalech.* Mais de peur
de vous ennuier par une lettre trop longue, je
vous envoie celle que Theophile lui-même m'a
écrite, afin que vous voyiez ce qu'il me mande,
& quelles obligations j'ai à Dieu dans ma vieillesse d'avoir fait approuver à un grand Prelat ce
que j'avois toûjours desiré avec passion. Je croi
que vous aurez travaillé sur cette matiere, &
que vous aurez composé un ouvrage qui poura
estre lû par ceux qui entendent vostre langue ; car
je vous en avois prié dans ma premiere lettre.
En effet, j'aprens que quelques-uns ont porté
en Occident les debris de leur naufrage : & que
n'estant pas contens de leur perte, ils cherchent
des compagnons dans leur malheur ; comme si
le nombre des coupables rendoit le crime moins
noir, ou que le feu ne fût pas plus ardent par
la quantité du bois. Je saluë tous ceux de vostre
Monastere.

A MARCELLE.

Il lui aprend à quoi il travaille.

Lettre LII.

JE ne vous écris pas plus au long pour deux
raisons : l'une que le Meſſager eſt preſſé de
partir, & l'autre qu'eſtant occupé à un travail
de conſequence, je ne puis le quiter pour faire
autre choſe. Si vous demandez quelle peut eſtre
l'importance de l'ouvrage qui vous prive d'une
longue lettre ; je confere depuis long-temps le
texte Hebreu avec la traduction d'Aquila, de
peur qu'il n'y ait eu quelque changement par un
effet de la haine que les Juifs portent au Sauveur ; & pour ne rien celer à une bonne Amie,
j'y trouve beaucoup de choſes qui peuvent fortifier noſtre foy. De ſorte qu'aprés avoir examiné les livres des Prophetes, de Salomon, les
Pſeaumes, & l'Hiſtoire des Rois, je travaille à
cette heure ſur l'Exode, qu'ils appellent Elleſe-
moth, & delà je paſſerai au Levitique. Vous
voiez qu'il n'eſt rien que je puiſſe preferer à cette
occupation. Cependant, afin que Currence ne ſe
ſoit pas mis en chemin inutilement, je vous envoie
deux lettres avec celle-ci, dont l'une s'adreſſe à
voſtre ſœur Paule, & l'autre à ſa chere fille Euſtoche : Si vous y trouvez quelque choſe qui merite
d'eſtre apris, croiez qu'il a eſté écrit pour vous
auſſi bien que pour elles. Je ſouhaite que voſtre
mere Albine ſoit en bonne diſpoſition, j'entens

parler de celle du corps, car pour son ame je ne doute point qu'elle ne soit en bon estat : je vous prie de la salüer de ma part, & la considerant comme une Chrestienne, & comme vôtre Mere, d'avoir pour elle un double respect.

A TRANQUILLIN.

Il lui aprend de quelle maniere il faut lire Origene.

LETTRE LIII.

SI l'on a douté qui du sang ou de l'amitié unit les Hommes plus étroitement ; le plaisir que je prens à penser à vous sans cesse, & la tendresse avec laquelle je vous aime, montrent ce qu'on en doit croire. Je vous parle ingenument ; & vôtre lettre de son costé marque par ses caracteres muets les sentimens que vous avez pour moi. J'ai eu en même temps de la douleur & de la joie de ce que vous m'écrivez que plusieurs suivent Origene, & que mon cher Oceen combat contre leur extravagance. En effet, si d'un costé les simples sont abusez, de l'autre ils sont secourus par une Personne tres-sçavante. Pour ce qui est de ce que vous me demandez, s'il faut entierement rejetter cet Autheur, suivant l'opinion de nôtre Frere Faustin, ou si l'on peut en lire une partie, suivant l'opinion de quelques-uns ; je desirerois qu'on le lût à cause de son erudition comme l'on lit

Tertullien, Arnobe, & quelques autres Autheurs
Grecs & Latins, dont l'on choisit les bonnes
choses en évitant les mauvaises. C'est l'avis de
l'Apôtre, *Eprouvez tout*, dit-il, *& retenez ce qui
est bon.* D'ailleurs ceux qui par un emportement
d'estime ou d'aversion pour Origene le loüent
entierement, ou le blâment de même, doivent
également prendre garde à cette malediction du
Prophete ; *Malheur à celui qui dit que le bien est un
mal, & que le mal est un bien ; qui change l'amertume en douceur, & la douceur en amertume.* Il ne
faut pas, sous pretexte de son érudition, se laisser
infecter de son venin, ni sous pretexte de ce venin ne point lire ce qu'il a écrit d'orthodoxe sur
l'Ecriture sainte. Si ceux qui prennent interest à
ses ouvrages n'y veulent point de mediocrité,
qu'ils les condamnent, ou qu'ils les aprouvent
entierement. Pour moi je prefererois une
ignorance innocente à un blasphême où l'érudition auroit part. Tatien vous salüe & vous remercie au double.

I. Tim. 5. (margin)

Esa. 5. (margin)

***

A MARC.

*Il se plaint des mauvais traitemens qu'il recevoit
des Ariens dans le desert.*

LETTRE LIV.

J'AVOIS resolu de dire avec le Prophete,
*Tant que le Méchant a esté devant moi je me
suis tû, je suis devenu muet, & je n'ai pas même
voulu dire de bonnes choses,* ou si vous voulez, *je
n'écoute non plus leurs discours que si j'estois sourd.*

Psal. 38. (margin)

Psal. 37. (margin)

& je n'ouvre non plus la bouche que si j'estois muet :
je suis devenu comme un Homme qui n'a point d'o-
reilles pour entendre : Mais parce que la charité
est au dessus de tout, & que l'amitié que j'ai
pour vous, est incompatible avec ce dessein, je
vous écris plûtost parce que vous le desirez,
que pour me vanger de ceux qui m'ont maltraité. En effet, parmi les Chrestiens ce n'est
pas celui qui reçoit une injure qui est à plaindre, mais celui de qui il la reçoit. Auparavant
que je vous parle de ma creance, dont vous estes
parfaitement informé, je me sens obligé de
parler de la sorte aux habitans de ce païs ; quelle nation barbare a établi cette cruelle coûtume ? On nous declare la guerre, on nous inter-
dit la terre, & l'on empesche que nous n'y de-
meurions. Je me sers des paroles d'un Idolâtre,
afin qu'un Payen apprenne au moins qu'il est
une paix à ceux qui ne connoissent point celle
de Jesus-Christ. On m'apelle Heretique
parce que je soûtiens que la sainte Trinité est
consubstantielle. On dit que je suis du parti de
Sabellicus, parce que je publie trois Personnes
subsistantes, veritables, entieres, & parfaites.
Si des Ariens me condamnoient, je ne me plain-
drois point ; mais estant accusé par des Catholiques, ou il faut qu'ils aient eux-mêmes cessé
de l'estre, ou qu'ils accusent aussi d'Heresie
l'Eglise d'Orient, & celle d'Occident. Pourquoi attaquer un coupable separément des autres, à qui l'on ne dit rien ? Si le ruisseau n'est
pas gros, ce n'est point la faute du canal, mais
de la source qui ne coule pas plus abondam-
ment. Nous faisons le procés à tout le monde
dans les cavernes qui nous servent de cellules,

dit-on. Je suis honteux de le repeter. Dans la
cendre, & sous les sacs dont nous sommes couverts, nous jugeons les Evêques. Pourquoi un
cilice & un habit de penitence avec tant d'orgueil? Des chaînes, de la saleté, & des cheveux
& une barbe negligez, sont plûtost des signes
de la servitude, que des marques de la souve-
raineté. Qu'on trouve bon que je ne réponde
point à ce discours; toutefois pourquoi déchirer un Malheureux s'il n'a rien surquoi l'envie
puisse mordre? Je suis un heretique, que vous
importe? Laissez-moi en repos comme je vous
en ai prié déja plusieurs fois. Craignez-vous que
parlant éloquemment Grec, & Syriaque, je ne
coure d'Eglise en Eglise pour seduire les peuples, & que je ne fasse enfin un schisme? Je ne
nuis à personne, ne prenant rien que je ne l'aie
gagné, travaillant tous les jours de mes mains
pour vivre; car saint Paul défend de manger à
celui qui ne travaille point. Le Sauveur, mon
tres-venerable Pere, est témoin du déplaisir avec
lequel je vous écris cette lettre. Je me tais, mais
me tairai-je toûjours, dit nostre Seigneur? Il
n'y a pas un petit coin dans le desert, où l'on
ne m'interroge tous les jours de ma creance,
comme si je n'avois point esté baptisé. Si je
fais pour leur obeïr une confession de foy, elle
ne leur plaît point; que je la signe, ils ne me
croient pas pour cela, ils veulent sans doute
que je quitte ma solitude; j'y consens, aussi bien
ils m'ont déja enlevé la moitié de moi-même,
puisque mes Freres sont prests à m'abandonner,
ou pour mieux dire qu'ils m'abandonnent déja,
disant qu'il vaut mieux estre parmi des bestes
feroces qu'en la compagnie de semblables Chrê-

tiens. Pour moi je m'enfuïrois comme eux, ſi la rigueur de l'hyver & ma ſanté me le permettoient ; & je prie qu'on me permette ſeulement de demeurer où je ſuis juſqu'au printemps : ſinon je parts tout à l'heure ſi ce terme ſemble trop long ; *Car la terre & tout ce qu'elle contient* Pſal. 33. *apartient au Seigneur.* Que le Ciel ne ſoit fait que pour mes Ennemis, que mon Sauveur ne ſoit mort que pour eux, qu'ils le poſſedent ſeuls, & qu'ils ſe glorifient de le poſſeder ; *A Dieu ne* Galat. 6. *plaiſe que je me glorifie en autre choſe qu'en ſa croix, par qui le monde eſt mort.* Pour ce qui eſt de la creance dont vous me parlez, je l'ay donnée ſignée à Cyrille ; & celui qui n'en a pas une pareille, n'eſt point un partiſan de JESUS-CHRIST ; mais ce qui me conſole, c'eſt que vous eſtes témoin de la mienne ainſi que Zenobie, que je ſaluë comme font tous nos freres, qui lui preſentent leurs reſpects & à vous auſſi.

✱✱✱✱✱✱✱✱✱✱✱✱✱✱✱✱✱✱✱✱✱✱✱✱✱:✱

A ALIPIUS ET AUGUSTIN.

Il ſe réjouït avec eux, de ce qu'ils ont fait condamner l'hereſie de Celeſtius.

LETTRE LV.

LE Preſtre Innocent de qui vous recevez cette lettre ne vous en rendit aucune de ma part l'an paſſé, parce qu'il ne crut pas aller en Afrique : cependant je rends graces à Dieu de ce que cela n'a pas empeſché que vous ne m'ayez écrit. Vous devez croire que rien ne m'eſt plus agreable qu'une occaſion propre à vous aprendre de mes nouvelles, & je prens Dieu a témoin que je volerois pour vous aller embrasser, si je pouvois me servir d'aîles comme les oyseaux. L'estime particuliere que j'ai toûjours eüe pour vostre merite est augmentée de beaucoup, aujourd'hui que vous avez exterminé l'heresie de Celestius. Cependant ce venin s'est tellement enraciné dans quelques-uns, qu'ils en sont encore infectez, même aprés leur condamnation, & me haïssent mortellement, parce qu'ils se sont persuadez que je suis cause qu'ils ne peuvent plus enseigner leur doctrine. Pour ce qui est d'Aminien, qui reçoit de gros apointemens pour servir d'organe aux blasphêmes des autres, & auquel vous demandez si j'ai répondu; Je vous dirai que depuis le peu de temps que ses livres m'ont esté envoyez par le Prestre Eusebe, j'ay esté malade ou tellement affligé de la mort de vostre Fille Eustoche, que j'ay crû que je ne devois point y prendre garde. En effet, il ne dit rien de nouveau que quelques termes dérobez de costé & d'autre, & j'ay fait beaucoup en l'engageant à répondre à ma lettre, puisque dans sa réponse il a montré ses impietez à tout le monde, & a avoüé ce qu'il démioit qu'il eût dit au Synode tenu à Rhama. Il n'est pas difficile de combatre contre ses refveries. Si Dieu me conserve la vie, & que je ne manque point d'écrivains, je le ferai, plûtost pour refuter ses blasphêmes & convaincre son ignorance, que pour abatre une heresie qui est déja renversée. Je croy neanmoins que cette réponse seroit mieux receuë de vostre part que de la mienne, de peur que je ne sois contraint de loüer moi-même mes ouvrages en parlant à cét Heresiarque.

Nos enfans en JESUS CHRIST, Albin, Api-
nien & Melanie vous saluent tres-humblement.
Je vous écris cette lettre de Bethleem par le
Prestre Vincent. Vostre Niéce Paule vous presente ses respects, vous conjurant, les larmes
aux yeux, de vous souvenir d'elle. Je prie le
Sauveur, tres-venerables Peres, qu'il vous tienne toûjours dans une parfaite santé.

A AUGUSTIN.

Il le loüe de ce qu'il a resisté aux Pelagiens.

LETTRE LVI.

JE vous ay toûjours rendu le respect qui vous
est deû, & adoré le Sauveur qui est avec
vous : mais je fais à cette heure quelque chose
de plus, si cela est possible, & depuis que vous
avez resisté aux tempestes qui se sont élevées
contre vostre creance, je ne suis pas un moment
sans parler de vous. En effet, vous avez mieux
aimé sortir seul de Sodome qu'y demeurer avec
les autres ; vous sçavez ce que je veux dire.
Courage donc. On fait vostre éloge à Rome,
les Catholiques vous respectent & vous regardent comme le défenseur de l'ancienne foy ; &
ce qui vous doit estre plus glorieux, les Heretiques nous haïssent mortellement vous & moi,
& poignardent par des vœux & des souhaits
ceux qu'ils ne peuvent assassiner effectivement.
Je prie Dieu, illustre Prelat, que vous vous portiez bien, & que vous vous souveniez toûjours
de moi.

A MARCELIN ET ANAPSICHIE.

Il les renvoye sur la queſtion de la creation des ames aux ouvrages qu'il a faits contre Rufin, & s'excuſe de n'avoir point encore achevé ſon commentaire ſur Ezechiel.

LETTRE LVII.

ENFIN j'ay receu d'Afrique des lettres de voſtre part, & je ne me repens plus de vous avoir importunez en vous écrivant ſi ſouvent, puiſque je me ſuis attiré une réponſe, & que j'aprens de vous-mêmes que vous vous portez bien. Je me ſouviens de la queſtion que vous m'avez propoſée ſur la creation des ames, ſçavoir ſi elles deſcendent du Ciel, comme le penſent Pythagore, Origene, & les Sectateurs de Platon; ſi elles émanent de la propre ſubſtance de Dieu, ſuivant l'opinion des Stoïciens, des Manichéens & des Priſcillianiſtes d'Eſpagne; ſi Dieu les ayant creées autrefois en conſerve un amas, ainſi que quelques-uns ſe le perſuadent par de ſotes raiſons : ou s'il les produit tous les jours pour les envoyer dans les corps, ſuivant ce que dit l'Evangile, *Mon Pere depuis le commencement du monde juſques aujourd'huy ne ceſſe point d'agir, & j'agis auſſi inceſſamment comme lui :* ou enfin ſi elles s'engendrent les unes des autres, comme le croyent Tertullien, Apollinaire, & la plus grande partie de ceux d'Occident, & que comme un corps naiſt d'un corps, noſtre ame naiſſe d'une autre ame, ainſi que celle des beſtes. J'ay

Ioan. 5.

declaré

declaré mon sentiment là dessus dans la réponse que j'ai faite au livre que Rufin adresse au
Pape Anastase, d'heureuse memoire. Cet Heresiarque voulant abuser les simples par une confession ridicule & artificieuse rend dans cet ouvrage de mauvais offices à sa propre creance. Je
croi que nostre frere Oceen aura cette réponse, l'ayant mise au jour depuis long-temps avec
plusieurs autres que j'ai écrites au mesme Rufin. D'ailleurs, vous avez auprés de vous l'E-
vêque Augustin, personnage d'une vie exemplaire & d'une érudition profonde, qui poura de
vive voix vous aprendre mon opinion sur cette
question, en vous aprenant la sienne. J'avois
commencé un commentaire sur le livre d'Ezechiel pour m'acquiter de ce que j'ai promis tant
de fois aux curieux, mais la ruine des Villes
d'Occident, & particulierement celle de Rome,
m'a troublé de telle maniere, que j'ai oublié mon
propre nom : de sorte que je n'ai point travaillé pendant un long-temps que j'ai crû estre dû
aux larmes & aux plaintes. J'avois même achevé cette année trois livres de cet ouvrage, lors
que les Barbares, tels qu'un torrent impetueux
qui entraîne tout ce qu'il rencontre, se sont jettez sur les frontieres de la Palestine, de Syrie,
& de Phenicie, & à peine ay-je pû échaper à
leur fureur. S'il est vrai que la guerre suspende
la fonction des Loix, comme dit Ciceron, que
fera-t'elle à l'étude de l'Ecriture sainte, qui demande un nombre infini de livres, le repos des
Ecrivains, & ce qui est plus considerable, la seureté de ceux qui travaillent ? Delà vient que je
n'en ai envoyé que deux livres à nostre fille
Fabiole, de qui vous les pourez emprunter si

H

vous defirez de les voir, car je n'ai point éu le loifir de tranfcrire les autres ; vous jugerez du refte par la lecture de ceux-ci. Si j'ai furmonté avec le fecours de Dieu les difficultez qui fe font prefentées au commencement de cet ouvrage, j'efpere qu'il ne m'abandonnera pas fur la fin, où le Prophete parle des guerres de Gog & de Magog, & fait la defcription de l'architecture, & des dimenfions diverfes du Temple de Salomon, ce qui eft difficile à expliquer. Noftre frere Oceen auprés de qui vous cherchez de la recommandation, eft un homme fi facile & fi verfé dans les faintes lettres, qu'il vous inftruira fur les queftions qui vous feront de la peine fans que je l'en prie, & vous aprendra des opinions qui partent d'un efprit femblable au mien. Adieu tres-faints Peres, je prie le Sauveur qu'il vous conferve dans une parfaite fanté, & qu'il vous donne une longue vie.

Fin du premier Livre.

LES
LETTRES CHOISIES
DE SAINT JEROME,
LIVRE SECOND.

A MAGNUS
Orateur Romain.

Il lui prouve qu'un Ecrivain Chreſtien peut ſe ſervir de l'authorité & des paroles des Autheurs Payens.

LETTRE PREMIERE.

VOS lettres & le changement que j'ai remarqué dans Euſebe m'aprennent qu'il a profité de vos inſtructions. Ce changement me donne plus de joye que ſon déreglement ne m'a cauſé de déplaiſir ; l'indulgence du pere a combattu avec le deſaveuglement du fils : l'un en oubliant ce qui s'eſt paſſé, & l'autre en promettant de continüer à bien faire. C'eſt pourquoi nous devons nous réjoüir l'un & l'autre, moi d'avoir recouvré un fils, & vous d'avoir mis un disciple à l'épreuve. Pour ce qui est des Autheurs profanes, dont je raporte quelquefois des endroits dans mes ouvrages, souillant à ce que vous m'écrivez, la pureté de l'Ecriture sainte, de l'impureté des Payens, à quoi vous trouvez à dire ; Je vous répondrai en un mot que vous ne me feriez point ce reproche, si vous n'estiez entierement attaché à la lecture de Ciceron, & que vous leussiez plûtost l'Ecriture sainte que Volcace. D'ailleurs Moïse & les Prophetes ont pris quelque chose des Payens, & Salomon a eu commerce avec les Philosophes de Tyr. De là vient qu'au commencement de ses Proverbes il conseille d'étudier le langage de la prudence, les sophismes, les paraboles, & les énigmes ; ce qui regarde particulierement les Logiciens & les Philosophes. Saint Paul écrivant à *1. Tit.* Tite, dit, *Que les Cretois sont toûjours menteurs, que ce sont de méchantes bestes, qui n'aiment qu'à manger & à ne rien faire* ; ce qui est tiré d'un vers d'Epimenide. Depuis lui Callimaque s'est encore servi de l'hemistiche de ce vers, & l'on ne doit pas s'estonner que l'on n'en ait pas gardé la mesure dans la traduction Latine, puis qu'il seroit impossible de la garder avec quelque *1. Cor. 15.* liaison, même en traduisant Homere. L'Apôtre raporte encore en un autre endroit un vers Iambe du Poëte Menandre, qui dit, *que les mauvais entretiens gastent les bonnes mœurs* ; & haranguant les Atheniens dans l'Areopage, il prouve que les hommes sont enfans de Dieu par la fin d'un des vers du Poëte Aratus. De peur que cela ne paroisse peu de chose, ce Capitaine des Chrestiens, ce grand Avocat plaidant la cause du Sauveur, employa l'inscription d'un autel pour

prouver la foy qu'il preschoit. David lui avoit
apris à arracher l'épée de la main de son ennemy, & à tuer Goliath de ses propres armes. Il
avoit lû dans le Deuteronome, que Dieu commande de couper les sourcils, les ongles, & tous
les cheveux d'une femme esclave avant que de
l'épouser. Pourquoi donc s'estonner que la beauté du langage m'oblige à tirer de servitude la
Morale des Payens pour en faire une Israëlite,
& qu'en ayant retranché ce que l'idolatrie &
l'amour des plaisirs en ont corrompu, je m'en
serve à faire naistre des enfans à Dieu & à l'E-
glise ? Mon travail augmente le nombre des fidelles. C'est ainsi qu'Ozée épousa Gomer fille
de Debelain, & qu'il eut de cette femme débauchée un fils qui s'appella Jezrael, c'est à dire
semence de Dieu ; qu'Esaye rasa les pecheurs, &
qu'Ezechiel se coupa les cheveux, afin qu'aprés
ce presage des crimes de Jerusalem cette Ville
prît garde à elle. Firmien reprend Cyprien, personnage fameux par son martyre & par son éloquence, d'avoir employé l'autorité des Prophetes, & celle des Apôtres en écrivant contre
Demetrien, qui n'y avoit aucune creance, & de
ne s'estre pas servi du raisonnement des Poëtes
& des Philosophes profanes, qui estoient plus
propres à couvaincre un Payen. Celse & Porphire ont écrit contre moy, Origene a répondu
à celuy-cy, & Methodius, Eusebe & Apollinaire
à celuy-là : Origene a composé huit livres, Eusebe vingt-cinq; Apollinaire trente, & Methodius
dix mille vers. Lisez leurs ouvrages, & vous
trouverez que je sçay peu de chose si vous me
comparez à ces grands hommes. Julien allant
faire la guerre aux Parthes écrivit sept livres

contre le Sauveur du monde, où il se confondit lui-même dans les fables qu'il y raporta : Si je lui répondois, je croi que vous m'empescheriez d'assommer ce chien de la massuë d'Hercule ; c'est à dire de le convaincre par le raisonnement des Philosophes & des Stoïciens : mais il le fut assez par celui qu'il apelloit Gallileen, qui punit les blasphêmes de sa langue en le perçant d'un trait au commencement du combat. Josephe a fait deux livres contre Appion Grammairien d'Alexandrie, pour prouver l'ancienneté du peuple Juif : & il y cite si souvent les Autheurs profanes, que je m'estonne qu'un Hebreu élevé dés son enfance dans l'Ecriture sainte, ait pû lire tous les livres des Grecs. Que diray-je de Philon que l'on nomme le Platon des Juifs? Je vous en raporterai encore plusieurs. Adrien allant aux sacrifices de Ceres, Quadratus disciple des Apôtres & Evêque d'Athenes, ne lui presenta-t'il pas un livre pour la défense de nostre Religion ; & cet ouvrage ne parut-il pas si charmant à ce Prince, & à tout le monde, que la beauté de l'esprit de l'Auteur arrêta une furieuse persecution qui alloit éclater contre les Chrêtiens ? Le Philosophe Aristide tres-recommandable par son éloquence, ne luy offrit-il pas une Apologie pour les Chrêtiens pleine des maximes des Philosophes ; & depuis lui Justin à son exemple, n'adressa-t'il pas à Antonin & à ses enfans un livre qu'il composa contre les Idolâtres, où il montre qu'il n'y a point d'infamie dans la Croix, & publie la resurrection de JESUS CHRIST avec toute la liberté possible ? Que dirai-je de Meliton Evêque de Sardes, d'Apollinaire, de Denis Evêque de Corinthe, de Tatien, de Bardesane,

& d'Irenée successeur du martyr Photin, qui ont expliqué dans plusieurs volumes les opinions des Philosophes, dont Origene a formé ses heresies ? Demetrius Evêque d'Alexandrie envoya le Stoïcien Pantenus, dont il connoissoit l'érudition, prescher les Philosophes des Indes. Que trouve-t'on dans tous les ouvrages de Clement Prêtre d'Alexandrie, qui ne soit tiré de la Philosophie ? Origene à son imitation a comparé les maximes des Chrestiens avec celles des Philosophes, apuyant nostre Religion de l'autorité de Platon, d'Aristote, de Numenius, & de Cornutus. Nous avons aussi les ouvrages d'Hypollite & d'Apollonius Senateur Romain ; le livre admirable de Melciade contre les idolâtres, la Chronologie de Jule Africain, & une infinité d'autres volumes Grecs écrits par de grands hommes, dont l'intelligence dans les lettres profanes n'est pas moins admirable que leur érudition dans la sainte Ecriture. Mais venons aux Peres Latins : en est-il un plus sçavant & plus subtil que Tertullien, & cependant il a ramassé toute la doctrine des Payens dans son Apologetique, & dans tout ce qu'il a composé contre les Idolâtres ? est-il un Autheur profane dont Minutius Felix ne raporte quelques endroits dans un livre qu'il intitule, Octavius ; & dans un autre qu'il adresse aux Mathematiciens, si neanmoins il est veritablement autheur de ce dernier ? Arnobie & son disciple Lactance ont composé chacun sept volumes contre les Payens, celui-ci même en a ajoûté aux siens deux autres de la Colere & de l'Ouvrage de Dieu. Lisez-les, & vous y trouverez en abregé des Dialogues de Ciceron. Victorin martyr à la verité n'a rien

employé des lettres humaines dans ce qu'il a
écrit, mais on y voit affez que s'il en eût fçeu
quelque chofe il ne l'eût pas oublié. Cyprien a
prouvé que les Idoles ne font point des Dieux,
avec une netteté, une intelligence de toutes fortes d'hiftoires, & un choix de paroles & de
fentences que l'on ne peut affez admirer. L'E-
vêque Hilaire a imité de nos jours Quintilien
par le nombre de fes livres, & par fon ftile con-
cis, & a laiffé des marques de fa capacité dans
les lettres humaines, dans un petit ouvrage qu'il
a écrit contre le Medecin Diofcore. Le Prêtre
Juvencus qui vivoit du temps de Conftantin, a
fait en vers l'hiftoire de noftre redemption, &
n'a point craint de foûmettre la majefté de l'E-
vangile à la mefure de la Poëfie. J'en paffe fous
filence une infinité d'autres de vivans & de
morts, dont on peut juger de l'intention & de
la capacité par les ouvrages. Ne vous laiffez pas
aller d'abord à cette méchante opinion, que
cela eft permis en écrivant contre des Payens,
& défendu dans les autres occafions : puifque
tous les Auteurs, excepté ceux qui n'ont
rien apris à l'exemple d'Epicure, ont remply
leurs ouvrages de lettres profanes. D'ailleurs je croy que vous fçavez fort bien ce qui
a efté pratiqué par les grands hommes ; & même dans la plainte que vous me faites, vous fervez la haine d'un homme tellement attaché à
l'hiftoire de Salufte, qu'il pouroit paffer pour
un autre Calphurnius Lanarius. Dites-lui, je
vous prie, qn'il ne doit point eftre envieux de
ce qu'ont les autres, & qu'il fied mal à la Tau-
pe de blâmer les yeux de la Chevre. Je pourois,
comme vous voyez, m'étendre davantage fur

cette matiere, mais je crains de paſſer les bornes d'une lettre.

A PAULIN.

Aprés une infinité d'avis tres-ſalutaires qu'il luy donne ſur differentes matieres, il l'exhorte de s'apliquer à l'étude de l'Ecriture ſainte, dont il luy fait un abregé de chaque Livre.

LETTRE II.

NOstre frere Ambroiſe m'a aporté vos preſens, & des lettres où j'ay trouvé des marques de la durée d'une amitié ancienne & fidelle. En effet il n'y a point de veritable amitié que celle de ceux que JESUS-CHRIST attache de ſes liens, & qui ſont plûtoſt unis par la crainte de Dieu, & par le deſir de devenir ſçavans dans ſa Loy, que par un intereſt temporel, & les lâches complaiſances dont ſe ſervent les gens du ſiecle. Les hiſtoires des vieux temps nous aprennent qu'il s'eſt trouvé des perſonnes qui ont traverſé des regions & des mers entieres pour voir ceux dont les noms eſtoient celebres dans les livres. Pythagore vint trouver les Sages de Memphis, Platon parcourut cette contrée qu'on nommoit autrefois la grande Grece, & s'arreſta à Tarente pour entendre Architas. Ce grand homme dont les leçons retentiſſoient dans les écoles d'Athenes, ſe fit écolier dans un païs étranger, aimant mieux aprendre chez les autres, qu'enſeigner en ſon païs, & ignorer quelque chofe : neanmoins à la fin pendant que le defir de devenir plus fçavant, le porte aux extremitez de la terre, il fut pris par des Pirates qui le vendirent à un tyran tres-cruel ; mais fa fageffe le mit dans fa captivité au deffus de celui qui l'avoit achété. Nous lifons auffi que quantité de gens illuftres par leur naiffance, vinrent de France & d'Efpagne à Rome voir Tite-Live, & que ceux qui n'eftoient point touchez de la pompe & de la grandeur de cette Ville, y eftoient attirez par la reputation d'un feul homme, Apollonius, que le peuple apelloit fage, & les Pythagoriciens fimple Philofophe, traverfa une infinité de Royaumes pour entendre Hiarchia, qui affis fur un trône d'or, faifoit des leçons à un petit nombre d'écoliers fur le mouvement des Aftres, & le cours des jours ; & dela retournfiant par d'autres païs vint voir en Ethiopie les Gymnofophiftes, & cette fameufe table du Soleil qui eft au milieu des fablons, trouvant par tout à aprendre, à profiter & dequoy devenir plus parfait. Mais pourquoy me fervir de l'exemple des Idolâtres ? Saint Paul ce vaiffeau d'élection, dont la langue eftoit l'organe du Dieu dont il eftoit plein, comme il le montre par ces paroles ; *Demandez vous, dit-il, une preuve de celuy qui parle par ma bouche ?* Saint Paul, dis-je, aprés avoir veu Damas & parcouru l'Arabie, vint trouver faint Pierre à Jerufalem, & demeura quinze jours avec lui. Car eftant deftiné pour la converfion des Infidelles, il avoit befoin lui-même de quelque inftruction. Enfuite quatorze ans aprés il prit avec lui Barnabé & Tite, & expliqua l'Evangile aux Apôtres, de peur que fes voyages ne fuffent inutiles. En effet la voix

1. *Tim.* 2.
2. *Cor.* 13.
Gal. 9.

du Maiftre a je ne fçay quelle énergie , & fait
plus d'impreffion fur l'efprit des Difciples ; Lors
qu'Efchine eftoit exilé à Rhodes, on lui leut le
plaidoyé que Demofthene avoit fait contre lui ,
& comme tout le monde en admiroit la beauté ;
Qu'euffiez-vous fait mes amis, leur dit-il , fi vous
euffiez entendu retentir ces mugiffemens entre
les dents de la befte ; Si je vous écris de la forte,
ce n'eft pas que je fçache rien que vous deviez
ou que vous vouliez aprendre ; mais vous devez
donner des marques du defir que vous avez de
fçavoir , fans qu'on vous y oblige en vous donnant des leçons. Une perfonne capable d'aprendre merite d'eftre eftimée , quoy qu'elle n'ait
point de maiftre , & je confidere moins ce que
vous trouverez que ce que vous cherchez. Quoi
que le Statuaire ne travaille point fur un pierre ,
elle eft neanmoins en elle-même ce qu'elle peut
devenir en paffant par fes mains, Saint Paul fait   *Act. 2.*
gloire d'avoir apris la loy de Moyfe & celle des
Prophetes aux pieds de Gamaliel, & de pouvoir
dire hardiment : *Les armes de noftre milice ne font*
point charnelles , mais puiffantes en Dieu, pour ren-   *2. Cor. 10.*
verfer les remparts qu'on leur opofe : & c'eft par ces
armes que nous détruifons les raifonnemens humains,
& toute la hauteffe qui s'éleve contre la fcience de
Dieu , & que nous reduifons en fervitude tous les
efprits pour les foûmettre à l'obeiffance de JESUS-
CHRIST. Il écrit à Timothée qu'il a efté élevé   *Tim. 1.*
dés fon enfance dans la lecture de la fainte Ecriture , & il l'exhorte à la même lecture , de peur
qu'il ne femble méprifer la grace qu'il a receuë
par l'impofition des mains : il commande à Tite
qu'en choififfant un Evêque , dont il fait l'énu-
meration des qualitez en peu de paroles, il confi-

dere *celui qui eſt ſeulement attaché à la parole de verité, telle qu'on luy a enſeignée, afin qu'il ſoit capable d'exhorter ſelon la ſaine doctrine, & de convaincre ceux qui s'y oppoſent.* Car une ſainte ignorance n'eſt utile qu'à elle-même, & quand on eſt incapable de reſiſter aux ennemis de l'Egliſe on luy cauſe autant de préjudice, qu'on l'édifie par l'exemple d'une vie innocente. *Apre-nez la loy des Preſtres,* dit Dieu par la bouche du Prophete Aggée; ce qui montre qu'un Preſtre doit eſtre preſt à l'enſeigner aux autres. Nous liſons encore ces paroles dans le Deuteronome, *Conſultez voſtre pere & les Preſtres, & ils vous in-ſtruiront. Je chantois les ouvrages de voſtre Juſtice pendant mon voyage,* dit David au cent dix-hui-tiéme Pſeaume : & le Prophete faiſant le portrait de l'homme de bien qu'il compare à l'arbre de

vie du Paradis, en parle de la ſorte, *Il mettra toute ſon affection en la loy du Seigneur, & il la*

meditera le jour & la nuit. Daniel raporte à la fin de ſa viſion que les Juſtes brillent comme des étoiles, & les ſçavans comme le firmament. Voyez quelle difference il met entre un homme de bien qui eſt ſçavant, & un homme de bien qui ne l'eſt point, puiſque celui-là eſt comparé au firmament, & celuy-cy aux ſimples étoiles. Neanmoins le texte Hebreu ſemble les égaler l'un à l'autre par ces paroles; *Ceux qui ſeront ſça-vans auront un éclat pareil à celuy du firmament, & ceux qui inſtruiront les autres, ſeront comme des étoiles qui dureront toûjours.* Pourquoy ſaint Paul eſt-il apellé un vaiſſeau d'élection? ſans doute parce qu'il ſçavoit parfaitement la loy de Dieu, & les livres ſacrez. Les Phariſiens eſtoient ſur-pris des lumieres de JESUS-CHRIST; Et les

connoiffances de faint Pierre & de faint Jean,
qui n'avoient jamais étudié, leur paroiffoient un
prodige. En effet le faint Efprit infpiroit à ceux-
ci, ce que d'autres n'aprennent que par de longues lectures, & par une continuelle aplication à
la loy de Dieu ; & puis ils voyoient & entendoient le Sauveur du monde, dont ils avoient
l'honneur d'eftre difciples. J E S U S-CHRIST âgé
de douze ans fut au Temple où il inftruifit des
Vieillards par les queftions judicieufes qu'il leur
fit fur la Loy. Vous prendrez peut-eftre faint Jean
& faint Pierre pour des ftupides & des ignorans,
quoi que l'un & l'autre puiffe parler de cette
maniere : *Je fuis groffier & peu inftruit pour la
parole, mais il n'en eft pas de même pour la fcience.*
Saint Jean eftoit-il ignorant & ftupide ? Jugez-en
par ces paroles, *Au commencement eftoit le Verbe*, Joan. 1
dit-il, *& le Verbe eftoit avec Dieu, & le Verbe
eftoit Dieu* ; car le mot λόγος qui fe trouve dans le
texte Grec fignifie une infinité de chofes qui
peuvent eftre attribuées à JESUS-CHRIST. Platon
avec toute fon étude & Demofthene avec toute
fon éloquence, ont-ils pû comprendre le fens de
ces paroles ? Delà vient que Dieu affeure qu'il
*confondra la fageffe des fages, & la prudence des
prudens,* c'eft à dire que la veritable fageffe confondra la fauffe. Saint Paul prefchant le myftere
de la Croix à des gens éclairez, qui prenoient
fon difcours pour une folie, les entretient de la
Sageffe, non pas de la fageffe du fiecle, & de
celle des Princes de la terre qui paffent, mais de
la Sageffe de Dieu envelopée de fecrets & pre-
deftinée long-temps avant le commencement
des fiecles. JESUS-CHRIST eft la fageffe & la vertu de Dieu, & cette fageffe eft cachée fous des

myſteres. Delà vient que David donne pour titre à ſon neuviéme Pſeaume, *Les myſteres du Fils*
de Dieu ; dans lequel tous les treſors de la ſageſſe
& de la ſcience ſont renfermez. Il a eſté predeſtiné
avant tous les ſiecles & montré par les Prophetes
ſous des figures ; c'eſt pourquoi ils ont eſté appellez Voians : parce qu'ils voioient celui qui
n'eſtoit découvert de perſonne. Abraham prévit
ſa naiſſance, & elle lui donna de la joye : Les
Cieux eſtoient ouverts à Ezechiel pendant qu'ils
eſtoient fermez à un peuple pecheur. *Ouvrez-moi*
les yeux, dit David, *& je verrai les merveilles de*
voſtre loy ; car la loy eſtant ſpirituelle, nous avons
beſoin de revelation pour l'entendre & pour conſiderer la gloire de Dieu à découvert. L'Apocalypſe fait mention d'un livre ſcellé de ſept ſceaux,
donnez-le à lire à un ſçavant homme, il répondra qu'il ne le ſçauroit faire à cauſe qu'il eſt
ſcellé. Combien de gens penſent aujourd'huy
eſtre habiles, dont le livre eſt ſcellé, & qui ne
peuvent l'ouvrir ſans l'aſſiſtance de celui qui a
la clef de David, ſans quoi on ne peut ni ouvrir
ni fermer ce livre ? Nous voions dans les Actes
des Apoſtres, que ſaint Philippe aiant demandé
à l'Eunuque *s'il entendoit bien ce qu'il liſoit*, il lui
répondit, *Comment l'entendrois-je ſi quelqu'un ne*
me l'explique ? Je viens à ce qui me regarde, car
je n'ai pas plus de ſainteté, ou plus de deſir d'a-
prendre que cet Eunuque. Il avoit quitté la Cour,
il venoit des extremitez du monde preſenter ſes
vœux & ſes offrandes dans le Temple, & la
paſſion qu'il avoit d'eſtre ſçavant dans la loy de
Dieu eſtoit ſi grande, qu'il liſoit en chemin &
dans ſon char l'Ecriture ſainte. Cependant quoi
qu'il eût le livre entre les mains, qu'il meditât

Apot. 5.

Apoc. 30.

Act. 8.

fur les paroles du Seigneur, & qu'il les proferât fans ceffe, il ignoroit celui qu'il adoroit dans un livre, fans le connoiftre. Saint Philippe l'aborde, & lui découvre JESUS-CHRIST caché fous les paroles qu'il lifoit. Effet furprenant de l'affiftance d'un Maiftre ! l'Eunuque croit, il fe fait baptifer, il devient fidelle & il eft fantifié en une heure : il fait plus de profit dans l'Eglife naiffante, & abandonnée en ce temps-là, que dans le fuperbe Temple de la Synagogue. Je vous dis cela en paffant, ne pouvant pas m'étendre davantage dans une lettre ; pour vous montrer que vous ne pouvez faire un grand progrés dans l'Ecriture fainte fans le fecours d'un Maiftre qui vous enfeigne le chemin. Pour ne point parler des Philofophes, des Grammairiens, des Medecins & d'une infinité d'autres dont la fcience eft tout-à-fait utile aux hommes ; les Laboureurs, ceux qui travaillent aux métaux, aux bâtimens, aux laines & quantité de femblables qui fe fervent plûtoft des mains que de la langue ne peuvent devenir habiles dans leur métier fans un Maiftre. Même chacun fe mêle de fa profeffion fans s'apliquer à autre chofe : il n'y a que l'Ecriture fainte dont tout le monde s'atribuë l'intelligence. Un Vieillard decrepit, & un Sophifte caufeur la déchirent, & l'enfeignent fans l'avoir aprife ; ceux-ci avec un front ridé & des termes empoulez en difputent en la compagnie des femmes ; ceux-là, ce qui eft honteux, fe font montrer par des femmes ce qu'ils aprennent enfuite aux autres, & fe fiant à je ne fçai quelle facilité de parler, ont l'effronterie de faire des leçons fur une matiere qu'ils n'entendent pas eux-mêmes. Je ne dis rien de ceux qui s'apliquent à la lecture des

livres facrez, aprés avoir étudié aux lettres humaines, & qui croyent que toutes leurs paroles
ont efté un article de la loy de Dieu, parce qu'ils
ont plû au peuple par la cadence affectée de
leurs difcours. Ils ignorent quel a efté le fentiment des Apôtres, & celui des Prophetes, &
tâchent d'apuyer le leur par l'autorité de quelques paffages hors de faifon, fans prendre garde
qu'il eft dangereux d'en alterer le fens, & de faire dire par force à l'Ecriture ce qu'elle ne fignifie point. C'eft ce que pratiquent ceux qui font
un Chrêtien de Virgile qui n'a jamais connu JE-
SUS-CHRIST, fous pretexte qu'il a parlé de la forte, *Une Vierge ramene le regne de Saturne, & un*
nouvel enfant defcend du Ciel : Et d'ailleurs, *Mon*
fils vous eftes feul toutes mes forces, & toute ma
puiffance. Ces baffeffes font pueriles, & il n'a-
partient qu'aux Charlatans d'enfeigner ce qu'on
ignore, ou pour parler avec quelque reffentiment, d'ignorer même qu'on eft ignorant. Peut-
eftre eft-il aifé d'entendre la Genefe qui traite
de la creation du monde, du commencement
des hommes, de la divifion de la terre, de la
confufion des langues, & de l'arrivée des Hebreux en Egypte ? Peut-eftre qu'il n'y a point de
difficulté dans le Decalogue, ni dans tout ce qui
eft contenu en l'Exode ? Sans doute il ne faut
que jetter les yeux fur le Levitique pour comprendre toutes les efpeces de facrifices, & les
differens habits du grand Preftre Aaron ? Les
Nombres cachent-ils pas fous les myfteres de
l'arithmetique l'hiftoire des quarante-deux loge-
mens que fit le peuple de Dieu dans les deferts,
& celle de la prophetie de Balaam ? Le Deuteronome qui eft une feconde Loy, & la figure de
l'Evangile,

l'Evangile, renferme-t'il pas de telle manière ce qui est dans les autres livres, qu'il semble un livre nouveau, quoi que composé des vieux? Voilà les cinq livres entiers du Pentateuque de Moyse, & les cinq paroles dont l'Apôtre dit qu'il peut parler dans l'Eglise. Mais continüons? Quelles merveilles ne sont point contenuës au livre de Job? le commencement & la fin en sont en prose, avec quelques cadences de vers au milieu, & l'on y trouve par tout les regles de la Dialectique tres-exactement observées. Toutes les paroles en sont énergiques; & pour passer le reste sous silence, il y est parlé si clairement de la resurrection des morts, que personne ne s'est mieux expliqué que lui sur cette matiere. *Je sçai, dit-il, que mon Sauveur est vivant, que je ressusciterai de terre au jour du Jugement, que je serai couvert pour la seconde fois de ma peau, & que je verrai Dieu des yeux de ma chair, & non de ceux d'un autre. Telle est l'esperance que je garde en mon ame.* Je viens à Jesus ou à Josué fils de Nave, qui est l'image du Sauveur du monde, non seulement par ses actions, mais encore par son nom. Il passe le Jourdain, subjugue le païs ennemi, le partage au peuple victorieux, & par la division des Villes, des Bourgs, des Fleuves, des Montagnes & des Frontieres fait une description admirable de l'Eglise & de la celeste Jerusalem. Les Magistrats qui gouvernent le peuple dans le livre des Juges sont autant de figures. Ruth accomplit cette prophetie d'Isaye, *Faites partir, Seigneur, des pierres du desert l'A-* Esa. 16. *gneau qui gouvernera la terre, & l'envoyez à la montagne de la fille de Sion.* Samüel montre l'abolition de l'ancienne Loy dans la mort d'Heli,

I

& dans celle de Saül, & marque par David &
par Sadoch l'établissement d'un nouveau Sacerdoce, & d'un nouvel Empire. Le troisiéme &
le quatriéme livre des Rois qui commencent à
Salomon & à Jeroboam fils de Nabat, & finif-
sent à Jeconias & à Ozée qui fut mené chez
les Assiriens, contiennent l'histoire du Royaume de Juda & de celui d'Israël ; l'expression en
est simple à la vérité, mais la naissance de l'E-
glise, & ce que les Heretiques lui ont fait souffrir, est contenu sous le sens caché des paroles. Les douze Prophetes ramassez en un seul
volume, disent autre chose que ce qui est si-
gnifié par le sens litteral. Ozée fait souvent
mention de la Tribu d'Ephraim, de Joseph, &
de Jezraël, d'une femme débauchée, d'enfans
nez dans la fornication, & d'une femme adultere qui est long-temps enfermée dans la chambre de son mary pendant son absence, & qui en
attend le retour avec un habit de deüil. Joel fils
de Phatüel décrit la desolation de la terre d'I-
sraël, arrivée par des chenilles & des sauterelles.
Ensuite il dit qu'aprés la destruction de l'ancien
peuple le saint Esprit descendra à Sion sur les
serviteurs & sur les servantes de Dieu, où il s'en
trouvera six-vingt d'assemblez. Amos simple
Berger qui cueilloit les meures sauvages, ne peut
s'expliquer en peu de paroles. En effet, qui representeroit naïvement les trois ou quatre crimes de Damas, de Tyr, de Gaze, d'Idumée, &
ceux des fils d'Ammon & des Moabites ? Ce
Prophete parle aux vaches qui s'engraissent sur
les montagnes de Samarie, & predit la ruïne de
deux maisons, l'une grande, & l'autre petite.
Il voit celuy qui produit les sauterelles, & dé-

couvre le Seigneur affis fur un mur de diamans auprés d'un verger, d'où il châtie les pecheurs en les alterant & les affamant de la parole de Dieu, & non pas de pain & d'eau. Abdias, dont le nom fignifie ferviteur de Dieu, fulmine contre Edom homme de fang, & attaché au fiecle. Jonas femblable à une belle colombe, marque la paffion de Jesus-Christ par fon naufrage; & fous le nom de Ninive exhorte les Infidelles à la penitence. Michée du village de Morafthi predit en parlant de la fille d'un foldat, la ruïne de Jerufalem, qu'il fait affieger pour avoir donné un foufflet à un Juge d'Ifraël. Nahum con- *Nah. 1.* folateur de l'univers s'emporte contre une Ville criminelle, & aprés en avoir décrit la deftruction il tient ce langage; *Voici les pieds de celui qui aporte la paix & d'heureufes nouvelles imprimez fur les montagnes.* Habacuc luiteur difficile à ter- *Hab. 3.* raffer, fe tient ferme fur fon pofte, afin de dire, en confiderant Jesus-Christ fur la Croix; *Il a rempli le Ciel de fa gloire, & fes loüanges retentiffent par toute la terre; fon éclat fera pareil à celui de la lumiere, & fa puiffance eft cachée dans les cornes qui font entre fes mains.* Sophonie tresfçavant dans les fecrets de Dieu, entend de la porte des poiffons les gemiffemens, & des collines les cris caufez par la douleur; enfuite il exhorte ceux de Pile à pleurer le filence où tout le peuple de Canaan eft demeuré, & affure la perte de ceux dont les habits eftoient couverts d'argent. Aggée, homme gay, qui fema avec larmes pour recüeillir avec joye, rebaftit le Temple qui avoit efté ruïné, & fait dire ces paroles à Dieu le Pere, *Encore un peu de temps, & j'é-* *Agg. 2.* *branlerai le Ciel, la Terre, & toutes les Nations,*

& celui que tous les peuples attendent arrivera. Zacharie qui se souvient par tout du Sauveur fait mention de diverses choses dans sa prophetie : il décrit JESUS-CHRIST vêtu de méchans habits, une pierre qui a sept yeux, un chandelier d'or où sept lampes sont attachées, & deux olives à la droite & à la gauche d'une autre lampe ; & prédit enfin la venuë d'un Roy pauvre & monté sur le poulain d'une asnesse, aprés avoir traité diverses matieres miraculeuses. Malachie le dernier des douze Prophetes, parle clairement de la reprobation d'Israël, & de la vocation des Gentils. Voilà ses paroles : *Je n'ai plus de* *bonne volonté pour vous,* dit le Dieu des armées, *& je ne recevrai plus de presens de vôtre part : mon nom est devenu puissant parmi les Idolâtres d'Orient en Occident, on lui sacrifie par tout, & on lui offre des victimes pures.* Mais qui peut entendre ou expliquer Esaïe, Jeremie, Ezechiel & Daniel ? Le premier semble plûtost un Evangeliste qu'un Prophete. Le second fait mention d'un bâton plein de nœuds, d'un vase de fer rempli d'eau boüillante, qui est vers le Septentrion, & d'un Leopard dont la peau n'est plus mouchetée de differentes couleurs, & parcourt quatre fois l'alphabet avec des vers de diverses mesures. La fin & le commencement du troisiéme sont si obscurs, que les Hebreux ne les lisent qu'à trente ans, ainsi que le commencement de la Genese. Le dernier des quatre qui a une intelligence parfaite de l'histoire des temps, & de celle de tout le monde, prophetise clairement qu'une pierre détachée d'une montagne sans qu'on y ait mis la main, renversera tous les Empires. Les Pseaumes de David qui nous tiennent lieu des Poëtes pro-

Malac. 5.

tunes les plus doux & les plus beaux, ne parlent que de JESUS-CHRIST, & ce Prophete chante son retour des enfers sur un instrument à dix cordes. Salomon amateur de la paix & le bon amy du Sauveur, donne des instructions pour les mœurs, enseigne les secrets de la nature, marie l'Eglise à JESUS-CHRIST, & fait chanter un Epithalame pour ses nopces sacrées. Hester, ou pour mieux dire l'Eglise sous le nom d'Hester, tire son peuple de danger, en tuant Aman, dont le nom signifie iniquité, & fait part à la posterité du banquet & de la feste. Les Paralipomenes, c'est à dire l'abregé des Histoires anciennes, sont de telle consequence, que ce seroit se mocquer que vouloir entendre l'Ecriture sainte sans l'intelligence de ce livre. En effet, chaque parole, chaque liaison de periode traite en passant quelque matiere qui a esté omise dans le livre des Rois, expliquant une infinité de difficultez qui regardent l'Evangile. Un seul volume contient Esdras & Neemias, c'est à dire les Envoyez de la part du Seigneur, l'un pour donner de la consolation, & l'autre du secours. Ces Prophetes rebâtissent le Temple & les murs de la Ville, mais la description de ce peuple qui revient en foule dans son païs, celle des Prêtres & des Levites, & les ouvrages qui restent à achever aux tours & aux murs, & qui sont partagez à chaque famille, cachent autre chose que ce qui paroît sur l'écorce. Cependant la passion que j'ai pour les livres sacrez, m'emporte plus loin que je ne devrois aller dans une lettre. Je vous ay montré ce que nous devons sçavoir, & ce qui doit estre l'objet de nos souhaits, afin de vous obliger à dire, *Mon ame brûle de sçavoir vos*

loix : Et avec tout cela je puis affurer avec Socrate, que je fçai feulement que je ne fçai rien.
Mais en paffant, difons auffi quelque chofe du
nouveau Teftament.

Les quatre Evangeliftes font le chariot du Seigneur, & le veritable Cherubin, où l'abondance de fcience, qui eft fignifiée par ce mot de
Cherubin. Ils ont des yeux par tout, ils éclairent par tout, ils ont de la connexité enfemble,
& reffemblent à des roües enchaînées les unes
dans les autres, qui roulent où l'Efprit de Dieu
les guide. Saint Paul a écrit à fept Eglifes, car
la plûpart croient qu'une huitiéme lettre adref-
fée aux Hebreux, n'eft pas de lui. Il donne des
inftructions à Tite & à Timothée ; & intercede
auprés de Palemon pour un efclave qui avoit
pris la fuite ; mais j'aime mieux me taire que de
ne pas parler affez dignement de lui. Les Actes
des Apôtres paroiffent une fimple hiftoire de la
naiffance de l'Eglife ; cependant fi nous prenons
garde que faint Luc Medecin, dont l'Evangile
même a fait l'éloge, en eft l'Autheur, nous y
trouverons dans chaque parole un remede à la
langueur d'une ame malade. Saint Jacques, faint
Pierre, faint Jean, & faint Jude nous ont laiffé
pareillement fept lettres admirables : elles ne
font pas longues fi l'on en confidere les paroles,
mais le fens en eft fi relevé, que peu de perfonnes font capables de les entendre. Il y a dans
l'Apocalypfe de faint Jean autant de myfteres
que de mots, même chaque mot cache plufieurs
fens differens ; je n'en parlerai pas davantage,
car cét ouvrage eft au deffus de toute forte de
loüange. Je vous conjure donc, mon cher Frere, de paffer vôtre vie en lifant ces merveilles ;

d'y penſer ſans ceſſe, de n'aprendre & de ne chercher autre choſe, & vous trouverez ſur la terre
les déliœs & les plaiſirs du Ciel. Au reſte ne ſoiez
point dégoûté de la ſimplicité, ou ſi vous voulez de la baſſeſſe de l'expreſſion. Imputez-en la
faute aux traducteurs, ou croiez qu'ils ont voulu
par là s'accommoder à la portée de la populace,
& faire trouver aux ſçavans dans les mêmes paroles un ſens different de celui que les ſimples
y trouvent. Pour moi je n'ai pas aſſez de vanité pour aſſurer que j'entens l'Ecriture ſainte, &
que je cüeille en ce monde les fruits d'un arbre
dont les racines ſont dans le Ciel : Mais je vous
avoüe que je deſire que cela ſoit ; je fais mieux
que ſi je demeurois oiſif. Je ne veux point eſtre
vôtre maître, mais ſeulement vôtre compagnon,
en aprenant avec vous. On donne à celui qui
demande, on ouvre à celui qui frape à la porte,
& en cherchant l'on trouve à la fin. Aprenons
ſur la terre ce que nous ſçaurons encore dans le
Ciel. Je vous receverai à bras ouverts, j'eſtudi-
rai même avec vous ce que vous voudrez ſçavoir. Vôtre frere Euſebe eſt arrivé icy, & il a
augmenté de moitié la joye que j'ay euë en recevant de vos lettres, en m'aprenant la douceur
de vos mœurs, le mépris que vous avez pour le
monde, la fidelité que vous gardez à vos amis,
& la tendreſſe avec laquelle vous aimez JESUS-
CHRIST. Car la lettre qu'il m'a renduë m'a parlé pour lui de voſtre jugement & de voſtre éloquence : Haſtez-vous donc, je vous en conjure,
coupez le cable qui vous retient, ſans attendre
qu'on leve l'ancre, & vous ſouvenez que celui
qui renonce au monde ne ſçauroit vendre cher
ce qu'il ne vend que parce qu'il le mépriſe ;

Croiez que la dépenfe de voftre voyage eft un gain que vous faites. Un avare a autant de neceffité de ce qu'il a que de ce qu'il n'a point ; le monde entier appartient aux fidelles, & les infidelles ne font pas riches d'une obole ; Vivons de telle maniere que nous poffedions tout fans avoir rien : Les trefors d'un Chrêtien confiftent dans fa fubfiftance & dans fes habits. Vendez voftre bien fi vous en avez, laiffez encore vôtre manteau à celui qui vous ofte voftre chapeau, & craignez que le Sauveur n'ait pas dequoi nourrir fes pauvres, pendant que vous remettez de jour à autre la vente que je vous demande : C'eft avoir déja tout abandonné pour Dieu que s'eftre donné foi-même. Les Apôtres ne quitterent pour lui qu'une barque de pefcheur & des filets. La veuve de l'Evangile ne lui offrit que deux deniers ; & neanmoins ces prefens ont efté preferez à toutes les richeffes du monde. D'ailleurs, quiconque a toûjours l'image de la mort devant les yeux, fait peu de cas des biens de la terre.

A SABINIEN DIACRE.

Sabinien fuyant la colere d'un mary qu'il avoit desho-
noré en abusant de sa femme, se retira à Bethleem,
où il fut recommandé par son Evêque à saint Je-
rôme. Aprés y avoir demeuré quelque temps il y
débaucha une Vierge, & la fit resouder à sortir
de son Cloistre pour le suivre. Ce dessein aiant esté
découvert, & Sabinien ayant demandé pardon
de sa faute à saint Jerôme, il la lui pardonna :
mais ensuite s'estant retiré de Bethleem il commen-
ça à médire de lui. C'est dequoi le Saint lui fait
reproche dans cette lettre, où il l'exhorte à faire
penitence.

LETTRE III.

SAMUEL pleuroit autrefois le malheur de Saül ;
que Dieu s'estoit repenti d'avoir fait Roy
d'Israël. Saint Paul plaignant celui des Corinthiens, dont les pechez estoient plus grands que
ceux des Idolâtres, parloit à eux en ces termes; *Je*
crains que Dieu ne m'humilie en retournant à Co-
rinthe, & que je ne sois obligé à pleurer la perte
de plusieurs qui sont tombez dans le peché sans faire
penitence de leurs crimes & de leurs impuretez. Si un
Prophete & un Apôtre, dont la sainteté est connuë, en usoient de la sorte, comment en userai-
je, moi qui suis un pecheur, & qui parle à un
criminel ; qui bien loin de vouloir estre relevé
de sa chûte & de regarder le Ciel, mange avec
plaisir les écosses des bestes, aprés avoir dissipé

Luc. 15.

ce que son pere lui avoit donné, & qui tombe
dans l'abyme du faîte de l'orgueil? *Vous faites*
un Dieu de vostre ventre, vous mettez vostre gloire
dans vostre propre honte, vous n'avez de pensées &
d'affections que pour la terre, & il semble que vous
vous engraissiez vous-mesme pour estre tué. Vous
vivez comme ceux qui ont esté punis sans craindre
un châtiment pareil au leur, & sans considerer que
la bonté de Dieu vous invite à la penitence. Et par
la dureté & l'impenitence de vostre cœur vous vous
amassez un trésor de colere pour le jour de la colere
& de la manifestation du juste jugement de Dieu.
Vostre cœur à l'exemple de celui de Pharaon ne
s'endurcit-il que parce que vostre faute n'est pas
suivie de la peine, & que vostre châtiment est long-
temps differé? Celui de ce Prince le fut aussi,
neanmoins il sentit à la fin des coups qui estoient
plûtost les avertissemens salutaires d'un bon pere
qu'une punition veritable; mais sa conversion
estant desesperée, & ayant poursuivi dans les deserts un peuple fidelle, il aprit de la Mer à respecter celui à qui les Elemens obeïssent. Il disoit
comme vous, *& qu'il ne connoissoit point de Dieu,*
& qu'il ne donneroit point la liberté aux Israëlites.
Vous tenez à mon occasion le même langage
que lui. *Les visions de ce bon homme sont encore*
fort éloignées, & ses propheties ne s'accompliront que
dans long-temps: Mais écoutez ce que dit ailleurs
un Prophete, *L'effet de mes paroles ne sera plus*
differé, je diray & je foray en même temps. David
chancela & fut tout prest de tomber voiant les
pecheurs, (dont vous estes de premier,) jioüir
des delices du monde, & dire hautement, *Com-*
ment Dieu peut-il sçavoir cela, & le Tres-haut a-t'il
connoissance de ces choses? ses pieds furent presque

Philip. 3.
Rom. 2.
Exod. 5.
Ezech. 12.
Psal. 72.

détournez du chemin , confiderant les méchans
& les heureux du fiecle qui multiplioient leurs
richeffes de plus en plus ; De forte qu'il s'écria,
C'eft donc en vain que je conferve mon cœur pur , &
que je tiens mes mains nettes par l'innocence de mes
actions. J'ay regardé les infenfez avec un œil jaloux
en voyant la paix & le bon-heur des méchans , car
ils meurent fans peine & fans douleur , & ils jouïf-
fens pendant leur vie d'une fanté vigoureufe. Ils ne
fentent point les miferes communes comme les autres ,
& ils ne fouffrent point les playes , & les maux que
fouffre le refte des hommes : c'eft pourquoi l'orgueil
eft comme un carcan d'or dont ils fe parent , & la
violence comme un habit magnifique dont ils fe revê-
tent. Leur vifage eft tellement enflé de graiffe qu'on
n'y void prefque plus d'yeux. Les penfées de leur
cœur paffent au delà de toute moderation , ils fe dé-
bordent en paroles audacieufes , ils fe vantent de leurs
actions injuftes , ils parlent avec fafte comme eftant
au deffus de tout. Leur bouche blafphème contre le
Ciel, & leur langue n'épargne perfonne fur la terre.
Ce Pfeaume ne femble-t'il pas avoir efté fait pour
vous ? En effet vous joüiffez d'une parfaite fanté,
& comme un Apôtre de Sathan quand vous vous
eftes fait connoître dans une Ville , vous allez à
une autre ; vous avez dequoi faire de la dépenfe,
& vous ne recevez point de rude difgrace ; car
vous ne meritez pas d'eftre repris comme le refte
des hommes , qui n'ont pas comme vous une dureté de befte : Delà vient cet orgueil, ces habits
conformes à voftre impureté , & ces entretiens
dont les paroles font autant de coups mortels.
Vous ne vous fouvenez point que vous mourrez
un jour , & jamais vos crimes n'ont efté fuivis
de penitence. Vous vous laiffez aller au torrent

de vos paſſions déreglées, & afin qu'il ne ſemble pas que vous ſoyez ſans compagnon dans vos deſordres, vous impoſez des crimes atroces aux ſerviteurs de Dieu, ſans ſonger que c'eſt attaquer le Ciel, & blaſphemer contre lui. Mais pou quoi s'étonner que des gens qui n'ont pas encore atteint un ſouverain degré de perfection ſoient expoſez à vos calomnies, puiſque vos ſemblables apelloient le Fils de Dieu Belzebuth? La condition du diſciple & du ſerviteur ne doit pas eſtre meilleure que celle du Maître & du Seigneur. Si l'on a traité avec tant d'outrage le bois verd, que dois-je atendre de vous moi qui ſuis un tronc ſec & aride? Une populace mutinée eſt de voſtre ſentiment, & parle comme vous dans Malachie, *Celui qui obeït à Dieu eſt mal-heureux*, diſoit-elle, & pourquoi? *parce que nous avons gardé ſes commandemens*, continuë-t'elle, *que nous nous ſommes abaiſſez devant lui pour le prier, & cependant la felicité eſt le partage des autres, ils ſont rétablis, & ils trouvent leur ſalut dans leur deſobeïſſance*. Mais Dieu par la bouche du même Prophete les menace enſuite du jour du Jugement, & leur marque quelle difference il y aura alors entre l'innocent & le coupable. *Convertiſſez vous*, leur dit-il, *& vous verrez quelle difference il y a entre l'innocent & le coupable, entre celui qui obeït à Dieu, & celui qui ne lui obeït point*. Vous vous rirez ſans doute de ces paroles, vous qui vous repaiſſez de Comedies & de Chanſons, quoi que vous ſoyez ſi hebeté que je doute que vous en connoiſſiez la beauté; mais quelque peu de cas que vous faſſiez de ce que diſent les Prophetes, je vous alleguerai encore ces paroles d'Amos; *Aprés trois ou quatre*

Amos. 1.

pechez, dit le Seigneur, *aurai-je pas sujet d'estre irrité contr'eux ?* Les habitans de Damas, de Tyr, les Juifs même & plusieurs autres, ayant méprisé les avis qu'on leur donnoit de faire penitence, Dieu leur aprend le sujet qu'il aura de se mettre en colere, & leur dit, *Aprés trois ou quatre crimes* **Ezech. 18** *aurai-je pas sujet d'estre irrité contr'eux ? C'est un crime d'avoir une méchante pensée*, dit Dieu par la bouche d'un autre Prophete, *cependant je l'ai pardonné : c'est un autre crime plus noir que vouloir executer ce qu'on a pensé, je l'ai encore souffert ; mais a-t'il falu pour cela en venir à l'execution, & abuser jusques-là de mon indulgence ? neanmoins comme je demande plûtost la conversion du pecheur que sa mort, & que celui qui se porte bien n'a point besoin* **Mat. 2** *de Medecin, je tens les mains à celui qui est tombé, l'exhortant à effacer ses crimes par ses larmes ; mais s'il ne veut point faire penitence, ni prendre une planche dans le débris pour se sauver du naufrage, je suis contraint de dire aprés trois ou quatre crimes, aurai-je pas sujet d'estre irrité contre lui ?* Delà vient qu'il punit quelquefois les enfans de la troisiéme & de la quatriéme generation des crimes de leurs Ancestres, éloignant le châtiment des auteurs du peché qu'il fait ensuite tomber sur leur posterité. Si la peine suivoit immediatement le peché, l'Eglise seroit privée d'une infinité d'illustres convertis, & entr'autres de saint Paul. Ezechiel, dont nous avons déja parlé, aprit la volonté de Dieu par ces paroles ; *Ouvre* **Ezech. 2** *la bouche*, lui dit le Seigneur, *& mange ce que je te donnerai. Je vis aussi-tost*, continuë le Prophete, *une main qui s'étendoit vers moi avec un livre ; l'ayant ouvert en ma presence, il se trouva écrit de tous costez, & il y avoit dedans une plainte, un* çantique, & une malediction. La premiere écriture de ce livre vous regarde, si vous voulez faire penitence : les justes sont excitez par la seconde à chanter les loüanges du Seigneur que la bouche du pecheur est indigne de proferer ; la troisiéme enfin s'adresse à ceux qui vous ressemblent, que le desespoir jette dans toutes sortes de crimes, & qui croyent que tout finit par la mort, & qu'il n'y a rien au-delà. Toute l'Ecriture sainte nous est marquée par le livre qui fut presenté au Prophete : Car elle contient les gemissemens de ceux qui font penitence, les loüanges que les justes chantent à Dieu, & les maledictions qu'il prononce contre ceux qui se laissent aller au desespoir. D'ailleurs il n'y a rien de plus ennemy de Dieu que le cœur qui ne se rend point à la penitence ; ce peché est l'unique qui n'obtient point de remission ; car comme les prieres d'un criminel fléchissent son juge, & qu'on pardonne à celui qui ne persevere point dans sa faute, de même l'impenitence allume la colere de Dieu, & le desespoir est un mal sans remede. Et pour vous montrer que Dieu apelle tous les jours les méchans à la penitence, & qu'ils changent sa douceur en severité en ne l'écoutant pas, je vous raporterai ce passage d'Esaïe ; *Le Dieu des armées*, dit-il, *les exhortera à pleurer, à gemir, & à porter le cilice ; mais ils se réjoüiront, ils feront bonne chere, ils tuëront des veaux & des brebis pour en manger la chair, & ils boiront du vin, disant, Beuvons & mangeons, car nous mourrons demain.* Ensuite de ces blasphêmes & de ces impietez l'Ecriture ajoûte, *Cela est venu à la connoißance du Dieu des armées, & vous mourrez sans que ce peché vous soit pardonné ; avec tout cela s'ils renoncent à*

Esa. 22.

leur peché, ils en obtiendront la remiſſion, qu'ils ne doivent point attendre pendant qu'ils demeureront dans le crime. Je vous conjure donc d'avoir pitié de voſtre ame, croyez que Dieu vous jugera un jour, ſouvenez-vous de l'Evêque qui vous a fait Diacre. Pour moy quoi que ce ſoit un Prelat d'une grande ſainteté, je ne m'étonne pas qu'il ſe ſoit trompé en vous choiſiſſant parmi les autres, Dieu s'eſtant repenti d'avoir fait Saül Roy d'Iſraël, un traître aiant eſté mis au nombre des Apôtres ; & un certain Nicolas d'Antioche homme abandonné à toute ſorte d'impuretez & auteur d'une ſecte abominable, aiant eſté Diacre comme vous. Je ne parle pas de la ſorte, parce qu'on dit que vous avez abuſé de pluſieurs filles, que vous avez deshonoré des perſonnes de qualité en ſoüillant leur lit, ce qui a donné lieu à des executions publiques, & que vous avez eſté dans les lieux infames ſatisfaire voſtre impureté & voſtre yvrognerie ; quoi que ces crimes ſoient énormes, neanmoins ils paroîtront peu de choſe auprés de ce que je dirai dans la ſuite. Cependant quel peut eſtre le crime auprés de qui l'adultere & la fornication paroiſſent peu de choſe ? Miſerable que vous eſtes, vous avez negocié vos ſaletez dans l'antre ſacré où le Fils de Dieu eſt né, où la verité eſt ſortie de la terre, & où la terre a produit ſon fruit. Ne craignez-vous point de faire pleurer l'Enfant qui eſtoit dans la créche, & d'eſtre veu par la Vierge & par la Mere d'un Dieu ? Pendant que les Anges jettent des cris d'étonnement, que les Bergers accourent, qu'une nouvelle étoille brile au Ciel, que les Mages adorent, qu'Herode s'épouvente, & que le trouble ſe met dans Jeruſalem, vous

vous gliſſez dans la chambre de la Vierge pour y ſeduire une vierge. Tout mon corps tremble, Malheureux, & mon ame eſt effrayée en vous faiſant la peinture de vos crimes. Toute l'Egliſe éveillée employoit la nuit à chanter les loüanges de Dieu, & les langues diverſes de pluſieurs Nations differentes compoſoient de concert une agreable harmonie au S. Eſprit, pendant que ſous la porte d'une Chapelle, qui fut autrefois la Créche de JESUS-CHRIST, vous faiſiez gliſſer des lettres amoureuſes, qu'une miſerable venoit prendre & lire le genou en terre comme ſi elle euſt voulu les adorer. Enſuite vous paroiſſiez un moment au chœur, où vous parliez encore à elle par des ſignes & des geſtes laſcifs. Crimes effroyables ! Je ne puis en dire davantage, mes larmes previennent mes paroles que la douleur & la colere étouffent ſur ma langue. Neanmoins continüons, s'il eſt poſſible, quoi que Ciceron & Demoſthene ſeroient muets en cette matiere, & que vous ayez commis des actions où l'éloquence la plus accomplie, les poſtures des plus excellens Comediens, & les grimaces des plus achevez bâteleurs ne ſçauroient atteindre. C'eſt une coûtume établie dans les Monaſteres d'Egypte & de Syrie, de couper les cheveux aux vierges & aux veuves qui renoncent aux delices & à la vanité du monde, de ſorte que ne pouvant plus ſe coëffer elles ſuivent l'avis de l'Apôtre & portent toûjours un voile. Quoi que cela ſe faſſe en ſecret, il eſt venu à la connoiſſance de tout le monde, parce qu'il eſt pratiqué par tout. Meſme cette coûtume eſt devenuë une neceſſité, car les Religieuſes ne ſe ſervant point de poudre & des parfums qui nettoyent la teſte,

elles

elles previennent ainſi quelques incommoditez dont elles pourroient eſtre attaquées. Voyons, homme de bien, l'avantage que vous avez tiré de cette coûtume. Vous receûtes dans ce lieu ſaint les cheveux d'une Vierge, comme des gages du mariage que vous lui promettiez. Elle vous y porta des mouchoirs & ſa ceinture comme pour vous tenir lieu de ſa dot, & vous lui jurâtes que vous n'aimeriez jamais, ou que vous l'aimeriez toûjours. Delà vous fuſtes à l'endroit où les Bergers aprirent la nouvelle de la naiſſance du Sauveur, où pendant que l'on entendoit encore la voix des Anges, vous reïterâtes vos promeſſes & vos juremens. Je ne vous dirai point qu'il ſe paſſa quelque choſe de criminel; ce n'eſt pas qu'on ne puiſſe tout croire de vous, mais le reſpect qui eſt dû à la ſainteté du lieu où vous eſtiez, me perſuade que vous en demeurâtes à l'intention & aux deſirs. Lors que vous vous vîtes ſeul avec une Religieuſe dans la crèche où une Vierge enfanta, ne devinſtes-vous point aveugle & muet ? Vos bras ne furent-ils point immobiles, & ne chancelâtes-vous point ? Ozâtes-vous bien dans un lieu ſi ſaint recevoir des cheveux qu'on avoit coupez pour ſervir d'oſtages à JESUS-CHRIST, & jurer que vous épouſeriez celle qui s'eſtoit conſacrée à Dieu par des vœux ſolemnels ? Enſuite l'on vous trouvoit ſous ſa feneſtre depuis le ſoir juſqu'au matin, & ne pouvant pas vous aprocher de plus prés, vous vous envoyiez l'un à l'autre ce qu'il vous plaiſoit. Certes Dieu prit un ſoin particulier de vous, puis qu'avec des penſées ſi criminelles vous ne pûtes entrer dans ſa chambre, que vous ne la vîtes que dans l'Egliſe, & ne l'entretinſtes qu'à

K

la feneftre pendant la nuit. Le jour dont la venuë vous caufoit un extréme déplaifir paroiffant,
on vous voyoit à l'Eglife pâle, maigre, & fans
couleur ; vous vous y acquitiez des devoirs d'un
Diacre, & vous y lifiez l'Evangile afin qu'on ne
vous foupçonnât de rien. Nous imputions vôtre pâleur à l'âpreté de vos jeûnes, & nous
croyions que vôtre maigreur eftoit un effet de
vos veilles & de vos prieres. Cependant on vous
preparoit des échelles, vôtre voyage eftoit ar-
refté, l'embarquement refolu, & le jour & l'heure de vôtre fuite eftoient pris ; mais l'Ange qui
garde la porte de la chambre de la Vierge, &
devant qui tout fe faifoit, vous découvrit à la
fin. Quelle infortune à mes yeux ! de quelle malediction n'eft point digne le jour, où j'eus la
douleur de lire vos lettres que je garde encore ?
De quelles impuretez, & de quelles careffes ne
font-elles point pleines ? quelle joye n'y mar-
quez-vous point du fuccés de vos deffeins criminels ? Un Diacre a-t'il pû, je ne dis pas parler
de ces impuretez, mais en avoir la moindre connoiffance ? En quelle école les avez-vous aprifes,
vous qui vous vantiez d'avoir efté élevé dans
l'Eglife ? Il eft vrai que dans ces lettres vous
affurez que vous n'avez jamais efté ni chafte ni
Diacre. Si vous ofiez dénier cette verité, je vous
en convaincrois par ces mêmes lettres, & par
des caracteres formez de vôtre main. Mais
joüiffez de vos crimes, puifque vous avez écrit
en des termes dont je ne puis vous reprocher
ici l'énormité.

Cependant vous vintes vous jetter à mes pieds,
& me demander une mifericorde de fang pour
parler comme vous ; car, Malheureux, vous apre-

tendiez ma vengeance, & vous ne craigniez pas
les Jugemens d'un Dieu irrité. Je vous pardon-
nai, je l'avoüe, & que devoit-on attendre autre
chose d'un Chrêtien ? Je vous exhortai à faire
penitence, à vivre sous le cilice & dans la cendre, à vous retirer dans un Cloître, & à y apaiser la colere du Ciel par un deluge continüel de
larmes. Mais que devint mon esperance ? Vous
vous irritâtes contre moi comme une couleuvre, vous me couvrîtes d'oprobres, & vous de-
vinstes mon ennemi, parce que je vous avois dit
la verité. Ce n'est pas que je me plaigne de vos
calomnies, car on sçait que vous ne loüez que
les méchans : je me plains seulement de ce que
vous ne vous plaignez pas vous-même, de ce que
vous ne vous apercevez point de vôtre mort, &
de ce que vous vous parez pour la recevoir, ainsi
qu'un Athlete qui va estre tué dans le combat.
Vous portez de beau linge, vos doigts sont couverts de bagues, vous frisez ce qui reste de cheveux sur vostre teste chauve; vous la baissez, &
ne pouvez la soûtenir à cause de la graisse dont
elle est chargée, car je ne veux pas dire qu'elle
soit usée de débauches; vous sentez les parfums,
vous allez aux bains où l'on vous rase ; vous
marchez dans les ruës & dans les places publiques en amant propre & ajusté, vous estes effronté comme une femme débauchée ; & enfin
vous n'estes point susceptible de honte. Revenez à Dieu, miserable, afin qu'il revienne à vous ;
faites penitence, & détournez par là le châtiment qu'il vous prepare. Pourquoi me calomnier
plûtost que vous guerir vous-même ? Pourquoi
me déchirer comme un phrenetique, moi qui
vous ai donné sur le champ des avis salutaires ?

K ij

Vous avez raison, je suis un pecheur, mais faites penitence avec moi ; je suis un criminel, mais joignez vos larmes aux miennes, si ce n'est que vous fassiez consister la vertu dans ce qui fait mon peché, & que vous preniez plaisir à avoir des semblables. Qu'il tombe quelques gouttes d'eau de vos yeux. Parmi ces étoffes de prix dont vous estes paré, persuadez-vous que vous estes nud comme un ver & reduit à la derniere pauvreté. On ne fait jamais penitence trop tard, quoi que vous soyez sorti de Jerusalem, & que vous ayez esté blessé sur le chemin, le Samaritain vous amenera sur son cheval, & vous fera guerir chez lui. Vous estes dans le tombeau, le Seigneur vous en retirera, sentissiez-vous déja mauvais. Imitez ces aveugles pour qui il sortit de chez lui venant à Jerico, & qui recouvrerent la veuë au milieu des ombres de la mort où ils estoient plongez. Sçachant qu'il passoit, ils lui crierent, Ayez pitié de nous Fils de David. Si vous l'invoquez à leur exemple, & que vous renonciez au peché, quand il vous apellera, vous recouvrerez la veuë comme eux ; quand vous aurez donné des marques de vostre conversion par des gemissemens, vous serez en seureté & vous connoîtrez où vous estes. Que le Sauveur porte la main à vos cicatrices, & à l'endroit où vous avez eu des yeux. Quand vous seriez né aveugle, *& que vostre mere vous auroit conceu dans le crime, il vous purifiera avec de l'hysope, & alors vous serez pur ; il vous lavera & vous deviendrez plus blanc que la neige.* Pourquoi avoir toûjours le visage attaché à la terre, & ramper dans la boue ? Si-tost que JESUS-CHRIST eut gueri cette femme qui avoit esté possedée du Demon

Luc. 10.
Joan. 11.
Matth. 9.

Psal. 5.

Luc. 13.

pendant dix-huit ans, elle se leva & regarda le
Ciel. Croyez que ce qui fut dit à Caïn s'adresse
à vous, *Tu as peché, arreste-toy, pourquoi t'éloigner* Gen. 4.
de la presence de Dieu, & aller demeurer dans la
terre de Naid ? Pourquoi estre toûjours exposé à
la tempeste & ne vous mettre point en seureté
sur un rocher ? Prenez garde que Phinées ne vous
surprenne pechant avec la Madianite, & ne vous
tuë de son épée, vous dont le crime est plus noir
que celui de Thamar, qui avez abusé d'une vierge
& d'une personne consacrée à Dieu comme vous,
& qui avez tourné vôtre rage contre Absalon,
qui vous plaignoit vous voyant dans le tombeau
& dans la desobeïssance. Le sang de Nabutha,
& la vigne de Jezrael, dont vous avez fait un
jardin de volupté & de débauches demandent
le châtiment de vostre peché. Helie vous aporte
la nouvelle de vostre mort & de vostre damnation ; couvrez-vous d'un sac & ployez un peu
sous le joug de la penitence, afin que Dieu parle
de vous en ces termes : *Voyez-vous comme Achab*
me redoute ? je ne me vengeray point de lui pen-
dant sa vie. Vous vous flattez peut-estre en vous
souvenant de l'Evêque qui vous a fait Diacre ;
mais je vous ay déja dit qu'on ne châtie point le
pere pour le fils, ni le fils pour le pere. Celui
qui aura peché mourra : Les enfans de Samüel
perdirent la crainte de Dieu & s'abandonnerent
à l'injustice, & au desir des richesses. Heli estoit
un Prestre de grande sainteté, cependant ses enfans pechoient avec des femmes dans le tabernacle de Dieu, & avoient l'effronterie de servir
dans le Temple comme vous faites. Delà vint la
ruine du Tabernacle, & le crime des Prestres fut
cause de la démolition du Sanctuaire de Dieu.

Heli même offensa le Seigneur usant de trop
d'indulgence envers ses enfans. Ainsi bien loin
que l'innocence de vostre Evêque vous mette à
couvert, il faut craindre que vostre déreglement
ne lui cause une chûte dont il ne puisse estre relevé. Oza qui devoit porter lui-même l'Arche
mourut voulant l'apuyer quand elle tomboit :
Que vous arrivera-t'il à vous qui la renversez
quand elle est en seureté, & qu'elle ne tombe
point ? Vous estes d'autant plus coupable d'avoir
trompé vostre Evêque, qu'il est élevé en sainteté & en merite. Ordinairement nous sçavons les
derniers les desordres de nostre maison, & nous
ignorons la débauche de nostre femme & de nos
enfans pendant que tout le monde s'en entretient. Vous estiez connu dans toute l'Italie, on
soûpiroit en vous voyant devant l'Autel, & neanmoins vous n'aviez pas l'esprit de cacher ce que
vous estes. Le plaisir vous avoit tellement aveu-
glé, & vous estiez attaché à la volupté par des
liens si forts, que ce vous estoit une occasion de
trophée que d'avoir satisfait vostre sensualité.
Mais cette sensualité vous jetta à la fin dans les
embuscades d'un mary puissant, car vous ne
craigniez pas de commettre un adultere dans une
maison dont le maistre pouvoit vous tuer impu-
hément ; vous faisiez en son absence des parties
de promenades avec sa femme ; vous alliez ensemble à des maisons de campagne, & vous
viviez avec elle comme si vous eussiez esté son
mary, & qu'elle n'eût pas esté une débauchée.
Cependant elle est attrapée, & tandis qu'on la
tient prisonniere vous trouvez le moyen de vous
sauver; vous venez en cachette à Rome, où vous
vivez en inconnu avec des soldats, & des vaga-

bonds ; mais auſſi-toſt que vous y aprenez l'arrivée du mary, que vous redoutez comme un
Hannibal traverſant les Alpes, vous croyez
qu'il n'y a plus de ſeureté pour vous que dans
un vaiſſeau, & que les tempeſtes de la mer ſont
moins dangereuſes que la terre. Vous arrivâtes
enfin en Syrie, où vous fiſtes miñe de vouloir
aller à Jeruſalem preſenter à Dieu une offrande
penitente. Qui n'eût pas receu un homme qui
promettoit de ſe faire Religieux, & particulierement ne ſçachant pas ce qui s'eſtoit paſſé, &
voiant des lettres circulaires de voſtre Évêque
qui vous recommandoit à tous les Eccleſiaſtiques du païs? Mais vous n'aviez que la forme
d'un Ange de lumiere, & vous eſtiez un partiſan
du Demon. Pendant que vous feigniez de vous
donner entierement à Dieu, vous cachiez un
loup ſous la peau d'une brebis ; & aprés avoir
ravy l'honneur à un mary, vous vouliez encore
le ravir à JESUS-CHRIST. Au reſte je vous fais
icy la peinture de voſtre vie, de peur que la miſericorde de Dieu ne vous ſerve de pretexte à de
nouveaux crimes, que vous ne crucifiyez encore
ſon Fils, & que vous ne vous mocquiez de ſa
Paſſion. Je finis & vous prie de lire ces paroles :
*Lors qu'une terre eſt ſouvent abreuvée des eaux de
la pluye qui y tombe, elle produit des herbages propres à ceux qui la cultivent, & reçoit la benediction
de Dieu : Mais quand elle ne produit que des ronces
& des épines, elle eſt en averſion à ſon maître, elle
eſt menacée de ſa malediction, & à la fin il y met
le feu.*

A PAMMAQUE.

Il le remercie d'avoir souftrait quelques-uns des ou-
vrages qu'il avoit faits contre Jovinien, &
dont plufieurs s'eftoient offenfez.

LETTRE IV.

IL eft quelquefois de la bienfeance à un Chrêtien de fe taire même avec fes amis, & de chercher plûtoft de la confolation à fa baffeffe dans le
filence, que fe mettre en danger de paffer pour
un homme vain en reprochant les anciennes amitiez. Je me fuis tû pendant que vous ne m'avez
rien dit, & je ne vous ai rien demandé de peur
qu'il ne femblât que je recherche moins un ami,
que l'apui d'une perfonne d'autorité. Mais puifque vous m'obligez aujourd'hui à mettre la
main à la plume, je tâcherai de vous prévenir,
& de vous écrire plûtoft que vous faire réponfe,
afin que fi je vous ay marqué du refpeét par
mon filence, je vous en marque davantage en
vous envoyant le premier de mes lettres. J'ai
apris avec combien de prudence & d'affeétion
vous avez fouftrait les exemplaires des petits
ouvrages que j'ai faits contre Jovinien. Cependant vos foins m'ont efté inutiles, car quelques
perfonnes arrivées ici d'Italie m'en ont montré
des copies qu'elles avoient prifes à Rome. D'ailleurs ils avoient efté publiez en ce païs, & vous
fçavez comme moi qu'une parole proferée ne
rentre point dans la bouche. Je n'ai pas autant

de bon-heur que la plûpart des Ecrivains de nôtre fiecle, & je ne puis, à leur exemple, repaffer
fur mes bagatelles quand je le defire. A peine ai-
je écrit quelque chofe, que mes amis & mes ennemis le fement dans le monde avec un empreffement égal, mais avec un deffein different. Ceux-
ci le blâment, ceux-là le loüent ; les uns & les
autres avec excés, fuivant le mouvement de leur
paffion plûtoft que le merite de l'ouvrage. Ce
que j'ai pû faire en cette occafion, c'eft de vous
envoyer une Apologie pour ce livre, ainfi que
vous l'avez demandé. Quand vous l'aurez leuë
vous répondrez vous-même aux objections que
l'on me fait, & fi par hazard elle ne vous plaifoit
pas, vous donnerez un autre fens au paffage où
faint Paul parle de la virginité & du mariage ;
Ce que j'en fais n'eft pas pour vous engager à
écrire. Je prefere l'aplication avec laquelle vous
étudiez la fainte Ecriture à mes propres interefts, mais afin que vous obligiez ceux qui déchirent ma reputation à compofer quelque chofe. Ils font fçavans, ils croyent même n'eftre
pas ignorans. Ils font plûtoft capables de m'enfeigner que de me reprendre, & l'on ne fera
plus de cas de mes traductions quand ont les
comparera à leurs ouvrages. Au refte je vous
conjure de lire avec attention, & de pefer les
paroles de l'Apôtre : vous verrez que pour arrefter la médifance j'ai efté plus indulgent aux
maris que lui. Origene, Denis, Pierius, Eufebe
de Cafarée, & Apollinaire ont fait des commentaires fort amples fur cette lettre ; parmi lef-
quels Pierius expliquant le fens de ces paroles,
Or je veux que tous foient femblables à moi, ajoûte
que faint Paul a voulu par là recommander le

celibat. Quelle faute ai-je commise ici ? Où est
cette severité ? Tout ce que j'ai dit est tres-peu de
chose auprés des paroles de ce Commentateur.
Repassez sur les commentaires des Auteurs dont
je viens de vous parler, cherchez dans les bi-
bliotheques de toutes les Eglises, & vous arriverez par ce moyen plus facilement à la fin de vos
desseins. Au reste j'aprens que Rome toute entiere
se declare en vostre faveur, & que le Pape a pour
vous les mêmes sentimens que le peuple : mais
croyez qu'estre Prestre est moins que meriter de
l'estre. Si je sçai que vous ayez esté satisfait des
douze Prophetes, que j'ai traduits d'Hebreu en
Latin, cela m'obligera de mettre au jour ce que
je garde dans mon cabinet. J'ai aussi traduit depuis peu en nostre langue le livre de Job, dont
vous pourez emprunter un exemplaire de la sainte Marcelle vostre cousine. Lisez cet ouvrage en
Latin & en Grec, & confrontez l'ancienne traduction avec la mienne, afin de connoître quelle
difference il y a entre le mensonge & la verité.
J'ai pareillement envoyé au venerable Domnion
quelque chose sur les mêmes Prophetes, avec
les quatre livres des Rois : Vous verrez, si vous
vous donnez la peine d'en prendre la lecture,
combien il y a de difficulté à entendre l'Ecriture
sainte, & particulierement les livres des Prophetes. Car ce qui est tres-pur & tres-clair dans l'o-
riginal, a esté rempli de fautes & d'obscuritez
par l'ignorance des Interpretes. Sur tout ne cherchez pas dans un homme tel que je suis, de l'é-
loquence, puisque vous avez renoncé à celle de
Ciceron même pour l'amour de JESUS-CHRIST.
Quoi que la traduction des livres sacrez ne soit
pas incompatible avec la beauté du langage ;

cependant elle ne doit point y paroître, de peur qu'il ne semble qu'on parle moins pour tout le monde que pour un petit nombre de gens oysifs, & de Philosophes.

A HELIODORE.

Il l'exhorte par cette lettre à embrasser la vie solitaire, dont il fait l'éloge.

LETTRE V.

VOus sçavez avec quel empressement & quelle affection je vous priay de rester avec moi dans la solitude : & cette lettre à demi effacée de mes larmes marque encore avec quelles douleurs & quels soûpirs je vous suivis quand vous me quittastes. Cependant vous tâchastes comme un enfant qui nous flate de m'apaiser par des caresses sans que je m'en aperçeusse; de sorte que je ne sçavois à quoi me determiner. En effet me serois-je tû, & aurois-je dissimulé avec quelque moderation ce que je souhaitois avec tans d'ardeur ? ou aurois-je continué d'importuner de mes prieres une personne qui ne vouloit pas les entendre, & dont l'amitié ne répondoit pas à la mienne ? Ce que je puis donc faire aujourd'hui aprés n'avoir point esté écouté en ce temps-là, c'est d'apeler celui que je n'ay pû retenir quand nous estions ensemble. Et comme vous me priastes en partant que lors que je serois passé dans le desert je vous en écrivisse quelque chose, pour vous obliger à y venir, & que je vous promis que je le ferois : je vous y convie ; haftez-vous, oubliez la neceffité où nous y avons éfté reduits ; car il y faut des gens dépoüillez de tout ; & ne foyez point épouvanté des difficultez de noftre premier voyage, fi vous croyez en JESUS-CHRIST ayez de la creance à fes paroles;

Matth. 6.
Luc. 12.
Matth. 10.

Cherchez premierement le Royaume de Dieu, dit-il, *& les autres chofes vous feront données par furcroît, ne prenez beface ny bâton*, c'eft eftre affez riche que d'eftre pauvre avec JESUS-CHRIST. Mais pourquoi vous prier encore fans fonger à ce que je fais ? Un amy méprifé doit fe mettre en colere, & peut-eftre que vous excuferez les reproches que vous fera celui dont vous avez dédaigné les prieres ? Soldat oyfif & delicat que faites-vous en la maifon de voftre pere ? Où font ces remparts, ces tranchées & ces Hyvers paffez fous des tentes ? La trompette fonne du haut du Ciel, l'Empereur paroît les armes à la main, & marchant fur les nuées vient conquerir toute la terre,

Apoc. 1.

Il fort de fa bouche une épée qui tranche des deux côtez, & qui taille en pieces tout ce qu'elle rencontre; pafferez-vous de voftre chambre au camp, & de l'ombre & du repos aux ardeurs du Soleil, & aux fatigues de la guerre ? Un corps accoûtumé d'être vêtu à fon aife ne fçauroit fuporter la pefanteur d'une cuiraffe ? une tefte couverte legerement ne fçauroit fouffrir d'eftre couverte de fer, & la garde d'une épée femble trop dure à une main qui ne travaille point. Ecoutez l'ordonnance de voftre Prince, *Celuy qui n'eft point avec moi eft contre moi; & celui qui n'amaffe point avec moi diffipe au lieu d'amaffer.* Souvenez-vous du temps que vous vous eftes enrôllé, & que vous eftant enfevely avec JESUS-CHRIST dans le

Baptême vous vous estes engagé par un serment
solemnel à oublier pour lui vostre pere & vostre
mere. Son ennemi s'efforce de lui oster la vie
dans vostre ame, & est prest de vous ravir la solde que vous reçeustes en vous enrôllant. Quoi
que vostre petit fils encore enfant se pende à
vostre cou, que vostre mere les cheveux épars
& les habits déchirez, vous montre le sein dont
elle vous a allaité, & que vostre pere soit étendu sur le seüil de la porte, passez pardessus lui,
& allez en volant & sans verser une larme vous
ranger sous les étendarts de la Croix. C'est en
cela que consiste la veritable pieté. Il viendra un
jour que vous reviendrez victorieux en vostre
païs, que vous marcherez la couronne sur la
teste dans la Jerusalem celeste, que vous joüirez
avec saint Paul du droit de Citoyen en cette Cité, & que vous le demanderez pour vos parents
& pour moi qui vous ai encouragé à combattre.
De quels empeschemens direz-vous que vous
estes arresté? Je n'ai pas non plus que vous un
cœur de fer ni des entrailles de bronze; je n'ai
pas esté enfanté par un rocher, ni allaité par des
tygresses d'Hircanie, & j'ai surmonté tout ce
qui vous semble aujourd'huy difficile; Je sçai
que vostre sœur qui est veuve est toûjours à vos
côtez, que les enfans de vos esclaves avec qui
vous avez esté élevé vous demandent à quel
maistre vous les laissez; que cette femme qui vous
portoit autrefois à son cou, & qui est aujour-
d'hui fort vieille, & celui qui a eu soin de vostre
éducation, & qui vous tient lieu d'un second pere, vous prient d'attendre un peu, afin qu'estant
sur le bord de leur fosse vous les enseveliffiez;
peut-estre même que vostre mere vous montrant

les peaux de son sein & les rides de son front, redouble leurs cris, & que d'autres vous disent que vous soûtenez seul vostre maison, mais l'amour de Dieu & la crainte de l'enfer peuvent

Exod. 20. aisément triompher de ces obstacles. L'Ecriture sainte, direz-vous, me commande d'obeïr à mon pere & à ma mere ; mais elle nous aprend aussi que celui qui les aime plus que JESUS-CHRIST perd son ame. Mon ennemi me tient l'épée à la gorge & je m'arresterai aux larmes de ma mere ? Je quitterai le service de JESUS-CHRIST pour mon pere, que je ne suis point obligé d'enterrer quand il s'agit du service de Dieu. Saint Pierre parlant en tremblant à Nostre Sauveur qui estoit prest de souffrir la mort, lui fut un sujet de scandale ; Et quand les Chrêtiens vouloient empescher saint Paul d'aller à Jerusalem, il leur répon-

Act. 21. dit, *Que faites-vous de pleurer ainsi, & de m'attendrir le cœur ? Je vous declare que je suis tout prest de souffrir à Jerusalem, non-seulement la prison, mais la mort même pour l'amour du Seigneur Jesus.*

Quand nostre foy est attaquée de la sorte par un pretexte de pieté, il faut se retrancher der-

Matth. 12. riere le mur de l'Evangile ; *Ceux-là sont ma mere & mes freres qui font la volonté de mon Pere qui est dans le Ciel.* S'ils croyent en JESUS-CHRIST, qu'ils donnent les mains à celui qui veut combattre pour lui : s'ils n'y croyent point, *que les morts ensevelissent leurs morts.* Cela est bon, direz-vous, lors qu'il s'agit du martyre. Vous vous trompez, mon frere, vous vous trompez, si vous croyez qu'un Chrêtien puisse s'exempter de souffrir en quelque temps que ce soit. Quand vous pensez n'estre point attaqué, c'est lors que

Ver. 6. vous l'estes davantage, *Car le Demon nostre ennemi*

tourne autour de nous comme un lion rugiſſant, cherchant qui il poura devorer. Aprés cela vous imaginez-vous n'eſtre point en guerre ? Il tend des pieges avec les riches pour ſurprendre & tuer en ſecret quelque innocent ; il jette les yeux ſur le pauvre, & ſe met en embuſcade, pour n'eſtre point découvert, ainſi qu'un lion dans ſa caverne, pour enlever quelque miſerable, & lors que vous eſtes ſur le point de lui ſervir de proye vous dormirez à voſtre aiſe à l'ombre des rameaux épais d'un arbre touffu ? L'impudicité me perſecute ; l'avarice vient fondre ſur moi, mon ventre tâche de devenir mon Dieu, & de ſe mettre à la place de JESUS-CHRIST ; l'amour impudique me preſſe de chaſſer le ſaint Eſprit qui habite dans mon ame, & de violer ſon Temple ; enfin cet ennemi qui a mille noms differens, & mille moyens divers de me nuire, me perſecute ſans ceſſe, & je ſerai ſi miſerable de croire que je ſerai victorieux quand je ſerai vaincu ? Aprés avoir examiné l'énormité de ces pechez, prenez garde, mon frere, de vous perſuader qu'ils ſont moindres que celui d'eſtre Idolâtre : Sçachez, *Epheſ. 5.* dit ſaint Paul, *que nul fornicateur, nul impudique, nul poſſedé de l'avarice, qui eſt une idolâtrie, ne ſera heritier du Royaume de Dieu & de* JESUS-CHRIST. Et bien qu'en general tout ce qui eſt du Demon ſoit contraire à Dieu, & que tout ce qui appartient à cet eſprit impur ſoit idolâtrie, puiſque les idoles lui ſont conſacrées ; le même Apôtre le declare neanmoins en particulier en un autre endroit en ces termes, *Faites mourir les Coloſſ. 3. membres de l'homme terreſtre qui eſt en vous, la fornication, l'impureté, les abominations, les mauvais deſirs, & l'avarice qui eſt une idolâtrie, puiſque ce*

font ces excés qui font tomber la colere de Lieu fur
les hommes rebelles à la verité. En effet, l'idolâtrie
ne confifte pas a prendre du bout des doigts un
peu d'encens & à le jetter dans le feu du facrifice,
ou à répandre un peu de vin d'une coupe. Il n'y
a que celui qui peut apeller juftice l'action de
Judas qui vendit fon Maiftre pour trente deniers, qui puiffe nier que l'avarice foit idolâtrie :
il n'y a que ceux qui s'abandonnant à des victimes d'impudicité, violent les membres de JESUS-
CHRIST en violant cette hoftie vivante qu'ils
eftoient obligez de conferver pure pour la rendre agreable à Dieu, qui puiffent nier que cette
action brutale foit un facrilege : & il n'apartient
qu'à celui qui eft femblable à ceux qui tomberent morts aux pieds des Apôtres pour s'eftre
refervé une partie de leur bien, de nier que la
fraude foit idolâtrie.

Souvenez-vous, mon cher frere, qu'il vous eft
défendu de rien poffeder de ce qui eft à vous ;
Celui, dit le Seigneur, *qui ne renoncera pas à*
tout ce qu'il poffede ne fçauroit eftre mon Difciple.
Pourquoi eftre Chrêtien & avoir fi peu de courage ? Confiderez faint Pierre qui abandonne fes
filets, & faint Mathieu qui quittant fa banque
devient Apôtre en un moment de publicain qu'il
eftoit. Le Fils de l'Homme n'a pas où repofer fa
tefte, & vous voulez avoir de grands Palais, comme fi vous pouviez eftre heritier de JESUS-
CHRIST, & poffeder de grandes richeffes dans
le fiecle ? Cherchez l'éthymologie du nom de
folitaire que vous portez ; & puis qu'il vous
engage à eftre feul, pourquoi demeurez-vous
dans la foule ? Je ne vous parle pas en Pilote qui
ignore quelle eft la fureur des flots, & qui eft

venu

Luc. 14.

Math. 4.

Luc. 9.

venu heureusement au port avec son vaisseau &
ses marchandises, mais en Pilote qui jetté depuis peu sur le rivage par le naufrage & devenu
sçavant par sa propre experience, avertit ceux
qui sont prests à s'embarquer. Là dans un gol-
phe, l'Impudicité comme une Caribde engloutit vôtre salut. Icy le plaisir des sens, comme
une autre Scilla sous la forme d'une femme, vous
attire par des caresses pour faire faire naufrage
à vôtre pudeur. Ces côtes sont couvertes de Barbares, & le Diable & ses compagnons font des
courses le long de ces antres, & portent des
chaînes pour ceux qui tomberont entre leurs
mains. Ne vous fiez donc pas à cette mer, &
ne croyez pas que vous y puissiez estre en assurance. Quoi qu'elle paroisse aussi calme qu'un
estang, & qu'il semble que le moindre vent y
puisse à peine élevel les plus petites vagues, cette rase campagne cache de hautes montagnes,
des perils, & vôtre ennemi. Déliez donc les
cordages, déployez les voiles, & plantez le mast
de la Croix sur vôtre front, car cette bonace
aparente est une veritable tempeste.

Quoi, direz-vous, ceux donc qui demeurent
dans les Villes ne peuvent-ils estre Chrêtiens?
Vôtre condition est differente de celle des au-
tres. Ecoûtez le Sauveur, *Si vous voulez estre par-* Math. 19.
fait, allez, vendez tout ce que vous avez, donnez-
le aux pauvres, venez & me suivez. Vous avez
promis d'estre parfait, puis qu'abandonnant la
milice du siecle & renonçant au mariage pour
gagner le Ciel, vous avez en effet embrassé une
vie parfaite. Or un parfait serviteur de JESUS-
CHRIST ne possede rien que JESUS-CHRIST, &
s'il possede quelqu'autre chose il n'est pas par-

L

fait. Que s'il n'est pas parfait aprés avoir pró-
mis à Dieu de l'estre, il a commis un mensonge devant luy ; la langue qui profere un mensonge tuë l'ame de celuy qui le profere. Si donc
vous estes parfait, pourquoi desirez-vous les
biens de la terre, ou si vous ne l'estes pas, vous
avez trompé Nôtre Seigneur. L'Evangile vous
dit avec ces paroles tonantes, *Vous ne sçauriéz*
servir à deux maistres. Aprés cela rendrez-vous
JESUS-CHRIST menteur en servant en même tems
& à Dieu & aux richesses ? Il vous dit si souvent
& à haute voix, *Si quelqu'un veut venir aprés moy,*
qu'il renonce à soy-même, qu'il porte sa croix, & qu'il
me suive : Et l'on s'imaginera qu'on le poura suivre estant accablé sous le poids de l'or ? Celuy
qui croit en JESUS-CHRIST doit imiter ses
actions. Si vous dites que vous ne possedez rien,
comme vous le direz sans doute, pourquoi ne
combattez-vous point estant si propre pour la
guerre ? Croyez-vous le pouvoir faire dans vôtre
païs, JESUS-CHRIST, lui-même n'ayant point fait
de miracles dans le sien ? Et pourquoi n'en a-t'il
point fait ? Ecoûtez-en la raison, & reverez
l'autorité de celuy qui vous l'aprend, *Aucun*
Prophete n'est honoré en son païs. Vous me répondrez peut-estre que vous ne cherchez point l'honneur, & que vous vous contentez du témoignage de vôtre propre conscience. Nôtre Seigneur
ne le cherchoit point aussi, puis qu'il s'enfuit
pour éviter d'estre établi Roy par les peuples.
Mais où il n'y a point d'honneur il y a du mépris ; où il y a du mépris, il y a des injures à souffrir ; où il y a des injures à souffrir, il y a du
murmure ; où il y a du murmure, il n'y a point de
repos ; où il n'y a point de repos, il y a d'ordinai-

Luc. 9.

Luc. 4.

re du découragement: ce découragement diminuë quelque chose de nôtre ardeur ; cette diminution affoiblit d'autant nôtre action ; & ce qui a souffert quelque affoiblissement ne se peut plus dire parfait. Tirez la conclusion de ces principes, & vous trouverez qu'un solitaire ne sçauroit estre parfait en demeurant en son païs, & c'est une imperfection de ne vouloir pas estre parfait.

Vous me répondrez qu'ayant renoncé à la vie de Solitaire vous passerez dans l'estat Ecclesiastique, & me demanderez si j'ose dire quelque chose contre ceux de cette profession qui demeurent dans les Villes. Dieu me garde de rien avancer au desavantage de ceux qui ayant succedé aux fonctions des Apôtres forment avec leurs bouches sacrées le Corps de JESUS-CHRIST ; par lesquels nous sommes Chrétiens, qui ayant entre leurs mains les clefs du Ciel jugent en quelque sorte avant le jour du jugement, & qui avec un cœur tout pur conservent l'Epouse du Seigneur : Mais comme je vous l'ay déja dit, la condition des Ecclesiastiques est differente de celle des Solitaires. Les Ecclesiastiques paissent les brebis, & je suis une de ces brebis : ils vivent de l'Autel, & je suis un arbre sterile que la coignée est preste de couper par la racine si je n'aporte mon offrande à l'autel, sans que je puisse m'en excuser sous pretexte de ma pauvreté, puisque le Sauveur loüé dans l'Evangile cette vieille veuve qui mit dans le tronc les deux seuls deniers qu'elle avoit : Il ne m'est pas permis de m'asseoir devant un Prêtre, & si je peche il est en sa puissance *de me livrer au* 1. Cor. 5 *Demon pour mortifier ma chair, afin que mon ame soit sauvée au jour de nôtre Seigneur* JESUS-CHRIST. Dans l'ancienne Loy le peuple lapidoit hors des

enceintes du camp celui qui n'obeïſſoit pas au
Prêtre, on lui faiſoit expier par ſon ſang le mépris qu'il en avoit fait, en lui coupant la teſte:
& aujourd'hui ceux qui lui ſont deſobeïſſans
ſont frapez du glaive ſpirituel, ou retranchez de
l'Egliſe pour eſtre devorez par les Demons. Si
quelques-uns de vos freres vous portent par leurs
perſuaſions flateuſes à embraſſer cette profeſſion, je me rejoüiray à la verité de vous y voir
élevé; mais j'aprehenderay vôtre chûte : *Si quel-*
qu'un, dit l'Apôtre, ſouhaite l'Epiſcopat, il deſire
une fonction & une œuvre ſainte, je le ſçai comme
vous, mais joignez-y la ſuite : *Il faut qu'il ſoit ir-*
reprehenſible, qu'il n'ait épouſé qu'une femme, qu'il
ſoit ſobre, prudent, grave & modeſte, chaſte, ay-
mant l'hoſpitalité, capable d'inſtruire: qu'il ne ſoit ny
ſujet au vin, ny violent & prompt à fraper, mais
equitable & moderé, éloigné des conteſtations, deſin-
tereſſé. Et en expliquant ce qu'il ajoûte ſur le même ſujet, il paroît que ceux qui ſont élevez au
troiſiéme rang ne doivent pas veiller avec moins
de ſoin ſur eux-mêmes : *Que les Diacres, conti-*
nuë-t'il, ſoient honneſtes & bien reglez, qu'ils ne
ſoient point doubles dans leurs paroles, ny ſujets à
boire beaucoup de vin: qu'ils ne cherchent point le gain
honteux, mais qu'ils conſervent le myſtere de la foy
avec une conſcience pure. Ils doivent auſſi eſtre éprou-
vez auparavant, puis admis aux fonctions s'ils ſont
ſans reproche. Malheur donc à celuy qui entre dans
la ſale des noces ſans eſtre veſtu d'une robe nuptiale ;
Car que lui dira-t'on autre choſe, ſinon, *Mon*
amy, comment eſtes-vous entré en ce lieu ? & lui demeurant muet le Roy commandera à ſes gens
de luy lier les pieds & les mains, de l'emporter hors
de la ſalle, & de le jetter dans les tenebres exte-

1. Tim. 3.

Ibidem.

Math. 22.

neures, où il y aura des pleurs & des grincemens de dents. Malheur à celui qui ayant fait un trou dans la terre y cacha l'argent de son maître pendant que les autres faisoient profiter celui qui leur avoit esté confié, puisque son maître irrité lui fera une rude reprimande, *Serviteur méchant* Matth. 25. *& pareſſeux*, lui dira-t'il, *vous deviez mettre mon argent entre les mains des Banquiers, afin qu'à mon arrivée je retiraſſe avec uſure ce qui eſt à moi;* C'eſt à dire vous décharger aux pieds de l'autel d'un fardeau que vous ne pouviez porter : puiſqu'en gardant cet argent que vôtre pareſſe vous a empeſché de faire profiter, vous avez tenu la place d'un autre qui l'auroit fait valoir au double. De même donc que celui qui s'aquitte bien de son devoir merite une grande recompense, ainſi celui qui aproche indignement du Seigneur ſera coupable de la profanation du Corps & du Sang du Seigneur. Tous les Evêques ne ſont pas veri- 1. Cor. 11. tablement Evêques. Si vous jettez les yeux ſur ſaint Pierre, jettez-les auſſi ſur Judas : Si vous conſiderez ſaint Eſtienne, conſiderez auſſi Nicolas, contre qui le Sauveur prononce une ſentence de condamnation dans l'Apocalypſe, pour Apoc. 2. avoir eſté l'auteur d'une doctrine ſi infame & ſi abominable qu'elle a eſté la ſource de l'hereſie qui porte ſon nom.

En un mot que perſonne ne s'approche des Ordres ſacrez qu'après s'eſtre bien éprouvé ſoi-même ; la dignité Eccleſiaſtique ne fait pas le Act. 10. Chrêtien. Le Centenier Corneille eſtant encore Payen fut purifié par l'infuſion du S. Eſprit. Daniel n'eſtant encore qu'enfant jugea des Prêtres. Amos fut fait Prophete pendant qu'il cueilloit Amos. des meures ſauvages. David paiſſant des troupeaux fut élû Roy, & JESUS aima avec tendreſſe le plus jeune de ſes Diſciples. Mettez-vous à la derniere place, mon cher frere, afin qu'on vous diſe, un moindre que vous arrivant, *Mon amy montez plus haut.* Sur qui le Seigneur fait-il repoſer ſon eſprit, ſinon ſur celui qui eſt humble, paiſible, & qui tremble au bruit de ſa voix? On demande davantage à celui à qui on a confié davantage; & les puiſſants ſeront puiſſamment tourmentez. Que perſonne ne s'applaudiſſe à ſoi-même de ce qu'il eſt chaſte, puiſque les hommes rendront compte au jour du Jugement de toutes les paroles inutiles qui ſeront ſorties de leur bouche, & que c'eſt commettre un homicide que de dire une injure à ſon frere. Il n'eſt pas aiſé de ſe maintenir en la place de S. Paul, ni d'occuper celle de S. Pierre qui regnent aujourd'hui l'un & l'autre avec le Sauveur. Craignez qu'il ne vienne un Ange qui déchire le voile de vôtre temple, & oſte vôtre chandelier de ſa place. Avant que de bâtir une tour ſupportez toute la dépenſe qui y ſera neceſſaire. Si le ſel devient fade, il n'eſt plus bon qu'à eſtre jetté & foulé aux pieds par les pourceaux. Si un Solitaire tombe, le Prêtre le relevera par ſes prieres; mais ſi le Prêtre tombe lui-même, qui priera pour lui?

Mais puiſque je ſuis ſorti de tant d'écueils, & que mon foible eſquif aprés avoir évité tant de rochers blanchiſſans d'écume eſt enfin arrivé en pleine mer, il faut que je déplie les voiles, & qu'aiant demêlé tant de queſtions difficiles, je jette des cris de joye à l'exemple des Matelots. O Deſert où l'on void la verdure des fleurs de JESUS-CHRIST! ô Solitude où ſe trouvent les pierres dont la cité du grand Roy eſt bâtie dans

Luc. 14.

Iſa. 66.

Mat. 12.

Sap. 6.

Matth. 13.

Apoc. 20.

Luc. 14.

l'Apocalypse! ô Defert où Dieu habite plus que
nul autre ! Que faites-vous dans le monde, mon
cher frere, vous qui eftes plus grand que le monde? jufqu'à quel temps demeurerez-vous à l'ombre des maifons ? jufqu'à quel temps les Villes
noires de fumée vous ferviront-elles de prifon ?
Croyez-moi, je voi ici je ne fçai quelle lumiere
qui vous eft inconnuë, je prens plaifir en me
déchargeant du fardeau de mon corps, à m'envo-
ler dans un air plus clair & plus pur. Craignez-
vous la pauvreté ? le Sauveur apelle les pauvres
bien-heureux. Aprehendez-vous le travail? nul
athlete n'eft couronné qu'aprés avoir efté couvert de fueur. Songez-vous à vôtre nourriture ?
la foy ne redoute point la faim. Craignez-vous
de meurtrir vôtre corps affoibli de jeûnes en
couchant fur la terre ? JESUS-CHRIST y eft couché avec vous. Avez-vous de l'averfion pour une
tefte dont les cheveux font mal peignez ? nôtre
Seigneur eft vôtre tefte. La vafte étenduë du defert vous épouvante-t'elle ? promenez-vous en
efprit dans le Paradis, pendant que vous vous y
éleverez par vos penfées, vous ne ferez point
dans le defert. Vôtre peau deviendra-t'elle rude
manque d'aller au bain? le bain n'eft point neceffaire à celui qui a efté une fois lavé des eaux
de JESUS-CHRIST. Et en un mot l'Apôtre répond
à toutes vos difficultez ; *Tout ce que l'on peut fouf-*
frir en ce monde dit-il, *n'eft point digne d'eftre*
comparé à la gloire dont nous joüirons en l'autre. C'eft
bien aimer les commoditez, mon frere, que
vouloir goûter ici bas les delices du fiecle, & regner encore là haut avec JESUS-CHRIST. Il viendra, il viendra ce jour que ce corps qui eft aujourd'hui corruptible & mortel fera revêtu de

l'incorruptibilité & de l'immortalité. Bien-heureux le ferviteur que fon Maître trouvera veillant. Vous vous réjoüirez pendant que tous les peuples de la terre trembleront au bruit de la trompette. Lors que le Seigneur fera preft de juger les Nations, elles fe meurtriront le fein de coups jettant des cris effroyables. Les Rois les plus riches feront nûs & ne pouront refpirer de peur. Le Jupiter des Fables & fa race paroîtra alors avec des feux veritables, puis qu'il fera jetté dans les flâmes éternelles. Platon & fes difciples fe verront confus. Les raifonnemens d'Ariftote lui feront inutiles. Vous au contraire tout pauvre & tout fimple ferez dans la joye, & direz : Voila mon Dieu qui a efté crucifié, voila mon Dieu qui a efté emmailloté, & qui a pleuré dans une eftable, voila le fils d'un Charpentier & d'une Vierge qui gagnoit fa vie en travaillant de fes mains. Voila ce Dieu qui ayant efté conceu dans le fein d'une mere s'enfuit en Egypte, qui fut veftu d'une robe de pourpre & couronné d'épines. Voila ce Magicien, ce Demoniaque, & ce Samaritain. Confidere, Juif, les mains que tu as percées : regarde Romain, le cofté que tu as ouvert, & voyez fi c'eft le même corps que celui que vous difiez que fes Difciples avoient enlevé de nuit. L'amitié que je vous porte, mon cher frere, m'a obligé à vous donner ces avis, afin que vous puiffiez un jour goûter cette felicité qu'il faut achepter par des travaux qui vous femblent aujourd'hui fi rudes.

A MARCELLE.

Il l'invite à venir à Bethleem dont il fait l'éloge.

Lettre VI.

Ambroise qui a payé toute la dépense qu'Adamance a esté obligé de faire pour mettre au jour un nombre infini de livres, écrivant d'Athenes à cet Autheur, assure dans sa lettre que jamais en la compagnie d'Origene il ne s'est mis à table ni couché sans qu'un de leurs freres leût quelque chose de la sainte Ecriture. Il dit qu'ils passoient les jours & les nuits de telle maniere, que l'oraison estoit toûjours suivie de la lecture, & la lecture de l'oraison. Avons-nous jamais fait quelque chose qui aproche de cela? si nous lisons deux heures de suite, nous baaillons d'ennui, nous nous frottons de la main, & nous cherchons à nous divertir en nous apliquant aux affaires du monde, comme si nous avions travaillé long-temps à un ouvrage tres-penible. Je ne parle point de ces repas dont l'esprit se trouve acablé, de ces visites frequentes que nous rendons tous les jours aux autres, ou que les autres nous rendent. Là quand la conversation est liée, on médit des absens, on fait le tableau de leur vie, chacun se déchire l'un l'autre, & c'est dans cette sorte d'entretiens qu'on se met à table & qu'on en sort. A peine la compagnie est-elle retirée que nous contons nôtre revenu; alors la colere nous change quelquefois en des lions,

& par des soins inutiles nous nous inquietons bien souvent de choses que nous ne verrons point arriver. Nous oublions ces paroles de l'Evangile :

Luc. 12.
Insensé que vous estes, on s'en va vous redemander vôtre ame cette nuit même, & pour qui sera ce que vous avez amassé ? On se sert moins des habits pour la necessité que pour le luxe, & les delices. Nous marchons, nous parlons, nous écoutons quand il y a à gagner ; mais si nous aprenons la nouvelle de quelque perte, comme cela est ordinaire dans une famille, nous avons le visage abatu de tristesse, ainsi que la joie y paroît marquée aprés quelque petit gain. Delà vient que David remarquant tant de visages differens dans le même homme fait cette priere à Dieu ; *Seigneur éloignez de vôtre Cité cette diversité de visages.* En effet nous avons esté créez sur l'image de Dieu, & cependant le peché nous fait prendre une infinité de formes differentes, ainsi que sur le theatre le même Comedien represente tantost Hercule, tantost Venus, & tantost Cybelle ; de même nous joüons autant de personnages divers que nous commettons de crimes differens, car si nous n'estions pas du monde, le monde nous haïroit. C'est pourquoi puisqu'une partie de nôtre vie s'est déja écoulée en flottant sur la mer, que nôtre vaisseau a tantost esté battu de la tempeste, & a tantost échoüé contre les écueils ; Retirons-nous dans le desert comme dans un port assuré le plûtost que nous pourrons le faire. Là avec des herbes arrosées de nos propres mains, du lait, & d'autres choses semblables, on fait des repas de peu de consequence à la verité, mais tres-innocens ; en vivant de la sorte le sommeil n'interrompt point nôtre priere, & l'excés des viandes

ne nous empefche point de lire. Là en Efté on fe
retire à l'ombre fous des arbres qui font à l'écart,
en Automne l'air doux & temperé nous invite à
coucher fur un lit de feüilles. La campagne y eft
couverte de fleurs au Printemps, & parmi les
chants des oyfeaux on y recite plus agreablement
les Pfeaumes : Et fi l'Hyver amene là froidure &
les neiges, on y veille, & l'on y dort plus chau-
dement, parce qu'on n'y achette point le bois.
Que Rome fe réjoüiffe de fes embaras, qu'elle
triomphe dans les folies de fes cirques & de fes
fpectacles : *Pour moi je fçai que c'eft mon avantage*
que m'attacher à Dieu, & de mettre en lui mon ef-
perance; car quand la gloire du Ciel aura fuccedé
à la pauvreté où je fuis, je m'écrierai : Que m'a-
vez-vous refervé dans vôtre Royaume Seigneur,
& que vous demandois-je fur la terre ? Nous
trouverons là tant de tréfors & de richeffes, que
nous nous repentirons d'avoir recherché les richeffes paffageres de ce monde. Mais pour en
venir aux lieux où la Vierge a demeuré, car naturellement chacun loüe ce qui lui appartient;avec
quel langage, & de quelle voix vous reprefente-
rai-je la créche du Sauveur ? Il eft vrai que l'é-
table où on a entendu les gemiffemens & les cris
d'un Dieu naiffant, feroit plus honorée par un filence refpectueux que par un difcours qui fera
beaucoup au deffous de tout ce qu'on en peut dire.
Où font ces vaftes galeries, ces lambris dorez,
ces maifons enrichies des travaux, & de la fueur
des miferables, bâties en forme de palais par des
perfonnes privées, afin qu'une creature vile &
abjecte y promene fon corps avec plus de volupté,
& qu'elle confidere plûtoft fa maifon que le Ciel,
comme s'il y avoit quelque chofe de plus beau

dans le monde? Le Sauveur est né à Bethleem, qui est en un petit coin reculé de la terre, ce fut là qu'il fut emmailloté, visité par les Bergers, adoré par les Mages, qui y furent conduits par une étoile. Ce lieu, si je ne me trompe, est plus saint que le mon Tarpien, qui sans doute ne plaît pas à Dieu, estant continuellement batu du tonnerre. Ce n'est pas que l'on n'y voie une belle Eglise, qu'on n'y trouve des trophées élevez par les Apôtres & par les Martyrs, que l'on n'y reconnoisse JESUS-CHRIST, que l'on n'y enseigne sa doctrine, & que le Christianisme n'y triomphe tous les jours de l'idolâtrie: mais l'ambition & la grandeur de Rome, voir & estre veu, salüer & estre salüé, médire, écouter, s'entretenir & vivre parmi une si grande foule de peuple, ne s'accordent point avec la tranquillité & la vie d'un Solitaire. Car si nous recevons ceux qui nous viennent voir, nous rompons le silence; si nous ne les recevons point, nous passons pour des arrogans. Même rendant quelquefois les visites que nous devons, il faut entrer dans de superbes palais, & estre exposé en passant aux railleries & aux médisances des valets. Au contraire il n'y a qu'une innocente rusticité dans le Village où le Sauveur a pris naissance; de quelque côté que vous vous y tourniez on y entend des Pseaumes où l on n'y entend rien. Le Laboureur y conduisant sa charuë chante Alleluya, le Moissonneur des Pseaumes, & le Vigneron taillant la vigne y recite quelque chose de David. Ce sont là les chansons & les airs de ce lieu delicieux.

PAULE ET EUSTOCHE

A MARCELLE.

Saint Jerôme fit cette lettre à Paule & à Eustoche qui l'envoyerent à Marcelle ; Elles la prient de revenir à Jerusalem dont elles font l'éloge, & prouvent la sainteté.

LETTRE VII.

LA charité & l'impatience ne gardent point de mesure quand elles desirent quelque chose ; delà vient que des écoliers oubliant leur foiblesse, & songeant plûtost à ce qu'elles souhaitent avec passion qu'à ce qu'elles peuvent obtenir, entreprennent aujourd'hui d'enseigner leur Maistresse: Quoi, Madame, vous qui nous avez exhortées la premiere par vos discours à embrasser la solitude, qui nous y avez portées par l'exemple de vostre vie, & qui nous avez gardées comme une poule qui rassemble ses poulets sous ses aîles, vous cessez aujourd'hui d'estre nostre mere, & vous nous adandonnez à nostre propre conduite parmy les Vautours & les oyseaux de proye! Ce que nous pouvons faire dans cet éloignement est de gemir, de pleurer, & de vous demander que vous nous rendiez cette Marcelle douce, favorable, & telle en un mot qu'elle estoit, en nous portant à mener une vie semblable à la sienne. Certes si nostre priere nous est avantageuse, nôtre empressement n'est point blâmable. Si l'Ecriture

s'acorde par tout avec nos defirs, ce n'eft point
avoir trop de hardieffe que de vous demander
une chofe à laquelle vous nous avez fouvent exhortées. *Sors de ton pais*, dit Dieu à Abraham la
premiere fois qu'il parla à lui, *abandonne ceux
qui font de ta connoiffance, & viens en une terre que
je te montreray*. On commande à ce Prophete, à
qui Jesus-Christ avoit efté promis, de quitter
les Chaldéens, de fortir de la Ville de confufion
& du champ, où l'orgueil avoit élevé une tour
jufques aux Ciel, & d'établir fa demeure dans une
terre qui n'eft point arrofée par l'inondation d'un
fleuve comme l'Egypte, & qui ne produit point
de legumes propres à foûtenir la vie des miferables, mais qui reçoit le foir & le matin la rofée
du Ciel. Cette terre pleine de montagnes & fort
élevée a d'autant plus de douceurs pour l'efprit,
qu'elle eft éloignée des delices du monde ; La
Vierge même ayant apris de l'Ange qu'elle eftoit
deftinée à eftre la Mere d'un Dieu quita la campagne, & vint fur les montagnes ; en un mot ce
fut de la Ville où nous fommes que fortit une
foule de gens, publiant par fes chants la victoire
que David avoit remportée du monftre infernal
qu'il affomma d'un coup de pierre, nous marquant par là celles que le Sauveur devoit remporter.

Ce fut en cette Ville que l'Ange exterminateur choifit la place du Temple dans le champ
d'Orne, pour faire connoître que l'Eglife s'au-
gmenteroit plûtoft des Idolâtres que du peuple
d'Ifraël. Lifez la Genefe, & vous y verrez qu'elle
appartint à Melchifedech Roy de Salem, qui offrit du pain & du vin dans fes facrifices reprefen-
toit ceux des Chrêtiens qui immolent le corps &

le sang du Sauveur. Peut-estre qu'en vous-même vous trouverez à dire que nous ne suivons point l'ordre de l'Ecriture sainte, & que nous la rapportons sans liaison, & comme la matiere se presente ; Mais nous avons averti dans le commencement de cette lettre que l'amour & l'impatience sont incapables de prendre de justes mesures ; C'est pourquoi dans le Cantique l'Epouse de- *Cant. 2.* mande comme une faveur singuliere, que l'on mette de l'ordre dans son amour. Et nous vous disons ici que la faute que nous commettons en cela ne doit point estre imputée à aucune ignorance, mais seulement à la tendresse avec laquelle nous vous aymons. Cependant pour ne point continuer à commettre la même faute, il faut prendre la chose de plus loin.

On dit donc qu'Adam demeuroit au lieu où cette Ville a esté bastie depuis, que la montagne où le Sauveur fut crucifié s'appelle Calvaire, parce qu'elle a servi de tombeau au premier des hommes, afin que le sang dégoutant des veines du second Adam dans le supulchre du premier, effaçast ses pechez, & que ces paroles de l'Apôtre se trouvassent veritables, *Levez-vous, vous* *Ephes. 5.* *qui dormez, sortez d'entre les morts &* JESUS-CHRIST *vous éclairera.* Il seroit ennuyeux de vous raconter combien il est né de Prophetes & de Saints en cette Ville. Remarquez seulement que nos mysteres sont renfermés dans les noms qui lui ont esté donnez. D'abord elle fut appellée Jebus, ensuite Salem, & à la fin Jerusalem. Le premier signifie ruïne, le second Paix, & le troisiéme vision de Paix ; car c'est ainsi que nous arrivons à la gloire, & qu'aprés avoir esté ruïnez nous joüissons de la paix. Cela a encore paru plus clairement depuis que Salomon, dont le nom veut dire paisible, y a pris naissance, & que se servant de l'éthimologie du nom de cette ville, il se fit nommer le Seigneur des Souverains, & le Roy des Rois. Que vous dirons-nous de David, & de sa posterité qui y ont regné? Enfin cette ville est autant élevée au dessus du reste de la Judée, que la Judée l'est au dessus des autres Provinces du monde; ou pour tout dire en un mot, la Judée tire toute sa gloire de sa ville capitale, & si les autres places meritent d'estre considerées, c'est à cause de Jerusalem.

Cependant nous nous appercevons depuis long-temps que vous souhaitez avec passion de nous interrompre. Nous devinons l'objection que vous allez nous faire : Vous direz que cela estoit vray autrefois, mais que Jerusalem a commencé à déplaire à Dieu *depuis qu'elle n'a plus esté* *fondée sur des montagnes saintes, & que le Seigneur* *a cessé d'aymer mieux les portes de Sion que les tentes de Jacob.* Vous ajoûterez encore, que Dieu même a prophetisé sa ruïne par ces paroles foudroyantes: *Jerusalem, Jerusalem qui tuez les Prophetes & qui lapidez ceux qui sont envoyez vers vous, combien de fois ay-je voulu assembler vos enfans comme une poule rassemble ses poulets, & vous n'avez pas voulu? Le temps s'approche que vos maisons demeureront toutes desertes.* Vous alleguerez qu'elle n'a plus esté sous la protection des Anges depuis que le sang de JESUS-CHRIST y a esté répandu, que le voile du Temple y a esté déchiré, & qu'elle a esté assiegée de ses ennemis. Josephe même originaire de Judée rapporte que pendant que le Sauveur y estoit attaché à la Croix, on entendit cette voix dans le Temple : *Sortons de ces lieux,* ce

qui

Psal. 56.

Math. 23.

Rom. 5.

qui montre *qu'il y a une abondance de peché, où il
y avoit une abondance de grace.* Les Apôtres même
ayant receu ordre d'aller prêcher l'Evangile
dans le monde, *Vous estiez la premiere,* lui dirent-
ils, *à qui il faloit annoncer la parole de Dieu, mais
puisque vous la rejettez, & que vous vous jugez
vous-même indigne de la vie éternelle, nous allons presentement vers les Gentils ;* d'où vous conclurez que
les Apôtres transfererent aux payens les graces
qu'elle recevoit du ciel, & que la Judée perdit ces
mysteres.

Act. 13.

Quoi que cette difficulté pût faire de la peine
à ceux qui sont déja avancez dans la connoissance des saintes Lettres, on peut cependant la
resoudre aisément. Dieu ne pleureroit point la
ruine de Jerusalem s'il ne cherissoit cette Ville.
Il pleura Lazare parce qu'il l'aimoit : le lieu n'est
point coupable du crime de ses habitans ; si cette
Ville est tombée sous la puissance de ses ennemis, si tout y a esté massacré, ç'a esté pour expier
les fautes de son peuple ; si son Temple a esté dé-
moli, ç'a esté pour abolir les sacrifices mysterieux de la loy Mosaïque. Au reste si l'on considere l'estat present de cette Ville, il est certain
qu'elle est aujourd'hui plus sainte qu'elle n'estoit
autrefois. Elle estoit en veneration chez les Juifs
à cause du Sanctuaire, où estoient les Cherubins,
l'Arche, la Manne, la verge d'Aaron, & l'Autel
couvert de lames d'or ; mais le tombeau de JESUS-
CHRIST n'est-il pas seul plus digne d'adoration
que tout cela ensemble ? En effet, quand nous
y entrons nous y voyons le Sauveur couvert
d'un suaire ; si nous y restons quelque temps, il
semble que l'Ange y paroisse encore aux pieds
du Fils de Dieu, & la gloire deuë à ce tombeau

M

Ifa. 11.
à efté prophetifée par Ifaye long-temps avant la deftruction de Jerufalem : *Son Sepulchre*, dit-il, *fera honoré*. Mais vous me demanderez quel eft

Apoc. 11.
donc le fens de ces paroles de l'Apocalypfe, *La befte qui monte de l'abyfme leur fera la guerre, les vaincra & les tuëra*, c'eft à dire les Prophetes, *& leurs corps feront étendus dans les ruës de la grande ville, qui eft appellée fpirituellement Sodome & Egypte, où leur Seigneur a efté crucifié*. Si vous avoüez, dites-vous, que cette grande ville que l'on nomme fpirituellement Sodome & Egypte ne peut eftre que Jerufalem, il faudra auffi avoüer que Jerufalem où JESUS-CHRIST a efté crucifié eft appellée Sodome & Egypte.

D'abord il faut établir pour un principe que la fainte Ecriture ne fe contrarie jamais, & qu'un livre canonique n'eft jamais different de lui-même. Examinons donc ce qui eft écrit un peu auparavant le paffage qui vient d'eftre raporté.

Ibidem.
En voilà les termes, *Allez-vous-en mefurer le Temple de Dieu, l'Autel, & ceux qui y adorent : mais laiffez le parvis qui eft hors du Temple, & ne le mefurez point, parce qu'il a efté abandonné aux Gentils : ils fouleront aux pieds la ville fainte pendant quarante-deux mois*. S'il eft vrai que l'Apocalypfe a efté écrite long-temps aprés la mort du Sauveur, & que Jerufalem y foit appellée *Cité fainte*, comment pourroit-on aujourd'huy la nommer fpirituellement Egypte & Sodome ? Vous me répondrez que la Jerufalem celefte qui doit eftre le fejour & la recompenfe des Bienheureux eft nommée Cité fainte, & celle qui a efté ruinée, Sodome ; & que c'eft de cette derniere que ces paroles doivent eftre entenduës,

Ibidem.
La befte qui monte de l'abyfme leur fera la guerre.

les vaincra & les tuëra, & leurs corps seront étendus dans les rües de la grande ville. Mais remarquez que c'est de cette même ville qu'il est encore parlé à la fin de ce livre, *Or la ville en son assiette* Apoc. 21. *est quarrée, & elle est aussi longue que large. Il mesura la ville avec son bâton, & il la trouva de douze mille stades, & sa longueur, sa largeur, & sa hauteur estoient égales : il en mesura aussi la muraille qui estoit de cent quarante-quatre coudées de mesure d'homme tel que paroissoit cet Ange. Cette muraille estoit faite de jaspe, & la ville estoit d'un or pur semblable à un verre tres-clair.* Il est certain que ce qui est quarré n'a point de longueur ni de largeur. D'ailleurs quelle peut estre cette sorte de mesure, où la longueur & la largeur sont égales à la hauteur ? quelles peuvent estre ces murailles bâties de jaspe, & cette ville qui estoit d'un or pur ? Puisque cela ne peut pas estre, & qu'on ne peut pas trouver une ville de douze mille stades d'étenduë, & dont la hauteur soit égale à la longueur & à la largeur, il faut donner un sens mysterieux à tout cela en particulier. Cette grande ville dont Caïn est le fondateur signifie le monde ; que Caïn, c'est à dire le diable ennemi & persecuteur des hommes, a bastie & fait subsister de crimes & de pechez : c'est à ce monde à qui on a donné le nom d'Egypte & Sodome, & c'est de lui qu'on doit interpreter ces paroles ; *Sodome sera rétablie en son ancien estat,* parce que le monde devoit estre remis comme il estoit auparavant. Et on ne s'imaginera pas sans doute que Sodome, Gomorrhe, & les autres Villes qui ont esté ensevelies pour jamais dans leurs cendres puissent estre rebasties : Pour ce qui est du mot d'Egypte, on ne trouvera point de passage où

M ij

il signifie Jerusalem ; il se prend par tout pour le monde. Pour ne pas vous ennuyer en raportant une infinité d'endroits de l'Ecriture sainte, nous nous contenterons de celui-ci où il est manifeste que le monde est apellé Egypte ; *Je veux vous faire souvenir*, dit saint Jude Apôtre, *qu'aprés que Jesus eut sauvé le peuple en le tirant d'Egypte, il fit perir ensuite ceux qui estoient incredules.* Et de peur qu'on ne croye que cela s'entend de Jesus fils de Nave, il ajoûte, *Pour les Anges qui n'ont pas conservé leur premiere dignité, & qui ont quitté leur propre demeure, il les retient liez de chaînes éternelles dans de profondes tenebres, & les reserve pour le jugement du grand jour.* Même, pour montrer que quand il nomme l'Egypte, Sodome & Gomorrhe, il entend toûjours parler du monde ; il se sert de l'exemple de ces Villes ; *De même, continuë-t'il, Sodome, Gomorrhe, & les Villes circonvoisines qui s'estoient débordées comme elles dans les excés d'impureté, & s'estoient portées à abuser d'une chair étrangere, ont esté proposées pour un exemple du feu éternel par la peine qu'elles ont soufferte :* Mais pourquoi s'étendre davantage sur cette matiere, puisque saint Mathieu l'Evangeliste parle de la sorte, *Les pierres se fendirent, les sepulchres s'ouvrirent, & plusieurs corps des Saints qui estoient dans le sommeil, ressusciterent en sortant de leurs tombeaux; & aprés sa resurrection ils vinrent en la Ville sainte, & apparurent à plusieurs.* On ne peut pas dire qu'il soit parlé en cet endroit de la Jerusalem celeste, comme croyent quelques-uns sans fondement. Car si la resurrection de ceux dont il est fait mention ici se fût faite dans le Ciel, elle n'eût pû estre parmi les hommes un témoignage de celle du Sauveur. C'est pourquoi.

Jud. 1.

Ibidem.

Matth. 27.

puifque les Evangeliftes & toute l'Ecriture donnent le titre de fainte à Jerufalem, & que David nous commande d'adorer les lieux où le Sauveur a marché, ne permettez pas qu'on appelle Sodome & Egypte une Ville, par laquelle Dieu défend de jurer, parce qu'elle appartient au Roy des Rois. Si elle eft maudite, comme difent quelques-uns, parce qu'elle a efté teinte du Sang de JESUS-CHRIST, d'où vient la benediction, qu'ils attribuent aux lieux où faint Pierre & faint Paul ont perdu la vie ? S'il y a de la gloire dans le martyre des hommes & des ferviteurs, pourquoi y aura-t'il de l'infamie dans les fuplices du Seigneur, & d'un Dieu ? Si l'on a par tout de la veneration pour les tombeaux des Martyrs, fi l'on fe met de leurs cendres fur les yeux, fi l'on les baife quand on peut le faire, pourquoi méprifera-t'on le fepulchre où le Sauveur du monde a efté enfermé ? Si vous ne nous croyez point, croyez-en au moins les Diables que l'on chaffe ici du corps des Poffedez : ils y tremblent comme s'ils eftoient devant le tribunal de Dieu, ils rugiffent & fe repentent, mais trop tard, d'avoir crucifié un Dieu qu'ils aprehendent fi fort. Si cette Ville eft abominable depuis la Paffion de JESUS-CHRIST, ainfi qu'on le dit par un blafphême énorme, pourquoi faint Paul y vint-il celebrer la Pentecofte ; pourquoi parla-t'il en ces termes à ceux qui vouloient le retenir : *Que Ad. 21. faites-vous de pleurer ainfi & de m'attendrir le cœur ? Je vous declare que je fuis tent preft de fouffrir à Jerufalem, non feulement la prifon, mais la mort même pour le nom du Seigneur JESUS :* Que dirons-nous de tant de faints & d'illuftres Perfonnages de qui les offrandes eftoient portées

M üj

aux fidelles qui demeuroient depuis la mort de JESUS-CHRIST en cette Ville bien-heureuſe ? Il ſeroit ennuyeux de vous raconter combien, depuis que le Sauveur eſt monté au Ciel juſqu'à cette heure, il y eſt venu d'Evêques, de Martyrs, & de gens conſommez dans l'intelligence des ſaintes lettres. Ils ont crû qu'il eût manqué quelque choſe à leur foy, & à la connoiſſance qu'ils avoient, & qu'ils n'euſſent pas pû arriver au ſouverain dégré de la perfection s'ils n'euſſent pas adoré Dieu aux mêmes lieux, où du haut de la Croix adorable l'Evangile s'eſtoit répandu par toute la terre. Si Ciceron ſe moque de celui qui n'a pas apris la langue Grecque à Athenes, & la langue Latine à Rome, parce que chaque païs a quelque choſe de particulier où il excelle, qui ne ſe trouve pas en tout autre, croirons-nous avoir achevé nos études ſans avoir étudié à l'Athenes des Chrêtiens ? Cependant nous ne nions pas que nous n'ayons en nous-mêmes le Royaume de Dieu, & qu'il n'y ait de ſaints Perſonnages ailleurs qu'en ce païs ; nous pretendons ſeulement vous montrer que les plus conſiderables perſonnages du monde s'aſſemblent en cette Ville, & quoi que nous y ſoyons les dernieres, nous y voyons les premieres perſonnes de la terre ; & certes la fleur de l'Egliſe, s'il faut ainſi dire, & la pierre precieuſe eſt le cœur des Vierges & des Solitaires ; & s'il s'en trouve un en France doüé d'une ſainteté éminente, il vient ici. Si un Anglois fait quelque progrés dans la Religion, il vient du bout du monde, il paſſe la mer, & accourt dans une Province qu'il ne connoît que par reputation, & par la lecture des ſaintes lettres. Que dirons-

nous des Armeniens, des Perses, des Indiens,
des Ethiopiens, des Egyptiens & d'une infinité
d'autres qui abordent en foule à la Palestine
comme des essains d'abeilles ? *car les aigles*, dit
le Sauveur, *s'assemblerent où sera le corps*. Ils y
donnent mille exemples de vertus differentes,
professant tous une foy uniforme, quoi que
par un langage different. C'est pourquoi on y
entend autant de choeurs divers qu'on y voit de
nations differentes, & personne ne devient pre-
somptueux de son humilité, ce qui est une vertu
tres-recommandable à des Chrêtiens ; chacun y
est humble à l'envi, & le dernier de tous y passe
pour le premier : on ne distingue pas celui-ci de
celui-là par la façon ou les richesses de son habit. On prend tel rang qu'on desire, sans qu'on
en soit loüé ou blâmé. On ne juge point de la
vertu par les jeûnes, comme l'on ne condamne
point la bonne chere pourvû qu'elle soit mode-
rée. Là on ne se déchire point comme dans les
autres païs ; le luxe en est banni & la volupté
chassée, & il y a dans la Ville une si grande quantité de lieux de devotion qu'un jour tout entier
ne suffit pas à les visiter. Mais pour revenir au
Bourg où J e s u s - C h r i s t est né, & à la crêche
où la Vierge l'enfanta, de quelles paroles peut-
on assez dignement loüer cet petite grote où
ce divin Enfant a jetté ses premiers cris ? Certes
un respectueux silence est plus capable d'honorer ce sacré berceau qu'un discours foible & peu
proportionné à la dignité du sujet. Où sont
maintenant ces vastes galeries & les lambris dorez, où sont les maisons élevées par la sueur des
miserables & par la peine des condamnez ? Où
sont ces Palais bastis par des particuliers pour

M iiij

loger un feul homme vil & abjet, & de qui neanmoins les appartemens font fi riches & fi magnifiques, qu'il s'occupe feulement à les confiderer, au lieu de contempler le Ciel, comme s'il pouvoit eftre quelque chofe au monde qui meritât mieux d'attirer nos regards ? Là en ce petit coin de terre le Createur du monde eft né, là il a efté anoncé aux Pafteurs, là il a efté montré par une étoile aux Rois Mages qui le vinrent adorer. Ce lieu, fans doute, eft beaucoup plus venerable que le mont Tarpeien qui a efté fi fouvent foudroyé & l'objet de la colere de Dieu. Lifez l'Apocalypfe, & voyez ce qui eft dit d'une femme vêtuë de pourpre, & du blafphême écrit fur fon front, des fept montagnes, de la multitude des eaux, & de la fortie de Babylone. *Sortez mon peuple de cette maudite ville, dit le Seigneur, que chacun fauve fon ame, car la grande Babylone eft décheuë & n'eft plus que la retraite des demons & de tous les efprits impurs:* mais l'Eglife fainte au contraire eft à Bethleem, là font les trophées des Apôtres & des Martyrs, la vraye confeffion de JESUS-CHRIST, & la foy prefchée par l'Apôtre, & enfin la gloire du nom Chrêtien à la honte & à la confufion du paganifme. Pour ce qui eft de l'ambition, la puiffance & la magnificence des autres Villes, le defir d'eftre vû & de voir, de falüer & d'eftre falué, entendre loüer & parler mal du prochain, & tout ce grand embarras du monde fi oppofé à la perfection & au repos d'un folitaire, en eft entierement banni. En effet nous nous engageons à recevoir ceux qui nous vifitent, nous rompons noftre filence, ou fi nous refufons leurs vifites, on nous traite de dédaigneufes & de fuperbes; quelquefois pour rendre nos vifites à ceux à qui

nous les devons, nous les allons trouver en leurs
hoſtels magnifiques, & nous entrons dans leurs
ſalons dorez parmi une foule de valets & de
domeſtiques envieux & médiſans, mais tout eſt
innocent & ſimple à Bethleem, comme nous
avons dit : ou l'on y chante des Pſeaumes, ou
l'on garde le ſilence. Le laboureur menant ſa
charuë y chante *Alleluya*, & le vigneron en
taillant ſa vigne les Pſeaumes de David. Ce
ſont-là les chanſons & les airs de Cour du païs,
& ſans ſonger à ce qui eſt de la bien-ſeance du
monde, mais ſeulement à ce que nous devons
faire, nous ne voyons que ce que nous ſommes
obligez de voir. Helas, Madame, quand ver-
rons-nous acourir un Meſſager qui nous aprendra que vous ſerez arrivée dans la Paleſtine?
Toutes les maiſons Religieuſes y retentiront de
cris de joye : nous brûlons déja du deſir d'aller
à pied au devant de vous, ſans attendre qu'on
prepare un caroſſe ; nous vous ſerrerons les
mains, nous revererons voſtre viſage, & rien ne
poura faire ceſſer nos embraſſemens : Serions-
nous aſſez heureuſes un jour, que d'entrer enſemble dans le ſepulchre de JESUS-CHRIST, d'y
pleurer de joye en la compagnie d'une mere &
d'une ſœur, de baiſer ſa croix, de le ſuivre d'eſprit
ſur la montagne des Olives, de voir reſſuſciter
Lazare envelopé d'un ſuaire, de conſiderer les
eaux du Jourdain purifiées par le baptême du Sauveur, d'aller delà aux cabanes des bergers, & de
faire enſuite nos prieres dans le mauſolée de David ? Aurions-nous bien le bon-heur d'entendre
enſemble le Prophete Amos, joüer encore de la
flute champeſtre ſur ſon rocher, de contempler
ce qui reſte aujourd'hui des lieux où demeuroient

Abraham , Isaac , Jacob , & leurs trois illustres épouses ; de voir la fontaine où l'Eunuque fut baptisé par saint Philippe, d'aller à Samarie , d'adorer les cendres de saint Jean Baptiste , d'Abdias , & d'Helisée, & en un mot de décendre dans les saintes cavernes où tant de Prophetes ont vécu pendant la persecution ? Delà nous irons à Nazareth , d'où l'on voit Cana où l'eau fut changée en vin. Nous décendrons sur le rivage de la mer de Galilée , nous passerons par le desert où cinq mille personnes furent rassasiées de cinq pains d'orge & de deux poissons ; nous entrerons dans la ville de Naïm , à la porte de laquelle le fils de la veuve fut ressuscité ; nous considererons en passant Hermon , le torrent d'Endor , signalé par la défaite de Sisara , & Capharnaum où le Sauveur a fait tant de miracles ; Enfin nous visiterons toute la Galilée , & ensuite nous repasserons par Silo , par Bethel , & par d'autres lieux semblables où l'on a basti des Eglises , qui font autant de trophées élevez à la gloire de Jesus-Christ ; & estant revenuës dans nôtre solitude, nous psalmodirons ensemble, nous pleurerons souvent , nous prierons sans cesse ; & percées d'un trait amoureux nous dirons d'une commune voix, *J'ay trouvé celuy que mon ame desiroit , je le tiendray , & ne le quitteray jamais.*

Cette lettre est écrite par l'Autheur à l'occasion d'u-
ne mere & d'une fille, dont l'une estoit veuve &
l'autre vierge, qui demeuroient en des maisons
separées, & avoient retiré avec elle de certains
Ecclesiastiques à qui elles confioient le soin de
leurs affaires.

LETTRE VIII.

UN de nos freres venant de France m'a apris
que sa mere, qui est veuve, & sa sœur qui
est encore fille demeuroient à la verité dans la
même Ville, mais dans des maisons differentes,
& qu'elles retiroient chez elles de certains Ecclesiastiques pour leur tenir compagnie, ou pour
avoir soin de leurs affaires, s'attachant avec plus
de scandale à des Etrangers, qu'elles n'en ont
causé en se separant l'une de l'autre. J'ai soûpiré à cette nouvelle, & lui marquant mieux
mes sentimens par mon silence que je n'eusse
fait par mes paroles; Je vous prie, me dit-il,
de les ramener à leur devoir par une lettre, &
de faire en sorte que la mere reconnoisse sa fille,
& la fille sa mere. Vous me donnez-là une belle
commission, luy repliquai-je, de vouloir qu'un
Inconnu entreprenne une chose dont un frere &
un fils n'a pû venir à bout, comme si j'estois un
Evêque, ou que je ne me fusse pas retiré dans la
solitude pour pleurer les pechez que j'ai commis, ou pour éviter ceux que je pourrois commettre : D'ailleurs il seroit ridicule que je fusse
caché dans un desert, & que mes écrits courus-

sent par le monde. Vous estes trop scrupuleux, me répondit-il : qu'est donc devenuë cette resolution avec laquelle vous repreniez le vice, raportant quelque mot ingenieux de Lucilius ? C'est ce qui m'empesche aujourd'hui de parler, repartis-je ; car depuis qu'elle m'a rendu criminel, que les murailles mesme m'ont calomnié, & que les beuveurs m'ont pris pour le sujet de leurs chansons ; quoi que je fusse immobile & sans sentiment parmi les moqueries de tout le monde, l'experience m'aprend à me taire, & *Psal. 140.* je croi qu'il me sera plus avantageux de mettre un frein à ma langue, & de tenir ma bouche fermée, que de proferer des paroles qu'on prend en mauvaise part, & que de passer pour un médisant en voulant reprendre le vice. Ce n'est pas estre médisant que de dire la verité, répondit-il, & d'ailleurs la correction que d'on fait à une personne privée ne devient point publique : je vous conjure donc de ne pas permettre que les fatigues que j'ay endurées en venant de si loin soient inutiles ; car Dieu sçait qu'aprés l'envie de voir la Terre sainte, le desir de remedier à ce desordre par le moyen de vos lettres, est le sujet qui m'amene ici. Je me rendis à la fin. Je vous satisferai, lui repliquai-je ; une lettre qu'on envoie dans un païs fort éloigné estant de peu de consequence, & peu de gens s'offençant d'un discours qui s'adresse à une personne particuliere : mais je vous prie de tenir cette lettre secrette, afin que si elle réüssit, nous nous en réjoüissions ensemble, ou que si elle ne produit aucun effet, à quoi je voi plus d'aparence, vous n'ayez perdu que vostre temps à venir, & moi ma peine à écrire.

D'abord je prie la mere & la fille de croire que je ne leur écris pas, parce que je soupçonne d'elles quelque chose de desavantageux, mais de peur que les autres ne le fassent : car si je pensois qu'elles fussent engagées dans le crime je ne prendrois pas une peine qui sans doute seroit inutile. En second lieu, si je dis quelque chose de trop picquant, qu'elles en imputent moins la cause à ma severité qu'à la qualité de leur maladie qui demande un remede âpre & pressant ; les grandes blessures ne se guerissent que par le feu & le fer, & l'on cause une douleur d'autant plus sensible à celui que l'on guerit, que sa playe est plus grande. Enfin je les avertis que quand mesme leur conscience ne leur reprocheroit rien, il y a de l'infamie dans la mauvaise reputation : Vous mere, vous fille qui portez l'une & l'autre les noms de pieté & de tendresse, & qui estes attachées ensemble par des liens si étroits qu'il n'y a point d'amour plus forte aprés Dieu, que celle que vous devez vous porter, vous ne meritez point de loüange en vous aimant, & l'aversion que vous avez l'une pour l'autre est un crime énorme. Jesus-Christ obeïssoit à ses parents, il avoit du respect pour une mere dont il estoit le pere, il en avoit pour un nourissier qui l'avoit nourri, il se souvenoit que celle-là l'avoit porté dans son sein, & celui-ci entre ses bras ; delà vient qu'estant attaché à la croix il recommanda à son disciple la Vierge qu'il n'avoit point abandonnée pendant qu'il avoit esté dans le monde. Mais pour ne parler plus à la mere que la foiblesse de son âge & son veuvage peuvent peut-estre excuser ; vous qui estes sa fille, sa maison vous semble-t'elle trop petite, à vous

à qui son sein a esté assez grand ? Vous y avez
esté neuf mois enfermée, & vous ne pouvez demeurer un jour dans sa chambre ? Ne pouvez-
vous la souffrir, & parce qu'elle vous a élevée
jusqu'à l'âge où vous estes, qu'elle vous a nourrie, qu'elle vous a mise au monde, & qu'ainsi
elle vous connoist parfaitement, apprehendez-
vous un témoin oculaire de ce que vous faites ?
Si vous estes encore vierge, pourquoi fuïr une
gardienne si fidelle ? Si vous vous estes laissée
corrompre, que ne vous mariez-vous ? ce seroit
au moins une planche pour vous sauver du naufrage où vous estes. Je ne dis pas cela pour vous
empêcher de faire penitence de vostre peché, &
pour vous obliger à y perseverer, mais parce que
je desespere que vous puissiez rompre cette attache. Et puis quand vous retourneriez avec
vostre mere aprés vostre chûte, vous pourriez
avec plus de commodité pleurer avec elle ce que
vous avez perdu en vous en éloignant. Que si
vous estes encore vierge, travaillez à l'estre toûjours : pourquoi demeurer dans une maison où
il faut tous les jours vaincre ou mourir ? A-t'on
jamais dormi en seureté auprés d'une vipere, qui
quand elle ne mordroit pas, ne laisse pas de se
faire redouter ? Il est plus doux d'estre hors d'é-
tat de perir, que de n'avoir pas peri dans le danger : le calme est dans l'un, & il faut que l'adresse
agisse dans l'autre : dans l'un on se réjoüit &
dans l'autre on tâche d'échapper. Vous répondrez peut-estre que vostre mere a de mauvaises
inclinations, qu'elle est attachée au siecle, qu'elle aime les richesses, qu'elle ne sçait ce que c'est
que jeûner, qu'elle se farde, qu'elle s'ajuste, &
veut estre toûjours parée, ce qui est contraire

à vostre dessein, & qu'enfin vous ne pouvez demeurer avec elle. Quand elle seroit telle que vous la dépeignez, vous meriteriez d'autant plus de loüange en ne la quittant point. Elle vous a porté long-temps dans ses entrailles, elle vous a allaitée long-temps, elle a souffert avec tendresse les incommoditez que vous luy avez données durant vostre enfance, elle vous a assistée dans vos maladies, elle a eu ses chagrins & les vostres encore à supporter, & ce n'est qu'à ses soins que vous devez l'estat où vous estes aujourd'hui : elle vous a appris à servir JESUS-CHRIST, & vous ne devez point vous déplaire en la compagnie de celle qui vous l'a choisi pour époux. Si vous avez de l'aversion pour sa façon de vivre, & qu'elle soit mondaine, il est des cloîtres, & d'autres vierges avec qui vous pouvez vous retirer. Pourquoi quitter sa mere pour suivre un homme, qui a peut-estre abandonné la sienne & toute sa famille, si ce n'est que celui-ci est de bonne humeur, & celle-là difficile ? Mais de grace l'avez-vous suivi pendant que vous demeuriez encore avec vostre mere, ou l'avez-vous rencontré depuis que vous n'estes plus avec elle ? Si vous l'avez suivi pendant que vous demeuriez encore avec elle, il ne faut plus demander pourquoi vous l'avez quittée : si vous l'avez rencontré depuis vostre separation, on connoît par-là que vous n'aviez pas chez elle ce que vous avez trouvé en la compagnie de cet homme. Si vous dites que la connoissance de vostre innocence vous suffit, & que Dieu qui est témoin de vos actions estant vostre Juge, vous ne vous souciez point de ce que les hommes peuvent dire ; écoutez l'Apôtre qui commande *qu'on ait soin de faire le bien non seulement devant Dieu, mais aussi devant les hommes.* Si l'on vous reprochoit qu'étant vierge & chrêtienne vous fussiez sortie de chez vôtre mere pour vivre dans un cloître, ce reproche vous seroit glorieux. Quand on accuse une fille consacrée à Dieu de dureté, cette dureté est moins un crime qu'une pieté, puisque par là on prefere à sa mere celui qu'on doit preferer à sa propre vie : & si vôtre mere fait le semblable, elle trouvera en vous une sœur & une fille. Mais, direz-vous, est-ce un crime que de demeurer avec un homme de bien ? C'est me vouloir contraindre à approuver ce que je condamne, ou m'attirer l'indignation de tout le monde. Un homme de bien ne separe point la fille de la mere, il a du respect & de la veneration pour l'une & pour l'autre : s'il est de même âge que vous, il doit considerer vôtre mere comme la sienne : s'il est plus âgé, il doit vous estimer & vous remettre dans l'obeïssance qu'on doit à une mere. En un mot la reputation de l'un & de l'autre ne permet pas qu'il s'atache plus étroitement à la fille qu'à la mere, de peur qu'on ne croye qu'il recherche plûtost vôtre jeunesse, qu'il ne prend d'interest à vôtre salut. Je vous avoüe que ce discours auroit meilleure grace dans ma bouche si vous n'aviez point de frere ou que vous manquassiez de gens qui pussent vous donner de salutaires avis chez vous : cependant je suis obligé aujourd'hui de vous le tenir, quoi que vous ayez une mere veuve, & un frere Religieux. Il seroit avantageux que l'un & l'autre trouvast en vous une fille & une sœur, mais si c'est vous en demander trop à la fois & que vous ne vous accommodiez pas avec vôtre mere,

tâchez

tâchez au moins de plaire à voſtre frere ; ou ſi l'humeur de ce dernier n'eſt pas compatible avec la voſtre, tâchez de vous conformer à celle de voſtre mere. Pourquoi pâlir à ce langage, pourquoi rougir, & d'où vient cette impatience que vous marquez par un tremblement de lévres ? Il n'y a ſans doute que l'attache qu'on doit avoir à un mary qui ſoit au deſſus de l'amitié qu'on eſt obligé de porter à une mere & à un frere. J'ai encore appris que vous vous allez promener à la campagne avec de vos couſins & d'autres gens de cette nature, & je croi que c'eſt une belle-ſœur, ou quelque autre parente qui vous y mene pour lui tenir compagnie ; car je ne puis me perſuader que vous recherchaſſiez à eſtre ſeule avec des hommes, quand même ils ſeroient de vos parens : Dites-moi donc, eſtes-vous ſeule dans ces parties de divertiſſement, ou y eſtes-vous ſuivie de voſtre galand ? Je n'oſe croire que vous ſoyez aſſez effrontée pour le produire ainſi aux yeux de tout le monde, autrement vous ſeriez tous deux la fable de la compagnie, & chacun vous montreroit au doigt. La parente même & l'alliée qui devant vous dira que c'eſt un homme de Dieu, ſe mocquera en derriere de ce mary en idée. Au contraire ſi vous eſtes ſeule dans ces aſſemblées, comme il y a lieu de ſe l'imaginer, quelle apparence qu'une vierge qui porte un habit noir & ſimple tel que le voſtre, ſe rencontre avec de jeunes hommes eſclaves de la beauté, avec des femmes mariées, & des filles qui ſont deſtinées à l'eſtre ? Quelqu'un de ces jeunes hommes parfumé & bien paré vous preſentera la main pour vous aider à marcher ſi vous eſtes laſſe, & vous ſerrant doucement les doigts tâchera

N

de vous émouvoir ou de vous faire connoître
par-là qu'il est ému lui-même. Si vous vous
trouvez avec des hommes, & des femmes à un
festin, vous y verrez des baisers & des privau-
tez permises à des personnes mariées, vous y
serez scandalisée des habits de soye & en broderie, on vous contraindra malgré vous à manger
de ce qui sera sur la table ; on dira que Dieu a
creé le vin, & l'on tâchera par-là de vous obliger à en boire : on vantera la propreté pour vous
faire entrer dans les bains, & quand enfin on
vous aura persuadé de faire quelques-unes de
ces choses pour lesquelles vous témoigniez avoir
de l'aversion, on vous prendra pour une fille simple & innocente. Il y aura encore quelqu'un qui
chantera, & qui n'osant regarder les femmes parce qu'elles seront accompagnées de leurs maris,
jettera les yeux sur vous, que personne ne gardera ; vous adressera les paroles de ses chansons,
& vous expliquera par des signes & des gestes
des sentimens, qu'il n'oseroit vous aprendre
de vive voix. La volupté triomphe d'une ame de
bronze & de fer avec des appas si puissans, &
principalement quand elle attaque de jeunes filles dont la concupiscence est d'autant plus allumée qu'elles croyent qu'il y a plus de douceur
dans les plaisirs dont elles sont privées. Les Fables disent que les Nautonniers se precipitoient
dans la mer entendant chanter des Syrenes, &
que la Lyre d'Orphée fit devenir les pierres &
les arbres, sensibles. En un mot, les festins &
la bonne chere sont l'écüeil de la virginité, &
l'embonpoint & une peau blanche sont les marques d'un esprit corrompu. J'ay appris pendant
mon enfance, qu'un homme dont on montra

depuis le portrait dans les ruës, devint si éper-
dûment amoureux, que sa vie dura moins que sa
passion : cependant il estoit tellement maigre &
attenué, qu'il n'avoit que la peau étenduë sur les
os. Que deviendrez-vous ma fille, vous qui avez
un corps beau, bien composé, qui estes delicate,
vermeille, & chargée de graisse ? Que deviendrez-
vous parmi des gens mariez au milieu des festins
& en la compagnie de jeunes hommes ? Que vous
arrivera-t'il, à vous qui prenez sans doute pour
une preuve de vôtre beauté les prieres que l'on
vous peut faire, quoi que vous ne vous y rendiez
pas ? Un esprit voluptueux & lascif s'attache avec
plus d'opiniâtreté à une personne vertueuse, &
on se figure toûjours plus de douceur dans la possession d'un objet difficile à gagner. D'ailleurs
vôtre habit de bure & de couleur sombre marque de la dissimulation, & particulierement la
maniere dont vous le portez, ne le laissant point
traîner contre terre, afin de paroître de plus belle
taille ; le laissant décousu par quelques endroits,
afin de montrer ce qui peut plaire, & en cachant
soigneusement ce qui déplairoit. Vôtre chaussu-
re est propre, & vous tâchez par-là d'attirer les
regards des jeunes hommes : vôtre sein est couvert de galants, vous vous serrez étroitement
pour faire voir que vous estes d'une taille dégagée ; les cheveux vous tombent par boucles sur
les oreilles ou sur le front ; vôtre mouchoir se
détache quelquefois pour découvrir la blancheur
de vos épaules & de vôtre gorge, & vous le ra-
tachez incontinent comme si vous ne l'aviez pas
détaché vous-même, ou que vous ne voulussiez
pas qu'on vist ce qu'il a laissé voir : enfin quand
la pudeur vous oblige de cacher vôtre visage en

public, vôtre voile ne laisse pas à la mode des courtisanes de découvrir ce que vous jugez digne de n'estre pas caché. Vous me demanderez sans doute d'où je vous connois, & comment j'ai pû vous voir de si loin. Les larmes & les soûpirs de vôtre frere m'ont appris qui vous estes ; plût à Dieu qu'il ne m'eût pas dit la verité, & qu'il eust parlé en homme qui craint plûtost l'avenir qu'il ne se plaint de ce qui est en effet. Mais croyez-moi, les larmes & les mensonges sont incompatibles. Il est fâché que vous lui preferiez un homme, non pas vêtu de soye, ni frizé, mais gras & delicat en sa pauvreté : il ne peut souffrir qu'il soit absolu chez-vous, qu'il dispose de vôtre argent, qu'il y gouverne tout, & qu'il donne occasion à des serviteurs de crier aprés sa conduite, se persuadant qu'il leur vole tout ce que leur maistresse ne leur donne point. Ce n'est pas que d'ordinaire les valets ne murmurent sans cesse, & quoi qu'on leur donne, qu'ils ne croyent toûjours qu'on leur donne trop peu. Car ils considerent moins le bien qu'on leur fait, que les richesses de celui qui leur fait une grace, & ils se vengent par des reproches & des invectives de l'injure qu'ils pensent leur estre faite. Delà vient que celui-ci passera chez eux pour un imposteur, pour un parasite, ou pour un corbeau qui croasse aprés des successions, ou pour quelque chose encore de plus injurieux. Ils disent qu'il est assis au chevet de vôtre lit, qu'il vous fait venir des matrônes, & qu'il vous chauffe des serviettes quand vous estes malade. On est naturellement porté à croire le mal, & ce qu'on invente sans doute chez vous, devient une verité dans le monde. Au reste il ne

faut pas que vous soyez surprise que des Valets
fassent de ces sortes de contes, quisque c'est de
cela même dont vôtre mere & vôtre frere se
plaignent. Je vous conseille donc, & vous prie
en même temps de vous reconcilier d'abord avec
vôtre mere, ou si cela est impossible, avec vôtre
frere. Que si vous aviez de l'aversion pour l'un
& pour l'autre de ces noms si sacrez, separez-
vous au moins de celui qu'on dit que vous avez
preferé à toute vôtre famille : & si cela enfin ne
se pouvoit pas faire, vivez ensemble avec moins
de scandale, & ayez quelque respect pour vos
parens. Mais croyez-moi, rompez avec cet homme, cessez de demeurer & de manger avec lui, depeur que n'ayant qu'une maison l'un & l'autre, la
médisance ne vous accuse aussi de n'avoir qu'un
lit. Vous pouvez vous servir de lui dans les affaires où son assistance vous est necessaire, & en
même-temps mettre à couvert vôtre reputation ;
en vous preservant d'une infamie que rien n'est
capable d'effacer. Quand vous voudrez parler à
lui, que ce soit en la presence de vos amis, ou de
vos domestiques ; on n'apprehende point les témoins dans une action qui n'est point criminelle :
qu'il entre chez vous sans trembler, qu'il en sorte avec seureté. En un mot, écoutez le murmure
d'une ville entiere ; vous avez changé vos noms,
vous en prenant le sien, lui en prenant le vôtre ;
car on dit qu'il est à vous, & que vous estes à
lui : ces bruits viennent aux oreilles de vôtre mere
& de vôtre frere, & ils vous prient de permettre
qu'ils vous separent ; retournez avec vôtre mere,
& que cet homme demeure avec vôtre frere.
Vous aymerez avec plus de bien-seance le compagnon de vôtre frere, & il sera plus honneste à

vôtre mere d'avoir de l'eſtime pour l'ami de ſon
fils que pour celui de ſa fille. Au reſte ſi vous
mépriſez mes avis je m'écrierai librement dans
cette lettre en ces termes ; *Pourquoi débauchez-*
vous le ſerviteur d'autrui ? pourquoi faites-vous
vôtre eſclave d'un Miniſtre de JESUS-CHRIST?
Regardez le peuple , & en conſiderez la conte-
nance. Pendant que cet homme fait ſes fonctions
de Lecteur dans l'Egliſe , tout le monde a les
yeux arrêtez ſur vous , & vous ſupportez cela
avec auſſi peu de honte que ſi vous eſtiez mariée?
Vous n'eſtes pas contente de tenir vôtre infamie ſecrette , vous la faites éclater ſous le nom
d'une honneſte liberté , ſans en rougir. Vous répondrez peut-eſtre , que je ſuis un médiſant , &
que je me laiſſe aller trop legerement aux faux
bruits ; mais je vous ai avertie que je vous écrivois cette lettre , ſans croire qu'il y euſt rien de
coupable dans vôtre commerce. S'imaginera-
t'on pas plûtoſt que vous eſtes une libertine qui
à l'âge de vingt-cinq ans tenez dans vos filets un
jeune homme qui à peine a de la barbe. L'habile
Directeur que vous avez choiſi ! il vous donnera
des avis fort ſalutaires , & la ſeverité de ſon viſage eſt tres-capable de vous détourner du vice.
D'ailleurs quand il auroit les cheveux blancs,
vous n'en ſeriez pas plus excuſable ; car il n'y a
point d'âge où l'on ſoit à couvert des atteintes
de la concupiſcence. Comme le temps ſe paſſe
inſenſiblement , & que les femmes vieiliſſent
bien-toſt , particulierement celles qui ſont attachées à quelqu'un ; vôtre amant vous quittera
quand vous y ſongerez le moins , & ſe ſoûmet-
tra aux loix d'une autre plus riche ou plus jeune
que vous. Alors aprés la diſſipation de vôtre bien,

& la perte de vôtre honneur, vous vous répentirez de la conduite que vous avez tenuë, & de vôtre opiniâtreté ; & vous verrez finir une union mal établie par une veritable feparation. Mais vous eftes peut-eftre en feureté de ce côté-là, & vous croiez que le temps affermiffant vôtre amitié vous garantira de la rupture. Cependant ç'en eft affez pour vous, & il eft temps que je paffe à vôtre mere, que fon âge défend de la médifance. Vous ne devez pas, Madame, vous venger de cette maniere de vôtre fille, que vous en deveniez criminelle; qu'elle aprenne par vôtre exemple à quitter celui avec qui elle demeure. Puifque vous avez un fils, une fille, & un gendre; ou fi vous voulez un homme étroitement uni à vôtre fille ; pourquoi chercher ailleurs de la compagnie, & rallumer des feux qui commencent à s'éteindre ? Il fera plus honnefte que vous trouviez un pretexte à la faute de voftre fille, que d'en commettre une vous-même. A quel deffein fouffrir un Etranger chez-vous, & dans une maifon où vôtre fils & vôtre fille n'ont pû demeurer enfemble, puifque ce fils eft auprés de vous, & que vous pouvez attendre de fa vertu beaucoup de foulagement dans vôtre veuvage, & dans vos exercices de pieté ? Vous eftes dans un âge où vous pouvez voir des enfans à vôtre fille. Retirez-la chez vous avec cet homme, & qu'on ne trouve point mauvais fi je ne dis point fon mary ; j'ai voulu marquer fon fexe fans parler de l'engagement où ils font. Si vôtre fille ne le veut pas faire, & qu'elle croie que la maifon où elle eft née foit trop petite pour elle, allez à la fienne ; quelque étroite qu'elle puiffe eftre, elle fera toûjours plus propre à loger une mere

N iiij

& un frere , qu'une fille qui ne peut y demeurer seule avec un homme sans exposer sa vertu à un grand danger. Que l'on voie donc deux hommes & deux femmes dans le même logis ; & si cet autre qui est vôtre ami, & le support de vôtre vieillesse traversoit vôtre dessein par quelque obstacle, & qu'il voulust vous suivre, qu'il se resoude à prendre parti dans la famille. Au reste je vous ay écrit cette lettre fort à la haste ; comme si j'eusse traité une matiere plus propre à un jeune Ecolier qu'à moi , parce que vôtre fils m'en avoit prié, & qu'il l'attendoit à ma porte le matin du jour mêmé qu'il devoit partir. Mes ennemis jugeront delà que je ne crains point que l'on voye ce que je fais avec peu de loisir. Ne soiez donc point étonnée de trouver moins de passages de l'Ecriture sainte dans cet ouvrage que dans les autres , où je seme ordinairement de ces fleurs ; je l'ai dicté avec tant de precipitation que la main du Copiste ne pouvoit suivre ma langue, & que les abreviations qu'il a esté obligé de faire, rendent son écriture peu lisible. Ce que je dis afin que ceux qui ne pardonnent rien à la foiblesse de mon genie, excusent au moins le peu de loisir que j'ai eu.

A RUSTIQUE.

Cet homme ayant fait vœu de vivre dans la continence avec sa femme, ne le garda point. Saint Jerôme lui fait voir dans cette lettre l'énormité de son peché, & l'exhorte à en faire penitence, & à venir à Jerusalem.

LETTRE IX.

JE prens la liberté de vous écrire sans avoir l'honneur de vous connoître, ni d'estre connu de vous, & je fais ce que la vertueuse Hebidie, & ma fille Artenie, qui de vôtre femme est devenuë vôtre sœur ont exigé de moi par leurs prieres ; Celle-ci ne considere pas seulement son salut particulier ; mais elle travaille encore au vôtre dans la Terre-sainte, comme elle faisoit en son païs. En cela elle imite le zele de saint André & de saint Philippe qui ayant rencontré le Sauveur du monde, allerent chercher Simon & Nathanaël, afin qu'il dist à l'un, *Vous estes Simon fils de Jean, vous serez appellé Cephas, c'est à dire Pierre* ; & que l'autre nommé Don de Dieu; car c'est ce que signifie Nathanaël en nôtre langue; fust loüé de la bouche de JESUS-CHRIST même qui lui parla de la sorte ; *Voici un vrai Israëlite sans déguisement & sans feinte.* Loth voulut autrefois sauver sa famille entiere de l'incendie de Sodome & de Gomorrhe, & en retirer sa femme qui estoit encore dans ses anciennes erreurs : mais s'abandonnant au desespoir elle

Ioann. 1.

regarda derriere elle, & laiſſa à la poſterité un
monument éternel de ſon peu de foy. Au contraire celle de ſon mary fut recompenſée,& pour
une femme qui ſe perdit, elle conſerva toute la
ville de Segor ; même aprés s'eſtre retiré des tenebres de Sodome, & gagné le ſommet des montagnes,il vit le Soleil ſe lever ſur la ville de Segor,
qui ſignifie Petite; ce qui marque que ſa foy avoit
au moins preſervé une petite Ville, ſi elle n'avoit
pas eſté aſſez grande pour en mettre en ſeureté
une plus puiſſante. Car un Citoyen de Gomorrhe,

Gen. 18.

c'eſt à dire un homme qui avoit eſté dans l'erreur,
ne pouvoit pas arriver ſi-toſt au midi, où Abraham receut Dieu avec les Anges, où Joſeph
raſſaſia ſes freres, & où l'Epoux demanda à ſon
Epouſe où elle repoſoit, & où elle faiſoit paître ſes troupeaux à midi. Samüel pleuroit au-

Cant. 1.

trefois de ce que Saül ne remedioit point à ſon
orgueil par la penitence. S. Paul portoit compaſ-

1. Cor. 1.

ſion aux Corinthiens qui ne lavoient point leurs
impuretez dans l'eau de leurs larmes ; Ezechiel
devore le livre, où un Cantique, une plainte, &
une malediction eſtoient écrites au dehors & au
dedans. *Le Cantique* eſtoit à la loüange des Juſtes,
la plainte regardoit ceux qui font penitence, &
la malediction ceux dont il eſt parlé en ces ter-

Prov. 18.

mes ; *Quand un pecheur eſt arrivé au comble de ſes
crimes, il n'en tient plus de compte.* C'eſt encore à
ces derniers que s'adreſſent ces paroles d'Eſaïe :

Eſai. 22.

*Le Dieu des armées les a avertis de pleurer, de s'ar-
racher les cheveux, & de prendre le cilice : mais ils
ſe ſont réjoüis, ils ont tué des veaux & des brebis
pour en manger la chair, & ils ont dit : Ne penſons
qu'à boire & à manger, puiſque nous mourrons
demain. Ceci ſe trouve encore dans Ezechiel :*

Et toy fils de l'homme, reproche à la maison d'I-   Ezech. 18.
sraël d'avoir parlé de la sorte ; *Nos fautes dureront*
plus que nous, & nous secherons dans nos crimes,
comment pourrions-nous estre sauvez ? Aprens à ce
peuple ces paroles du Seigneur, *Je suis vivant,* dit-
il, *je ne demande point la mort du pecheur, mais*
seulement qu'il se détourne du mauvais chemin :
Aprés cela pourquoi la maison d'Israël perira-t'elle?
Rien n'irrite davantage le Ciel que de continuer
à estre méchant, sous pretexte qu'on desespere
de devenir meilleur. En effet celui qui desespere de son salut, ne croit point qu'il y aura de
jugement, car il l'aprehenderoit, & il s'y pre-
pareroit par de bonnes actions. Ecoutons parler
Dieu par la bouche de Jeremie, *Retire ton pied*   Ierem. 8.
du mauvais chemin & desaltere ta bouche. Et en un
autre endroit, *Celui qui tombe ne se relevera-t'il*
point ? & celui qui est égaré ne retrouvera-t'il point
son chemin ? Isaïe dit encore, *Quand ta conver-*   Esa. 50.
sion aura esté accompagnée de gemißemens, tu seras
en seureté, & tu connoistras le danger où tu t'estois
mis. On juge de la santé par la maladie, de la
beauté de la vertu par la diformité du vice, &
de la lumiere par les tenebres. Ezechiel poussé
du même esprit que Jeremie s'acorde entiere-
ment avec lui : *Convertißez vous peuple d'Israël,*   Ezech. 18.
dit-il, *renoncez à vos crimes & vous n'en serez point*
châtié : quittez ce qui vous a rendu coupable devant
moi : faites-vous un autre cœur, & une ame nouvel-
le : pourquoi perirez-vous, puisque le Seigneur assure
qu'il ne demande point la mort du pecheur ? Ces
autres mots se trouvent encore dans la suite ; *Je*
suis vivant, dit le Seigneur, *je ne demande point*
la mort du pecheur : mais seulement qu'il quitte son
mauvais chemin. Ce qui est dit de peur qu'une

ame incredule ne defefpere d'obtenir les biens qui lui ont efté promis, & ne remedie point à fes bleffures, parce qu'elle les croit incurables. Delà vient que Dieu affure qu'il jure, afin que fi l'on n'écoute point fes promeffes, au moins on ajoûte foy à fes juremens. David fait auffi cette priere : *Faites nous retourner à vous, ô Dieu qui eftes nôtre falut, & détournez vôtre indignation de deffus nous.* C'étoit, *Seigneur, vôtre feule grace, dit-il ailleurs, qui avoit affermi ma grandeur & mon élevation : vous avez retiré vos regards de fur moi, & je fuis tombé dans le trouble :* Comme s'il difoit : Dés que j'ai preferé la beauté de la vertu à la laideur du vice, vous avez fortifié ma foibleffe par vôtre grace. Voyons encore quelles font les efperances de ce Prophete, *Je pourfuivrai mes ennemis, & je les atteindrai, & je ne retournerai point que je ne les aie défaits ;* Afin que comme je vous fuyois auparavant, & que j'eftois du nombre de vos ennemis, je fois retenu par vôtre main : Ne ceffez point de me pourfuivre jufqu'à ce que j'aye quitté mes mauvaifes voies, & que je retourne à mon premier homme qui me donnoit des alimens, de l'huile, de la farine, & me repaiffoit de viandes fort graffes, qui m'a fermé les chemins dangereux, afin que je trouve celui qui dit dans l'Evangile : *Je fuis la voie, la verité, & la vie.* Ecoutons encore David, *Ceux qui fement avec larmes, recueilleront avec joye. Ils marchoient en pleurant, jettant la femence fur la terre ; mais ils reviendront pleins d'allegreffe, apportant leurs gerbes.* Dites donc avec ce Prophete: *Je laverai mon lit de mes pleurs, toutes les nuits je l'arroferai de mes larmes. Comme le cerf foûpire avec ardeur pour les eaux d'une fontaine, mon ame foû-*

Pfal. 84.

Pfal. 29.

Pfal. 17.

Ioan. 14.
Pfal. 25.

Pfal 6.
Pfal. 41.

pire pour vous, mon Dieu : elle brûle d'une soif ardente de joüir de Dieu, qui est une source vive. O
Dieu, dit-il ailleurs : je vous invoque dés le point
du jour, mon ame aspire à vous comme pressée d'une
soif ardente, & mon corps brûle de ce desir, me
voyant dans une terre deserte, aride & sans eau.
Quand je vous contemplerai un jour dans vôtre san-
Ctuaire, j'y verrai éclater vôtre puissance & vôtre
gloire. C'est à dire : Quelque desir que j'aye eu
de m'unir à vous, la corruption de mes sens m'a
beaucoup fait souffrir en vous cherchant, & je
n'ai pû vous considerer dans vôtre sanctuaire
que lorsque j'ai esté dans une terre que l'eau des
vices & des imperfections n'arrosoit point. Le
Sauveur même pleura de ce que Jerusalem ne
faisoit point penitence ; & saint Pierre n'éfaça
que dans ses larmes le crime qu'il commit en
reniant trois fois son Maître ; & a accompli ce
qu'a dit le Prophete, *Mes yeux ont versé un tor-* Jerem. 9.
rent de larmes. Jeremie plaint aussi le mal-heur du
peuple impenitent, disant, *Qui fournira assez de* Thren. 11.
larmes à mes yeux, afin que je pleure nuit & jour
l'infortune de ce peuple ? Il montre dans la suite ce
qui cause sa douleur ; *Ne pleurez point un mort,*
continüe-t'il, *plaignez plûtost celui qui s'est écarté*
& qui ne rentrera plus dans le chemin. Delà vient
qu'on ne doit pas pleurer la perte des Payens
& des Juifs qui sont morts une seule fois, n'é-
tant point dans l'Eglise, & dont le Sauveur par-
le en ces termes, *Laissez les morts ensevelir leurs* Math. 8.
morts ; mais il faut répandre des larmes pour
ceux que le peché separe de l'Eglise, & que les
mauvaises habitudes empêchent d'y rentrer. Le
Prophete commande aussi aux Ecclesiastiques
de pleurer, *Versez des larmes, murailles de Sion,*

leur dit-il, car les Ecclesiastiques sont apellés les murailles & les remparts de l'Eglise : Et acomplissant ce qu'a dit l'Apôtre, *Réjoüissez vous, continuë-t'il, avec ceux qui se réjoüissent, & pleurez avec ceux qui pleurent* ; afin que vous attendrissiez par vos larmes les cœurs endurcis des pecheurs, & que par ce moyen ils évitent ce reproche, *Je t'avois planté comme une vigne propre à porter de bons raisins : pourquoi es-tu changée en une vigne étrangere qui n'en porte que d'amers ? Ils ont dit au bois,* est-il raporté en un autre endroit, *Tu es mon pere, & à la pierre, Tu m'as enfanté, & ils m'ont tourné le dos au lieu de me presenter le visage.* Voici le sens de ces dernieres paroles : Ils n'ont point voulu revenir vers moi, en faisant penitence, & leur endurcissement a esté jusqu'à me tourner le dos par mépris. C'est ce qui a obligé Dieu de tenir ce discours à Jeremie, *As-tu vû de quelle maniere le peuple d'Israël m'a offensé ? Il a parcouru les montagnes & les bois en commettant toutes sortes de crimes, & aprés s'estre soüillé de mille abominations, je lui ai commandé de revenir vers moi, & il ne l'a pas voulu faire.* Que Dieu est bon, & que les hommes sont coupables de ne vouloir point se changer, quand il les rapelle encore à leur devoir, après une infinité de fautes ! *Si une femme quitte son mary pour un autre homme,* dit-il, *& qu'ensuite elle revienne à lui, la recevra-t'il, & ne sera-t'elle pas pour lui un objet d'horreur ?* Le texte Hebreu ajoûte ce qui suit, qui ne se trouve point dans le Grec ni dans le Latin : *Tu m'as quitté, cependant reviens & je te recevrai.* Esaye dit la même chose en termes peu differens : *Reviens à moi peuple d'Israël, qui te perds dans de grands & de pernicieux desseins :*

Esa. 5.

Jer. 2.

Jerem. 3.

Esa. 35.

Esa. 41.

reviens à moi, je te delivrerai, je fuis ton Dieu, il n'y a que moi de jufte, & nul que moi ne peut te racheter. Vous qui eftes des extremitez du monde, revenez & vous ferez fauvez: Souvenez-vous de ces paroles, gemiffez & faites penitence, vous qui errez, convertiffez-vous de cœur, rapellant dans vôtre memoire ce qui s'eft paffé depuis la creation du monde, car je fuis vôtre Dieu: & aucun ne peut eftre fans moi. Et voilà comme parle Joel, *Revenez à moi Joel. 2. de tout vôtre cœur, en pleurant, en jeûnant, & en foûpirant: déchirez-vous le cœur plûtoft que les habits, car Dieu eft plein de bonté, & on ne peut exprimer fa clemence.* Le Prophete Ozée nous aprend jufqu'où s'étendent cette bonté & cette clemence. *Que ferai-je pour toi Ephraim? Comment te Ozé. 11. protegerai-je Ifraël? Que ferai-je pour toi, dis-je? je ne te mettrai point comme Adama ou Jeboim, j'ai changé de refolution en ta faveur, & je n'écouterai point ma colere & mon reffentiment.* Les morts ne fe *fouviennent point de vous,* dit David, *& nul ne Pfal. 6. vous donne des loüanges dans les Enfers. Je vous ai avoüé mon crime,* ajoûte-t'il en un autre endroit, *& je n'ai point tenu mon iniquité fecrette: j'ai dit en mon ame, Il faut que je confeffe contre moi-même mes offenfes au Seigneur, & vous m'avez remis la malice de mon peché.* C'eft ce qui portera tout homme jufte à vous adreffer fes prieres au temps propre pour trouver mifericorde; & quelque grand que foit le deluge & le torrent des grandes eaux, il n'atteindra jamais jufqu'à lui. Voyez quelle eft l'abondance de ces larmes, que l'on compare à un torrent d'eaux. Il eft vrai que fi quelqu'un pleure de la forte, & qu'il fouhaite avec Jeremie, *que fes yeux Jerem. 2. ne tariffent point;* il trouvera ce que dit ailleurs ce Prophete: *La mifericorde & la verité fe font*

rencontrées, la justice & la paix se sont baisées l'une
l'autre ; afin que si vous avez esté conservé par la
justice & par la verité, la misericorde & la paix

2. Reg. 11. vous portent à travailler à vôtre salut. Le même
David dans le cinquantiéme Pseaume fait une
peinture de la penitence d'un pecheur. Ce Prince
gourmandé par Natan d'avoir peché avec Bersa-
bée femme d'Urie, repartit au Prophete, & lui
dit, *J'ai peché* ; cette réponse lui attira ces parol-
les favorables, *Et Dieu a éloigné ton peché de toi :*
Ce Prince avoit joint l'homicide à l'adultere,
mais il eut recours aux larmes, & il parla de la
sorte ; *Ayez pitié de moi, Seigneur, selon l'étenduë
de vôtre misericorde, & effacez mes pechez, selon la
grandeur & la multitude de vos bontez.* Car comme son crime estoit grand, il avoit besoin d'une
grande miséricorde, aussi continüe-t'il en cette
maniere ; *Lavez-moi, Seigneur, & purifiez-moi
de mon peché, car je reconnois mes crimes, & j'ai
toûjours ma faute devant les yeux : J'ai peché contre
vous & devant vous seul, car estant Roy je ne crai-
gnois personne : pardonnez-moi, Seigneur, afin que
vous soyez reconnu fidelle dans vos promesses, & ir-*

Rom. 11. *reprochable dans vos jugemens.* Car *Dieu a voulu que
tous fussent enveloppez dans le peché, afin d'exercer
sa misericorde envers tous.* Mais pour revenir à
David, il tira tant d'avantage de ses larmes, que
de pecheur & de penitent il devint capable d'enseigner les autres ; *J'apprendrai vos voyes & vôtre conduite aux méchans,* dit-il plus bas, *afin qu'ils
se convertissent, & qu'ils reviennent à vous.* En un
mot la beauté & la confession tiennent le même
rang devant Dieu : De sorte que celui qui a confessé son crime, & qui a dit avec ce Prophete,

Psal. 37. *La pouriture s'est formée dans mes blessures, & mon*
nal

mal est un effet de ma folie : voit la déformité de ses playes se changer en la beauté d'une parfaite guerison. Le pecheur qui cache son iniquité n'en obtiendra jamais le pardon. Helie reprit Achab qui avoit usurpé la vigne de Nabutha ; en le sacrifiant à l'ambition & à l'avarice de la Reine Jezabel qui estoit moins unie à ce Prince impie par le mariage que par sa cruauté. *Le Seigneur parle en ces termes*, leur dit le Prophete ; *Vous avez tué, vous avez usurpé, & pour cela les chiens boiront le sang d'Achab au même lieu où ils ont léché le cadavre de Nabutha, & ils feront curée du corps de Jezabel devant les murailles de Jesraël.* Achab entendant cette menace déchire ses vêtemens, jeûne, se couvre d'un sac, & prend le cilice ; & Dieu dit à Helie, *Puisque Achab a redouté mes jugemens ; je ne puniray point son peché pendant sa vie.* Achab & Jezabel estoient également coupables : cependant la posterité de celuilà porta la peine de son crime, parce qu'il fit penitence ; mais Jezabel fut punie sur le champ, à cause de son obstination & de son endurcissement. On lit encore ces autres paroles dans l'Evangile ; *Le peuple de Ninive, qui se convertit en entendant Jonas, se soûlevera au jour du jugement contre celuy-cy, & le condamnera. Je suis venu, non pour appeller les Justes, mais pour appeller les injustes à la penitence. La piece d'or perduë fut retrouvée dans la bouë.* Un Berger abandonne *nonante & neuf brebis pour en aller chercher une qui s'est égarée.* Les Anges même se réjoüissent de la penitence d'un pecheur. Certes cette penitence est quelque chose de grand, puisqu'elle cause de la joye aux Anges, *Faites penitence*, est-il dit ailleurs ; *car le royaume du Ciel s'approche* ; La mort & la vie

Reg. 3.

Luc. 5.

O

font oppofées l'une à l'autre, il n'y a point de milieu entre-elles ; & cependant elles font unies l'une à l'autre par la penitence. L'enfant prodigue avoit mangé fon bien, & à peine trouvoit-il à paître avec les beftes ; Il revient chez fon pere, on tuë le veau gras à fon arrivée, & on luy donne l'eftole & l'anneau : car il faloit le rendre digne de la robe de JESUS-CHRIST qu'il avoit foüillée, il faloit qu'il entendît ces paroles, *Que ta robe foit toûjours blanche,* & qu'ayant receu cette livrée des enfans de Dieu, il s'écriaft : *Mon pere j'ay peché contre le Ciel & contre vous,* il faloit enfin qu'il fe reconciliaft, & qu'il chantaft avec David, *Seigneur vous avez marqué & fait luire fur moy la lumiere de vôtre vifage.* En un mot, l'innocence du jufte ne mettra point à couvert du châtiment quand il pechera, & l'iniquité du pecheur ne le perdra point quand il fe convertira. Dieu juge les hommes fur l'eftat où il les trouve : il n'a point égard à ce qu'ils ont efté, mais à ce qu'ils font ; pourveu cependant qu'ils ayent effacé les crimes du paffé par une nouvelle penitence : *Le Jufte tombe & fe releve fept fois.* S'il tombe, répondrez-vous, comment peut-il eftre jufte ; ou s'il eft jufte, comment peut-il tomber ? Croyez-moi, on ne perd point le nom de jufte en fe relevant par le moyen de la penitence ; même les pechez font remis à celui qui tombe, non feulement fept fois, mais feptante fois fept fois, pourveu qu'il ait recours à la penitence ; & celui à qui on pardonne davantage eft celui qu'on aime le mieux. Une fille criminelle lave de fes larmes les pieds du Sauveur, les effuye de fes cheveux, & devenant la figure de l'Eglife, elle s'attire ces paroles fa-

Pfal. 4.

Prov. 24.

vorables: *Tes pechez te sont pardonnez.* L'orgueil du Pharisien lui rendit son innocence inutile ; & le pauvre Publicain se fit écouter en avoüant son crime. Jeremie, ou plûtost Dieu parle de la sorte par la bouche de ce Prophete ; *Je prononce-* *Jerem. 18* *ray un arrest contre ce peuple & ce Royaume, je le ruïneray & le perdray sans ressource: Et cependant, s'il se repent des pechez, que je luy ay reprochez, je me repentirai du dessein que j'avois formé de le punir. De même si le Peuple dont j'établiray l'empire & la domination, peche contre moy, & ferme l'oreille à ma voix, je changeray la resolution que j'avois faite en sa faveur.* Il ajoute ensuite : *Je suis resolu de vous punir, j'en ay formé le dessein, que chacun quitte sa mauvaise vie, & change de conduite & d'inclination. Ils répondirent, Nous avons perdu toute esperance ; nous nous laisserons aller à nos passions, & chacun executa ses desseins criminels.* C'est ce que dit Simeon dans l'Evangile, *Cet Enfant,* c'est de JESUS-CHRIST dont il parle, *est pour la ruïne & pour la resurrection de plusieurs dans Israël ;* il est pour la ruïne des pecheurs, & pour la resurrection de ceux qui se convertiront : *C'est un bruit public & constant,* dit saint Paul écrivant aux Corinthiens, *qu'il y a de l'impureté parmy vous,* *1. Cor. 5.* *& une impureté telle qu'on n'entend point dire qu'il s'en commette de semblable parmy les Payens, sçavoir qu'un d'entre-vous abuse de la femme de son propre pere, & aprés cela vous estes encore enflez d'orgueil, au lieu que vous auriez dû estre dans les pleurs, pour retrancher du milieu de vous celuy qui a commis une action si noire ?* Mais de peur que ce pecheurs ne *2. Cor. 2.* mourust accablé par un excés de tristesse, l'Apôtre dans sa seconde Epistre le rappelle à son devoir, & prie les autres Chrétiens de lui donner des marques de leur charité & de leur amour; afin que la penitence rétablisse celui que l'inceste avoit ruiné ; car s'il n'y a personne qui ne peche quand il ne vivroit qu'une heure : comment pouvoir passer une longue suite d'années dans l'innocence ? Les Astres même ne sont pas exempts de tache devant Dieu , & ses Anges ont attiré une fois sa colere & son indignation. Si dont le peché a trouvé lieu dans le Ciel , que fera-t'il sur la terre ? Si des estres sans corps , & qui ne sont point sous la domination des sens, ont offensé Dieu , ne l'offenserons-nous point, nous qui sommes revêtus d'un corps foible & fragile ; & qui devons dire avec l'Apôtre, *Malheureux que nous sommes ! qui nous délivrera de ce corps de mort ?* En effet , *il n'y a rien de bon en nous,* c'est à dire , *dans nôtre chair :* nôtre corps n'a point de penchant vers le bien, & nous faisons plûtost ce que nous ne voulons point que ce que nous voulons. Au reste si l'Ecriture appelle quelques grands personnages justes, même devant Dieu ; ce mot est pris dans le sens que je vous ay marqué en disant que le juste tomboit & se relevoit sept fois. Delà vient que Zacharie pere de saint Jean est appellé juste : cependant il pecha en manquant de foy, & la perte de la parole fut le châtiment de son crime. Job a qui au commencement de son livre on donne le titre d'homme juste , & craignant Dieu ; reconnoît lui-même dans la suite qu'il est un pecheur, & Dieu lui en fait le reproche. Si donc Abraham, Isaac, Jacob , & les autres Prophetes ont peché ; s'il s'est trouvé de la paille dans le froment, que dira-t'on de ceux dont il est parlé en ces termes ; *Pourquoy la paille est-elle parmi.*

Rom. 2.

le bon grain ? Cependant la paille est destinée au feu ; & en cette vie l'ivraye est mêlée avec le froment ; mais celui qui porte le van viendra ballier son aire, & serrant le froment dans ses greniers, la jettera dans le feu.

Je vous ai recüeilli ces passages admirables de l'Ecriture, & je vous ai fait pour ainsi dire, une couronne de penitence des plus belles fleurs de l'Evangile : mettez-la sur vôtre teste, prenez les aîles & l'essor d'une colombe, & allez chercher la paix & la reconciliation auprés de Dieu, qui est un Pere tres-misericordieux. Vôtre femme m'a appris que vous aviez suivi le precepte de l'Apôtre, & que d'un commun consentement vous aviez fait vœu de vivre dans la continence pour vacquer avec plus de seureté à l'Oraison : Mais elle m'a asseuré en même-temps, que vous aviez chancelé dans vôtre resolution ; ou pour mieux dire, que vous ne l'aviez point executée ; qu'à son égard elle avoit entendu, avec Moyse, ces paroles : *Pour toi tiens ferme icy avec moi,* qu'elle avoit dit : *Il a posé mes pieds sur une pierre :* & qu'enfin vous aviez succombé sous les efforts du diable ; parce que vous n'aviez pas une foy ferme & asseurée. Pour elle, sa perseverance, dans son dessein, est admirable ; & elle vous attend icy, afin que vos esprits puissent y estre unis comme vos corps l'ont esté. Lors que la fureur des barbares, & le danger où vous estiez d'estre faits esclaves, vous separerent l'un de l'autre ; vous lui jurâtes que vous seriez ici aussi-tost qu'elle, ou peu de temps aprés. Acquittez-vous d'une promesse que vous avez faite en la presence de Dieu. La durée de la vie des hommes est incertaine, craignez de mourir sans avoir executé ce que vous

O iij

vous estes engagé de faire par serment : Imitez celle que vous devriez enseigner. Estes-vous pas honteux que son sexe triomphe du monde, & que le monde remporte la victoire sur le vôtre ? Avez-vous point de confusion qu'une femme soit le chef d'une si belle entreprise ? Imitez celle dont la foy fait naître l'esperance que vous recouvrerez la vôtre. Si le debris de vos affaires vous retient, que vous desiriez assister à la mort de vos amis, & estre des témoins de la ruine & du saccagement de vostre païs, servez-vous de la penitence, comme d'une planche, pour vous sauver du naufrage ; dont le danger où vous estes de la captivité, & la cruauté de vos ennemis vous menacent. Souvenez-vous d'une épouse qui soûpire tous les jours pour vostre salut, & qui n'en desespere point. Pendant que vous estes comme un vagabond dans une Province qui n'est plus vostre païs, puisque les Barbares vous l'ont enlevée, elle pense à vous, & vous appelle par ses prieres en ces lieux, à qui le berceau, la passion, & la resurrection de JESUS-CHRIST attirent le respect de toute la terre. Il y avoit autrefois un Paralytique qui ne pouvoit marcher ni mouvoir les mains, même estant en oraison : ses amis le porterent au Sauveur, qui lui rendit sa santé ; & il reporta le lit sur quoi on l'avoit apporté. C'est ainsi que cette Dame vous presente à Dieu ; car tout éloigné que vous estes, sa foy vous met continuellement devant ses yeux, & elle parle comme la Chananéenne, *Ma fille est miserablement tourmentée par le demon* : Les ames n'ayant point de sexe elle peut appeller la vostre sa fille, & principalement quand elle vous invite à venir prendre une nouriture d'enfant ; car vous n'estes

pas encore capable de digerer une viande solide :
Dites donc avec le Prophete ; *J'ai esté vagabond* Pfal. 118.
comme une brebis perduë ; cherchez vôtre serviteur,
puisque je n'ai point oublié vos commandemens.

A RUFIN.

Il lui apprend la retraite de Bonose, dont
il fait l'éloge.

LETTRE X.

MON experience particuliere, mon cher
Rufin, me confirme aujourd'hui ce que
j'avois déja apris en lisant l'Ecriture sainte, que
Dieu nous donne plus que nous ne lui demandons, & qu'il nous accorde souvent *ce que l'œil*
n'a point vû, l'oreille point entendu, ni l'esprit de
l'homme point conceu.

Lors que je croyois que c'estoit beaucoup pour
moi de vous voir dans les lettres que nous nous
écrivions l'un à l'autre, j'aprens que vous passez
jusques dans les lieux les plus reculez d'Egypte,
& que vous en visitez les Solitaires, & ces troupes d'Anges qui habitent sur la terre. Si nostre
Seigneur JESUS-CHRIST me faisoit cette grace
que je pusse en un moment estre transporté auprés de vous, comme S. Philippe le fut auprés de
l'Eunuque, ou le Prophete Abacuc auprés de Daniel ; de quelle maniere n'embrasserois-je point
celui avec qui j'ai failli autrefois, ou que j'ai
eu pour compagnon en faisant bien ? Mais puis-

O iiij

que vous meritez mieux que moi d'eſtre tranſ-
porté de la ſorte au lieu où je ſuis ; & que de
frequentes maladies ont tellement uſé mon corps
que je ſuis languiſſant, même quand je me porte bien ; J'envoye comme un autre moi-même
cette lettre au devant de vous, afin que vous
liant des nœuds de noſtre amitié elle vous attire
juſques icy.

Noſtre frere Heliodore fut le premier qui m'a-
prit cette joyeuſe nouvelle, que je ne croyois
point veritable ; quoi que je deſiraſſe avec ardeur qu'elle le fuſt ; car outre qu'il la tenoit d'un
autre, il y avoit peu d'aparence à une choſe ſi
extraordinaire. Enſuite pendant que le deſir que
j'avois qu'elle fuſt vraie tenoit mon eſprit en
balance ; un Solitaire d'Alexandrie que le peuple, par un mouvement de pieté, avoit envoyé
en Egypte, vers ces genereux Confeſſeurs du
nom de Dieu, m'obligea preſque à y ajoûter
foy, me la confirmant auſſi. Neanmoins comme
il ne ſçavoit ni voſtre nom, ni le pays d'où
vous eſtes, & qu'il ſembloit qu'on ne pût ſe
fier à ſon rapport que parce qu'il eſtoit conforme à celui d'un autre, il ne me tira pas encore
de l'opinion incertaine dans laquelle je flottois.
Mais à la fin je ſceus veritablement la choſe
comme elle eſtoit, une infinité de perſonnes
aſſurant que vous eſtiez à Nitrie, & que vous
eſtiez allé voir le bien-heureux Macaire. Alors
je n'heſitai plus à le croire, & ce fut là que
je fus veritablement touché de déplaiſir d'eſtre
malade. En effet, ſi mes forces affoiblies ne
m'euſſent retenu comme des liens où j'euſſe eſté
attaché, les chaleurs de l'eſté qui eſtoient en ce
temps-là exceſſives, ni la mer où les Voyageurs

ne font jamais en feureté, ne m'euffent point
empêché de me mettre en chemin. Croyez-moi,
mon cher frere, un Pilote battu de la tempête,
ne jette pas les yeux vers le port avec plus de
defir d'y arriver, les campagnes brûlées des ardeurs du foleil ne demandent pas la pluye avec
plus d'empreffement, & une mere pleine d'inquietude affife fur le rivage n'attend pas fon fils
avec plus d'impatience, que j'en ai toûjours eu
pour vous revoir ; depuis qu'une tempête im-
preveuë m'a éloigné de vous. Aprés qu'un cruel
départ eut feparé deux perfonnes fi étroitement
unies par les nœuds de l'amitié, je me trouvai
fous un ciel noir d'un orage preft à fondre fur
ma tefte, & de quelque cofté que je regardaffe
je ne voyois que ce ciel, ou la mer. Aprés avoir
erré long-temps fans fçavoir où j'allois, aprés
m'eftre prefque tué en traverfant la Thrace, le
Pont, la Bythynie, toute la Galatie, & la Capadoce, & en effuyant les ardeurs de la Cilicie,
j'arrivai à la fin en Syrie, comme en un Port
affuré aprés le naufrage. Là ayant fouffert toutes fortes de maladies, de deux yeux que j'avois
j'en perdis un par une fiévre violente qui m'enleva Innocent, qui eftoit une partie de moy-
même. De forte que noftre cher Evagre eft aujourd'hui la feule lumiere qui me refte, & dont
je joüiffe, & mes continuelles infirmitez fervent de comble à fes travaux. Hylas ferviteur
de faint Melan eftoit auffi avec nous, & la pureté de fa vie & de fes mœurs avoient effacé les
marques de fa fervitude ; mais fa mort rouvrit
dans mon cœur la bleffure que celle d'Innocent
y avoit faite, & qui n'eftoit pas encore bien
fermée.

Cependant, puisque l'Apôtre défend de s'attrister de la mort de ceux qui dorment au Seigneur, & que d'ailleurs vostre arrivée modere l'excés de ma douleur ; je vous dirai une nouvelle, afin de vous l'apprendre, si vous ne la sçavez pas, ou de m'en réjoüir avec vous si vous la sçavez déja. Vostre Bonose, ou si vous voulez, le mien, ou pour parler plus veritablement, le nostre ; monte à l'échelle que Jacob vit en songe, porte sa croix, ne songe plus au lendemain, & ne regarde plus derriere lui. Il seme avec larmes pour moissonner avec joye, & éleve comme Moyse un serpent d'airain dans le desert. Que les feintes merveilles écrites par les Grecs & par les Romains cedent à cette verité. Un jeune homme élevé avec nous dans les belles connoissances du siecle, dont les richesses & le rang qu'il tenoit parmi ses égaux estoient considerables ; quitte sa mere, ses sœurs, & un frere qu'il aimoit tendrement, & vient comme un Citoyen du Ciel habiter une Isle fameuse par les naufrages qui se font à l'entour, environnée de rochers inaccessibles, & de pierres toutes nuës, & dont la vaste solitude donneroit de l'effroi au plus hardi. Là il n'y a pas un Habitant, il n'y a pas un Solitaire, & le petit Onesime que vous connoissez, & que Bonose cherissoit comme son frere, ne lui tient point compagnie dans ce desert. Il y est seul, ou pour mieux dire, il n'y est point seul, puisque JESUS-CHRIST y est avec lui, & il y contemple la gloire de Dieu que les Apôtres, non plus que lui, n'ont veuë que dans le desert. Il n'y découvre point à la verité de Villes superbes ; mais il a donné son nom pour estre mis au nombre des Habitans de la Cité nouvelle ; il est vêtu d'un sac qui fait peur, mais cet habit est plus propre à le faire élever dans les nuës pour aller au devant de JESUS-CHRIST : la beauté des rivages ne le divertit point, mais il boit de l'eau vivante qui sort du côté du Sauveur. Mettez-vous devant les yeux, mon cher ami, l'estat où il peut estre dans cette solitude, & le considerez avec une entiere application d'esprit ; car vous loüerez mieux la victoire qu'il remporte quand vous connoîtrez les travaux & les peines du Combattant. La mer gronde à l'entour de cette Isle, & l'on entend mugir ses vagues qui se brisent contre les rochers des montagnes qui l'environnent : Jamais on n'y voit de verdure sur la terre, ni de feüilles dans les campagnes sous quoi l'on puisse se mettre à l'ombre, & des roches escarpées semblent y former une affreuse prison : neanmoins Benole y demeure en asseurance, & y vit sans aucune crainte : l'Apôtre y est son deffenseur. Tantost il écoute Dieu en lisant la sainte Ecriture ; tantost il parle à lui par ses prieres, & peut-estre que comme un autre saint Jean, il apperçoit quelque chose de mysterieux dans cette Isle.

Quelles embuscades croyez-vous que le Diable prepare pour le surprendre ? Peut-estre que se souvenant de l'artifice dont il se servit pour tromper Nôtre-Seigneur, il tâchera de lui persuader qu'il aura faim ; mais il lui répondra que *l'homme ne vit pas du seul pain* ; Peut-estre qu'il *Deut. 6.* lui mettra devant les yeux les richesses & la gloire, mais il lui dira *que ceux qui veulent deve-* 1. *Tim.* 6. *nir riches tombent dans la tentation & dans les pieges*, & que *toute sa gloire est en* JESUS-CHRIST. Il abattra peut-estre par quelque fâcheuse maladie,

ſon corps déja attenué de jeûnes & d'abſtinences ; mais il ſe défendra de ces paroles de l'Apôtre. *Lors que je ſuis foible, c'eſt alors que je ſuis*
fort : il le menacera de la mort, mais il lui repar-
tira, *Je deſire d'eſtre dégagé des liens du corps, &*
d'eſtre avec JESUS-CHRIST ; il lancera ſur lui
des traits enflammez, mais il les repouſſera du
bouclier de la foy. En un mot le demon poura
bien l'attaquer, mais JESUS-CHRIST le défendra.

Soyez glorifié, mon Sauveur, de ce que j'ai
en Bonoſe une perſonne qui poura vous prier
pour moi au jour de voſtre Jugement. Vous ſçavez, car il n'eſt rien de caché à celui qui lit dans
le fond des cœurs, & qui voyoit ce qui ſe paſſoit dans celui d'un Prophete, pendant qu'il
eſtoit enſeveli dans les entrailles d'une baleine :
Vous ſçavez, dis-je, que Bonoſe & moi avons
eſté élevez enſemble dés noſtre plus tendre jeuneſſe, & qu'aprés qne nous eûmes étudié à
Rome, nous fûmes envoyez ſur les rives du
Rhin, où nous vêcûmes & logeâmes enſemble,
& où je fus le premier qui me conſacrai à vôtre ſervice : Souvenez-vous, je vous prie, que ce
grand Capitaine d'aujourd'hui a fait autrefois
ſon aprentiſſage auſſi bien que moi : Vous avez
promis *que celui qui n'aura pas fait ce qu'il enſei-*
gnoit ſera le plus petit dans le Royaume du Ciel ;
mais que celui qui aura fait ce qu'il enſeignoit y ſera
le plus grand. Que Bonoſe ſoit couronné, & qu'il
ſuive l'Agneau avec une robe blanche pour les
vertus dont il eſt doüé, & le martyre qu'il endure. Il y a diverſes demeures dans voſtre maiſon ;
& une étoile eſt different en clarté d'une autre étoile. Pour moi, que je puiſſe ſeulement,

ſ. Cor. 12.

Phil. 1.

Math. 5.

eſtant aux pieds de vos Saints, lever la teſte, &
me pardonnez ſi je n'ai pû acomplir ce que Bonoſe a fait, ayant eu comme lui le deſir de l'a-
complir, & lui acordez la recompenſe dont il
eſt digne.

Peut-eſtre, mon cher Rufin, que je me ſuis
étendu aü delà des bornes d'une lettre, & cela
m'arrive toûjours quand il faut parler à la loüange de Bonoſe. Pour revenir donc où j'en eſtois,
je vous conjure qu'en me perdant de veuë vous
n'oubliez pas un ami que l'on trouve difficilement aprés l'avoir cherche long-temps, & que
l'on ne conſerve qu'a peine, quand on l'a trouvé. Eſtime qui voudra le plus beau & le plus
precieux des métaux, dont on fait de ſuperbes
ſtatuës, il n'eſt nullement comparable à la charité. L'amitié n'a point de prix, & lors qu'elle
peut ceſſer d'eſtre, elle n'a jamais eſté veritable.
Nôtre-Seigneur ſoit avec vous.

A NEPOTIEN.

Cette Lettre eſt admirable, & contient une inſtru-
ction propre à toute ſorte de perſonnes, & parti-
culierement à celles qui ſe ſont conſacrées à Dieu

LETTRE XI.

DANS toutes les Lettres que je reçois ſi ſouvent de voſtre part, mon cher Nepotien,
vous me demandez que je vous apprenne en peu
de paroles à bien vivre ; & que j'enſeigne celui
qui a quitté le monde pour ſe faire Solitaire, ou

Ecclesiastique, à marcher dans la voie de Jesus-Christ, afin qu'il ne s'écarte point dans les sentiers differens du vice. Pendant que j'estois jeune, & presque encore enfant, & que je commençois à gourmander par les austeritez du desert un corps robuste & sensuel; J'écrivis à vôtre oncle Heliodore une lettre sur ce sujet, pleine de plaintes, & où je lui marquois l'amitié de celui qu'il abandonnoit; mais cet ouvrage estoit un jeu d'esprit, proportionné à mon âge, & où d'un stile fleuri, je traitai quelque chose en jeune homme qui sort de l'école de la Rhetorique. Aujourd'hui que j'ai les cheveux blancs, le front ridé, & que mon sang est glacé dans mes veines; j'ay oublié toutes ces chansons pour me servir des termes du Poëte; & même ma voix est devenuë foible. Et pour vous faire voir quelles sont les infirmitez de la vieillesse, par l'authorité de l'Ecriture sainte, aussi bien que par celle d'un Autheur Payen; *2. Roy.* David qui avoit esté un grand homme de guerre, avoit si peu de chaleur à soixante & dix ans, qu'on lui chercha dans le peuple d'Israël une fille appellée Abisag Sunamite pour l'échauffer, en couchant auprés de lui. A prendre cette histoire dans le sens litteral, vous semble-t'elle pas un conte fait à plaisir? Un Vieillard couvert de plusieurs habits ne peut estre échauffé que par les embrassemens d'une jeune fille: *1. Par. 3.* Bersabé, Abigail & ses autres femmes, dont parle l'Ecriture, estoient encore au monde: Cependant on les méprise comme si elles eussent eu moins de chaleur que celle dont on recherche *Gen. 23.* les caresses pour échauffer un Roy. Abraham qui vêcut beaucoup plus long-temps que lui, ne *Gen. 35.* demanda point une autre femme que Sara, &

Isaac n'eut jamais de froid avec Rebecca, quoi qu'elle fut déja âgée. Je ne parle point de ceux qui avant le deluge ont vécu des neuf cens ans, sans rechercher pour cela les embrassemens d'une jeune fille. Moyse âgé de six-vingt années, ne **Gen. 5.** voulut point d'autre femme que Sephora. Quelle est donc cette Sunamite, quelle est cette fille **Deut. 24.** dont la chaleur échauffoit un Vieillard, sans neanmoins que l'un ou l'autre succombast à rien de criminel ? Salomon nous apprend le mystere **Prov. 4.** des plaisirs de son pere ; & un fils nourri dans la paix nous explique quelles estoient les caresses d'un Prince élevé dans la guerre ; *Acquerez la sagesse & la science, dit-il ; souvenez-vous de l'avis que je vous donne, & suivez-le toûjours : n'abandonnez point la sagesse, elle vous recevra : cherissez-la, & elle vous conservera : C'est commencer à estre sage que de vouloir le devenir : Que la science vous conduise dans toutes vos entreprises : embrassez-la, & elle vous élevera : honorez-la, elle vous caressera, & vous comblera de benedictions & de delices.* En effet, les vertus dont la pratique dépend des exercices du corps, s'affoiblissent en la Vieillesse, la seule Sagesse s'y fortifie pendant que les autres choses y perissent. Les jeûnes, les veilles, la défense des oppressez, les visites des malades, le travail des mains qui fournit de quoi faire des aumônes ; en un mot toutes les bonnes actions où le corps a part perdent de leur éclat, à proportion que l'âge diminuë ses forces. Ce n'est pas que les jeunes gens soient incapables d'avoir de la Sagesse, & particulierement ceux qui sont devenus habiles par un travail continuel joint à la sainteté d'une vie innocente, & à des prieres ferventes. Mais comme ils ont à combattre contre un corps senfuel, leur *Sageffe* est étouffée dans les attraits de la volupté, ainsi que le feu qui s'éteint dans du bois verd. Au contraire ceux qui ont employé leurs jeunes ans à l'étude des beaux Arts, *méditant la loy du Sauveur le jour & la nuit,* deviennent plus sçavans & plus fages en avançant en âge ; & c'est alors qu'ils goûtent veritablement ce qu'ils ont apris autrefois : Delà vient que Themistocle mourant âgé de cent sept ans, dit qu'il estoit fâché de quitter la vie quand il commençoit à estre fage. Platon compofant des ouvrages mourut à la quatre-vingt & uniéme année de fon âge, & Ifocrate confomma les nonante-neuf ans qu'il vêcut à enfeigner & à écrire. Je ne dis rien de Pythagore, de Democrite, & des autres Philofophes qui à la fin de leur vie fe rendirent confiderables par leur fageffe. Les Poëtes même, Homere, Hefiode, Simonide, & les autres ont mieux réüffi dans leurs derniers ouvrages, à l'exemple des Cygnes qui ne chantent jamais avec plus de douceur que quand ils font proches de la mort. Sophocle ayant esté accufé de folie par fes enfans à caufe de fon extrême vieilleffe, & du peu de foin qu'il prenoit des affaires de fa famille, recita devant fes Juges l'Oedipe qui estoit fa derniere piece ; & par-là fit voir tant de fageffe dans un âge décrepit qu'il receut du Tribunal les applaudiffemens qu'il pouvoit attendre du Theatre. Caton le Cenfeur un des plus éloquens hommes de fon temps, n'eut point de honte d'étudier la langue Grecque en fa vieilleffe, & il ne defefpera point de l'apprendre. Et fi nous en croyons Homere, rien n'aprocha de l'éloquence de Neftor quand il fut extrêmement vieux.

Mais

Pfal. 50.

Mais pour revenir où j'en eſtois, Abiſag marque une ſageſſe plus grande dans les Vieillards;
car ce mot ſignifie , *mon pere abondant* , ou *le
rugiſſement de mon pere* : Et quoi que ce terme
d'abondant ſouffre pluſieurs explications differentes , il doit ici eſtre pris pour pouvoir , ou
force , à cauſe que la ſageſſe eſt d'une plus grande étenduë dans les Vieillards : pour le mot de
Sunamite , il veut dire ce qui eſt de couleur de
feu , pour faire connoître que la ſageſſe s'allume
& s'échauffe par la lecture des Livres ſacrez.

Mais , me direz-vous , à quel deſſein rechercher des choſes ſi éloignées ? c'eſt afin que vous
n'atendiez pas ici les diſcours d'un jeune Ecolier , où des periodes quarrées qui cauſent de
l'admiration à ceux qui les entendent : Que la ſageſſe , que cette Abiſag qui ne vieillit jamais ,
me prenne aujourd'hui ſous ſa protection , &
vienne ſe repoſer entre mes bras ; ſa pureté n'eſt
point ſoüillée , & quoi qu'elle enfante tous les
jours , elle ne ceſſe point d'eſtre vierge , comme
une autre Marie. Ecoutez donc, non pas un diſcours éloquent , mais perſuaſif , comme dit ſaint
Cyprien : Ecoutez-moi comme voſtre frere , ſi
vous conſiderez mon emploi , & comme voſtre
pere , ſi vous avez égard à ma vieilleſſe ; je vous
conduirai depuis le berceau juſqu'à un âge parfait , & donnerai des leçons aux autres , en vous
enſeignant à bien vivre. Je ſçai que le grand
Evêque Heliodore voſtre oncle vous a apris , &
vous aprend tous les jours les loix de la ſainteté , & que ſa vie vous tient lieu d'un modelle de
toutes les vertus ; neanmoins recevez de bonne
part cet ouvrage de quelque maniere qu'il ſoit ,
& l'ajoûtez à ſon livre , afin que s'il vous a
P

enſeigné à eſtre bon Solitaire, je vous montre à eſtre un parfait Eccleſiaſtique.

D'abord il faut qu'un Clerc qui s'eſt conſacré au ſervice de l'Eglice ſçache l'ethimologie de ſon nom, afin qu'en connoiſſant la dignité il tâche d'y répondre par ſa vie. Le mot grec κλῆρος ſignifie ſort, ou partage ; le nom de Clerc en derive, parce que les Clercs ſont le partage de Dieu, ou parce que Dieu eſt leur partage : Or celui qui eſt le partage de Dieu, ou dont Dieu eſt le partage, doit ſe rendre digne de le poſſeder, ou d'en eſtre poſſedé : Dela vient que quand un homme poſſede le Seigneur, & qu'il dit avec David, *le Seigneur eſt mon partage*, il ne peut poſſeder que lui, & s'il retient quelque autre choſe en ſa poſſeſſion, le Seigneur ne peut eſtre ſon partage. Si j'ai de l'or, de l'argent, des biens, & des meubles precieux, je ne puis eſtre le partage du Sauveur ; mais ſi je veux l'eſtre veritablement, je ne ſerai point du nombre des autres tribus ; je vivrai des dixmes en Prêtre & en Levite, ſervant à l'Autel je recevrai les offrandes qui y ſeront preſentées, je me contenterai d'avoir de quoi me vétir, & de quoi me nourrir, & je me dépoüillerai de tout pour ſuivre JESUS-CHRIST attaché nud à la Croix. Croyez donc, & c'eſt un avis que je vous donnerai ſouvent ; croiez, dis-je qu'il n'eſt pas de la condition d'un Clerc, comme de celle des anciens Soldats ; c'eſt à dire, qu'on ne doit pas chercher ſon intereſt ſous les étendarts du Fils de Dieu, & qu'on ne doit pas devenir plus riche qu'on eſtoit quand on a commencé à les ſuivre. On void des Solitaires plus opulens dans le deſert qu'ils n'eſtoient dans le monde : On void

des Clercs qui ont embrassé la pauvreté de Jesus-Christ, & qui cependant ont plus de
richesses que quand ils vivoient dans le siecle
sous les loix du demon. De sorte que l'Eglise en
soûpirant regarde dans l'abondance des gens que
le Monde voyoit dans la mendicité. Que vostre
table soit frugale, & que les Pauvres & les Pelerins y trouvent place en la compagnie de Jesus-
Christ. Fuyez comme un pestiféré un Ecclesiastique qui se mêle d'affaires, qui de gueux est
devenu riche, & qui fait le vain, quoi qu'il
soit sans naissance. Les mauvais entretiens cor-
rompent les bonnes mœurs; si vous méprisez
l'or & les richesses, un autre les aimera; si le silence & la retraite vous plaisent, le bruit, l'embarras, & les assemblées publiques plairont à un
autre; quelle union peut-on attendre de cette
grande diversité d'humeurs? Que les femmes viennent peu chez vous, ou s'il se peut faire, point
du tout, ne connoissez aucunes filles, ou si vous
en connoissez quelques-unes, aimez-les toutes
également. Ne demeurez point avec elles dans la
même maison, vous fiant à une vertu qui a déja
esté mise à l'épreuve, car vous n'estes pas plus
saint que David, plus fort que Samson, ni plus
sage que Salomon. Souvenez-vous qu'une femme fut cause qu'Adam fut chassé du Paradis terrestre. Si vous tombez malade, faites-vous assister
par quelqu'un de vos freres, par vostre sœur, vôtre mere, ou quelqu'autre femme dont la vertu
& la probité soient connuës, si vous estes éloigné
de vostre famille, ou que vous n'y trouviez pas
une personne telle que je la dépeins, servez-
vous de quelqu'une de ces vieilles femmes que
les Eglises nourrissent: elle sera bien aise de ga-

gner quelque chose en vous servant, & voftre
maladie vous fera naître l'occasion de faire l'aumône : J'en connois plusieurs qui se guerissant
d'une infirmité corporelle sont tombez dans une
maladie d'esprit ; en un mot celle que l'on considere avec trop d'attache, vous expose au danger en vous servant. Si vôtre devoir vous oblige
à rendre visite à une veuve, ou à une fille,
n'entrez point chez elle seul, & que la compagnie de celui qui vous y suivra ne vous donne
point de confusion. S'il est Acolyte, Lecteur,
ou Chantre, qu'il soit plus paré de ses vertus,
que de ses habits, que ses cheveux ne soient
point frisez, enfin que l'exterieur fasse connoître la pureté du dedans. Ne parlez jamais seul à
une femme seule, si vous avez quelque chose de
particulier à lui dire, il y aura chez elle une fille,
une veuve, ou une femme mariée ; car il ne seroit pas possible qu'il n'y eust que vous au monde à qui elle peut avoir de la confiance ; évitez
ce qui peut faire naître le soupçon, & prenez
garde que l'on n'invite à voftre desavantage ce
que l'on peut imaginer avec fondement, une
amitié honnête ne sçait ce que c'est que recevoir
des mouchoirs, des rubans, & des lettres galan-
tes, toucher à des viandes où une Dame aura
mordu. Si l'on rougit d'entendre dans une Comedie des termes d'amour, & s'ils sont insupor-
tables en la bouche d'une personne du monde,
comment les souffriroit-on dans la bouche d'un
Solitaire, ou d'un Ecclesiastique, dont la condition est relevée par le Sacerdoce, comme le Sacerdoce semble estre relevé par sa qualité ? Ce
n'est pas que je craigne que des personnes vertueuses telles que vous, tombent dans ces de-

fordres ; mais dans toute forte de conditions &
d'eſtats, il ſe trouve des bons & des méchans,
& la condamnation de ceux-ci ſert d'éloge aux
autres. C'eſt une choſe qu'on ne peut voir ſans
confuſion, que les Prêtres des idolâtres, les Comediens, & d'autres gens ſemblables puiſſent
eſtre inſtituez heritiers, & qu'il y ait des loix qui
défendent que les Eccleſiaſtiques & les Religieux
ne le ſoient, même ces loix n'ont pas eſté faites
par des Tyrans, mais par des Princes Chrêtiens,
& l'on ne doit point ſe plaindre de leur ſeverité,
mais de ce qu'ils ont eſté obligez de s'en ſervir ;
le remede eſt ſalutaire ; neanmoins pourquoi ai-
je beſoin de ce remede, & ſuis-je devenu malade ?
Ces loix ſont aſſez rigides, & ont eſté établies ſa-
gement : cependant elles ne remedient point à
l'avarice ; on y contrevient par le moyen des fi-
dei-commis ; car on redoute moins L'Evangile que
les Ordonnances de l'Empereur, comme ſi elles
eſtoient au deſſus. La gloire d'un Evêque conſiſte à pourvoir à la neceſſité des Pauvres, & un
Prêtre ſe rend infame en travaillant à devenir
riche. Moi qui ſuis né dans une chaumiere, &
qui à peine avois du pain pour aſſouvir ma faim,
je ſuis aujourd'huy dégoûté des mets les plus
delicieux, je ſçai les noms & les eſpeces differentes des poiſſons exquis, en quelle mer ſe pêchent les bonnes huîtres ; Au gouſt du gibier, je
connois d'où il vient, je ne l'aime qu'à la nouveauté, & je m'en prive quelquefois pour le
trouver enſuite plus agreable. Il court auſſi un
bruit qu'il y en a quelques-uns qui s'attachent à
des Vieillards ſans enfans, auprés de qui ils
font des baſſeſſes inoüies, ils aſſiegent leur lit,
ils leur preparent du linge, ils tremblent à l'ar-

rivée du Medecin, & s'informant si le malade
est mieux, s'ils aprennent qu'il y a quelque
amendement, ils feignent d'en estre bien-aises,
quoi que l'avarice les consume en secret, &
qu'ils disent que le Vieillard est un autre Ma-
thusalem. Certes, ils auroient plus de recompense de tant de services en l'autre monde, s'ils
n'en attendoient point en celui-ci. Avec quels
soins achettent-ils une petite succession ; la pierre
precieuse du Sauveur se peut acquerir avec beaucoup moins de peine. Lisez souvent l'Ecriture
sainte, ou pour mieux dire, ayez-la toûjours entre les mains : Apprenez pour instruire, puisez-
y un discours fidelle & conforme à ses maximes,
afin d'enseigner une doctrine orthodoxe, & de
confondre ceux qui seront d'un sentiment contraire : Soyez attaché à ce que vous avez apris,
& à ce qui vous a esté confié, vous souvenant
du Maître qui vous a instruit, & estant prest à répondre à celui qui vous interrogera de l'esperance & de la foy qui est en vous. Que vos
actions soient conformes à vos paroles, & quand
vous parlerez dans l'Eglise, que l'on ne dise
point en soi-même, que ne pratique-t'il ce qu'il
enseigne ? on écouteroit peu celui qui après
avoir bien dîné enseigneroit à jeûner, un larron
même blâme l'avarice. La bouche, les mains, &
l'esprit d'un Prêtre doivent agir ensemble de concert : Soyez soûmis à vôtre Evêque, & le regardez comme le pere de vôtre ame. C'est le propre
des enfans d'aimer, & des esclaves de craindre ;
Si je suis vostre Pere, dit Dieu, où est le respect qui
m'est dû ? Si je suis vostre Seigneur, pourquoi ne
me craignez-vous point ? D'ailleurs outre la dignité
d'Evêque, vous devez encore considerer dans le

vôtre un Solitaire, & un oncle qui vous a montré à pratiquer tout ce qui eſt ſaint : J'avertis auſſi les Evêques de ne pas oublier qu'ils ſont plûtoſt Prêtres que Seigneurs, & qu'ils doivent honorer les Eccleſiaſtiques comme des Eccleſiaſtiques, afin que ceux-ci les reſpectent comme des Evêques. On ſçait quelle fut la réponſe du Senateur Domitius : Pourquoi, dit-il, vous traiterai-je comme un Empereur, puiſque vous ne me traitez pas comme un Senateur ? En un mot, un Evêque & les Prêtres ſont aujourd'hui ce qu'eſtoient autrefois Aaron & ſes enfans. Puiſqu'il n'y a qu'un Dieu & qu'une Egliſe ; il ne doit y avoir qu'une ſorte de Miniſtres. Souvenez-vous toûjours de ce que ſaint Pierre commande aux Prêtres ; *Gouvernez*, dit-il, *le Troupeau de Dieu qui vous a eſté commis, veillant ſur ſa conduite, non par une neceſſité forcée, mais par une affection toute volontaire ; non par un honteux deſir du gain, mais par une charité deſ-intereſſée ; non en dominant ſur l'heritage du Seigneur, mais en vous rendant les modelles du troupeau du fond du cœur, & lors que le Prince des Paſteurs paroîtra, vous remporterez une couronne de gloire qui ne flétrira jamais.* Il s'eſt établi une tres-mauvaiſe coûtume en de certaines Egliſes, où les Prêtres ne parlent point devant les Evêques, comme ſi ceux-ci eſtoient jaloux de leur vertu, ou qu'ils ne vouluſſent pas les entendre ; *S'il a eſté revelé quelque choſe à un de ceux qui ſont aſſis aux dernieres places,* dit ſaint Paul, *que celui qui eſt aſſis au deſſus de lui ſe taiſe ; car chacun peut prophetiſer, afin que tout le monde ſoit inſtruit, & reçoive de la conſolation : l'eſprit des Prophetes eſt ſoûmis aux Prophetes mêmes : & le Seigneur eſt*

un Dieu de paix, & non de division. Au reste
comme un sage fils est la gloire de son pere, un
Evêque peut se réjoüir d'avoir choisi des Prêtres
dignes de leur condition. Quand vous prêcherez,
que l'Eglise retentisse plûtost de gemissemens
que d'applaudissemens ; car les larmes des Auditeurs sont le veritable éloge du Predicateur.
Le discours d'un Prêtre doit estre rempli de passages de l'Ecriture sainte : Et vous ne devez point
parler en Declamateur qui n'a que des paroles,
mais en homme consommé dans les mysteres de
la religion. C'est le propre d'un ignorant de dis-
courir beaucoup, & de se faire admirer d'une
populace grossiere par un torrent de mots. Un
effronté se mêle souvent d'enseigner ce qu'il
ignore, & quand il a persuadé aux autres qu'il est
sçavant, il se le persuade à lui-même. Je demandai un jour à Gregoire de Nazianze, qui
estoit mon maître, ce que vouloit dire S. Luc
par ses paroles, *une feste seconde premiere.* Je
vous l'apprendrai à l'Eglise, me repliqua-t'il en
se raillant : Et parmi les aclamations de tout le
monde, si vous demeurez seul dans le silence,
au moins vous passerez seul pour un ignorant. Il
est tres-aisé de surprendre par une facilité de
langage un peuple simple qui admire ce qu'il
n'entend point. Voyez dans le Plaidoyé de la
Cause de Quintus Gallius quel est le sentiment
de Ciceron, touchant le Peuple & les Orateurs
ignorans ; & pour vous dire ce que j'ai vû moi-
même depuis peu, un certain Poëte ayant fait
parler dans un Dialogue Euripide & Menandre,
Socrate & Epicure, quoi qu'il y ait plus de cent
ans de distance d'Euripide à Menandre, & de
Socrate à Epicure, fut neanmoins applaudi par

toute l'affemblée ; car il avoit fur le Theatre des
Partifans auffi ignorans que lui. N'affectez point
dans vos habits une couleur plus qu'une autre,
ni une extréme propreté plus qu'une negligence
étudiée ; car l'une approche du luxe, & l'autre
de la vanité : Il n'eft point loüable de ne fe fervir
point de linge, mais on merite beaucoup en ne
gardant point dans un coffre de quoi en avoir.
En effet, il feroit honteux, & même ridicule, de
faire gloire de n'avoir point de mouchoir, &
d'avoir une bourfe pleine d'argent : Il y en a qui
affiftent un peu les Pauvres, afin de fe faire rendre au double ce qu'ils donnent, & devenir riches fous pretexte qu'ils font quelques aumônes ;
cela s'appelle plûtoft une tromperie qu'une charité ; car c'eft ainfi que les Chaffeurs prennent
les oyfeaux & les autres beftes à l'hameçon.
L'Evêque doit donc connoître celui qu'il charge
du foin des Pauvres, & de l'œconomat de leur
revenu : Pour moi j'aimerois mieux n'avoir point
de quoi donner, que demander effrontement
ce que j'ai envie de garder. Tout le monde n'eft
pas capable de tout, à la fois ; celui-ci dans l'E-
glife eft un œil, celui-là une langue, cet autre
une main, & fon voifin un pied ; & vous pouvez
voir dans l'Epître que S. Paul a écrite aux Corinthiens, de quelle maniere toutes ces parties differentes ne compofent qu'un corps. Un Chrêtien
qui fera fimple & ignorant ne doit pas s'eftimer
Saint, parce qu'il ne fçait rien, ni un autre qui
fera habile, faire confifter la fainteté dans l'éloquence ; feulement je prefererois une ignorance
innocente à une éloquence criminelle. Plufieurs
bâtiffent de marbre des Eglifes, dont les lambris
font dorez, & les Autels enrichis de diamans,

fans fe mettre en peine de choifir les Prêtres.
qui y doivent fervir. Qu'on ne m'objecte pas.
ce Temple fameux de Judée, dont la table, les.
lanternes, les encenfoirs, & les vafes eftoient
d'or ; ces richeffes plaifoient à Dieu dans un.
temps où l'on immoloit des victimes, & où le
fang des beftes eftoit le prix de la redemption
des pechez ; Et d'ailleurs ces chofes eftoient des
figures, & elles ont efté écrites pour ceux qui
font venus à la fin des fiecles : Mais aujour-
d'huy que le Sauveur a fanctifié la Pauvreté de
fa maifon par la pauvreté de fa vie ; ayons toûjours les yeux fur la Croix, & regardons les richeffes comme de la boüe. Pourquoi rechercher
ce que JESUS-CHRIST appelle trefor d'iniquité,
& aimer ce que faint Pierre fait gloire de ne
point poffeder ? D'ailleurs, fi nous jugeons de
la chofe par l'écorce, & que prenant feulement
le fens litteral de l'hiftoire nous nous arrêtions.
aux richeffes ; pourquoi ne point s'arrêter auffi
aux autres ceremonies ? Qu'un Evêque époufe
une Vierge, qu'on rejette du Sacerdoce un homme de bon fens qu'une cicatrice rendra difforme ;
que l'on ait moins d'égard aux vertus de l'ame
qu'à la beauté du corps. Engendrons & rem-
pliffons la terre d'enfans fans immoler l'Agneau,
ou celebrer la Pafque, parce que la loy défend
de le faire hors du Temple de Jerufalem. En un
mot, faifons publier au fon des trompettes le
jeûne univerfel du feptiéme mois, & la fefte
des Tabernacles : Cependant fi nous donnons à
ces chofes le fens qui leur eft dû, & que nous
difions comme David, *Seigneur ouvrez-moi les*
yeux, afin que je contemple les merveilles de voftre
loy ; nous en jugerons comme le Seigneur en à

lui-même jugé. Rejettons donc l'or des Juifs
comme leurs autres ceremonies, ou si nous le
recevons, soyons de leur party ; car nous ne
pouvons aprouver leurs richesses & les condamner. Evitez de donner à manger aux Seculiers, & particulierement à ceux qui sont élevez
aux charges : Il seroit honteux qu'un Intendant
de Province fût regalé plus somptueusement à
voître table que dans un Palais, & que l'on vît
les Gardes & les Officiers d'un Magistrat à la
porte d'un serviteur de Jesus crucifié. Vous direz peut-estre que vous faites cette dépense afin
d'acquerir du credit & pour pouvoir solliciter
pour les Opprimez ; mais un Juge écoutera plûtost un Prêtre qui cherira la pauvreté, que celui qui vivra dans l'opulence : il aura plus de
respect pour voître sainteté que d'estime pour
vos richesses : ou s'il est d'humeur à ne point
entendre un Ecclesiastique qu'à la table, & dans
la bonne chere, ne vous adressez point à lui,
priez Jesus-Christ en sa place, vous en serez
plûtost secouru que de ce Magistrat interessé.
Il vaut mieux se confier au Sauveur que mettre son Psal. 117.
esperance en l'homme, & il vaut mieux attendre du
secours de Dieu qu'en esperer des Grands de la terre.
Voître halene ne sentira jamais le vin, de peur
qu'on ne vous dise comme à ce Philosophe, Ce
n'est pas là baiser, mais donner à boire : Saint
Paul condamne les Prêtres qui aiment le vin, &
l'ancienne loy les rejettoit ; *Que ceux qui servent*
à l'Autel, dit-elle, *ne boivent point de vin, ni d'au-*
tre liqueur qui puisse enyvrer. Le texte Hebreu se
sert de *sicera,* qui signifie liqueur qui enyvre,
soit qu'elle soit faite de bled, de pommes, de
miel ou de dates ; car ce qui peut alterer la raison

est autant à apprehender que le vin : Ce n'est pas que je défende absolument l'usage de ce que Dieu a creé ; JESUS-CHRIST même en a bû, & on permet à Timothée d'en boire lors. qu'il est malade : mais je voudrois qu'on en usât avec moderation, & que l'on considerât son âge, sa santé, & son temperament. En effet si mon sang est échauffé, & si je me porte bien sans boire de vin, pourquoi m'empoisonner de ce breuvage? Que vos abstinences soient proportionnées à vos forces ; Qu'elles soient simples, moderées & sans superstition. Pourquoi ne manger point d'huile & chercher avec beaucoup de difficulté d'autres ragoûts? Pourquoi mettre les jardins à la gêne pour ne point manger du pain ordinaire? On dit même qu'il y en a quelques-uns qui ne boivent point d'eau, qui ne mangent point de pain, & qui se servent de breuvages delicieux & artificiels, qu'ils prennent, non pas dans une tasse ou dans un verre ordinaire, mais dans une coquille. Ne sont-ils point honteux de ces sottises & de ces superstitions, & veulent-ils encore passer pour des gens sobres au milieu de ces delices? Le veritable jeûne consiste dans le pain & dans l'eau ; mais parce qu'il n'y a point de gloire à acquerir dans une maniere de jeûner que tout le monde pratique, on la rejette. Ne cherchez point à faire parler de vous avantageusement, *Si je plaisois encore aux hommes,* dit saint Paul, *je ne serois pas serviteur de* JESUS-CHRIST: Vous voyez que ce grand Apôtre cessa de plaire aux hommes pour être serviteur de JESUS-CHRIST: Le soldat qui suit ses étendarts marche parmi la bonne & la mauvaise reputation, combatant à droit & à gauche ; les loüanges &

Gal. 1.

les richeffes ne le rendent point fier, le mépris ni la pauvreté ne l'abatent point, les bonnes & les mauvaifes nouvelles lui font égales, le Soleil ne le brûle point pendant le jour, & il n'eſt point incommodé de la Lune pendant la nuit. Je vous défends auſſi de prier Dieu au coin des ruës, de peur que le peuple en cauſant, n'empêche par ſon haleine vos prieres d'aller droit au Ciel. Je ne veux point, non plus, que par une affectation de Phariſien vous faſſiez voir vos habits; il vaut mieux avoir du zele dans le cœur, qu'en porter les marques au dehors, & Dieu en doit plûtoſt eſtre le témoin que les hommes. Delà dépend la pratique de ce qui eſt commandé dans l'Evangile & dans l'ancienne loy, où il eſt dit qu'il vaut mieux avoir toutes ces choſes dans le cœur que ſur le corps. Au reſte, en liſant cette lettre vous découvrirez aiſément ce que je paſſe ſous ſilence, & ce ſilence vous apprendra aſſez ce que je veux que vous ſçachiez; Faites-vous à vous-même autant de loix qu'il y a d'occaſions où vous pouvez eſtre attaqué de la vaine gloire. Voulez-vous ſçavoir ce que Dieu vous demande? Ayez de la prudence, de la juſtice, de la temperance, & de la force. C'eſt par là que vous arriverez au Ciel, il n'eſt rien de plus precieux que ce collier, ni rien de plus beau que ces perles; outre qu'elles vous pareront de toutes parts, elles ſe changeront en un bouclier qui vous mettra à couvert. Contenez auſſi vos oreilles & voſtre langue, c'eſt à dire, ne médites point des autres, & n'écoutez point les autres médire *Vous avez parlé eſtant aſſis contre voſtre frere, & vous avez deshonoré le fils de voſtre mere*, dit David; *Vous avez fait*

toutes ces chofes, & je me fuis tenu dans le filence ;
vous avez crû que je vous reffemblerois , mais je
vous accuferai & vous ferai paroître devant vos
yeux tel que vous eftes : Ne foiez donc point médifant : Prenez garde à ce que vous direz, &
fçachez que voftre confcience vous accufe de ce
que vous reprenez dans les autres , & que l'on
vous trouvera coupable des crimes que vous
leur impofez. Ne pretendez point vous excufer ,
en difant que vous ne parlez qu'aprés un autre ,
car rarement on raconte ce qu'on n'a pas efté
bien-aife de fçavoir. On ne lance point une fléche contre une pierre , où elle rejallit contre
celui qui l'a lancée. Qu'un médifant apprenne à
fe taire , en voyant que vous ne l'écoutez pas
volontiers ; *Ne vous mettez point parmi les médi-*
fans , dit Salomon ; *car leur perte arrivera tout*
d'un coup ; & qui fçait fi les uns & les autres n'y
feront point envelopez ? c'eft à dire ceux qui médifent & ceux qui les écoutent. Enfin voftre devoir confifte à vifiter les malades ; à fçavoir où
demeurent les Dames vertueufes ; à connoître
leurs enfans, & à garder fidelement les fecrets
qui vous feront confiez par les gens de qualité.
Voftre devoir confifte à avoir , non feulement de
la chafteté dans les yeux , mais encore dans la
langue : Ne parlez donc jamais de la beauté
d'une femme : Et que par voftre moyen on ne
fçache point en une maifon ce qui fe fait dans
une autre. Hypocrate , avant que de recevoir
un Ecolier, l'engageoit par un ferment à garder
le filence , & lui prefcrivoit une maniere de
marcher, de s'habiller , & de vivre. Aprés cela
devons-nous pas avoir autant de foin de la
maifon des Chrétiens que des noftres , nous qui

ſommes prepoſez à la conduite des ames ? Et
ne devons-nous pas plûtoſt les aller viſiter pendant leur affliction, que chercher une place en
leurs feſtins lors qu'ils ſont en proſperité ? On
mépriſe aiſément un Eccleſiaſtique qu'on invite
ſouvent à manger, & qui y vient toûjours. Ne
demandez jamais rien, & recevez rarement ce
qu'on vous priera de prendre ; car il y a plus de
gloire à donner qu'à recevoir. Celui qui vous
offre un preſent a moins d'eſtime pour vous
quand vous l'avez pris, & au contraire, ſi vous
ne l'avez point pris, il en a davantage de veneration pour vous. Que celui qui doit enſeigner la
continence, ne ſe mêle point de faire des mariages. Un homme qui a lû ces paroles de ſaint
Paul, *Que ceux qui ſont mariez ſe comportent com-*
me s'ils ne l'eſtoient point, doit-il obliger une fille
à ſe marier ? Comment un Prêtre qui n'a pû
eſtre marié qu'une fois, peut-il parler à une
veuve de paſſer en de ſeconde nôces ? Ceux à
qui il eſt ordonné d'abandonner leurs richeſſes
particulieres, ne doivent point ſe charger de
l'œconomat des maiſons, & des fermes des autres. Comme c'eſt un crime que voler ſon amy,
c'eſt une ſacrilege qu'ôter à l'Egliſe quelque
choſe qui lui appartient. Partager avec trop de
lenteur ou de precaution ce qu'on a receu pour
diſtribuer aux pauvres, ou en retenir une partie
eſt une cruauté dont les Meurtriers ne ſont point
capables. Je meurs de faim, & vous voulez
preſcrire ce qui ſuffira à me raſſaſier. Donnez
ſur le champ ce qui vous a eſté confié ; ou ſi cela
vous fait de la peine, rendez-le à celui de qui
vous le tenez, afin qu'il le diſtribuë lui-même.
Je ne veux point que vous vous enrichiſſiez à

mes dépens, perſonne ne gardera mieux que
moi ce qui m'appartient. C'eſt ainſi, mon cher
Nepotien, qu'aprés dix ans de ſejour à Bethléem,
& qu'aprés avoir vû déchirer par la médiſance
le livre de la virginité que j'avois écrit à Rome
pour Euſtoche, vous m'avez encore obligé à
parler, & à m'expoſer à la cenſure de mes Ennemis qui m'attaquent de toutes parts.

A RUSTIQUE.

Il lui enſeigne comment doit vivre
un Solitaire.

LETTRE XII.

IL n'y a rien de plus heureux qu'un Chrêtien
à qui le Ciel a eſté promis ; rien de plus expoſé aux fatigues, ſa vie eſtant tous les jours en-
danger ; rien de plus fort, parce qu'il ſurmonte
le diable, & rien enfin de plus foible, parce qu'il
ſe laiſſe vaincre à la chair. Il eſt une infinité
d'exemples de tout cela. Un larron a de la foi
ſur la croix, & on lui parle de la ſorte, *Je te dis*
en verité que tu ſeras aujourd'hui dans le Para-
dis avec moi. De la grandeur de l'Apoſtolat
Judas tomba dans la perfidie & la trahiſon. Et
le banquet où il eut l'honneur d'aſſiſter, ni le
baiſer qu'il receut, ne pûrent l'empêcher de livrer
comme un homme celui qu'il connoiſſoit bien
pour le Fils de Dieu ; Il n'eſtoit rien de moins
conſiderable que la Samaritaine, & neanmoins
non ſeulement elle eut de la foi, & comme au

bord

bord d'une fontaine le Sauveur que le peuple ne connoissoit point dans la Synagogue ; mais encore elle fut cause du salut de plusieurs autres, & eut le bonheur de faire reposer JESUS-CHRIST qui estoit las, & de lui donner à manger pendant que ses Apôtres estoient au marché. Il n'étoit rien de plus sage que Salomon : cependant il se laissa seduire par les femmes. Le Sel est excellent, l'on s'en servoit dans les sacrifices, & saint Paul commande que tous nos discours en soient assaisonnez : Toutesfois s'il vient à se gâter il n'est plus propre à rien. J'ai commencé par là ce discours, Mon cher enfant, pour vous avertir d'abord de la grandeur de vôtre entreprise, & de la gloire que vous en devez attendre. Vous triomphez des plaisirs que vous pouviez goûter dans la jeunesse où vous estes ? mais le chemin que vous tenez est glissant, & il semble qu'il y auroit plus de honte à le quitter, que de gloire à continuer à le suivre. Je ne vous entretiendrai point ici de la beauté des vertus : Seulement je parlerai à vous comme un Pilote experimenté dans les naufrages qui instruit un jeune Voyageur. Je vous apprendrai quelles mers courent les Pyrates de la pudicité ; ce que c'est que l'avarice cette Caribde, & cette source de tous les maux, où sont ces monstres & ces chiens qui déchirent la reputation : Et comment enfin on se perd contre des écüeils au milieu de la bonace. Croyez que ceux qui navigent sur la mer rouge, où il faut que le veritable Pharaon soit submergé avec son armée, n'arrivent au Port qu'aprés avoir essuyé une infinité de perils. Des Nations barbares, ou plûtost des Bêtes feroces habitent sur les costes : Tout y est plein de ro-

Q

chers cachez : De forte qu'il faut avoir fans
ceffe les armes à la main , & qu'il y ait une
fentinelle attentive au haut du maft qui donne
les avis neceffaires à la conduite du vaiffeau.
C'eft voyager heureufement quand aprés fix
mois de navigation on arrive au Port dont je
viens de vous parler , & d'où l'on commence à
découvrir la mer , par laquelle à peine en une
année on arrive dans les Indes. A quoi bon cela,
me direz-vous ? Il eft aifé de vous en rendre
raifon. Si les Marchands du fiecle vont fi loin ,
& courent tant de perils pour trouver des trefors periffables , & qu'ils ne confervent qu'en
mettant leur falut dans un danger évident ; Que
doit faire un Marchand de JESUS-CHRIST,
qui vend tout ce qu'il a pour acheter une perle
de grand prix , & un champ où il a trouvé un
trefor que les Larrons ne peuvent lui enlever ?
J'offenferai fans doute une infinité de gens qui
prennent pour eux tout ce qu'on écrit contre
le vice en general ; mais leur colere fera le témoin de leur confcience , & j'en ai meilleure
opinion qu'ils n'en ont eux-mêmes : Neanmoins je ne nommerai perfonne , & je ne m'at-
tacheri à aucun en particulier, comme il fe faifoit dans les anciennes Comedies. Les gens bien
avifez feignent d'ignorer ce qu'on leur reproche,
ils s'en corrigent , & fe fâchent plûtoft contre
eux-mêmes , que contre l'Ecrivain. En effet,
quoi que cét Ecrivain ait les défauts dont il les
accufe, il a cét avantage fur eux qu'il en a de l'horreur en fa propre perfonne. J'ai appris que vous
aviez une mere vertueufe qui eft veuve depuis
long-temps , & qui vous a nourri & élevé avec
beaucoup de foin pendant vôtre enfance. Aprés

vous avoir fait étudier en France, où les Aca-
demies sont tres-florissantes, elle vous a envoyé
à Rome, supportant vôtre absence par l'esperance
de la consolation que vous lui donnez aujour-
d'hui. Là elle n'a rien épargné pour vous faire
joindre la majesté de l'éloquence Romaine à la
politesse, & à l'abondance de celle de France, &
elle a crû qu'il faloit plûtost apporter de la moderation à vôtre naturel que l'exciter, & en cela elle
vous a fait imiter les plus grands Hommes de la
Grece qui corrigeoient à Athenes le langage enflé
qu'ils avoient apris en Asie. Vous devez donc la
considerer comme vôtre Mere, la cherir comme
vôtre Nourrisse, & la respecter comme une
femme vertueuse. C'est pourquoi ne suivez pas
l'exemple de ceux qui abandonnent leur Mere
pour s'attacher à celle des autres, & qui sous le
nom de pieté entretiennent un commerce qui
n'est point exempt de soupçon. Même j'ai connu des femmes déja assez avancées en âge, qui
d'abord se plaisoient en la compagnie de jeunes
hommes de basse condition, qu'elles appelloient leurs fils spirituels, & ensuite mettant bas
le nom simulé de Mere avec toute sorte de honte, elles se faisoient des Maris de ces enfans.
Quelques-uns preferent des veuves d'une famille étrangere à des Vierges qui sont leurs propres
sœurs. Il se trouve aussi des femmes qui ont une
forte aversion pour leurs parens, & dont l'emportement inexcusable rompt comme une toile
d'araignée ce qui peut mettre leur honneur à
couvert. Mais que direz-vous de ceux qui avec
un visage maigre, une longue barbe, & un habit
pesant & grossier sont unis si étroitement à des
Femmes, qu'ils demeurent dans la même maison,

se trouvent avec elles à des festins, ont de jeunes servantes, & vivent comme en un mariage,
excepté que ce commerce n'en a point le nom :
Quoi que des personnes qui paroissent vertueuses commettent bien souvent ces fautes, on ne
doit point neanmoins les imputer au Christianisme. Au contraire elles couvrent de confusion les
idolâtres qui voyent que toutes les Eglises desa-
prouvent ce qui est condamné par les gens de
bien. Pour vous, Mon cher enfant, si vous ne
vous contentez pas de paroître Solitaire, & que
vous vouliez l'estre effectivement ; Ayez soin de
vôtre ame, & ne songez plus à des richesses, à
qui vous avez dû renoncer en embrassant le parti où vous estes. Que la pauvreté de vos habits
soit une marque de l'excellence de vôtre cœur.
Montrez par un méchant manteau le mépris que
vous faites du monde, mais n'en tirez pas de
vanité, & que vos discours s'accordent avec vôtre habit : que celui qui éteint les ardeurs du
corps par des jeûnes & des abstinences, ne cherche point les rafraîchissement du bain. Vos jeûnes doivent estre moderez, de peur qu'ils ne
soient prejudiciables à vôtre santé, en devenant
excessifs. Voyez vôtre Mere, mais de telle sorte qu'elle ne vous oblige point à voir d'autres
femmes, dont les images vous demeurent dans
l'esprit : Croyez que ses servantes vous preparent
des embuscades ; car elles succombent d'autant
plus aisément que leur condition est plus abjecte.
Saint Jean Baptiste estoit fils d'un Grand-Prêtre,
& d'une Mere tres-vertueuse : cependant ni la
tendresse de celle-ci, ni les richesses de celui-là
ne purent l'engager à demeurer dans leur maison, où sa chasteté estoit en danger. Il se retira

dans le defert, où fes yeux n'avoient point d'autre objet que celui dont il eſtoit le Precurſeur.
Il y portoit un habit groſſier & rude qu'il cci-
gnoit d'une peau de beſte ; & vivoit de miel ſau-
vage , & d'autres choſes propres à entretenir la
continence. Les Enfans des Prophetes qui ſont
appellez Solitaires dans l'ancien Teſtament quit-
toient l'embarras des Villes , & ſe bâtiſſoient des
cabanes ſur le rivage du Jourdain, où ils ſe nour-
riſſoient d'herbes ſauvages. Pendant que vous
demeurerez en vôtre païs, regardez vôtre cellule comme le Paradis, & y cüeillez les fruits divers de l'Ecriture-ſainte. Arrachez vous l'œil,
coupez-vous le pied ou la main, ſi vous en eſtes
ſcandalizé ; ne pardonnez à rien pour mettre
vôtre ame en ſeureté ? *Celuy qui voit une femme , & la deſire,* dit le Sauveur, *en a déja abuſé
dans ſon cœur.* Aprés cela qui peut ſe vanter d'a-
voir de la pureté dans le cœur ? Et ſi les Aſtres
même ne ſont pas purs devant Dieu ; que doit-
on croire des hommes dont la vie eſt une tentation continuelle ? Que leur condition eſt mal-
heureuſe, puiſque le crime eſt inſeparable de leurs
deſirs ! Ce vaiſſeau d'election dont le Sauveur ſe
ſervoit de la langue , gourmandoit ſon corps par
des macerations : Cependant il trouvoit toûjours
de la rebellion dans ſa chair , & elle l'obligeoit
à faire ce qu'il ne vouloit point : *Miſerable que
je ſuis ,* diſoit-il, *qui me delivrera du corps de
cette mort ?* Croirez-vous encore eſtre exempt
des chûtes & des bleſſures , ſi vous ne conſervez
vôtre cœur avec toute ſorte de ſoin, & que vous
ne diſiez avec le Sauveur , *Ceux qui font la volonté de mon Pere , ſont ma Mere & mes Freres ;*
Cette cruauté eſt pleine de tendreſſe ; & c'eſt en

donner de veritables marques à une mere que
de lui conferver fon Fils. La vôtre defire que
vous viviez fans pouvoir mourir, c'eft à dire,
qu'elle fouhaite de vous voir dans le Ciel. Anne
mit au monde Samuel, moins pour elle que pour
le fervice des Autels. On dit que les enfans de Jonadab qui ne beuvoient point d'une liqueur qui
pût enyvrer & qui vivoient fous de fimples tentes paffant la nuit où ils fe rencontroient, tomberent les premiers en efclavage, puifque l'armée des Caldéens ravageant les campagnes de
Judée, ils furent obligez de fe refugier dans les
Villes. Quel que foit le fentiment des autres, car
chacun a le fien particulier, pour moi les Villes
me paroiffent une prifon & le defert un Paradis; car pourquoi demeurer parmi le monde
quand nôtre nom nous engage à eftre folitaires ?
Moyfe demeura quarante-ans dans le defert pour
y apprendre à gouverner les Juifs, & le conducteur d'un troupeau y devint le Conducteur des
Peuples. Les Apôtres renoncerent au métier de
Pêcheur, pour gagner des Ames à Jesus-Christ,
ils quitterent pour embraffer la Croix & fuivre
le Sauveur, leurs filets, leurs nacelles, & leurs
parens, fans même qu'il leur reftaft un bafton à
la main. Je vous tiens ce langage afin que fi vous
defirez vous faire Ecclefiaftique, vous appreniez
ce que vous devrez enfeigner aux autres, que vous
offriez à Dieu une victime digne de lui, & que
vous ne foyez pas Capitaine fans avoir efté Soldat; ou Maître fans avoir efté Ecolier. Ce n'eft
point à moi à juger des Ecclefiaftiques, & je ne
puis avoir de mauvais fentimens des Miniftres
de l'Eglife. C'eft pourquoi qu'ils y tiennent leur
rang, & fi vous voulez en augmenter le nombre,

vous en apprendrez le devoir dans une lettre que j'ai écrite à Nepotien. Je parlerai ici des commencemens & de la conduite d'un jeune Solitaire, & particulierement de celui qui s'est soûmis au joug de JESUS-CHRIST, aprés avoir consommé sa jeunesse dans l'étude des bonnes lettres.

D'abord examinons si vous devez vivre seul, ou en la compagnie des autres. Je trouverois à propos que vous demeurassiez avec les autres, que vous ne vous servissiez point de Maître à vous-même, & que vous ne vous engageassiez point sans un guide, en un chemin par où vous n'avez jamais passé. En effet, vous pouriez vous égarer en prenant une route pour une autre, aller trop viste ou trop lentement ; & enfin vous lasser ou vous endormir. La vanité se glisse aisément dans l'esprit d'un Solitaire : S'il fait quelque abstinence, ou qu'il soit quelque temps sans voir personne, il ne se connoist plus lui-même ; il oublie d'où il vient, & ce qui l'amene ; son cœur s'emporte au dedans, & sa langue au dehors, il juge des serviteurs des autres, au prejudice de ce qui est commandé par l'Apôtre ; il suit les mouvemens de sa gourmandise, il dort autant qu'il lui plaist, il ne craint rien, il tient les autres au dessous de lui, on le trouve moins dans sa cellule que dans les Villes, & il affecte une modestie étudiée parmi ses Freres, quoi qu'il ayme la foule & l'embarras du monde. Mais pourquoi blâmer les Solitaires ? Je les ay toûjours trop loüez, pour les blâmer aujourd'hui : j'ai dessein de les instruire de telle sorte que les premiers jours du desert ne les épouvantent point, qu'ils se fassent connoître par de longues conversations, qu'ils se croyent les derniers de

tous, pour devenir les premiers ; que la pauvreté ou l'abondance ne les abate point, que l'on
voye leur vertu dans leurs habits, sur leur visage,
& dans leurs connoissances ; & qu'enfin à l'e-
xemple de quelques impertinens, ils n'inventent
point des combats avec des demons imaginaires
pour se faire admirer du Peuple , & en attraper
l'argent. Depuis peu nous avons vû les larmes
aux yeux, les richesses immenses qu'un certain
personnage a laissées dans sa famille,& qu'il avoit
amassées pour les pauvres ; alors le fer qui estoit
au fond a nagé sur l'eau,& l'amertume de la myr-
rhe a paru parmi les palmes : Pour moi je n'en
ai point esté surpris : Car cet homme estoit disciple d'un Maistre qui s'estoit enrichi de ce qui lui
avoit esté confié pour la subsistance des miserables ; mais leurs cris arrivant enfin au Ciel, sur-
monterent la patience de Dieu , & il envoya son
Ange Exterminateur , qui lui dit comme à un
autre Nabal :*Tu mourras cette nuit, insensé, & à
qui appartiendra ce que tu as amassé ?* Je ne veux
point donc que vous demeuriez avec vôtre Mere;
tant à cause de ce que je vous ai déja dit , que
parce que vous la fâcheriez en refusant un morceau delicat qu'elle vous presenteroit, ou que
vous mettriez de l'huile dans le feu en le recevant. D'ailleurs estant parmi des femmes , vous
pouriez penser la nuit à ce que vous auriez vû le
jour. Ayez toûjours un livre entre les mains ;
apprenez par cœur le Psautier, priez sans cesse :
Tenez toûjours vos sens en action, de peur que
de mauvaises pensées ne s'en emparent; surmontez la colere par la patience ; soyez attaché
à l'étude de l'Ecriture sainte, & les plaisirs des-
honnêtes ne feront point d'impression sur vôtre

esprit : En un mot, que vôtre ame ne sait point
ouverte aux passions ; car si elles y entrent une-
fois, elles y deviendront souveraines, & y cau-
seront un desordre surprenant. Travaillez à quelque ouvrage, de peur que le diable ne vous surprenne oysif. Si ceux qui pouvoient vivre de l'A-
postolat & de l'Evangile travailloient de leurs
mains, pour n'estre à charge à personne, & pour
assister ceux dont ils devoient attendre du secours;pourquoi ne travaillerez-vous point vous-
même à ce qui vous est necessaire? Faites des na-
tes de jonc, ou des corbeilles d'ozier ; sarclez le
jardin, faites-y des parterres ; & quand vous y
aurez semé des legumes,arrosez- les, ou les trans-
plantez pour avoir le plaisir d'en considerer les
rangs : greffez des arbres, & peu de temps après
vous recüeillerez le fruit de vos peines; faites des
ruches d'abeilles, & apprenez de la police de ces
petits animaux à regler une communauté; travaillez à des filets de Pescheur, transcrivez des livres, & cherchant ainsi la nourriture du corps,
donnez en même-temps à vôtre ame la sienne.
C'est une coûtume établie dans les Monasteres
d'Egypte, de ne recevoir personne qui ne sçache
travailler, & cela se pratique moins, afin qu'il
gagne sa vie, que pour empêcher que son ame
oysive, s'attachant à des pensées criminelles, ne
s'abandonne enfin aux passans, à l'exemple de la
pecheresse Jerusalem. Lors que j'entrai au desert
en ma jeunesse, je ne pouvois resister à la volupté
ni à la concupiscence ; & quoi que je gourman-
dasse mon corps par des abstinences continuelles,
j'estois neanmoins consumé par les pensées dont
mon ame estoit esclave. Cela m'obligea de devenir Ecolier d'un Solitaire Hebreu, & quoi

que je fuffe accoûtumé à la beauté & à la douceur des Autheurs prophanes ; je refolus d'étudier l'alphabet d'un langage qui fe prononce en
grinçant les dents , & avec beaucoup de peine.
Ceux qui eftoient alors avec moy, & ma propre
confcience, font témoins des difficultez que je
rencontrai en cette entreprife ; ils fçavent combien de fois je defefperai d'y reüffir ; combien
de fois j'y renonçai , & combien de fois enfin
le defir de devenir fçavant m'y rappella. Cependant je rends graces à Dieu de ce que je
goûte aujourd'hui les fruits d'une étude qui
m'a tant coûté. Je vous dirai encore ce que j'ai
vû en Egypte. Il y avoit dans un Monaftere un
jeune homme originaire de Grece, qui ne pouvoit éteindre les ardeurs de l'impureté, ni par
les jeûnes , ni par les fatigues du travail le plus
penible , & il eftoit perdu fans l'artifice dont
fon Abbé fe fervit. Il commanda à un ancien
Solitaire de quereller & d'injurier ce jeune homme , & de venir fe plaindre le premier après l'a-
voir infulté. Ceux qu'on prenoit pour témoins
eftoient du côté du Coupable , & l'Innocent
pleuroit en entendant leur menfonge, fans que
perfonne voulût le croire. Il n'y avoit que l'Abbé
qui le défendoit adroitement , de peur que dans
cette perfecution il ne mouruft de douleur. Un
an s'eftant paffé de la forte, fon Superieur lui
demanda s'il eftoit encore tourmenté de fes anciennes penfées. Mon Pere, répondit-il , je n'ay
pas le loifir de vivre , comment aurois-je celui
de fonger au crime ? Si ce jeune Solitaire eût
efté feul , comment eût-il pû fe conferver ? Les
politiques du monde , remedient à une vieille
paffion par une affection nouvelle. Et c'eft ce

qui arriva à Assuerus , à qui les Perses firent cesser d'aimer Vasthi en lui donnant de l'amour pour d'autres Dames. Cela s'apelle arrêter le crime par le crime, & la seule vertu doit en éloigner les Chrêtiens. *Evitez le mal, & faites le bien*, dit David, *aymez la paix & la recherchez* : Sans doute on ne peut aymer le bien si l'on n'a de l'aversion pour le mal, & il faut s'appliquer à celui-là pour éviter celui-ci. Il faut chercher la paix pour n'avoir point de guerre, & il ne suffit pas de la chercher, on doit la conserver avec toute sorte de soin quand on l'a trouvée, car on ne peut en concevoir les douceurs. David assure qu'elle est le sejour de Dieu, & l'Ecriture n'en parle point qu'elle ne dise qu'il la faut rechercher. En un mot on ne peut se perfectionner dans un art sans le secours d'un maître. Les Bêtes même ont des conducteurs, les Abeilles sont gouvernées par un Roy, & parmi les Grües il y en a une que les autres suivent. Chaque Province a son Gouverneur & son Juge, & Rome ne pouvant obeïr en même temps à deux Rois vit ensanglanter ses murailles par un parricide. Rebecca sentit dans ses entrailles les combats de Jacob & d'Esaü qu'elle y portoit : Toutes les Eglises ont leurs Evêques & leurs Ministres, & la Hierarchie Ecclesiastique subsiste par le gouvernement de ceux qui y commandent ; Il n'y a qu'un Pilote dans un vaisseau, qu'un maître dans une maison, & quelque nombreuse que soit une armée, on n'y prend les ordres que d'un General. Pour tout dire en un mot, & ne vous estre point ennuyeux, vous ne devez point vous abandonner à vostre propre conduite. Il faut que vous viviez dans un Monastere

fous la direction d'un Superieur & avec d'autres
folitaires ; vous aprendrez de celui-ci à estre
humble ou patient, de celuy-là à estre affable &
à garder le filence ; Vous ne ferez point ce que
vous voudrez, vous prendrez un habit tel qu'on
vous le donnera , & vous rendrez un compte
exact de vostre emploi à vostre Abbé. Mais fou-
venez-vous d'estre soûmis à vos Freres , de fouffrir une injure fans murmurer, de craindre vôtre Superieur comme vostre Maître, & de l'aimer comme vostre Pere. Prenez pour un avis fa-
lutaire ce qu'il vous ordonnera, & que celui dont
le mêtier est d'obeïr, ne juge point des penfées
des autres. *Ecoute Israël , dit Moyse, & te tais.*
Si vous accompliffez fidellement tout cela, les
mauvaifes penfées n'auront point d'accés en vôtre ame : Et pendant qu'une occupation fuccede-
ra ponctuellement à une autre, vous ne fongerez
qu'à l'ouvrage que vous devez commencer. J'ai
connu quelques Solitaires qui n'avoient renoncé au monde que par les habits, estant demeurez
tels qu'ils estoient auparavant: Leur bien estoit
plûtost augmenté depuis leur retraite que diminué ; ils se faisoient toûjours fervir, leur table
estoit magnifique, & parmi la foule d'un peuple
de valets, ils croyoient encore estre dignes du
nom de Solitaires : D'autres au contraire ne pouvant pas faire une dépenfe pareille à celle de ces
premiers , paroiffent en public en de certains
jours , & fe perfuadent qu'ils ont quelque fcien-
ces , y medifent de leur prochain ; D'autres hauf-
fent les épaules , & remüant continuellement les
lévres regardent fixement la terre ; de forte
qu'on les prendroit pour un Magistrat fi un
Huiffier marchoit devant eux. Il y en a encore

quelques-uns qui par le mauvais air de leur cellule, & par des abstinences & des lectures indiscretes deviennent si mélancoliques qu'ils ont plus besoin des remedes d'Hypocrate que de mes avis. D'autres ne peuvent renoncer au trafic qu'ils faisoient dans le monde, ils changent seulement de nom sans changer d'ocupation, & sont plus attachez au gain que les seculiers même; quoi que saint Paul borne toutes leurs richesses à un habit, & à leur nourriture. Autrefois il y avoit un Magistrat dans la police dont la fonction estoit de fixer le prix des denrées, & qui reprenoit l'avarice de ceux qui les vendoient, châtiant rigoureusement les coupables : Mais aujourd'hui le titre de Solitaire sert de pretexte à un commerce plein d'injustice; nous demandons effrontement l'aumône quoi que nous aions de l'or, que nous cachons sous un habit de Solitaire, & nous mourons dans l'abondance aprés avoir vêcu comme si nous avions esté veritablement pauvres. Pour vous, Mon cher enfant, vous ne tomberez point dans ces desordres si vous entrez dans une Communauté. L'habitude vous fera trouver du plaisir dans ce que vous ferez d'abord avec contrainte. Regardez plûtost devant vous que derriere, & songez moins au mal que font les autres qu'au bien que vous devez faire. Ne vous laissez pas surprendre par le nombre des pecheurs, & qu'ils ne vous obligent point de tenir en vous-même ce langage : Quoi ! seroit-il possible que tous ceux qui demeurent dans les Villes fussent perdus ? Cependant ils joüissent de leurs biens en servant à l'Eglise; ils vont au bain, ils se parfument, & le peuple n'en a point de mauvaise opinion. Je répondrois à cela comme j'ai déja fait, que cet ouvrage ne regarde point un Ecclesiastique, & qu'il n'est fait que pour l'instruction d'un Solitaire : Les Ecclesiastiques sont des Saints, & il n'y en a point dont la vie ne soit à loüer. Conduisez-vous donc de telle maniere dans vostre solitude que vous meritiez un jour de l'estre : Que le peché ne soüille point vostre jeunesse, afin que vous approchiez des Autels comme une Vierge sans tache qui sort de sa couche : Que chacun rende un témoignage avantageux de vostre vie, & que les femmes connoissent vostre nom sans avoir vû vostre visage. Quand vous aurez atteint l'âge, si neanmoins vous l'atteignez, & que vous serez appellé dans le Clergé par le peuple ou par vostre Evêque, acquitez-vous des fonctions d'un Ecclesiastique & ne hantez que les plus vertueux ; car dans toutes sortes de conditions il se trouve des méchans parmi les bons : Ne vous hastez point d'écrire, & que cette agreable folie ne vous entraîne pas si-tost : Soyez long-temps à aprendre ce que vous devez enseigner aux autres. Ne croyez point ceux qui vous flateront, ou pour mieux dire, n'écoutez point ceux qui se mocqueront de vous. En effet aprés qu'ils vous auront infatué par un discours plein de dissimulation, si vous tournez la teste en arriere, vous les surprendrez allongeant le cou comme des Cigognes, ou tirant la langue comme des Chiens. Ne médites de personne, car la vertu ne consiste point à déchirer la reputation des autres, & souvent nostre langue se déchaîne contre nous-mêmes en reprenant des fautes que nous commettons les premiers. Un certain personnage appellé Grunnius marchoit ordinairement à pas contez au lieu où il devoit parler en public, difant tres-peu de chofe en chemin ; neanmoins quand il eftoit arrivé, aprés avoir étalé un monceau de livres, il fe ridoit le front allongeant les foucils, & aiant impofé filence à fes auditeurs du bout du doigt, il leur contoit de pures bagatelles, & invectivoit tout le monde: On l'eût pris pour un autre Longin qui reformoit l'éloquence Romaine, & retranchoit du nombre des fçavans ceux qu'il jugeoit indignes d'en eftre. Cet homme eftoit fans doute plus agreable dans fes feftins que dans fes harangues, & vous ne devez pas vous étonner que tenant table ouverte à quantité de Parafites, ils lui aplaudiffent en public : Ainfi ce Neron affectoit de paroître tel qu'un autre Caton, & fe faifoit voir fous tant de formes differentes qu'on eût dit de la chimere des Poëtes. Ne voyez jamais de telles gens, que voftre cœur en un mot n'ait point de penchant à la médifance, de peur qu'on ne vous faffe ce reproche : *Vous avez parlé eftant affis contre voftre Frere, & vous avez deshonoré le fils de voftre mere.* Ou comme dit David en un autre endroit. *Ses paroles eftoient coulantes comme l'huile, & elles perçoient comme des épées.* Le Sage affure que celui qui médit de fon Frere eft femblable à un ferpent qui fe cache pour mordre. Vous répondrez peut-eftre que vous ne médites point, & que vous ne pouvez empefcher les autres de parler. C'eft une des excufes dont nous tâchons ordinairement de couvrir nos défauts : Dieu n'eft point furpris par l'artifice : *Ne vous trompez pas,* dit faint Paul, *on ne fe mocque point de Dieu :* Nous ne voyons que le dehors, & il connoît le dedans. Salomon a

remarque qu'un visage triste & abatu faisoit
fuir la langue des Medisans , comme le vent dissipe les nuages. Car si l'on tire une fléche contre
quelque chose de dur , elle rejallit contre celui
qui l'a tirée : De même quand un Medisant s'apperçoit qu'on lui fait mauvais visage , & qu'on
se bouche les oreilles pour ne point l'entendre ,
il se taît , il pâlit , & ne sçait plus où il en est.
Au reste on défend à Timothée de ne recevoir
pas legerement une accusation contre un Prê-
1. Tim. 5. tre ; mais de le reprendre devant tout le monde
s'il peche , afin de donner de la crainte au peuple , même on ne doit pas prendre aisément de
mauvais sentimens d'un homme que son âge
avancé & sa dignité défendent contre les soup-
çons : Neanmoins comme nous sommes hommes , & que la vieillesse n'est pas exempte des
fautes de la jeunesse , si vous voulez me reprendre , faites-le ouvertement , de peur que vous ne
me déchiriez en secret : Le Seigneur reprend
celui qu'il aime , & châtie un enfant qu'il adopte.
Esaye même parle de la sorte, *Celui , ô mon peu-*
ple , qui dit que vous estes bien-heureux vous trompe,
& dresse des embuscades sous vos pas : Il m'est sans
doute inutile que vous apreniez aux autres mes
défauts ; que sans ma participation vous les rendiez coupables de mes crimes en leur en faisant
un recit plein de medisance , & que les contant
à tout le monde , vous leur en parliez comme
s'ils estoient seuls qui les sçeussent. Ce n'est
point la corriger son prochain , mais satisfaire
à une demangeaison de medire : Enfin JESUS-
CHRIST commande de reprendre les Pecheurs en
secret ou devant un témoin, & s'ils ne font point
de cas de cette reprimande , de les dénoncer à
l'Eglise,

l'Eglise, & de les tenir pour des endurcis, des idolâtres, & des publicains. Je vous marque tout cela en termes exprés, Mon cher enfant, pour vous ôter la demangeaison des oreilles & de la langue, afin que vous vous presentiez à Dieu sans tache, & semblable à une Vierge aussi chaste du corps que de l'esprit, & qu'ayant plus que le nom de Solitaire, vous ne soyez pas banni de la compagnie de l'Epoux, vôtre lampe s'estant éteinte pour n'avoir pas esté entretenuë de l'huile des bonnes œuvres. D'ailleurs vous avez auprés de vous le saint Evêque Procule, personnage d'une éminente érudition, qui peut de vive voix vous en dire davantage que mes lettres. Les avis que vous en recevrez à toute heure vous empêcheront de quitter ce chemin, par où le peuple d'Israël allant à la terre de promission estoit assuré de passer. Dieu veüille que la priere de l'Eglise soit écoutée : *Seigneur donnez-nous la paix*, dit-elle ; *car vous nous avez tout donné :* Dieu veüille que renonçant au monde nous ayons suivi les mouvemens de nôtre volonté ; & que nous ne l'ayons point fait par contrainte : Dieu veüille que nous soyons recompensez d'une pauvreté que nous ayons embrassée volontairement plûtost que d'estre punis de nous y estre engagez par contrainte. Aprés tout parmi les miseres du monde & les fureurs de la guerre allumée par tout, c'est estre assez riche que d'avoir du pain, & assez puissant que de n'estre point esclave. Le grand Exupere Evêque de Thoulouse endure la faim pour repaître les autres, il a le visage have de la necessité des pauvres, & a donné aux entrailles de JESUS-CHRIST tout ce qu'il avoit : Imitez ce voisin & ceux qui

R

lui reſſemblent, que le Sacerdoce a rendus plus
pauvres & plus humbles, ou ſi vous voulez aller
droit à la perfection, quittez comme Abraham
vôtre patrie & vos parens, & cheminez ſans ſçavoir où vous irez. Si vous avez du bien vendez-
le, & en donnez l'argent aux pauvres ; ſi vous
n'en avez point, vous eſtes déchargé d'un fardeau tres-peſant : l'avis eſt ſans doute fort difficile à ſuivre ; mais il y a de grandes recompenſes
pour ceux qui s'en ſerviront.

A PAULIN.

Cette piece ainſi que les precedentes contient quan-
tité d'avis ſalutaires pour toutes ſortes de perſon-
nes, & particulierement pour celles qui ſe ſont re-
tirées du ſiecle. Elle fut écrite à Paulin avant
qu'il fut Evêque.

LETTRE XLII.

Luc. 6. 14.

L'Homme qui eſt bon tire du bon treſor de ſon
cœur ce qui eſt bon ; & l'on connoît l'arbre par
ſes fruits : Vous jugez de moi par vous-même, &
parce que vous eſtes grand en vertu, vous exal-
tez les petits : vous avez pris la derniere place
au feſtin, afin que le pere de famille vous commande de vous aſſeoir plus haut. Qui ſuis-je
pour meriter les loüanges de celui qui a travaillé
à l'Apologie du plus grand Prince du monde ?
N'ayez point d'égard à mon âge, Mon cher
Frere, car Salomon nous aprend que les cheveux blancs d'un homme conſiſtent dans ſa ſa-

geſſe , & lors qu'on commanda à Moyſe de choiſir ſoixante & dix Prêtres, il ne jugea pas de leur
vieilleſſe par le nombre de leurs années ; mais
par leur prudence. Daniel encore enfant jugea
des vieillards , & en un âge ſujet à l'impureté il
condamna la leur. Ne vous fiez donc point au
temps ; & ne m'eſtimez point meilleur , parce
que j'ai ſuivi avant vous les étendarts de JESUS-
CHRIST. Saint Paul qui de perſecuteur des
Chrêtiens devint un vaiſſeau d'élection , eſt le
dernier ſi l'on conſidere le temps , & le premier
ſi l'on regarde ſon merite , car il a travaillé plus
que les autres : Judas trahit ſon Sauveur & ſon
Maître , & le bon Larron changeant l'infamie du
châtiment de ſes crimes en la gloire du martyre
alla de la Croix au Ciel. Combien en voit-on
aujourd'huy qui pour vivre trop long-temps portent leur mort dans leur ſein ? Combien voit-on
de ſepulchres blanchis pleins de pourriture & de
corruption ? Pour vous , Mon tres-cher Frere ,
vous avez ſuivi cet avis du Sauveur ; *Si tu veux*
eſtre parfait, vens tout ce que tu as, donnes-en l'argent
aux pauvres, viens & me ſuis ; Vous vous eſtes
dépoüillé de tout pour vous unir à un Dieu attaché nud à la Croix,& vous n'avez point de fardeau qui vous arreſte en montant à l'échelle de
Jacob. Vous ne faites point parade d'un méchant habit pendant que vos coffres ſont pleins
d'argent ; mais vous mettez vôtre gloire à avoir
autant de pauvreté dans l'eſprit que vous en
faites paroître dans vos actions. En effet ce ſeroit peu de choſe qu'un viſage attenué de jeûnes , & un méchant manteau à celui qui joüi-
roit encore d'un grand revenu. Grates, ce riche
Citoyen de Thebes allant aprendre la Philoſo-

R ij

phie à Athenes, jetta dans la mer une groſſe ſomme d'or, ne croyant pas que les richeſſes & la vertu puſſent s'accommoder enſemble, & cependant nous ſuivons un Dieu pauvre avec des richeſſes immenſes, nous conſervons ſoigneuſement nôtre patrimoine ſous pretexte que nous voulons faire des aumônes. On parle aiſément du jeûne aprés un bon repas : On n'eſt pas loüable d'eſtre venu à Jeruſalem, mais d'y mener une vie ſainte. Je ne dis pas cela pour m'accuſer d'inconſtance, & pour montrer que j'ai ſuivi en vain l'exemple d'Abraham, quittant ma patrie & mes parens ; mais afin de vous perſuader que la puiſſance de celui que le Ciel ne peut contenir n'eſt point renfermée dans une Ville ni dans un petit coin de la terre : On ne juge point d'un Chrêtien par le lieu où il demeure ; mais par le merite de ſa foy. Les veritables adorateurs ne rendent pas leurs hommages à Dieu ſeulement dans Jeruſalem, ou ſur la montagne de Garizim ;

Joan. 4. car il eſt eſprit, *& il faut que ceux qui l'adorent,*
Joan. 3. *l'adorent en eſprit & en verité ; l'eſprit ſouffle où il veut, car toute l'étenduë de la terre eſt à lui.* Aprés que la toiſon de Judée eut eſté deſſechée, & que tout l'Univers fut abreuvé de la roſée du Ciel, pluſieurs qui arriverent d'Orient & d'Occident ſe repoſerent ſur le ſein d'Abraham, & Dieu commença à eſtre connu dans tout l'Univers comme dans la Paleſtine. Même le Sauveur par-

Joan. 14. lant à ſes Diſciples dans le Temple, *Levez-vous,* leur dit-il, *& ſortez d'icy. Nous abandonnerons voſtre maiſon,* continüa-t'il, en s'adreſſant aux Juifs. Croyez-moi, les lieux où JESUS-CHRIST a eſté crucifié, & où il eſt reſſuſcité, ne ſont utiles qu'à ceux qui portant ſa croix & reſſuſci-

tant tous les jours avec lui se rendent dignes
d'y faire leur sejour ; Que ceux qui ont à toute
heure ces paroles à la bouche, *le Temple de Dieu,*
le Temple de Dieu, écoutent saint Paul, *Vous*
estes le Temple du Seigneur, & le saint Esprit de-
meure en vous : On gagne le Ciel en Angleterre
comme à Jerusalem, & saint Antoine & tous
les Solitaires d'Egypte, d'Armenie, de Mesopotamie, ont esté de grands Saints sans y venir.
Saint Hilarion qui estoit originaire de la Palestine, & qui y faisoit son sejour, n'a visité cette
Ville qu'une fois en sa vie, de peur qu'il ne semblât la mépriser à cause de la proximité, ou croire que Dieu n'estoit qu'en un lieu. Depuis le
regne d'Adrien jusqu'à celui de Constantin,
c'est à dire pendant environ quatre-vingt ans,
les Payens adorerent une idole de Jupiter au
lieu où JESUS-CHRIST ressuscita, & une idole
de Venus sur le Calvaire. Ils pensoient faire éva-
noüir la memoire de nos mysteres en prophanant
par leurs pollutions la terre où ils s'estoient
consommez ; Le Bourg de Bethléem estoit couvert d'un bois consacré à Adonis, & l'antre où
l'on pleuroit la mort de cette divinité fabuleuse
avoit vû couler les larmes de JESUS-CHRIST
naissant. A quel dessein tout cela, me direz-vous ?
Afin que pour n'estre pas venu à Jerusalem vous
ne pensiez pas en valoir moins ; car en quelque
lieu que vous ayez esté, vous serez recompensé
selon le merite de vos actions. Neanmoins pour
vous dire ingenument mon sentiment, quand
je regarde vostre entreprise & le zele avec quoi
vous avez renoncé au monde ; je croi que
vous devez avoir quelque égard au lieu où vous
ferez vostre residence, supposé que vous soyez

R iij

resolu d'embrasser la solitude. Ce que je vous dis,
ne s'adresse point à un Evêque, à un Prêtre, ou
à quelqu'autre Ecclesiastique, dont les fonctions
sont differentes des vôtres ; mais à un Solitaire
qui estoit considerable dans le monde, qui a
aporté l'argent de ses biens aux pieds des Apôtres, & qui vivant dans l'humilité; & sans estre
connu, a toûjours du mépris pour ce qu'il a quitté.
Si les lieux que la Passion & la Resurrection de
Jesus-Christ ont sanctifiez n'estoient pas dans
Jerusalem, où il y a autant d'embaras & d'objets
prophanes que dans les autres grandes Villes, &
qu'elle ne fût habitée que par des Solitaires ; je
ne doute point que ceux qui se sont consacrez au
desert ne deussent venir y demeurer ; mais je croi
qu'il seroit ridicule d'avoir abandonné le monde,
la partie, & les Villes pour se faire Solitaire, &
de vouloir demeurer parmi une plus grande
foule de Peuple où l'on seroit plus exposé au
danger qu'en son païs même : On vient ici de
toutes les Provinces de la Terre, & l'on y trouve tant de Gens de l'un & de l'autre sexe, que
ce qu'on ne rencontre ailleurs qu'en partie, semble y estre ramassé tout entier. Mais puisque vous
parlez à moi comme à vôtre frere, & que vous
demandez quel chemin vous devez tenir ; je vous
répondrai sans artifice & sans déguisement. Si
vous pretendez vous occuper aux fonctions d'un
Evêque, ou d'un Prêtre, demeurez dans les Villes
& dans les Bourgs, & mettez vôtre ame en seureté
en travaillant à la conservation de celle des autres.
Au contraire si vous avez dessein d'estre Solitaire,
comme vous le témoignez, pourquoi rester dans
les Villes qui sont plûtost destinées à l'embaras, &
aux affaires de plusieurs personnes, que propres à

la vie d'une seule ? Tous les Arts ont des modelles qu'ils suivent fidellement. Les Capitaines tâchent d'imiter les Camilles, les Regulus, ou les Scipions. Les Philosophes se mettent devant les yeux Socrate, Platon, & Aristote : Les Poëtes Homere, ou Virgile : Les Historiens Thucydide, Saluste, ou Herodote ; Les Orateurs Demosthene, ou Ciceron : Et les Evêques & les Prêtres reglent leur vie sur celle des Apôtres, & font en sorte d'avoir la vertu de ceux dont ils sont élevez à la dignité. Aprés cela les Pauls, les Hilarions, les Antoines, & une infinité d'autres semblables ne doivent-ils pas servir d'exemple aux Solitaires ? Même pour user de l'authorité de l'Ecriture sainte, devons-nous pas combattre sous les étendarts d'Helie, d'Helisée, & des enfans des Prophetes qui se bâtissoient des cabanes sur les bords du Jourdain ? Les fils de Rechab sont encore de ce nombre, ils vivoient sous des tentes, ne beuvant point de vin, ni de liqueur qui pût enyvrer ; & Dieu en a fait l'éloge par la bouche de Jeremie, en leur promettant qu'il y auroit toûjours des Prêtres dans leur famille. On croit aussi que le titre du soixante & dixiéme Pseaume leur est adressé ; car il est conceu en ces termes, *Des Enfans de Jonadab, & de ceux qui furent faits Esclaves les premiers.* C'est de ce Jonadab qu'il est raporté au Livre des Rois, qu'il monta dans le char *Reg. 4.* de Dieu ; & on dit que ses Enfans qui vivoient dans la campagne, & dans les deserts, aiant esté obligez par l'incursion des Caldéens de se refugier à Jerusalem, furent faits Esclaves les premiers ; parce qu'effectivement ils regardoient une Ville comme une prison. Je vous conjure donc, puisque le lien qui vous unit à vôtre Sœur empê-

che que vous ne foyez entierement détaché du
monde, d'éviter les feftins, les vifites, & les af-
femblées, comme des chaînes dont la volupté fe
fert pour attirer les hommes. Ne mangez que le
foir, & faites ce repas avec de fimples legumes;
ou fi l'on y fert parfois quelques petits poiffons,
prenez-les pour un mets delicieux. Celui qui
cherche JESUS-CHRIST, & le pain de vie, ne
s'inquiete point de la nourriture qu'il donne à fon
corps. Mais vous pouvez lire fur cette matiere
les Livres que j'ai écrits contre Jovinien, où
j'en ai parlé plus au long. Lifez continuellement
la fainte Ecriture, & élevez fouvent vôtre ame à
Dieu par la meditation, & par la priere; veillez
beaucoup, & dormez rarement aprés avoir mangé. Regardez comme vos ennemis les flateurs,
& ceux qui par des difcours étudiez voudront
vous attribuer quelque gloire : Faites part de vôtre bien aux Pauvres, & à vos Freres, & les en
affiftez vous-même. Si vous doutez de ce que je
vous dis ; car il arrive fouvent qu'on ne croit pas
les autres ; confiderez la conduite que tenoit
Judas parmi les Apôtres. Ne faites point vanité
d'avoir de méchans habits; fuyez la compagnie
des Seculiers, & particulierement des perfonnes
puiffantes. Pourquoi auriez-vous du commerce
avec ce qui vous a obligé de vous retirer dans la
folitude ? Que vôtre Sœur évite de fe trouver
avec des femmes de qualité ; de peur qu'elle ne
foit fâchée d'eftre mal habillée parmi des Dames
fuperbement vêtuës; ou que cela ne lui donne
lieu de s'admirer elle-même. Elle fe repentiroit
du deffein qu'elle a formé en commettant une de
ces fautes; & l'autre eft la fource de la vanité.
Au refte, que la maniere dont vous avez gou-

verné voftre bien dans le monde, ne vous attire
point celui des autres pour le diftribuer aux Pauvres ; vous m'entendez affez, car Dieu vous a
doüé d'un efprit intelligent pour toutes chofes.
Ayez la fimplicité de la Colombe pour ne tromper perfonne, & la prudence du Serpent, pour
n'eftre point trompé par les autres. Prenez plûtoft pour un Marchand que pour un Solitaire,
celui qui parlera fans ceffe d'argent, fi ce n'eft
qu'il fuft deftiné aux Pauvres. Ne donnez que
l'habit, la fubfiftance, & d'autres chofes abfo-
lument neceffaires, de peur que les Chiens ne
mangent le pain des Enfans de la maifon. L'ame
d'un fidelle eft le veritable Temple de JESUS-
CHRIST, embelliffez donc la voftre, & l'y recevez. A quel deffein enrichir de pierreries des
murailles, pendant que la faim met le Sauveur
en la perfonne du Pauvre en danger de fa vie ?
Ce que vous avez n'eft plus à vous, vous n'en
eftes que l'œconome pour le diftribuer aux autres. Ananias & Saphira garderent de leurs richeffes avec trop de precaution ; mais fouvenez-
vous d'en avoir en répandant les vôtres, de ne
pas donner le patrimonie des Pauvres à ceux
qui ne le font point, & de ne point ternir vôtre
liberalité par la profufion, comme a dit un homme tres-fage. Ne vous arrêtez point aux titres,
& aux qualitez ; car Dieu vous connoît au dedans & au dehors : C'eft quelque chofe de grand
qu'eftre Chrêtien, & ne chercher point à le faire
paroître.

Peut-eftre ne fuis-je pas moi-même fort fçavant dans ces matieres ; mais ce que je vous en
écris fervira à vous conduire fur la mer où vous
allez náviger, & à vous faire paffer heureufe-

ment les détroits où j'ai fait naufrage, & j'aime mieux que vous trouviez à dire à mon incapacité qu'à mon intention. Au reste, j'ai lû avec
beaucoup de plaisir le Livre que vous m'avez envoyé, & que vous avez composé pour l'Empereur Theodose, la subdivision m'en a charmé:
vous vous surpassez vous-même à la fin, après
avoir triomphé des autres au commencement;
le langage en est clair & serré, & vous joignez
l'abondance des Sentences à la pureté de Ciceron: En effet, un discours rampe qui n'est considerable que par ses paroles. Tout y est admirablement bien lié, & une matiere y a toûjours de
la liaison avec la precedente. Que Theodose est
heureux d'avoir un tel Deffenseur! Vous avez
relevé sa dignité en immortalisant les Loix qu'il
a publiées: Avec de si beaux commencemens,
que ne deviendrez-vous point un jour? Ah! si je
pouvois conduire un esprit tel que le vôtre, &
lui reveler les mysteres que j'ai appris dans la
sainte Ecriture; sans doûte il en naîtroit quelque chose dont la Grece rougiroit de honte:
Ecoutez donc, Mon cher amy, mon cher Frere: apprenez quelle utilité vous pouvez tirer de
la sainte Ecriture, son écorce même a de l'éclat
& du brillant; mais ce qu'elle cache a beaucoup plus de doûceur. Pour manger une noix il
faut en casser la coquille: *Ouvrez moi les yeux,*
dit David, *afin que je contemple les merveilles*
de vostre Loy: Si ce Prophete avouë son ignorance, quelle doit estre la nostre? Il n'y a pas
seulement un voile sur le visage de Moyse, mais
encore sur celui des Apôtres & des Evange-
listes: Le Sauveur même parloit par Paraboles,
& il témoigne par ces paroles, qu'il y avoit du

1. Cor. 3.

Math. 13.

myſtere en ce qu'il diſoit ; *Que celui qui a des oreilles pour entendre, entende.* Si cela ne manquoit point à vos ouvrages, & que l'Ecriture ſainte y tinſt lieu de la derniere main, ſans doute nous n'aurions rien de plus pur, de plus beau, ni de plus ſçavant. Tertullien eſt abondant en penſées, mais il eſt dur dans l'élocution. S. Cyprien eſt auſſi pur qu'une fontaine qui coule ſans bruit, mais il n'a rien traité de l'Ecriture ſainte, ſoit qu'il en ait eſté empêché par les perſecutions, ou qu'il n'ait eu deſſein d'écrire que pour exciter à la vertu. L'illuſtre Martyr Victorin exprime ſes penſées avec peine, & je ſouhaiterois que Lactance, dont l'éloquence eſt pareille à celle de Ciceron, euſt auſſi bien établi nos opinions, qu'il a renverſé celles des autres. Arnobe eſt inégal, & comme il n'y a point de diviſions dans ſes ouvrages, ils ſont obſcurs. Saint Hilaire a joint la majeſté du langage des François aux fleurs de celui des Grecs ; mais comme les periodes en ſont longues, il n'eſt pas propre aux eſprits ſimples. Je ne parle point des autres, ſoit qu'ils ſoient morts, ou qu'ils vivent encore, j'en laiſſe le jugement à ceux qui voudront les examiner. Pour vous, Mon cher amy, mon cher Collegue, que j'ai aimé avant que de connoître, n'accuſez pas mon amitié de flaterie ; croyez ſi vous voulez qu'elle me rend aveugle, & que je me trompe ; mais ne me ſoupçonnez pas de me mocquer de vous en vous flatant. Vous avez beaucoup d'eſprit, vôtre élocution & vôtre facilité à parler ſont admirables, & la pureté de vôtre diſcours eſt jointe à un jugement ſolide ; ſi vous uniſſez l'étude de l'Ecriture ſainte à ce jugement & à cette éloquence, vous ferez bien-toſt un des grands hommes

de l'Eglife, & vous monterez avec Jacob dans le
Temple de Sion. Faites donc une forte refolution
de travailler, on ne peut rien acquerir en cette
vie fans le travail. Rendez-vous auffi confiderable dans l'Eglife que vous l'avez efté dans le Senat : Amaffez des richeffes dont vous vous fer-
viez tous les jours fans en épuifer le trefor : Vous
eftes encore à la fleur de vôtre âge, & les incommoditez de la vieilleffe & les approches de la
mort ne diminuent point vos forces ; Je ne puis
fouffrir de la mediocrité dans vôtre merite, il
faut que vous atteigniez le fouverain degré de la
perfection.

A LETE.

De l'éducation de fa Fille,

LETTRE XIV.

I. Cor. 7.

SAINT Paul écrivant aux Corinthiens, & fortifiant par fes avis l'Eglife de JESUS-CHRIST
naiffante, parle de la forte : *Si une femme fidelle
a un mary qui foit infidelle, lequel confente de demeurer avec elle, qu'elle ne fe fepare point d'avec
lui : car le mary infidelle eft fanctifié par la femme
fidelle ; & la femme infidelle eft fanctifié par le
mary fidelle : Autrement vos enfans feroient impurs
& prophanes, au lieu que maintenant ils font Saints.*
Si jufques-ici on a douté de la verité de ces
paroles, qu'on regarde la maifon de vôtre Pere,
qui quoi qu'idolâtre eft un homme tres-illuftre
& tres-fçavant. On trouvera que cét avis de

l'Apôtre lui a esté salutaire ; puisque les fruits d'un arbre ont adouci l'amertume de sa racine, & que des tiges dignes de mépris ont porté un baume tres-precieux. Vous estes née d'un Pere infidelle, & d'une Mere fidelle ; & neanmoins vous avez donné la vie à ma chere Paule. Qui eust crû que le Pontife Albin eust pû devenir le grand-pere d'une fille qui balbutiant encore chantast devant lui les loüanges de Dieu, & que ce Vieillard eust élevé chez lui une Epouse à JESUS-CHRIST? La maison des Saints & des fidelles sanctifie sans doute un mary infidelle : Et celui qu'une troupe d'enfans, & de petits enfans fidelles environne, est déja Novice dans la foy : Je croi aussi que Jupiter lui-même eust à la fin adoré JESUS-CHRIST, s'il eust eu une semblable famille. Peut-estre qu'il se mocquera de ma lettre, & qu'il m'appellera ridicule & insensé ; mais son Gendre avant sa conversion en usoit de la même maniere. On ne naist pas toûjours Chrêtien ; on le devient bien souvent par la foy des autres. Le Capitole est desert, tous les Temples de Rome sont pleins de toiles d'araignées, cette Ville n'est plus reconnoissable, & son Peuple qui autrefois couroit à des Autels ruïnez, vient aujourd'huy en foule aux tombeaux des Martyrs. Je vous tiens ce langage, ma chere Lete, afin que vous ne desesperiez point du salut de vôtre Pere, que vous le gagniez par cette foy qui vous a rendu digne d'estre mere de vôtre fille, & qu'enfin vous joüissiez du bonheur & de la felicité de toute vôtre famille. Ce qui paroist impossible aux hommes, ne l'est pas à Dieu, & on ne se convertit jamais trop tard. Un Larron alla de la Croix au Ciel, & Nabuchodonofor Roy de Babilone aprés avoir perdu la forme d'un homme, & avoir vêcu dans les bois comme les Bestes, fut remis en son premier estat. Mais je laisse ces exemples tirez de l'antiquité, de peur que les incredules ne les prennent pour des Fables. Est-il pas vrai que depuis peu de temps un de vos Parens de la noble famille des Gracques estant Gouverneur de la Ville a ruïné l'Autel consacré à Cybele, rompu & fait brûler ce qui servoit au culte des faux Dieux, & par ces gages qu'il a donnez de sa foy a obtenu enfin le Baptême ? D'ailleurs, Rome est aujourd'huy un lieu de solitude pour l'idolatrie ; & ces Dieux que tant de Nations adoroient autrefois, sont aujourd'hui cachez dans les greniers avec les Rats & les Chats-huans. La Croix est peinte sur les Estendars des Armées, & elle est le plus riche ornement des Diadêmes & des Couronnes des Rois. Les Egyptiens ne connoissent plus de Dieu que celui qui a esté crucifié ; & nous recevons tous les jours une infinité de Solitaires qui viennent de Perse, des Indes, & d'Ethiopie. Les Armeniens ont mis bas leurs Carquois ; les Huns apprennent le Psautier, & la chaleur de la foy échauffe les Scythes parmi les glaces de leur païs. On voit des Eglises parmi les Tentes du Camp des Getes, & sans doute nos Armées ne remporteront plus d'avantages sur eux, parce qu'ils adorent le même Dieu que nous. Mais je m'engage insensiblement dans une autre matiere que celle dont j'ai à vous entretenir ; car je veux satisfaire à ce que vous avez exigé de moi par vos prieres, & par celles de l'illustre Marcelle, & vous enseigner dans cette Lettre à élever la petite Paule, qui a esté con-

sacrée à Jesus-Christ avant qu'elle fust née, &
même avant qu'elle fust conçeuë ; Nous rencontrons en elle quelque chose de ce qui est rapporté dans les Livres des Prophetes. La sterilité de
sainte Anne fut changée en une fecondité bienheureuse ; & les larmes que vous avez versées
dans vôtre fecondité vous feront naître des Enfans qui vivront toûjours. Je suis certain de
cela , & une femme qui a offert à Dieu les premiers fruits de sa couche, sera sans doute mere
de plusieurs enfans. Telles estoient les offrandes qui se faisoient dans l'ancienne Loy, telle
a esté la naissance de Samuel , de Sanson , &
de S. Jean-Baptiste. Celui-ci, à l'arrivée de la
Vierge, tressaillit de joye dans le sein de sa mere ,
& fit quelques efforts pour aller au devant du
Dieu, dont il estoit le Precurseur, & qu'il entendoit par la bouche de celle dont il estoit enfermé dans le sein. Travaillez donc à donner à vôtre fille une éducation digne de sa naissance ; Samuel fut nouri dans le Temple , S. Jean fut instruit dans le desert, où il ne coupoit point ses
cheveux, & où il ne beuvoit point de vin ; il s'entretint avec Dieu dés ses premieres années , il ne
pût demeurer dans les Villes , il vêcut de miel
sauvage, & se couvrit de la peau d'une beste ,
pour imprimer plus fortement la penitence dans
l'esprit de ceux à qui il la prêchoit. C'est ainsi
que vous devez élever une ame qui sera le Temple du Sauveur : qu'elle n'apprenne à écouter, &
à dire, que ce qui regardera la crainte de Dieu ;
qu'on ne profere jamais de mots sales devant
elle ; qu'elle n'entende point chanter de chansons, & que sa langue balbutiante apprenne à
prononcer en recitant les Pseaumes : Eloignez de

fa compagnie les autres enfans qui fe trouveront
corrompus du vice, & que les filles qui la ferviront n'ayent point de commerce avec les gens de
dehors, de peur qu'elles ne lui enfeignent ce
qu'elles auroient eu le malheur d'en apprendre : Faites-lui faire des caracteres de lettres de
buis, ou d'yvoire, & lui en dites les noms ; ainfi elle jouëra & deviendra fçavante en même-
temps ; mais il ne fuffira pas qu'elle fçache par
cœur le nom de ces lettres, & qu'elle les appelle
de fuite : Vous en changerez la difpofition naturelle, mettant les dernieres au commencement, &
les premieres au milieu, afin qu'elle les connoiffe moins de vûë que par leur fon. Lors qu'elle
commencera à écrire, que quelqu'un lui condui-
fe les doigts en les lui tenant, ou qu'on lui écrive fes premieres fillabes fur un papier que l'on
mettra fous celui dont elle fe fervira, afin que
les voyant à travers, fa main ne s'écarte point de
cofté ni d'autre : Qu'on lui faffe heureufement
affembler fes mots, en lui propofant des prix, &
en lui donnant pour récompenfe ce qui gagne
d'ordinaire les enfans de fon âge : Qu'elle ait de
petites Compagnes, afin que les regardant avec
émulation, elle foit excitée à étudier par l'eftime
qu'on fera d'elles ; Ne la reprimendez pas pour
eftre lente à concevoir ; au contraire, encoura-
gez-la par des loüanges, & qu'elle ait de la joye
ou de la douleur d'avoir bien ou mal reüffi. Sur
tout, prenez garde qu'elle ne conçoive de l'averfion pour l'étude, & qu'elle ne la conferve dans
un âge plus avancé ; que les mots qui ferviront à
lui dénoüer la langue, ne foient point des termes inventez ou trouvez par hazard ; qu'elle
nomme les Apôtres, les Prophetes, & les Patriarches,

ches, commençant par Adam, & suivant l'ordre de saint Mathieu, ou de saint Luc ; afin que ce qu'elle fera à une autre intention lui preoccupe déja la memoire. Choisissez-lui un Maître de bonnes mœurs, & d'une capacité suffisante. Et je suis persuadé qu'un sçavant homme ne refusera pas d'estre à sa parente, ou à une fille de qualité, ce qu'estoit Aristote à Alexandre, & qu'il ne tiendra pas au dessous de lui ce qui servira de fondement à de plus grandes choses. Une personne bien élevée instruira sans doute un enfant d'une autre façon qu'un Paysan. Empeschez-la aussi de prononcer les mots à demy : & de joüer parmi l'or & la pourpre ; car l'un nuiroit à son langage, & l'autre à ses mœurs ; & elle ne doit rien apprendre en son enfance qu'elle soit obligée d'oublier dans la suite. On dit que la maniere de parler de la mere des Gracques, contribua beaucoup à les rendre éloquens ; & le langage de Hortense se fortifia à entendre son pere. On efface difficilement les premieres impressions que reçoit une jeune ame ; rarement on rend à la laine qui a esté teinte sa couleur naturelle, & une Urne garde toûjours l'odeur de la premiere liqueur dont elle a esté imbibée. Il est rapporté dans l'histoire Grecque qu'Alexandre le Grand conserva dans ses mœurs, & dans sa démarche les defauts de son Maître Leonide ; parce qu'il les avoit pris dés son enfance : On copie naturellement le mauvais endroit d'une personne ; & l'on tombe sans peine dans les vices de celui dont on ne peut acquerir les vertus. Que sa Nourice ne soit point une causeuse, ni une femme sujette au vin, ou adonnée aux plaisirs, qu'elle saute au cou de son grand pere quand elle le rencontrera ; & qu'elle lui

S

chante les loüanges de Dieu, ne vouluft-il pas
l'écouter ; que fa Grand-mere l'embraffe, qu'elle
careffe fon Pere, qu'elle fe rende aymable à tout
le monde, en un mot que toute la famille foit
ravie que vous foyez Mere d'une telle Fille. Apre-
nez-lui auffi qu'elle a une autre Grand-mere, &
une Tante, qu'elle vivra un jour fous la conduite de l'une & de l'autre : Faites-lui naître le
defir de les voir ; de forte qu'elle vous menace
quelquefois de les aller trouver. Qu'elle connoiffe par fes habits celui à qui elle eft confacrée.
Ne lui percez point les oreilles, ne luy mettez
point de blanc, ni de vermillon fur le vifage ;
car il eft deftiné aux careffes d'un Dieu tres-pur :
Ne lui peignez point les cheveux, & ne lui
chargez point le cou ni la tefte de diamans, òu
de perles ; qu'elle ait d'autres perles dont elle
puiffe acquerir la pierre precieufe de l'Evangile.
Une Dame de qualité appellée Pretextate habilla
& coëffa autrefois Euftoche à la mode du fiecle,
tâchant par-là de fe mettre bien dans l'efprit de
fon mari, qui eftoit oncle de cette fille, dont il
vouloit traverfer le deffein, & celui de fa Mere :
mais la nuit fuivante un Ange la vint trouver,
& lui fit d'horribles menaces : Avez-vous efté
affez hardie que de preferer vôtre Mari à JESUS-
CHRIST, lui dit-il ? Avez-vous bien ofé mettre
la main fur une tefte confacrée à Dieu ? Cette
main criminelle fechera tout-à-l'heure afin que
vous jugiez de vôtre peché par la feverité du
châtiment, & dans cinq mois vous ferez traînée
aux Enfers ; même vous verrez mourir vôtre
Mari & vos Enfans, fi vous commettez encore
une pareille faute. Tout cela arriva comme l'Ange avoit predit, & l'on connut par la mort avan-

fée de cette Femme, qu'elle avoit attendu trop tard à faire penitence. C'est ainsi que Dieu châtie ceux qui prophanent son Temple. Je n'ai pas pretendu, en vous rapportant cette histoire, insulter à la misere des Malheureux ; mais vous enseigner avec quel soin vous devez conserver ce que vous avez promis à JESUS-CHRIST. Le Prêtre Heli devint coupable par les pechez de ses Enfans ; & on ne reçoit point à l'Episcopat un homme qui en a eus d'adonnez aux plaisirs, & de desobeïssans : Au contraire S. Paul assure qu'une Femme se sauvera par les Enfans qu'elle mettra au monde ; faisant en sorte qu'ils demeurent dans la Foy, dans la Charité, & dans une vie bien reglée. Si l'on impute aux Parens les fautes que leurs Enfans commettent dans un âge avancé, leur imputera-t'on pas aussi celles de l'enfance, où ils ne connoissent pas la difference du bien & du mal ? En effet, vous prenez garde qu'un Serpent ne morde vôtre Fille, & vous n'empêcherez pas qu'elle ne tombe dans les pieges du Diable, qu'elle ne boive dans la coupe d'or de Babilone ; & qu'elle ne sorte avec Dina, par la curiosité de voir les Filles d'un Païs étranger. On presente ordinairement le poison dans du miel, & une apparence du vertu nous attire toûjours dans le vice.

Vous direz, sans doute, qu'un Pere ne doit point estre châtié des crimes de son Fils ; ni le Fils de ceux de son Pere, & que l'ame seule qui aura peché mourra. Ces paroles doivent estre expliquées de ceux qui peuvent se gouverner eux-mêmes, & dont il est dit dans l'Evangile, *Il a assez d'âge, il répondra bien luy-même pour luy* ; mais le bien ou le mal que fait un Enfant en un

âge où il eſt incapable de ſa propre conduite , eſt
imputé à ſes Parens : De même ſi l'enfant d'un
Chrêtien decedoit ſans avoir eſté baptiſé, il ne
porteroit pas ſeul la peine de ce crime , elle s'é-
tendroit encore ſur ceux qui auroient negligé de
lui faire recevoir ce Sacrement , particulierement
en un temps où il ne pouvoit apporter de reſi-
ſtance à leur volonté; comme au contraire le ſalut
des Enfans eſt un avantage pour les Peres. Vous
avez pû offrir à Dieu vôtre Fille , ou ne la lui
offrir point , ſi l'on peut neanmoins ne point offrir ce qu'on a promis avant qu'il fuſt conçû ;
mais aujourd'hui vous ne ſçauriez vous diſpenſer d'en avoir ſoin ſans eſtre criminelle. C'eſtoit
autrefois un ſacrilege que de preſenter à Dieu
une Victime defectueuſe on impure : Quel ſera
donc aujourd'hui le châtiment de ceux qui negli-
geront la pureté d'une perſonne qu'ils ont conſacrée à JESUS-CHRIST?

Lors qu'elle ſera devenuë un peu plus grande , & qu'à l'exemple de ſon Epoux elle croî-
tra en ſageſſe, en âge , & en grace devant Dieu
& devant les hommes ; qu'elle aille avec ſes
Parens au Temple de ſon vrai Pere ; mais qu'elle n'en ſorte pas comme eux ; Qu'on la cherche dans le chemin du ſiecle, dans les viſites,
& dans la compagnie de ſes proches ; & qu'on
ne la trouve que dans la retraite, conſultant les
Apôtres & les Prophetes ſur ſes nôces ſpiri-
tuelles : Qu'elle imite la Vierge que l'Ange
trouva ſeule dans ſa Chambre , & qui fut troublée à ſon arrivée ; peut-être parce qu'elle voyoit
un Homme contre ſa coûtume : Qu'elle ſuive
l'exemple de celle donc il eſt dit , *Cette Princeſ-
ſe eſt au dedans toute éclatante de gloire* ; Qu'elle

parle à son Epoux percée d'une fléche de l'amour
divin : Qu'elle dise que le Roi l'a fait entrer
dans son appartement ; qu'elle n'en sorte jamais,
de peur que rencontrant ceux qui rodent par la
Ville, ils ne la blessent, ils ne lui ravissent sa
pudicité, ils ne la depoüillent, & la laissent na-
geant dans son sang : Au contraire, si l'on frape à sa porte, qu'elle réponde, *Je suis une mu-*
raille, mon sein est une tour, j'ai lavé mes pieds,
& je ne puis les soüiller : Qu'elle ne mange
point de noix, c'est-à-dire, qu'elle ne se trouve point aux festins qui se feront dans la famille, de peur qu'elle ne desire des viandes qu'on
y servira. Quelques-uns croyent qu'il y a plus
de vertu à vaincre un objet qui met la volupté
devant les yeux ; mais je pense qu'il y a plus de
seureté à ne le point connoître, & puis on quite difficilement une habitude qu'on laisse vieillir.
Qu'elle s'acoûtume dés cette heure à ne point
boire de vin, car il est la source de toute l'impureté; neanmoins comme une abstinence austere est
dangereuse aux Enfans, qu'elle aille au bain quand
elle en aura besoin : qu'elle boive un peu de vin,
& qu'elle mange de la viande, de peur que les
pieds ne lui manquent avant que d'avoir sçû
marcher. Au reste, prenez plûtost ceci pour l'a-
vis d'un homme indulgent, qui craint qu'elle ne
tombe malade, que pour un commandement qui
favorise la sensualité. Qui pouroit dispenser une
Vierge consacrée à JESUS-CHRIST d'une entiere
abstinence, aprés que les Juifs, par une superfti-
tion ridicule se sont défendu à eux-mêmes la
chair de certains animaux, & de certaines viandes,
& que les Prêtres Indiens, & les Gymnosophistes
d'Egypte se sont engagez à ne vivre que de pom-

mes, & d'un peu de ris, & de boüillie ? Si le faux
éclat du verre a esté mis à si haut prix, combien
ne doit pas estre plus estimée la vraie perle ? En
un mot, qu'elle vive comme ceux dont la naissance a esté miraculeuse, & semblable à la sienne ;
qu'elle supporte les fatigues de ceux qu'elle a
égalez en grace ; qu'elle n'entende jamais d'instrumens de musique, qu'elle en ignore même l'u-
sage, & qu'elle ne sçache pourquoi le Luth, les
Violons, & les Haut-bois ont esté faits : Qu'elle
vous rende tous les jours un compte exact de ce
qu'elle aura remarqué dans l'Ecriture-sainte ;
qu'elle entende la Poësie Grecque, qu'elle s'accoûtume dés son enfance à bien prononcer le Latin, de peur que prenant un mauvais accent, elle
n'ait en sa langue naturelle les mêmes defauts
que les Etrangers : Servez-lui seule de Maîtresse,
& de modelle, & sur tout qu'elle ne remarque rien
en vous, ni en son Pere qu'elle ne puisse imiter
sans peché. Instruisez-la l'un & l'autre plûtost par
vôtre exemple que par vos discours. Il faut peu de
chose pour ternir la beauté d'une fleur ; une haleine de mauvais vent gâte les Lis, les Violettes, &
les Roses : Qu'elle ne sorte point sans sa Mere,
qu'elle n'aille pas même aux Eglises, ni aux tombeaux des Martyrs sans elle : Que de jeunes hommes frisez & parfumez n'en approchent jamais,
& qu'elle celebre les veilles des Festes solemnelles sans s'éloigner de vous d'un pas. Je lui défends aussi d'avoir plus d'attache à une de ses
Filles qu'aux autres, & de lui parler à l'oreille.
Qu'elle ne dise rien qui ne soit entendu de tout
le monde : Qu'elle aime la compagnie d'une fille
sage, dont la mortification des sens paroisse sur
le visage, qui ne soit ni belle ni frisée, ni de

ces Coquettes qui se piquent de raffiner sur les
passages d'un Air-de-Cour : mais qu'elle soit se-
rieuse, un peu pâle, point si propre, & plûtost
triste qu'enjoüée. Pour cela, choisissez-lui une
Gouvernante qui soit un peu âgée, dont la vertu
& la foy vous soient connuës, qui l'enseigne par
son exemple, & qui l'accoûtume à se lever la nuit
pour vacquer à la priere, & chanter des Pseaumes, & à s'acquiter fidellement de son devoir
pendant la journée. Qu'elle s'occupe de telle maniere jusques à la nuit, que la lecture & l'Oraison partagent également son temps, elle ne le
trouvera point ennuyeux dans la diversité de ces
exercices : Qu'elle sçache filer & travailler en laine, mais qu'elle ignore les ouvrages d'or & de
soye ; que ses habits preservent son corps du
froid, & ne le découvrent pas en le couvrant :
Qu'elle vive de legumes, mangeant rarement du
poisson ; & pour ne m'arrester pas sur une matiere
que j'ai traitée ailleurs plus au long, qu'elle mange de telle maniere qu'elle ait toûjours faim, &
qu'elle ne soit point détournée de ses exercices
spirituels. Je n'aprouve pas les abstinences excessives, particulierement pour la jeunesse, ni que
pendant des semaines entieres on ne mange point
d'huile, ni de fruits : Que l'on n'imite point les
Prêtres d'Isis & de Cibele qui devorent des Fai-
sans entiers, & font scrupule de manger du pain.
Pour moi je suis dans le jeûne cette maxime qu'il
faut toûjours se conserver de la force pour une
longue carriere, de peur que voulant courir au
commencement on ne demeure au milieu ; neau-
moins il ne faut point garder de mesure pendant
le Carême, quoi que la condition des Vierges
& des Solitaires soit differente de celle des Gens

S iiij

du siecle. Un homme du siecle pendant le Carême digere la bonne chere passée, & se prepare à une nouvelle, à la façon de l'huître qui digere le suc qu'elle a amassé dans ses coquilles. Au contraire une Vierge & un Solitaire doivent en ce temps se conduire de telle sorte qu'ils se souviennent toûjours que leur jeûne sera continuel : Un travail qui finira, peut estre rude; mais celui qui n'a point de fin, demande de la moderation.

Si vous allez quelquefois à une maison des champs, menez vôtre Fille avec vous, ne la laissez jamais à la maison; qu'elle ne sçache, & qu'elle ne puisse vivre sans vous, & qu'elle ait peur d'estre seule. Défendez-lui la compagnie des gens du monde, & le commerce des méchantes filles; qu'elle ne se trouve point aux nôces de vos domestiques, ni aux divertissemens de la famille. Je sçai qu'il y en a qui ont esté d'avis que les Vierges consacrées à JESUS-CHRIST ne se baignassent point avec des Eunuques ni avec des femmes mariées, parce que ceux-là retiennent toûjours l'inclination d'un homme, & celles-là y paroissent quelquefois d'une maniere qui ne doit point estre veuë par une fille; mais pour moi je défends entierement le bain à une grande fille, qui ne peut se voir nuë sans rougir de honte. Et en effet, si elle gourmande son corps par des jeûnes & des veilles, si elle tâche d'éteindre par la continence les ardeurs de la concupiscence que son âge allume, & qu'elle travaille à ternir l'éclat de sa beauté naturelle; pourquoi réveillera-t'elle par le bain des feux a demi éteints ? Que l'Ecriture sainte tienne lieu à vôtre fille de diamans, de perles & d'habits somptueux; mais que son livre soit simple &

fans ornement, correct & fidelle. Qu'elle aprenne d'abord le Pfautier, qu'elle fe retire du monde par une fi belle leçon, qu'elle prenne dans les
Proverbes de Salomon des avis falutaires pour fa
conduite, qu'elle s'accoûtume avec l'Ecclefiafte
à triompher du fiecle, qu'elle trouve dans le livre de Job un modelle de vertu & de patience,
qu'elle paffe enfuite au faint Evangile qu'elle aura
toûjours entre les mains, & qu'elle fe rempliffe
le cœur & la volonté des Actes des Apôtres &
de leurs Epîtres. Aprés qu'elle aura fortifié fon
ame de ce trefor, qu'elle aprenne par cœur les
livres des Prophetes, de Moyfe, des Rois, &
des Paralipomenes, & même celui d'Efdras &
d'Hefter. Enfin elle lira auffi le Cantique des
Cantiques, fans que l'on puiffe rien aprehender
pour elle; car peut-eftre eût-elle efté bleffée en
commençant par cet ouvrage, ou elle n'eût pas
découvert le myftere des nôces fpirituelles fous
les termes qui le cachent. Qu'elle prenne garde de
ne rien lire d'apocryphe, ou fi elle en lit quelque
chofe, que ce foit plûtoft pour aprendre l'hiftoire
de ce qui y fera raporté, que pour s'inftruire des
myfteres de la foy. Qu'elle fe fouvienne que les
Autheurs de ces livres ne font pas ceux dont ils
portent le nom, & qu'il faut avoir beaucoup de
difcernement en cherchant l'or dans la bouë:
Qu'elle ait toûjours entre les mains les œuvres
de S. Cyprien, qu'elle parcoure fans fe laffer les
lettres de faint Athanafe, & les livres du grand
Hilaire; qu'elle fe plaife à la lecture de ceux
dont la foy & la pieté ne font point chancelantes
dans les écrits, lifant plûtoft les autres pour en
juger que pour les fuivre.

Mais, me direz-vous, comment une femme

du monde telle que moi, pourra-t'elle executer
tant de choses parmi la foule & l'embaras de
Rome ? Ne vous chargez donc point d'un fardeau que vous ne pouvez porter : Allaitez voftre
fille avec Ifaac, vêtiffez-la avec Samüel, & l'envoyez à fon ayeule & à fa tante, envoyez-la en
la chambre de la Vierge & enchaffez cette pierre
precieufe dans le berceau de JESUS-CHRIST.
Qu'elle foit élevée dans un Cloître parmi des
Vierges, où elle ne jurera point, où elle prendra
le menfonge pour un facrilege, où elle ne connoîtra point le fiecle, où elle vivra comme un
Ange, ayant un corps comme fi elle n'en avoit
point, & où elle croira que tout le monde lui
reffemble ; & pour tout dire en un mot, où elle
vous délivrera du foin de la garder. Il vaut mieux
que vous ayez quelque déplaifir de fon abfence,
que vous foyez en de continuelles inquietudes
de fçavoir à qui & de qui elle parle, ce qui lui
plaît ou ne lui plaît point. Abandonnez à l'illuftre Euftoche un enfant qui vous en prie par
fes begayemens, donnez-lui pour compagne de
fa fainteté celle qui en fera un jour l'heritiere ;
que cet enfant voye, aime, & admire dés fon enfance une perfonne dont la démarche, les geftes
& les difcours font des leçons de vertu ; qu'elle
vive entre les bras d'une ayeule qui recommen-
cera pour fa petite fille ce qu'elle a fait autrefois
pour fa fille, & à qui une longue experience a
apris à élever, à garder, & à enfeigner des Vierges : Que la Fille de Toxote eft heureufe d'eftre
moins confiderable par la nobleffe de fa famille,
quoi que tres-illuftre, que par la fainteté & par
les vertus de fon Ayeule & de fa Tante ! Pour
moi, fi vous voyez ici ces deux perfonnes, & les

grand's courages qui animent leurs petits corps,
vous avez naturellement tant d'estime pour la
pureté, que je croi que vous seriez plûtost à
Bethléem que vôtre fille, que vous prefereriez les
conseils de l'Evangile aux commandemens de
l'ancienne loy, & que sans écouter les soûpirs &
les plaintes de vos autres enfans, vous vous of-
fririez vous-même à Dieu : Mais puisque chaque
chose vient en son temps, que le corps de la femme n'est point en sa puissance, que chacun doit
demeurer en l'estat où il estoit quand Dieu l'a
apellé, & que celui qui est sous un joug avec un
autre ne le doit pas laisser dans la boüe ; commencez par vôtre fille une offrande, que vous acheve-
rez un jour par vous-même. Anne aprés avoir
presenté au Temple l'enfant qu'elle lui avoit
promis, ne le retira plus chez elle, & elle crût
qu'il seroit mal seant que celui qui devoit estre
Prophete fût élevé dans la maison d'une Mere qui
desiroit encore d'avoir d'autres enfans : même
aprés l'avoir enfanté elle n'osa aller au Temple ni
paroistre devant Dieu les mains vuides, & sans
s'acquitter de ce qu'elle lui devoit. Elle fit donc
un sacrifice de son fils, & retournant chez elle,
aprés l'avoir achevé, elle devint mere de cinq enfans, parce qu'elle avoit presenté à Dieu son premier né : Imitez la foy de cette sainte femme dont
vous admirez la félicité. Si vous nous voulez envoyer Paule je m'oblige à estre son Maître & son
nourricier, je la porterai entre mes bras, ma
vieillesse ne m'empeschera point de former & de
conduire ses begayemens moi-même, plus glorieux que ce Philosophe payen, puisque je n'in-
struirai pas un Roy mortel & perissable, mais
une épouse immortelle du Roy celeste.

A GAUDENCE.

De l'éducation de la petite Pacatule.

LETTRE XV.

I L. eſt aſſez difficile d'écrire à une petite Fille
qui n'entend point encore ce qu'on lui dit,
dont on ne connoît point l'inclination, de laquelle on ne peut rien ſe promettre d'aſſuré, &
en qui, pour me ſervir des termes d'un grand
Orateur, l'eſperance eſt plus à eſtimer que la
choſe même. Comment exhorter à la continence un enfant qui demande des poupées, qui be-
gaye ſur le ſein de ſa Mere, & qui prefere les
confitures aux paroles ? Celle qui s'endort à des
contes de vieille, concevra-t'elle les paroles relevées de l'Apôtre, & les enigmes des Prophetes ?
celle qui eſt troublée par la ſeverité du viſage
d'une Gouvernante, ſuportera-t'elle la majeſté
de l'Evangile, dont tous les plus grands eſprits
du monde ne peuvent ſoûtenir les éclairs ? En un
mot, comment aprendre à celle qui en joüant
bat encore ſa Mere, à eſtre ſoûmiſe à ſes parens ?
Que la petite Pacatule reçoive donc cette lettre
pour la lire quelque jour, qu'aujourd'hui elle
en connoiſſe ſeulement les caractéres, & qu'elle
en aſſemble les ſyllabes & les mots, & pour
l'exciter plus facilement à cela, propoſez-lui
pour recompenſe des darioles, des bouquets, des
babioles, & d'autres choſes pareilles. Cependant qu'elle commence à filer, & qu'elle rompe

à cette heure son fuseau, afin de ne le plus rompre un jour. Qu'elle joüe, aprés avoir travaillé, qu'elle saute au cou de sa Mere, qu'elle dérobe des caresses à toutes ses Parentes, qu'on lui donne quelque chose pour lui faire chanter des Pseaumes, & qu'elle se plaise à ce qu'elle est obligée d'apprendre, afin qu'il lui tienne plûtost lieu de divertissement, que de travail ; & qu'elle y soit moins portée par la necessité, que par son inclination naturelle. C'est la coûtume de quelques-uns d'habiller d'une couleur brune une Vierge qui est destinée à Dieu ; de lui oster le linge, & de ne lui laisser au cou, ni à la teste aucun ornement d'or, ni aucunes pierreries, afin qu'elle s'accoûtume à ne point avoir ce qu'elle seroit un jour obligée de quitter. D'autres tiennent une conduite contraire à celle-là : Car, disent-ils, cette Vierge ne verra-t'elle point à ses Compagnes ce qu'elle n'a pas ? Les Femmes aiment naturellement à estre parées, & il y en a de fort vertueuses, qui sans dessein de plaire aux hommes, se parent neanmoins pour leur satisfaction particuliere. Il faut donc rassasier une Vierge de ces vanitez, & loüer en sa presence celles qui s'en privent, afin que la possession lui en donne du dégoust, & qu'elle ne les souhaite point pour ne les avoir jamais eües. Le Seigneur même en usa de la sorte avec les Israëlites, qui desiroient de manger des viandes des Egyptiens ; car il les rassasia de Cailles, jusqu'à n'en vouloir plus : Et dans le monde plusieurs de ceux qui ont goûté la sensualité y renoncent plûtost que d'autres qui ne l'ont jamais connuë : On méprise ce que l'on connoît, & l'on recherche ce que l'on ne connoît point. Les uns évitent les pieges de la volupté

qu'ils ont éprouvée, & les autres qui en ignorent la douceur, poussez par les plaisirs de leurs
sens, rencontrent du poison où ils pensoient
trouver du miel. En effet, les lévres d'une Femme débauchée distillent du miel, qui a pendant
un temps de la douceur pour ceux qui en approchent ; mais à la fin il se convertit en absyn-
the. Delà vient que dans les Sacrifices de l'ancienne Loy on n'offroit point de miel, & que
l'on ne brûloit point de cire dans le Temple,
parce qu'elle est le receptacle du miel ; mais
bien de l'huile que l'on tire de l'amertume des
Olives. Faudra-t'il donc s'abandonner à la sensualité pendant sa jeunesse, afin d'y renoncer dans
un âge avancé, aprés l'avoir goutée ? Point du
tout, répondent-ils, que chacun demeure dans
l'estat où il estoit quand Dieu l'a appellé. Si un
Homme est appellé estant circoncis, c'est à dire,
estant vierge, qu'il ne desire point d'estre marié.
De même s'il est appellé sans avoir esté circoncis, c'est à dire, ayant une Femme il ne doit point
souhaiter d'estre vierge. Delà vient que saint
Paul parlant de la virginité & du mariage, appelle
les gens mariez les esclaves de la chair, & fait
consister la liberté, dans le service qu'on rend à
Dieu sans estre marié. Au reste, ce discours ne
doit pas passer pour une regle generale ; comme
aussi il ne faut pas croire que je ne parle qu'aux
Femmes, dont le sexe est foible ; Estes-vous
Homme & Vierge ; pourquoi vous plaisez-vous
en la compagnie d'une Femme ? Pourquoi abandonnez-vous une petite barque à la fureur des vagues ; & vous mettez-vous sur la mer sans estre
assuré que vous arriverez au Port.

Vous me répondrez que vous ne sçavez ce

que vous demandez : Cependant vous eftes attaché à cette Femme comme fi vous l'aviez bien
connuë , ou du moins , comme fi vous deviez un
jour la bien connoître. Mais ce fexe, ajoûterez-
vous , eft plus propre à rendre fervice. Choififfez
donc une vieille Servante , qui foit laide , & d'une
continence éprouvée. Pourquoi prendre une fille
jeune , belle , & adonnée à fes plaifirs ? Vous vous
baignez freqüemment ; vous vivez de mets delicieux , vous eftes opulent ; vous portez des habits fomptueux ; & vous croirez dormir en feureté auprés d'un Serpent, dont les morfures font
mortelles ? Elle ne refte pas dans ma chambre,
direz-vous,& particulierement la nuit.Mais vous
vous entretenez avec elle pendant toute la journée ? Pourquoi eftre feuls enfemble , & faire par
là juger aux autres que vous offenfez Dieu , quoi-
que cela ne foit pas ? Vous fervez de modele à des
miferables de qui vous autorifez la débauche par
vôtre exemple. Et vous Fille , ou Femme veuve,
pourquoi avoir de fi longs entretiens avec un
Homme ? Avez-vous point de peur , eftant feule
avec lui ? au moins que les neceffitez fecretes
vous forcent d'en fortir , & de quitter celui avec
lequel vous vous comportez plus licencieufement
qu'avec un Frere,& plus effrontement qu'avec un
Mari. Mais, me direz-vous , nous nous entretenons de l'Ecriture fainte : Si cela eft , parlez devant le monde , & devant vos domeftiques. Tout
ce qui n'eft point caché, eft lumiere : La parole
fainte ne cherche point les cachetes ni les re-
coins, elle fe plaît en public,& fe fatisfait de fes
propres loüanges , & du témoignage de plufieurs
bouches. O l'excellent Maître , qui dédaignant
fes Freres , & refufant de converfer avec des

Hommés, travaille avec beaucoup de peine à instruire en particulier une simple Femme !

Cependant je me suis écarté insensiblement de
mon dessein à l'occasion des autres, & parlant de
l'éducation d'une jeune Enfant qui porte le nom
de Paisible, je me suis mis sur les bras d'autres
personnes qui ne sont point trop paisibles, &
particulierement quand on leur fait la guerre.
Je reviens donc où j'en estois. Que les Filles
cherchent la compagnie des Filles, & que la
petite Pacatule ne joüe point avec les Garçons,
même quand ils seroient enfans comme elle.
Qu'elle n'entende rien qui choque la pudeur, &
s'il échapoit dans sa famille quelque mot un peu
libre, qu'elle n'en comprenne point le sens : Que
le moindre signe de sa Mere lui tienne lieu de
paroles & de commandement ; qu'elle l'aime
comme sa Mere, & qu'elle lui soit soûmise comme à sa Maîtresse. Lors qu'elle aura atteint l'âge
de sept ans, & qu'elle sera capable de honte, &
de discerner ce qu'il faut dire de ce qu'il faut
faire, qu'elle apprenne par cœur le Pseautier, &
qu'elle travaille jusques à douze ans à faire un
tresor dans son cœur des Livres des Prophetes,
de ceux de Salomon, du saint Evangile, & des
Actes des Apôtres. Qu'elle n'affecte point de paroître en public, & de se trouver toûjours aux
grandes assemblées, même des Eglises : Que toutes ses delices soient de demeurer dans sa chambre : Ne souffrez point auprés d'elle de jeunes
hommes frisez & parfumez, & qu'elle n'entende
point de ces douces paroles qui blessent l'ame
par les oreilles. Qu'elle s'éloigne autant qu'elle
poutra de la galanterie & la lasciveté des autres
Filles, dont la frequentation est d'autant plus

dangereuse

dangereuſe qu'elle ſemble eſtre plûtoſt permiſe
que celle des Garçons, & qui ſe plaiſent à donner en ſecret des leçons de ce qu'elles ont vû
pratiquer, capables de corrompre une Danaë
enfermée dans ſa tour par leurs rapports &
leurs caquets diſſolus. Que la Gouvernante
qui l'accompagnera ne ſoit point ſujette au vin,
une faineante, & une cauſeuſe ; qu'elle ſoit ſobre, prudente, & laborieuſe, & qu'elle ne parle
que de ce qui peut édifier une Fille, & la porter
à la vertu. Comme l'eau ſuit ſur le ſable le doigt
qni lui fraye le chemin, ainſi l'enfance qui eſt un
âge propre à eſtre entraîné d'un coſté & d'un autre, ſe laiſſe conduire où l'on veut. C'eſt la coûtume des Galants de chercher une entrée par des
civilitez & des petits preſens qu'ils font aux Nou-
rices, ou aux femmes-de-chambre ; & quand ils
l'ont obtenuë de la ſorte, ils allument un incendie
d'une étincelle, & ſe ſervent de l'occaſion avec
effronterie, ſans qu'on puiſſe y remedier ; Car,
comme dit le vers, *On guerit rarement le mal qu'on*
a laiſſé enraciner. Je ſuis honteux de dire ce que je
ne puis celer : Des Femmes de qualité, aprés avoir
mépriſé des partis avantageux, s'attachent à des
Gens de neant, ou à des Valets, & ſous un prétexte de devotion, & de continence, ces Helenes
ſuivent ſouvent des Paris, aprés avoir quitté des
Menelas, ſans en apprehender la colere.

Ces deſordres ſont connus, on en fait des plaintes, neanmoins on n'y remedie point ; car il ſemble que le nombre des Pecheurs autoriſe le crime. Choſe étrange ! le monde eſt à la veille
de finir, & le peché dure toûjours. Cette Ville illuſtre, cette capitale de l'Empire Romain a
fini par un incendie, & il n'y a point de Païs

T

au monde où l'on ne voye de ces Habitans refugiez. Ses Eglifes ont efté reduites en cendre, &
neanmoins nous ne renonçons point encore à
l'avarice : Nous mourrons peut-eftre demain, &
nous bâtiffons comme fi nous devions toûjours
vivre. L'or éclate fur nos murailles, fur nos
lambris, & fur les chapiteaux de nos colomnes;
& JESUS-CHRIST tout nud à nôtre porte
meurt de faim en la perfonne du Pauvre. Il eft
rapporté que le Grand-Prêtre Aaron alla au devant des flâmes, & appaifa la colere de Dieu,
en allumant l'encenfoir. Ce grand Pontife fe
trouva entre la vie & la mort ; mais le feu n'o-
fa aller jufqu'à lui, *Laiße-moy faire*, dit Dieu à
Moyfe, *& j'exterminerai ce Peuple* : Quand il
dit, *laiße-moy faire*, il montre qu'il peut eftre
empefché d'executer fes menaces ; car Dieu s'ap-
paifoit alors par les prieres de fes Serviteurs.
Mais aujourd'hui qui peut fufpendre l'effet de
fa colere par les fiennes ? qui peut aller au devant des flâmes, & dire avec l'Apôtre ; *Je defire de devenir moi-même anathéme pour mes Freres* ? Les Pafteurs periffent comme leurs troupeaux, parce que les Prêtres font femblables
au Peuple. *Si vous voulez pardonner à ce Peuple,*
continuoit le même Moyfe, touché d'une extrême compaffion, *Pardonnez lui, finon effacez-
moi auffi de vôtre Livre-de-Vie*. Il veut perir avec
les autres, & il ne fe contente pas de fon falut
particulier, puifque la gloire d'un Roy eft le
falut de fon Peuple. Pacatule eft née en ce
temps malheureux, & en fon enfance qui eft un
âge deftiné aux jeux, elle connoîtra plûtoft les
larmes que les ris, la douleur que la joye, &
apprendra que l'heure de fa mort ne fera peut-

estre guere éloignée de celle de sa naissance.
Qu'elle croye que le monde a toûjours esté en
l'estat où elle le voit aujourd'huy, qu'elle ignore le passé, qu'elle ait du degoust pour ce qui est
present, & qu'elle ne desire que l'avenir.

J'ai écrit ces lignes à la haste, Mon cher
Gaudence, dans un long exil, & un deüil continuel de la mort de nos amis, plûtost pour satisfaire à vôtre charité, & au zele que vous avez
pour l'éducation de la petite Pacatule, que
dans le dessein de vous faire un grand present?
Mais j'ai mieux aimé vous donner peu de chose, que ne vous rien accorder, car l'un vous
sera un témoignage de ma bonne volonté, quoi
qu'accablée de chagrin, & par l'autre, vous
verrez qu'il n'y a point de dissimulation dans
mon amitié.

A EUSTOCHE.

Du soin de conserver sa virginité.

LETTRE XVI.

Ecoutez ma Fille, ouvrez les yeux, & prê- *Psal. 44.*
tez l'oreille: Oubliez vôtre Famille & la maison de vôtre Pere, & alors le Roy concevra de l'a-
mour pour vôtre beauté. Je vous écris en ces
termes, Madame, car c'est ainsi que je dois nommer l'Epouse du Seigneur de tous les hommes,
afin que vous connoissiez dés le commencement
de ma Lettre, que je ne fais point ici l'éloge de la
virginité que vous avez embrassée comme la plus

avantageuſe pour vous, & que je ne parle point des peines du mariage, de la groſſeſſe, des jalouſies d'un mary, de l'inquietude que donne une famille, & de la mort enfin qui prive des douceurs que l'on pouvoit rencontrer en cette condition.

Je pretens ſeulement vous avertir que ſortant de Sodome, comme la femme de Loth, vous devez craindre une diſgrace pareille à la ſienne ; & que l'état que vous avez choiſi doit plûtoſt vous donner de l'apprehenſion que de l'orgueil. On ne marche point en ſûreté parmi des ſerpens ; l'ennemi nous inveſtit de tous côtez. Pendant que nous avons un corps, & que ce foible vaiſſeau eſt le depoſitaire de la virginité, pendant que l'eſprit ſe ſouleve contre la chair, & que la chair gourmande l'eſprit, la victoire eſt toûjours incertaine. *Le Diable nôtre ancien ennemi, rode ſans ceſſe comme un lion rugiſſant, cherchant quelqu'un pour le devorer.* S. Paul qui eſt un vaiſſeau d'election, Apôtre de JESUS-CHRIST pour inſtruire le monde dans la connoiſſance des loix de Dieu, eſt contraint par les aiguillons de la chair de ſoûmettre ſon corps par des macerations, afin que celui qui enſeigne les autres ne ſoit pas lui-même un reprouvé : neanmoins il a de la peine, car ſon eſprit & ſon corps ſuivent des mouvemens contraires, & il devient l'eſclave du peché. Si parmi les jeûnes & les abſtinences, ſi eſtant nud & priſonnier il demande *qui le tirera du corps de cette mort,* croyez-vous eſtre en ſeureté ? Prenez garde que Dieu ne diſe un jour de vous, *La fille d'Iſrael eſt tombée, & il n'y a perſonne pour la relever.* En effet quoi que Dieu ſoit tout-puiſſant, je ne craindrai point d'aſſurer qu'il ne peut relever une vierge aprés ſa chûte : il peut

bien lui pardonner ſon crime ; mais il ne la couronne jamais aprés ſa faute. Craignons d'eſtre
l'accompliſſement de cette prophetie : *Les bonnes*
vierges tomberont , & apprenez par ces mots de
bonnes Vierges qu'il y en a auſſi de mauvaiſes. Si
celui *qui regarde une femme pour la deſirer , en a*
déja abuſé dans ſon cœur , il n'y a point de doute
que la virginité périt par une penſée criminelle :
Les mauvaiſes Vierges ſont celles qui ne le ſont
que de corps ; ce ſont ces Inſenſées , qui n'ayant
point d'huile ſont chaſſées par l'Epoux. Cependant ſi celles dont le corps eſt pur, commettent
des fautes qui les perdent de leur virginité,
qu'arrivera t'il à celles qui ont proſtitué le Corps
de JESUS-CHRIST, & qui ont changé le Temple
du ſaint Eſprit en un lieu de débauche? C'eſt pourquoi ſi je puis vous donner un avis, & ſi vous
avez quelque créance en mon expérience, je
vous conjure d'abord de fuïr le vin comme un
poiſon ; il ſert aux femmes contre les armes
pour attaquer la jeuneſſe, les aſſauts de l'avarice ,
l'orgueil de la vanité , & les charmes de l'ambition ne ſont pas plus redoutables. Pourquoi mettre de l'huile dans le feu, & nourir des flâmes en
nous-mêmes ? Noé fut enyvré, & le peuple
devint idolâtre aprés en avoir bû. L'Ecriture ſainte
en une infinité d'endroits condamne la bonne chere & approuve la frugalité : C'eſt pourquoi ceux
que la gourmandiſe a chaſſez du Paradis terreſtre
doivent tâcher d'y rentrer par l'abſtinence. Vous
me répondrez peut-eſtre qu'une fille de qualité ,
née dans l'opulence & accoûtumée aux delices, ne
peut ſe ſoûmettre à cette auſterité , ni ſe paſſer de
vin & de mets delicieux. Qu'elle vive donc ſelon
les loix du ſiecle , ſi elle ne peut vivre ſelon celles

de JESUS-CHRIST. Ce n'est pas que Dieu se plaise à nous voir affamez; mais la virginité ne peut estre en seureté qu'avec l'abstinence. Je suis honteux de dire combien tous les jours il tombe de Vierges, combien il en sort du sein de l'Eglise, & sur combien de ces astres le Diable éleve son thrône. Mais aprés avoir parlé de celles qui se contentent de paroître Vierges sans l'estre effectivement, je veux à cette heure m'adresser particulierement à vous; car vous devez travailler à ne pas perdre les biens de l'avenir aprés vous estre privée des commoditez de cette vie, & il faut le faire avec d'autant plus de soin, que vous estes la premiere fille de qualité de Rome qui se soit consacrée à Dieu.

N'ayez point de commerce avec les femmes, n'allez point aux maisons des gens de qualité, & ne voyez point ce que .... méprise en vous immolant à JESUS-CHRIST. L'épouse d'un Dieu peut-elle rendre visite aux femmes des hommes ? Ayez en cette occasion une sainte vanité, & vous estimez meilleure qu'elles. Choisissez des compagnes attenüées par les abstinences, dont le visage soit have & maigre, & dont la vie & les mœurs ayent esté éprouvées. Soyez soûmise à vos parens à l'exemple de vôtre époux : Sortez rarement, même quand la necessité vous y obligeroit; car si vous sortez toutes les fois qu'il en sera besoin, ce besoin se presentera trop souvent. Mangez avec moderation, car il y en a plusieurs qui sont sobres à l'égard du vin, & qui neanmoins, pour ainsi dire, s'enyvrent de viandes. Lisez sans cesse, & vous instruisez par la lecture dans beaucoup de choses. Que le sommeil vous surprenne avec l'Ecriture sainte entre les mains.

Jeûnez tous les jours sans vous rassasier entierement dans vos repas. Si vous mettant dans le lit
aprés avoir mangé, vous estes attaquée par la volupté, armez-vous du bouclier de la foy, contre
qui les fléches du Demon s'éteignent. L'amour
de l'esprit est plus fort que celui du corps, &
l'un triomphe de l'autre. *Lavez toutes les nuits*
vostre lit de pleurs, & le faites nager dans vos lar-
mes; veillez & aimez à estre seule comme le
Passereau. N'écoutez point les paroles oyseuses,
car il s'y glisse toûjours quelque chose qui tente
une Vierge qui preste volontiers l'oreille à tout
ce qui se dit. Naturellement nous prenons plaisir
à entendre ceux qui nous flatent, & l'ame que
l'on loüe s'en réjoüit interieurement. L'épouse
de JESUS-CHRIST est l'arche de l'ancien Testament, qui estoit dorée au dedans & au dehors,
parce qu'on y gardoit la loy de Dieu. Comme il
n'y avoit que les Tables sur quoi cette Loy estoit
écrite, de même n'enfermez dans vôtre ame aucune pensée. Marie prit le meilleur party, & celui qu'on ne lui pût oster. Soyez une autre Marie, & preferez vôtre instruction à tout. Que vos
sœurs courent d'un côté & d'un autre, & qu'elles se chargent du soin de recevoir JESUS-CHRIST;
pour vous, ne songez plus à l'embaras du siecle,
& dites aux pieds de vôtre époux. *J'ai trouvé*
celui que mon ame cherchoit, je le tiendrai, & je
ne le laisserai point aller. Soyez toûjours retirée
dans une chambre, entretenez-vous-y interieurement avec JESUS-CHRIST. Vous parlez à lui
en priant, & il parle à vous quand vous lisez.
Comme Dina se perdit en sortant, je ne veux
point que vous le cherchiez dans les ruës, ni
dans les carrefours de la ville : Laissez cet exercice

aux Vierges Infenfées, & vous tenez enfermée avec lui. Que Dieu feulement foit témoin des aumônes que vous ferez. Lorfque vous jeûnerez, ayez le vifage gay. Que vos habits ne foient point remarquables par quelque diverfité de couleurs, & qu'ils ayent de la propreté fans affectation. Ne faites point paroître plus de retenuë ni d'humilité qu'il ne faut, de peur que vous ne tombiez dans les pieges de la vanité en les évitant. Plufieurs cachent leur pauvreté & leur charité de telle maniere qu'ils cherchent à eftre eftimez par ce qu'ils font pour ne l'eftre point, & c'eft aimer extraordinairement la loüange qu'en demander en la fuyant. Si vous ignorez quelque chofe, ou qu'il vous naiffe une difficulté fur quelque paffage de l'Ecriture, adreffez-vous à un homme recommandable par fa bonne vie, que fon âge mette à couvert du foupçon, & dont la reputation foit bien établie; car il vaut mieux ne fçavoir point quelque chofe, & eftre en feureté, que s'expofer au danger pour l'apprendre. Si quelques-unes de vos Servantes vous ont fuivie dans vôtre vocation, ne les traitez point comme eftant leur Maiftreffe : Si vous n'avez toutes qu'un Epoux, fi vous pfalmodiez, & fi vous communiez enfemble, pourquoi aurez-vous deux tables. Attirez les autres à vous par le bon traitement que vous ferez à celles-ci. Si vous en trouvez une foible en fa foy, confolez-la, carreffez-la, & que la confervation de fa virginité tourne à vôtre profit particulier. Fuyez l'avarice, non pas en ne defirant point le bien des autres; car c'eft un crime que les loix puniffent, mais en ne confervant point le vôtre, puifqu'il n'eft point veritablement à vous. L'or &

l'argent font un fardeau aux autres, mais vos ri-
chelles font toutes fpirituelles ; ou ne peut fervir
deux maîtres à la fois, & le foin d'avoir de quoi
fe nourir eft une épine dans la foy, la fource
de l'avarice, & ce qui fcandalife les Idolâtres.
Méprifez tout, & vous eftant unie à JESUS-
CHRIST, chantez-lui, *Le Seigneur eft mon par-*
tage. Enfuite quoi que l'Apôtre commande de
prier fans celle, & que le fommeil même tienne
lieu de priere aux Saints ; deftinez neanmoins à
ce pieux exercice de certaines heures, afin que
fi vous eftiez occupée à autre chofe, le temps au
moins vous avertille de vôtre devoir. Tout le
monde fçait qu'il faut prier à la troifiéme, à la
fixiéme, & à la neuviéme heure du jour, le matin
& le foir, en fe mettant à table, & en en fortant.
Pour vous, il faut que vous vous releviez deux
ou trois fois la nuit, & que vous repetiez ce que
vous aurez apris par cœur de l'Ecriture fainte.
Priez auffi en fortant de chez vous : faites la même chofe au retour, même avant que vous vous
repofiez ; armez-vous à toute heure du figne de
la croix : En un mot prenez pour modele la fainte
Vierge, dont la pureté a efté fi grande, qu'elle a
merité d'eftre la mere du Sauveur. L'Ange eftant
entré fous la forme d'un homme où elle eftoit,
en lui difant, *Je vous faluë, ô pleine de grace, le*
Seigneur eft avec vous, elle fut tellement troublée qu'elle ne pût répondre ; car elle n'avoit
jamais efté faluée par un homme : cependant elle
s'inftruit de ce myftere, elle parle, & celle qui
eftoit troublée de la veuë d'un homme, s'entretient hardiment avec un Ange. Vous pouvez
comme elle eftre la mere du Sauveur ; enfantez-
le dans vôtre cœur par une forte refolution d'eftre

toûjours à lui. Celui qui n'aime point Dieu trouvera sans doute de la difficulté à executer ce que je vous ai dit ; mais une ame qui aura renoncé à la vanité du siecle, & à tout ce qui est au monde pour gagner JESUS-CHRIST, qui sera morte & ressuscitée en lui, & qui aura crucifié son corps & ses passions, dira volontiers, *Qui me separera de l'amour de Dieu ?* Qui d'entre les Saints a esté couronné sans avoir combattu, & sans avoir souffert ? Salomon seul a vêcu dans les delices, & ce fut peut-estre la cause de sa chûte, car le Seigneur châtie celui qu'il aime & qu'il veut attirer à lui. Vaut-il pas mieux acheter la victoire par un leger combat, & par les fatigues d'une guerre d'un moment, que d'estre éternellement esclave pour n'avoir pas supporté les peines d'un quart-d'heure ? On ne trouve rien penible quand on aime, ni rien difficile quand on veut travailler. *Le Ciel se prend par violence, & ce sont les violens qui l'emportent.* Quand donc vous vous sentirez flatée par les charmes de la volupté ou de l'ambition, allez-y d'esprit, commencez d'estre ce que vous serez un jour, & parlez de la sorte, *Les grandes eaux ni même les grandes rivieres n'éteindront point mon amour.*

A DEMETRIE.

Sur le même sujet.

LETTRE XVII.

DEPUIS ma jeuneſſe que j'écris ou que je fais écrire par d'autres, je n'ai point traité de matiere plus difficile que l'ouvrage que j'entreprens aujourd'hui. En effet, voulant parler de Demetrie qui eſt par ſa naiſſance & par ſes richeſſes la plus conſiderable Vierge de l'Empire Romain qui ſe ſoit conſacrée à Dieu; ſi je n'omets rien je paſſerai pour un flateur, & ſi je tais quelque choſe pour me faire croire plus facilement, ma modeſtie dérobera à ſes vertus une partie d'un éloge qui leur eſt dû tout entier. Que dois-je donc faire ? car je ne puis refuſer ce que j'ai de la peine à accorder à la Mere & à l'Ayeule de cette fille, femmes conſiderables l'une & l'autre, & qui commandent avec autorité, demandent avec confiance, & meritent d'eſtre écoutées par leur perſeverance. D'ailleurs ce qu'elles exigent de moi n'eſt pas une nouveauté à un homme accoûtumé à ces ſortes de choſes, & elles veulent que je ſois comme le témoin des vertus de Demetrie, en faiſant le panegyrique d'une perſonne qui doit plûtoſt eſtre eſtimée par l'eſperance qu'on en a conceuë, que par ce qu'elle eſt aujourd'hui.

Il faut donc que la médiſance & l'envie ſe taiſent, & qu'on ne m'accuſe point de vanité en cette occasion. J'écris sans estre connu à celle que je ne connois point aussi ; c'est à dire de visage ni de corps, car j'en connois parfaitement le dedans, ainsi que l'Apôtre connoissoit les Colossiens & les autres Fidelles qu'il n'avoit jamais vûs. Mème on jugera par ceci de ce que peut sur moi cette fille, ou pour mieux dire ce prodige. Je travaille à l'explication du Temple d'Ezechiel, qui est peut-estre l'ouvrage le plus difficile de l'Ecriture sainte, & principalement à l'endroit du Sanctuaire ; neanmoins j'ai interrompu cette occupation par cette lettre, pour passer d'un autel à un autre, & pour sacrifier à la pureté éternelle une hostie vivante sans tache, & agreable à Dieu. J'ai apris qu'elle a reçeu le voile des mains de son Evêque, & qu'il accomplit ces paroles de saint Paul, *Je veux que vous offriez tous à* JESUS-CHRIST *une vierge chaste ;* quand elle se presentera à ses côtez avec une robe en broderie d'or, semée à l'aiguille de diverses fleurs, telle que Joseph & les filles des Rois en portoient autrefois, Cependant cette Lettre ne sera pas inutile ; car l'applaudissement des Spectateurs anime les Luitteurs, & la harangue des Generaux donne du courage & de la force aux troupes rangées en bataille : La Mere & l'Ayeule ont planté l'arbre, pour moi je l'arroserai, & le Seigneur le fera croître.

C'est la coûtume des Orateurs de commencer un Eloge par la noblesse des Ayeuls de ceux qu'ils loüent, & de compenser la sterilité des branches avec la fecondité du tronc. A leur exemple rapporterai-je ici les noms fameux des Probus & des Olibrius ? Ferai-je une discussion de la famille d'Anitius, où il n'y a eu personne

qui n'ait merité le Confulat ? Parlerai-je d'Olibrius, Pere de Demetrius, dont la mort prema-
turée affligea toute la Ville de Rome ? Je crains
de rafraîchir les bleſſures de ſon illuſtre Epouſe,
& que la peinture des vertus du Mary ne ſoit
un renouvellement de douleurs à la Veuve. Il
fut Enfant obeïſſant, Mary admirable, bon Citoyen, & il fut élevé au Confulat dés ſa jeuneſſe, ſurpaſſant par ſa prudence l'âge des plus
anciens Senateurs. Il a eſté heureux, mourant
avant la ruïne de ſon Pays qu'il n'a point veuë :
Mais ſon bonheur le plus grand eſt d'avoir eu
une Fille qui ternit le luſtre & l'éclat de tous ſes
Anceſtres par un vœu ſolemnel d'une virginité
perpetuelle.

Cependant je m'égare inſenſiblement de mon
deſſein, & à l'occaſion des vertus du Pere, je louë
les richeſſes du ſiecle que Demetrie a mépriſées ;
car elle n'a conſideré en elle que la baſſeſſe de
l'homme, ſans avoir égard à l'opulence, & à la
nobleſſe de la maiſon dont elle eſt. Croira-t'on
que dans l'or & dans la ſoye, parmi une foule
d'Eſclaves & de ſervantes au milieu des flateries
& des ſoûmiſſious d'une famille complaiſante,
& qu'à la veuë de tant de mets delicieux une
Fille ait jeûné de la ſorte, ait porté des habits ſi
rudes & ſi groſſiers, & ait vêcu avec tant d'abſtinence ? Elle avoit lû ces paroles : *Une perſonne*
vêtuë avec luxe & avec molleſſe habite en la mai-
ſon des Rois. Elle avoit penſé attentivement aux
merveilles de la vie de ſaint Jean, & de celle
d'Helie, qui ſe meurtriſſoient les reins d'une ceinture de cuir : Et l'on dit que ſaint Jean vint avec
la vertu & l'eſprit d'Helie eſtre le Precurſeur de
Jesus-Christ, prophetiſant dés le ventre de ſa

Mere, & aiant esté loüé par la bouche de son Juge, avant le temps de son jugement. Elle admiroit le zele d'Anne fille de Phanuël qui demeura dans le Temple jusques à une extrême vieilleffe, y servant sans ceffe dans le jeûne & dans les prieres. Elle vouloit enfin estre du nombre des quatre Filles de Philippe, qui avoient merité de prophetiser en conservant leur virginité. Elle entretenoit son esprit de ces pensées, & d'autres pareilles, ne craignant que de déplaire à sa Mere, ou à son Ayeule; car elle apprehendoit celles qui par leur exemple & leur pieté l'animoient à la vertu. Ce n'est pas neanmoins qu'un dessein si saint leur fust desagreable; mais l'entreprise leur en sembloit si grande qu'ils n'osoient même la desirer: Quelques Dames de qualité & de vertu qui ont vû & connu Demetrie, s'estant embarquées en France pour le voiage de la Terre sainte, & aiant esté contraintes, par l'apprehension des Barbares, de s'arrester en Afrique, m'ont appris qu'elle ne couchoit point sur la plume, mais sur un certain cilice qu'elle étendoit sur la terre au lieu de lit; Qu'elle pleuroit sans ceffe; Qu'elle se jettoit à toute heure aux pieds du Sauveur, lui demandant qu'il agreast son dessein, qu'il remplist ses desirs, & qu'il adoucist sa Mere & son Ayeule: Et qu'elle vacquoit à ses exercices la nuit seulement, & en la compagnie de quelques Filles qui s'estoient consacrées à Dieu. Même le jour de ses nôces estant proche, elle s'écarta du monde une nuit, & l'on dit qu'elle parla de la sorte; Que fais-tu Demetrie? pourquoi défendre avec tant de foibleffe ta virginité? Il faut montrer aujourd'hui du courage, & faire voir que tu es libre. Si tu trembles dans la paix, que deviendras-tu dans le combat, & quand il faudra souffrir le martyre ? Si tu ne peux soûtenir la presence de tes Parens, comment resister à celle des Persecuteurs & des Boureaux ? Si tu n'es point animée par l'exemple des hommes, trouve au moins ta seureté en imitant Agnes, qui par une force au dessus de son âge triompha des Tyrans, & conserva sa pureté par le martyre. Sçais-tu malheureuse fille, continua-t'elle, à qui tu la dois, aprés avoir esté si long-temps en la puissance des Barbares cachée sous les habits de ta Mere, ou de ton Ayeule ? Tu t'es vûë esclave, & entre les mains des ennemis ; ils ont enlevé en ta presence des Vierges consacrées à Dieu, & tu en as soûpiré en toy-même de peur d'estre entenduë : Ta Ville autrefois la capitale du monde a servi de tombeau à son Peuple, & bannie encore aujourd'hui, tu songes à épouser en Lybie un banni comme toy : qui assistera à ce mariage ? quelle en sera la Feste ? Plus de delai. On ne craint point quand on aime veritablement Dieu : Prens le bouclier de la foy ; que la justice te serve de cuirasse, & l'esperance du salut, de casque, car c'est aussi un martyre que conserver sa virginité. Pourquoi redouter ta Mere, ou ton Ayeule ? Peut-estre qu'elles desirent elles-mêmes ce qu'elles ne croyent pas que tu veüilles. En achevant ce discours elle quitta l'habit de seculiere comme estant un empêchement à son dessein, elle mit dans sa cassette ses perles & ses pierreries, & s'estant couverte d'une tunique & d'un méchant manteau, elle se jetta avec cet habit aux pieds de sa Mere, & de sa grand-Mere, leur faisant connoître par ses larmes & par ses gemissemens ce qu'elle estoit : La grand-Mere fut troublée par la nouveauté de cet habillement ; la joye empefcha la Mere de parler, & l'une & l'autre ne croyoit point ce qu'elle fouhaitoit eftre veritable ; le vifage de l'une & de l'autre rougit & pâlit, & leurs penfées differentes nageoient entre la crainte & la joye.

Il faut fe taire ici, & ne pas ternir la beauté d'un endroit qu'on ne peut affez bien exprimer. L'éloquence de Ciceron s'épuiferoit, & Demofthene feroit languiffant & fans force en racontant quels furent l'étonnement & la joye de ces Dames. Tout ce qu'on peut dire, & tout ce qu'on peut imaginer s'accomplit à cette heure. Elles fe jettent au cou de Demetrie à l'envie l'une de l'autre, elles pleurent de joye, elles lui tendent la main pour la relever, elles la felicitent, elles reconnoiffent leurs inclinations dans le deffein de leur Fille ; en un mot, elles la congratulent de ce qu'elle veut par fa virginité ajoûter un nouveau luftre à la nobleffe de fa maifon, & de ce qu'il en fort une Fille qui appaife les maux des Romains par un facrifice d'elle-même. Quel fut le raviffement de toute la famille ? L'exemple de Demetrie fut fuivi de plufieurs Filles, & il fut comme la fource d'une infinité de Vierges. Il n'y eut point de maifons où l'on n'embraffaft la virginité, & par tout la recompenfe de la chafteté eftoit pareille, quoi que dans le fiecle les conditions fuffent inégales. Je n'en dis pas affez, toutes les Eglifes d'Afrique apprirent cette nouvelle avec une joye incroyable, & elle ne fe répandit pas feulement dans les Villes & dans les Bourgs, mais encore dans les Hameaux, & parmi les Chaumieres. Elle fut fceuë dans les Ifles qui font entre l'Afrique & l'Italie, & la confolation

lation qu'elle donna alla plus loin. Rome quitta
fes habits de deüil, il fembla que fes murailles à demi ruïnées euffent efté rétablies ; car on fe
perfuada que le Ciel lui eftoit devenu favorable
par le facrifice qu'une illuftre Citoyenne lui
avoit fait d'elle-même. On euft dit que les Goths
euffent efté défaits, & que Dieu irrité euft diffipé avec le foudre cét amas d'Efclaves & de Brigands. La victoire que Marcellus remporta à Nole ne releva pas davantage le courage du Peuple
abatu par les pertes fanglantes des journées de
Trafimene & de Cannes. Enfin, les reftes de
l'Empire, & de la Nobleffe, qui avoient acheté
leur liberté, refugiez au Capitole virent avec
moins de plaifir la défaite des Gaulois. La renommée fema même en Orient le bruit de l'entreprife
de Demetrie, & il fut parlé du triomphe de JESUS
CHRIST dans les Villes fituées fur les rivages de
la mer Mediterranée. Quelle Vierge ne fe vanta
pas alors d'une fi illuftre Compagne, & quelle
Mere ne porta point envie au fein de Julienne?
Aprés cela, quand vous douteriez comme les Infidelles de la récompenfe que vous attendez, n'a-
vez-vous pas déja plus reçû que vous n'avez donné ? Vôtre mariage avec un Homme n'eftoit fçû
que dans une Province : & le monde entier apprend que vous époufez un Dieu. C'eft la coûtume des Pecheurs de peu de foy, & des Parens
aveuglez d'offrir à Dieu des Filles difformes, in-
firmes, & mutilées, ne pouvant trouver avec qui
les marier avantageufement : Et ceux qui ont
un peu plus de fcrupule que les autres, leur font
une petite penfion, qui fuffit à peine à leur nouriture, confervant les reftes de leur bien à leurs
autres Enfans. Un Ecclefiaftique de cette Ville

V

fort accommodé depuis peu en a ufé de la forte ;
laiffant dans une extrême pauvreté deux de fes
Filles qui fe font confacrées à Dieu , pour mé-
nager à fes autres Enfans dequoi vivre dans le
luxe & dans les delices du fiecle. Plufieurs Femmes , & même de celles qui font profeffion d'ê-
tre vertueufes , en ont ufé de la forte : Et plûft
à Dieu qu'il s'en trouvaft peu de pareilles ! Mais
plus on en rencontre , & plus celles qui ne s'ar-
reftent point à une coûtume fuivie de tant d'autres meritent de gloire.

On dit , & tous les Chrêtiens font encore aujourd'hui l'eloge de cette action , que ce qui
avoit efté deftiné pour marier Demetrie , lui fut
abandonné , afin qu'elle ne fift point d'injure à
fon veritable époux , lui portant en dot ce qui
lui avoit efté promis pour un autre , & qu'elle
pût foûlager les ferviteurs de Dieu de ce qui eût
efté diffipé malheureufement dans le monde.
Même, qui le croira ? Probe, cette Dame dont le
nom eft plus illuftre que tout ce qu'il y a de grand
& de noble dans l'Empire Romain , dont la charité s'eft épanduë fur tant de gens, dont les Barbares ont reveré la fainteté, & dont la naiffance de
trois enfans élevez au Confulat n'a point alteré
l'humilité ; après l'incendie & le faccagement de
Rome , & pendant que fes Citoyens font efclaves, vend fon bien,& fait de fes richeffes des amis
qui la recevront dans les Tabernacles éternels.
Etrange fujet de confufion aux Ecclefiaftiques &
aux Solitaires décheus de leur ancienne vertu qui
achettent des heritages lors qu'une femme de
qualité vend les fiens ! A peine eftoit-elle fortie
des mains des Ennemis , & elle pleuroit encore
les Vierges qui lui avoient efté ravies , lorfque

son fils, qu'elle aimoit tendrement, lui fut enlevé par un accident imprévû, & qu'elle n'avoit jamais redouté. Neanmoins comme si elle se fût déja consolée de l'esperance d'estre un jour la grande-mere d'une Epouse de Jesus-Christ, elle se rendit digne de l'eloge que le Poëte Lyrique donne à la vertu ; *Le monde*, dit-il parlant d'un homme juste, *l'enseveliroit sous ses ruines sans qu'il tremblât.* Nous lisons ces paroles dans le livre de Job, *Celuy-cy parloit encore quand il en survint un troisiéme* ; Ce sont des Messagers qui apportoient à ce Serviteur de Dieu la nouvelle de ses disgraces. Et il est dit au même endroit, *Que la vie de l'homme est une tentation sur la terre* ; où comme porte le texte Hebreu ; *une guerre continuelle.* Car nous travaillons, & nous nous exposons dans les combats du siecle, afin d'estre couronnez dans l'eternité. Mais cela ne doit point vous surprendre, puisque le Sauveur fut tenté lui-même, & que l'Ecriture raporte que Dieu tenta Abraham. C'est ce qui a donné lieu à l'Apôtre de dire. *Nous nous glorifions dans nos* *Rom. 5.* *maux & dans nos afflictions, sçachant que l'affliction produit la patience, la patience l'épreuve, & l'épreuve l'esperance : or cette esperance ne nous trompe point.* Et en un autre endroit ; *Qui donc* *nous separera de l'amour de* Jesus-Christ *? sera-* *Rom 8.* *te l'affliction ou des déplaisirs, ou la persecution, ou la faim, la nudité, ou les perils, ou le fer, ou la violence ? selon qu'il est écrit : On nous égorge tous les jours pour l'amour de vous, Seigneur, on nous regarde comme des brebis destinées à la boucherie.* Isaye aussi s'écrie de la sorte, *Vous tous* *qui avez esté alaittez, & sevrez, attendez travail* *Esa. 28.* *sur travail, & esperance sur esperance, Les souf-*

frances de la vie presente n'ont point de proportion avec cette gloire que Dieu doit un jour découvrir en nous. La suite montrera pourquoy j'ay rapporté ces passages de l'Ecriture. Celle qui voyoit du milieu de la mer l'embrasement de son païs, & qui avoit confié sa vie à une petite barque, trouva encore plus de cruauté en Afrique. Elle y fut receuë par un homme dont on ne peut dire qui estoit plus grande de l'inhumanité ou de l'avarice ; qui ne trouvoit rien d'agreable que le vin & l'argent, & qui, sous le pretexte du service d'un Prince tres-affable, estoit un impitoyable Pirate. Il ravissoit entre les bras des meres les filles fiancées, & trafiquoit du mariage des filles de Qualité avec des Marchands, & particulierement avec des Syriens, qui sont les plus insatiables de tous les hommes, & n'avoit aucun égard à la pauvreté des Orphelins, des Veuves, & des Vierges consacrées à Dieu, regardant plûtost les mains de celles qui le prioient que leur visage, où la misere estoit peinte. Probe pour éviter ce monstre s'abandonna à la rage des Barbares, qui ne pardonnoient pas même aux restes des naufrages, & qui ne se contentoient pas de faire des esclaves. Cependant je donnerai lieu de causer à mes ennemis, & ils m'accuseront de flater une Dame de qualité, car ils ne sçavent pas que jusqu'ici je n'ai rien dit à sa loüange avant la mort de son mari, ni depuis son trépas. Je n'ai point fait l'eloge de la grandeur, de l'antiquité, ni des richesses de sa maison, à l'exemple de quelques Mercenaires qui peut-estre ont fait payer leurs loüanges; Même je n'ai point eu aujourd'hui d'autre dessein, que de parler en Ecclesiastique de la grand'-Mere d'une

Vierge, & de lui rendre grace de ce qu'elle a fortifié par son exemple le dessein & la volonté d'une petite fille. D'ailleurs, une cellule, des legumes, un habit de peu de valeur, un âge avancé, la mort dont je suis peu éloigné, & le peu dont j'ai besoin pour le reste de mes jours, empêcheront qu'on ne me soupçonne d'estre un flateur, & dans la suite de ce discours je m'adresserai à une fille aussi illustre par sa sainteté que par sa naissance, dont la chûte est d'autant plus à craindre, que l'estat où elle est parvenuë est élevé.

D'abord, ma chere fille, je vous avertis, & vous avertirai sans cesse, de vous occuper à la lecture de l'Ecriture sainte, de peur que pendant que le pere de famille, c'est à dire vôtre esprit, qui doit toûjours estre attaché à Dieu, sera endormi, *Mat. 13.* vôtre ennemi ne vienne & ne seme de l'yvroye dans le bon champ de vôtre ame. Parlez toûjours de la sorte à vôtre Epoux, *J'ai cherché toute la* *Can. 3.* *nuit celui que j'aime*; Ou en ces termes, *Mon* *Psal. 6.* *ame s'attache fortement à vous, & c'est vôtre main droite qui me soûtient.* Dites aussi avec Jeremie; *Jerem. 17.* *Je n'ai point eu de peine à vous suivre, car il n'y en a point en Jacob ni en Isaac.* Pendant que vous estiez dans le siecle vous vous plaisiez aux choses du siecle, à vous blanchir le teint, à vous parer les cheveux, & à en porter d'étrangers, pour ne rien dire de tant de pierreries differentes pour qui celles de vôtre sexe ont une passion déreglée. Mais aujourd'hui que vous avez quité le monde, & que depuis vôtre baptême vous avez declaré une seconde fois la guerre au demon: *Je te renonce Satan*, lui avez vous dit, *je renonce à ta pompe & à tes œuvres*; tenez-lui pendant que

vous vivez ce que vous lui avez promis , de peur
que vous ayant appellée en justice vous ne soyez
condamnée d'avoir pris quelque chose qui lui
appartienne , livrée à son Ministre, qui est vindi-
catif & vôtre ennemi comme lui , & jettée dans
la prison & dans les tenebres exterieures. Plus elles sont éloignées de JESUS-CHRIST, qui est la
veritable lumiere, & plus nous y trouvons d'horreur , & on n'en sort point que l'on n'ait payé
jusqu'au dernier denier , c'est-à-dire satisfait
pour le plus petit peché , car on rendra conte au
jour du Jugement , même des paroles oiseuses.

Ce n'est pas que je presage rien qui ne vous
soit avantageux, mais la fonction que je fais
aujourd'hui auprés de vous, m'oblige à craindre même ce qu'il y a de plus assuré. *Si l'esprit*
de celui qui est puissant , dit le Sage , s'éleve contre
vous , ne quittez point vôtre poste ; car nous sommes comme dans une armée, toûjours prests à
combattre. L'ennemy tâche de rompre nos rangs,
il faut l'en empêcher, & dire : *Dieu a affermi*
mes pieds sur une roche. Cette roche est appellée
en un autre endroit la retraite des Liévres, qui
sont des animaux craintifs. Voilà le sens de ce
passage. Si le Serpent surprend vôtre pensée, mettez tout en usage pour conserver vôtre cœur, &
chantez avec David, *Purifiez-moi, Seigneur, des*
pechez qui se cachent à mes yeux , & empêchez que
vôtre servante ne tombe dans les pechez d'orgueil
& de connoissance. Ainsi vous éviterez le grand
crime qui se commet par l'action : Les charmes
& les amorces du plaisir s'évanoüiront dans vôtre pensée , & vous briserez les enfans de Babylone contre la pierre sur laquelle on ne void point
de vestiges du Serpent. Alors vous pourez har-

Psal. 39.

Psal. 18.

diment parler à Dieu de la sorte : *Si les pechez* Ibid. *d'orgueil & de connoissance ne regnent point dans mon ame, je serai pure & exempte de tous les grands crimes.*

Tous ces avis cüeillis à la haste comme de belles fleurs dans le champ de l'Ecriture vous apprennent à garder le dedans de vostre ame, & à vous armer sans cesse du signe de la Croix, afin que l'Ange exterminateur d'Egypte ne trouve rien à dire en vous, qu'il ne tuë point vos premiers nez, qui sont vos pensées, comme ceux des Egyptiens, & qu'enfin vous disiez à l'exemple du Prophete : *Mon cœur est preparé, mon Dieu,* Psal. 56. *mon cœur est preparé, je chanterai vos loüanges & vous offrirai de saints airs : réveillez-vous ma gloire, réveillez-vous ma harpe & ma lyre.* C'est cette harpe que l'on commanda à la ville de Tyr de prendre pour laver, comme saint Pierre, ses vieilles ordures, & les blessures que le peché lui a faites avec les larmes de la penitence. Pour nous, tâchons de ne point connoistre la penitence, de peur que sa connoissance ne nous soit une facilité à pecher. C'est une planche qui sert aux miserables aprés le naufrage, & une Vierge ne doit point en faire. Il y a beaucoup de difference entre chercher ce qu'on a perdu, & avoir encore ce qu'on n'a point perdu. Saint Paul traitoit ru- I. Cor. 9. dement son corps & le reduisoit en servitude, de peur qu'ayant prêché aux autres il ne fust reprouvé lui-même. En un autre endroit enflâmé de la concupiscence qui consume tous les hommes comme lui, il dit, *Malheureux que je suis,* Rom. 7. *qui me délivrera du corps de cette mort ?* Et quelques lignes plus haut, *Je sçai qu'il n'y a rien de bon en moi, c'est à dire dans ma chair, parce qu'en*

V iiij

core que je trouve en moi la volonté de faire le bien, je ne trouve point le moyen de l'accomplir ; car je ne fais pas le bien que je veux, mais le mal que je ne veux pas. Et dans le Chapitre suivant, *Ceux qui vivent selon la chair ne peuvent plaire à Dieu ; pour vous, vous ne vivez pas selon la chair, mais selon l'esprit ; car je veux croire que l'esprit de Dieu habite en vous.*

Aprés avoir aporté une extrême precaution à vos pensées, il faut vous armer du jeûne, & dire avec David, *J'ai mortifié ma chair par le jeûne, j'ai mangé la cendre comme le pain, & je me suis couvert d'un sac.* Eve fut chassée du Paradis terrestre pour avoir mangé. Helie fut enlevé au Ciel dans un char de feu, aprés avoir vaqué au jeûne l'espace de quarante jours. Moyse pendant autant de temps ne vêcut que de l'entretien & de la parole de Dieu, éprouvant par sa propre experience que l'homme ne vit pas seulement de pain, mais de toute parole qui sort de la bouche de Dieu. Le Sauveur du monde, dont la vie est un modele achevé de toutes les vertus, aprés avoir esté baptisé, fut élevé par l'esprit pour combatre contre Satan, & pour le briser sous les pieds de ses Apôtres, afin que ses paroles fussent accomplies, *Le Dieu de paix brisera bientost Satan sous vos pieds.* Neanmoins cet ancien ennemi aprés un jeûne de quarante jours lui dresse des pieges à l'occasion de sa faim, *Si vous estes le Fils de Dieu,* lui dit-il, *commandez que ces pierres deviennent des pains.* Par la Loy de Moyse il estoit ordonné aux Hebreux de jeûner le dixiéme jour du septiéme mois, & l'on exterminoit parmi le peuple celui qui avoit mangé au lieu de jeûner. Job nous aprend que toute

Psal. 34.

la force du Dragon confiste dans fes reins &
dans fon nombril, & le diable fe fert de celle
des jeunes gens pour les perdre, & pour enfla-
mer tout le cours de leur vie. Ozée raporte que
tous les adulteres ont le cœur embrafé comme
une fournaife; mais par un effet de la bonté de
Dieu on éteint cette fournaife avec le jeûne.
Cette force fert au Diable de dents de feu, qui
nous bleffent & nous enflâment à la fois. Même
elle nous eft repréfentée par cette fournaife de
quarante-neuf coudées que le Roi de Babylone
fit allumer pour les trois enfans. Mais vous fçavez comment il en furvint un quatriéme qui fembloit eftre un homme comme les autres, qui ofta
au feu fa chaleur, & la vertu de brûler, ne lui
laiffant que celle d'éfrayer par l'ardeur aparente
de fes flâmes. C'eft ainfi qu'une Vierge éteint
la force & l'ardeur de la jeuneffe par le jeûne,
comme avec une rofée du Ciel, & qu'elle mene
avec un corps la vie d'un Ange. Saint Paul a
dit fans doute pour cette raifon, *qu'à l'égard des* 1. Cor. 7.
Vierges il n'avoit point receu de commandement du
Seigneur qui les obligeât à la virginité.

En effet, il femble que ce foit aller contre la nature & au delà de fes forces, que de renoncer
aux fonctions à quoi elle vous a deftinée, de
couper en vous-même les racines d'un autre
vous-même, de vous contenter d'eftre feulement Vierge, ne vous mariant point, de fuïr le
commerce des hommes, & de vivre dans un corps
comme fi vous n'en aviez point.

Au refte je ne vous commande pas de jeûner
avec excés, ni de faire de ces abftinences qui
abatent par des maladies une perfonne avant
qu'elle ait pofé les fondemens de la fainteté. Les

Philosophes enseignent que la vertu consiste
dans la mediocrité, & que l'excés est mis au rang
des vices. Il ne faut pas donc que le jeûne vous
accable jusqu'à n'avoir pas la force de respi-
rer, & à vous faire traîner sous les bras par vos
compagnes. Jeûnez de telle sorte que vous mor-
tifiez seulement vos sens, & que vous n'en vac-
quiez pas moins à la lecture, & aux veilles. Le
jeûne est plûtost le fondement & la baze des
autres vertus qu'une vertu ; c'est une disposition
à la sainteté & à la virginité, & quoi qu'il serve beaucoup à ceux qui veulent aller plus loin,
une Vierge par le jeûne seul ne remporte point
le prix. Il faut lire là-dessus l'Evangile des Vierges folles, & des Vierges sages : les unes entrerent avec l'Epoux aux nôcés, & les autres manquant de l'huile des bonnes œuvres trouverent
la porte fermée. Mais cette matiere est de trop
grande étenduë pour une Lettre ; nous l'avons
traitée ailleurs plus au long, & plusieurs en ont
composé des Livres que vous lirez pour apprendre l'utilité de l'abstinence, & les maux que
cause la bonne chere. Imitez vôtre Epoux, soyez
soûmise à vôtre Mere, & à vôtre Ayeule ; ne
voyez point d'Hommes, & particulierement de
jeunes, qu'en leur presence : Ne connoissez que
ceux qu'elles connoîtront : N'ayez vous & elles
qu'une volonté, car c'est en cela que consiste
veritablement l'amitié : Vous avez appris par
leur exemple à devenir Vierge, à garder les
Commandemens de Dieu, & à sçavoir ce qui
vous estoit convenable, & ce que vous deviez
choisir. C'est pourquoi vous ne devez point
croire que tout cela vienne de vous, mais de
celles qui vous ont formée par leur pureté, &

qui vous ont fait naître comme une belle-fleur dont on verra les fruits en maturité, si vous vous humiliez devant Dieu, vous souvenant de ces paroles ; *Dieu resiste aux superbes, & donne la grace aux humbles* ; Et cette grace n'est pas une recompense de leurs œuvres, mais un effet de la liberalité de celui qui la donne. Elle ne dépend point de celui qui veut, ni de celui qui court, mais de Dieu qui fait misericorde. Cependant il dépend de nous de vouloir, ou de ne vouloir point ; mais sans la misericorde de Dieu cela n'en dépendroit pas. Ayez plûtost égard en choisissant des Eunuques & des serviteurs, à la bonté de leurs mœurs, & à l'innocence de leur vie, qu'à la beauté de leur visage. N'entendez jamais de paroles folles, boufonnes, & deshonnestes, ou si vous en entendez par occasion, ne vous y arrestez point ; car les méchans mettent ordinairement la pureté à l'épreuve par un petit mot glissant. Que les seculiers se moquent des autres, ou en soient moquez, pour vous la gravité convient entierement à vôtre vocation. On dit de Marcus Crassus, & de ce Caton qui fut autrefois le premier de Rome, qui ne fut point honteux d'étudier le Grec pendant qu'il estoit Censeur, & qui ne desespera point de l'apprendre, quoi qu'il fût extrémement vieux, qu'ils ne rirent jamais qu'une fois en leur vie : mais ce fut par affectation, & dans le dessein de se mettre en reputation parmi le peuple. Pour moi je ne puis défendre le ris à des creatures qui ont un corps, ni leur oster l'usage des passions : Je veux seulement qu'elles se servent avec moderation de l'un & de l'autre : *Mettez-vous en colere*, dit David, *& ne pechez pas*. Et l'Apôtre ajoûte, *Que le Soleil ne se couche point sur vostre colere.*

Il seroit inutile de vous donner des avis contre l'avarice, puisqu'il est autant ordinaire aux personnes de vôtre famille de fouler aux pieds les richesses, qu'il leur est naturel d'en avoir. D'ailleurs l'Apôtre vous enseigne qu'elle est une idolâtrie, & lors que le jeune homme de l'Evangile fait cette demande au Sauveur, *Bon Maistre, que faut-il que je fasse pour posséder la vie éternelle ?* Jesus lui dit, *Si vous voulez estre parfait, allez, vendez ce que vous avez, & le donnez aux pauvres, & vous aurez un tresor dans le Ciel, puis venez & me suivez.* Sans doute le souverain degré de la perfection, & la vertu de l'Apostolat, consistent à vendre ce qu'on a, & à le donner aux Pauvres pour s'élever au Ciel, sans que rien vous retienne à la terre. Ainsi vous n'estes que l'Oeconome de vôtre bien, que vous devez distribuer au plûtost. Ce n'est pas qu'en cela Dieu fasse violence à la liberté de personne : *Si vous voulez estre parfait,* dit-il, il ne contraint point, il ne commande point, il propose seulement une recompense ; c'est à nous à choisir si nous voulons estre couronnez après le combat. Remarquez aussi la réponse du Sauveur, *Vendez ce que vous avez.* A qui parle-t'il de la sorte ? à un jeune homme à qui il a dit, *Si vous voulez estre parfait.* Il ne lui dit pas qu'il vende une partie de son bien, mais qu'il vende tout ; & quand il l'aura vendu que fera-t'il ? qu'il le donne aux Pauvres, non pas aux riches, ni à ses Parens, dont il serviroit au luxe, mais à ceux qui en ont besoin. Qu'un homme soit Prêtre, qu'il soit vôtre Parent, ou vôtre Allié, ne considerez en lui que la qualité de Pauvre.

L'Ecriture nous aprend que dans les premiers
temps de l'Eglife les Fidelles vendoient leurs
biens, & en aportoient le prix aux pieds des
Apôtres. Ce qui marque le mépris qu'on doit
avoir des richeffes. Ces fages Oecomomes les di-
ftribuoient au peuple, felon la neceffité de chacun, & condamnerent Ananie & Saphire qui
avoient menti, & offert l'argent du fonds d'une
terre qu'ils avoient donné à Dieu, comme s'il
eût efté encore à eux, en retenant une partie ;
auffi ils en furent châtiez fur le champ ; moins
cependant afin qu'ils portaffent la peine de leur
crime, qu'afin que leur châtiment fuft un exemple pour les autres. Même faint Pierre ne leur
fouhaite point la mort, comme Porphire par une
impieté fans exemple l'en a calomnié : feulement il leur annonça le Jugement de Dieu par
un efprit de prophetie, afin que plufieurs fuffent inftruits par le châtiment de deux perfonnes. Ainfi depuis que vous avez formé le deffein
d'eftre Vierge, vôtre bien ne vous apartient plus,
ou plûtoft il eft entierement à vous, puis qu'il a
commencé d'eftre à JESUS-CHRIST & vous devez le diftribuer par l'avis de vôtre Mere & de vôtre grand'-Mere pendant qu'elles vivoient : Mais
aprés leur deceds, quand vous ferez plus avan-
cée en âge, & plus affermie dans vôtre deffein ;
car l'une & l'autre fouhaitent que vous foyez encore au monde aprés elles, vous en difpoferez à
vôtre volonté, ou pour mieux dire, felon les Commandemens de Dieu, vous fouvenant qu'il ne
vous demeurera rien que ce que aurez amaf-
fé par vos bonnes œuvres. Que d'autres bâtiffent
des Eglifes de marbre, & qu'ils en enrichiffent
les autels de ce qu'il y a de plus precieux, je ne

les blâme point ; car chacun abonde en son sens ;
& il vaut mieux consommer ses richesses de la
sorte , que les garder inutiles. Neanmoins vôtre
vocation demande autre chose de vous. Vous
devez vestir JESUS-CHRIST en la personne des
Pauvres ; le visiter dans les Malades, le repaître
dans ceux qui ont faim , le loger dans ceux qui
n'ont point de maison , & particulierement s'ils
sont du nombre des Fidelles. Vous devez faire
subsister des communautez de Religieuses , prendre un soin continuel des serviteurs de Dieu , &
des Pauvres d'esprit qui le loüent. L'habit & la
nourriture leur tiennent lieu de tout , & ils ne
peuvent exiger davantage sans se rendre indignes
de leur vocation , & meriter d'estre privez de ce
qui leur est necessaire.

Je vous ai donné ces avis comme à une Vierge
riche & d'une famille illustre. A cette heure je
parlerai à vous comme à une Vierge simplement,
regardant ce qui est en vous sans m'arrester à ce
qui vous est estranger. Outre les Pseaumes & les
prieres à quoi vous devez vaquer le soir, à minuit, le matin, à la troisiéme, à la sixiéme, & à
la neuviéme heure du jour : Destinez un certain
temps à aprendre l'Ecriture , & un autre à la
lire par recreation, afin de vous instruire en vous
divertissant. Ensuite travaillez à quelque ouvrage
de laine , ou examinez celui de vos Compagnes,
& en corrigez les défauts. Il n'ennuye point à
une personne occupée . & les jours lui semblent
courts , même en plein Esté. Ainsi vous vous sau-
verez,& vous serez cause du salut des autres,dont
la conservation de la pureté tournera à vostre
profit particulier : car l'Ecriture dit, *Que la vie*
des oysifs est une concupiscence continuelle. Vous ne

devez pas non plus vous difpenfer de travailler,
fous pretexte que vous n'avez befoin de rien, puifque le travail vous oftera, en vous occupant, la
liberté de penfer à autre chofe qu'à ce qui nous
foûmet à la volonté de Dieu. Je pafferai outre &
parlerai à cœur ouvert. Quoi que vous donniez
tout vôtre revenu aux Pauvres, il n'y aura rien de
plus precieux devant Dieu que ce que vous ferez
vous-même, foit pour vous en fervir, imitant en
cela les autres Vierges, foit que vous le prefen-
tiez à vôtre Mere ou à vôtre Ayeule, dont vous
en retirerez pour le foulagement des Pauvres au
delà de la valeur.

Mais j'oubliois à vous donner un avis de la derniere confequence: Pendant que vous eftiez toute
jeune, & que le Pape Athanafe, d'heureufe memoire, gouvernoit l'Eglife de Rome, des Heretiques d'Orient voulurent foüiller la pureté de la
foy que S. Paul a enfeignée; mais ce Pape avec
un courage digne des Apôtres coupa incontinent
la tefte de l'hydre. Neanmoins j'ai apris que le
poifon de ce monftre infecte encore aujourd'hui
l'ame de quelques-uns: C'eft pourquoi arreftez-
vous à la creance d'Innocent, également heritier de la foi & de la dignité d'Athanafe, &
quelque intelligente que vous foyez, ne recevez
point de doctrine étrangere. L'infolence des Auteurs de ces opinions nouvelles va jufqu'à criti-
quer la Juftice de Dieu. Pourquoi, difent-ils, cette
creature eft-elle née en cette Province? Pourquoi
les uns font-ils nez Chrêtiens, & les autres parmi
des Sauvages qui ne connoiffent point Dieu?
Aprés avoir bleffé les fimples par ces morfures de
Scorpion, & avoir cherché de la forte une place
àleur venin, ils le répandent dans leur ame.

Croyez-vous , ajoûtent-ils , que ce soit sans raison qu'un petit enfant qui ne connoît sa mere
qu'à peine , & qui n'a jamais fait de bien ni de
mal , soit obsedé par Satan , tombe du mal caduc,
& souffre ce que les seuls serviteurs de Dieu en-
durent , & ce que les plus grands pecheurs ne
souffrent point ? Si les jugemens du Seigneur sont
équitables , continüent-ils , & fondez dans la
verité & dans la justice ; il faut croire que les
Ames ont esté créées au Ciel , d'où elles ont esté
jettées dans nos corps comme dans un tombeau,
à cause de quelques vieux pechez , dont nous
portons la peine en ce monde, C'est ce qui a fait

Psal. 141.
dire à David , *J'ay peché avant que tomber dans
l'affliction, tirez mon ame de cette prison.* Et à l'A-
Ioan. 9.
pôtre, *Est-ce le peché de cet homme , ou celuy de son
pere & de sa mere qui est cause qu'il est né aveugle ?* Cette doctrine pleine d'impieté estoit autrefois en reputation en Egypte & en Orient , &
elle est encore cachée aujourd'hui dans l'esprit
de quelques-uns, comme dans des trous de Serpent. Elle corrompt la pureté de la foy , & se
glisse parmi peu de sectateurs pour en infecter un
grand nombre dans la suite. Mais je suis asuré
que vous ne lui prêterez point l'oreille ; car vous
avez auprés de vous deux Maistresses dont la foy
est le modele de ce que vous devez croire. Souvenez-vous de cet avis ; & comme Dieu vous a
donné assez d'intelligence pour tout, n'interro-
gez personne sur ses opinions, dont il y a d'autres erreurs plus criminelles, que celles que je vous
ai marquées. J'en ai parlé ici plûtost pour vous
avertir d'y prendre garde, que pour les réveiller,
ou pour combatre contre des Heretiques , mon
dessein estant seulement d'instruire une Vierge.

D'ailleurs

D'ailleurs j'en ay fait voir la fausseté & la malice dans un autre ouvrage que je vous envoiray volontiers, quoy que l'on dise que la facilité à avoir les marchandises étrangeres en diminuë le prix, & que la rareté l'augmente.

On demande ordinairement qui des deux est le meilleur, de vivre retiré, ou en la compagnie des autres,& l'on prefere le premier de ces deux genres de vie au second ; neanmoins il est également dangereux aux Hommes & aux Femmes.Ceux-ci separez du commerce du monde s'arrestent à de méchantes pensées qui leur servent d'entretien, deviennent orgueilleux,& déchaînant leur langue medisent des Ecclesiastiques & des Solitaires,& le Prophete en a parlé de la sorte, *Leurs dents sont* Psal. 56. *comme des lances & des darts, & leur langue cómme une épée tranchante.* Il n'y a pas aussi plus de seureté pour les Femmes , car comme elles sont irresoluës & changeantes , elles choisissent volontiers le pire quand elles sont abandonnées à leur propre conduite Même j'ay connu de ces Solitaires de l'un & de l'autre sexe , dont l'entendement estoit alteré par une abstinence immoderée , ou par l'humidité & la fraîcheur de leurs Cellules, & qui ne sçavoient ce qu'ils faisoient, où ils alloient, ni ce qu'ils devoient dire ou celer.Quoi qu'ils fussent extrêmement ignorans , s'ils avoient lû les ouvrages de quelque habile homme, dont ils n'entendoient que les mots sans en concevoir le sens , ils se taisoient moins que s'ils eussent sçeu parler ; & expliquoient l'Ecriture où ils ne connoissoient rien. Ainsi j'estime qu'il vaut mieux obeïr à des Superieurs , & garder pour la conduite de sa vie leurs Regles, aprés celles de l'Ecriture : Car on ne suit point un

X

méchant Maître, c'eft à dire la vanité de fes penfées. Des femmes commettent auffi des fautes
pareilles: *Elles apprennent toûjours*, dit faint Paul,
& n'arrivent jamais à la connoiffance de la verité.
N'ayez aucune habitude avec des perfonnes mariées, de peur que vous ne foyez tentée, &
que vous n'écoutiez ce qu'un Mary & fa femme fe difent l'un à l'autre: Ces entretiens vous
feroient un poifon, & l'Apôtre les condamne de
la forte; *Les mauvais entretiens gaftent les bonnes
mœurs.* Choififfez pour compagnes des Vierges
ou de femmes, mais ferieufes, & particulierement des Veuves, dont la vie ait efté mife à
l'épreuve, & dont la retenuë foit accompagnée
de fainteté. N'ayez point de ces Filles pleines de
luxe & de molleffe, qui fe parent la tefte, font defcendre leurs cheveux fur leur front, & fe fardent;
car on juge des mœurs & des inclinations de la
Maiftreffe par celles de la fervante. Prenez pour
les plus belles & pour les plus aymables celles
qui negligent leur beauté, comme fi elles n'en
avoient point, qui fe cachent le cou & le fein
allant par la Ville, & qui de tout leur vifage ne
montrent qu'un œil qui leur eft neceffaire pour
fe conduire en marchant.

Je ne fçai fi je dois le dire, je le dirai neanmoins, car cette faute fe commet ordinairement;
ce n'eft pas que je craigne que vous y tombiez,
puifque vous ne fçavez pas peut-eftre même en
quoi elle confifte: Mais il faut auffi à vôtre occafion avertir les autres en paffant. Qu'une Vierge donc fuye comme des peftiferez & des ennemis de la pureté ces jeunes gens frifez & parfumez, & qui portent toûjours l'odeur de quelque
peau étrangere. Car je ne dis rien de ceux dont

1. Tim. 3.

les visites sont également honteuses à ceux qui les font & à celles qui les reçoivent. Quoi qu'elles soient innocentes, c'est toûjours un grand mal que d'estre exposé aux railleries & à la médisance des idolâtres. Ce n'est pas que ce discours s'adresse generalement à tous, je parle particulierement de ceux que l'Eglise reprend, & contre qui les Evêques & les Prêtres fulminent quelquefois par des censures. Que celles qui vivent ensemble dans une Communauté, & dont le nombre est considerable, ne soient jamais qu'en la compagnie de leur Superieure. Un Eprevier écarte rarement un Pigeon des autres pour en faire curée, & une Brebis separée du troupeau, à cause de sa maladie, est plus exposée aux embascades du Loup. Je connois de vertueuses Vierges que le grand monde & la foule font tenir à la maison les jours de Festes, & qui n'en sortent point, quand il faudroit qu'elles se tinssent davantage sur leurs gardes.

Mais que cela suffise aujourd'hui. Il y a environ trente ans que je fis un livre du soin qu'on doit avoir de la Virginité, ou pour l'instruction de celle à qui je l'adressois je fus obligé de réprendre le vice, & de découvrir les pieges du Demon. Plusieurs personnes s'offenserent de cet ouvrage; & chacun prenant pour soi ce qui estoit dit en general, on me regarda plûtost comme le censeur de ses actions, que comme un Conseiller Fidelle. Neanmoins à quoi a servi le bruit qu'en fit une armée d'ennemis, puisque les hommes passent & que les livres demeurent? J'ai encore écrit sur cette matiere à quelques Vierges & à quelques Veuves; & je leur ay raporté tout ce qu'on en peut sçavoir. De sorte que m'étendant plus au long , je repeterois ici les mêmes choses, ou j'en dirois d'inutiles. Nous avons aussi le livre admirable que saint Cyprien a composé de la Virginité : Et une infinité d'Auteurs Latins , Grecs , & de toutes sortes de Nations,& principalement ceux qui ont travaillé pour les Eglises ont loüé la vie d'Agnes. Il est vrai que ces deux ouvrages sont plus propres à celles qui n'aiant point encore fait choix de la virginité , ont besoin d'une instruction pour aprendre la grandeur du choix qu'elles ont à faire. Pour nous, il faut nous y conserver aprés l'avoir fait, il faut nous chausser, retrousser nos habits jusqu'aux reins , & armer nôtre main d'un bâton,afin de marcher en seureté parmi les serpens & les poisons du siecle. C'est ainsi que nous arriverons aux douces eaux du Jourdain,& à la Terre de promission,& qu'estant entrez en la maison de Dieu nous pourons dire avec David : *Seigneur, j'ai aimé la maison où vous demeurez., & le lieu où reside vostre gloire.* Et encore , *J'ay fait une demande au Seigneur , & je la lui ferai toûjours jusques à ce que je l'obtienne , qui est de pouvoir habiter toute ma vie dans la maison du Seigneur.* Heureuse la Virginité qui n'a en elle-même pour tout amour que celui de Dieu, qui est seul la Sagesse , la Patience, la Chasteté, la Justice, & toutes les autres Vertus ensemble ! Heureuse la Virginité qui ne soûpirant jamais aprés l'homme, ne desire point de voir ce qu'elle ne pouroit quiter aprés l'avoir vû !

Au reste, la conduite de quelques Vierges dont la vie n'est pas assez reglée , fait injure à la reputation des autres. Je les avertis de se marier, si elles ne peuvent vivre dans la continence , ou de vivre dans la continence si elles

Psal. 25.
Psal. 26.

ne peuvent pas se marier. Est-ce pas une chose digne de risée, ou pour mieux dire de compassion, que quelques-unes qui sont servantes soient plus parées que leurs Maîtresses, & qu'à voir le peu de jugement de celles-cy, on les prenne pour leurs servantes ? D'autres vivent à l'écart, & loin du monde, afin d'estre plus libres d'aller au bain, & de faire ce qui leur plaira sans craindre de témoins. Nous voyons ces desordres & nous les souffrons, même pour peu qu'il en revienne d'utilité, nous les mettons au nombre des bonnes actions.

Mais je finis par où j'ai commencé, car il ne suffit pas de l'avoir dit une fois. Aimez l'Ecriture sainte, & la Sagesse vous aimera ; cherissez-la, & elle vous conservera : Honorez-la, & vous en serez environnée ; qu'elle vous serve de collier de perles & de pendans d'oreilles ; que vôtre langue ne prononce que Jesus, & ce qui est saint ; & ayez en vos paroles la douceur de celles de vôtre Mere & de vôtre Ayeule, dont l'exemple est le modelle de la vertu.

A FURIE.

Cette Piece est l'éloge de la viduité.

LETTRE XVIII.

VOus me priez avec inftance de vous pref-
crire un genre de vie dans lequel vous puiffiez conferver voftre vertu en demeurant Veuve.
Je ne puis vous exprimer la joye que j'ai euë en
apprenant que vous avez refolu de pratiquer,
après la mort de voftre Mary, ce que l'illuftre
Titienne a pratiqué long-temps pendant la vie
de voftre Pere. A la fin fes prieres ont efté écoutées, & elle a obtenu pour fa Fille unique une
grace dont elle a joüi pendant qu'elle a vêcu, &
qui eft le partage de celles de voftre maifon. En
effet, depuis Camille on y a vû peu de Veuves;
ou pour mieux dire, on n'y en a vû aucunes paffer en de fecondes nôces : De forte qu'eftant
Chrêtienne vous meritez moins de loüanges du
deffein que vous avez formé, que vous ne meriteriez de blâme en ne fuivant pas une coûtume
établie par des Dames Payennes depuis tant de
fiecles. Je ne dis rien de Paule, ni d'Euftoche,
de peur que les avis que je veux vous donner ne
femblaffent fervir de pretexte à l'éloge que j'en
ferois. Je paffe encore fous filence voftre belle-
fœur Blefille qui parvint à un degré éminent de
vertu dans le peu de temps qu'elle furvêcut à fon
Mary. Pluft à Dieu que les Hommes de voftre
Famille en imitaffent les Femmes, & que l'on

obtinſt d'une vieilleſſe obſtinée, ce que la jeuneſſe accorde ſans le demander ! En parlant de la
ſorte, je me mets la main dans le feu. On me regardera de mauvais œil, & cette Lettre ſera cauſe
que pluſieurs Vieillards de qualité ſe ſoûleveront
contre moi, diſant que je ſuis un Magicien, un
Seducteur, & qu'on doit me releguer aux extremitez de la Terre. Mais qu'ils m'appellent encore Samaritain, m'honorant d'un nom qui a
eſté donné à mon Sauveur ; ils ne m'accuſeront
pas au moins de mettre de la diviſion entre le
Pere & la Fille, & de me ſervir de ces mots de
l'Evangile ; *Laiſſez aux Morts le ſoin d'enſevelir
les Morts* ; Car celui qui croit en JESUS-CHRIST
eſt vivant, & il doit marcher comme il a marché. Au reſte, nous ſommes à couvert de l'envie, & des morſures que les Médiſans font ordinairement aux Chrêtiens : Nous ne nous con-
noiſſons l'un l'autre que par des Lettres, & l'on
peut dire qu'une connoiſſance de cette nature n'a
pour fondement que la Charité. Honorez voſtre
Pere, mais pourvû qu'il ne vous éloigne pas de
Dieu, dont vous eſtes veritablement la Fille :
Ecoutez la voix du ſang, & celle de la nature,
pourvû que la nature & le ſang écoutent celui
dont ils ſont la Creature : *Ecoutez, ma Fille*, dit   Pſal. 44
David, *ouvrez les yeux, & prêtez l'oreille ; oubliez
voſtre famille, & la maiſon de voſtre Pere. Et
alors le Roy concevra de l'amour pour voſtre beauté,
car il eſt voſtre ſouverain Seigneur.* On promet
une grande recompenſe à celles qui oublieront
la maiſon de leur Pere, le Roy concevra de l'a-
mour pour leur beauté. Pour moi, puiſque vous
avez écouté, que vous avez ouvert les yeux, &
prêté l'oreille, oubliant voſtre famille, & la

maison de vôtre Pere, je ne doute point qu'il ne conçoive de l'amour pour la vostre, & qu'il ne dise en parlant de vous, *Mon Epouse est entierement belle, & il ne se trouve rien à dire en elle.*

Il n'y a rien de plus beau qu'une ame qui est appellée la Fille de Dieu ; elle a de la confiance en JESUS-CHRIST, & dans cette confiance elle marche vers son Seigneur & son Epoux. Vous avez appris dans le mariage même ce que le mariage a d'ennuis : Vous vous estes rassasiée de Cailles, jusques à en avoir du dégoust ; vôtre bouche a senti l'amertume de la bile ; voudriez-vous manger encore de ce qui vous a rendu malade, & retourner comme un Chien à vostre vomissement ? Les Oiseaux & les autres bestes ne tombent pas deux fois dans les mêmes embuscades ; craignez-vous que la Famille des Furiens ne s'éteigne, & que vous ne laissiez point à vostre Pere un petit Fils qui lui saute au cou, comme si tous ceux qui ont esté mariez devoient avoir des Enfans, ou que tous les Enfans répondissent à la vertu de leurs Ancestres ? Le Fils de Ciceron fut-il aussi éloquent que son Pere ? Cornelie que vous contez parmy vos Ayeules, & qui fut un modele achevé de vertu, n'a-t'elle point esté fâchée d'avoir esté la Mere des Gracques ? Il est ridicule d'attendre, comme une chose assurée, ce que nous voyons manquer à d'autres, ou ce que nous leur voyons perdre quand ils en ont la possession. Mais à qui laisserez-vous une succession si opulente ? qui sera vostre heritier ? JESUS-CHRIST qui ne meurt point, & qui est vostre Seigneur ; vostre Pere en aura de la douleur, mais Dieu s'en réjoüira ; vostre famille en sera dans la consternation, mais les Anges vous en feliciteront. Que vôtre. Pere difpofe de fon bien comme il lui plaira, vous n'appartenez pas a celui qui vous a mis fur la terre, mais au Sauveur qui vous a racheée par le prix infini de fon Sang.

Défiez-vous de voftre Nourice, & des autres Femmes de cette nature, dont la langue eft empoifonnée. Comme elles veulent s'enrichir à vos dépens elles parleront moins à vous pour vôtre bien que pour leur intereft particulier. La frugalité eft infeparable de la pudicité, & la frugalité eft la ruïne de ces ames baffes, qui croyent qu'on leur dérobe ce qu'elles ne volent point, & qui jugent de ce qu'elles prennent par fa valeur, fans regarder à qui elles le prennent. Auffi-toft qu'elles voyent un Chrêtien, elles l'appellent impofteur, & déchirent fa reputation, feignant d'avoir apris des autres ce qu'elles en inventent elles-mêmes; ainfi leur menfonge fert de fondement à la renommée, qui s'eftant répanduë par leur moyen parmi les Femmes de qualité, parcourt des Provinces entieres. Vous en verrez la plus grande partie avec une langue enragée, & des yeux de Serpent reprendre les Chrêtiens: Même quelques-uns de noftre profeffion prennent parti avec elles, & médifent des autres comme l'on médit d'eux à leur tour. Ils parlent de nous, prenant garde de ne rien dire d'eux-mêmes, comme s'il y avoit de la difference entre les Ecclefiaftiques & les Solitaires, & que ce que l'on impute à ceux-ci, ne rejalliſt pas fur les autres, puis qu'ils en font les Peres. La ruïne du troupeau eft toûjours honteufe à celui qui en a la conduite; & d'ailleurs la vie d'un Solitaire eft digne de loüange, particulierement lors qu'il a de la veneration pour les Ecclefiaftiques, & qu'il

rend ce qui eſt dû à un Ordre à qui il a l'obligation d'eſtre Chrêtien.

Si je parle de la ſorte, ma chere Fille, ce n'eſt
pas que je doute de vôtre reſolution ; car ſi vous
n'eſtiez perſuadée des avantages de la Monoga-
mie, vous n'auriez pas exigé de moi que je vous
en écriviſſe. Mon deſſein eſt ſeulement de vous
découvrir la malice de vos Servantes, qui voudroient vous vendre à l'encan, les embuſcades de
vos Parens, & l'erreur de vôtre Pere. Peut-eſtre
que ce dernier ne manque pas d'amour pour vous,
mais il n'a pas la ſcience de l'amour, & je puis à
ſon occaſion me ſervir des termes de ſaint Paul :
Rom. 10. *Je puis leur rendre ce témoignage, qu'ils ont du*
zele pour Dieu, mais c'eſt un zele qui n'eſt point
ſelon la ſcience. Imitez, imitez plûtoſt vôtre illuſtre Mere, je vous le repeterai toûjours ; je ne
me ſouviens jamais d'elle ſans me repreſenter ſa
ferveur extraordinaire, ſon viſage pâle & attenué
de jeûnes, les aumônes qu'elle faiſoit, ſon obeïſ-
ſance aux Serviteurs de Dieu, la pauvreté de ſon
cœur & de ſes habits, & enfin la moderation
avec laquelle elle parloit à tout le monde, Pour
vôtre Pere, dont je fais icy mention, à cauſe
qu'il eſt Chrêtien, & non pas parce qu'il a eſté
Conſul, & qu'il eſt un des premiers de Rome,
qu'il ſe réjoüiſſe d'avoir plûtoſt donné une Fille
à JESUS-CHRIST qu'au monde, & qu'il ſoit fâché que vous ayez perdu inutilement vôtre virginité, n'ayant tiré aucun fruit de vos nôces.
Où eſt le Mary qu'il vous avoit donné ? Quand il
ſe fuſt rendu aimable, & qu'il euſt eu pour vous
beaucoup de complaiſance, la mort pour cela ne
l'euſt pas épargné davantage. Servez-vous donc
de l'occaſion, & faites comme l'on dit, de ne-

eeſſité vertu. On ne conſidere pas dans un Chrêtien le commencement, mais la fin. Saint Paul commença mal, mais il finit heureuſement. Les premieres années de la vie de Judas furent dignes de loüange, mais la fin en fut abominable par la trahiſon qu'il commit : *La Juſtice du* *Juſte*, dit Ezechiel, *ne le delivrera point quand il* *pechera, & l'impieté du Pecheur ne le perdra point* *pourvû qu'il ſe convertiſſe.* C'eſt là l'Echelle de Jacob, par laquelle les Anges montent & deſcendent, ſur laquelle Dieu eſt appuyé, preſentant la main a ceux qui ſont tombez, & encourageant par ſa preſence ceux qui ſont las : mais ſi Dieu deſire moins la mort du pecheur que ſa converſion, il ne peut auſſi ſouffrir les tiedes. Celui à qui on remet plus, eſt aimé davantage.

Cette Femme de mauvaiſe vie de l'Evangile qui fut baptiſée de ſes larmes, & qui eſſuyant les pieds du Sauveur des cheveux avec qui elle avoit ſeduit le monde, merita d'eſtre ſauvée ; n'eſtoit point chauſſée proprement. Ses ſourcils n'eſtoient point peints, & elle paroiſſoit d'autant plus belle qu'elle eſtoit mal-propre & negligée. En effet, quel eſt le deſſein d'une Femme qui s'eſt donnée à JESUS-CHRIST, en ſe ſervant de fard, & en ſe mettant du rouge ſur les joüës, ſur les lévres, & du blanc ſur le cou ? C'eſt allumer & entretenir le feu de la concupiſcence dans l'ame des jeunes gens, & faire voir des marques de ſon impureté. Celle qui ſe lave la peau avec des eaux diſtillées, & qui ſe peint le viſage, eſt-elle capable de pleurer pour ſes pechez ? Ces ornemens ne ſont point de Dieu, ils ſont de l'Ante-Chriſt : Comment oſera-t'elle

Ezech. 18.

lever vers le Ciel un visage qui ne sera point reconnu par celui qui l'a formé ? Que l'on ne prenne point pour prétexte la jeunesse qui semble estre un âge où l'on doive souffrir ce desordre parmi celles de vôtre sexe. Une Veuve qui a perdu son Mary à qui elle estoit obligée de plaire, & qui est vraiment Veuve, pour me servir des termes de l'Apôtre, n'a besoin que de perseverance ; elle se souvient des plaisirs passez, de ce qui a contribué à les lui donner, & de la perte qu'elle a faite ; mais il faut qu'elle éteigne ces dards allumez du diable par l'âpreté de ses jeûnes, & de ses veilles. Nous devons parler comme nous sommes vêtus, ou nous vêtir comme nous parlons : Pourquoi promettre le contraire de ce que nous faisons voir ? La pureté est dans vôtre bouche, & l'impureté paroît dans vos habits. D'ailleurs, & cecy n'est pas de moi, il est encore de l'Apôtre ; *La Veuve qui vit dans les delices est morte, quoi qu'il semble qu'elle soit vivante ?* Quel est le sens de ces paroles, *est morte, quoi qu'il semble qu'elle soit vivante ?* C'est à dire, qu'il semble aux ignorans qu'elle vive, & qu'elle ne soit pas morte par le peché, quoi qu'elle le soit effectivement devant JESUS-CHRIST, que les replis d'un cœur ne peuvent tromper. *L'ame qui aura peché mourra: Il y a quelques personnes dont les pechez sont connus avant le jugement & l'examen qu'on en pourroit faire ; il y en a d'autres dont les defauts ne se découvrent qu'ensuite de cet examen : De même il y en a dont les bonnes œuvres sont visibles d'abord, ou si elles ne le sont pas, elles ne demeureront pas long-temps cachées.* Voilà en d'autres termes la même pensée, Il y en a qui pechent avec tant de liberté,

1. Tim. 5.

Ezech. 18.

& si ouvertement , qu'on les prend pour des
pecheurs en les voyant : Et d'autres au contraire , qui cachent leurs fautes avec tant d'artifice , qu'on ne s'en apperçoit que par l'habitude qu'on a dans la suite avec eux : De même il y en a dont les bonnes actions paroissent
d'abord , & il y en a d'autres dont on ne les
connoît que par une longue frequentation. Pourquoi vous vanter d'avoir de la pureté que l'on
ne peut reconnoître qu'à vostre frugalité , & à
vostre moderation qui en sont les Compagnes
inseparables ?

Si saint Paul assujettit son corps à son ame par
des macerations , de peur qu'il ne pratique pas
luy-même ce qu'il enseigne aux autres : La chasteté d'une jeune Femme peut-elle estre en seureté avec un corps échauffé par l'abondance des
viandes ? Ce n'est pas que je condamne les viandes que Dieu a creées pour s'en servir avec action
de graces : Mais je veux oster aux jeunes gens
uue amorce à la volupté & aux plaisirs. Le Ve-
suve & l'Olympe ne sont pas plus embrasez que
le corps d'une jeune personne , quand il est enflammé par la bonne chere & par le vin , dont il
est plein. La plûpart triomphent de l'avarice ,
& s'en défont en quittant la bourse ; on corrige
un homme de la médisance , en lui ordonnant
de garder le silence ; Le desir d'estre paré & d'a-
voir des habits magnifiques se passe en une heure. En un mot , les autres pechez estant au dehors on y remedie facilement ; mais Dieu aiant
enraciné en nous-mêmes le desir des plaisirs, parce qu'il est necessaire pour faire naître des Enfans. Il devient un crime en allant au delà de la
fin pour laquelle il a esté creé.

C'eſt donc l'ouvrage d'une grande vertu, & d'une exacte précaution de vaincre ce qui eſt né avec nous ; de vivre dans un corps comme ſi l'on n'en avoit point : De combattre contre ſoi-même tous les jours , & d'obſerver avec les cent yeux de l'Argus de la Fable un ennemi enfermé dans nous-mêmes. C'eſt ce que diſoit ſaint Paul, *Quelqu'autre peché que l'Homme commette, il eſt hors du corps, mais celui qui commet fornication peche contre ſon propre corps.* Les Medecins qui ont écrit des proprietez du Corps humain, & entre autres Galien, aſſûrent que celui des Enfans, des jeunes-gens, des Hommes formez, & celui des Femmes ſont naturellement chauds : De ſorte que les viandes qui peuvent augmenter cette chaleur, leur ſont contraires, & de là ils conclüent qu'ils doivent uſer de choſes froides. Il n'en eſt pas de même des Vieillards à qui le vin vieux, & tout ce qui eſt chaud eſt propre, parce qu'ils ſont pleins de pituite & d'humeurs froides; *Prenez garde à vous,* dit le Sauveur, *de peur que vos cœurs ne s'appeſantiſſent par l'excez des viandes & du vin, & par les inquietudes de cette vie :* l'Apôtre ajoûte, *Ne vous laiſſez pas aller aux excez du vin, d'où naiſſent les diſſolutions.* C'eſt pourquoi le premier avis que je vous donne, eſt de mettre de l'eau dans vôtre vin, qui naturellement eſt tres-froide, juſques à ce que l'âge ait temperé les ardeurs de vôtre premiere jeuneſſe : Ou ſi quelque infirmité vous en empêche, ſuivz l'avis que ſaint Paul donne à Timothée ; *Uſez d'un peu de vin, à cauſe de vôtre eſtomach, & de vos frequentes maladies.* Enſuite prenez garde de ne point manger de ce qui eſt chaud, & je ne parle pas

1. Cor. 6.

Luc. 21.

2 Tim 5.

ſeulement de la chair, dont le Vaiſſeau d'E-
lection a dit, *Il eſt bon de ne point manger de* Rom. 4;
chair, & de ne point boire de vin; mais encore
des legumes qui enflent, & qui appeſantiſſent.
Sçachez qu'il n'y a rien plus convenable à la
jeuneſſe Chrêtienne que les herbes ; *Que celui*
qui eſt malade mange des herbes. Et il dit en un
autre endroit ; *Car il faut éteindre le feu de nos*
corps par des viandes froides. Daniel & les trois
Enfans ne vivoient que de legumes, quoi qu'ils
fuſſent dans un âge d'innocence : Nous ne cherchons pas dans cette nourriture la beauté du
corps, dont ceux-cy furent recompenſez, mais
la force de l'ame qui augmente à proportion
que le corps s'affoiblit. De même quelques-uns
de ceux qui travaillent à devenir chaſtes ſuc-
combent au milieu de la carriere ; car faiſant
conſiſter toute l'abſtinence à ne point manger
de chair, ils ſe chargent l'eſtomach de legumes,
qui leur auroient eſté profitables s'ils en avoient
mangé avec moderation. Il n'y a rien qui nous
échauffe davantage que l'indigeſtion qui naiſt
des viandes priſes avec excez. J'ayme mieux,
ma Fille, avoir quelque confuſion de parler ſi
librement que hazarder la cauſe que je deffens.
Eſtimez un poiſon tout ce qui peut faire naître la volupté : un repas leger, & un ventre
toûjours affamé ſont preferables à une abſtinence de trois journées entieres; il vaut mieux manger tous les jours un peu, qui manger rarement,
& ſe raſſaſſier entierement. La pluye qui tombe inſenſiblement eſt plus fertile que ces orages
qui venant avec precipitation ravagent la campagne. Quand vous eſtes à table ſongez à vous
appliquer enſuite à la lecture & à la priere :

aiez un nombre fixé de pages de l'Ecriture sainte à lire ; payez tous les jours ce tribut à vôtre Sauveur, & ne vous endormez jamais que vous n'en soyez quitte. Aprés l'Ecriture-sainte, lisez les Ouvrages des sçavans Hommes, dont la foy est sans reproche, & ne cherchez point de pierre precieuse dans la boüe : Au contraire, vendez-en plusieurs pour en acheter une. Que la passion que vous pouvez avoir pour les perles & les habits somptueux cede à l'amour des Livres sacrez ; Entrez dans la Terre de promission, où le miel & le lait se trouvent en abondance ; Vêtissez-ous comme Joseph de differens habits ; percez vos oreilles comme Jerusalem de la parole de Dieu, afin que l'on y voye pendre les grains precieux d'une moisson nouvelle. Vous avez auprés de vous l'illustre Exupere qui est dans un âge avancé, & dont la foy est éprouvée. Il peut vous donner souvent des avis salu-

Luc. 10.

taires : *Employez les richesses injustes à vous faire des amis qui vous reçoivent dans les Tabernacles éternels* ; Faites part de vôtre bien à ceux qui ont besoin de pain, & non pas à ceux qui vivent dans l'opulence ; afin de rassasier les uns, & de ne pas augmenter le luxe des autres : Soyez touchée de compassion pour les Pauvres ; donnez à tous ceux qui vous demanderont : mais particulierement aux Fidelles. Vêtissez les nuds, donnez à manger à ceux qui ont faim, visitez les malades ; quand vous étendrez la main pour donner quelque chose, mettez-vous JESUS-CHRIST devant les yeux, & prenez garde d'enrichir les autres pendant qu'il mendiera un morceau de pain. N'ayez point de commerce avec les jeunes gens, ni avec ceux qui sont poudrez & frisez. Ban-
nissez

hissez de vôtre maison les Musiciens & les Joüeurs d'instrumens comme des suposts de Sathan. N'usez point de la liberté des Veuves en sortant souvent accompagnée d'une foule d'Eunuques.

C'est une méchante coûtume qu'un sexe fragile & dans un âge peu avancé s'abandonne à sa propre conduite, & croye que tout lui soit permis ; *Tout m'est permis, mais tout ne m'est pas avantageux*, dit saint Paul. N'ayez point de Maistre d'hostel frisé & parfumé, ni d'Escuyer bien fait, dont le visage soit couvert de vermillon, car on juge quelquefois des Maistres par leurs Valets. Recherchez la compagnie des Vierges saintes & des Veuves. S'il est necessaire que vous parliez à des hommes, ce que je ne croi pas que vous deviez éviter, faites-le de telle maniere que vous n'ayez pas de peur, & ne rougissiez pas à l'arrivée d'un autre. Le visage est le miroir de l'ame, & les yeux quoi que muets, découvrent ce que l'ame a de plus caché. Nous avons entendu depuis peu un bruit fort desavantageux qui a couru par tout l'Orient. A l'âge, aux habits, à la démarche, aux compagnies, aux repas somptueux, & à l'équipage magnifique d'une Dame, on eût dit qu'elle épousoit un Sardanapale ou un Neron: Que la blessure des autres nous serve de preservatif. Le coupable devient sage par le châtiment de celui qui lui ressemble : On fait bien-tost cesser un méchant bruit, & la vie qu'on mene dans la suite fait juger de celle qu'on a menée auparavant. Il est impossible en ce monde de s'empêcher d'estre attaqué de quelque médisance ; car c'est la consolation des coupables de pouvoir reprendre les bons, & ils croyent que leurs fautes deviennent plus remissibles à proportion que

I. Cor. 6.

Y

le nombre des pecheurs augmente. Mais un feu de paille eſt de peu de durée, la flâme même la plus ardente s'éteint quand elle n'a rien à conſumer. Si le bruit qui courut l'an paſſé eſt faux, & quand il ſeroit veritable, il ceſſera quand on en fera ceſſer la cauſe.

Je ne crains par en parlant de la ſorte quelque choſe de ſemblable pour vous ; mais par un mouvement de charité je tremble même quand il n'y a rien à aprehender. Ah ! ſi vous voyez vôtre ſœur, & que vous entendiſſiez les oracles qui ſortent de ſa bouche, vous jugeriez de quel eſprit eſt animé un ſi petit corps, & vous avoüeriez que ſon cœur eſt enrichi des dépoüilles du Vieux & du Nouveau Teſtament. Les jeûnes lui tiennent lieu de divertiſſement, & les prieres de delices. Elle tient des Tymballes comme une autre Marie, & voyant Pharaon ſubmergé, elle s'écrie à la teſte d'une troupe de Vierges en ces termes : *Chantons des Cantiques au Seigneur, il a eſté exalté d'une maniere ſans pareille, & il a precipité dans la mer le cheval & le cavalier.* Elle paſſe les jours & les nuits de la ſorte, attendant l'arrivée de l'Epoux avec de l'huile, dont elle a fait proviſion pour ſa lampe. Imitez-la donc ; que l'on trouve à Rome ce qu'on rencontre à Bethléem, qui eſt une Ville beaucoup plus petite que la Capitale de l'Empire Romain. Vous eſtes riche, vous pouvez facilement donner à manger aux Pauvres. Employez à des actes de charité ce qui avoit eſté preparé pour le luxe. Si vous n'eſtes point dans le deſſein de vous remarier, vous ne devez point craindre la pauvreté. Retirez des Vierges de l'eſclavage du ſiecle, & les conduiſez dans l'apartement du Roy. Ra-

chetez des Veuves, & les mêlez comme de belles violettes parmi les lis des Vierges & les roses des Martyrs. Faites de ces bouquets au lieu
de la couronne d'épines, sous laquelle le Sauveur
a porté la peine des pechez des Hommes. Donnez de la joye & de l'assistance à vôtre illustre
Pere. Que sa fille lui remette dans la memoire
ce qu'il a apris de sa Femme. Il a les cheveux
blancs, les dents lui tombent, son front est
couvert de rides ; la mort est à ses côtez, & il
semble que le lieu où se fera son bucher soit
déja marqué ; car que nous le voulions, ou que
nous ne le voulions pas, nous vieillissons. Qu'il
prepare donc ce qui est necessaire pour un long
voyage ; qu'il emporte avec lui ce qu'il sera
contraint de quitter ; ou pour mieux dire, qu'il
envoye au Ciel devant lui ce que la terre devo-
rera, s'il ne le fait pas.

Les jeunes Veuves, dont quelques-unes suivent Satan, & violent en se remariant la foy
qu'elles avoient promise à JESUS-CHRIST, tiennent ordinairement ce langage : Le peu de bien
que j'ai se perd tous les jours : je dissipe ce que
mes Ancestres mont laissé : Un Valet me parle
avec arrogance, une Servante ne m'obeit point.
Qui fera mes affaires de dehors ? Qui élevera
mes enfans & aura soin de mes Domestiques ?
C'est ainsi qu'elles prennent pour pretexte de leur
second mariage ce qui devroit les en détourner :
En effet, une Mere ne donne pas à ses enfans un
homme qui les éleve, mais un ennemi ; elle ne
les abandonne pas à la conduite d'un Pere, mais
elle les assujettit à un Tyran. L'ardeur de la concupiscence lui fait oublier une partie de soi-même : De petits Innocens qui ne sont pas encore

capables de connoître leur infortune, voyent une nouvelle mariée en celle qui a pleuré long-temps le mort de leur pere. Pourquoi alleguer votre bien & l'arrogance de vos valets ? avoüez plûtoft votre infamie, car une femme ne prend point un mari pour ne point coucher auprés de lui. Si la concupiscence ne vous porte pas à ce dessein, quelle folie de vous prostituer comme une Courtisane pour devenir riche, & de soüiller votre pureté, dont le prix est inestimable, pour des richesses perissables & de nulle valeur ? Pourquoi vous remarier si vous avez des enfans ? Si vous n'en avez point, pourquoi vous exposer à une sterilité achévée, dont vous avez vû le commencement dans votre premier mariage, & preferer une chose incertaine à une honte assurée ? On fait aujourd'hui votre contract de mariage, & bien-tôt on vous forcera de faire vôtre testament. Vôtre mari dans une parfaite santé feindra d'estre malade, & fera le sien pour vous engager à en faire autant, & à mourir s'il le peut: D'ailleurs s'il vous naît des enfans, ils feront la cause d'une guerre domestique: Il ne vous sera pas permis d'aymer ceux de votre premier lit, ni de regarder du même œil ceux dont vous serez également la mere. Si vous assistez les vô-tres en cachete, votre mari portera envie à leur pere, quoi que decedé, & il semblera que vous l'aymiez encore si vous ne les haïssez pas. Si vous épousez un homme qui en ait de sa premiere femme, fussiez-vous la plus douce de tou-tes les meres, les Comediens & les Farseurs vous joüeront, & vous serez dépeinte comme la plus cruelle de toutes les Marâtres dans les declamations des Rhetoriciens. Si le fils de vôtre mary a seulement un petit mal de teste , on médira de vous comme d'une Magicienne , vous passerez pour barbare , si vous ne lui donnez point à manger , & si vous lui en donnez , on croira que vous l'aurez empoisonné.

Aprés cela quel avantage ont les secondes nôces que vous puissiez comparer à tant de maux ? Mais voulons-nous sçavoir quelles doivent estre les veritables Veuves ? Lisons l'Evangile de saint Luc ; *Il y avoit*, dit-il , *une Prophetesse apellée* Luc. 24 *Anne , fille de Phanüel de la Tribu d'Aser.* Anne signifie Grace, Phanuel en nostre langue veut dire visage de Dieu , & Aser peut estre pris pour richesses ou pour beatitude ; parce que cette femme estoit demeurée Veuve depuis sa jeunesse jusqu'à quatre-vingt-quatre ans qu'elle avoit alors , & qu'elle estoit sans cesse dans le Temple servant Dieu nuit & jour dans les jeûnes & dans les prieres. Aussi elle fut trouvée digne d'une grace surnaturelle , d'estre appellée la fille du Visage de Dieu , & de joüir de la beatitude & des richesses de son bisayeul. Mettons-nous devant les yeux cette Veuve qui aime mieux rassasier Helie que son propre fils, ou manger elle-même; & mourir de faim elle & son fils la nuit suivante, pour sauver la vie à ce Prophete , que perdre l'occasion de faire l'aumône , meritant par une poignée de farine de recevoir la benediction du Ciel. Elle sema cette poignée de farine , qui produisit des muids d'huile. La cherté estoit dans la Judée , où la semence de froment estoit morte pendant que parmi les Idolâtres une Veuve avoit de l'huile en abondance. Nous lisons dans le Livre de Judith l'histoire d'une autre Veuve. Celle-cy attenuée de jeûnes , & vestuë d'un habit de

Y iij

deüil ne pleuroit pas la mort de son Mary ; mais
elle attendoit dans les mortifications l'arrivée du
veritable Epoux. Il me semble que je la voy l'é-
pée à la main, & couverte de sang : Je reconnois
la teste d'Holopherne qu'elle raporte à travers des
ennemis. Une femme a plus de courage que les
hommes, & la chasteté triomphe de l'incontinence ; mais elle change incontinent d'habit, elle reprend celui de deüil à qui elle est redevable de sa
victoire, & dont elle est mieux parée que des habits les plus somptueux du siecle.

Quelques-uns mettent au nombre des Veuves
Debora, & croyent qu'elle fut mere de Barach
General de l'armée des Hebreux;mais ils se trompent, car l'Ecriture en parle autrement. Pour moi
j'en fais ici mention, parce qu'elle a esté Prophetesse, & qu'elle a esté mise au rang des Juges
d'Israël. Elle fut appellée Abeille, se nourissant
des fleurs de l'Ecriture sainte,& pouvant dire avec
David : *Vous paroles sont plus douces à ma bouche*
que le miel. Noëmi se consolant de la perte de son
Mari & de celle de ses Enfans, qui estoient morts
en un païs éloigné, revint au sien avec sa pureté;
& s'en estant servie comme d'un preservatif pendant son voyage, elle retint auprés d'elle sa Brû,
quoi qu'elle fût Moabite. Je viens enfin à cette
pauvre Veuve de l'Evangile,qui dans sa pauvreté
estoit plus riche que tout le peuple d'Israël : Elle
mit deux pieces d'argent dans le tronc, donnant
de son indigence, & tout ce qu'elle avoit pour
subsister.

Mais pourquoi raporter icy les anciennes histoires des Femmes vertueuses, puis qu'il y en a
plusieurs à Rome que vous pouvez vous proposer pour modelle ? Pour ne rien dire de chacune

en particulier, de peur qu'il ne semblât que je voulusse les flater, Marcelle répondant à la noblesse de sa maison nous represente quelque chose de l'Evangile. Anne vêcut sept ans avec son Mary depuis qu'elle l'avoit épousé estant Vierge : celle-cy n'a vêcu que sept mois avec le sien ; l'une attendoit l'arrivée de JESUS-CHRIST, l'autre le tient entre ses bras : l'une en entretenoit tous ceux qui esperoient la redemption d'Israël, & l'autre chante avec ceux qui ont esté rachetez, *Un homme ne rachete point, un Dieu homme rache-* *Psal.* 48. *tera.*

Au reste j'ai mis depuis deux ans quelques livres au jour contre Jovinien, où j'ay répondu par des raisons tirées de l'Ecriture sainte, à quelques passages de saint Paul qui semblent autoriser les secondes nôces. De sorte que je ne repeterai point ici ce que vous pouvez lire dans ces ouvrages.

Voila seulement ce que j'avois à vous dire sur cette matiere, & je finirai en vous avertissant que si vous pensez sans cesse à mourir un jour, vous ne songerez jamais à vous remarier.

A CELANTIE.

On ne sçait pas assurément qui est l'auteur de cette lettre. Quelques-uns croient qu'elle est de saint Cyprien, d'autres l'attribuent à saint Paulin Evêque de Nole, & enfin plusieurs estiment que saint Jerôme aiant esté prié avec instance par Celantie, qui estoit une Dame de tres-grande qualité, de lui enseigner à vivre saintement parmi les honneurs & les richesses, la lui écrivit. Mais il est aisé de juger facilement par le style & par l'expression qu'elle n'est pas de ce Pere. Quoi qu'il en soit, elle ne cede en rien aux precedentes, & on peut dire qu'elle contient des instructions tres-solides & tres-propres pour une personne engagée dans l'estat du mariage.

LETTRE XIX.

Ecclef. 4.

C'EST une parole de l'Ecriture sainte que personne n'ignore: *Il y a une certaine pudeur qui nous attire de la gloire, & une autre qui nous engage dans le peché.* Quoi que cette verité s'insinuë d'abord dans l'esprit de tout le monde par sa propre clarté; cependant je ne sçai de quelle maniere j'en ay esté plus particulierement persuadé en cette occasion. En effet, quoi que vos lettres me pressassent extraordinairement de vous écrire, & que vôtre profonde humilité & l'ardeur de vostre foy combatissent contre l'irresolution où j'estois de le faire; j'avouë qu'il s'en est peu falu que je n'aie manqué à mon devoir,

& que je ne me fois tû par un mouvement de pudeur & de retenuë. Toutefois cette parole du Sage que je viens de raporter m'a fortifié contre cette vaine pudeur, & elle m'a obligé enfin à rompre un filence dont les fuites auroient pû eftre préjudiciables. D'ailleurs l'occafion de vous écrire qui fe prefente aujourd'hui eft fi fainte & fi legitime que mon filence m'auroit rendu criminel devant Dieu : *Car il y a un* *Ecclef. 3.* *temps de fe taire,* dit l'Ecrituru, *& un temps de* *parler. Ne refufez pas de parler,* eft-il dit en un au- *Ecclef. 4.* *tre endroit, lorfque vos paroles peuvent eftre falu-* *taires.* Et faint Pierre recommande *d'eftre toûjours* *1. Pet. 3.* *prefts de répondre pour noftre défenfe à tous ceux* *qui nous demanderont raifon de l'efperance que nous* *avons.*

Vous me demandez, & me le demandez avec inftance, que je vous tire de l'Ecriture-fainte une regle certaine à laquelle vous rendiez conforme toute vôtre vie, afin que connoiffant la volonté du Sauveur, vous preniez davantage de foin de l'innocence de vos mœurs au milieu des grandeurs & des richeffes du monde, & que dans le mariage où vous avez efté appellée, vous vous rendiez agreable à vôtre mary, & à celui qui a eu la bonté de fouffrir que vous puffiez eftre mariée. Il faudroit ne pas aimer vôtre avancement, pour ne pas fatisfaire à un defir fi loüable. J'obeïrai donc à vos prieres, & vous voyant difpofée à accomplir la volonté du Seigneur, je tâcherai de vous y encourager par fes propres paroles. Car il eft tout enfemble le Maître de tous les hommes, & le Docteur de la verité, & comme il nous ordonne de lui plaire, il nous enfeigne en même temps à le faire.

C'eſt donc à lui à vous inſtruire, & puiſque ce jeune Seigneur de l'Evangile lui aiant demandé *ce qu'il fâloit qu'il fîſt pour gagner la vie éternelle*, il lui propoſa auſſi-toſt de *garder les Commandemens de Dieu*: il nous a apris que nous devons faire la volonté de celui de qui nous attendons des recompenſes. Même il dit en un autre endroit; *Tous ceux qui me diſent, Seigneur, Seigneur, n'entreront pas pour cela dans le Royaume du Ciel: Mais celui-là ſeulement y entrera qui fait la volonté de mon Pere qui eſt dans le Ciel.*

Vous voyez par-là qu'il ne ſuffit pas de confeſſer le nom de Dieu & qu'il faut encore ajoûter à cette confeſſion les bonnes œuvres de la foy & de la juſtice; Car quelle peut-eſtre la confeſſion de celui qui diſant qu'il croit en Dieu, ne tient point de conte d'exécuter ce qu'il commande? & pouvons-nous dire veritablement, *Seigneur, Seigneur*, & ne point obeïr à celui que nous reconnoiſſons pour tel? C'eſt pourquoi il demande dans l'Evangile pourquoi *on l'appelle Seigneur, Seigneur, & que l'on ne fait point ce qu'il dit:* Et il dit en un autre endroit, *Ce peuple eſt proche de moi en paroles, & il m'honore des lèvres; mais ſon cœur eſt bien éloigné de moi;* Et par la bouche d'un Prophete, *Un Fils honore ſon Pere, & un Serviteur craint ſon Maître: Si je ſuis vôtre Pere, où eſt l'honneur que vous me devez rendre? Si je ſuis vôtre Maître, où eſt la crainte que vous devez avoir de moy?* D'où il faut conclure que Dieu n'eſt ny honoré ny craint par ceux qui ne gardent point ſes Commandemens. C'eſt ce qui fut encore dit en termes plus formels à David aprés avoir commis ſon peché, *Vous n'avez point tenu conte de Dieu:* Et au Prêtre Heli, *J'honorerai ceux qui*

Mat. 19.
Mat. 7.
Luc. 48.
Mat. 5.
Mat. 1.
2. Reg.
1. Reg.

m'honorent, & aneantiray ceux qui me méprisent.
Et après cela nous vivons en seureté, sans perdre le courage, deshonnorant un Dieu plein de
miséricorde, & en violant tous ses Commandemens, comme si le mépris que nous en faisons
n'irritoit pas sa Justice, & qu'en cela nous ne lui
fissions pas un outrage tres-sensible. Y a-t'il un
orgueil plus criminel, & une ingratitude plus si-
gnalée que de vivre contre la volonté de celui de
qui on a reçû la vie; que de mépriser les Commandemens de celui qui n'en fait que pour avoir
occasion de faire paroître sa liberalité en donnant des recompenses? Dieu n'a sans doute pas
besoin que nous lui obeïssions, mais nous avons
besoin qu'il nous commande, & comme dit le
Prophete Roi, *Nous devons plus desirer ses Com-* Psal. 118.
mandemens que l'or, & que les pierreries: & ils
sont plus agreables à une ame que le miel le plus
doux, parce qu'en les observant on reçoit une tres-
grande recompense.

Cela est causé que Dieu s'irrite contre nous,
& que sa bonté infinie se trouve d'autant plus
offensée de ce que nous la méprisons, même
jusqu'à dédaigner les recompenses qu'elle nous
propose, & de ce que non seulement nous ne
gardons point ses Commandemens; mais encore
que nous ne faisons point de cas de ce qu'elle
nous promet.

Nous devons donc passer & repasser continuellement ces paroles dans nôtre esprit; *Si vous* Mat. 19.
voulez acquerir la vie éternelle, gardez mes Com-
mandemens. Voila en peu de mots tout ce qui
nous est prescrit par la Loy, ce que les Prophetes
& les Apôtres nous aprennent, & ce que la Voix
& le Sang de Jesus-Christ nous demandent :

Galat. 2.

car il n'eſt mort pour tous qu'afin que ceux qui vivent ne vivent plus pour eux-mêmes, mais pour celui qui eſt mort pour eux. Or vivre pour lui n'eſt autre choſe qu'obſerver ſes Commandemens qu'ils nous a laiſſez comme un gage de ſon affection :

Ioan. 14.

Si vous m'aimez, dit-il, gardez mes Commandemens : Et enſuite, Celui qui a reçeu mes Commandemens, & qui les garde, eſt celui qui m'aime. Et dans le même Evangile ; Si quelqu'un m'aime il gardera ma parole, & mon Pere l'aymera, & nous viendrons à lui, & nous ferons en lui noſtre demeure : Celui qui ne m'aime point ne garde point mes paroles.

La puiſſance du veritable amour eſt ſi grande, que celui qui eſt aimé veritablement devient maître de la volonté de celui qui l'aime. Il n'y a rien de plus impetueux que l'Amour, & s'il eſt vrai que nous aimons JESUS-CHRIST, & que nous nous ſouvenions qu'il a répandu ſon ſang pour nous racheter, nous ne devons rien deſirer ni faire que ce que nous ſçavons qu'il veut que nous deſirions & que nous faſſions.

Or toute la juſtice eſt renfermée dans deux preceptes, dont l'un défend de faire le mal, & l'autre commande de faire le bien : Car comme il eſt défendu de faire le mal, il eſt ordonné de faire le bien : Par l'un il nous eſt commandé de demeurer dans le repos; & par l'autre, d'agir; l'un nous retient, & l'autre nous porte à l'action, & l'un enfin nous rend coupables d'avoir fait, & l'autre de n'avoir pas fait. C'eſt ce qui a fait parler le Prophete David de la ſorte : *Deſirez-vous une vie heureuſe ? Souhaitez-vous des jours où vous ſoyez comblez de biens ? Gardez voſtre langue de la médiſance & vos lévres de la tromperie. Détournez-*

vous du mal & faites le bien. Et dire à l'Apôtre, *Ayez le mal en horreur, & attachez-vous fortement au bien.*

Rom. 12.

Ces deux preceptes differens, dont l'un défend & l'autre commande sont également imposez à tout le monde : une Vierge, une Veuve, & une Femme mariée sont egalement obligées à les suivre. Quelque genre de vie qu'on ait embrassé, & en quelque estat que l'on soit, on peche également en faisant ce qui est défendu, & en ne faisant pas ce qui est commandé.

Prenez garde de tomber dans l'erreur de ceux qui choisissent à leur fantaisie les Commandemens de Dieu qu'ils veulent principalement observer, & rejettent les autres avec mépris comme moins considerables, ne craignant point *de tomber insensiblement dans la mort en negligeant les petites choses,* comme parle l'Ecriture. Il n'apartient qu'aux Stoïciens à croire qu'il n'y a point de difference entre les pechez, qu'ils sont tous égaux, & qu'un crime énorme ne differe en rien d'une petite faute. Pour nous qui ne sommes pas de ce sentiment, parce que nous aprenons le contraire dans l'Ecriture sainte, nous tenons pour constant, afin d'obvier à toutes sortes de fautes, qu'il faut avec un soin egal éviter les grandes & les petites.

Ecclef. 19.

On s'empêche d'autant plus facilement de commettre un peché, de quelque nature qu'il soit, qu'on le redoute davantage ; & lors qu'on craint de tomber dans de petits, on ne tombe pas si-tost dans de grands, & je ne sçai même si l'on peut apeller petit peché ce qui se fait en méprisant les loix de Dieu.

Certes celui-là est tres-avisé qui regarde moins

re qui lui eſt commandé que celui qui lui commande, & qui a moins d'égard à la qualité du commandement, qu'à la dignité de celui qui le fait.

Si donc vous deſirez de bâtir vôtre edifice ſpirituel, non pas ſur le ſable, mais ſur une pierre ſolide, jettez-en les fondemens par vôtre innocence, afin de pouvoir enſuite élever avec plus de facilité le comble de la juſtice : Car c'eſt avoir déja accompli une grande partie de la Juſtice que n'avoir fait tort à perſonne. On eſt tres-heureux

Iob. 23. quand on peut dire comme Job ; *Je n'ay fait tort à qui que ce ſoit, & j'ay vêcu dans l'équité avec tout le monde.* Delà vient que parlant à Dieu avec

Iob. 13. une innocente hardieſſe, *Y a t'il quelqu'un,* lui dit-il, *qui veüille m'accuſer devant vous ?* C'eſt à dire, qui peut vous demander juſtice de moi, & me convaincre en vôtre preſence de l'avoir offenſé ? Nôtre conſcience ne doit nous reprocher rien, & nous devons eſtre en tel eſtat que nous

Pſal. 100. puiſſions dire hardiment avec David : *Je marcheray avec un cœur parfait dans le ſecret de ma maiſon.*

Pſal. 83. Et ce Prophete ajoûte en un autre endroit, *Il ne refuſe aucuns de ſes biens à ceux qui marchent dans l'innocence & dans la pureté.*

Il faut donc que l'ame d'un Chrêtien ne ſouffre en elle ni haine, ni envie, ni malice, qui ſont les principales, ou pour mieux dire, les ſeules ſemences du mal que l'on fait aux autres. On ne doit pas ſeulement conſerver ſa langue & ſes mains dans l'innocence ; mais encore ſon cœur. Il ne faut pas ſeulement ne nuire point à ſon prochain par ſes actions, mais auſſi n'avoir pas la volonté de le faire ; car c'eſt toûjours pecher d'avoir eu la volonté de nuire à un autre, quand même on ne l'auroit pas fait effectivement.

Plusieurs vont plus avant, & tiennent que pour estre veritablement innocent, il ne faut pas seulement ne point faire de mal à une personne, mais encore lui rendre continuellement service. Si cela est vrai, attendez pour vous croire innocente & pour vous réjoüir de la pureté de vôtre cœur, que vous soyez certaine que vous ayez servi vôtre prochain toutes les fois que vous l'avez pû faire. Si au contraire ce sont deux choses differentes, que ne nuire à personne, ce que l'on peut toûjours faire, & lui rendre service quand on le peut faire; representez-vous sans cesse dans l'esprit, qu'il ne suffit pas à un Chrêtien d'avoir accompli une partie de la Justice, puis qu'il lui est commandé d'accomplir toutes les deux. Nous ne devons pas nous arrester à l'exemple du commun des hommes, qui ne tenant aucune regle assûrée dans la conduite de leur vie, & ne gardant aucun ordre dans leurs actions, se laissent plûtost emporter aux mouvemens imperieux de la nature, que gouverner par les lumieres de la raison.

Il ne faut pas non plus imiter ceux qui portant le nom de Chrêtiens menent une vie d'Idolâtres, & font paroistre par leurs actions le contraire de la foy qu'ils professent; & qui, comme dit l'Apôtre, avoüent qu'ils connoissent Dieu ; mais le nient en même temps par leurs actions. Il faut non-seulement que la foi, mais encore que l'innocence de la vie mette de la difference entre un Chrêtien & un Idolâtre, & faire paroistre la diversité des croyances par la diversité des actions. *Ne contractez point*, dit l'Apôtre, *une* **2. Cor. 6.** *alliance inégale en vous attachant à un même joug* avec les Infidelles : car quelle union peut-il y avoir entre la justice & l'iniquité ? Quel commerce entre la lumiere & les tenebres? Quel accord entre JESUS-CHRIST & Belial ? Quelle societé entre le Fidel-le & l'Infidelle ? Quel raport entre le Temple de Dieu & les Idoles.

Qu'il y ait donc beaucoup de difference entre eux & nous, car il y en a beaucoup entre l'er-reur & la verité. Que ceux à qui les plaisirs du Ciel n'ont point esté promis s'attachent aux cho-ses de la terre. Que ceux qui ignorent la douceur des-biens infinis se donnent tous entiers aux soins & aux embarras de cette vie passagere. Qu'ils pechent hardiment puisqu'ils croyent que les cri-mes demeureront impunis; & enfin qu'ils s'aban-donnent aux vices puisqu'ils ne sont point per-suadez de la recompense destinée à la vertu. Pour

2. Cor. 3. nous qui croyons avec une foy tres-pure *que nous devons tous comparoître devant le Tribunal de* JESUS-*CHRIST, afin que chacun reçoive ce qui est dû aux bonnes & aux mauvaises actions qu'il aura fai-tes, pendant qu'il estoit revestu de son corps :* nous devons estre fort éloignez du vice : & l'Apô-

Gal. 5. tre nous avertit que *ceux qui sont à* JESUS-*CHRIST ont crucifié leur chair avec ses passions & ses desirs déreglez.*

Que ceux qui font profession d'estre veritable-ment les disciples de la verité, ne suivent point de troupes qui sont dans l'erreur; car elle nous en-seigne dans l'Evangile qu'il y a deux genres de vie & deux chemins directement opposez; *Que le che-*

Mat. 7. *min, dit-elle, qui conduit à la perdition est large & spacieux, & qu'il y en a beaucoup qui y passent! Et en-suite, Que le chemin qui conduit à la vie est étroit, & qu'il y en a peu qui le trouvent !*

Con-

Confiderez la grande difference de ces deux chemins ; l'un conduit à la vie, & l'autre à la mort ; l'un eſt tres-large & ſuivi de beaucoup de perſonnes, & l'autre ſi étroit que peu de monde le trouve à peine. Cela vient de ce que l'habitude des vices où nous ſommes portez, rendant un de ces chemins plus aiſé & plus facile, & le couvrant, pour ainſi dire, des fleurs agreab.es des voluptez, y attirent facilement & comme par une pente naturelle la plûpart des hommes ; au lieu que l'autre n'eſtant point battu, parce que les vertus ſont peu pratiquées, il demeure rude & raboteux, & nul ne ſe reſout d'y entrer que ceux qui preferent au plaiſir inutile de marcher par un chemin agreable, l'avantage d'arriver à un lieu de bonheur & de delices. En effet, les vieilles habitudes de pecher que nous avons contractées nous font paroître le chemin de la vertu âpre & difficile ; au lieu que ſi nous eſtions accoûtumez à pratiquer la vertu, nous éprouverions, comme dit l'Ecriture, *Que le chemin de la juſtice eſt tres-doux* Prov. 4. *& tres-aiſé.*

Etabliſſons donc maintenant de quelle maniere nous devons vivre, & aprenons du témoignage de nôtre propre conſcience par lequel des deux chemins nous devons marcher. Toutes nos actions & toutes nos paroles regardent le chemin large ou le chemin étroit ; ſi nous entrons dans celui-ci avec le petit nombre de perſonnes qui y cheminent, nous allons droit à la vie ; & au contraire ſi nous nous engageons dans celui-là avec tant de perſonnes qui le ſuivent, nous arriverons à la mort, ſelon la parole du Sauveur. De ſorte que ſi nous avons de la haine ou de l'envie, & ſi nous nous laiſſons vaincre par l'avarice & par le deſir

Z

d'eftre riches, nous marchons par le chemin large
en la compagnie de plufieurs perfonnes : Si nous
voulons accomplir les mouvemens déreglez de
nôtre chair, venger une injure, & médire à nôtre
tour de celui qui a médit de nous ; fi nous fla-
tons un autre, ou que nous fouffrions qu'il nous
flate ; fi la complaifance nous empêche de dire
la verité, & que nous craignions de déplaire aux
hommes, au lieu de leur parler fincerement,
nous fommes encore dans le chemin large. Au
contraire, fi nous ne fommes point infectez d'aucun de ces vices, fi nous confervons nôtre ame
dans la pureté, & que foulant aux pieds l'avarice
nous ayons foin de nous enrichir feulement de
vertus, nous marchons dans le chemin étroit ;
car ce genre de vie eft embraffé de peu de monde, & il eft tres-difficile & tres-rare de rencontrer des perfonnes propres à nous y tenir
compagnie. Ce n'eft pas qu'il n'y en ait beaucoup qui feignent d'abord d'y vouloir marcher ;
mais aprés divers détours & divers égaremens ils
rentrent enfin dans le chemin large de la multitude, & nous devons prendre garde de ne pas fuivre dans ces détours & dans ces égaremens ceux
que nous croyons qui nous devoient fervir de
guides dans cette route.

C'eft pourquoi fi nous rencontrons des modelles qui puiffent nous conduire dans ce chemin, & qui fuivent eux-mêmes celui qui nous
eft marqué par l'Evangile, nous devons marcher aprés eux, & fi nous n'en rencontrons
point, ou du moins que nous croyons n'en point
rencontrer, les Apotres font une regle generale
à laquelle tout le monde peut fe conformer.
Saint Paul, ce Vaiffeau d'élection, femble nous

apeller au chemin étroit en ces termes : *Mes Fre-* Philip. 3.
res, rendez-vous mes imitateurs, & proposez-vous
l'exemple de ceux qui se conduisent selon le modelle
que vous avez vû en nous. Même ce qui est au dessus de tout, nous avons un exemple admirable
à suivre en nôtre Sauveur qui parle de la sorte
dans l'Evangile : *Venez à moi vous tous qui estes* Mtt. 11.
travaillez & qui estes chargez, & je vous soulage-
rai; prenez mon joug sur vous, & aprenez de moi
que je suis doux & humble de cœur, & vous trou-
verez le repos de vos ames, car mon joug est doux &
mon fardeau est leger.

S'il est dangereux d'imiter ceux dont vous doutez que l'exemple doive estre imité, il est sans
doute tres-seur d'imiter celui qui assure qu'il est Joan. 14.
le chemin, la verité, & la vie; car on ne s'égare
jamais en suivant la verité. Delà vient que saint
Jean a parlé de la sorte : *Celui qui dit qu'il demeure* 1. Joan. 2.
en JESUS-CHRIST, *doit marcher lui-même comme*
JESUS-CHRIST *a marché.* Et voilà le sentiment
de saint Pierre sur ce sujet : JESUS-CHRIST *a* 1. Pet. 2.
souffert pour vous, vous laissant un exemple; afin
que vous marchiez sur ses pas, lui qui n'avoit com-
mis aucun peché; & de la bouche duquel nulle pa-
role trompeuse n'est jamais sortie. Quand on l'a char-
gé d'injures il n'a point répondu des injures : quand
on l'a maltraité il n'a point fait de menaces ; mais
il a remis sa cause entre les mains de celui qui juge
selon la justice. C'est lui qui a porté nos pechez en
son Corps sur la Croix, afin qu'estant morts pour le pe-
ché nous vivions pour la justice.

Faisons donc cesser toutes les vaines excuses de nos erreurs, & bannissons ces consolations honteuses que nous recherchons dans
nos crimes : Ce n'est rien faire que vouloir

s'excuſer par l'exemple du grand nombre de ceux qui pechent. Que gagnons-nous de compter exactement pour noſtre ſatisfaction particuliere les manquemens des autres, & d'alleguer que nous n'avons point de modelle à ſuivre, puis qu'on nous renvoye à celui dont tout le monde demeure d'accord que l'exemple doit eſtre imité ?

Vos premiers ſoins doivent donc eſtre de ſçavoir les Loix de Dieu, afin que par leur moyen vous ayez toûjours les exemples des Saints devant les yeux, & que vous appreniez en les conſultant, ce que vous devez faire, & ce que vous devez éviter. C'eſt un puiſſant ſecours pour arriver à la juſtice que ſe remplir l'ame de la parole de Dieu, & avoir ſans ceſſe dans la penſée ce qu'on a la volonté d'executer effectivement.

Ce fut pour cela que le Seigneur commanda autrefois par Moyſe à ſon peuple qui eſtoit encore rude, groſſier, & peu accoûtumé à lui obeïr, *d'attacher aux bordures de ſes vêtemens des Ecriteaux d'écarlate, ſur leſquels fuſſent marquez ſes Commandemens, afin que toutes les fois qu'ils y jetteroient les yeux, le ſouvenir s'en repreſentaſt à leur memoire.* Et c'eſt ſur le ſujet de ces bordures que JESUS-CHRIST reprend les Phariſiens, parce qu'au lieu de s'en ſervir pour un uſage ſi ſaint, ils ne s'en ſervoient que pour l'oſtentation & pour la vanité, voulant que le peuple les eſtimaſt plus ſaints, en les croyant plus exacts obſervateurs de la Loy divine.

Mais pour vous qui deſirez de garder les Commandemens de l'eſprit, & non de la lettre ; vous devez conſerver les Loix de Dieu dans voſtre

memoire d'une maniere spirituelle, & ne les y
pas rappeller seulement de temps en temps, mais
les y avoir continuellement presentes. Ayez
donc sans cesse la sainte Ecriture entre les mains ;
& la lisez des yeux de l'esprit en même temps
que vous la lirez de ceux du corps. Mais ne
croyez pas qu'il vous suffise de sçavoir par cœur
la parole de Dieu, si vous l'oubliez par vos
actions. Vous devez la sçavoir par cœur, afin
de pratiquer ce qu'elle vous ordonne, & ce
qu'elle vous aura appris ; *Car ceux qui écoutent
la Loy ne seront pas pour cela justes devant Dieu ;
mais ce sont ceux qui gardent & pratiquent la Loy
qui seront justifiez.* Or le champ de cette divine
Loy est d'une tres-grande étenduë, & il est semé de differens témoignages de la verité, qui
sont autant de belles fleurs qui donnent une plaisir inconcevable à l'ame, en la nourissant & en
la fortifiant. Et c'est un moyen tres-assuré pour
se conserver toûjours dans la justice, que les
connoître, & repasser sans cesse dessus en soy-
même.

Mais afin que pour soulager vostre memoire
vous ayez un precepte general où tous les autres soient renfermez : Choisissez particulierement, & gravez sur vostre cœur cette maxime
que Jesus-Christ a prononcée comme un abregé de toute la justice : *Faites pour les autres tout
ce que vous voulez que les autres fassent pour vous ;*
Et pour marquer l'efficace de ces paroles, il ajoûte : *Car en cela est contenu tout ce qui est commandé
par les Loix & par les Prophetes.* En effet, la justice aiant une infinité de parties, & estant divisée en tant d'especes particulieres qu'on ne peut
les exprimer ni les concevoir toutes, Nôtre

Seigneur les a voulu renfermer dans une maxime conçuë en peu de paroles, afin que chacun pût lui-même sur le témoignage caché de sa propre conscience prononcer sa condamnation, ou son absolution.

Souvenez-vous donc à chaque parole, à chaque action, & à chaque pensée de cette admirable regle de Jesus-Christ, & ayez-la continuellement devant les yeux, pour y voir comme dans un miroir fidelle, la veritable disposition de vostre cœur, afin qu'elle vous condamne dans toutes vos injustices, ou vous réjoüisse dans toutes vos bonnes actions. Toutes les fois que vous aurez pour vôtre prochain les mêmes sentimens que vous voudriez qu'il eust pour vous en une pareille occasion, vous serez sans doute dans le chemin de la justice. Mais quand vous en userez en son endroit d'une autre maniere que vous ne voudriez qu'il en usast au vôtre, vous vous égarez de ce chemin, & vous entrez dans l'autre.

Voila à quoi aboutissent toutes ces difficultez & ces peines que nous rencontrons dans les Loix de Dieu; Voila en quoi consiste la dureté de ses Commandemens, & ce qui nous porte à nous écrier qu'il est tres-difficile, ou même impossible de les executer. Car il ne nous suffit pas de ne point obeir à un Dieu qui nous commande; nous l'accusons encore d'injustice, & nous nous plaignons de ce que l'Autheur de la justice nous commande des choses difficiles, & même impossibles à faire. *Faites*, dit-il, *pour les autres tout ce que vous voulez qu'ils fassent pour vous :* Il ne desire autre chose sinon qu'une même charité nous lie tous ensemble par les bien-faits, & par les services qu'il veut que nous nous rendions les uns aux autres; afin que chacun rendant à son prochain ce qu'il veut que tous lui rendent, toute la Justice de Dieu, & ce commandement qu'il nous fait, tournent heureusement à l'avantage & à l'utilité de tous les hommes.

Admirable bonté de Dieu! Il nous promet des recompenses si nous nous aymons les uns les autres: C'est à dire si nous nous rendons mutuellement les uns aux autres les assistances dont nous avons besoin reciproquement: Et cependant par une ingratitude, & un orgueil sans exemple, nous allons contre la volonté de celui dont les Commandemens nous tiennent lieu de bien-faits.

Ne médites jamais de personne, & ne cherchez point à vous faire estimer en blâmant les autres. Ayez plus de soin de bien regler vostre vie que de reprendre celle de vôtre prochain, & vous souvenez toûjours de ce passage de l'Ecriture; *Ne prenez point plaisir à dire du mal d'un* *autre, de peur qu'on ne vous arrache comme un mé-* *chant arbre.* Il y a peu de gens qui ne soient sujets à ce vice. Il y en a peu qui travaillant à mener une vie irreprochable, ne trouvent à dire à celle des autres, & ce venin s'est répandu si avant dans nous-mêmes, que ceux qui se sont corrigez des autres vices, tombent dans celui-cy comme dans le dernier piege de Sathan.

Prov 20. 1 selon les Septante.

Evitez donc ce mal de telle maniere que non seulement vous ne médisiez point de vôtre prochain, mais encore que vous n'ajoûtiez jamais de foy aux paroles de ceux qui en médiront en vôtre presence. Prenez garde de ne les pas autoriser en leurs fautes, & de ne pas les entretenir dans leurs médisances en feignant de les

Z iiij

approuver, *Ne donnez point*, dit l'Ecriture, *voſtre conſentement à ceux qui parlent mal de leur prochain, & ne prenez point de part à leur peché.* Et en un autre endroit, *Bouchez vos oreilles d'épines, & n'écoutez point les mauvaiſes langues* C'eſt ce qui fait dire à David, faiſant un dénombrement

des eſpeces de la juſtice, *Qui ne preſte point l'oreille aux paroles injurieuſes à l'honneur de ſon prochain*; Delà vient que ce Prophete ne ſe contentant pas de haïr ſimplement les médiſans, les pourſuivoit encore pour les punir ; *Je pourſuivois*, dit-il ailleurs, *celui qui médiſoit en ſecret de ſon prochain.*

Ce peché eſt de telle conſequence qu'il eſt le premier à qui l'on doive renoncer, & ceux qui veulent mener une vie ſainte en doivent eſtre entierement exemts. En effet, il n'y a rien qui donne plus d'inquietude à un ame, ni qui la rende plus inconſtante & plus legere, que croire facilement tout ce qui ſe dit, & porter ſon jugement avec temerité & precipitation ſur les rapports de ceux qui médiſent. C'eſt delà que viennent bien ſouvent les querelles, & que naiſſent les haines injuſtes & ſans fondement. C'eſt ce qui fait que les plus intimes amis deviennent quelquefois ennemis, la langue du médiſant diviſant les eſprits les plus unis lors qu'elle les trouve trop credules.

Au contraire on jouït d'une grande tranquillité d'eſprit, & l'on donne des marques d'une conduite bien reglée en n'écoutant pas volontiers ce qui eſt dit au deſavantage d'un autre, & celui-là eſt ſans doute bien-heureux qui s'eſt tellement fortifié contre ce peché, que perſonne n'oſe même le commettre en ſa preſence. Si nous eſtions accoûtumez à ne point écouter les médisans, il n'y auroit personne qui ne craignît de médire, de peur que par sa médisance il ne se rendîst plûtost méprisable, que celui dont il auroit dessein de parler mal. Mais loin de cela, ce vice n'est devenu commun parmi la plus grande partie des hommes, que parce qu'il est bien receu de tout le monde.

Vous devez aussi éviter les flateries, & les complaisances trompeuses comme des pertes fatales à une ame. Il n'y a rien qui la seduise si facilement, & qui lui fasse une blessure si douce & si agreable. C'est ce qui a donné lieu au Sage de dire, *Les paroles des flateurs sont douces, mais* *Prov. 18.* *elles percent le cœur;* Et nostre Seigneur dit par la bouche de son Prophete, *Mon peuple, ceux qui* *Esai. 3.* *disent que vous estes heureux vous trompent, &* *vous font égarer du droit chemin.* Ce vice est tres-ordinaire, & particulierement en ce temps; même ce qui est le plus déplorable, il passe pour une marque de soûmission & de bien-veillance; de sorte que celui qui n'y tombe pas est estimé nostre ennemy & un glorieux. C'est sans doute une adresse bien spirituelle de loüer les autres, pour meriter d'estre loüé soy-même, de faire qu'un homme nous soit obligé de l'avoir trompé, & de vendre ses loüanges à un certain prix. Quelle est nostre vanité & nostre legereté, de nous arrester moins à nostre propre conscience, qu'aux paroles fausses & trompeuses d'un autre, de nous laisser emporter au vent d'un éloge sans fondement, de nous réjoüir d'estre abusez, & de recevoir des mocqueries comme des bienfaits!

Si donc vous voulez meriter veritablement

d'eſtre loüée, ne recherchez point les loüanges des hommes : Mettez ſeulement vôtre conſcience en eſtat d'eſtre veuë par celui *qui produira dans la lumiere ce qui eſt caché dans les tenebres, & découvrira les plus ſecretes penſées des cœurs, & alors vous recevrez de Dieu la loüange qui vous ſera deuë.*

Cor. 4.

Il faut auſſi que vous veilliez continuellement ſur vous-même, & que vous ſoyez toûjours armée contre le peché. Vous devez auſſi en toute occaſion parler ſi peu & avec tant de moderation, que l'on connoiſſe que c'eſt plûtoſt par neceſſité que vous parlez, que par aucun plaiſir que vous y preniez. Que vôtre prudence ſoit toûjours accompagnée de retenuë, & poſſedez la pudeur, qui a toûjours eſté un des plus recommandables ornemens d'une femme, en un degré plus éminent qu'aucune autre vertu. Avant que d'ouvrir la bouche, examinez long-temps ce que vous devez dire, & ſi vous ne vous repentirez point d'avoir parlé. Que vôtre penſée peſe long-temps vos paroles, & que voſtre jugement, comme une petite balance, regle tous les mouvemens de voſtre langue. C'eſt pourquoi l'Ecriture dit, *Ecleſ. 28.* *Faites paſſer par le feu l'or & l'argent que vous avez, peſez, & balancez toutes vos paroles, mettez un frein pour conduire vôtre bouche, & prenez garde de commettre quelque faute par vôtre langue.* Ne prononcez donc jamais une mauvaiſe parole, puiſqu'il eſt commandé de dire du bien de ceux qui diſent du mal de vous ; *S. Pet. 3.* *Qu'il ſe trouve en vous,* dit ſaint Pierre, *une affection pleine de tendreſſe, une douceur qui gagne les cœurs : ne rendez point mal pour mal, ni outrage pour outrage : mais au contraire beniſſez ceux qui vous maudiſſent.*

A l'égard du mensonge & du jurement, vous ne devez pas même les connoistre, & vous devez estre portée de telle sorte à dire la verité, que l'on croye autant tout ce que vous direz que si vous aviez juré, C'est ce que JESUS-CHRIST commande à ses Disciples; *Et moi je vous dis que vous* Matth. 5. *ne juriez en aucune sorte:* Et ensuite, *Contentez-vous de dire, cela est, ou cela n'est pas; car ce qui est de plus vient du mal.*

Le calme & la tranquillité de vostre esprit doivent paroître dans toutes vos actions & dans toutes vos paroles, & vos pensées ne doivent jamais s'éloigner de la presence de Dieu. Ayez de la douceur & de l'humilité en toutes rencontres, & ne témoignez jamais d'aigreur ny de fierté que contre le vice.

Ne vous laissez jamais élever par l'orgueil, vaincre par l'avarice, ni emporter par la colere; car il ne doit y avoir rien de plus paisible, de plus pur, ni de plus beau qu'une ame destinée à estre la demeure d'un Dieu qui est moins charmé par des Temples éclatans d'or, & des Autels enrichis de pierreries, que par les vertus dont cette ame se trouve ornée. C'est pourquoi les ames des Saints sont appellées les Temples de Dieu, & l'Apôtre nous en assure par ces paroles; *Si quelqu'unn prophane le Temple de Dieu, Dieu le* 1. Cor. 3. *perdra: Car le Temple de Dieu est saint, & c'est vous qui estes ce Temple.*

Il n'y a rien de plus excellent ni de plus aimable que l'humilité; car elle est, pour ainsi dire, la gardienne de toutes les vertus, & c'est une chose tres-agreable à Dieu qu'estant élevez par le merite & par la sainteté de nostre vie nous nous abaissions par l'humilité; De là vient que l'Ecriture nous commande , *De nous humilier d'autant plus que nous sommes élevez, afin de nous rendre agreables à Dieu* ; Et le Seigneur dit par la bouche d'un Prophete; *Sur qui me reposerai-je, sinon sur celui qui est humble, & qui reçoit mes paroles avec crainte & avec respect ?*

Mais quand je vous exhorte à la pratique de l'humilité , je ne parle pas d'une humilité feinte, & que l'on fait paroître par une affecta-tion de paroles & de gestes étudiez. Il y a beau-coup de difference entre la vertu , & les appa-rences de la vertu ; entre le corps , & l'ombre de ce corps. L'orgueil qui se cache sous les ap-parences de la vertu en est d'autant plus cri-minel, & je ne sçai comment il arrive que le vice devient plus noir & plus honteux, quand il se couvre du voile de la vertu.

Ne vous préferez jamais à personne à cause de la noblesse de vôtre maison, & ne croiez pas que les autres soient au dessous de vous, parce que vous estes formée d'un sang plus illustre qu'eux. Nôtre Religion ne fait acceptation de personne, elle n'admet point de difference dans les conditions, & elle juge de la liberté, ou de l'esclavage d'une homme sur la vie qu'il mene; Car devant Dieu toute la liberté consiste à n'estre point esclave du peché, & la plus grande noblef-se à estre orné de vertu. Y a-t'il un homme devant Dieu plus grand & plus illustre que saint Pierre, qui fut un pauvre Pescheur? Une femme plus no-ble que Mariee, qui fut femme d'un simple char-pentier ? Cependant JESUS-CHRIST a confié les clefs du Ciel à ce pauvre Pescheur : Et la femme de ce simple Charpentier a merité d'estre la mere de celui qui confia les clefs du Ciel à ce pauvre

Pescheur: *Car Dieu a choisi les plus vils & les* I. Cor. 1:
plus méprisables selon le monde, & ce qui n'estoit
rien, pour détruire ce qui estoit de plus grand. D'ailleurs il est inutile à une personne de s'applaudir
à elle-même à cause de sa noblesse, puisque
tous les hommes ayant esté rachettez par le
Sang du Sauveur, ils sont également precieux
& illustres devant Dieu ; & il n'importe point
d'où l'on tire sa naissance, puisque nous sommes tous également regenerez en Jesus-Christ.
Si nous oublions que nous sommes tous engen-
drez du même homme ; souvenons-nous au
moins que nous avons esté aussi tous regenerez d'un même homme.

Ne croyez pas que vous soyez déja sainte pour
avoir commencé à jeûner, & faire quelque abstinence ; car le jeûne est bien un moyen pour
arriver à la sainteté, mais ce n'est pas la perfection. Au contraire, prenez garde que le mépris que vous ferez des choses permises, ne vous
donne une dangereuse confiance, & ne vous porte plus facilement à celles qui sont deffenduës ;
Tout ce que l'on offre à Dieu qui semble passer
les bornes de l'étroite justice à laquelle il nous
oblige, ne doit pas blesser cette même justice,
mais plûtost l'aider. A quoi sert de s'attenüer
le corps par les abstinences, si nôtre esprit est enflé d'orgueil ? Quelle loüange meritons-nous en
devenant pâles par l'âpreté de nos jeûnes, si l'envie nous rend aussi le visage pâle ? & quelle vertu y a-t'il à ne point boire de vin, & à s'enyvrer,
pour ainsi dire, de colere & de haine ? Le jeûne,
l'abstinence, & la maceration de son corps sont
sans doute admirables, mais c'est lorsque l'ame
s'abstient aussi de pecher. De là vient que ceux

qui connoiſſent parfaitement la nature de la veritable abſtinence, & des macerations, ne châtient leur corps que pour détruire la vanité dans leur ame, afin que deſcendant, pour ainſi dire, du ſommet de l'arrogance, ils ſe ſoûmettent librement à la volonté de Dieu, qui s'accomplit par la ſeule volonté de Dieu. C'eſt pourquoi ils détournent leur eſprit des deſirs déreglez du boire & du manger, & s'appliquent de toutes leurs forces à l'acquiſition des vertus, & alors le corps ſent d'autant moins la douleur des jeûnes & des abſtinences, que l'ame ſe trouve plus affamée de là Juſtice.

Il ne faut pas eſtre du ſentiment de quelques perſonnes peu éclairées, & croire comme elles, que ſaint Paul, ce Vaiſſeau d'élection, *traitant rudement ſon corps, & le reduiſant en ſervitude, de peur qu'ayant prêché aux autres, il ne fuſt reprouvé lui-même,* en uſaſt de la ſorte, pour acquerir ſeulement la chaſteté. Car l'abſtinence & les macerations ne ſont pas ſeulement utiles à cette vertu, mais encore à toutes les autres. D'ailleurs, s'abſtenir ſeulement du peché de l'impureté, euſt eſté peu de choſe pour un ſi grand Apôtre. En cela il travailloit auſſi à ſanctifier & à inſtruire ſon ame, ſçachant qu'il s'appliqueroit d'autant plus facilement à la pratique des vertus, qu'il ſongeroit moins aux plaiſirs; & puis il ne devoit y avoir rien d'imparfait dans celui qui enſeignoit la perfection aux autres. Même faiſant profeſſion d'imiter JESUS-CHRIST, il craignoit de tomber en quelque faute contre ſa volonté & ſes preceptes, d'inſtruire moins par ſon exemple, que par ſes paroles, d'eſtre reprouvé lui-même aprés avoir long-temps prê-

I. Cor. 9.

ché les autres, & de meriter enfin qu'on lui par- *Mat. 23.* laßt comme aux Pharisiens : *Ils disent, mais ils* *Rom. 12.* *ne sont point.*

Les Apôtres ne nous ont pas seulement ordonné de n'avoir pas moins de soin de nôtre reputation que de nôtre conscience ; mais ils nous l'ont encore enseigné par leur exemple. L'Apôtre des Gentils nous apprend que ce soin n'est pas superflu, mais tres-utile, voulant que les Idolâtres soient attirez à la foy par les bonnes actions de ceux qui croyent, & que la Religion Chrêtienne se rende recommandable par sa propre discipline. C'est pourquoi il nous commande *de* *Phil. 2.* *briller comme des astres dans le monde, au milieu* *d'une Nation corrompuë & dépravée,* afin que les esprits incredules des Idolâtres reconnoissent les tenebres de leur ignorance, à la lumiere de nos bonnes actions. De-là vient encore qu'il parle de la sorte aux Romains : *Ayez soin de faire le* *Rom. 12.* *bien, non seulement devant Dieu, mais aussi devant* *tous les hommes ;* Et qu'il dit en un autre endroit, *Ne donnez point occasion de scandale ni aux Juifs,* *ni aux Gentils, ni à l'Eglise de Dieu : Comme je* *tâche moi-même de plaire à tous en toutes choses, ne* *cherchant point ce qui m'est avantageux en particu-* *lier, mais ce qui est avantageux à plusieurs pour* *estre sauvez.*

Bien-heureux celui dont la vie est si sainte, & si bien reglée qu'on ne peut lui rien imposer à son desavantage, de qui la vertu est si grande qu'elle resiste d'elle-même à la médisance, & la reputation si bien établie que personne n'ose inventer une calomnie, sçachant bien qu'on ne le croiroit pas. S'il est difficile d'arriver jusques à ce degré de perfection, tâchez au moins de ne donner aux méchans aucune occasion de dire du mal de vous, & de ne pas faire naître une étincelle, d'où l'incendie de la mauvaise reputation puisse estre allumé; car nous avons tort de nous plaindre des médisans, si nous leur fournissons les premiers un sujet de médire.

Que si prenant un soin exact de nous conformer en toutes choses aux regles de l'honnesteté, & de preferer en toutes nos actions la crainte de Dieu à tout le reste, leur extravagance pour cela ne laisse pas de paroître : Alors cherchons de la consolation dans nôtre propre conscience, qui n'est jamais plus en seureté, ni plus en repos, que quand elle n'a donné lieu à personne d'avoir de mauvais sentimens d'elle. *Malheur*, dit le Prophete, *à ceux qui disent que le bien est un mal, qui appellent la lumiere tenebres, & amer ce qui est doux.* Et ce sera en cette occasion que ces paroles de l'Evangile nous conviendront : *Vous serez bienheureux lorsque les hommes vous chargeront d'injures & de reproches, qu'ils vous persecuteront, & qu'à cause de moi ils diront faußement contre vous toute sorte de mal.* Faisons donc en sorte que personne ne puisse parler mal de nous sans mentir.

Occupez-vous de telle sorte aux affaires de vôtre maison, que vous puissiez donner quelque temps à celles de vôtre ame. Choisissez pour cela un lieu propre, & un peu éloigné du bruit de vôtre Famille, qui vous soit comme un port assuré où vous puissiez vous retirer de la tempeste des soins & des distractions, ramener dans vôtre esprit le calme que les vagues tumultueuses des pensées du dehors en auront chassé.

Là appliquez-vous si fortement à la lecture de
l'Ecriture

Esai. 5.

Mat. 5.

l'Ecriture sainte ; faites si souvent succeder la lecture à la priere , & la priere à la lecture ; & occupez-vous avec tant d'attention à mediter l'avenir , que vous récompensiez facilement par cét
exercice tout le temps que vous aurez employé
aux autres occupations. Ce n'est pas que je veüille
par là que vous abandonniez le soin de vôtre
famille : Au contraire , je desire que vous y pensiez dans cette retraite , & que vous y appreniez
de quelle maniere vous devez vous conduire avec
ceux de vôtre maison.

Pour ce qui regarde le mariage qui est exempt
d'impureté , & un Sacrement digne de respect
parmi les Chrêtiens ; vous devez y garder exactement les regles que les Apôtres en ont données. Il faut premierement que l'autorité toute
entiere demeure à vôtre mari , & que toute vôtre famille apprenne ce qui lui est dû par l'honneur & par le respect que vous lui rendrez, & par
la complaisance que vous aurez pour lui. Vous
devez faire paroître par vôtre déference qu'il est
le maître. Vous devez le retenir par vostre obeïssance , & lui attirer la veneration des autres par
les soûmissions que vous lui rendrez la premiere ;
car vous serez d'autant plus honorée que vous lui
porterez d'honneur. *L'homme* , selon l'Apôtre *est* 1. *Cor.* II.
la teste de la femme , & le corps n'est jamais
mieux orné que quand la tête est bien parée. De
là vient que le même Apôtre parle en un autre
endroit de la sorte aux femmes ; *Femmes , soyez Col. 3.*
soûmises à vos maris , comme il est bien raisonnable,
en ce qui est selon Dieu : Et saint Pierre dit , *Vous Pet. 3.*
aussi femmes soyez soûmises à vos maris ; afin que
s'il y en a qui ne croyent pas à la parole , ils soient
gagnez sans parole par la bonne vie de leurs femmes.

Aa

Si donc la loy du mariage oblige les femmes à rendre de l'honneur & à estre soûmises à leurs maris, lors même qu'ils sont infidelles, elle les y oblige encore plus étroitement lors qu'ils sont Chrêtiens.

A l'egard de l'ornement des femmes, le même Apôtre leur aprend ensuite de quelle maniere elle doivent estre parées. *Ne mettez point*, leur dit-il, *vôtre ornement à vous parer au dehors par la frisure des cheveux, par les enrichissemens d'or, & par la beauté des habits : Mais à parer l'homme invisible caché dans le cœur, par la pureté incorruptible d'un esprit plein de douceur & de paix, ce qui est un riche & magnifique ornement aux yeux de Dieu. C'est ainsi que les saintes femmes qui ont esperé en Dieu se paroient autrefois, estant soûmises à leurs maris, comme faisoit Sara qui obeïssoit à Abraham l'appellant son Seigneur.* Ce n'est pas que l'Apôtre veüille par ces preceptes les obliger à estre sales & mal-propres, & à ne porter que des habits déchirez : Il veut seulement retrancher l'excés & la superfluité de leurs parures, en leur recommandant la simplicité & la modestie dan leurs habits. Surquoi saint Paul, ce Vaisseau d'élection dit ; *Que les femmes aussi prient estant vêtüës comme l'honnêteté le demande ; qu'elles se parent de modestie & de chasteté, & non avec des cheveux frisez, ny des ornemens d'or, ny des perles, ny des habits somptueux : mais comme le doivent estre des femmes qui font profession de pieté, & qui le témoignent par leurs actions.*

J'ay appris que depuis quelques années par l'ardeur d'une foy admirable & extraordinaire, vous vous estiez resoluë de vivre dans la continence, & fait vœu de donner à la pureté le reste

Ibid.

1. Tim. 2.

de vos jours. On peut sans doute juger par là de
la grandeur de vôtre courage, & de l'excellence
de voftre vertu; puifque vous avez la force de renoncer tout d'un coup à des voluptez que vous
avez éprouvées, de vous priver des plaifirs que
vous avez goûtez, & d'éteindre de flâmes dont
la jeuneffe eft d'ordinaire embrafée. Mais j'ai
appris en même temps que vous executiez cette
loüable refolution fans le confentement de vôtre
mari, & contre la deffenfe expreffe qu'en fait
l'Apôtre. Et en cela il n'a pas feulement ordonné
à la femme d'eftre foûmife à la volonté de fon
mari ; mais encore il a commandé au mari d'ê-
tre foûmis à celle de la femme. *Le corps de la fem-* I. Cor. 7.
me, dit-il, n'eft point en fa puiffance, mais en cel-
le du mari : De même le corps du mari n'eft point
en fa puiffance, mais en celle de la femme. Cependant comme fi vous ne fçaviez point, où
que vous euffiez oublié les loix & les promeffes
du mariage, & que vous euffiez perdu la memoire de fes droits & de fes devoirs ; Vous avez fait
vœu à Dieu de vivre dans la continence fans l'avis
& le confentement de celui, fans la participation
duquel il ne vous eft pas libre de le faire.

C'eft fans doute fe hazarder beaucoup, & eftre
fort incertain de ce qu'on donne, que promettre
ce qui eft au pouvoir d'un autre : Et ce n'eft pas
un grand prefent qu'offrir feul ce qui appartient
à deux. Auffi voyons-nous avec beaucoup de regret que cette indifcretion & cette ignorance a
porté le defordre & la ruïne dans plufieurs mariages, & quelle a fait commettre une infinité d'a-
dulteres. Car pendant que l'un des deux s'abftient
de ce qui lui eft permis, l'autre fe jette dans ce
qui lui eft deffendu. Or je ne fçai qui eft le plus

coupable en cette occasion, ou le mari qui estant
rejetté de sa femme commet de grands pechez ;
ou la femme qui en l'éloignant d'elle est cause en quelque façon qu'il les commet. Mais afin
de vous donner sur cette matiere toutes les lumieres qui vous sont necessaires : J'ai trouvé à
propos de vous rapporter ici une partie de ce
qu'en disent les Écritures, dont l'autorité est
inviolable.

Il est vrai que les Apôtres n'enseignent point
comme fait l'Heretique Jovinien, que le mariage
soit égal à la continence : Mais aussi ils ne le condamnent point comme fait Manichée. L'opinion
de saint Paul, de ce Vaisseau d'élection, & de cét
Apôtre des Gentils, tient le juste milieu entre ces
deux extrémitez ; en accordant d'un costé un remede à l'incontinence, & portant de l'autre à la
continence par la récompense qu'il en promet.
Voila un abregé de toute sa doctrine sur ce sujet;
& il nous veut faire comprendre par là que la
chasteté doit estre embrassée d'un commun consentement, ou que tous les deux sont également
obligez de se rendre l'un à l'autre ce qu'ils se doivent reciproquement.

I. Cor. 7.

Mais écoutons les paroles de ce grandSaint, &
examinons cette matiere dés son principe; *Quant
aux choses dont vous m'avez écrit*, dit-il aux
Corinthiens, *je vous diray qu'il est bon que
l'homme ne touche aucune femme* ; Et de peur
qu'en loüant d'abord la chasteté, il ne semble à
quelqu'un qu'il eust desséin de blâmer le mariage, il ajoûte aussi-tost : *Neanmoins pour éviter
la fornication, que chaque homme vive avec sa femme, & chaque femme avec son mary ; que le
mary rende à sa femme ce qu'il luy doit, & la*

femme ce qu'elle doit à son mary. *Le corps de la
femme n'est point en sa puissance, mais en celle du
mary ; de même le corps du mary n'est point en sa
puissance, mais en celle de la femme.* De peur aussi
qu'en parlant si avantageusement du mariage,
il eust semblé vouloir ruïner la chasteté, il
continuë de la sorte : *Si ce n'est du consentement
de l'un & de l'autre pour un temps, afin de vous
exercer au jeûne & à l'oraison :* Et comme s'il
eût voulu se retracter de ce qu'il avoit dit, *pour
un temps,* de crainte qu'on ne crût qu'il voulût
porter les Chrêtiens à une continence passagere, il ajoûté : *Et ensuite vivez ensemble comme
auparavant, de peur que le demon ne prenne occasion de vôtre incontinence de vous tenter. Ce que je
vous dis comme une chose qu'on vous pardonne, &
non pas qu'on vous commande.*

Lors donc qu'il conseille de se separer l'un de
l'autre pour un temps, il nous fournit par-là un
moyen d'éprouver nos forces, & le dessein qu'on
auroit formé de donner le reste de ses jours à une
continence perpetuelle, afin qu'en aprenant par
ces divers intervales de separation, la grandeur
de la resolution que l'on veut prendre, & la capacité où l'on est de l'executer, l'un & l'autre
puisse promettre sans peril une chose, qu'ils
seront inviolablement obligez de donner aprés
l'avoir promise.

Voyons à cette heure quelle est l'absoluë & la
principale volonté de l'Apôtre, c'est à dire, ce
qu'absolument parlant, il desireroit davantage de
nous. *Car je voudrois,* dit-il, *que tous les hommes
fussent en l'estat où je suis moi-même.* Remarquez
avec quelle industrie, quelle sagesse & quelle
précaution, pour ne donner occasion de scandale

A a iij

à perſonne, ce grand Maître de la pieté établit ſa doctrine ſur la continence, ne voulant pas qu'un ſi grand bien , & qui doit eſtre ſeurement établi & confirmé par le conſentement de tous les deux , dépendiſt de l'incertitude de la volonté d'un ſeul.

En effet, il n'y a rien de plus ferme que cette charité, qui eſt appuyée ſur le conſentement & ſur le deſſein de tous les deux , puis qu'entrant de la ſorte l'un & l'autre dans une obligation commune de la garder exactement chacun en ſon particulier, chacun d'eux n'a pas ſeulement ſoin de s'acquitter de ce qu'il a promis, mais tous deux ont intereſt de s'animer à perſeverer mutuellement dans l'obſervation de cette vertu. Car il eſt de cette reſolution comme de toutes les autres, & l'on ne merite point de loüanges pour l'avoir entrepriſe , ſi l'on ne l'execute , & ſi l'on n'y perſevere juſques à la fin.

Vous vous appercevez ſans doute de l'embarras où je me ſuis jetté , m'écartant inſenſiblement de mon ſujet principal, & tombant dans une matiere ſi difficile à démêler. J'y découvre une infinité de perils , & craignant également de manquer d'un coſté, ou d'un autre, je demeure dans l'incertitude du parti que je dois prendre. Jugez donc par la peine où je me trouve , du danger où vous vous eſtes expoſée. Car j'aime mieux vous donner du déplaiſir , en vous diſant librement la verité , que vous tromper en vous la celant par une fauſſe & pernicieuſe complaiſance.

Vous voilà au milieu de deux maux preſque ſemblables, qui vous environnent, & qui vous preſſent également. Si d'un coſté vous dédaignez de recevoir voſtre mary , vous faites viſiblement ce qui eſt défendu par l'Apôtre, & contraire à ce qu'il enſeigne. Si de l'autre vous rompez cette continence dans laquelle vous vivez depuis ſi long-temps, & que vous ceſſiez de rendre à Dieu ce que vous lui avez promis, vous devez craindre avec beaucoup de ſujet de devenir ennemie de celui que vous aviez pour ami : *Car ſi vous avez fait*, dit l'Ecriture, *un vœu à Dieu, qui eſt vôtre Seigneur & vôtre Maître, haſtez-vous de lui rendre ce que vous lui avez promis, parce qu'il l'exige de vous tres-exactement, ou il arrivera que ce vœu ſe tournera en peché.*

Concluez de tout ce diſcours que l'Ecriture ſainte, c'eſt à dire nôtre Seigneur, vous commande de rendre à vôtre mary l'honneur & la déference qui lui ſont dûs, afin que d'un commun conſentement vous puiſſiez enſuite l'un & l'autre rendre à Dieu ce que vous lui avez promis par vôtre vœu. Je ne puis douter de la bonne diſpoſition, où vôtre mary auroit eſté ſans doute, ſi vous euſſiez eu un peu de patience, & que vous euſſiez voulu l'attendre ; neanmoins je ne prétens pas icy vous détourner de la chaſteté ; je voudrois ſeulement y pouvoir porter vôtre mary, afin qu'il offriſt auſſi à Dieu un ſacrifice de bonne odeur ; que ſon eſprit fuſt entierement détaché de tous les liens du ſiecle, & de toutes les voluptez des ſens, & que vous puſſiez ſuivre avec plus de liberté & de perfection les preceptes du Sauveur.

Au reſte je n'ai pas voulu vous écrire cecy à la haſte, & avec precipitation. J'ai crû que je devois l'apuyer du témoignage des Ecritures ſaintes, & particulierement de l'autorité de l'Apôtre qui dit, *Ceux qui eſtoient deux ne feront plus* 1. Cor. 6.

A a iiij

qu'une chair ; à quoi j'ajoûte que non-seulement ils ne seront plus qu'une chair, mais encore qu'un esprit. Ainsi c'est avec raison que le même Apôtre appelle le Sacrement de Mariage, qui unit de telle sorte le mary avec la femme, que de deux personnes il n'en fait qu'une, *un tresgrand Mystere*, puis qu'il represente l'union de JESUS-CHRIST avec son Eglise. J'avoüe d'ailleurs que le chemin de la chasteté est tres-rude & tres-difficile à suivre, mais aussi la recompense en sera tres-grande.

En effet JESUS-CHRIST nous appelle tous à lui, *Venez*, nous dit-il dans son Evangile, *vous qui avez esté benis par mon Pere, possedez comme vôtre heritage le Royaume qui vous a esté preparé dés le commencement du monde. Venez à moi*, dit-il encore en un autre endroit, *vous tous qui travaillez, & qui estes chargez, & je vous soulagerai. Prenez mon joug sur vous, & apprenez de moi que je suis doux & humble de cœur, & vous trouverez le repos de vos ames. Car mon joug est doux & mon fardeau est leger.*

Mais il parlera d'une maniere bien differente à ceux qui seront à sa gauche ; *Retirez vous de moi, maudits*, leur dira-t'il, *allez au feu éternel qui a esté preparé pour le Diable & pour ses Anges.* Alors il y aura des pleurs & des grincemens de dents. Car on verra pleurer avec des sanglots & des gemissemens ceux qui s'ocupent tellement des soins & des pensées de la vie presente, qu'ils oublient celle qui est à venir. On les verra, dis-je, comme ensevelis dans le sommeil de l'ignorance, & comme plongez dans la mer d'une confiance fausse & trompeuse, se trouver tout d'un coup surpris de la veüe inopi-

Mat. 25.

Mat. 11.

Mat. 25.

née du Sauveur, ainsi qu'il le dit lui-même dans l'Evangile en ces termes: *Prenez donc garde à vous,* Luc. 21. *de peur que vos cœurs ne s'appesantißent pas l'excés des viandes & du vin. & par les inquietudès de cette vie, & que ce jour ne vous vienne tout d'un coup surprendre, car il envelopera comme un filet tous ceux qui habitent sur la face de la terre. Veillez* Matth. 24. *donc,* dit-il en un autre endroit, *parce que vous* & 25. *ne sçavez pas à quelle heure vôtre Seigneur doit venir.*

Bienheureux ceux qui attendent la venuë du Sauveur, de telle sorte qu'ils s'y preparent sans cesse avec un soin exact, & qui sans se flater vaïnement de leur justice passée, *renouvellent en eux de jour en jour l'homme interieur,* selon le precepte de l'Apôtre ; car *la justice de celui qui est juste,* dit l'Ecriture, *lui deviendra inutile dés le jour qu'il aura cessé de l'estre, de même que l'iniquité du pecheur cessera de lui nuire dés le jour qu'il sera veritablement converti à Dieu.* C'est pourquoi comme celui qui est innocent ne doit pas pour cela demeurer dans une parfaite confiance, pendant qu'il est encore dans la carriere de cette vie ; le pecheur ne doit pas aussi desesperer de son salut, puisque, selon les paroles du Prophete que je viens de raporter, il peut arriver qu'il rentrera un jour dans la justice ; car tout le temps de la vie presente nous est donné pour l'accomplir.

Ainsi prenez garde que l'assurance que vous peut donner la bonne vie que vous avez menée jusqu'icy ne vous rende à l'avenir plus tiede & plus lâche dans la pratique de la vertu ; c'est pourquoi il faut que vous imitiez l'Apôtre, & que vous disiez comme lui, *Je ne pense point avoir* Phil. 3. 13. *encore atteint où je tends ; mais tout ce que je fais*

maintenant, c'eſt qu'oubliant ce qui eſt derriere moi
& m'avançant vers ce qui eſt devant moi, je cours
inceſſamment vers le bout de la carriere, pour remporter le prix de la félicité du Ciel, à laquelle Dieu
nous a appellez par JESUS-CHRIST. Vous ſçavez auſſi ce qui eſt raporté en un autre endroit,
Que Dieu voit, & penetre le ſecret des cœurs : Et delà vient que le même Apôtre travaille à conſerver ſon ame nette de tout peché, ſuivant ce precepte : *Gardez vôtre cœur avec tout le ſoin que vous*
pourrez ; Et ce qui eſt dit ailleurs, *Le Seigneur*
aime les cœurs purs, & ceux qui ſont ſans tache lui
ſont agreables.

En un mot, reglez de telle ſorte le reſte de vôtre vie, que vous la paſſiez ſans offenſer Dieu, &
que vous puiſſiez chanter hardiment avec David ;
Je marchois avec un cœur parfait au milieu de ma
maiſon : Et je m'aprocherai de l'Autel de Dieu,
du Dieu qui me comble de joye ; car il ne ſuffit pas de
commencer, la juſtice ne s'acomplit que par la
perſeverance.

Prov. 4.

Act. 1.

Pſal. 118.

Pſal. 100.

Pſal. 42.

CONSOLATION A JULIEN.

Cet homme qui estoit tres-riche, & qui avoit beau-coup d'autorité, perdit deux petites filles, l'une âgée de huit ans, & l'autre de six, qui mouru-rent toutes deux en moins de vingt jours. Ensuite de quoi la mort lui enleva encore sa femme, ap-pellée Faustine. Ce qui fut cause que S. Jerôme lui écrivit cette lettre, où il l'exhorte à se consacrer lui-même à Dieu, cette offrande estant sans doute la plus excellente de toutes.

LETTRE XX.

VOstre frere Ausone, mon fils en JESUS-CHRIST, me privant aussi promptement de sa presence, qu'il me l'avoit fait attendre long-temps, & me disant adieu au moment qu'il arri-voit, crût qu'il retourneroit les mains vuides, si je ne le chargeois de quelque lettre pour vous. Il avoit déja son habit de campagne, l'épée au côté, & on lui bridoit un cheval de loüage quand il m'obligea à vous écrire. Cela se fit avec beau-coup de precipitation, car je dictois extréme-ment viste, & l'Ecrivain qu'il avoit fait venir exprés me suivoit si bien, qu'il sembloit qu'il eût achevé d'écrire avant que j'eusse cessé de prono-cer. De sorte qu'aprés avoir demeuré long-temps dans le silence, je vous écris aujourd'huy, & vous offre sincerement mes services, plûtost en hom-me aprés qui on attend, que comme un ami di-ligent à vous rendre ce qui vous est dû, N'espe-

rez donc pas de trouver des termes choisis & bien
rangez dans une lettre faite sur le champ, où
comme pour servir de preservatif pendant un
voyage, & où n'ayant autre dessein que de vous
donner des marques de mon amitié, je n'ai rien
dit en Orateur. D'ailleurs la musique estant hors
de saison en un temps d'affliction, je ne me suis
point aresté aux fleurs de la Rhetorique, ni à
la beauté du langage plus propre à un jeune homme qui cherche de l'aplaudissement. J'ai eu recours à l'autorité de l'Ecriture sainte, où nous
trouvons un remede assuré à nos maux & à nos
blessures, où un enfant est tiré du cercüeil & rendu à sa Mere, & où Lazare entendant la voix du
Sauveur sortit lié du tombeau, où il estoit depuis
quatre jours. J'ai apris que la mort ne se contentant pas de vous avoir enlevé deux petites filles
en peu de temps, vous a encore ravi subitement
la vertueuse Faustine vôtre femme, en laquelle
seule vous pouviez trouver de la consolation aprés
avoir perdu vos enfans. En sortant d'un naufrage vous avez rencontré des voleurs sur le port ;
ou pour parler comme le Prophete, vous avez
rencontré un lion en fuyant un ours, & vous
avez esté mordu d'un serpent en voulant escala-
der la muraille. Ces malheurs domestiques ont
suivi la desolation de vôtre païs, qui a esté sa-
cagé par les Barbares, la perte de vos biens & de
vos troupeaux, qui ont esté envelopez dans la
misere publique ; celles de vos serviteurs, dont les
uns ont esté tuez, & les autres faits esclaves, &
celle enfin d'un homme illustre que vous aviez
choisi pour estre le mary d'une Fille unique qui
vous estoit devenüe tres-chere par la mort de tant
d'autres personnes. Voila en peu de mots le nom-

Eccles. 22.

Luc. 7.
Joan. 11.

Amos. 5.

bre des assauts qui vous ont esté livrez par le Diable, & les armes avec quoi cet ancien ennemi
des hommes a combatu Julien. Si vous les regardez avec les yeux d'un homme, elles vous paroîtront redoutables ; mais si vous les considerez
en vaillant soldat, elles ne seront pour vous qu'une
ombre & un jeu. Une tres-méchante femme fut
reservée pour le comble des infortunes de Job,
afin qu'il aprît à blasphemer avec elle; & la mort
vous a osté la meilleure du monde pour vous priver de consolation dans vos miseres: Mais souffrir
celle que l'on hait est autre chose que pleurer
l'absence de celle qu'on ayme. Aprés la mort de
tous les enfans de cet homme juste il ne lui
restoit que les ruïnes de sa maison, où il pût les
enterrer: neanmoins dechirant son habit pour
marquer l'affection qu'il leur portoit, il se jetta à
terre, & adorant Dieu parla de la sorte : *Je suis
sorti nud du ventre de ma mere, & je retourneray nud
dans la terre. Le Seigneur m'a donné, le Seigneur m'a
osté, il m'est arrivé ce qui luy a plû, que son Nom
soit beny.*

A votre égard, pour ne rien dire de plus, vous
avez rendu les derniers devoirs à vôtre femme
& à vos enfans, parmi les assistances & les consolations d'une infinité de parens, & d'amis. Job
perdit en même temps toutes ses richesses, demeurant immobile aux nouvelles de ses disgraces, qui lui arrivoient ensuite les unes des autres ; à vôtre égard vous avez encore la meilleure
partie de vôtre bien, & vous n'estes pas exposé
à des tentations qui surpassent vos forces, car
vôtre vertu n'est pas encore assez éprouvée pour
estre attaquée par les derniers mal-heurs. Un
Seigneur fort opulent, & pere de plusieurs

enfans qui faifoient fes plus grandes richeffes,
fe vit tout d'un coup fans enfans & fans biens ;
auffi ayant efté affez avifé parmi tant d'afflictions pour ne rien dire qui offenfaft Dieu, le
Seigneur fe réjoüit de la victoire que fon Serviteur avoit remportée, & prit fa patience pour un
triomphe. As-tu pris garde à mon Serviteur Job,
dit-il au Diable, & qu'il n'y a perfonne fur la terre
qui lui reffemble ? C'eft un homme de bien qui
fert veritablement Dieu, qui eft exempt de tout
peché, & qui demeure encore dans fon innocence. Remarquez ces mots, *qui demeure encore dans*
fon innocence.

En effet, il eft tres-difficile à un homme innocent de ne fe point plaindre des maux qui l'aca-
blent, & d'eftre inébranlable dans fa foy quand
il fe voit châtié fans l'avoir merité. Un homme, répondit le Diable, donne la peau des autres pour la fienne, & tout ce qu'il a pour fauver fa vie ; mais étendez vôtre bras & le frapez
en fa chair & en fes os, pour voir s'il vous benira
encore. Cet Ennemi rufé fçavoit qu'il eft de
deux fortes de biens, les uns au dehors de l'homme, qui les méprife & qui les perd fans que ce
foit l'effort d'une grande vertu, & les autres
dans l'homme même, & dont il ne peut eftre
privé fans une douleur extrême. C'eft pourquoi
il n'aprouve pas l'éloge que Dieu fait de Job,
& il foûtient qu'il ne merite pas d'eftre loüé,
n'ayant rien donné qui ne fuft au dehors de lui,
ayant offert la vie de fes propres enfans pour
fauver la fienne, & ayant abandonné ce qui pouvoit l'empêcher de joüir plus commodement de
la fanté de fon corps. Aprenez par-là que dans
tous les déplaifirs que vous avez reçeus jufqu'ici

vous n'avez offert qu'une vie pour en conferver une autre, que Dieu n'a point encore étendu fon bras fur vous, & qu'il ne vous a point encore frapé en vôtre chair ni en vos os. Ces derniers coups font les plus rudes, & il eſt difficile de les fouffrir fans gemir, & en beniſſant Dieu. Le Seigneur cependant prevoyant que Job ne fuccomberoit pas fous leur pefanteur : Et bien, continua-t'il, je te l'abandonne, épargne feulement fon efprit. Le corps de ce faint homme eſt foûmis à la difcretion du Diable, à qui il eſt ordonné d'épargner fon efprit ; car s'il eût eſté attaqué par la partie où refide le jugement, quelque peché qu'il eût commis, il eût eſté imputé à celui qui eût alteré les fonctions de fon ame.

C'eſt pourquoi que les autres vous loüent, & publient par leurs éloges les victoires que vous avez remportées fur le Diable ; qu'ils difent que vous avez vû avec un vifage ferein la mort de vos filles : que quarante jours aprés ce malheur vous avez quitté l'habit de deüil pour en prendre un blanc : que vous avez celebré la Dedicace des Os des Martyrs & affiſté à leur triomphe fans aucune marque d'une perte que Rome entiere avoit encore devant les yeux. Qu'ils ajoûtent que vous ne rendîtes pas à vôtre illuſtre femme les derniers devoirs comme à une morte ; mais qu'il fembloit que vous la conduifiez en un lieu où vous deviez la fuivre, & où elle alloit la premiere. Pour moi je ne vous furprendrai point par des loüanges trompeufes : Au contraire, mon fils, je vous dirai ce qu'il eſt bon que vous fçachiez, en vous foûmettant fous le joug du Seigneur. Preparez vôtre ame aux tentations, & lorfque vous aurez fait tout ce qui vous aura eſté ordonné, dites,

Je suis un serviteur inutile, & j'ay fait ce que j'étois obligé de faire. Vous m'avez ôté des enfans que vous m'aviez donnez ; vous avez repris une servante que vous m'aviez prestée pour me soulager pendant un peu de temps : Bien loin d'estre fâché de ce que vous l'avez reprise, je vous rends graces de me l'avoir prêtée.

Un jeune homme fort riche se vantoit autrefois d'avoir gardé tous les Commandemens de la loy ; mais Jesus lui dit : Il vous reste encore une chose à faire, *Si vous voulez estre parfait, allez, vendez ce que vous avez, & en donnez l'argent aux pauvres, venez, & suivez-moy.* Celui qui se vantoit d'avoir gardé tous les Commandemens est vaincu par les richesses dès le premier assaut. Delà vient que les riches entrent avec peine dans le Royaume des Cieux ; car ils ne sont habitez que par des gens dégagez de tout, & qui semblent estre portez sur des aîles : *Allez*, dit le Sauveur à ce jeune homme, *vendez*, non pas une partie de vôtre bien, *mais tout ce que vous avez*, ne le donnez pas à vos amis, à vos parens, à vôtre femme, ou à vos enfans, même n'en reservez rien pour vôtre necessité particuliere, de peur que vous ne soyez puni comme Ananie, & Saphire ; mais *donnez tout aux pauvres*. Employez les richesses injustes à vous faire des amis qui vous recoivent dans les Tabernacles éternels : En un mot, n'ayez rien de la terre comme un veritable Levite, si vous voulez me suivre, si vous voulez posseder le Sauveur du monde, & dire avec David, *Le Seigneur est mon partage.*

Voila, mon mon cher frere, ce que je vous conseille de faire, si vous desirez estre parfait ; si vous desirez de parvenir au merite de l'Apostolat, de
suivre

suivre JESUS-CHRIST en portant vostre croix, de mettre la main à la charuë sans regarder derriere vous,& de quitter vostre manteau pour vous tirer des mains de la Dame Egyptienne. Helie même ne put entrer dans le Ciel avec le sien, & il fut obligé de le laisser au monde.

Vous direz peut-estre que ces avis ne sont bons que pour ceux qui aspirent au souverain degré de la perfection; Mais pourquoi n'y aspirerez-vous pas? Pourquoi ne sereà-vous pas le premier dans l'Eglise, comme vous l'estes dans le monde? Est-ce parce que vous avez esté marié? Saint Pierre l'avoit esté comme vous, & il quitta sa femme aussi bien que ses filets,& son petit bateau. D'ailleurs le Sauveur, dont la prévoiance est infinie, qui desire le salut de tous les hommes, demandant plûtost la conversion du pecheur que sa mort, vous a osté ce pretexte, car vostre femme ne vous attache plus à la terre, au contraire elle veut que vous la suiviez au Ciel où elle vous appelle. Amassez des biens à ceux de vos enfans qui vous ont prevenu en allant les premiers vers le Seigneur. Que leurs portions hereditaires n'augmentent point celle de leur sœur, qu'elles servent au salut de vôtre ame & à la subsistance des pauvres, Ce sont-là les joyaux que vos filles attendent de vous,& les perles dont elles veulent que vous enrichissiez leurs coëffures. Consommez en de méchantes tuniques pour les pauvres ce que vous perdriez, si vous en achetiez des habits de soye ; Aujourd'hui qu'elles sont unies à leur époux, elles vous demandent ce qui leur appartient en vostre bien. La pauvreté leur déplaist, & elles ne veulent point qu'il paroisse qu'elles soient de basse condition. Ne répondez pas en vous excusant,

que vous estes riche & d'une famille illustre.
Jettez les yeux sur le saint homme Pammaque,
& sur le Prêtre Paulin, dont la foy est tres-fer-
vente. Non-seulement ils ont offert à Dieu leurs
richesses, mais leurs propres personnes, ils n'ont
pas donné une vie pour en conserver une autre,
comme le Diable le reprochoit à Job, ils ont immolé au Sauveur leur chair & leurs os, & ils
peuvent vous conduire bien loin par leur exemple & par leurs avis. Si vous estes noble, ils le
font aussi, même ils le font plus que vous, s'estant
sacrifiez à JESUS-CHRIST. Si vous estes riche,
si vous avez esté élevé aux honneurs, ils ne vous
cedent point en cela; au contraire ils l'emportent
sur vous, parce qu'ils sont devenus pauvres &
tombez dans le mépris pour l'interest de Dieu.
Cependant j'avouë que vous faites bien d'assister
les Saints, de soûlager les Solitaires, & d'enrichir les Eglises; mais croyez que ce n'est-là que
vostre aprentissage. Vous méprisez les richesses,
plusieurs Philosophes en ont fait autant. Un entr'autres jettant dans la mer le prix de quantité
d'heritages qu'il avoit vendus: Allez, objet de mes
desirs criminels, dit-il, je vous perdrai de peur
que vous ne me perdiez. Un Philosophe, un
esclave de la vanité se dépoüille tout d'un coup
de son fardeau, & vous croyez avoir atteint le
souverain degré de la perfection en mettant bas
une partie du vostre? Le Seigneur vous demande
vous même, il veut une Hostie vivante & agreable
à Dieu. C'est vous, dis-je, qu'il demande, & non
pas vôtre bien: C'est de cela qu'il vous avertit par
diverses tentations, comme il instruisit autrefois
les Israëlites par des blessures & par des souffrances. La pauvre Veuve de l'Evangile ne mit que

deux pieces d'argent dans le Tronc; mais offrant
tout ce qu'elle avoit, elle donna plus que tous les
riches ; parce que Dieu juge moins des offrandes
par leur valeur , que par la volonté de ceux qui
les font. Donnez tout vôtre bien, que voſtre liberalité s'étende ſur pluſieurs perſonnes ; ceux qui
n'en auront point ſenti les effets ſeront en plus
grand nombre que les autres ; car toutes les richeſſes du monde ne tireroient pas tous les pauvres de la neceſſité. Quand vous vous ſerez ſa-
crifié vous-même, & que vous aurez commencé
à ſuivre le Sauveur , vous connoîtrez alors qui
vous eſtes , & vous verrez que vous eſtes un des
derniers ſoldats de ſon armée.

Vous n'avez point pleuré la mort de vos filles ?
Mais Abraham eſt-il pas beaucoup plus digne de
loüange que vous , lui qui fut preſt de tuer ſon
Fils unique, qui devoit eſtre le poſſeſſeur de tout
le monde , & qui eut aſſez de foy pour croire
qu'il revivroit aprés ſa mort ? Jephté immola ſa
propre fille qui eſtoit vierge , & delà vient que
l'Apôtre le met au nombre des Saints. Enfin je
ne veux point que vous preſentiez à Dieu ce
qu'un larron ou un ennemi vous peüvent enlever , ce que vous pouvez perdre par une proſcri-
ption; ce que vous avez aujourd'hui, & que vous
n'aurez point demain , & pour tout dire en un
mot, ce que vous ſerez obligé de quitter en mourant. Offrez-lui ce qu'un ennemi & un tyran
ne peüvent vous ravir ; ce qui deſcendra avec
vous dans les Enfers, où pour mieux dire , ce qui
vous accompagnera dans le Ciel. Vous bâtiſſez
des Monaſteres , vous faites ſubſiſter une infinité
de Saints dans la Dalmatie ; mais il vaudroit
mieux que vous le deviñſſiez auſſi , en prenant

parti avec eux. *Soyez faints parce que je fuis faint*, dit le Sauveur. Les Apôtres qui ne quitterent que des filets & un petit bateau, font gloire d'avoir tout abandonné pour fuivre JESUS-CHRIST, & leur Juge fe declare en leur faveur, parce que s'eftant offerts eux-mêmes, ils avoient quitté tout ce qu'ils avoient.

Je ne pretens pas neanmoins ternir par ce difcours l'éclat de vos bonnes œuvres, ni diminuer le prix de voftre liberalité & de vos aumônes: Mais je ne puis fouffrir que vous viviez en Solitaire dans le monde, & en homme du monde parmi des Solitaires. Je veux que vous vous donniez entierement, puifque j'apprens que vous avez refolu de fervir Dieu. Si quelqu'un de vos amis, ou de vos parens s'oppofe à mes confeils, vous rappellant à la bonne chere, foyez perfuadé qu'il fonge moins au falut de vôtre ame, qu'à fon intereft particulier, & que les plaifirs & les grandeurs finiffent par la mort. Aprés avoir perdu deux filles en vingt jours, une âgée de fix ans feulement, & l'autre de huit, efperez-vous vivre long-temps, vous qui eftes déja vieux? *Noftre vie*, dit David, *eft de foixante & deux ans, ou de quatre-vingt pour le plus; & tout ce qui va au delà n'eft que fouffrance, & que peine.* Heureux celui qui employe fa vieilleffe à fervir JESUS-CHRIST, & que la mort rencontre les armes à la main pour la défenfe de la caufe du Sauveur; On lui dira en entrant dans le Ciel; Vous avez fouffert pendant voftre vie, mais réjoüiffez-vous ici; car nous ne fommes pas châtiez deux fois d'une même faute. Le mauvais riche fut enfevely dans les flâmes de l'Enfer, & Lazare couvert d'ulceres, dont les chiens léchoient le corps

pourry, & qui avec beaucoup de peine soûtenoir
sa vie des miettes qui tomboient de la table de
l'autre, fut reçû dans le sein d'Abraham. Il est
tres-difficile, pour ne pas dire impossible, que
l'on soit heureux en ce monde, & en l'autre, que
l'on passe de la volupté aux plaisirs, & que l'on
soit couvert de gloire sur la terre & dans le
Ciel.

S'il vous vient quelque scrupule de ce que je ne
suis pas moi-même tel que je desire que vous
deveniez, & de ce que vous en voyez quelques-
uns tomber au milieu de la carriere : Je vous répondrai en un mot, que ce que je vous dis ne
vient pas de moi, mais de JESUS-CHRIST, &
que je ne vous enseigne pas ce que je puisse pratiquer moi-même, mais ce que doit souhaiter
celui qui veut estre un serviteur de Dieu. Un
Athlete est plus fort que celui qui l'anime au
combat, toutefois le plus foible ne laisse pas de
donner des avis à l'autre. Ne regardez pas la tra-
hison de Judas, mais la conversion de saint Paul.
Jacob, fils d'un pere tres-riche, va seul, un bâton
à la main, en Mesopotamie, il se lasse, & se couchant dans le chemin, il prend une pierre pour
lui servir d'oreiller, à lui qui avoit esté élevé avec
beaucoup de soin & delicatesse par sa mere Rebecca. En cet estat, il voit une échelle qui alloit
de la terre au Ciel, où des Anges montoient &
descendoient, & sur le haut de laquelle le Seigneur estoit appuyé pour donner la main à ceux
qui estoient las, & encourager par sa presence
ceux qui montoient. Ce lieu depuis a esté nommé
Bethel, c'est-à-dire, la maison de Dieu, à laquelle on monte, & de laquelle on descend tous les
jours. En effet, les Saints tombent par la non-

chalance, & les pecheurs se relevent par les larmes de la penitence. Je vous ai rapporté l'histoire de cette vision, plûtost pour vous exciter
à imiter ceux qui montent à l'échelle, que pour
vous épouvanter par l'exemple de ceux qui en
descendent.

Cependant j'oubliois le dessein que j'avois formé de ne pas vous écrire une longue Lettre, &
je voulois continuer à dicter ; car tout ce que j'ai
dit est peu de chose pour une matiere si relevée,
& pour une personne de vôtre merite ; mais Ausone la demande, il presse l'Ecrivain, & il semble
que le hennissement de son cheval me reproche
la pesanteur de mon esprit. Souvenez-vous donc
de moi, & ayez soin de conserver vôtre santé en
Jesus-Christ. Imitez particulierement l'illustre
Veuve, pour ne point parler de tant d'autres modelles de vertu qui sont dans vôtre famille. Elle
suit veritablement Jesus-Christ, supportant
comme elle le doit, les ennuis de cette vie :
Qu'une femme vous conduise dans vôtre entreprise. Dieu vous donne la grace d'entendre, de
vous taire, & de parler comme vous aurez com-
pris. Ainsi soit-il.

L'ELOGE FUNEBRE DE NEPOTIEN,
à l'Evêque Heliodore son Oncle.

Nepotien Prêtre, à qui est adressée la belle Lettre que nous avons vûë, estant mort fort jeune, Saint Jerôme console de cette mort l'Evêque Heliodore, qui estoit son Oncle. Il lui represente d'abord que la mort n'a rien de redoutable, lui rapportant l'exemple de quantité de Payens qui l'ont endurée, & même recherchée avec beaucoup de courage, & ensuite il vient aux loüanges de Nepotien, dont il fait admirablement bien l'éloge.

LETTRE XXI.

LES petits esprits ne peuvent traiter une matiere relevée: Quand ils entreprennent ce qui est au-delà de leurs forces, ils succombent dans leurs efforts, & la chûte de celui dont les paroles ne répondent pas à la noblesse de son sujet, est d'autant plus remarquable, que ce qu'il avoit à dire estoit grand & illustre. Mon cher Nepotien, le vôtre, le nôtre, ou pour mieux dire, Nepotien, qui estant tout à JESUS-CHRIST, en estoit davantage, & à vous, & à moi, a quitté des vieillards accablez de douleur, & inconsolables de sa perte. Nous conduisons au tombeau celui que nous croyons qui nous succederoit. A qui dorénavant tâcherai-je de plaire dans mes productions d'esprit? Où est-il ce cher Nepotien, dont la voix estoit plus douce que le chant d'un

cygne ? Tout ce que je dirai à l'avenir me semblera sans beauté, puisqu'il ne l'entendra point.
Mon esprit est hebeté, ma main tremble, mes
yeux sont couverts de nuages, ma langue balbutie,
ma plume même, & mon papier paroissent tristes
de sa mort, comme s'ils avoient du sentiment.
Toutes les fois que j'ouvre la bouche pour parler,
& que je veux écrire cet Epitaphe sur son tombeau, les larmes me viennent aux yeux, mes déplaisirs se renouvellent, & je m'abandonne tout
entier au souvenir de sa perte. C'estoit autrefois la coûtume des enfans de prononcer une
harangue à la loüange de leurs peres quand on
les portoit au bucher, afin d'exciter la compassion dans les cœurs de ceux qui les entendoient ;
mais cet ordre est aujourd'huy perverti, & il
semble que celui de la nature soit renversé pour
nôtre malheur : Nous rendons à un jeune homme un office qu'il devoit rendre a des vieillards.
Que ferai-je donc ? Joindrai-je mes larmes aux
vôtres ? Mais l'Apôtre qui appelle la mort des
Chrêtiens, *un sommeil*, le défend : *Cette fille
n'est pas morte*, dit le Sauveur dans l'Evangile, *elle
dort* : Et parce que Lazare dormoit, il fut réveillé.
Me réjoüirai-je de ce qu'il est mort, de peur
que le peché ne soüillât son ame, parce qu'elle
estoit agreable à Dieu ? Mais les larmes tombent de mes yeux sans que je puisse les retenir.
Et les loix de la vertu, & l'esperance de la resurrection, ne peuvent resister à la violence de
mes desirs.

Mort cruelle, mort qui separes les freres, &
qui desunis ceux que l'amour unissoit étroitement!
Le Seigneur a élevé du desert un vent qui a seché
tes veines & tari ta source. Tu engloutis Jonas,

Osée. 13.

mais il demeura en vie dans tes entrailles. Tu l'as porté comme s'il eût esté mort, afin que la tempeste du monde s'apaisast, & qu'il sauvast vôtre Ninive par sa predication. Il t'a vaincuë, il t'a défaite ce Prophete fugitif, qui quitta sa maison, abandonna son bien, & mit sa vie entre les mains de ceux qui le cherchoient. Tu es morte par la mort de celui qui te menaçoit autrefois de la sorte par la bouche du Prophete Ozée, *Je serai ta* **Ibid.** *mort, ô mort, je serai ton piege, ô Enfer,* & nous vivons par cette même mort; pendant que tu te laisses surprendre à l'amorce d'un corps qu'il avoit emprunté, comme si ce corps eût esté une proye considerable. Tes entrailles sont atteintes d'une morsure fatale. Nous vous rendons grace, Sauveur, de ce qu'en mourant vous nous avez tué un ennemy redoutable. Il n'y avoit rien alors de plus malheureux que la condition des hommes; car estant toûjours dans l'aprehension d'une mort éternelle, il sembloit qu'ils n'avoient receu la vie que pour estre sensibles à leur disgrace.

En effet, la mort a exercé son regne & sa do- **Rom. 5.** mination depuis Adam jusqu'à Moyse, à l'égard de ceux mêmes qui n'avoient pas peché par une transgression volontaire de la Loy de Dieu, comme a fait le premier Adam. Si Abraham, Isaac & Jacob estoient dans les Enfers, qui peut estre dans le Ciel? Si vos amis meritoient d'estre punis du peché qu'Adam avoit commis, & que les innocens fussent coupables des crimes des autres, que croira-t'on de ceux qui disent dans leur cœur, *Il n'y a point de Dieu, qui ont corrom-* **Psal. 13.** *pu leur voie, qui ont fait des actions abominables, qui se sont écartez du droit chemin, & dont il n'y en a pas un qui fasse le bien?* Quoi que Lazare estant dans le sein d'Abraham fût dans un lieu de repos, on ne dit pas neanmoins qu'il fut au Ciel ; car il y a beaucoup de difference entre le Ciel, & ce qui est appellé Enfer : Abraham même estoit en Enfer avant la naissance de JESUS-CHRIST, & le bon Larron n'entra dans le Paradis qu'aprés la mort du Sauveur. Delà vient que les corps de plusieurs personnes qui estoient mortes ressusciterent par sa resurrection, & parurent dans la celeste Jerusalem. Ces paroles s'accomplirent alors, *Levez-vous, vous qui dormez, le Sei-* *gneur vous éclairera* ; Et saint Jean Baptiste s'écrie dans le desert, *Faites penitence, car le Royaume du* *Ciel est proche* ; & depuis le temps de ce Precurseur du Fils de Dieu, *il se prend par violence, & ce* *sont les violens qui l'emportent.* Cette épée de feu que le Cherubin tenoit à la porte du Paradis a esté éteinte dans le Sang de JESUS-CHRIST. Et nous ne devons pas estre surpris que l'on nous fasse attendre cette faveur aprés la resurrection, puisque ceux qui vivent dans un corps, comme s'ils n'en avoient point, semblent déja estre Citoyens du Ciel, & qu'on leur dit dés ce monde, *Le Royaume* *de Dieu est dans vous.* A tout cela il faut encore ajoûter qu'avant la resurrection du Sauveur, Dieu n'estoit connu que dans la Judée parmi les Israëlites qui avoient son nom en grande veneration & qui cependant descendoient aux Enfers. Que devenoit donc cette multitude innombrable de tant d'hommes de Nations differentes qui habitoient la terre ? Ils estoient emportez comme des mouches & des sauterelles, car ils estoient semblables aux bestes, puisqu'ils ne connoissoient point leur Createur.

Mais aujourd'huy la Passion & la Resurrection

Ephes. 5.

Mat. 3.

Mat. 1.

Gen. 3.

de JESUS-CHRIST sont dans la bouche & dans les Livres de tous les peuples de la terre. Pour ne rien dire des Hebreux, des Grecs, & des Latins, dont le Sauveur s'est consacré la foy par l'inscription de sa Croix ; les Indiens, les Perses, les Goths, & les Egyptiens ne doutent plus de l'immortalité de l'ame, ni de sa subsistance après sa separation du corps, & neanmoins cette verité ne vint dans l'esprit de Pithagore que comme un songe. Democrite ne la crut point, & Socrate ne tâcha de se la persuader dans la prison, que pour trouver quelque consolation en mourant. Ces Nations barbares qui se vêtissoient de peaux de bestes, & qui sacrifioient des hommes aux morts, ont cessé de mugir pour chanter le triomphe de la Croix : En un mot, on ne parle plus que de JESUS-CHRIST dans toutes les parties de l'Univers.

Mais à quoi pensons-nous, mon ame ? Où allons-nous ? Que devons-nous dire d'abord ? Que devons-nous taire ? Avez-vous oublié les preceptes de la Rhetorique, & estes-vous tellement accablé de douleur que vous ne vous souveniez plus de quelle maniere on compose un discours ? Qu'est devenu ce que vous avez appris depuis vostre jeunesse, & particulierement cette belle pensée d'Anaxagore, & de Telamon ; Je sçavois bien que mon Fils estoit né pour mourir ? Nous avons lû le Livre de Crantor où Ciceron même a trouvé du remede à ses déplaisirs. Nous avons parcouru les Lettres & les Ouvrages que Diogene, Platon, Clitomaque, & d'autres grands personnages ont mis au jour, pour appaiser les ennuis, selon la diversité des âges de ceux qui en estoient accablez, & des causes qu'ils avoient de

s'affliger. De sorte que quand nous serions épui-
sez sur ces matieres, nous pourions avoir recours
à ces sources admirables. Ils nous proposent une
infinité de beaux modelles, & entr'autres Peri-
cles & Xenophon élevez dans l'école de Socrate,
dont l'un harangua la couronne sur la teste après
la mort de ses deux fils ; & l'autre aprenant dans
un sacrifice qu'il faisoit, que le sien avoit esté tué
à l'armée, mit bas à la verité sa couronne, mais
la reprit s'estant informé des circonstances de
la bataille, & qu'il avoit perdu la vie en combatant genereusement. Pourquoi rapporter icy les
exemples des Capitaines Romains, dont la vertu
brille dans l'Histoire comme des étoilles ? Pul-
ville ayant eu avis en dédiant le Capitole que son
fils estoit mort subitement, il commanda sur le
champ qu'on l'enterrast, même sans l'attendre.
Paul Emile triompha au milieu des obseques de
ses deux enfans. Je ne dis rien des Maximes, des
Catons, des Sevoles, des Metellus, des Scaurus,
ni de plusieurs autres, dont le courage n'a pas
moins paru dans l'affliction que dans la guerre, &
dont Ciceron fait voir dans son Livre de la consolation, les pertes irreparables par la privation
de ceux qu'ils aimoient avec la derniere tendresse. Leur constance & leur resolution nous couvrent sans doute de confusion, nous dont le siecle éclairé des lumieres de la foy, ne produit rien
qui approche des actions de ces idolâtres ; mais
venons à nostre sujet.

Je ne pleurerai point comme David, ou comme Jacob, des enfans qui meurent dans l'ancienne Loy. Mais je recevrai, comme JESUS-CHRIST
dans l'Evangile, ceux qui ressuscitent. Ce qui
causoit de l'affliction aux Juifs donne de la joye

aux Chrêtiens. On pleura à la mort de Moyſe, mais le Sauveur fut enſeveli ſans que l'on répandiſt des larmes : Au reſte, comme j'ai rapporté dans l'ouvrage que j'ai adreſſé à Paule pour la conſoler, tous les paſſages de l'Ecriture qui pouroient eſtre propres à cette matiere : J'ai cru que je devois prendre un autre chemin pour arriver au même but, afin de ne marcher pas ſur des routes anciennes & uſées.

Il eſt certain que Nepotion eſt avec le Sauveur, & parmi les bien-heureux, & que joüiſſant de l'objet de ſes deſirs, qu'il ne voyoit que de loin ſur la terre; il dit aujourd'hui, *Nous avons vû dans* Pſal. 47. *la Cité du Seigneur, & du Dieu des vertus, ce que l'on nous en avoit dit :* Cependant nous ne ſçaurions ſupporter ſon abſence, & nous pleurons plûtoſt le malheur de noſtre condition, que le bonheur de la ſienne; car nous ſommes d'autant plus affligez que les plaiſirs qu'il goûte, & dont nous ſommes privez ſont grands. Les ſœurs de Lazare le pleurerent, quoi qu'elles ſceuſſent bien qu'il alloit eſtre reſſuſcité, & le Sauveur verſa des larmes pour celui qu'il eſtoit preſt de faire ſortir du tombeau, donnant en cela des marques des ſentimens dont l'homme qui eſtoit en lui eſtoit capable. Saint Paul même qui deſiroit d'eſtre déchargé des liens du corps, & d'eſtre avec Jesus-Christ qui eſtoit ſa vie : Saint Paul, dis-je, à qui la mort eſtoit un gain, rend graces à Dieu de ce qu'Epaphrodite eſtoit gueri d'une grande maladie, & de ce qu'il n'avoit pas eu un nouveu ſujet d'affliction par ſa mort. Ce n'eſt pas que ce grand Apôtre manquaſt de foy; mais il eſtoit touché de compaſſion & de charité. Aprés cela j'avoüë qu'un oncle, & un Evêque, c'eſt à dire, un pere selon l'esprit, & en quelque façon selon la chair, peut avec justice pleurer une partie de soy-même qui lui a esté arrachée; Neanmoins je vous prie d'apporter quelque moderation à vôtre douleur, & de souffrir que l'on ferme vostre plaie, pour entendre l'éloge de celui dont la vertu vous a toûjours causé tant de joye. Vous devez plûtost vous réjoüir de l'avoir eu tel, que vous affliger d'en estre privé : Mais si j'imite les Geographes qui peignent toute la terre dans un petit espace, & que je vous donne plûtost une ébauche qu'un portrait achevé de son merite, imputez-en la cause à la foiblesse de mon esprit, sans en accuser mon zele,

La Rhetorique ordonne de remonter bien haut aux ancestres de celui qu'on a dessein de loüer, & de rapporter leurs belles actions, afin que descendant jusques à lui de degré en degré, on le rende recommandable par la vertu de ses peres, dont il n'a point degeneré, ou qu'il a surpassez, s'ils n'ont eu qu'un merite mediocre. Pour moi je ne feray point entrer dans l'éloge de l'ame les richesses de la chair, pour lesquelles Nepotien même n'a eu que du mépris, & je ne loüerai jamais personne de la noblesse de sa maison, qui est un bien étranger. En effet Abraham & Isaac qui estoient des Saints, engendrerent Ismaël & Esaü, qui furent de grands pecheurs : Et au contraire, l'Apôtre met au nombre des justes Jephté, qui estoit fils d'une prostituée. Il est dit que l'ame qui aura peché mourra, d'où il faut conclure que celle qui n'aura point peché vivra; & ainsi la vertu, ou les vices des hommes ne sont point imputez à ceux qui leur ont donné la naissance. L'ancienneté de la famille d'un Chrê-

tien , & les premiers jours de sa vie ne sont comp-
tez que du moment qu'il renaist en JESUS-
CHRIST. Saint Paul persecutoit le matin les
Chrêtiens , & estoit comme Benjamin un loup
ravissant , & le soir il partagea la proye, se soû-
mettant à Ananias.

Considerons donc Nepotien au sortir du
Baptême & comme un enfant nouveau né. Une
autre raporteroit icy qu'il fut cause que vous par-
tistes d'Orient en me flatant de l'esperance de vôtre retour , & que vous sortistes du desert afin de
persuader d'abord à vostre sœur de demeurer
veuve , ou du moins si elle ne suivoit point vos
avis, de veiller vous-même sur vôtre cher neveu.
Un autre diroit qu'il portoit le cilice sous un habit de guerre, & sous de beau linge; qu'il paroissoit avec un visage attenué de jeûnes devant les
puissances de la terre , qu'il en servoit un autre
que celui dont il portoit les livrées , & dont il
estoit à la solde , & qu'il n'estoit armé que pour
la défense des veuves , des orphelins , des opprimez , & des miserables. Mais je n'aprouve
point que l'on differe de la sorte à se donner tout
entier à JESUS-CHRIST; car l'Ecriture aprend que
Corneille Centenier fut declaré juste , & baptisé
en même temps; toutefois on ne doit pas rejetter absolument ces aprentissages d'une foy naissante , afin que celui qui a esté bon soldat sous
les étendarts d'un autre , remporte le prix dés
qu'il combattra pour son propre Prince. Ayant
renoncé à l'exercice des armes & changé d'habit,
il distribua aux pauvres tout ce qu'il avoit , se
souvenant de ces paroles de l'Evangile , *Que ce-* Mat. 19.
lui qui veut estre parfait vende tout ce qu'il a , en
donne l'argent aux pauvres, & me suive : Et de ces

autres, *Vous ne pouvez servir tout ensemble Dieu & l'argent.* Il ne se reserva qu'une méchante tunique & un manteau pareil dont il se couvrit pour se défendre du froid, & même ses habits n'étoient ni somptueux, ni trop negligez pendant qu'il estoit encore dans le monde. Il brûloit tous les jours du desir violent de se retirer dans un des Monasteres d'Egypte ou de Mesopotamie; ou du moins de passer dans les Isles de Dalmatie, separées de la terre ferme par le détroit d'Altin : Cependant il ne pouvoit se resoudre à sortir de la maison où il avoit un si grand maître, ni à s'éloigner d'un oncle dans qui il trouvoit un modelle achevé d'un parfait Solitaire, & d'un veritable Evêque. S'il estoit devenu familier avec lui par l'assiduité où il estoit auprés de sa personne, cette familiarité n'avoit point fait naître le mépris comme il arrive ordinairement, au contraire il le respectoit comme son pere, & l'admiroit chaque jour comme s'il ne l'avoit jamais vû. Enfin il se fit Clerc, & montant de degré en degré il reçût l'ordre de Prêtrise. Juste Ciel ! quels furent alors ses soûpirs & ses larmes ? quelle fut l'aprêté de son abstinence & de sa retraite ?

A cette occasion il se fâcha contre son oncle, & cette fois fut la premiere & la derniere, & il disoit que la jeunesse n'estoit pas un âge propre pour le Sacerdoce, & qu'il ne pouvoit suporter le poids de cette dignité, mais il attiroit d'autant plus sur lui les vœux & les suffrages de tout le monde qu'il apportoit de resistance, & il meritoit ce qu'on lui offroit en soûtenant qu'il en estoit indigne. Sçachant donc qu'il estoit moins appellé à un honneur, que pour porter un fardeau, il mit

ses

ſes premiers ſoins à vaincre l'envie par ſon humilité, & enſuite il s'efforça de ne point donner
ſujet de parler aux médiſans, afin que ceux qui
trouvoient à dire à ſon âge fuſſent contraints
d'admirer ſa continence : il ſecouroit les pauvres,
il viſitoit les malades, il exerçoit l'hoſpitalité, il
eſtoit joyeux avec ceux qui eſtoient dans la joye,
& pleuroit avec ceux qui pleuroient : Il eſtoit le
baſton des aveugles, la nourriture de ceux qui
avoient faim, l'eſperance des miſerables, & la
conſolation des affligez, poſſedant chaque vertu
dans un degré auſſi éminent que s'il n'en eût eu
qu'une. Avec les Prêtres & ſes égaux il eſtoit le
premier au travail, & le dernier en rang:Il impu-
toit à ſon oncle toutes ſes bonnes actions, & ſi
quelque choſe ne répondoit pas à ſon attente, il
diſoit qu'il n'y avoit point de part, & que lui
ſeul avoit commis la faute, le traitant en public
comme une Evêque, & en particulier comme ſon
pere. La gravité de ſes mœurs eſtoit adoucie par
la gayeté de ſon viſage : en riant il donnoit ſeulement des marques de ſa joie ſans éclater avec im-
modeſtie : Il reſpectoit les vierges comme ſes
ſœurs, & les veuves conſacrées à Dieu comme
ſes meres, les inſtruiſant avec une pureté irre-
prochable.Quand il s'eſtoit retiré il ſembloit qu'il
ceſſaſt d'eſtre Clerc pour pratiquer les auſteritez
des Solitaires ; car il paſſoit les nuits en prieres,
il pleuroit devant Dieu ſans que ſes larmes fuſſent apperceuës des hommes, & jeûnoit ſuivant
la foibleſſe ou les forces de ſon corps. Eſtant à la
table de ſon oncle il goûtoit de tout ce qui y
eſtoit ſervi ; de ſorte que ſans rompre ſon abſtinence il évitoit de paſſer pour ſuperſtitieux. Son
entretien pendant tout le repas eſtoit l'explication

Cc

de quelque passage de l'Ecriture qu'il proposoit,
écoutant les autres avec plaisir, & leur répondant avec modestie. Il aprouvoit ce qui estoit
bon, il refusoit sans emportement ce qui ne l'étoit pas, son dessein n'estant pas de vaincre celui
avec qui il disputoit, mais de l'instruire. Il rendoit
à chacun ce qui lui estoit dû avec cette honneste
pudeur qui lui estoit naturelle, & fuyant ainsi la
gloire d'estre habile, il passoit pour le plus sçavant
de la compagnie. Cette pensée est de Tertullien,
disoit-il, cette autre de saint Cyprien, Minutius
Felix a parlé de cette maniere, & Victorin de
celle-là, me donnant aussi ma place parmi les
autres, car il avoit de l'affection pour moi, qui
ay l'honneur d'estre connu de son oncle; car il
avoit fait par une lecture & une meditation continüelle une Bibliotheque à Jesus-Christ de sa
memoire. Combien m'a-t'il écrit de lettres pour
me prier de lui envoier des miennes? Combien de
fois m'a-t'il mis devant les yeux cet amy qui vint
de nuit emprunter des pains, & cette veuve importune de l'Evangile qui obtint justice du méchant Juge? Et comme je demeurois dans le silence, il se servoit de la mediation de son oncle qui
en demandoit plus librement pour un autre que
pour lui, & à qui il estoit plus difficile de n'en
point accorder à cause de sa dignité. Je fis enfin
ce qu'il voulut, & je laissai à la posterité des marques de nôtre amitié dans un petit ouvrage que je
lui adressai; après l'avoir receu il se vantoit
d'estre plus riche que Cresus & que Darius, il l'avoit sans cesse devant les yeux, & s'endormant
il lui tomboit des mains sur le visage. Quand un
étranger ou quelqu'un de ses amis le venoit voir
il se réjoüissoit avec lui du témoignage que j'a-

Luc. 11.
Luc. 18.

vois rendu en sa faveur, il relevoit par sa pro-
nonciation les endroits les moins beaux, & il
sembloit qu'il voulût tous les jours plaire de plus
en plus ou devenir ennuyeux par la lecture de ce
livre. D'où venoit cette ferveur, sinon de l'amour
de Dieu ? cette meditation continüelle de ses
Commandemens, sinon de l'affectionqu'il portoit
à celui qui les avoit faits ? Que d'autres amas-
sent richesses sur richesses, qu'ils atrapent le bien
des Dames par des bassesses & des assiduitez ser-
viles : Qu'ils soient plus opulens dans la solitude
& sous les loix d'un Dieu pauvre qu'il n'estoient
dans le siecle & sous le joug du Demon, & que
l'Eglise regarde dans le luxe ceux que le monde
a vûs dans la mendicité : Nepotien ne les imite
point, il méprise jusqu'à sa propre personne, &
faisant consister dans sa pauvreté toutes ses richesses, il ne cherche que la beauté & l'enrichis-
sement de son ame.

Ce que je raporterai dans la suite n'est pas
comparable à ce que j'ai déja dit; mais on juge de
la qualité d'un esprit aussi bien par les petites choses que par les grandes. Dieu ne s'est pas seulement rendu aimable par la creation du Ciel, de
la terre, des élephans & des lions, mais encore
prr celle des fourmis, des mouches, des ver-
misseaux, des autres animaux semblables, dont
on connoist plûtost les noms que l'on ne void les
corps. De même une ame consacrée à JESUS-
CHRIST ne donne pas de moindres preuves de
son zele par des actions de peu de consequence,
que par les plus importantes. Nepotien prenoit
exactement garde que les Autels, les murailles &
le pavé de l'Eglise fussent propres, que le portier
fût assidu à son devoir, & qu'il ne manquât rien à

la Sacriftie. Quoi qu'il partageât fes foins de la forte, il s'acquittoit également bien d'une grande & d'une petite charge, & à quelque heure qu'on le demandât on le trouvoit toûjours à l'Eglife.

L'antiquité vante comme un grand perfonnage Quintus Fabius qui a écrit l'hiftoire Romaine, neanmoins il fe rendit plus celebre par la peinture que par fon Livre. L'Ecriture nous aprend que Befelehel, & Hyram qui eftoit fils d'une femme Tyrienne, furent remplis de la fageffe & de l'efprit de Dieu, parce que l'une avoit travaillé aux ornemens du Tabernacle, & l'autre à ceux du Temple. Comme une riche moiffon & un terroir fertile produifent auffi de la paille & du chaûme, ainfi un efprit orné de vertus fait paroître quelquefois fa fecondité, en s'apliquant à des arts de differente nature, & l'on parle d'un Philofophe de Grece qui faifoit luy-même tout ce qui eftoit à fon ufage, jufqu'à un manteau & à un anneau. On en peut dire autant à la loüange de noftre illuftre mort ; Il embellit l'Eglife & les tombeaux des Martyrs de differentes fleurs, & de divers feüillages ; de forte que tout ce qui y plaifoit à la veuë, foit par la vivacité des couleurs, ou par la difpofition des figures, eftoit l'ouvrage d'un Prêtre zelé.

Mais quelle fuite auront de fi beaux commencemens ? Malheureufe condition des hommes ! toute nôtre vie eft bien inutile fi nous ne vivons pour JESUS-CHRIST. Pourquoi s'arrefter & chercher des détours dans ce difcours ? Je crains de l'achever, comme fi je pouvois par là prolonger les jours de Nepotien, *Toute la chair n'eft que du foin, & toute noftre gloire n'eft que de la fleur d'herbe.* Où eft aujourd'hui ce vifage agreable &

If. 40.

ce corps majeſtueux ſous quoi la beauté de ſon ame ſembloit eſtre cachée comme ſous un voile precieux ? Un vent de midi a fait faner ce lis, & pâlit la pourpre de cette violette. On conſoloit ſon oncle parmi les ardeurs de la fiévre, qui conſommoient ſon ſang dans ſes veines, & il rioit au milieu de ceux qui l'environnoient en pleurant. Il jettoit ſon manteau, il étendoit les mains, il voyoit ce que les autres ne voyoient point, il ſembloit vouloir aller au devant de ceux qui venoient au devant de lui, & l'on eût crû qu'il ne mouroit pas, mais qu'il ſe mettoit le premier en chemin, & qu'il ne quittoit ſes amis que pour un temps. Les larmes me tombent des yeux, & quelque reſolution que je prenne je ne puis diſſimuler ma douleur. Diroit-on qu'il ſe fuſt ſouvenu alors que nous eſtions amis, & qu'il n'eût pas oublié à l'agonie les douceurs qu'il avoit goûtées en étudiant ? Je vous prie, dit-il à ſon oncle, en lui prenant la main, d'envoyer la Tunique dont je me ſervois dans l'Egliſe à celui que j'ayme comme mon pere à cauſe de ſon âge, & comme mon frere, à cauſe de ſa dignité de Prêtre qui nous eſt commune. Ayez pour lui toute l'affection que vous devriez avoir pour un neveu, & qu'il a partagée également avec moi pendant que j'ai vécu. Il rendit l'Eſprit en achevant ces paroles.

Je ſuis perſuadé qu'il vous euſt eſté plus doux de recevoir des témoignages d'amitié de vos citoyens dans une autre occaſion ; mais ſi les marques qu'il vous en euſſent données dans la proſperité vous euſſent eſté plus agreables, celles que vous en receûtes en cette occaſion vous obligerent davantage. Rome & l'Italie entiere pleurerent a mort de Nepotien, ſon corps fut mis dans la ter-

re, & son ame s'envola au Ciel. Vous regretez
aujourd'hui un neveu, & l'Eglise un Prêtre : celui qui au jugement de tout le monde meritoit
d'estre vôtre successeur a marché le premier; ainsi
vôtre maison a donné à Rome deux personnes
dignes de l'Episcopat, puisque l'une a esté élevée
à cette dignité, & que l'on regrete la mort de
l'autre qui empesche qu'elle n'y soit parvenuë.
Les Philosophes élevent jusqu'au Ciel la pensée
de Platon, qui disoit que la vie du Sage estoit une
meditation continuelle de la mort : Et saint Paul
parlant en termes plus précis, assure qu'il meurt
tous les jours par la gloire qu'il recevoit de ses
freres. En effet il y a beaucoup de difference entre travailler & estre recompensé, entre vivre
pour mourir, & mourir pour vivre ; celui qui vit
pour mourir, est mort à la gloire, & celui qui
meurt pour vivre, meurt pour joüir de la gloire ;
Nous devons donc penser aussi à ce que nous serons quelque jour, & à ce que nous ne pourrons
differer, quelques efforts que nous fassions. Quand
nous vivrions plus de neuf cens ans comme Ma-
thusalem & les autres hommes de devant le deluge, cette longue vie estant finie ne seroit plus
rien. Un enfant qui n'a vêcu que dix ans est entierement semblable à un homme qui en a vêcu
mille, quand ils sont morts l'un & l'autre, si ce
n'est que celui-ci a plus offensé Dieu, & part
de ce monde plus accablé de pechez. Les Poëtes
nous aprennent que la meilleure heure de nostre
vie est celle de la naissance qui passe insensiblement, & à qui les maladies, la vieillesse, les
souffrances & la mort enfin succedent. Il faut
que l'homme souffre beaucoup de maux, dit
Nævius ; delà vient que l'antiquité a feint que

1. Cor. 15.

Niobe avoit esté changée en pierre & en figures
diverses, parce quelle avoit versé beaucoup de
larmes: & Hesiode qui pleuroit à la naissance
d'un enfant, se réjoüissoit à sa mort. Le peuple,
dit sagement Ennius, a cet avantage sur les Rois,
qu'il lui est permis de pleurer, & que les Rois
ne peuvent le faire avec bien-séance. Il est d'un
Evêque comme d'un Roy , & même les larmes
sont plus excusables dans les yeux d'un Roy, que
dans ceux d'un Evêque ; l'empire de l'un quelquefois n'est pas aimé, celui de l'autre l'est toûjours ; l'un se fait obeïr par la crainte , l'autre est
lui-même sous le joug, & l'un punit de mort ses
sujets , & l'autre conserve les siens pour la vie.
Tout le monde jette les yeux sur vous, vôtre
maison, vos discours & vos actions sont exposées à sa veuë, & il croira qu'il devra faire ce que
vous ferez. Prenez donc garde qu'il ne se passe
rien qui donne sujet de médire à vos ennemis,
ou dont l'exemple ne soit rejetté de ceux qui
sont obligez de vous imiter ; employez toutes
vos forces , & quelque chose de plus s'il se peut,
pour vaincre vôtre tendresse , & tarissez cette
source de larmes, de peur qu'il ne semble aux esprits foibles que vous donniez au desespoir ce
que vous accordez à l'amitié que vous portiez à
vôtre neveu : regretez-le comme un absent , &
non pas comme un mort, qu'il paroisse que vous
l'attendiez, & non pas que vous l'ayez perdu.
Mais pourquoi vous consoler dans une douleur
que je croy que le temps & la raison ont déja
apaisée? Il faut plûtost vous representer les infortunes des Grands, & les miseres de nôtre siecle, & vous faire voir que celui que la mort en a
tiré est moins à plaindre qu'à féliciter. Constan-

ce, Protecteur des Ariens, allant avec un grand appareil combatre contre son ennemi, mourut dans le petit village de Mopsi, & lui laissa malgré lui l'Empire. Julien son successeur, aprés avoir défait les Chrêtiens, sentit au païs des Medes les coups de la main de Dieu qu'il avoit renié dans les Gaules ; & voulant étendre l'Empire Romain le perdit tout entier ; Jovinien ayant à peine goûté le plaisir d'estre Souverain, fut étouffé par la fumée du charbon, apprenant par là ce que c'est que la puissance des hommes. Valentinien ayant ravagé son païs mourut d'un vomissement de sang. Valens son cousin trouva dans la Thrace la mort & un sepulcre, aprés avoir esté défait par les Getes. Gratian trahy par son armée & par ses propres villes qui lui fermerent leurs portes, devint un sujet de risée à son ennemi, & les murailles de Lyon sont encore teintes de son sang ; Le jeune Valentinien aprés une infinité de fuites & d'exils, & ayant recouvert l'Empire par quantité debatailles, fut tué auprés d'une ville coupable de la mort de son frere, & son corps attaché à un gibet aprés sa mort. Parlerai-je de Procope, de Maxime & d'Eugene, qui furent la terreur de l'Univers pendant qu'ils gouvernerent, mais qui ayant esté pris furent conduits esclaves devant leurs ennemis, n'estant pas si heureux que de mourir sans s'estre vûs dans les liens.

On dira peut-estre que la condition de Souverains est sujette à ces disgraces, & que les hautes montagnes sont plus exposées aux coups du tonnerre ; Mais je viens à ceux d'une fortune mediocre, & je ne dirai que ce qui s'est passé depuis deux ans, Pour ne point faire mention de tant

d'autres, je raporterai feulement la fin malheureufe de trois perfonnes qui ont efté honorées du
Confulat. Abondance eft relégué à Piziante, où
il eft reduit à la mendicité ; la tefte de Rufin a efté
portée à Conftantinople au bout d'une pique, &
pour le punir de fon avarice infatiable, on lui a
coupé la main dont il a mendié fon pain de porte
en porte. Timare dépouillé tout d'un coup d'une
dignité éminente, croit eftre en feureté à Affa,
où il vit fans éclat & en perfonne privée. Ce ne
font point ici des difgraces de malheureux ; mais
des exemples de l'inftabilité de la fortune des
hommes ; J'ai horreur de raconter le refte des
miferes de nôtre fiecle ; il y a plus de vingt ans
que le païs qui s'étend depuis Conftantionple
jufques aux Alpes continuellement arrofé de
fang Romain ; les Gots les Sarmates , les
Alains , les Huns , les Vandales & les Marco-
mans faccagent la Thrace , la Macedoine , la
Dalmatie & une nifinité d'autres Provinces,

Combien de femmes illuftres, & de Vierges
confacrées à Dieu , ont efté la proye de ces Barbares? Combien ont-ils pris d'Evêques, tué de
Prêtres , abattu d'Eglifes , changé d'Autels en
mangeoires de chevaux , & déterré de Reliques
de Martyrs ? On n'entend de tous côtez que cris
& que gemiffemens, & la mort paroift par tout
fous plufieurs formes differentes & horribles.
L'Empire Romain tombe & eft en décadence, &
neanmoins nous marchons encore la tefte levée.
Quelle peut-eftre aujourd'hui la penfée des Corinthiens, des Atheniens, des Lacedemoniens, &
de tous les Grecs qui font fous la domination d'un
ennemi Barbare ? Il fembloit que l'Orient ne
dût fentir fes maux que par les nouvelles qu'il en

apprenoit : Mais l'an paſſé les loups du Septentrion, au lieu de ceux d'Arabie, vinrent tout d'un
coup fondre ſur nous des extremitez du mont
Caucaſe, & coururent par toutes nos Provinces.
Combien ont-ils ruiné de Monaſteres, & combien ont-ils rougi de rivieres du ſang humain ?
Antioche & les villes qui ſont ſur l'Euphrate, ſur
l'Helis, ſur l'Oronte & ſur le Cidne ont eſté
aſſiegées, & on y a fait des armées d'eſclaves.
L'Arabie même, la Phenicie, la Paleſtine & l'E-
gypte ont eſté captives de frayeur. Enfin quand
j'aurois cent langues, cent bouches, & une voix
de fer, je ne pourrois pas raconter tous nos maux,
dont je n'ai pas reſolu d'écrire l'hiſtoire, à laquelle Tite-Live & Salluſte ſuffiroient à peine,
mais ſeulement de les pleurer en paſſant.

Que Nepotien eſt heureux de ne point ſentir
ces miſeres & de n'en entendre point parler ! &
que nous ſommes miſerables, nous qui les ſen-
tons, ou qui en voyons nos freres accablez ! Cependant nous voudrions que ceux que la mort
en a délivrez vêcuſſent encore, il nous ſemble
que leur condition ſoit plus à plaindre qu'elle n'eſt
digne d'envie. Nous éprouvons aujourd'hui la
vengeance d'un Dieu que nous avons offenſé, &
toutefois nous ne l'appaiſons point. Nos pechez
ont rendu les Barbares puiſſans, & c'eſt à cauſe
d'eux que les armées Romaines ſont défaites ; &
comme ſi ces malheurs n'eſtoient pas aſſez grands,
la rage des guerres civiles nous cauſe plus de pertes que nôtre ennemi même ne nous enleve de
monde. L'infortune des Iſraëlites eſtoit digne de
compaſſion, puiſque Nabuchodonoſor comparé à
ce peuple eſt appellé ſerviteur de Dieu : mais la
nôtre eſt ſans doute beaucoup plus grande, puiſ-

que nous avons tellement irrité Dieu, qu'il employe la cruauté des Barbares pour nous punir.
Ezechias fit penitence, & un Ange tua en une
nuit cent quatre-vingt-cinq mille Affyriens. Pendant que Josaphat chantoit des Cantiques au Seigneur, le Seigneur remportoit la victoire pour
luy, Moyse combatoit Amelech avec des prieres,
au lieu de se servir de l'épée. En un mot, si nous
voulons nous relever, abaissons-nous. Quelle
honte ! quelle marque de nôtre peu de foy ! Les
armes des Romains qui ont subjugué tout l'Univers, succombent contre des Nations qui ne peuvent marcher, & qui croiroient mourir si elles
touchoient la terre : Neanmoins nous n'écoutons
point le Prophete, *Un seul en fera fuïr mille* ; &
nous n'ôtons point la cause du mal pour en faire
cesser les effets, & voir nos armées victorieuses
de celles des Barbares,

Mais je sors des bornes d'une consolation ordinaire, & voulant vous empêcher de pleurer la
mort d'une seule personne, nous avons pleuré
tous les morts de la terre. On dit que Xerxes
considerant le nombre infini d'hommes dont
son armée estoit composée, versa des larmes, de
ce que dans cent ans aucun de ceux qu'il voyoit
alors ne seroit plus au monde. Si nous pouvions
monter en un lieu d'où nous pussions regarder
toute la terre sous nos pieds, je vous en ferois re-
marquer la desolation ; je vous ferois voir des
Nations qui se soûlevent contre elles-mêmes.
Vous verriez des hommes que l'on tourmente,
que l'on assassine, que l'on fait esclaves ; d'autres qui se noyent, qui se marient, qui pleurent,
qui naissent ; vous en verriez de riches, de miserables, & dont la vie ne seroit pas longue,

ainſi que celle des ſoldats de Xerxés.

Mais revenons à ce qui nous regarde ; car cette matiere eſt au deſſus de ce que je puis dire: Vous eſtes-vous apperceu de quelque changement en paſſant de l'enfance à la puberté, de la puberté à l'âge viril, & de l'âge viril à la vieilleſſe ? Nous mourons chaque jour, & cependant nous croyons eſtre immortels. Ce que je dicte, ce que je fais écrire, ce que je lis & ce que je corrige emporte autant de momens de ma vie. Nous écrivons, on nous fait réponſe ; nos lettres traverſent les mers, & la durée de chaque vague qui les porte accourcit nos jours. L'unique gain qui nous reſte, c'eſt de nous eſtre unis à Dieu, *La charité eſt patiente, elle eſt douce: la charité n'eſt point envieuſe, elle n'eſt point temeraire & precipitée: elle ne s'enfle point d'orgueil, elle tolere tout, elle croit tout, elle eſpere tout, elle ſouffre tout, elle ne s'éteint jamais*, elle brûle toûjours dans nôtre ame. C'eſt elle qui nous rend Neporien preſent, & qui nous met devant les yeux ce gage de nôtre amitié mutuelle, quoi qu'il ne ſoit plus avec nous. Uniſſons-nous à lui d'eſprit, embraſſons-le des bras de l'affection, & imitons en la perte de cet enfant, le courage que l'Evêque Cromace fit paroître à la mort de ſon frere; faiſons mention de lui dans nos petits ouvrages & dans nos lettres ; Ne perdons point la memoire de celui dont le corps nous a eſté ravi, & ſi nous ne pouvons plus nous entretenir avec lui, au moins entretenons-nous ſans ceſſe de lui.

Fin du ſecond Livre.

1 Cor. 13.

LES LETTRES CHOISIES DE SAINT JERÔME,

LIVRE TROISIE'ME.

LA VIE DE SAINT PAUL PREMIER HERMITE,

Qui ne contient que son entrée au desert, & sa mort.

LETTRE PREMIERE.

PLUSIEURS ont demandé souvent quel a esté celui qui a commencé d'habiter les deserts. Les uns remontant bien loin dans les siecles passez croient que le bien-heureux Elie, & saint Jean Baptiste y ont entré les premiers; mais celui-là doit plutost passer pour un Prophete que pour un Solitaire, & celui-ci a prophetisé avant même qu'il fût né. Les autres, dont l'opinion est

la plus suivie, assurent que saint Antoine a esté
l'auteur de ce genre de vie, ce qui est vrai en
partie, puis qu'encore qu'il ne soit pas venu le
premier dans les deserts, il a excité par son exemple l'ardeur & le zele de ceux qui y sont venus
après luy. Amathas & Macaire, deux de ses Disciples, dont le premier luy a rendu les devoirs de
la sepulture, disent encore aujourd'hui qu'un
nommé Paul Thebéen embrassa le premier cette
maniere de vie, & en cela je suis de leur avis.
Quelques-uns ajoûtent à cette verité ce qui leur
vient a la fantaisie, que saint Paul vêcut dans
une caverne, que les cheveux luy venoient jusqu'aux talons, & inventent d'autres choses incroyables, qu'il seroit inutile de raconter, & qui
ne meritent pas même d'estre refutées, puisque
ce sont des mensonges ridicules.

Or d'autant que l'on a écrit tres-exactement en
Grec & en Latin la vie de saint Antoine, j'ai resolu de dire quelque chose du commencement &
de la fin de celle de saint Paul ; car personne n'a
connoissance de ce qui s'est passé au milieu, ni
des tentations du diable qu'il a soûtenuës, plûtost
à cause qu'aucun ne l'a fait jusqu'icy, que par la
croyance d'y bien réüssir.

La cruelle persecution qui s'éleva sous le regne
de Decius & de Valerien, lorsque Corneille à Rome, & saint Cyprien à Carthage ayant esté condamnez à avoir la teste tranchée, repandirent
leur sang bien-heureux, dépeupla plusieurs Eglises
d'Egypte, & de la Thebaïde. Alors le plus-grand
souhait des Chrétiens estoit de mourir pour le
nom de Jesus-Christ ; mais leur ennemi rusé
inventant des supplices qui leur donnassent une
longue mort, tâchoit plûtost de tüer leurs ames

que leurs corps. Même , ainſi que le témoigne
ſaint Cyprien, qui endura le martyre en ce tems-
là , on refuſoit de donner la mort à ceux qui la
deſiroient. Et afin de montrer juſqu'où alloit
cette cruauté , j'en raporterai deux exemples
pour en conſerver la memoire.

Un Martyr demeurant ferme dans la foy, &
triomphant des chevalets & des lames de fer, on
lui fit frotter le corps de miel , & les mains liées
derriere le dos , on l'expoſa couché à la renverſe
aux plus ardens rayons du Soleil , afin que celui
qui avoit remporté la victoire ſur les plus cruels
tourmens fût vaincu par les aiguillons des mouches.

Un autre qui eſtoit à la fleur de ſon âge fut
conduit dans un jardin delicieux. Là parmi les
roſes & les lis , ſur le bord d'un petit ruiſſeau qui
couloit avec un doux murmure , où le vent ſe
faiſoit entendre agitant agreablement les feüilles
des arbres , on dreſſa un lit de plumes , ſurquoi
on le coucha ſur le dos , l'y attachant doucement
avec des liens de ſoye , de peur qu'il ne pût s'en
retirer. Enſuite tout le monde s'en eſtant allé, arrive une belle courtiſane qui ſe jette à ſon cou
avec des embraſſemens laſcifs , & ce qui eſt horrible ſeulement à dire, porte les mains à ce que la
pudeur défend de nommer , afin qu'excitant en
lui le deſir des plaiſirs deshonneſtes , elle pût
triompher de ſa chaſteté. En cet eſtat le ſoldat de
Jesus-Christ ne ſçavoit quelle reſolution prendre , la volupté le faiſoit ſuccomber aprés avoir
reſiſté à tant de tourmens. Enfin par une inſpira-
tion divine il ſe coupe la langue avec les dents ,
& la crachant contre le viſage de la courtiſane
qui le baiſoit , le ſentiment d'une grande dou-

leur éteint l'ardeur de la concupiscence.

Au temps donc que ces choses se passoient, Paul âgé de quinze ans seulement, sçavant dans les lettres Grecques & Egyptiennes, d'une humeur douce & fort aimant Dieu, herita dans la basse Thebaïde de son pere & de sa mere, dont la succession estoit tres-grande, & qui n'avoient laissé que lui d'enfant, & une fille qui estoit déja mariée.

La persecution augmentant il se retira en une maison de compagne reculée & à l'écart ; Mais abominable avarice, à quoi ne contraint-tu point les hommes ? Son beau-frere commença à vouloit découvrir celui qu'il estoit obligé de cacher, sans que les larmes de sa femme, l'alliance qui estoit entr'eux, ni Dieu qui voit tout du haut du Ciel pussent l'empêcher de commettre un crime à quoi il estoit porté par une cruauté qu'il couvroit d'un pretexte de Religion.

Ce jeune garçon tres-avisé aiant apris ce dessein s'enfuit dans les deserts des montagnes pour y attendre que la persecution fût cessée. Là se resolvant à faire volontairement ce qu'il estoit obligé de faire par force, il avança peu à peu ; ensuite s'arrestant, & puis recommençant à marcher & continuant à faire la même chose, il arriva enfin auprés d'un rocher, proche le pied duquel il y avoit une grande caverne dont l'entrée estoit fermée d'une pierre. Paul aiant osté cette pierre pour entrer, & regardant attentivement de tous costez, comme il est naturel aux hommes de vouloir connoître ce qui est caché, il aperçût comme un grand vestibule formé des branches d'un vieux palmier, entrelassées les unes dans les autres, au dessus duquel on voioit le
Ciel

Ciel à découvert, & un ruisseau tres-pur qui ne
faisoit que sortir de la terre se perdant incontinent dans un petit trou où il estoit englouti. On
avoit aussi creusé dans ce rocher quelques petits
cabinets, où il y avoit encore des burins, des en-
clumes & des marteaux dont on s'estoit servi autrefois pour faire de la monnoye ; & quelques
Manuscrits d'Egypte portent qu'on en avoit fa-
briqué de fausse en ce lieu, du temps des amours
d'Antoine & de Cleopatre.

Le Saint concevant de l'amour pour cette demeure, qu'il sembloit que Dieu lui eût offerte,
y passa toute sa vie en prieres & en retraite,
le palmier lui fournissant ce qui lui estoit necessaire pour sa nourriture & son logement : &
de peur que quelqu'un ne croye cela impossible,
je prens Jesus-Christ & ses Anges à témoins
que dans cette partie du desert qui joignant
la Syrie tient aux terres des Sarrasins, j'ai vû
deux Solitaires dont l'un ne vivoit que de pain
d'orge & d'eau bourbeuse depuis trente ans qu'il
s'estoit retiré du monde, & l'autre qui s'estoit
enfermé dans une vieille cisterne, n'y mangeoit
que cinq figues par jour ; ce qui ne paroistra impossible qu'à ceux qui ne croiront point, *car* *Mat. 9.*
tout est possible à celui qui croit.

Mais pour retourner à ce que j'avois commencé
à dire, il y avoit déja cent treize ans que Paul
vivoit sur la terre comme un Ange, lors qu'Antoine, qui estoit dans un autre desert âgé de
quatre-vingt-dix ans, comme il l'assuroit souvent,
eut cette pensée, qu'aucun autre que lui n'avoit
mené dans le desert la vie d'un veritable Solitaire ; mais il lui fut revelé la nuit en dormant
qu'il y en avoit un plus avant dans le desert, &

D d

beaucoup meilleur que lui , & qu'il devoit l'aller
visiter. Dés le point du jour ce venerable vieillard soûtenant son corps attenué d'un bâton qui
lui servoit à marcher , se mit en chemin sans sçavoir où il alloit. Il estoit déja midy , & les ardeurs
du soleil estoient excessives , & neanmoins rien
ne pouvoit le divertir de son dessein. Je me confie
en mon Dieu , disoit-il en lui-même , & sans doute il me fera voir son serviteur comme il me l'a
promis. A peine achevoit-il ces paroles qu'il vit
un hommé qui avoit en partie le corps d'un cheval,& qui estoit du nombre de ceux que les Poëtes
appellent Hippocentaures. Ayant fait le signe de
la Croix en l'apercevant ; Hola , lui dit-il , où demeure icy le serviteur de Dieu ? Alors ce monstre
marmotant je ne sçai quoi de barbare , & entre-
coupant plûtost ses paroles qu'il ne les proferoit
distinctement , s'efforça de faire sortir une voix
douce de ses lévres toutes herissées de poil , &
étendant sa main droite,lui montra le chemin tant
desiré. Mais de sçavoir si cela fut une illusion du
diable pour épouvanter le Saint , ou si ces deserts
si fertiles en monstres avoient aussi produit celui-ci ; c'est ce qu'on ne peut assurer.

Antoine tout étonné , & pensant à ce qu'il venoit de voir , continuë son chemin , & aperçoit
aussi-tost dans un vallon plein de pierres un petit
homme qui avoit les narines crochuës , des cornes au front , & des pieds de chévre : Ce nouveau spectacle redoublant son admiration , il s'ar-
me comme un vaillant soldat de JESUS-CHRIST,
de la foy & de l'esperance , & le monstre pour
gage de son affection lui presente des dates pour
le nourrir pendant son voyage. Antoine voyant
cela s'arresta , & lui ayant demandé qui il estoit,

il lui répondit de la sorte : Je suis mortel & l'un des habitans de ces deserts que les Payens aveuglez de tant d'erreurs differentes adorent sous le nom de Faunes, de Satyres, & d'Incubes; ceux de mon espece m'envoyent en Ambassade vers vous, vous supliant tous de prier pour nous celui qui est également nôtre Dieu; qui est venu, à ce que nous avons apris, pour le salut de tout le monde; & dont la reputation s'est répanduë par toute la terrre.

Le saint voyageur à ces paroles lava son visage de larmes, dont l'abondance estoit une marque de la joye de son ame. Il se réjoüissoit de la gloire de JESUS-CHRIST, & de la destruction du diable; & admirant comme il avoit pû entendre cette beste, & estre entendu d'elle, il frapoit la terre de son baston, disant : Malheur à toi Alexandrie, qui adores des monstres comme des Dieux! Malheur à toi Ville adultere; où les demons de toute la terre se sont retirez! de quelle sorte t'excuseras-tu maintenant? Les bestes même reconnoissent JESUS-CHRIST, & tu rends à des monstres les hommages qui ne sont deus qu'à Dieu seul. A peine eut-il achevé ces paroles, que le monstre s'enfuit avec autant de vitesse que s'il eust eu des aîles. Si cette avanture paroissoit incroyable à quelqu'un, ce qui arriva sous le regne de Constance, & dont tout le monde fut témoin; en est une preuve de la verité. Un homme de cette sorte fut apporté en vie à Alexandrie; où il fut vû de tout le peuple avec admiration; & depuis estant mort, & son cadavre ayant esté salé, de peur qu'il ne se corrompist dans les chaleurs de l'été; il fut conduit à Antioche, afin qu'il fût vû de l'Empereur.

D d ij

Mais pour revenir où j'en eſtois, Antoine continuant à marcher dans le chemin où il s'eſtoit
engagé, n'avoit devant les yeux que la piſte des
beſtes, & la vaſte ſolitude du deſert, & ne ſçavoit ce qu'il devoit faire, ni de quel coſté il devoit tourner.

Il y avoit déja deux jours qu'il eſtoit en chemin,
& il en reſtoit un troiſiéme pour lui donner une
confiance entiere, qu'il ne pouvoit point eſtre
abandonné de JESUS-CHRIST. Il paſſa la nuit
du ſecond jour en prieres, & l'aurore commençant à poindre, il apperceut de loin une louve
toute haletante de ſoif, qui ſe couloit le long du
pied de la montagne ; il la ſuivit des yeux, &
l'ayant perduë de veuë, il s'approcha de la caverne, dans laquelle voulant regarder, ſa curioſité lui fut inutile, ſes yeux n'en pouvant pene-
Joan. 4. trer l'obſcurité. Cependant, *le parfait amour*,
comme dit l'Ecriture, *banniſſant la crainte*, cet
habile eſpion s'eſtant un peu arreſté pour reprendre haleine, entra dans l'antre, où il avança peu
à peu, s'arrêtant ſouvent pour écouter s'il n'en-
tendroit point de bruit. Enfin ayant apperçu de
loin de la lumiere à travers de ces épaiſſes tenebres, il redoubla ſes pas, & fit du bruit, ſon pied
ayant heurté contre une pierre. Le bien-heureux
Paul ayant entendu ce bruit, ferma au verroüil ſa
porte, qui eſtoit ouverte, Alors Antoine ſe jettant contre terre auprés de cette porte, y demeura juſques à l'heure de *Sexte*, & davantage,
priant qu'on le laiſſaſt entrer : Vous ſçavez, diſoit-
il, qui je ſuis, & ce qui m'amene : Je vous avouë
que je ſuis indigne de vous voir, toutefois je ne
partiraï point que je n'aye eu ce bonheur. Pourquoi fermez-vous à un homme une porte que

vous ouvrez aux beſtes ? J'ai cherché, j'ai trouvé, & je frape afin que l'on m'ouvre. Si je ne
puis obtenir de vous cette grace, je mourrai ici à
voſtre porte, & je crois au moins que vous enſe-
velirez mon corps. Il parla de la ſorte, demeurant toûjours immobile contre terre, & le venerable Paul lui répondit ſuccintement en ces termes ; On ne demande point une grace avec des
menaces, & l'on ne mêle point des injures avec
des larmes. D'ailleurs vous étonnez-vous que je
ne veüille pas vous recevoir, puiſque vous n'eſtes
venu ici que pour mourir ? Ainſi ſaint Paul en
riant lui ouvrir ſa porte. Alors s'embraſſant l'un
& l'autre ils ſe ſalüerent, & ſe nommerent par
leurs propres noms, rendant graces à Dieu, &
aprés s'eſtre donné le ſaint baiſer, Paul s'eſtant
aſſis parla de la ſorte à Antoine ; Voici celui que
vous avez cherché avec tant de peine, & dont le
corps uſé de vieilleſſe, eſt couvert de cheveux
blancs, negligez & mal-propres ; vous voiez un
homme qui va eſtre reduit en pouſſiere ; mais
puiſque la charité ne ſe rebute de rien, apprenez-
moi, je vous prie, en quel eſtat eſt le monde :
Fait-on de nouveaux bâtimens dans les anciennes
villes ? Qui ſont ceux qui regnent aujourd'hui ?
Et ſe trouve-t'il encore des hommes ſi aveuglez
que d'adorer les Demons ?

Pendant qu'ils s'entretenoient de la ſorte, ils aper-
ceurent un corbeau qui vint s'aſſeoir ſur une branche d'arbre, & delà volant doucement à terre il
aporta un pain tout entier, ce qui les remplit d'é-
tonnement. Helas, dit Paul, quand le corbeau fut
parti, nôtre Seigneur tout bon & tout miſericor-
dieux nous envoie à dîner ; il y a ſoixante ans
que je reçois chaque jour une moitié de pain ;

mais JESUS-CHRIST à vôtre arrivée a redou-
blié ma portion. Alors aiant rendu graces à Dieu
ils s'assirent l'un & l'autre sur le bord d'une fontaine aussi claire que du cristal. Là quand il fut
question de rompre le pain, voulant se déferer
l'un à l'autre cét honneur, il s'éleva entr'eux une
dispute, qui dura presque jusques à Vêpres. Paul
pretendoit que c'estoit à Antoine à le faire, fon-
dé sur la coûtume & sur les droits de l'hospitalité.
Et Antoine au contraire refusoit de le faire, soûtenant que cét honneur estoit dû à Paul, à cause
de son grand âge. A la fin ils resolurent que
chacun de son costé prenant le pain & le tirant à
soi, retiendroit la portion qui lui demeureroit
entre les mains. Ensuitte s'estant baissez sur le
bord de la fontaine, & aiant bû un peu d'eau,
ils immolerent à Dieu un sacrifice de loüanges,
& passerent toute la nuit en prieres.

Le lendemain matin le bien-heureux Paul parla de la sorte à Antoine : Il y a long-temps, mon
frere, que je sçai que vous demeuriez dans ces
deserts, & que Dieu m'a promis que vous l'y
serviriez avec moi : Mais parce que l'heure de
mon heureux sommeil est arrivée, & qu'aiant
toûjours desiré avec ardeur d'estre delivré de ce
corps mortel pour m'unir à JESUS-CHRIST, il
ne me reste plus aprés avoir achevé ma course,
que de recevoir la couronne de justice ; Nôtre-
Seigneur vous a envoyé pour couvrir de terre
mon pauvre corps, ou pour mieux dire, pour
rejoindre la terre à la terre.

A ces paroles Antoine fondoit en pleurs, &
jettoit mille soûpirs. Il pria Paul qu'il ne l'abandonnast pas, ou du moins qu'il lui permist de l'ac-
compagner en son voyage. Vous ne devez pas

lui répondit le saint vieillard, rechercher ce qui
vous est plus utile, mais ce qui est plus avantageux à vostre prochain. Ce vous seroit sans doute
un bonheur singulier d'estre déchargé du fardeau
de cette chair, & de suivre l'agneau sans tache :
Mais il importe à vos freres d'estre encore instruits par vôtre exemple. C'est pourquoi, si
cela ne vous incommode point, je vous prie d'aller querir le manteau qu'Athanase vous a donné,
& de me l'apporter pour m'ensevelir. Si le bien-
heureux Paul lui faisoit cette priere, ce n'estoit
pas qu'il se mist beaucoup en peine que son
corps, qui depuis tant d'années n'avoit esté couvert que de feüilles de palmier entrelassées pour-
rist dans la terre, nud ou ensevely ; mais il desiroit qu'Antoine s'éloignant de lui sous ce pretexte, fust moins affligé de sa mort en n'y estant
pas present.

Antoine entendant parler d'Athanase, & du
manteaux qui lui avoit esté donné, fut rempli
d'un grand étonnement, & comme s'il eust vû
JESUS-CHRIST dans Paul, adorant Dieu dans son
cœur, il n'osa plus lui repliquer. Pleurant donc
sans dire une seule parole, après lui avoir baisé
les yeux & les mains, il partit pour s'en retourner
à son Monastere, qui a esté depuis occupé par les
Sarrazains. Quoi que ses pas ne répondissent pas
au desir qu'il avoit de marcher, ce desir cependant faisoit faire à son corps cassé de vieillesse,
& attenué de jeûnes, une diligence beaucoup plus
grande que celle qu'on eust pû attendre de son
âge. Enfin aiant achevé ce long chemin, il arriva
tout fatigué & tout hors d'haleine à son Monastere. Deux de ses Disciples qui le servoient depuis plusieurs années accoururent au devant de

lui, & lui aiant demandé où il avoit demeuré si long-temps, il leur répondit; Malheur à moi miferable pecheur, qui porte si indignement le nom de Solitaire ! j'ai vû Elie, j'ai vû Jean dans le defert; ou pour tout dire en un mot, j'ai vû Paul dans un Paradis. Sans en dire davantage, fe frappant la poitrine des mains, il tira le manteau de fa Cellule. Ses Difciples le prierent de leur apprendre plus au long ce qu'il vouloit dire; mais il leur repliqua, *Qu'il eftoit un temps de parler, & un temps de fe taire.* Eftant forti de la forte, fans avoir voulu prendre aucune nourriture, il retourna par le même chemin qu'il eftoit venu; brûlant d'ardeur de voir encore Paul, & n'aiant que lui devant les yeux & dans la penfée; car il craignoit, comme il arriva, qu'il ne rendift l'efprit durant fon abfence.

Ecclaf. 5.

Le jour fuivant aiant déja cheminé l'efpace de trois heures il vit parmi des troupes d'Anges, & au milieu des chœurs des Prophetes & des Apôtres le bien-heureux Paul éclatant d'une blancheur pareille a celle de la neige monter dans le Ciel. Alors s'eftant jetté le vifage contre terre, & couvert la tefte de pouffiere, il parla de la forte: Paul, pourquoi me quittez-vous ? Pourquoi partez-vous de ce monde fans que je vous aie dit adieu ? Pourquoi vous aiant connu fi tard m'abandonnez-vous fi-toft? Antoine a raconté depuis qu'il acheva le refte du chemin qu'il avoit encore à faire avec tant de vîteffe qu'il fembloit qu'il volât comme un oifeau. Et il eut raifon d'ufer de tant de diligence puis qu'eftant arrivé à la caverne de Paul, il y trouva fon corps mort le genoux à terre, la tefte levée & les mains étenduës vers le Ciel. En cet eftat croiant qu'il fuft encore vivant, &

qu'il priât, il se mit de son côté en prieres ; mais
ne l'entendant point soûpirer comme il avoit accoûtumé de faire en priant, il lui alla donner un
triste baiser, & connut par une posture si devote
que le corps de ce saint homme, tout mort qu'il
estoit, prioit encore Dieu auquel toutes choses
sont vivantes.

Il tira donc comme il put ce corps hors la caverne, chantant des Hymnes & des Pseaumes selon la tradition de l'Eglise Catholique, estant fort
affligé de n'avoir rien pour foüiller la terre. Pensant & repensant à cela avec beaucoup d'inquietude, il disoit en lui-même: Si je retourne au Monastere, il y a trois jours de chemin; si je reste ici,
je n'avancerai rien ; il vaut donc mieux, ô mon
Sauveur, que je meure, & que je rende les derniers soûpirs auprés de vostre vaillant soldat.

Pendant qu'il estoit dans cette resolution, il
vit venir en courant deux lions qui sortoient du
fond du desert, & dont les longues crinieres flo-
toient sur le cou. D'abord il fut saisi de frayeur
en les voiant ; mais ensuite ayant élevé son esprit à Dieu, il demeura aussi intrepide que s'il
n'eût vû que deux colombes. Ces deux animaux vinrent droit au lieu où estoit le corps du
Saint, & s'y arresterent. Ils le flaterent de leurs
queuës, & s'estant couchez à ses pieds firent de
grands rugissemens pour lui témoigner qu'ils
le pleuroient autant qu'ils le pouvoient faire.
Ensuite ils commencerent à grater la terre assez prés delà, & foüillant à l'envi le sable
qu'ils jettoient de côté & d'autre, ils firent une
fosse capable de contenir le corps d'un homme.
Aussi-tost comme s'ils eussent demandé le paye-
ment de leur travail, ils accoururent branlant

les oreilles & la teſte baiſſée vers Antoine, dont ils lécherent les pieds & les mains. S'eſtant aperceu qu'ils lui demandoient ſa benediction, il glorifia JESUS-CHRIST de ce que même les animaux irraiſonnables avoient quelque ſentiment de l'exiſtence de Dieu : Seigneur, dit-il, ſans la volonté duquel il ne tombe pas même une feüille des arbres, ni le moindre oiſeau ne perd la vie, donnez-leur ce que vous ſçavez qui leur eſt neceſſaire, & aprés il leur fit ſigne de la main, & leur commanda de s'en aller. Lors qu'ils furent partis il chargea ce ſaint corps ſur ſes épaules caſſées de vieilleſſe, qui ſe courberent ſous ſa peſanteur, & l'aiant mis dans cette foſſe, il le couvrit de terre, & lui éleva un tombeau en la maniere accoûtumée. Le lendemain ce pieux heritier pour ne rien perdre de la ſucceſſion de celui qui eſtoit mort ſans faire de teſtament, prît ſa tunique qu'il avoit tiſſuë de ſes propres mains de feüilles de palmier de la même maniere que l'on fait un panier d'ozier ; & eſtant retourné à ſon Monaſtere, il raconta à ſes Diſciples tout ce qui s'eſtoit paſſé, & depuis aux Feſtes ſolemnelles de Paſques & de la Pentecôte, il mit toûjours la tunique du bien-heureux Paul.

Je demanderois volontiers ſur la fin de cette hiſtoire à ceux qui ont tant de biens, qu'ils n'en ſçavent pas même le compte, dont les Palais ſont revêtus de marbre, & qui emploient en un ſeul fil de perles le prix de pluſieurs métairies entieres, qu'eſt-ce qui a jamais manqué au bien-heureux Paul dénué de tout? Vous beuvez dans des coupes enrichies de perles, & lui avec le fond de ſes mains ſe deſalteroit. Vous portez des habits tiſſus d'or, & lui n'a jamais eu le plus vil manteau

dont le dernier de vos efclaves eût pû fe couvrir. Mais auffi le Paradis a efte ouvert à ce pauvre homme, & vous au contraire ferez precipi-
tez dans l'enfer avec toutes vos richeffes. Tout
nud qu'il eftoit, il a confervé la robe blanche de
JESUS-CHRIST, & vous l'avez perduë avec
vos habits fomptueux. Paul couvert d'une vile
pouffiere reffufcitera un jour pour joüir de la
gloire du Ciel, & vous brûlerez dans les flames
éternelles malgré ces tombeaux fi richement éla-
bourez dont vos cadavres font aujourd'hui accablez. Épargnez, épargnez au moins ces richeffes qui vous font fi precieufes. Pourquoi enfeve-
lir même vos morts dans des linceuls fi riches ?
Pourquoi vôtre vanité ne ceffe-t'elle pas dans
l'affliction, & parmi les foûpirs & les pleurs ?
Les cadavres des riches ne peuvent-ils eftre reduits en pouffiere & en pourriture que dans des
draps de foie ?

Qui que vous foyez qui lifez cecy, je vous prie
de vous fouvenir du pecheur Jerôme, qui prefe-
reroit la tunique de Paul avec fes merites à la
pourpre des Rois avec leur puiffance, fi Dieu lui
en avoit donné le choix.

✳✳✳✳✳✳✳✳✳✳✳✳✳✳✳✳✳✳✳✳✳✳

LA VIE
DE SAINT HILARION,
Difciple de Saint Antoine.

Lettre II.

AVANT que d'écrire la vie du bien-heureux Hilarion, j'appelle à mon fecours le faint Efprit dont il a efté remply, afin que celui qui l'a comblé de tant de vertu me fourniffe des paroles pour les raconter, & égaler mon difcours à fes actions. En effet, & c'eft le fentiment de Salufte, on ne juge du merite de ceux qui fe font rendus confiderables que par les éloges que les beaux efprits en ont faits. Alexandre le Grand que Daniel reprefente par un bouc ou par un leopard, étant arrivée proche le tombeau d'Achille, s'écria, O que tu as efté heureux d'avoir eu un fi grand homme qui publiât ta valeur, voulant parler d'Homere ! Pour moi j'ai aujourd'hui à écrire la vie & la conduite d'un Heros fi admirable, qne fi Homere vivoit encore il feroit envieux d'un fujet fi grand & fi riche, & où il fuccomberoit s'il entreprenoit de le traiter. J'avouë que faint Epiphane Evêque de Salamine en Cypre, qui a demeuré long-temps avec Hilarion, a écrit en peu de mots fes loüanges dans une lettre qui eft entre les mains de tout le monde : Mais c'eft autre chofe de loüer un mort par des lieux communs, ou de faire fon éloge par les vertusqui

Dan. 2. 7. & 8.

lui ont esté particulieres. C'est pourquoi j'entreprens de mettre la derniere main à un ouvrage qu'il n'a fait qu'ébaucher sans me soucier de ce que diront les médisans. S'ils ont autrefois trouvé à dire à ce que j'avois écrit de saint Paul, prenant pour pretexte de leur calomnie la retraite dans laquelle il a vêcu, ils reprocheront sans doute à Hilarion d'avoir trop conversé parmy le monde. Et comme ils ont pris pour une fable ce que j'ai raporté de celui-là, ils croiront que celui-ci ne merite point d'estre estimé, parce qu'il a esté vû de plusieurs. Ils imitent en cela les Pharisiens leurs ancestres, qui n'aprouvoient point la solitude & le jeûne de saint Jean, la foule de peuple dont Nôtre Seigneur estoit environné, ni qu'il bût & mangeât en la maniere ordinaire. Cependant je vas commencer d'executer mon dessein, fermant les oreilles pour ne point entendre les chiens de Scylla, je tâcherai de passer outre.

Hilarion estoit d'un village apellé Tabathe, situé vers le midy à deux lieuës & demie ou environ de Gaze Ville de la Palestine. Comme son pere & sa mere estoient idolâtres, on peut dire que ce fut une rose qui fleurit au milieu des épines. L'ayant envoyé à Alexandrie, il fut mis entre les mains d'un Grammairien. Là, autant que son âge le pouvoit permettre, il donna des marques d'un grand esprit & d'un bon naturel, de sorte qu'en peu de temps il gagna l'affection de tout le monde, & devint sçavant en l'art de parler. Mais ce qui est au dessus de tout cela, c'est qu'ayant embrassé la foy de JESUS-CHRIST il ne prenoit aucun plaisir aux combats sanglants du Cirque, ni aux dissolutions du theatre, &

Païs de saint Hilarion, il demeure quelque tems avec saint Antoine, se retire dans un desert de la Palestine à l'âge de quinze ans.

faisoit consister toute sa joye à se trouver à l'E-
glise en la compagnie des Fidelles.

Alors entendant parler de saint Antoine, dont
le nom celebre estoit en la bouche de tous les
peuples d'Egypte, il alla au desert pour le voir.
Dés qu'il l'eut vû il changea incontinent d'habit, & demeura environ deux mois auprés de
lui, observant avec soin sa maniere de vivre,
la gravité de ses mœurs, son assiduité à l'oraison,
son humilité à recevoir ses freres, sa severité à
les reprendre, son exactitude à les exhorter, &
enfin son abstinence & l'austerité de ses jeûnes,
qu'aucune maladie n'estoit capable d'interrompre. Mais ne pouvant suporter cette foule de
peuples qui accouroient de tous côtez vers saint
Antoine pour estre gueris de diverses maladies,
& particulierement de l'obsession des demons,
& ne croyant pas qu'il lui fust avantageux de
voir dans le desert autant de monde qu'on en
voit dans les Villes, il jugea à propos de commencer par où avoit commencé Antoine, qui
pouvoit alors comme un vaillant soldat joüir
des fruits de ses victoires, & lui au contraire
n'estoit pas encore seulement entré dans le combat. Il retourna donc en son païs avec quelques
Solitaires, où ayant trouvé son pere & sa mere
morts, il donna une partie de ses biens à ses freres, & le reste aux pauvres, sans se rien reserver
pour lui, car il craignoit ce qui est raporté dans
les Actes des Apôtres du châtiment d'Ananie &
de Saphire, & avoit devant les yeux ces paroles
du Sauveur : *Celui qui ne renonce pas à tout ce qu'il*
a ne sçauroit estre mon Disciple.

S'estant donc ainsi dépoüillé de toute chose, &
armé de JESUS-CHRIST, il entra en l'âge de

Act. 5.

Luc. 14.

quinze ans dans cette solitude, qui s'étendant sur la main gauche, lorsque l'on va en Egypte le long du rivage, est éloignée de trois lieuës & demie de Maiüme, où se fait tout le trafic de Gaza.

Comme il se commettoit tous les jours en ces lieux une infinité de meurtres & de vols, ses parens & ses amis l'avertirent du danger où il s'exposoit ; mais il méprisa la mort pour éviter une autre mort. Chacun s'étonnoit de le voir à son âge capable d'une si grande resolution, & l'on en eût encore esté plus étonné si la flâme qui brûloit son cœur, & des étincelles de sa foy n'eussent pas brillé dans ses yeux. Son corps estoit foible, delicat, & incapable de resister aux injures de l'air ; de sorte qu'il pouvoit estre abatu par le moindre chaud ou le moindre froid.

S'estant donc couvert seulement d'un sac, & ayant pris une saye de Païsan, & une tunique de poil que le bien-heureux Antoine lui avoit donnée quand il se separa d'avec lui, il s'arresta dans une affreuse solitude qui est entre la mer & les marests, ne mangeant que quinze figues par jour, aprés que le soleil estoit couché, & parce que cette contrée estoit pleine de voleurs, il ne demeüroit jamais en la même place. Que faisoit alors le demon ? Quel dessein pouvoit prendre celui qui se vantoit autrefois, assurant qu'il monteroit au Ciel, qu'il établiroit son trône sur les astres, & qu'il seroit semblable au Treshaut ? Il se voyoit vaincu par un enfant qui triomphoit de lui avant même que son âge lui permist de pecher. Il chatoüilloit donc les sens d'Hilarion, & allumoit dans son jeune corps les amorces des plaisirs ; de sorte que ce nouveau

Son austerité dans le desert, sa constance à soutenir les tentations du diable.

Isa. 14.

soldat de JESUS-CHRIST se sentoit obligé de
songer à ce qui lui estoit inconnu, & de penser
& repenser à de pompeuses magnificences qu'il
n'avoit jamais veuës. S'emportant donc de colere contre lui-même, & se donnant des coups
de poing sur l'estomach, comme s'il eût pû en
se frapant chasser les pensées dont son ame estoit
remplie, il s'écrioit : Malheureux animal, je te
mettrai en tel estat que tu ne regimberas point,
je te ferai porter de pesans fardeaux, & travailler pendant le froid & le chaud, de sorte que tu
songeras plûtost à manger qu'à te donner du
plaisir. Ainsi aprés trois ou quatre jours de jeûne
il relevoit avec le suc de quelques herbes seulement & un peu de figues les forces abatuës de
son corps qui n'en pouvoit plus. Il prioit &
chantoit des Pseaumes sans cesse, & foüillant la
terre avec un pic redoubloit par cette fatigue l'à-
preté de ses jeûnes. Même à l'exemple des Solitaires d'Egypte il faisoit des paniers d'ozier, suivant le precepte de l'Apôtre, qui dit : *Que celui*
qui ne travaille point ne doit point manger ; & ainsi
il devint à la fin si attenué qu'à peine sa peau
tenoit à ses os.

1. *Thessal.* 3.

Il entendit une nuit comme des cris de petits
enfans, des plaintes de femmes, des béellemens
de brebis, des mugissemens de bœufs, des rugissemens de lions, le bruit d'une armée, & le son
horrible de plusieurs voix affreuses mêlées ensemble, afin qu'estant épouventé de ce qu'il oyoit,
il se rendit même avant que d'avoir rien vû ;
mais il reconnut aussi-tost que tout cela n'estoit
qu'une illusion du demon, & s'estant jetté à
genoux, il fit le signe de la Croix, s'arma du
bouclier de la foy, & combattit avec d'autant
plus

plus de courage qu'il eſtoit aterré. Cependant ayant eu quelque curioſité de voir ce qu'il avoit horreur d'entendre, il jetta ſoigneuſement les yeux de côté & d'autre, & apperceut tout d'un coup à la lueur de la lune un chariot, dont les chevaux eſtoient enflâmez, qui venoit fondre ſur lui. Alors ayant invoqué JESUS-CHRIST la terre s'ouvrit en ſa preſence, & engloutit toute cette machine ; ce qui l'obligea de dire : *Il a* Exod. 15. *precipité dans la mer le cheval & le cavalier* ; & cet autre paſſage de l'Ecriture : *Ils ſe glorifient en* Pſal. 19. *leurs chariots & en leurs chevaux, mais nous ne nous glorifions qu'au nom du Seigneur.*

En un mot, il a eu tant de tentations, & le diable de jour & de nuit lui a dreſſé tant d'embuſcades differentes, que je paſſerois les bornes d'un juſte voulume ſi je voulois icy les rapporter toutes. Combien de fois pendant qu'il eſtoit couché, de belles femmes toutes nuës ſe ſont-elles preſentées devant lui ? & combien de fois, lors qu'il avoit faim, des feſtins ſomptueux ont-ils paru devant ſes yeux ? Quelquefois eſtant en priere, des loups en hurlant, & des renards en jappant ſautoient par deſſus lui. Et un jour lors qu'il chantoit des Pſeaumes, il vit un combat de gladiateurs, dont un feignant de tomber mort à ſes pieds, le prioit de l'enterrer. Une autre fois s'eſtant mis en priere la teſte contre terre, & par une infirmité naturelle à un homme, ſon eſprit s'eſtant diſtrait, & penſant à une autre choſe, ce vigilant chartier infernal ſauta ſur ſes épaules, & en lui donnant des talons par les côtez, & lui frapant la teſte de ſon foüet, lui crioit : Sus, ſus, cours donc, pourquoi t'endors-tu ? & en cet eſtat s'éclatant de rire, il lui demandoit ſi

le courage lui manquoit, & s'il vouloit qu'il lui
donnaſt de l'orge.

Abregé de toute ſa vie. Depuis l'âge de ſeize ans, juſqu'à celle de
vingt, une petite cabane qu'il fit de jonc, &
de quelques herbes ſemblables, le défendit contre la pluye & le chaud. Enſuite, il bâtit une
cellule que l'on voit encore aujourd'huy, large
de quatre pieds, & haute de cinq, & ainſi plus
baſſe que lui, mais un peu plus longue qu'il ne
falloit pour ſon petit corps ; de ſorte qu'elle ſembloit plûtoſt eſtre un ſepulcre, que la retraite
d'un homme vivant. Il ne coupoit ſes cheveux
qu'une fois l'année, le jour de Paſques. Pendant
toute ſa vie il coucha toûjours ſur la terre, & ſur
un peu de jonc. Il ne lava jamais le ſac dont il
s'eſtoit une fois revêtu, diſant qu'il eſtoit inutile
de chercher la propreté dans le cilice, & ne
changea jamais de tunique que celle qu'il portoit ne fût en pieces. Comme il ſçavoit la ſainte
Ecriture par cœur, après avoir vacqué à l'oraiſon, il recitoit des Pſeaumes tout haut, comme ſi
Dieu euſt eſté preſent. Mais parce qu'il ſeroit
trop long de raconter par ordre le progrés qu'il
fit dans la vertu, je me contenterai de repreſenter au Lecteur toute la vie du Saint renfermée
dans un petit tableau, & puis je reprendrai la
ſuite de ma narration.

Depuis vingt & un an juſques à vingt-ſept, il
ne mangea pendant les trois premieres années
qu'un peu de lentilles trempées dans de l'eau froide, & pendant les trois autres, qu'un peu de pain
avec de l'eau & du ſel. Depuis vingt-ſept juſqu'à
trente il ne vêcut que de quelques herbes ſauvages, & des racines crües de quelques arbriſſeaux.
Depuis trente & un an juſques à trente-cinq, il

ne mangea que six onces de pain d'orge, & quelques legumes cuites sans huile ; mais voyant que sa vûë s'affoiblissoit, & estant tourmenté d'une gratelle qui lui causoit une extréme demangeaison par tout son corps, & en rendoit la peau aussi ▬▬e que la pierre-ponce, il ajoûta de l'huile à ce que je viens de dire, & continua à vivre de la sorte jusques à soixante & trois ans, ne goûtant outre cela ni d'aucun fruit, ni d'aucune legume, ni de chose quelconque. Ensuite se sentant beaucoup affoibly, & ne croyant pas estre fort éloigné de la mort, il se retrancha le pain, & n'en mangea plus depuis soixante & trois ans jusques à quatre-vingt, & sa ferveur estoit si grande qu'il sembloit qu'il ne fist que commencer à servir JESUS-CHRIST, en un âge où les autres diminüent leurs austeritez. On lui faisoit un breuvage avec de la farine, & quelques herbes hachées, & ainsi à peine tout son boire & son manger pesoit cinq onces. Il passa de la sorte le reste de ses jours, ne mangeant jamais qu'aprés que le soleil estoit couché, & ne rompant jamais son jeûne, même les jours de Festes solemnelles, ni dans ses plus grandes maladies.

Cependant il est temps que je reprenne la suite de ma narration. A l'âge de dix-huit ans, lorsqu'il demeuroit encore dans sa petite cabane de jonc, des voleurs le chercherent une nuit, soit qu'ils crussent qu'il eust quelque chose qu'ils pussent lui enlever, ou qu'ils se persuadassent qu'il importast à leur gloire de ne pas souffrir qu'un enfant seul ne craignist point leurs violences. Ils parcoururent donc depuis le soir jusques au lendemain matin toute la contrée qui est en-

Il commence à faire des miracles.

tre la mer & les marests, sans pouvoir trouver le lieu où il passoit la nuit. Mais à la fin l'ayant rencontré lors que le jour estoit déja fort avancé: Que ferois-tu, lui dirent-ils en riant, si des voleurs te venoient chercher? Celui qui n'a rien qu'on puisse lui dérober, répondit-il, ne craint point les voleurs. Mais, repliquerent-ils, ils peuvent te tuer. Ils le peuvent sans doute, leur dit-il, mais pour cela je ne les crains pas davantage, car je suis preparé à la mort. A ces mots, admirant sa resolution & sa foy, ils lui avouèrent leur égarement de la nuit precedente, & lui conterent de quelle maniere leurs yeux avoient esté obscurcis, & lui promirent de vivre mieux à l'avenir.

Il avoit vingt-deux ans en ce temps-là, & n'étoit connu de personne que par sa reputation qui s'estoit répanduë dans toutes les grandes villes de Palestine. Alors une femme d'Eleurtopolis, qui estoit méprisée de son mary, parce qu'elle n'avoit point eu d'enfans depuis quinze ans qu'elle estoit mariée, fut la premiere qui osa l'aborder, & se jettant à ses genoux, comme il ne pensoit à rien moins qu'à cela: Pardonnez, dit-elle, à ma hardiesse, pardonnez au besoin où je suis de vôtre secours. Pourquoi détournez-vous vos yeux de sur moi? Pourquoi fuyez-vous celle qui vous prie? Ne me considerez pas comme une femme, mais comme une mal-heureuse. Mon sexe a enfanté le Sauveur. Ce ne sont pas les sains, mais les malades qui ont besoin du medecin. Il s'arresta à ces paroles, & aprés avoir esté si long-temps sans voir de femmes, il demanda à celle-ci le sujet qui l'amenoit, & la cause de ses pleurs. Cette femme lui ayant tout conté, il leva les yeux vers le Ciel, lui commanda d'avoir bonne esperance ; lors qu'elle s'en alla il la suivit des yeux en pleurant, & au bout d'un an la revit avec un fils que Dieu lui donna.

Ce fut-là le commencement des miracles de saint Hilarion, mais un autre plus grand que celui-cy le rendit encore plus considerable. Aristenette femme d'Elbide, qui fut depuis Grand Maître du Palais de l'Empereur, Dame fort considerable parmy les siens, mais encore davantage parmi les Chrétiens, revenant avec son mary & trois enfans de voir saint Antoine, fut obligée de s'arrêter à Gaza à cause de leur indisposition. Soit que ce fust un effet de la corruption de l'air, ou soit, comme l'evenement le justifia, que Dieu voulust par-là faire éclater la gloire de son serviteur, ils furent saisis d'une fiévre si violente que les medecins desespererent de leur rendre la santé. Cette pauvre mere abatuë de douleur, criant & hurlant couroit au milieu de ses enfans, qui estoient déja comme trois corps morts, ne sçachant lequel des trois elle devoit pleurer le premier. Cependant ayant appris qu'il y avoit un Solitaire dans ce desert qui estoit assez proche, oubliant la pompe & l'équipage avec quoi les personnes de sa qualité avoient accoûtumé de faire voyage, & se souvenant seulement qu'elle estoit mere, elle part accompagnée de quelques servantes & de quelques eunuques, son mary ayant eu beaucoup de peine à la resoudre à monter sur un asne. Estant arrivée vers Hilarion elle parla à lui de la sorte : Je vous conjure par la bonté du Dieu que nous adorons, & par la Croix & le Sang de nôtre Seigneur, de rendre

* Guerit les enfans d'Elbide & d'Aristenette.

E e iij

la fanté à mes enfans, afin que fon nom foit glorifié dans une ville de Payens, & de venir à Gaza, afin que l'Idole de Marnas tombe par terre. Hilarion refufant de lui accorder fa demande, & lui affurant qu'il ne fortiroit jamais de fa cellule, n'ayant pas accoûtumé non-feulement d'aller dans les villes, mais d'entrer même dans les moindres villages, elle fe jetta contre terre s'écriant fans ceffe, Hilarion ferviteur de Dieu, rendez la fanté à mes enfans : confervez en Syrie ceux que faint Antoine a tenus entre fes bras en Egypte. Ceux qui eftoient prefens fondoient en larmes, & lui-même pleuroit auffi, & cependant il n'accordoit rien à cette mere affligée. Neanmoins pour ne rien dire davantage, elle ne voulut point s'en aller qu'il ne lui eût promis qu'il arriveroit à Gaza auffi-toft que le foleil feroit couché. Eftant venu & confiderant l'un après l'autre dans leurs lits, ces trois enfans que l'ardeur de la fiévre brûloit, il invoqua JESUS-CHRIST. Puiffance admirable de ce nom ! on vit foudain & d'une même maniere fortir une fueur de ces trois corps comme de trois fontaines, & en même temps ces malades prenant de la nourriture reconnoiffent leur mere éplorée, & rendant des actions de graces à Dieu baiferent les mains du Saint. Le bruit de ce miracle s'eftant répandu de tous coftez, les peuples d'Egypte & de Syrie accouroient en foule & de toutes parts vers faint Hilarion ; de forte que plufieurs embraffoient la foy de JESUS-CHRIST, & fe faifoient Solitaires ; car il n'y avoit point encore de Monafteres dans la Paleftine, & avant le ferviteur de Dieu on n'avoit point vû de Solitaires en Syrie, il fut le premier qui y établit ce genre de vie, & qui y instruisit ceux qui l'embrasserent. Ainsi comme nôtre Seigneur avoit en Egypte le vieillard Antoine, il avoit dans la Palestine le jeune Hilarion.

Il y a à Rhinocorure ville d'Egypte, une ruë appellée Falada, où il se trouva une femme aveugle depuis dix ans. Les Solitaires qui demeuroient avec Hilarion, car il y en avoit alors plusieurs, la lui amenerent, & elle lui dit qu'elle avoit dépensé tout son bien à se faire traiter par les Medecins. Si vous eussiez distribué aux pauvres, lui répondit le Saint, ce que vous avez perdu en le donnant aux Medecins, JESUS-CHRIST qui est le veritable Medecin vous auroit guerie. A ces mots cette pauvre femme redoublant ses prieres, & le conjurant d'avoir compassion d'elle, il cracha sur ses yeux à l'exemple du Sauveur, & aussi-tost par la même vertu elle recouvra la veuë.

Il rend la veuë à une femme aveugle, guerit des paralytiques, délivre des possedez.

Un cocher de Gaza ayant esté frapé du Demon lors qu'il conduisoit son chariot dans le Cirque, demeura tellement perclus de tous ses membres qu'il ne pouvoit mouvoir la main ni tourner la teste. En cet estat il fut apporté à saint Hilarion dans son lit, n'ayant que la langue libre pour le prier. Le serviteur de Dieu lui ayant dit qu'il ne pouvoit estre gueri, qu'il n'eût auparavant crû en JESUS-CHRIST, & promis de quitter son mêtier, il crût, il promis de faire ce qu'on lui ordonnoit, & il fut gueri, se réjoüissant beaucoup plus d'avoir recouvré la santé de son ame, que celle de son corps.

Un jeune homme du territoire de Jerusalem apellé Marsetas, qui stoit extrémement robuste & satisfait de sa personne, à cause de ses forces,

E e iiij

portoit long-temps & aſſez loin quinze meſures
de bled, & faiſoit conſiſter ſa gloire à ſoûtenir
un fardeau plus peſant que celui qu'un aſne auroit pû porter : Eſtant poſſedé d'un demon tres-
méchant, il briſoit les entraves dont on vouloit
ſe ſervir pour l'arreſter, les gonds mêmes & les
ſerrures des portes. Il avoit coupé de ſes dens le
nez & les oreilles à pluſieurs perſonnes, caſſé
les jambes aux uns & les machoires aux autres,
& jetté une terreur ſi grande dans l'eſprit de tout
le monde, qu'on le traîna au Monaſtere chargé
de chaînes à force de bras, & avec de groſſes
cordes, comme l'on auroit fait quelque taureau
tres-furieux. Les Freres l'ayant conſideré furent
ſaiſis d'une extrême apprehenſion, car il eſtoit
d'une prodigieuſe grandeur, & eſtant venu apprendre cette nouvelle à leur pere, il commanda,
aſſis comme il eſtoit, qu'on le lui amenât, &
qu'on le déliât ; ce qui ayant eſté fait il lui dit :
Baiſſe la teſte & viens icy. Alors ce miſerable
commença à trembler, & baiſſant la teſte ſans
oſer regarder qui que ce fuſt, vint lécher les pieds
du Saint, avec autant de tranquillité qu'il eſtoit
furieux auparavant ; & le demon dont il eſtoit
poſſedé ayant eſté chaſſé de cette maniere, il s'en
rétourna le ſeptiéme jour.

Je ne puis non plus paſſer ſous ſilence l'avanture d'Orion. Cet homme qui eſtoit le premier &
le plus riche de la ville d'Ayla, aſſiſe ſur la mer
rouge, eſtant poſſedé d'une legion de demons,
fut amené à S. Hilarion. Ses mains, ſon cou, ſes
côtez, & ſes pieds eſtoient chargez de chaînes,
& l'on jugeoit par l'égarement & les menaces de
ſes yeux de la violence de la fureur dont il eſtoit
agité. Le Saint ſe promenoit alors avec quel-

ques-uns de ses Freres, à qui il expliquoit quelque chose de l'Ecriture sainte, & Orion s'estant
échapé des mains de ceux qui le conduisoient,
vint à lui, & l'embrassant par derriere, l'enleva
bien haut en l'air. Chacun aussi-tost jetta un grand
cry, car on apprehendoit qu'il ne brisast ce corps
que l'âpreté des jeûnes avoit rendu si foible.
Mais le serviteur de Dieu dit qu'on le laissast
faire, & qu'on lui abandonnast celui avec qui
il devoit lutter. Ayant ensuite tourné sa main sur
son épaule, & touché la teste de ce malheureux,
il le prit par les cheveux, & l'amena à ses pieds,
puis lui serrant les mains l'une contre l'autre, &
avec ses deux pieds marchant sur les siens, &
redoublant encore, il dit : Troupe de demons,
soyez tourmentée, soyez tourmentée. Orion faisant alors de grands cris, & touchant la terre du
derriere de sa teste renversée contre mont, il dit :
O Jesus, mon Seigneur, délivrez un miserable,
tirez-le de cet esclavage ; vous pouvez vaincre,
non-seulement un demon, mais plusieurs. Ce
que je vas dire est une chose inouïe, on entendoit sortir de la bouche d'un seul homme diverses voix, & comme un cry confus de tout un
peuple. Celui-cy ayant donc esté gueri comme
les autres, revint quelque-temps après au Monastere avec sa femme & ses enfans, y apportant
plusieurs presens pour témoigner la reconnoissance qu'il avoit de la grace qu'il avoit receuë.
Mais Hilarion les refusant, parla à lui de la sorte : N'avez-vous pas lû de quelle maniere Giezi
& Simon ont esté châtiez, l'un pour avoir pris
de l'argent, & l'autre pour en avoir offert ? l'un
pour avoir voulu vendre les Dons du Saint Esprit, & l'autre pour avoir voulu les acheter ?

Orion fondant en larmes, le pria de prendre ce
qu'il lui offroit, & de le donner aux pauvres.
Vous pouvez mieux disposer de vôtre bien que
moi, lui répondit ce Serviteur de Dieu, puisqu'allant dans les villes vous connoissez ceux
qui en ont besoin. Après avoir abandonné le
mien, pourquoi desirerois-je celui des autres ?
Le nom de pauvre sert de pretexte à l'avarice
de plusieurs personnes ; & vous sçavez que la
veritable charité ne connoist point les artifices.
D'ailleurs on ne distribuë jamais mieux son bien
aux pauvres que lors qu'on ne s'en reserve rien
pour soi-même. A quoi il ajoûta, voyant que
cette réponse causoit un extrême déplaisir à
Orion qui estoit prosterné contre terre ; Ne
vous affligez point, mon fils, ce que je fais en
cette occasion est autant pour vos interests que
pour les miens : car si je recevois ce que vous me
presentez j'offenserois Dieu, & la legion de Demons dont je vous ay delivré retourneroit dans
vôtre corps.

Mais qui pourroit passer sous silence ce qui
arriva à un nommé Gazane Masumitain. Cet
homme coupant sur le rivage de la mer des
pierres pour bâtir, devint paralytique de tout
son corps, & ceux qui travailloient avec lui
l'ayant apporté au Saint, il le renvoya aussi-tost
travailler aussi sain que s'il n'eust jamais esté malade. Cette coste qui s'étend depuis la Palestine
jusques en Egypte, est naturellement douce ;
mais elle se durcit peu à peu, le sable se conver-
tissant insensiblement en pierre, & s'unissant
ensemble ; & ainsi elle devient difficile à tailler,
quoi qu'elle conserve encore une apparence de
gravier.

Italicus qui eſtoit Chrêtien, & du même Bourg, nourriſſoit des chevaux qui devoient courir au Cirque, contre ceux d'un Magiſtrat de Gaza, fort affectionné à l'Idole de Marnas. Car c'eſtoit une coûtume qui s'obſervoit encore dans toutes les villes de l'Empire Romain depuis Romulus, qui pour l'heureux ſuccés du raviſſement des Sabines, ordonna que des chariots tirez par quatre chevaux feroient ſept tours en l'honneur de Conſus, qu'il mit au nombre de ſes Divinitez, ſous le nom de Dieu des conſeils ; & c'eſtoit eſtre victorieux dans cette courſe que de devancer les chevaux des autres. Italicus voyant que ſon Antagoniſte ſe ſervoit d'enchantemens, & invoquoit les demons pour empêcher ſes chevaux de marcher, & pour redoubler la vîteſſe des ſiens, vint trouver ſaint Hilarion pour le prier, non pas de nuire à ſon adverſaire, mais de faire en ſorte qu'il ne lui nuiſiſt. Ce venerable vieillard crut d'abord qu'il eſtoit inutile d'employer en vain des prieres pour faire reüſſir de ſemblables niaiſeries, & demanda à l'autre pourquoi il ne vendoit pas plûtoſt ſes chevaux, & n'en donnoit pas l'argent aux pauvres pour le ſalut de ſon ame ? Italicus lui répondit que c'eſtoit une fonction publique, de laquelle il s'acquittoit plûtoſt, parce qu'il eſtoit obligé de le faire, que par aucun mouvement de ſa volonté, & que d'ailleurs eſtant deffendu à un Chrêtien de ſe ſervir d'enchantemens, il venoit demander du ſecours à un ſerviteur de JESUS-CHRIST, principalement contre ceux de Gaza, qui eſtoient ennemis de Dieu, & dont la victoire, ſuppoſé qu'il fuſt vaincu, ne le regardoit pas tant que l'Egliſe de JESUS-CHRIST. Le Saint ayant entendu ce diſ-

Italicus demeure victorieux au Cirque par l'aſſiſtance de S. Hilarion.

cours demanda à ses Freres qui estoient presens:
un pot de terre dans lequel il avoit accoûtumé
de boire, & l'ayant fait emplir d'eau, il le donna
à Italicus qui en arrosa l'écurie, les chevaux, le
cocher, le chariot, & les barrieres du Cirque.
Cependant le peuple attendoit avec une impatience extraordinaire ce qui devoit arriver ; car
son adversaire se mocquant de cela l'avoit publié par tout, & au contraire les partisans d'Italicus se réjoüissoient déja dans la creance où ils
estoient d'une victoire assurée. Le signal estant
donné, les chevaux d'Italicus sembloient avoir
des aîles, & ceux de l'autre des entraves aux
pieds, les roües du chariot traîné par ceux-cy
paroissoient toutes enflâmées, & à peine les autres pouvoient voir le dos de leurs concur-
rens qui voloient devant eux. Alors tous le
peuple jetta de grands cris, & les Idolâtres mêmes avoüerent que Jesus-Christ avoit vaincu
Marnas ; mais frémissant de rage ils soûtinrent
qu'Hilarion estoit le Magicien des Chrêtiens, &
demanderent qu'on en fist justice. La nouuelle
de ce miracle s'estant répanduë par tout, fut
cause que plusieurs de ceux qui en furent témoins,
& de ceux qui estoient employez au Cirque embrasserent la foy.

Un jeune homme du même Bourg, où se fait
une partie du trafic de Gaza, estant devenu éper-
duëment amoureux d'une fille consacrée à Dieu,
se servit pour la seduire de toutes les cajolleries
& de tous les témoignages de passion que l'on
employe en ces occasions, & qui sont le commencement de la ruïne de la chasteté. Mais tout
cela lui ayant esté inutile, il s'en alla à Memphis,
afin qu'ayant découvert sa blessure, il revinst armé

d'enchantemens attaquer la vertu de cette vierge. S'y estant donc fait instruire pendant une
année entiere par les Prêtres d'Esculape qui guerissent moins une ame qu'ils n'achevent de la
perdre, il en partit dans l'esperance de commettre le crime dont il avoit l'esprit rempli, & enterra sous le seüil de la porte de cette fille une
lame de cuivre de Cypre, dans laquelle estoient
gravées des conjurations violentes & quelques
paroles monstrueuses. Cette vierge perdit incontinent le jugement, & ayant jetté le voile qu'elle portoit sur sa teste, elle commença à
grincer les dents, & à appeller par son nom
celui qui l'avoit reduitte en cet estat ; car son
amour s'estoit changé en fureur. Ses parens
l'ayant amenée au Monastere, & mise entre les
mains de saint Hilarion, le demon se mit à
hurler, & à confesser toutes choses : On m'a
fait violence, s'écria-t'il, & c'est contre mon gré
que je suis venu icy : O que je trompois bien les
hommes à Memphis par des réveries ! ô quelle
croix, ô quels tourmens je souffre à cette heure !
Tu me veux obliger de sortir du corps de cette
fille, mais j'y suis attaché par une lame de cuivre
& une trame de fil qui sont enterrées sous sa
porte, & je n'en sortirai point que le jeune homme qui m'a ainsi attaché ne me détache. Ta
puissance est sans doute fort considerable, lui repartit Hilarion, puisque tu te laisses enchaîner
de cette maniere par une tresse de fil, & arrester
par une lame de cuivre. Dis-moi, pourquoi as-
tu eu la temerité d'entrer dans le corps d'une
vierge consacrée à Dieu ? Afin, repliqua-t'il de
conserver sa virginité. De conserver sa virginité,
répondit le Saint, toi qui livres la chasteté à ses

ennemis ? que n'obſedois-tu plûtoſt celui qui t'a
envoyé ? Pourquoi l'aurois-je fait, dit-il, puis
qu'il eſtoit déja poſſedé par un autre demon de
l'amour, qui eſt un de mes compagnons. Saint
Hilarion ne voulut pas qu'on cherchât la lame de
cuivre & la treſſe de fil qu'il n'eût délivré cette
fille, de peur qu'il ne ſemblât que le demon ſe
fût retiré par un effet de la diſſolution de ſes enchantemens, ou qu'on ne crût qu'un ſerviteur de
Dieu eût ajoûté foy aux paroles de cet eſprit infernal ; car le ſaint vieillard aſſuroit que les demons ſont trompeurs, & tres-ingenieux à inventer des choſes fauſſes. Le Saint ayant ainſi gueri
cette fille, il la reprit de ce que par ſes actions &
par ſa conduite elle avoit donné lieu au demon
de l'obſeder.

La reputation de nôtre Saint ne s'eſtoit pas ré-
pandue ſeulement dans la Paleſtine & dans les
villes d'Egypte & de Syrie, mais encore dans les
contrées les plus éloignées ; de ſorte qu'un des
Officiers de l'Empereur Conſtance, qui faiſoit aſſez connoiſtre par ſes cheveux dorez & par la
blancheur de ſon teint de quel païs il eſtoit ; (car
il y a entre les Saxons & les Allemans, une Nation qui occupe moins de terre qu'elle n'eſt puiſſante, & eſt apellée par les Hiſtoriens Germanie,
& porte aujourd'huy le nom de France ;) eſtant
obſedé du demon depuis long-temps, & même
dés ſon enfance, hurloit toutes les nuits, gemiſ-
ſoit & grinçoit les dens, demanda en particulier
à l'Empereur à qui il avoüa la choſe naïvement,
congé de faire un voyage en Paleſtine. L'Empereur lui ayant fait expedier des Lettres de recommandation, adreſſantes au Gouverneur de
cette Province, il fut conduit à Gaza avec beau-

Il délivre un Officier de la garde de l'Empereur qui eſtoit poſſedé du demon.

coup de fuite & bien accompagné. Là ayant demandé aux Magiftrats de la ville où demeuroit
le Solitaire Hilarion, les habitans furent faifis
d'aprehenfion, & croyant qu'il venoit de la part
de l'Empereur, le conduifirent jufqu'au Monaftere, tant pour faire honneur à une perfonne recommandée par l'Empereur, que pour effacer
par ce moyen le reffentiment que le Saint pouvoit avoir conçeu des injures qu'ils lui avoient
faites. Le Saint fe promenoit alors fur le fable
du rivage, & marmotoit en lui-même quelque
chofe des Pfeaumes. Voyant cette grande troupe
venir à lui il s'arrefta, & ayant rendu le falut à
tout le monde, il leur donna fa benediction, &
une heure aprés leur commanda de s'en retourner, ne retenant auprés de lui que le François &
fes Officiers; car il avoit connu à fes yeux & à
fon vifage le fujet de fa venuë.

Dés que le Saint commença à l'interroger il
parut comme élevé de terre, y touchant à peine
du bout des pieds, & mugit effroyablement, il
répondit en Syriaque, langue en laquelle il avoit
efté interrogé; de forte que l'on voyoit un barbare qui ne fçavoit que le Latin & le François, parler fi purement Syriaque, qu'il ne manquoit pas
à ce qu'il difoit le moindre accent, le moindre
fifflement, ni le moindre idiôme de cette Langue. Ainfi cet efprit impur confeffa par quel ordre il eftoit entré dans le corps de cet homme;
& afin que fes truchemens, qui n'entendoient
que le Grec & le Latin, fçeuffent auffi ce qu'il
difoit, le Saint l'interrogea en Grec; le demon
répondit en Grec, & alleguant pour excufes divers effets de la magie qui l'avoient obligé d'ob-
feder ce mal-heureux, le Saint lui répondit qu'il

n'eſtoit pas en peine de ſçavoir par quel pouvoir, ni de quelle maniere il l'avoit fait, mais qu'il lui commandoit au nom de Nôtre Seigneur Jesus-Christ de le quiter. Le Diable lui ayant obey, cet homme par une groſſiere ſimplicité preſenta dix livres d'or à Hilarion, mais au lieu de les accepter, le ſerviteur de Dieu lui donna un pain d'orge, lui diſant que ceux qui ne vivoient que d'un pain ſemblable, ne faiſoient non plus de cas de l'or que ſi c'eût eſté de la fange.

Il fait ſortir le demon du corps d'un chameau prodigieux.

Ce ſeroit peu de choſe de ne parler que des hommes ; on lui amenoit auſſi tous les jours quantité d'animaux furieux, parmi leſquels ſe trouva un chameau d'une grandeur prodigieuſe, qui aprés avoir tué pluſieurs perſonnes fut traîné vers lui par plus de trente hommes avec de groſſes cordes ; ſes yeux eſtoient de couleur de ſang, il avoit la bouche pleine d'écume, ſa langue enflée eſtoit dans un mouvement continuel, & ce qui donnoit plus d'effroy, il faiſoit retentir l'air de rugiſſemens épouvantables. Hilarion aiant commandé qu'on le déliât, lors qu'il le fut, ceux qui l'avoient amené s'enfuirent tous ſans en excepter un ſeul ; ainſi ſans eſtre accompagné de perſonne ce venerable vieillard alla au devant de lui, & dit en langue Syriaque : Tu ne m'épouvantes pas, ô demon, par une ſi grande maſſe de corps ; que tu ſois dans le corps d'un renard, ou dans celui d'un chameau, tu es toûjours le même. Aprés avoir parlé de la ſorte, il s'arreſta, & étendit la main ; cette beſte qui venoit toute furieuſe, & comme ſi elle eût voulu le devorer, tomba auſſi-toſt qu'elle fut arrivée auprés de lui, & baiſſant la teſte la tint contre terre. Alors ceux qui eſtoient preſens la voyant en cet eſtat, ne pouvoient
voient

voient assez admirer qu'une si grande furie se fût
changée en si peu de temps en une si grande douceur : Surquoi le serviteur de Dieu leur aprit que
le Diable se mettoit aussi en possession des animaux à cause des hommes, la haine qu'il leur
portoit estant si grande, que non seulement il
les voudroit tüer, s'il le pouvoit, mais encore
tout ce qui a esté creé pour leur rendre service.
Il leur confirma cette verité par l'exemple de
Job, qu'il n'eut le pouvoir de tenter qu'aprés *Job. 1.*
qu'il eut fait mourir tout ce qui estoit à lui.
D'ailleurs, qu'on ne devoit pas s'étonner que
Nôtre Seigneur eût permis aux Diables d'avoir
fait noyer deux mille pourceaux, puisque ceux *Luc. 8.*
qui en avoient esté témoins n'eussent jamais
crû qu'il eût pû sortir du corps d'un seul homme
une si grande multitude de Demons, s'ils n'eussent vû un si grand nombre d'animaux comme
poussez par plusieurs personnes se précipiter eux-
mêmes.

Je serois trop long-temps à raporter tous les
miracles que saint Hilarion a faits. Nôtre Seigneur l'avoit élevé à un si haut point de gloire,
que saint Antoine aprenant la vie qu'il menoit
lui écrivoit, & recevoit avec joie de ses lettres.
Même si quelques malades de Syrie le venoient
trouver pour estre gueris, il leur demandoit
pourquoi ils se donnoient tant de peine à venir
de si loin, puis qu'ils avoient auprés d'eux son
fils Hilarion. Ainsi à son exemple on commença
à bastir une infinité de Monasteres par toute la
Palestine, & des Solitaires en foule acoururent
à lui de toutes parts. Ce que voiant il rendoit
des loüanges à Dieu de tant de graces, & les exhortoit à s'avancer dans la perfection, leur di-

F f

fant que la figure de ce monde paffe, & que celle-là feule eft la veritable vie, qui s'achette par les peines & les souffrances qu'on endure en ce monde. Voulant auffi par fon exemple leur apren- dre à pratiquer l'humilité, & à s'acquiter de leur devoir, il vifitoit à de certains jours avant les vendanges les cellules de tous les Solitaires : Ce qui eftant fceu par les Freres, ils fe ren- doient tous à l'envy auprés de lui, & fous la conduite d'un fi grand Capitaine alloient de Monaftere en Monaftere, portant avec eux de- quoi vivre, car ils fe trouvoient quelquefois jufqu'à deux mille : Mais dans la fuite les vil- lages voifins des Monafteres eftant ravis de joye d'eftre vifitez par ces Saints, leur offrirent de quoi manger.

* Saint Hila- rion conver- tit à la foy toute une pe- tite ville de Payens.

On ne peut donner une plus forte preuve du foin qu'il prenoit de vifiter tous les Solitaires, jufqu'aux plus méprifables, que ce qu'il alla avec cette grande troupe dont il eftoit fuivy jufqu'au defert de Cades pour en voir un feul. Et il arriva juftement à une petite ville nommée Eleufa, le jour que tout le peuple y eftoit affemblé dans le temple pour celebrer la fefte de Venus que l'on y folemnifoit tous les ans ; (car on y re- veroit cette Déeffe à caufe de Lucifer, dont les Sarafins font particulierement adonnez au cul- te.) Les habitans aiant apris qu'Hilarion paf- foit, car ils le connoiffoient à caufe qu'il avoit délivré plufieurs Sarafins poffedez du Demon ; vinrent en troupes au devant de lui avec leurs femmes & leurs enfans, baiffant la tefte & criant, *Bars*, qui veut dire en Syriaque, be- niffez-nous. Le Saint les receut avec beaucoup de douceur & d'humilité, les conjurant d'ado-

ver plûtoft Dieu que des pierres, & fondant
en larmes & jettant les yeux vers le Ciel leur
promit de venir souvent les visiter s'ils vouloient croire en JESUS-CHRIST. Admirable
effet de la grace de Nôtre Seigneur! Il ne voulurent pas le laisser partir qu'il ne leur eût tra-
cé la place d'une Eglise, & que leur Prêtre,
tout couronné qu'il estoit, n'eût esté marqué
du caractere de JESUS-CHRIST.

Une autre année se preparant à aller faire la
visite des Monasteres, & écrivant un memoire
de ceux chez qui il avoit dessein de s'arrêter, &
de ceux qu'il ne vouloit voir qu'en passant : ses
Freres sçachant qu'il y avoit un Solitaire un peu
avare, & desirant qu'on remediât à son peché,
ils prierent leur pere de demeurer chez lui. Pourquoi, leur demanda-t'il, voulez-vous que je
fasse une injure à vous & à lui ? Le Frere avare
aiant sceu ce qui s'estoit passé en eut une extrême confusion; car à peine, avec les prieres de
tous les autres Solitaires, put-il obtenir d'Hilarion que sa cellule fût mise au nombre de celles
où le serviteur de Dieu avoit dessein de s'arrester.
Dix jours aprés ils y arriverent; mais ils furent
repoussez de la vigne de ce Solitaire par des gardes qu'il y avoit fait cacher de toutes parts,& qui
les en chasserent à coups de pierres & de mottes
de terre ; de sorte qu'ils partirent le lendemain
matin sans avoir mangé une seule grape de raisin,
le saint vieillard ne faisant que rire de tout cela,
& feignant d'ignorer ce qui estoit arrivé.

En suite aiant esté receûs un jour de Dimanche
par un autre Solitaire apellé Sabas, (car je ne dois
pas taire le nom du liberal comme celui de l'avare,) il les invita tous à entrer dans sa vigne, afin

qu'aiant mangé du raifin avant l'heure du repas,
ils puffent plus facilement fuporter les fatigues
du chemin. Surquoi le Saint dit , Malheur à celui qui donne plûtoft nourriture à fon corps
qu'à fon ame. Prions , chantons des Pfeaumes ,
& rendons à Dieu ce que nous lui devons, &
puis vous entrerez dans la vigne. Cela aiant efté,
executé le Saint monta fur une éminence , benit
la vigne , & y envoia paiftre fes brebis. Ils n'é-
toient pas moins de trois mille qui fe raffafierent
de rafin. Et cette vigne qui ne pouvoit pas rendre plus de cent mefures de vin, fuivant l'eftima-
tion qui en avoit efté faite avant qu'ils y fuffent
entrez , en rendit trois cens, vingt jours aprés.
Le Frere avare au contraire en receüillit beaucoup moins qu'il n'avoit accoutumé, encore fe
tourna-t'il en vinaigre : ce qui l'obligea à fe re-
pentir de fa faute ; mais ce fut trop tard. Et tout
cela fut predit par Hilarion à quelques-uns de
fes Freres avant qu'il arrivât.

Il avoit particulierement en horreur les Solitaires, qui par une efpece d'infidelité mettoient
quelque chofe en referve pour l'avenir , & qui
avoient trop de foin de leur depenfe, de leurs
habits, ou de quelqu'une de ces autres chofes
qui paffent avec le fiecle. Ainfi il ne put fouffrir d'eftre vû par un certain frere , qui ne demeuroit qu'à cinq milles de lui , parce qu'il
s'eftoit aperceu qu'il confervoit avec trop de
foin ce qui eftoit dans fon petit jardin , & qu'il
avoit quelque peu d'argent. Voulant donc fe reconcilier avec le Saint il venoit fort fouvent avec
les autres Freres , & voiant particulierement
Hefychius , qui eftoit celui de tous avec qui
Hilarion fe plût davantage , & lui aporta une

botte de poix chiches encore tout verds. Hely-
chius les ayant servis le soir sur la table , le
vieillard s'écria qu'il ne pouvoit souffrir leur
puanteur , & demanda d'où ils venoient. Hesychius lui ayant répondu que c'estoient les
premices du jardin d'un des Freres , qui les
avoit aportez. Ne sentez-vous pas , repartit le
Saint , cette effroyable puanteur , & combien
ces pois sentent l'avarice ? Envoyez-les aux
bœufs, envoyez-les à d'autres animaux, & voyez
s'ils en mangeront. Hesychius ayant obei, &
les ayant portez dans l'estable, les bœufs commencerent à mugir extraordinairement, & rompant les cordes dont ils estoient attachez, à
fuïr d'un côté & d'un autre ; car le serviteur
de Dieu avoit le don de connoistre par l'odeur
des corps, des habits, & des autres choses aus-
quelles on avoit touché, à quel demon, ou à
quel vice on estoit assujetti.

A l'âge de soixante & trois ans, considerant la
grandeur de son Monastere, & la quantité des
Freres qui demeuroient avec lui , & voyant que
le nombre de ceux qui lui amenoient des personnes obsedées de demons, ou travaillées de differentes maladies , estoit si grand , que les environs
de sa solitude estoient remplis de toutes sortes
de gens , il pleuroit amerement tous les jours ,
regretant son anciene maniere de vivre. Ses Freres luy ayant demandé ce qu'il avoit, & pourquoy
la douleur l'abatoit de la sorte : Je suis rentré
dans le siecle, leur répondit-il, & j'ai receu ma
recompense en cette vie. Voilà que toute la Palestine, & les Provinces voisines me regardent
comme si j'estois quelque chose, & sous le pretexte du Monastere, & de pourvoir aux necessi-

Il regrete son ancienne solitude.

F f iiij

tez des Freres, je suis obligé d'avoir quelque chose. Tous ses Disciples l'observoient, & particulierement Hesychius qui portoit un amour incroyable à ce venerable vieillard.

La mort de
S. Antoi e
luy est reve-
lée,

Ayant pleuré de la sorte pendant deux années
entieres, Aristenette, dont nous avons déja parlé, femme du Grand-Maître, mais qui n'avoit
rien de sa pompe, ni de sa grandeur, le vint trouver dans le dessein de visiter ensuite saint Antoine. Je vous accompagnerois, lui dit-il, volontiers en ce voyage, si je n'estois pas obligé de demeurer dans ce Monastere, & qu'il pût vous
estre utile à quelque chose ; mais il y a aujour-
d'huy deux jours que le monde est privé d'un si
bon pere. Cette Dame le crut, & ne passa point
outre, & peu de temps aprés il apprit par un
Messager la mort de saint Antoine.

Que les uns admirent les miracles qu'il a faits,
d'autres l'âpreté de ses jeûnes, & de ses abstinences ; sa science, ou son humilité. Pour moi,
rien ne me surprend davantage que le mépris qu'il
faisoit des honneurs & de la gloire. On voyoit
accourir à lui de tous costez des Evêques, des
Prêtres, & des troupes d'Ecclesiastiques, & de
Solitaires. On y voyoit accourir des principales
Dames d'entre les Chrêtiens, ce qui est d'ordinaire un grand sujet de tentation, & non seulement du simple peuple des villes & de la campagne, mais aussi des hommes tres-considera-
bles, & des Magistrats, afin de recevoir de lui
du pain beni, ou de l'huile benite ; cependant
parmi tout cela, il n'avoit autre pensée que la
solitude. Ce fut ce qui le porta un jour à former
le dessein de s'en aller, & ayant fait amener son
asne, car les jeûnes l'avoient tellement affoibli

qu'il ne pouvoit plus marcher, il vouloit à toute force executer sa resolution. Ce bruit s'estant
répandu, comme si son éloignement eust esté un
presage de la desolation & de la ruïne de la Palestine ; il s'assembla plus de dix mille personnes,
d'âges & de sexes differens pour le retenir. Lui,
au contraire, demeurant inflexible à leurs prieres, & frapant le sable de son bâton, disoit : Je
n'ai garde de m'imaginer que mon Dieu soit un
trompeur. Je ne puis voir ses Eglises ruïnées, ses
Autels foulez aux pieds, ni le sang de ses enfans
répandu. Tous ceux qui estoient presens crurent
aussi-tost qu'il lui avoit esté revelé quelque chose qu'il ne vouloit point declarer ; & neanmoins
ils empêchoient toûjours qu'il ne s'en allast. Sur
quoi il resolut & protesta à haute voix de ne boire ni ne manger chose quelconque jusques à ce
qu'on le laissast aller. Enfin le septiéme jour ils
lui donnerent la liberté de faire ce qu'il voudroit,
à cause de l'extréme foiblesse où ils le voyoient
reduit.

Ainsi disant adieu à plusieurs, & une multitude infinie le suivant encore, il vint à Bethel. Là
il persuada à toutes ces troupes de s'en retourner, & retint seulement avec lui quarante Freres qui portoient de quoi se nourrir pendant le
voyage, & qui estoient assez robustes pour jeûner en marchant ; c'est à dire pour ne point manger qu'après que le Soleil estoit couché. Le
cinquiéme jour il vint à Peluse, où ayant visité
des Solitaires qui demeuroient dans un desert
voisin, & dans un lieu reculé, apellé Lychnos,
il arriva trois jours après à Thebate pour y voir
Dragonce Evêque & Confesseur, qui y estoit en
exil. L'arrivée d'un si grand homme ayant don-

Il quitte son Monastere.

F f iiij

né une merveilleuse consolation à ce Prélat, il arriva à trois autres jours delà, avec un extrême travail, à Babylone pour y voir aussi Philon Evêque & Confesseur ; car l'Empereur Constance favorisant le party des Ariens, les avoit releguez l'un & l'autre en ces lieux. Estant sorty de Babylone il arriva deux jours aprés à une ville appellée Aphrodite. Là ayant envoyé querir le Diacre Baïsane, qui, à cause de l'eau qui manque dans le desert, avoit accoûtumé de conduire sur des chameaux & dromadaires de loüage ceux qui alloient trouver saint Antoine, il declara à ses disciples que le jour que ce Saint estoit mort s'aprochoit, & qu'il vouloit le celebrer au même lieu où le Saint avoit rendu l'esprit, y passant la nuit entiere en prieres ; de sorte qu'ayant traversé en trois jours cette vaste & horrible solitude, ils arriverent enfin sur une montagne tres-élevée, où ils rencontrerent deux Solitaires, Isaac & Pelusien, dont le premier avoit servi de truchement à saint Antoine.

Description de la demeure de S. Antoine.

Puisque l'occasion s'en offre, & que j'en suis venu là, il est juste que je décrive en peu de mots la demeure de ce grand personnage. On voit une montagne pierreuse & fort élevée, ayant environ mille pas de circuit, de laquelle descendent des eaux dont le sable boit une partie, & le reste tombant plus bas forme un petit ruisseau. L'un & l'autre de ses bords sont couverts d'une infinité de palmiers, qui ne contribuent pas peu à la commodité & à la beauté du lieu. Vous eussiez vû Hilarion courir deçà & delà avec les disciples de saint Antoine qui l'entretenoient. Là, lui disoient-ils, il avoit accoûtumé de chanter des Pseaumes ; icy de prier ; en ce lieu là il travailloit

; d'ordinaire, en celui-ci il se reposoit quand il estoit las ; il a planté lui-même ces vignes & ces arbrisseaux ; il a dressé lui-même cette aire ; il a lui-même, & de ses propres mains fait, & avec beaucoup de peine, ce reservoir pour arroser ce petit jardin ; il a labouré plusieurs années la terre avec cette besche. Le Saint se couchoit sur son petit lit & le baisoit comme si Antoine n'eût fait que de le quiter. Sa cellule en quarré ne contenoit pas plus d'espace qu'il en faut à un homme pour s'étendre en dormant. Il y avoit encore au sommet de la montagne, où l'on ne montoit qu'avec beaucoup de peine & en tournant alentour par un chemin fait en forme de coquille de limaçon, deux autres cellules de même grandeur, où le Saint se retiroit pour éviter la foule de ceux qui venoient vers lui, & la communication de ses Disciples : mais comme elles estoient taillées dans le roc, on y avoit seulement mis deux portes. Lors qu'ils furent venus au petit jardin : Vous voyez, dit Isaac, ce petit jardin planté d'arbres & plein de legumes ; il y a environ trois ans qu'une troupe d'asnes sauvages le ravagerent, il commanda à un de ceux qui marchoit à la teste des autres de s'arrester, & lui donnant de son bâton par le flanc, lui demanda pourquoi il mangeoit ce qu'il n'avoit point semé. Depuis ce temps-là ces animaux se sont contentez de venir boire, & n'ont jamais touché à aucun arbrisseau ni à aucuns herbages. Hilarion les pria aussi de lui montrer le lieu où le Saint estoit enterré ; sur quoi l'ayant tiré à l'écart, on ne sçait s'ils le lui montrerent, ou non. Ils disoient qu'Antoine avoit ordonné qu'on le tinst secret, de peur qu'un homme tres-riche qui demeuroit en ces quartiers-là, appellé Pergame, n'enlevaſt ſon corps pour le faire porter chez lui, & ne lui baſtit une Chapelle.

Il ſe retire au deſert d'Aphrodite.

Eſtant retourné à Aphrodite, il ſe retira avec deux de ſes Freres, qu'il retint ſeulement avec lui, dans un deſert qui eſt proche delà, où il vécut avec tant d'abſtinence, & dans un ſilence ſi grand, qu'il diſoit que ce n'eſtoit que là qu'il avoit commencé à ſervir JESUS-CHRIST. Il y avoit trois ans qu'il n'avoit plû en ce païs-là, & la terre en eſtoit extrémement brûlée & ſeche ; de ſorte que les habitans diſoient communement que les élemens même pleuroient la mort de ſaint Antoine. Or la reputation d'Hilarion s'y eſtant auſſi répanduë, quantité de perſonnes de l'un & de l'autre ſexe, le viſage livide & attenué de faim vinrent à l'envie vers lui pour lui demander de la pluye, comme eſtant ſerviteur de JESUS-CHRIST, c'eſt à dire le ſucceſſeur de ſaint Antoine. Il eut une douleur ſenſible, les voyant en cet eſtat, & ayant levé les yeux & les mains vers le Ciel, il en obtint à l'heure même l'effet de ſa priere.

Cette terre ſablonneuſe & alterée eſtant abreuvée de cette pluye, produiſit auſſi-toſt une grande quantité de ſerpens & de beſtes ſi venimeuſes, qu'une infinité de perſonnes en eſtant morduës fuſſent mortes ſur le champ, ſi elles ne fuſſent accouruës vers Hilarion, & mettant ſur leurs playes de l'huile benite qu'il leur donnoit, elles recouvroient aſſurément la ſanté.

Il va à Alexandrie.

Mais conſiderant qu'on lui rendoit en ce lieu des honneurs extraordinaires, ainſi qu'en tous les autres, il s'en alla à Alexandrie dans le deſſein de paſſer dans le deſert le plus reculé de nous, apellé

Oasis. Et comme depuis qu'il estoit Solitaire il ne
s'estoit jamais arresté dans aucune ville, il s'écarta, & fut en un lieu apellé Bruchion, peu distant
d'Alexandrie, chez quelques Freres de sa connoissance. Il y fut receu avec une joye extraordinaire ; mais ils furent surpris de voir que ses Disciples preparoient son asne, & qu'il se disposoit à
partir, quoi que la nuit fût proche. Ils le jetterent à ses pieds, le priant de n'en pas user de la
sorte, & se prosternant contre le seüil de la porte,
ils protesterent qu'ils mourroient plûtost que permettre qu'ils fussent ainsi privez d'un tel hoste.
Je ne me presse de partir, leur répondit-il, que
pour empêcher que vous ne receviez quelque déplaisir, & la suite vous aprendra que ce n'est
pas sans raison que mon départ est si prompt.
Le lendemain matin des Magistrats de Gaza
ayant apris le jour precedent son arrivée en ce
Convent, l'y vinrent chercher avec des archers,
mais ne l'y ayant point trouvé, ils se disoient l'un
à l'autre : Ce qu'on nous a rapporté est tres-veritable, il est Magicien & connoît l'avenir. Car
aprés qu'Hilarion fut sorti de Palestine, & que
Julien eut succedé à l'Empire, ceux de Gaza ruïnerent le Monastere du Saint, & firent tant par
leurs prieres qu'ils obtinrent de l'Empereur qu'on
le feroit mourir, & son Disciple Hesychius avec
lui. De sorte qu'on avoit délivré des commissions
pour les faire chercher l'un & l'autre en quelque
lieu du monde qu'ils fussent.

Estant sorty de Brochion, il traversa un desert
effroyable pour aller à Oasis, où il demeura environ un an. Mais le bruit de son nom s'y estant
aussi répandu, comme si l'Orient entier n'eût
pû lui fournir une retraite propre à se cacher,

pluſieurs l'y connoiſſant de reputation, & même de viſage, il eſtoit dans le deſſein de paſſer en des Iſles, afin de demeûrer caché dans la mer, aprés avoir eſté découvert par toute la terre.

Il va en Ly-
bie.

Environ ce temps-là un de ſes Diſciples appellé Adrien, arrivant de Paleſtine lui aprit la nouvelle de la mort de Julien, qui avoit eſté tué, & qu'un Empereur Chrêtien avoit ſuccedé à ſa place, & lui dit qu'il devoit revenir aux reſtes de ſon Monaſtere. Le Saint au lieu d'écouter cette propoſition, qui lui fit horreur, paſſa en un horrible deſert ſur un chameau de loüage, & vint à Paretoine, ville maritime de Lybie. Ce malheureux Adrien ayant pris reſolution de retourner en Paleſtine, & s'eſtant fait nommer Hilarion, pour recevoir les mêmes honneurs qu'on avoit autrefois rendus au Saint, lui fit un tort tres-conſiderable en mille occaſions differentes. Même s'eſtant emparé de ce que les Freres lui avoient donné pour aporter à Hilarion, il partit à ſon inſceu. Sur quoi, pour donner de la terreur aux Diſciples qui mépriſent leurs Maîtres, je dirai ſeulement en paſſant, car ce n'eſt pas icy le lieu de traiter cette matiere à fonds, qu'il mourut peu de temps aprés du mal caduc.

Il va en Si-
cile.

Le ſaint vieillard n'ayant avec lui que Garanne s'embarqua ſur un vaiſſeau qui partoit pour la Sicile, ſe reſoudant à vendre, pour payer ſon paſſage, un livre de l'Evangile qu'il avoit écrit lui-même pendant ſa jeuneſſe. Mais comme il eſtoit au milieu de la mer Adriatique, le fils du Pilote ſe trouvant poſſedé d'un demon, commença à crier & à dire, Hilarion, Serviteur de Dieu, * pourquoi à cauſe de toi ne pouvons-nous pas eſtre en ſeureté même au milieu de la mer ? Accorde

* On lit cet
endroit di-
verſement.

moi au moins le temps d'aller jufqu'à terre, de peur qu'eſtant chaſſé dés ici je ne ſois precipité dans les abyſmes. Si le Dıeu que j'adore, répondit Hilarion, conſent que tu demeures, demeure; mais s'il te chaſſe, pourquoi m'en imputes-tu la faute, pour faire injure à un pecheur, & à un mendiant ? Or il parloit de la ſorte de peur que les matelots & les marchands qui eſtoient ſur le vaiſſeau ne le découvriſſent quand ils ſeroient arrivez au port. Incontinent aprés il délivra l'enfant; le pere & tous ceux qui eſtoient preſens lui aiant promis qu'ils ne diroient ſon nom à qui que ce fût,

Eſtant arrivez enſuite au Promontoire de Paⱶchyn, il offrit au pilote ſon livre de l'Evangile pour ſon paſſage, & pour celui de Garane. Le pilote le refuſa, & jura enfin qu'il ne le recevroit pas, car il voioit qu'excepté ce lıvre & leurs habits ils n'avoient choſe quelconque. Le Saint en eut d'autant plus de joie qu'il eſtoit perſuadé de ſa pauvreté par le témoignage de ſa propre conſcience, ſçachant qu'il ne poſſedoit rien de toutes les choſes du ſiecle, & que les habitans du païs le prendroient pour un mendiant. Cependant aprehendant que quelques marchands venant d'Orient ne le découvriſſent, il ſe retira au milieu de l'Iſle environ à vingt milles de la mer. Là s'eſtant arreſté dans un champ abandonné, il faiſoit tous les jours un fagot de bois qu'il mettoit ſur le dos de ſon compagnon, qui l'allant vendre dans un village prochain, achetoit dequoi les nourrir l'un & l'autre, & un peu de pain pour ceux qui venoient quelquefois les trouver.

Mais *une ville ſituée ſur une montagne*, comme dit l'Ecriture, *ne peut estre cachée.* Un certain armurier de Rome estant tourmenté du Demon dans l'Eglise de saint Pierre, l'esprit impur s'écria par sa bouche, Le serviteur de Dieu Hilarion est arrivé depuis peu en Sicile ; Personne ne le connoît, & il croit y estre caché, mais j'irai & je le découvrirai. Aussi-tost cet armurier, suivi de quelques valets, s'estant mis sur un vaisseau qui estoit au port alla à Pachyn, d'où le Demon le conduisit à la petite cabane d'Hilarion, devant lequel s'estant prosterné, il fut incontinent délivré.

Ce premier miracle que le Saint fit en Sicile lui attira une infinité, non seulement de malades, mais encore de personnes vertueuses, & une entr'autres des plus considerables, qui estant hydropique fut guerie dès le même jour qu'elle arriva. Ensuite lui aiant aporté de grands presens, Hilarion les refusa, lui disant cette parole de l'Ecriture, *Donnez gratuitement ce que vous avez receu gratuitement.*

Mat. 10.

Hesychius le vient trouver

Tandis que tout cela se passoit en Sicile, Hesychius, le fidelle disciple du Saint, cherchoit ce venerable vieillard par tout le monde. Il n'y avoit point de rivages qu'il ne courût, ny de deserts où il n'entrât ; se persuadant bien qu'en quelque lieu qu'il fût il ne pouvoit long-temps y demeurer caché. Au bout de trois ans estant à Methone il aprit d'un Juif qui y vendoit de vieux habits aux pauvres gens, qu'il avoit paru en Sicile un Prophete des Chrétiens, qui faisoit tant de miracles qu'on croyoit que c'estoit un des Saints du temps passé. Mais lui ayant demandé comment il estoit habillé, quelle démarche, & quel âge il avoit, & quelle langue il parloit,

il ne put lui en rien dire ; car ce Juif ne le con-
noiffoit que par le bruit qui s'en eftoit répandu.

Hefychius s'eftant embarqué auffi-toft fur la
mer Adriatique arriva heureufement au promontoire de Pachyn, & s'eftant informé dans un petit village fitué fur le bord de la mer, fi l'on con-
noiffoit Hilarion, tout le monde d'une commune voix lui enfeigna le lieu où eftoit ce Saint, &
ce qu'il faifoit. Et ce qu'on trouvoit en lui de
plus admirable, c'eft qu'aprés le grand nombre
de miracles qu'il avoit faits depuis qu'il eftoit en
ces lieux, il n'avoit pas voulu recevoir même un
morceau de pain de qui que ce fût.

Pour ne m'étendre pas davantage, le faint difciple vint fe jetter aux pieds de fon maître, & les
arrofa long-temps de fes larmes. Et enfin aiant
efté obligé à fe relever, & s'eftant entretenu durant deux ou trois jours avec lui, il aprit de Gazane que le ferviteur de Dieu ne pouvoit plus
refter dans cette Ifle, & qu'il avoit refolu d'aller
parmi quelque nation barbare, où fon nom fût
inconnu, & dont il n'entendift pas même le langage. Il le mena donc en Dalmatie, en une petite
ville apellée Epidaure, où il demeura quelques
jours dans un petit champ proche delà ; mais il
n'y fut pas caché long-temps. Un dragon d'une
grandeur énorme, & du nombre de ceux qui s'a-
pellent *Boas* en la langue du païs, parce qu'ils
font fi grands qu'ils engloutiffent des bœufs entiers, ravageoit toute cette contrée, ne devorant
pas feulement les troupeaux & les beftes, mais
auffi les païfans & les bergers, qu'il attiroit à lui
en reprenant fon haleine. Hilarion fit preparer un
grand bucher, & aiant invoqué Jesus-Christ

par une oraifon, il commanda au monftre de
monter fur ce bucher, où il mit incontinent le
feu. Ainfi devant tout le monde il brûla cette
prodigieufe befte. Surquoi ne fçachant quelle
refolution prendre, ni ce qu'il devoit faire, &
cherchant dans fon efprit quelques terres inha-
bitées, car il méditoit déja de s'enfuïr d'un autre
côté ; il avoit un grand déplaifir de ce que les
miracles qu'il faifoit, parlant en fa place, le
découvroient, quelque peine qu'il prift a fe cacher.

Environ ce temps-là ce grand tremblement de
terre qui arriva aprés la mort de Julien, aiant
fait fortir la mer de fes bornes, il fembloit que
Dieu menaçât les hommes d'un fecond deluge,
ou que la nature fuft prefte de retourner dans fon
ancien caos ; car l'on voyoit des vaiffeaux fuf-
pendus fur le fommet des montagnes. Les habitans d'Epidaure entendant les horribles mugiffemens des vagues, & voiant ces montagnes
d'eaux s'avancer vers leurs rivages aprehenderent
que leur ville ne fuft entierement fubmergée,
comme il leur eftoit arrivé autrefois. Ils vinrent
donc trouver le vieillard, & comme s'ils euffent
voulu donner une bataille le mirent à leur tefte,
fur le rivage. Hilarion fit trois fignes de Croix
fur le fable, & étendit fes mains contre ce deluge, comme pour en arrêter le cours. Alors il
n'eft pas croiable jufqu'à quelle hauteur la mer
s'enfla, s'élevant devant lui fans avancer : Et enfin aprés avoir mugy long-temps, indignée de
l'obftacle qu'on lui oppofoit, elle s'abaiffa peu
à peu, & rentra en elle-même. Epidaure & toute cette contrée font encore aujourd'hui l'éloge
de ce miracle, & les meres le content à leurs
enfans,

enfans, afin d'en conferver la memoire à la pofterité. On voit par-là que ce que JESUS-CHRIST
dit à fes Apôtres ; *Si vous aviez de la foy comme* Mat. 17.
un grain de fenevé, vous diriez à cette montagne :
Tranfportez-vous dans la mer, & elle s'y tranf-
porteroit, fe peut accomplir à la lettre ; pourvû
neanmoins qu'on ait une foi femblable à celle
des Apôtres, & telle que nôtre Seigneur leur
commanda d'avoir. En effet, quelle difference
y a-t'il, ou qu'une montagne fe tranfporte dans
la mer, ou que d'épouvantables montagnes
d'eaux foient demeurées devant les pieds d'un
vieillard, auffi immobiles que fi elles euffent
efté de pierre, & que cependant elles fe foient
écoulées doucement ? Toute la ville donc ad-
mira ce miracle, & le bruit en courut jufques à
Salone.

Hilarion en aiant eu connoiffance s'enfuit de s'enfuit à
nuit dans une petite chaloupe, & deux jours Cypre.
aprés aiant rencontré un vaiffeau marchand, il
prit la route de Cypre. Des Pirates qui avoient
laiffé fur le rivage, entre les Ifles de Malée &
de Cythere le refte de leur flote, compofée de
vaiffeaux qui alloient à rames, & non pas à voiles, vinrent à la rencontre de ce vaiffeau, fur
deux grandes flutes tres-legeres, & qui avoient
double rang de rames. Les matelots, & tous
ceux qui eftoient dans le vaiffeau commencerent
à trembler, à pleurer, à courir deçà & delà, &
à preparer leurs rames,& comme fi ce n'euft pas
efté affez d'un meffager, ils venoient en foule
dire au vieillard que des Pirates eftoient proches. Luy, au contraire, les regardant de loin,
fe mit à rire, & fe tournant vers fes Difciples :
Hommes de peu de foy, leur dit-il, de quoi

avez-vous peur? Le nombre dé ces Corſaires
eſt-il plus grand que celui des troupes de Pharaon, qui par la volonté de Dieu furent toutes
ſubmergées ſans qu'il en reſtât un ſeul? Pendant
qu'il parloit de la ſorte les Pirates avançoient
toûjours, & ils eſtoient déja ſi proches qu'on
eût atteint à leurs vaiſſeaux d'un jet de pierre.
Alors Hilarion s'avançant ſur la prouë y demeura ferme, & étendant ſa main vers eux; Qu'il
vous ſuffiſe, leur dit-il, d'eſtre venus juſques où
vous eſtes. Choſe ſurprenante à croire! Leurs
barques commencent à reculer,& tous les efforts
des rameurs retomboient ſur la poupe. Les Corſaires eſtoient dans un furieux étonnement, &
ne pouvoient comprendre par quelle raiſon ils
retournoient ainſi en arriere malgré eux, & aiant
mis tout en uſage pour joindre le vaiſſeau du
Saint, ils ſe voioient reporter au rivage avec
beaucoup plus de vîteſſe qu'ils n'en eſtoient
venus.

Je paſſerai ſous ſilence une infinité d'autres
miracles que le Saint a faits, de peur que ſi je les
raçontois tous, il ne ſemblât que je vouluſſe faire
un volume entier, au lieu d'un ſimple diſcours.
Je dirai ſeulement que pendant qu'il navigeoit
entre les Cyclades on entendoit les hurlemens
des Demons qui crioient de coſté & d'autre dans
les villes & dans les villages, & accouroient ſur
le rivage. Eſtant entré dans Cypre, ville que
les Poëtes ont renduë celebre par leurs vers, &
où l'on ne voit plus aujourd'hui que les veſti-
ges de ce qu'elle a eſté autrefois, à cauſe de
quantité de tremblemens de terre dont elle a eſté
ruïnée, il demeura quelque-temps à deux milles
delà ſans eſtre connu de perſonne, ſe réjoüiſſant

de pouvoir au moins vivre un peu de temps en
repos. Mais il n'y eut pas esté vingt jours entiers
que ceux qui estoient possedez du Demon s'é-
crierent que le serviteur de Dieu Hilarion estoit
arrivé, & qu'ils devoient se hâter de l'aller trouver. Ces paroles rententissoient dans Salamine,
Curie, Lapete, & dans toutes les villes de l'Isle:
Même plusieurs ajoûtoient qu'ils connoissoient
bien Hilarion, & qu'il estoit veritablement serviteur de Dieu ; mais qu'ils ne sçavoient pas en
quel lieu il pouvoit estre. Ainsi au bout de trente
jours, ou de peu davantage, il s'assembla auprés
du Saint environ deux cens personnes, tant hommes que femmes. Voiant cela, & estant fâché
de ce que les Demons ne lui pouvoient permettre de demeurer long-temps en repos, il voulut, pour ainsi dire, s'en venger, & ainsi les
traitant avec plus de cruauté qu'à l'ordinaire, il
les persecuta de telle sorte qu'il les contraignit,
par la faveur de ses prieres redoublées, de sortir
des corps de ces miserables ; les uns à l'heure
même, les autres au bout de deux jours, & tous
enfin dans une semaine.

Aprés avoir passé deux années en ce lieu, toûjours dans la résolution de s'enfuir d'un autre côté, il envoia dans la Palestine Hesychius y visiter
ses Freres, & voit les restes de son Monastere,
avec ordre de revenir au printemps. Aprés son
retour il avoit dessein de repasser en Egypte
pour y demeurer, dans ces lieux qu'on y appelle
Bucolia, à cause qu'il n'y a aucuns Chrêtiens, &
qu'ils sont seulement habitez par une nation
cruelle & barbare. Mais Hesychius lui persuada de se retirer plûtost en un endroit plus écarté
de l'Isle où ils estoient, & aprés avoir cherché

de tous coftez, il le conduifit enfin à douzemil-
les de la mer, parmi des montagnes écartées,
& d'un accés fi difficile qu'à peine on y pouvoit
monter en fe traînant fur les mains & fur les
genoux. Hilarion y eftant arrivé confidera d'a-
bord l'effroyable folitude de ce lieu écarté, où
il vit quelques arbres de cofté & d'autre; un
ruiffeau qui defcendoit du fommet d'une montagne, & un petit jardin fort agreable, & planté
d'arbres fruitiers, dont neanmoins il ne mangea jamais du fruit. Il y avoit encore proche delà un Temple tres-ancien, & des ruines duquel,
à ce qu'il difoit, & comme fes Difciples l'affu-
rent encore aujourd'hui, on entendoit toutes les
nuits les cris d'un fi grand nombre de Demons,
qu'une armée entiere n'euft pas fait davantage
de bruit. Mais cela lui donna de la joie, eftant
bien aife d'avoir auprés de lui des ennemis à
combattre. Il demeura en ce lieu cinq années
entieres, recevant tres-fouvent des vifites de
Hefychius; & il eut au moins fur la fin de fes
jours cette legere confolation, qu'à caufe de
l'extrême difficulté d'un chemin fi rude, & des
tenebres dont il eftoit rempli, comme l'on difoit d'ordinaire, il ne venoit que point, ou peu
de perfonnes le trouver; car l'on ne pouvoit,
ou l'on n'ofoit entreprendre de monter cette
montagne.

Un jour fortant de fon petit jardin, il trouva
un homme paralytique de tout fon corps, couché par terre devant la porte. Il demanda à Hefychius qui il eftoit, & comment il s'appelloit,
& qui l'avoit amené-là. Le Difciple lui répondit, qu'il avoit efté Receveur d'une petite mé-
tairie qui eftoit proche delà, & que c'eftoit à

lui le petit jardin où ils estoient. A ces mots le Saint commença à pleurer amerement, & tendant la main à ce pauvre homme, lui dit, Je te commande au nom de nostre Seigneur JESUS-CHRIST de te lever, & de marcher. O admirable promptitude ! Il n'avoit pas encore achevé de prononcer ces paroles, que toutes les parties du corps de cet homme s'estant fortifiées, il se trouva en estat de demeurer debout. Le recit de ce nouveau miracle s'estant répandu ; le besoin de l'assistance du Saint où plusieurs personnes estoient reduites les força à vaincre les difficultez d'un chemin inaccessible pour aller vers lui, & tous les villages circonvoisins prenoient garde exactement qu'il ne trouvast moien de s'échapper. Car le bruit y couroit qu'il ne pouvoit demeurer long-temps en un même lieu ; ce qu'il ne faisoit pas par inconstance, où par une impatience d'enfant ; mais parce qu'il fuyoit les honneurs, & les importunitez des visites, & qu'il desiroit vivre dans le silence, & sans estre connu.

Aiant atteint l'âge de quatre-vingt deux ans, il écrivit de sa propre main à Hesychius qui estoit absent, une petite lettre, qui estoit comme son testament, par laquelle il le faisoit legataire de tout son bien, consistant en un livre de l'Evangile, en ce sac dont il estoit revêtu, en une cape, & en un petit manteau. Car Gazane qui le servoit estoit mort quelques jours auparavant. Plusieurs personnes de pieté de Paphos le vinrent visiter pendant sa maladie, fondées particulierement sur ce qu'elles lui avoient entendu dire qu'il seroit bien-tost délivré de la prison de son corps, & qu'il passeroit en une meilleure vie.

La mort de S. Hilarion.

G g iij

Conftance Dame d'une vertu éminente, au gendre & à la fille de laquelle il avoit conſervé la
vie avec de l'huile benite, fut de ce nombre. Il les
conjura tous de ne pas garder un moment ſon
corps, quand il ſeroit mort, mais de l'enterrer à
l'heure même dans ſon petit jardin, avec ſa hai-
re, ſa cape, ſon ſaye, & tout vêtu comme il
eſtoit. Il ne lui reſtoit plus qu'un peu de chaleur, & il n'avoit plus rien d'un homme vivant, que le ſentiment, & neanmoins les yeux

Ses dernieres
paroles. ouverts il parla de la ſorte : Sors, mon ame,
que crains-tu ? Sors, de quoi t'inquietes-tu ?
Tu as ſervi JESUS-CHRIST prés de ſoixante
& dix ans, & tu redoutes la mort ? En achevant ces paroles, il rendit l'eſprit, & fut enterré ſur le champ ; de ſorte que la nouvelle de
ſon enterrement fut plûtoſt ſçuë à la ville que
celle de ſa mort. Le ſaint Diſciple Heſychius,
l'ayant appriſe dans la Paleſtine, il vint incontinent en Cypre, où pour oſter tout ſoupçon
de l'eſprit des habitans, & empêcher qu'ils ne
l'obſervaſſent de trop prés, il feignit de vouloir demeurer dans le même jardin où ſon Maî-
re avoit demeuré, & environ dix mois aprés il
déroba ſon corps, expoſant pour cela ſa vie à un
tres-grand danger. Il le porta à Maïuma & avec
tous les Solitaires & les habitans des Villes
voiſines qui le ſuivoient par grandes troupes, il
l'enterra dans ſon ancien Monaſtere. Son corps
entier, ſa tunique, ſa cape, & ſon petit manteau eſtoient encore en même eſtat qu'ils eſtoient
pendant qu'il vivoit, & il en ſortoit une odeur
ſi douce & ſi agreable qu'on eûſt crû qu'il euſt
eſté embaumé avec de precieux parfums.

Je ne dois pas pas paſſer ſous ſilence à la fin de

ce difcours, ce qui arriva à Conftance, dont nous avons parlé cy-devant, ni manquer à rapporter quelle fut la devotion de cette fainte femme. Ayant appris que le corps d'Hilarion avoit efté porté dans la Paleftine ; elle mourut à l'heure même, donnant par fa mort des marques de l'affection qu'elle avoit pour ce grand Saint. Elle avoit accoûtumé de veiller des nuits entieres fur fon tombeau, & de parler à lui comme s'il euft encore efté plein de vie, afin qu'il l'affiftaft dans fes prieres. Au refte il y a encore aujourd'hui une grande conteftation entre les peuples de la Paleftine & ceux de Cypre ; les uns foûtenant qu'ils ont le corps, & les autres qu'ils ont l'efprit de faint Hilarion ; car il fe fait tous les jours, par fon moyen, de grands miracles dans ces deux contrées, & particulierement en Cypre, dans fon petit jardin ; parce, peut-eftre qu'il aima davantage ce lieu que tout autre.

LA VIE
DE SAINT MALC,

Qui ne contient que l'hiſtoire de ſa captivité.

LETTRE III.

AVANT que de combattre ſur la mer, on s'accoûtume dans le port à manier le gouvernail, & les rames, on prepare les inſtrumens de fer qui ſervent à accrocher les vaiſſeaux ; & pour inſtruire les ſoldats à bien garder leurs poſtes dans un champ de bataille gliſſant & mal-aſſuré, on les range ſur les bancs, afin que dans le combat veritable, ils ne ſoient point effrayez de ce qu'ils auront apris dans un combat feint & en peinture, pour ainſi dire. De même, aprés avoir long-temps gardé le ſilence, afin de ne pas déplaire à celui qui me défend de parler, je veux faire mon aprentiſſage, & comme dérouiller ma langue dans un petit ouvrage pour en entreprendre un plus important. En effet, ſi Dieu me conſerve la vie, & que ceux qui me déchirent par leurs calomnies ceſſent au moins de me perſecuter aujourd'huy que je ſuis caché ; j'ai deſſein de compoſer l'hiſtoire de l'Egliſe, depuis la naiſſance du Sauveur juſqu'à nôtre ſiecle ; c'eſt à dire depuis les Apôtres juſqu'à la lie du temps malheureux où nous ſommes, & de décrire comment, & par qui elle s'eſt établie, s'eſt agrandie par les perſecutions, & a eſté couronnée par le

Martyre, & comment enfin augmentant en autorité & en richesses, ses vertus se sont dimi-
nuées depuis que les Souverains ont embrassé sa
creance. Mais je remets cette matiere à une autre fois, pour venir à celle que je veux traiter aujourd'huy.

Marone petit village de Syrie, éloigné d'Antioche environ de trente milles du côté d'Orient,
aprés avoir eu plusieurs Maîtres, lors qu'en mon
enfance je demeurois en ce païs-là, appartint enfin à l'Evêque Evagrius mon parent, dont je fais
icy mention, pour montrer de quelle maniere j'ai
sçû ce que je vas écrire.

Il y avoit en ce lieu un vieillard que j'en
croyois originaire, estant Syrien de nation, &
parlant fort bien la langue du païs. Il s'apelloit
Malc, mot Syriaque, qui veut dire Roy, & demeuroit avec une femme si âgée, qu'il sembloit
qu'elle eust déja un pied dans le tombeau. La pieté de l'un & de l'autre estoit extraordinaire ; on
les trouvoit continuellement à l'Eglise, & on les
eût pris pour Zacharie & Elisabeth, si S. Jean eût
esté au milieu d'eux. Je fus curieux d'aprendre
d'où venoit cette union, & m'informant des habitans si elle estoit un effet du mariage, de la pa-
renté, ou de la devotion, ils m'assurerent d'une
commune voix, que c'estoient des personnes
tres-agreables à Dieu, & m'en conterent des par-
ticularitez surprenantes. Le desir d'en connoître
la verité me fit aborder le vieillard, & lui ayant
demandé avec empressement si je devois croire
ce qu'on disoit, il me parla de la sorte:

Mon fils, je suis de Marone ; mon pere & ma
mere qui n'avoient que moi d'enfans, me regardant comme le seul heritier de leur bien, & ce-

lui qui devoit faire vivre leur race, voulurent m'obliger à me marier; mais leur ayant répondu que j'aimois mieux estre Solitaire, je fus contraint de les quitter, & de m'enfuïr de leur maison. Ce qui est une preuve suffisante des menaces de mon pere, & des caresses de ma mere pour me faire condescendre à leur volonté.

Comme je ne pouvois aller en Orient, à cause du voisinage de Perse, & que les passages estoient gardez par des gens de guerre des Romains, je pris la route d'Occident, portant quelque peu de chose avec moi pour me nourir sur le chemin, & me garantir de l'extrême necessité. Enfin pour ne rien dire d'inutile, j'arrivai au desert de Calcide, qui est situé entre Imme & Beroé, mais qui tire un peu plus vers le Midy. Là ayant rencontré quelques Solitaires, je me mis sous leur conduite, travaillant comme eux pour gagner ma vie, & domptant par des jeûnes les aiguillons de la chair.

Aprés y avoir demeuré plusieurs années, il me prit un desir de retourner en mon païs, pour consoler ma mere dans son veuvage le reste de ses jours; car je sçavois déja que mon pere estoit mort. J'avois aussi dessein de vendre aprés sa mort le peu de bien que j'aurois, d'en donner une partie aux pauvres, d'en employer une autre à faire bâtir un Monastere, &, ce que je ne puis avoüer sans rougir de honte de mon infidelité, de reserver le reste pour ma dépense & mon entretien particulier. Mon Abbé ayant sçu mon dessein, me dit que c'estoit-là une tentation du diable, & que cet ancien ennemy des hommes me dressoit des embuscades sous les apparences d'une chose qui d'elle-même n'estoit pas mauvaise : Que

c'estoit retourner comme le chien à son vomissement ; que plusieurs Solitaires avoient esté
trompez de la sorte, & que Sathan ne nous attaquoit jamais à visage découvert. Sur quoi il me
raporta plusieurs exemples de la sainte Ecriture,
& entr'autres celui d'Adam & d'Eve, dont cet
esprit suborneur triompha au commencement du
monde, en leur faisant concevoir l'esperance de
devenir semblables à Dieu. Même ne pouvant
rien gagner sur moi, il se jetta à mes genoux,
me conjurant de ne point le quiter, de ne me
point perdre, & de ne point regarder derriere
moi aprés avoir mis une fois la main à la charuë.
Miserable que je suis ! je remportai une malheureuse victoire sur celui qui me donnoit des avis si
salutaires, croyant qu'en cela il avoit plus d'égard
à sa propre consolation, qu'à mon interest particulier. Il me conduisit donc hors du Monastere comme s'il eût assisté à mon enterrement, &
en me disant adieu il me parla de la sorte : Je
vous regarde, mon fils, comme marqué du caractere du diable, ne m'alleguez point de raisons, je ne reçoy point d'excuses ; une brebis
qui s'écarte du troupeau, est aussi-tost exposée
aux atteintes du loup.

En allant de Beroé * à Edesse, il y a proche du
grand chemin une solitude dans laquelle les Sarrasins, qui ne demeurent jamais en même lieu,
courent de costé & d'autre. Cela est cause que
tous les voyageurs s'assemblent en cet endroit,
afin que s'escortant les uns les autres ils évitent le
peril dont ils sont menacez. Nous nous y trouvâmes de compagnie environ soixante & dix personnes, tant hommes que femmes, vieillards,
jeunes gens & enfans, lorsque tout d'un coup

* On lit cet
endroit di-
versement.

des Ismaélites montez sur des chevaux & des chameaux vinrent fondre sur nous. Ils avoient de longs cheveux tous tressez, le corps à demy nud, de grands manteaux traînans, des carquois qui leur pendoient derriere le dos, de longs javelots & des arcs débandez; car ils ne venoient pas pour combatre, mais pour voler. Nous fûmes pris, dispersez & emmenez en differens endroits, & moi avec ma belle pretention de rentrer dans mon bien quand je serois en mon païs, me repentant trop tard du conseil que j'avois suivi, je tombai avec la femme d'un de ceux qui estoient avec nous sous la puissance d'un même maître. Nous fûmes menez, ou pour mieux dire, nous fûmes élevez sur des chameaux, où nous estions plûtost attachez qu'assis, à cause de l'aprehension continuelle que nous avions de tomber, & de perir dans cette vaste solitude. Nous mangions de la chair à demi-cruë, & nous beuvions du lait de chameau. Enfin aprés avoir traversé une grande riviere, nous arrivâmes dans la partie la plus reculée du desert, où nous aiant esté commandé, selon la coûtume de cette nation, d'adorer la femme & les enfans de nostre maître, nous nous prosternâmes devant eux. Là estant comme en prison je changeai d'habits, c'est à dire qu'estant reduit à aller tout nud, j'apris à marcher de la sorte, car les chaleurs excessives du climat ne permettent de couvrir aucune partie du corps que celles que la pudeur commande de cacher. On me donna des brebis à garder, & dans les maux que j'endurois, j'avois au moins cette douce consolation, que cette occupation estoit cause que je voiois plus rarement mes maîtres, & les autres esclaves comme moi; Même il me sembloit que

ma condition avoit quelque chose d'aprochant
de celle de Jacob, & que j'eſtois en quelque ſorte ſemblable à Moyſe, qui avoient eſté l'un &
l'autre bergers comme moi. Je vivois de lait &
de fromage nouveau fait : je priois ſans ceſſe,
& chantois les Pſeaumes qui j'avois apris au Monaſtere : Ma captivité me plaiſoit, & je rendois
graces à Dieu de ce que par ſa conduite admirable je pouvois dans ce deſert vivre en Solitaire :
ce qu'il m'eût eſté impoſſible de faire dans mon
païs.

Mais qu'il eſt vrai que l'on n'eſt jamais aſſuré
quand on a à combattre contre le Demon, &
qu'il ſeroit difficile de raporter toutes les embuſcades & tous les pieges qu'il nous tend ! Quelque
caché que je fuſſe dans cette ſolitude, la haine
qu'il porte aux hommes fit neanmoins qu'il m'y
trouva. Mon maître voiant que ſon troupeau
augmentoit, & d'ailleurs ne remarquant rien en
moi qui pût lui faire douter de ma fidelité ; car
j'avois apris de l'Apôtre qu'il *faut ſervir comme* **Eph. 6.**
Dieu ceux à qui nous ſommes aſſujettis ; & voulant par quelque recompenſe m'attacher encore
davantage à ſes intereſts il me donna pour femme celle dont je vous ay déja parlé, qui avoit
eſté faite eſclave avec moi. Comme je refuſois
de la recevoir, lui objectant qu'eſtant Chrétien il m'eſtoit défendu d'épouſer la femme
d'un homme vivant, car ſon mary aiant eſté
pris avec nous avoit eſté emmené par un autre
maître, cet homme naturellement cruel & inhumain entra en fureur, s'en vint droit à moi
l'épée à la main, & ſi je ne me fuſſe haſté de
prendre cette femme par le bras il m'eût tué à
l'heure même.

La nuit estant venuë plûtost & plus obscure que de coûtume, je conduisis ma nouvelle femme dans les ruines d'une ancienne caverne, & la seule tristesse assistant à nos nôces, nous avions horreur l'un de l'autre, sans neanmoins que nous l'avoüassions. Ce fut là que je sentis vivement le malheur où la captivité m'avoit reduit, & m'estant jetté contre terre, je commençai à regretter la condition de Solitaire que j'estois sur le point de perdre. Miserable que je suis! disois-je en moi-même, ay-je donc esté reservé à cette disgrace, & faut-il pour mes pechez que lors que mes cheveux sont à demy blancs je cesse d'être vierge & devienne mary? Que me sert d'avoir abandonné pour l'amour de mon Dieu mes parens, mon païs & mon bien, si je perds aujourd'hui une chose, pour la conservation de laquelle j'ai renoncé à tout? Ou plûtost ne suis-je pas reduit à cette extremité pour avoir eu envie de retourner en mon païs? Que ferons-nous, mon ame? Perirons-nous en cette occasion, ou en sortirons-nous victorieux? Attendrons-nous les coups de la main d'un Dieu irrité, ou les préviendrons-nous en nous tüant nous-mêmes? Tourne, tourne plûtost cette épée contre mon sein; la mort de mon corps n'est pas tant à aprehender que la tienne. C'est aussi un martyre que de mourir pour conserver sa virginité: que le corps d'un Confesseur du nom de JESUS-CHRIST demeure sans sepulture au milieu de ce desert, & que je sois en même temps le boureau & le Martyr.

A ces mots je tirai mon épée, qui reluisoit même dans l'épaisseur des tenebres, & en tournant la pointe contre mon estomach, je dis adieu à cette femme malheureuse, la conjurant de me considerer plûtost comme un Martyr, que comme son mary. Alors se jettant à mes pieds elle me répondit : Je te suplie par le nom de JESUS-CHRIST, & l'extrême necessité où nous nous trouvons reduits aujourd'huy, de ne point m'obliger en versant ton sang, comme tu veux faire, à commettre un crime en répandant ensuite le mien : ou si tu as resolu de mourir, commence par m'oster la vie, & nous unissons l'un à l'autre en mourant tous deux de la même mort. Quand mon mari reviendroit me trouver, la servitude m'a tellement accoûtumée à vivre dans la continence, que j'y vivrois encore avec lui, ou mourrois plûtost que de perdre ma chasteté. Pourquoi te tüer de peur d'estre mon mary ; puisque je me tüerois moi-même si tu voulois le devenir ? Aye-moi plûtost pour la compagne de ta pudicité, & préfere l'union de nos ames à celle de nos corps. Que nôtre maître croie que tu es mon mary, mais que Dieu sçache que tu n'es que mon frere ; il se persuadera aisément que nous serons mariez quand il verra que nous nous aimerons parfaitement.

Je vous avoüe, continua Malc, que ce discours me surprit, & ainsi admirant la vertu de cette femme, je l'aimai davantage que si j'eusse esté en effet son mary. Toutefois je ne l'ay jamais vû nüe, ni jamais touché à sa chair, craignant de perdre dans la paix ce que j'avois conservé dans le combat. Nous passâmes plusieurs jours dans cette sorte de mariage, qui nous avoit rendu beaucoup plus agreables à nos maîtres. Ils ne soupçonnoient en aucune maniere que nous eussions dessein de nous enfuïr, & je m'acquitois si fidellement de mon devoir, que je paſſois quelquefois un mois entier dans le deſert avec mon troupeau.

Long-temps aprés eſtant un jour ſeul dans le deſert, où je ne voiois que le Ciel & la terre, je commençai à repaſſer pluſieurs choſes dans mon eſprit. Il me ſouvint entr'autres de la vie que j'avois menée avec les Solitaires du Monaſtere où j'eſtois, & ſur tout je me remis devant les yeux le viſage de l'Abbé qui m'avoit tenu lieu de pere, qui m'avoit inſtruit, qui m'avoit voulu retenir auprés de lui, & que j'avois cependant abandonné.

Lors que je m'entretenois dans ces penſées, j'aperceus un petit ſentier plein de fourmis, les unes portoient des fardeaux plus grands qu'elles, les autres traînoient avec leurs petites bouches, comme avec des tenailles des grains d'herbes ; celles-ci tiroient de la terre de leurs foſſes, & en bouchoient les trous par où l'eau y paſſoit, celles-là ſe ſouvenant de l'hyver coupoient avec les dents les germes que les grains qu'elles avoient amaſſez jettoient, de peur que leurs petits magazins ne ſe trouvaſſent à la fin remplis d'herbe; Quelques-unes fort affligées raportoient les corps morts de leurs compagnes ; mais ce que je trouvai plus admirable, c'eſt que celles qui ſortoient ne nuiſoient point à celles qui entroient, au contraire, s'il s'en trouvoit quelqu'une qui fût tombée ſous la peſanteur de ſon fardeau, elles la ſoulageoient en mettant avec elle leurs épaules ſous le même fardeau. En un mot, il ſe preſenta ce jour là à mes yeux un ſpectacle fort beau. Même m'eſtant ſouvenu de Salomon qui nous renvoye à la prudence des fourmis, & qui

excite

excite les paresseux au travail par l'exemple de
ces petits animaux, je commençai à m'affliger
de ma captivité, & à desirer de retourner dans
les cellules du Monastere, où je pûsse imiter les
fourmis que je voïois, travaillant pour le commun, & où chacun n'aiant rien de propre, toutes choses appartiennent à tous.

Estant retourné au lieu où je couchois, ma femme de nom vint au devant de moi, & je ne pûs
si bien cacher le déplaisir de mon cœur qu'il n'en
parust quelque chose sur mon visage. Elle me
demanda pourquoi j'estois si abatu, je lui en dis
la raison. Elle me conseilla de nous enfuïr. Je la
conjurai d'estre secrete, elle me promit qu'elle
le seroit, & nous nous entretinsmes souvent de
nôtre dessein en particulier, flotant entre l'esperance & la crainte.

Il y avoit dans mon troupeau deux boucs d'une
merveilleuse grandeur, que je tuai, afin de nous
nourir en chemin de leur chair, & je vous dirai
bien-tost à quoi nous nous servîmes de leurs
peaux. Quand la nuit commença à paroître, nos
maîtres pensant que nous fussions couchez ensemble, nous nous mîmes en chemin, portant
avec nous les peaux, & une partie de la chair de
ces boucs. Estant arrivez sur le bord du fleuve,
qui est à dix milles delà, nous soufflâmes dans
ces peaux, & les aiant enflées, nous nous mîmes
dessus, & nous laissâmes aller au fil de l'eau, remüant un peu les pieds, dont nous nous servions,
pour ainsi dire, comme d'avirons, afin que le
fleuve nous portant en bas, & nous faisant
aborder de l'autre côté du rivage beaucoup plus
loin que le lieu d'où nous estions partis, ceux
qui voudroient nous suivre perdissent nôtre piste.

Hh

Alors une partie de nôtre chair aiant esté mouïllée, & l'autre tombée dans l'eau, à peine nous restoit-il de quoi vivre pour trois jours. Nous bûmes au delà de nostre soif, nous munissant contre celle que nous devions endurer dans la suite. Nous courûmes plûtost que nous ne marchâmes, regardant continuellement derriere nous, & nous avançâmes beaucoup plus de nuit que de jour, tant par l'aprehension que nous avions des Sarrasins qui faisoient des courses de tous côtez, qu'à cause des ardeurs excessives du Soleil.

Je tremble encore en vous faisant ce recit, & tout le corps me fremit quoi que je sois en seureté; Trois jours aprés nous entrevîmes de loin deux hommes montez sur des chameaux, qui venoient à nous en grande diligence. Comme naturellement en ces occasions on presage toûjours le mal, nous crûmes aussi-tost que c'estoit nôtre maître. Nous songions à mourir, & il nous sembloit que le soleil se couvroit de nuages épais. Estant dans cette cruelle alarme, & nous voiant trahis par les marques de nos pas imprimez sur le sable, nous aperçûmes à nostre main droite une caverne qui avançoit bien loin sous terre. Quoi que nous aprehendassions extrémement les serpens, les viperes, & d'autres animaux venimeux de cette nature, qui ont accoûtumé de se défendre des rayons du soleil, en se mettant à l'ombre dans ces sortes de lieux, nous y entrâmes. Mais dés l'entrée ayant rencontré à main gauche une fosse, nous nous y arrétâmes, de peur qu'allant plus avant nous n'y rencontrassions la mort, que nous fuïons. D'ailleurs nous pensions en nous-mêmes que si Dieu

nous affiftoit en cette occafion , nous eftions en
feureté , & que s'il nous abandonnoit , à caufe de
nos pechez , nous trouverions un tombeau dans
cette caverne.

Mais que devinfmes-nous, & de quel effroy ne
fûmes-nous point faifis, quand nous vîmes noftre
maître avec un de fes efclaves qui nous avoit fuivis à la pifte jufqu'à cet antre , s'arrefter proche
delà ? Nous euffions fans doute fenti moins de
douleur en recevant la mort que nous n'en endu-
rions en l'attendant. Ma langue bégaie encore
d'aprehenfion , & comme fi mon maître crioit
encore , je n'oferois prefque ouvrir la bouche. Il
fait defcendre fon efclave , & lui commande de
nous faire fortir de la caverne. Lui cependant
tenoit les chameaux d'une main , & une épée
nuë de l'autre pour nous tuer quand nous forti-
rions. L'efclave eftant entré , & eftant allé trois
ou quatre pas plus avant que la foffe où nous
eftions , nous le voions par derriere fans qu'il
nous eût aperceus , car naturellement on ne voit
pas d'abord, quand on fort d'une grande lumiere,
& qu'on entre dans une obfcurité fort épaiffe :
Sortez pendars , s'écria-t'il , faifant retenir toute
la caverne de fes cris , fortez , venez recevoir la
mort , pourquoi demeurez-vous fi long-temps ?
Sortez, voftre maître vous apelle.

A peine avoit-il achevé ces paroles que nous
vîmes venir à travers des tenebres une lionne ,
qui s'eftant jettée fur lui , & l'aiant étranglé , le
traînoit au fond de l'antre. Bon Dieu , quelle
joye & quel effroy alors n'eûmes-nous point
en même-temps ? Nous voions perir noftre ennemi fans que fon maître le fceût : Mais vojant
qu'il tardoit trop , il s'imagina que deux per-

sonnes s'estoient mises en défense contre une
seule ; de sorte que ne pouvant retenir davantage sa colere , il vint lui-même , aiant toûjours
l'épée nuë à la main , & pendant qu'avec des
cris furieux il accusoit son esclave de lâcheté, la
lionne l'emporta avant qu'il fust arrivé au lieu
où nous estions. Qui croira qu'en nostre presence une beste sauvage ait ainsi combatu pour
nous ?

Estant délivrez de cette maniere de l'apprehension , que nous avions de nostre maître , le
peril où nous estions d'une mort semblable à la
sienne , nous jettoit dans une autre crainte , qui
n'estoit pas moindre que la premiere ; si ce n'est
que la fureur d'une lionne est moins à redouter
que la colere d'un homme. Nous estions saisis
de peur , & n'osant pas même nous remüer, nous
attendions quel succés auroit cette avanture , &
la connoissance que nous avions de nostre chasteté , nous servoit comme d'un mur qui nous mettoit à couvert parmi tant de perils. La lionne
voiant qu'elle estoit découverte , & apprehen-
dant qu'on ne lui dressast quelques embuscades , emporta ses lionceaux avec sa gueule , &
nous laissa maîtres de l'antre. Cependant nous
ne nous fiâmes pas à cela , & ne sortîmes pas
aussitost : Au contraire, nous attendîmes long-
temps; car quand nous estions prests à partir, nous
nous figurions toûjours que nous l'allions avoir
à la rencontre.

Ayant passé tout ce soir & le lendemain dans
cette crainte , nous sortîmes sur le soir , & trouvâmes ces chameaux qu'on appelle dromadaires , à cause de leur extrême vîtesse , qui rumi-
noient. Nous montâmes dessus , aprés avoir pris

quelque nourriture, & ayant traversé tout ce desert, nous arrivâmes le dixiéme jour au camp des Romains, où nous fûmes presentez au Mestre de camp, à qui nous contâmes la chose comme elle s'estoit passée. Delà estant envoyez à Sabin, Gouverneur de Mesopotamie, nous y touchâmes l'argent de nos chameaux que nous vendîmes. Et comme mon Abbé, dont je vous parle, estoit passé de cette vie en une meilleure, je retournai avec les Solitaires qu'il avoit laissez en son Monastere, mettant cette femme entre les mains de quelques vierges, l'aimant toûjours comme ma sœur, mais m'en défiant beaucoup plus que si elle l'eust esté effectivement.

Le vieillard Malc me conta cette histoire en mon enfance, & je vous la raconte en ma vieillesse. Je propose aux chastes un exemple admirable de chasteté à imiter, & j'exhorte les vierges à la conserver. Contez cette avanture à ceux qui viendront aprés vous, & qu'ils en apprennent qu'au milieu des épées, des deserts, & des bêtes farouches la chasteté ne peut estre captive, & qu'un homme qui s'est sacrifié à JESUS-CHRIST peut bien estre attaqué, mais non pas vaincu.

A FABIOLE.

Saint Jerôme explique dans cette Lettre les diverses sortes d'habits des Prêtres de l'ancienne Loy, & les parts qu'ils avoient aux victimes.

LETTRE IV.

2. Cor. 3.
Exod. 34.

JUSQUES aujourd'hui nous éprouvons en lisant l'ancien Testament, que le voile demeure toûjours sur le visage de Moyse. Il estoit accompagné d'une telle gloire en parlant, que le peuple ne pouvoit le regarder, à cause de la gloire & de la lumiere dont il éclatoit. Mais quand nous nous

2. Cor. 3.

convertissons veritablement à Dieu, ce voile est levé. La lettre qui tuë meurt elle-même, & l'esprit qui donne la vie est renouvellé. Car Dieu

Joan. 4.

est l'Esprit, & la Loy spirituelle. Delà vient que

Psal. 118.

David, dans un de ses Pseaumes, demande à Dieu, *Qu'il lui ouvre & lui illumine les yeux, afin qu'il contemple les merveilles de sa Loy.*

1. Cor. 9.
Exod. 29.
Num. 25.

En effet, *Est-ce que Dieu se met en peine de ce qui regarde les bœufs ?* Qu'il se soucie de leur soye, & de celui des boucs, & des beliers, ou de leur épaule droite, de leur poitrine, & des intestins qui servent à la décoction, dont les deux premieres estoient données aux Prêtres pour les nourir, & l'autre aux enfans de Phinées ? A l'égard des victimes qu'on appelloit salutaires, la graisse qui estoit à l'entour de la poitrine, & la noix du foye estoit presentée sur l'Autel ; mais la

Lev. 7.

poitrine & le costé droit estoit le partage d'Aaron

& celui de ſes enfans, dont ils ne pouvoient jamais eſtre privez.

Toutes ces ceremonies eſtoient des inſtructions myſterieuſes pour nous. Le principe du ſentiment eſt dans le cœur, & le cœur eſt dans la poitrine. Les Naturaliſtes demandent où reſide particulierement l'ame. Platon tient que c'eſt dans le cerveau, & JESUS-CHRIST nous apprend par-là que c'eſt dans le cœur. Même, *Bien-heureux,* *Mat. 5.* dit-il, *ceux qui ont le cœur pur, parce qu'ils verront Dieu.* Et ailleurs, *Les méchantes penſées partent du cœur.* Et parlant aux Phariſiens, il leur demande, *Pourquoi ils donnent entrée en leurs cœurs à de mauvaiſes penſées ?* C'eſt l'opinion des Phyſiciens que la volupté & la concupiſcence viennent du foye, & les Prêtres en offrent à Dieu *Lev. 1.* la noix qui eſt dans un perpetuel mouvement, & qui ſort au dehors de nous-mêmes par les deux feneſtres de nos yeux, afin qu'ayant dit à Dieu, *Que vôtre holocauſte ſoit parfait,* & qu'ayant con- *Pſal. 16.* ſumé par le feu ce qui eſt la ſource de la concupiſcence & de l'amour des plaiſirs, ils reçoivent pour recompenſe la poitrine & le coſté de la victime ; c'eſt à dire, les penſées pures, l'intelligence de la Loy, la verité de ſes preceptes qui reſident dans le cœur qui eſt enfermé dans la poitrine, & la puiſſance de faire de bonnes œuvres, & de la force pour combattre contre le demon, qui dépendent du bras qui eſt attaché au coſté. Car ils doivent montrer par leurs actions quelles ſont leurs penſées, à l'exemple de JESUS-CHRIST, *qui commença à enſeigner par faire.* Tout cela & *Act. 1.* ces paroles de Malachie, *Les lévres du Prêtre gar-* *Mal. 3.* *dent la ſcience, & on attend de ſa bouche l'explication de la Loy,* montrent que le ſoin principal d'un Prêtre doit eftre de fe rendre fçavant dans les Loix de Dieu, afin qu'il puiffe refifter à ceux qui s'y oppoferont, & qu'il ne doit commettre aucunes méchantes actions qui le conduifent en enfer, mais fe fervir du bras droit, c'eft à dire, faire en forte par fa vertu, que fes actions foient diftinguées de celles des autres.

Voilà ce que j'ai crû eftre obligé de vous dire des victimes falutaires, des parties qui en eftoient confumées fur l'Autel, & de celles que Dieu a commandé qu'on donnât aux Prêtres. Pour ce qui eft des autres, excepté l'offrande des premices, où l'on fongeoit plûtoft à leur fubfiftance qu'à quelque inftruction myfterieufe, ils avoient trois parties de l'animal qui eftoit immolé, le cofté, la machoire, & le ventre. J'ai expliqué ce qui regarde le cofté. La machoire eft la figure de la fcience & de l'éloquence qu'un Prêtre doit avoir; & le ventre, qui eft le receptacle des viandes par où Phinées perça la Madianite de fon épée, nous enfeigne que tous les travaux des hommes, & l'attache qu'ils ont aux plaifirs fenfuels, & particulierement à ceux de la table, font méprifables par la confideration de ce qu'ils deviennent, & apprend à ceux qui fervent veritablement Dieu, que tout ce qui eft entré dans la bouche, & defcend delà dans le ventre, eft jetté enfuite au lieu fecret. Delà vient que l'Apôtre dit, *Que les viandes font pour le ventre, & le ventre pour les viandes, mais Dieu un jour détruira l'un & l'autre.* Et au contraire, parlant de ceux qui font adonnez à leurs plaifirs, il dit, *Qu'ils font leur Dieu de leur ventre, & qu'ils mettent leur gloire dans leur propre honte:* Moyfe fit mettre en poudre le veau d'or que le peuple d'Ifraël avoit adoré, &

enfuite le lui donna à boire par dérifion de fa fu-
perftition, & pour lui faire concevoir du mépris
pour une chofe qui fe tournoit en excrement.
L'ufage du vin, & de tout ce qui peut enyvrer,
eft défendu à ceux qui font confacrez au fervice
des Autels, *De peur que leurs cœurs ne s'appefan-* *Luc.* 21.
tiffent par l'excés des viandes & du vin, & par les
inquietudes de cette vie ; & afin qu'ils ne s'attachent fur la terre qu'à Dieu feul. La Loy veut
auffi qu'ils n'ayent aucun defaut en leurs corps,
qu'ils ayent les oreilles entieres, & les yeux bons ;
qu'ils ne foient ni camus, ni boiteux, ni défi-
gurez ; & tout cela eft une inftruction pour quelques vices particuliers de l'ame. En effet, Dieu
ne rejette point dans un homme les défauts de
la nature, mais les déreglemens de la volonté.

Si un Prêtre fe foüille par quelque impureté
involontaire, il lui eft défendu de s'approcher de
l'Autel ; & au contraire, une veuve arrivée à
l'âge de Sara, eft receuë à caufe de fa continence,
& on la fait fubfifter des deniers du Temple,
pourvû qu'elle n'ait point d'enfans ; mais fi, elle
en a, on la leur met entre les mains ; afin que fuivant ce que dit l'Apôtre, *Celles qui font vraiment* 1. *Tim.* 5.
veuves ne manquent point d'affiftance, & que celle
qui eft entretenuë du bien de l'Autel n'ait de l'af-
fection pour aucune chofe. Les voifins & les mercenaires ne mangeoient point avec les Levites,
mais ce qu'on defervoit de leur table eftoit
donné à leurs ferviteurs. C'eft à dire, que dés ce
temps-là, on condamnoit Phigele & Hermoge-
ne, & qu'on recevoit Onefime. On offroit aux
Grands-Prêtres les prémices de toutes fortes de
viandes, de grains, & de fruits, afin qu'eftant
affurez de leur nourriture & de leur vêtement,

ils puſſent ſervir Dieu ſans obſtacle , & ſans eſtre
inquietez de rien. On leur donnoit les premiers
nez des animaux appellez mondes , & l'on vendoit ceux des immondes , & ils en recevoient
l'argent. On rachetoit auſſi les premiers nez des
hommes , & parce que dans toutes les conditions
la maniere de naître eſt égale , le prix du rachat
eſtoit égal pour tous , afin que les riches ne devinſ-
ſent pas orgueilleux pour avoir payé beaucoup ,
& qu'une ſomme exceſſive n'incommodât pas
les pauvres. Les dixmes eſtoient le partage des
portiers , & de ceux qui avoient ſoin de la Sacri-
ſtie ; mais ils payoient enſuite la dixme de ces
mêmes dixmes aux Prêtres dont ils eſtoient autant au deſſous , qu'ils eſtoient eux-mêmes au
deſſus du reſte du peuple. Il y avoit quarante-
huit villes choiſies pour la demeure des Prêtres
& des Levites , & ſix tant au deça qu'au delà du
Jourdain , pour celle des exilez , dont le banniſ-
ſement duroit juſqu'à la mort du Grand-Prêtre.
Tout ce que je vous ai dit juſques icy avec precipitation , & dont je vous ai plûtoſt marqué ,
que découvert les myſteres , regarde ſeulement
les ſimples Prêtres , & je vas en peu de mots
vous expliquer le nombre & la grandeur des pre-
rogatives du Pontife.

Il lui eſtoit défendu de ſe découvrir la teſte.
Il portoit un bonnet , où ſur la partie qui
deſcendoit ſur le front le nom de Dieu eſtoit
écrit. Il avoit le diadême ; il faloit qu'il euſt tren-
te-trois ans accomplis ; c'eſt à dire , qu'il fuſt autant âgé que l'eſtoit JESUS-CHRIST quand il eſt
mort , & il devoit eſtre toûjours revêtu de ſa
gloire. Il ne lui eſtoit pas permis de déchirer
ſes habits , parce qu'ils eſtoient blancs , ſans ſoüil-

Marginal notes:
Num. 18.
Ibidem.
Num. 35.
Lev. 11.
Ex. 28.

lure, & propres à suivre l'Agneau, estant faits
de la laine d'une brebis tonduë pour la premiere fois. Aussi Thamar ayant perdu sa virginité,
mit sa robe en pieces, & Caïphe estant destitué *Gen. 28.*
du Sacerdoce déchira en public ses vêtemens. Il *Mat. 26.*
n'alloit point où il y avoit un corps mort ; car *Lev. 21.*
il n'entroit point où il y avoit du peché, qui est
accompagné de la mort : *L'ame*, dit l'Ecriture,
qui aura peché, mourra. Quelque riche que fust
une personne, quelque fust son authorité, &
quelque quantité de victimes qu'elle pust offrir,
le Grand-Prêtre n'en approchoit point, & ne la
voyoit point, si elle estoit morte, c'est à dire, si *Joan. 11.*
elle avoit peché. An contraire, si elle ressusci-
toit, qu'elle sortist du tombeau à la voix du Sauveur qui l'appelloit, & qu'estant déliée des bandes du peché, elle marchast libre, le Grand-Prêtre demeuroit chez elle, & mangeoit avec elle,
aprés sa resurrection. Il lui estoit défendu d'of- *Lev. 21.*
fenser Dieu à cause de son pere & de sa mere ; car
l'affection que l'on a pour eux nous porte sans
doute à beaucoup de choses, & souvent une pa-
renté fondée sur la chair & le sang est cause de
la perte de l'ame, & de celle du corps. *Celui*, dit *Mat. 10.*
l'Evangile, *qui aime son pere on sa mere plus que*
JESUS-CHRIST, *n'est pas digne de* JESUS-CHRIST ; *Luc. 9.*
& un Disciple voulant aller ensevelir son pere,
le Sauveur le lui défendit. Combien y a-t-il de
Solitaires à qui le desir de secourir leur pere &
leur mere, a fait faire naufrage ? Si nôtre pere ou nôtre mere ne doit point nous estre une
occasion de soüillure ; à plus forte raison nos
freres, nos sœurs, nôtre famille, & nos servi-
teurs. *Nous sommes de la race choisie, & de l'or-* *1. Pet. 2.*
dre des Prêtres Rois. Ne considerons que ce Pere

qui ne meurt jamais , ou qui ne meurt que pour nous , & qui estant en vie , c'est à dire , exempt de peché , a voulu endurer la mort afin de nous rendre la vie. S'il nous reste quelque chose de l'Egypte que le Prince du siecle puisse reconnoître , comme estant à lui ; laissons-le où il est , entre les mains de la Dame Egyptienne.

Gen. 39.
Mat. 14.
Celui qui se sauva nud en chemise n'eût pû eviter de tomber sous la puissance de ceux qui le poursuivoient , s'il eût porté quelque chose , & qu'il n'eût pas esté dépoüillé de tout. Acquitons-nous envers nos parens de ce qui leur est dû : pourveu toutefois qu'ils soient vivans , c'est à dire , qu'ils ne soient pas morts par le peché , & qu'ils s'estiment glorieux de ce que leurs enfans

Lev. 21.
leur préferent JESUS-CHRIST. Ainsi le Grand-Prêtre ne sera point obligé de s'éloigner de nous , & nous ne serons point cause qu'il prophane ce que Dieu a sanctifié en lui , puisque nous ne pecherons point.

Mat. 12.
Nous rendrons aussi compte au jour du jugement de toutes les paroles inutiles que nous aurons dites , & tout ce qui n'édifie pas celui qui écoute , met en danger celui qui parle. Si en disant , ou en faisant quelque chose qui merite de m'estre reproché , je cesse d'estre du nombre des Saints , &

Tit. 4.
prophane le nom du Seigneur , en quoi je mets ma confiance , le Grand-Prêtre & l'Evêque ont beaucoup plus de sujet d'apprehender , eux qui doivent estre exempts de foüillures , & d'une vertu si éminente , qu'ils soient toûjours du nombre des Saints , & toûjours prests d'offrir à Dieu des victimes pour les pechez des hommes ; eux qui sont mediateurs entre Dieu & les hommes , qui font de leur bouche sacrée la chair de l'a-

gneau, & fur qui l'huile fainte du Sauveur a efté répanduë.

Le Grand-Prêtre ne fortoit point du Sanctuaire, de peur qu'il ne foüillât les vêtemens dont il eftoit revêtu. *Nous tous qui avons efté baptifez en* *Gal.* 3. J ESUS-CHRIST, *nous avons efté revêtus de* J ESUS-CHRIST. Confervons la robe qui nous a efté donnée ; confervons-la toute fainte en un lieu faint. Cét homme qui defcendoit de Jerufalem à Jerico, fut dépoüillé auparavant que d'eftre bleffé. On verfa premierement dans fes plaies de l'huile, qui eft un remede benin, & pour ainfi dire, le remede d'un Medecin touché de compaffion pour le malade, & enfuite comme il devoit eftre châtié de fa negligence, on y verfa du vin, afin que par fon âpreté, fentant quelque douleur dans fes plaies, l'huile le portât à faire penitence, & que le vin lui fift éprouver la feverité de celui dont il devoit eftre jugé.

Le Grand-Prêtre époufoit une vierge, & n'époufoit point une veuve, ni une proftituée, ni une repudiée ; mais une vierge de fa Tribu, de peur qu'il ne foüillât fon fang en le mêlant avec celui du peuple : *Car c'eft moi*, dit le Sauveur, *qui le fanctifie.* Je fçai que la plûpart expliquent toutes ces loix qui font ici données au Grand-Prêtre de J E S U S-C H R I S T, & qu'ils entendent de fa mere qui demeura vierge aprés fon enfantement, ces paroles : *Dieu ne fera point offenfé à caufe de fon pere & de fa mere.* Et j'avoüe qu'il eft plus convenable de faire cette interpretation de celui à qui il eft dit dans le Pfeaume ; *Vous eftes le Prêtre éternel felon l'ordre de Melchifedech :* Et par Zacharie ; *Ecoutez, ô Grand-Prêtre, J ESUS à qui les fales vêtemens de nos pechez ont efté oftez,*

afin qu'il recoive la gloire qu'il avoit receuë auprês
de voftre pere, avant que le monde fut creé. Mais
de peur qu'on ne croie que je veüille faire violence à l'Ecriture, & que l'amour que j'ai pour
mon Sauveur m'oblige à ofter à l'hiftoire fon
veritable fens ; l'interpretation que j'en ferai
des membres tournera à la gloire du chef : Ce
que j'expliquerai des ferviteurs s'accomplira
dans le maître ; quoi que la gloire des ferviteurs foit celle du maître. Même à chaque occafion qui s'en prefentera, je parlerai de telle
forte de la veritable lumiere, que je ferai voir
qu'elle eft defcenduë fur ceux à qui JESUS-
CHRIST a accordé qu'ils devinffent la lumiere
du monde.

Mat. 5.

Il n'eftoit point permis à ce Grand-Prêtre,
dont parle Moyfe, d'époufer une veuve, une
repudiée, ni une proftituée. Celle-là eft une
veuve dont le mary eft mort : Celle là eft une
repudiée qui eft abandonnée par fon mary vivant : Et celle-là enfin eft une proftituée qui a
fouffert les careffes de plufieurs galants. Mais
il faloit qu'il époufaft, fuivant ce que Moyfe
lui ordonne, une vierge de fa Tribu, & non
pas d'une Tribu étrangere ; de peur que la femence du bon grain ne degeneraft dans une mauvaife terre. Il lui eftoit défendu d'époufer une
proftituée, parce qu'elle s'eftoit abandonnée à
plufieurs galants ; une repudiée, parce qu'elle
s'eftoit renduë indigne de fon premier mary, &
une veuve, de peur qu'elle ne rappellât en fa
memoire les plaifirs de fes premieres nôces ;
C'eft à dire, que fon ame devoit eftre fans tache, & que renaiffant en Dieu, elle augmen-
tât tellement en vertu, que de jour à autre,

elle paruft une ame nouvelle, afin qu'il fuft du nombre de ceux dont parle l'Apôtre: *Je vous ay* 2. Cor. 11. *fiancez à un unique époux, qui eft* JESUS-CHRIST, *pour vous prefenter à lui comme une vierge toute pure :* & qu'il ne reftât rien en lui du vieil homme : *Si donc nous fommes reffufcitez avec* JESUS- Coll. 3. CHRIST, *recherchons ce qui eft dans le Ciel ;* à l'exemple du Grand-Prêtre, oublions le paffé, & ne defirons que les biens à venir. Le miferable Simon fut trouvé indigne de la compagnie de faint Pierre, parce qu'aprés avoir efté baptifé il fongea aux plaifirs de l'ancien mariage, & n'eut pas une pureté de vierge.

Vous m'avez prié avec inftance dans vos lettres, que je vous entretinffe d'Aaron, & des habillemens du Grand-Prêtre. J'ay fait, Madame, plus que vous ne m'avez demandé, aiant mis à la tefte de ce difcours une petite préface, où j'ay traité des premices des fruits, des parties de la victime qui eftoient données aux Prêtres pour leur nourriture, & des loix que le Grand-Prêtre eftoit obligé de garder. Mais fortant de Sodome & vous hâtant de monter fur le fommet de la montagne, vous laiffez derriere vous les Ifraëlites & les Levites, vous allez même auffi vîte que fi vous voliez plus loin que les Prêtres, & vous venez enfin jufqu'au Grand Prêtre. Cependant quoi que vous vous informiez foigneufement de moi de fes habillemens, je croi que noftre compagnie ne vous eft pas agreable. Ce n'eft pas que vous ne joüiffiez peut-eftre d'un repos tres-doux, & qu'auprés de Babylone où vous eftes, vous ne foûpiriez aprés Bethléem ; mais pour nous, à la fin nous y avons trouvé la paix, nous y entendons dans la Crêche les cris de l'Enfant, & je souhaiterois que le bruit de ses pleurs & de ses petites plaintes pût aller jusqu'à vos oreilles.

Exod. 25. 26. 27.

Il est fait mention dans l'Exode du Tabernacle, d'une table, d'un chandelier, d'un Autel, de colomnes, de tentes, de lin, de pourpre, d'écarlate, de differens vases, d'or, d'argent, & d'airain, de la division du Tabernacle en trois, de douze pains qui se mettoient sur la table toutes les semaines, de sept lampes attachées au chandelier, d'un Autel pour les victimes & les holocaustes, de tasses, d'encensoirs, de phioles, de mortiers, de poteaux, de peaux teintes en écarlate, de poils de chevres, & de bois incorruptibles. Toutes ces choses differentes servoient au Tabernacle de Dieu, pour nous aprendre que personne ne doit desesperer de son salut. En effet les uns peuvent offrir l'or de leurs sens, les autres l'argent de leurs paroles, & les autres la bronze de leur voix.

Le monde entier nous est representé par le Tabernacle, dont le premier & le second vestibule estoient ouverts à toutes sortes de personnes ; car l'eau & la terre ont esté créez pour tous les hommes, mais l'entrée du Sanctuaire, qu'on apelloit autrement *le lieu saint des lieux saints*, n'estoit libre qu'à peu de gens, comme s'il y en avoit peu qui pûssent entrer dans le Ciel. Les douze pains sont la figure des douze mois de l'année, & les sept lampes attachées au chandelier, celle des sept planettes.

Mais pour ne m'étendre pas davantage sur ce sujet, ne m'estant pas proposé de faire ici la description du Tabernacle entier : Je commencerai à parler des habillemens des Prêtres, vous

aprenant

aprenant comment ils eſtoient faits, & les propres noms qu'ils avoient parmi les Juifs. Avant que vous expliquer les myſteres qui y eſtoient renfermez, afin que vous en ayant fait la peinture, & vous ayant, pour ainſi dire, mis devant les yeux les Prêtres reveſtus de leurs ornemens, je puiſſe enſuite vous rendre plus facilement la raiſon de chacun en particulier, commençons d'abord par les habillemens communs aux Prêtres, & au Grand-Prêtre.

Le premier qui eſtoit de lin leur deſcendoit juſqu'aux genoux, cachant ce que la pudeur & la bienſeance défendent de découvrir. La partie d'enhaut en eſtoit liée tres-ſerré ſous le nombril, afin que ſi tombant en immolant les victimes, en portant des taureaux & des beliers, ou en s'acquitant de quelqu'autre fonction de leur miniſtere, on voyoit par hazard leurs cuiſſes, ce qui devoit eſtre caché le fût toûjours. C'eſtoit auſſi pour cette raiſon qu'il eſtoit défendu d'élever l'Autel, de peur que lors que les Prêtres monteroient ſur les degrez, le peuple ne vît quelque choſe qui choquât l'honneſteté. Les Hebreux apellent cette ſorte d'habillement *Michenefe*, les Grecs *Periſquele*, & nous autres *Caleçons*. Joſephe qui eſtoit de la Tribu des Prêtres, & qui a vû le Temple qui n'étoit pas encore démoly de ſon temps, Veſpaſien & Tite n'ayant pas encore ſacagé Jeruſalem, raporte, & l'on connoît toûjours mieux ce que l'on voit que ce que l'on aprend par le recit d'un autre, que cette ſorte d'habillement eſtant taillé, on le couſoit à l'aiguille avec du fil de lin, afin que les parties en tinſſent mieux les unes aux autres, parce qu'on ne pouvoit pas le faire au mêtier de Tiſſeran.

Le Caleçon
Exod. 12.

Ibid.

Tunique de lin.

Ils avoient aprés cela une forte de tunique de lin de deux pieces, appellée par les Grecs *Juderes*, c'eſt à dire *qui va juſqu'aux talons*, par le même Joſephe *Robe de lin* ſimplement, & par les Hebreux *Chetoues*, qui peut eſtre traduit par *robe qui eſt de lin* : Elle deſcendoit juſqu'aux bas des jambes, & eſtoit ſi étroite, & particulierement par les manches, qu'elle ne faiſoit pas ſeulement un ſeul ply. Je me ſerviray de l'exemple d'une choſe ordinaire, pour faire comprendre plus facilement ce que c'eſtoit à ceux qui liront cecy. Les gens de guerre portent d'ordinaire un certain habillement de lin appellé *chemiſe*, qui eſt comme colé ſur leur corps, de ſorte qu'il ne les empêche point de courir, de combatre, de lancer un javelot, de tenir un bouclier, ny de faire tous les exercices de ſoldat : La tunique dont eſtoit reveſtu le Prêtre eſtant preſt d'officier, eſtoit à peu prés pareille à cette chemiſe ; ainſi avec la beauté de cet habillement il pouvoit encore eſtre auſſi diſpoſt que s'il eût eſté nud.

Ceinture.

Ils nommoient leur troiſiéme ſorte d'habillement *abnet*, que nous pouvons traduire par *ceinture*, ou *baudrier*, & les Babyloniens l'apellent *Hemejamin*, qui eſt un mot nouveau. Car j'en raporte tous les noms differens, afin que perſonne n'y ſoit trompé. Cette ceinture eſtoit ſemblable à la peau qu'un ſerpent quitte en ſe renouvellant au Printemps, & tiſſuë en rond de telle ſorte qu'on la prendroit pour une longue bourſe. Afin qu'elle fuſt belle & de durée en même temps, la trame en eſtoit d'écarlate, de pourpre, de jacinthe, & de fin lin, eſtant bigarrée de diverſes couleurs ſi vives & ſi naturelles, qu'on eût crû que les fleurs, & les boutons de fleurs dont elle estoit enrichie n'estoient pas l'ouvrage de la main de l'ouvrier ; mais une veritable production de la nature. Ils ceignoient entre la poitrine & le nombril la tunique de lin dont je viens de parler, avec cette ceinture qui estoit large de quatre doigts. Et parce qu'elle pendoit par un bout jusqu'au bas des cuisses, ils la relevoient & la jettoient sur l'épaule gauche, lors que dans le sacrifice il falloit courir, ou travailler à quelque grosse besogne,

Leur quatriéme sorte d'habillement estoit une espece de bonnet rond, semblable à une moitié de globe coupé en deux, qu'on mettoit sur sa teste. Les Grecs & nous le nommerons *pyran*, quelques-uns *petit chapeau*, & les Hebreux *Mirnepheht*. Il n'y avoit point de pointe au dessus, & ne cachoit pas la teste entiere jusqu'au bout des cheveux ; mais en laissoit pardevant environ la troisiéme partie découverte, & estoit lié sur le cou d'un ruban, de peur qu'il ne tombât. Il estoit de lin & couvert d'un linge tres-fin, avec tant d'artifice qu'il ne paroissoit pas au dehors un seul point d'aiguille,

Bonnet rond.

Les simples Prêtres portoient aussi bien que le Grand-Prêtre ces quatre sortes d'habillemens ; c'est à dire le caleçon, la tunique de lin, la ceinture qui estoit tissuë des couleurs que j'ay marquées, & le bonnet dont nous venons de parler.

Les quatre suivants estoient seulement à l'usage du Grand-Prêtre. Le premier qu'ils apelloient *Meil*, ou, *Tunique qui va jusqu'aux talons*, estoit tout entier de couleur de jacinthe, & il y avoit aux côtez deux manches cousuës de la même couleur. Il estoit ouvert par-en-haut, afin que l'on pût y passer le cou, les bords estant en cet

Tunique alloit jusqu'aux talons.

endroit tres-forts, de peur qu'il ne se rompist. Il y avoit au bas, c'est à dire vers les pieds, soixante & douze sonnettes & autant de grenades tissuës des mêmes couleurs que la ceinture ; une sonnette estant entre deux grenades, & une grenade entre deux sonnettes ; & ces sonnettes estoient attachées à cet habillement, afin que le Grand-Prêtre fist beaucoup de bruit en entrant dans le Sanctuaire ; car s'il n'eût pas fait de bruit, il fût mort sur la place.

Chasuble ou manteau. La sixiéme sorte d'habillement est nommée *Ephod* par les Hebreux, *Epomis* par les Septante, qui veut dire *chasuble*, ou *manteau*, ou *habit qui se porte sur les épaules* : & *epiramma* par Aquila ; mais je l'appelleray *Ephod*, qui est son nom veritable ; car il est constant que ce qui est exprimé dans le Levitique par *chasuble*, ou *habit qui se porte sur les épaules* est toûjours pris par les Hebreux pour *Ephod*. Je me souviens d'avoir dit dans une de mes Lettres, qu'il estoit un des habits particuliers au Grand-Prêtre, & toute l'Ecriture sainte assure qu'il estoit quelque chose de sacré, & destiné seulement à l'usage des souverains Pontifes.

2. *Reg.*
Deux sortes de chasubles. Ne m'objectez pas cette difficulté qui se presentera d'abord à vôtre esprit, qu'il est raporté au second Livre des Rois, que Samüel estant encore enfant & n'estant que simple Levite avoit un *Ephod de lin*, puis qu'il est dit aussi que David en portoit un devant l'Arche du Seigneur. Il y a beaucoup de difference entre en avoir un tissu d'or & bigarré des differentes couleurs dont j'ay parlé cy-devant, & en porter un de lin tout simple, & semblable à celuy des Prêtres. On reduisoit de l'or en feüilles tres-deliées, que l'on cou-

poit enfuite par filets, à quoi ajoûtant pour
trame les quatre couleurs que j'ai déja remar-
quées, il s'en faifoit un efpece de manteau, fi beau
& fi éclatant qu'il éblouïſſoit les yeux de ceux qui
le regardoient, eftant prefque pareil à celui qu'on
porte aujourd'huy en Orient, appellé *Caracalla*,
excepté qu'il n'avoit point de capuchon. Il n'y
avoit rien au devant fur la poîtrine, car on laif-
foit ce lieu vuide, comme eftant la place du rational. Il y avoit fur chaque épaule une pierre
precieufe, apellée par les Hebreux *Soom* : par
Aquila, Symmaque, & Theodotion, *Sardonix* ;
par les Septante *Emeraude*, & par Jofephe *Sardo-*
nique, ou *Sardoine* ; s'accordant en cela avec les
Hebreux & avec Aquila. Pour marquer la couleur de cette pierre, ou le païs d'où il eftoit,
fix des noms des douze Prophetes, d'où eftoient
defcenduës les douze Tribus, en quoi les Ifraëlites eftoient divifez, eftoient écrits fur chacune
de ces pierres ; les fix fils aînez de Jacob eftant
fur l'épaule droite, & les fix autres fur la gauche, afin que le Grand-Prêtre entrant dans le
Sanctuaire portât les noms du peuple pour lequel il alloit prier le Seigneur.

Le feptiéme habillement, quoi que plus petit, fi Rational.
l'on en confidere l'étenduë, eftoit le plus faint & le
plus augufte de tous. Soyez, je vous prie, attentive
en cet endroit, afin de concevoir ce que je dirai.
Les Hebreux l'apellent *Hofen*, les Grecs *Logion*,
& nous le nommerons *Rational*, afin de faire voir
par fon nom même qu'il eftoit plein de myfteres.
C'eftoit un morceau d'étoffe tiffuë des mêmes
couleurs que celles qui eftoient au manteau ou
chafuble dont nous avons parlé, grand d'un pied
en quarré, & double, afin qu'il ne rompift pas
I i iiij

aifément. Douze pierres d'une grandeur & d'une prix extraordinaire y eftoient enchaffées en quatre rangs, y en ayant trois à chacun. Une fardoine, une topafe, & une éméraude compofoient le premier rang. Il eft vrai qu'à l'égard de la derniere Aquila eft d'un autre fentiment, mettant une cryfopafe pour une éméraude. Une efcarboucle, un faphir, un jafpe faifoient le fecond. Une lifoire, une agathe, & une amifthe le troifiéme ; & une chryfolite, une fardoine, & un beril le quatriéme. Et je m'eftonne que celle que nous nommons jacinthe, & qui eft tres-precieufe, ne foit point du nombre de ces douze, fi ce n'eft qu'elle y foit au troifiéme rang fous le nom de lifoire ; car quelque peine que j'aye prife à feüilleter les Autheurs qui ont écrit des pierres precieufes, je n'en ai trouvé aucun qui en parlât. Les noms des douze Tribus eftoient gravez dans chacune de ces pierres, fuivant leur anciennecé. Il y avoit de toutes ces pierres au Diadême du Roy de Tir ; & nous lifons dans l'Apocalypfe que la célefte Jerufalem en eftoir baftie, la diverfité de leurs noms & de leurs efpeces nous marquant la difference & le rang de chaque vertu. Outre cela il y avoit aux quatre coins du rational quatre anneaux d'or, aufquels répondoient quatre autres pareils, qui eftoient attachez au chafuble ou manteau, afin que quand on mettroit le rational en la place vuide qui lui eftoit refervée dans le manteau, comme nous l'avons dit, ces anneaux fe rencontraffent les uns les autres, & qu'on les liât enfemble avec des bandes de couleur de jacinthe. Au refte ces pierres eftoient arreftées avec de l'or, de peur que fi elles euffent efté attachées avec autre chofe,

Ezech. 23.

elles ne le rompiſſent ; avec cela afin que tout
tint avec plus de fermeté, il y avoit encore des
chaînons d'or couverts pour l'embelliſſement de
l'ouvrage de tuyaux de même métal : des chaînons, dis-je, qui portant de deux autres grands
anneaux attachez au haut du rational ſe venoient
acrocher à deux agraphes d'or qui eſtoient au
manteau. Outre ces deux grands anneaux attachez au haut du rational, on en voioit en bas
deux autres pareils à l'opoſite, où il y avoit des
chaînons tels que ceux que je viens de marquer,
qui venoient joindre à deux autres anneaux d'or
qui tenoient chacun de leur côté au derrière du
manteau, à l'endroit qui répondoit à l'eſtomach ;
de ſorte que le rational eſtoit ſi bien attaché
au manteau, & le manteau au rational, qu'il
ſembloit qu'ils ne fuſſent que d'une pièce l'un &
l'autre.

Le huitiéme enfin nommé *ſis zaub*, eſtoit une Lame d'or.
lame d'or ſur quoi le Nom de Dieu eſtoit écrit
en quatre lettres, *jod, he, vau, he*, qui compo-
ſent le nom que les Hebreux apelloient ineffa-
ble. Cette lame d'or que les ſimples Prêtres ne
portoient point, eſtoit poſée ſur le bonnet de lin
qu'ils avoient comme le Grand-Prêtre, & elle
eſtoit attachée ſur ſon front avec un ruban de jacinthe, afin que le Nom de Dieu lui ſervît de
protecteur, & couronnât, pour ainſi dire, la beauté
de tous les ornemens.

Juſqu'icy nous avons vû les habillemens qui
eſtoient communs au ſouverain Pontife, & aux
ſimples Prêtres, & ceux qui n'eſtoient que pour
l'uſage particulier du premier. Mais ſi de ſimples
vaiſſeaux de terre nous font naître tant de difficultez, quelle ſera la grandeur du treſor & des

mysteres qui y sont renfermez ? Commençons donc, selon nôtre coûtume, par dire ce que nous avons apris des Hebreux, & ensuite nous en découvrirons le sens mystique.

Les quatre couleurs sont la figure des quatre élemens desquels sont composez tous les estres ; le lin representant la terre qui le produit ; la pourpre la mer, parce qu'elle se fait de coquilles qu: s'y pêchent ; l'azur l'air, à cause de la ressemblance qu'il y a de la couleur de l'un à celle de l'autre ; & l'écarlate enfin le feu, pour la même raison. Même le feu est apellé en Hebreu *sen*, qu'Aquila traduit par *Diaphorum*, & Symmaque par *dibaphon* ; quoi qu'au lieu de *coccus* dont les Latins se servent pour signifier écarlate, les Hebreux disent *tolouath*, qui signifie *vermisseau* ; ajoûtant qu'il estoit juste que le souverain Pontife priât non seulement pour les Israëlites, mais aussi pour le monde entier, qui est composé de la terre, de l'eau, du feu, & de l'air, qui apartiennent également à tous les hommes. C'est pourquoi ils assurent que son premier habillement, qui estoit de lin, representoit la terre ; le second de jacinthe, l'air qui s'éleve insensiblement de bas en haut, & qui s'étendant depuis le ciel jusqu'à la terre estoit particulierement marqué par cette robe de jacinthe qui couvroit le Grand-Prêtre depuis la teste jusqu'aux talons. Pour les sonnettes & les grenades attachées au bas de cet habillement, & entremeslées comme nous avons dit, ils les expliquent du tonnerre, & des foudres qui se forment dans la moyenne region de l'air, ou de la terre, de l'eau, & de tous les élemens, dont la correspondance est si grande, qu'ils se trouvent par tout meslez les uns avec les autres. A l'égard de l'or

dans quoi les quatre couleurs estoient tissuës, il
estoit, selon leur opinion, l'image de la chaleur
qui entretient la vie, ou de la Providence éternelle qui penetre tout. Ils croyent que le chasuble ou manteau, & les deux émeraudes ou sardoines qui y estoient attachées sur les épaules,
representoient les deux hemispheres, dont l'un
est découvert, & l'autre caché à nos yeux, ou le
soleil & la lune qui luisent dessus. Que la ceinture, dont la tunique de lin estoit ceinte, se devoit entendre de l'Océan qui est alentour de la
terre, comme cette ceinture alentour de cette
tunique. Ils interpretent du rational qui estoit
au milieu, la terre qui comme un point est soû-
tenuë par tous les élemens, quoi qu'elle les renferme tous en elle-même; & des douze pierres
precieuses le Zodiaque, ou les douze mois de l'année, raportant une saison à chaque rang de ces
pierres, & à chaque saison trois mois.

Au reste il ne faut pas se persuader qu'il y ait de
l'idolâtrie dans cette explication; car encore que
les Payens ayent prophané les choses du Ciel,
& l'œconomie que Dieu y avoit établie en leur
donnant des noms d'idoles, il ne faut pas pour
cela nier sa providence, qui agissant toûjours
avec une conduite certaine & reglée gouverne
tout. Même il est fait mention dans les livres de
Job, de l'Ourse, d'Orion, du Zodiaque, qui y est *Job. 9.*
apellé *Mazoloth*, & des autres Constellations. Il
est vrai qu'elles ne sont pas apellées en Hebreu
des noms que je raporte icy; mais on ne peut
faire concevoir sa pensée qu'en se servant des termes qui sont connus à celui qui nous écoute.

Pour ce qui regarde l'ornement en quarré qui
estoit au devant du manteau, c'est avec beau-

coup de fujet qu'il eft nommé rational. Il n'y a
rien au monde dont il n'y ait une raifon ; Une
raifon eft caufe de l'union qui eft entre les chofes du Ciel & celles de la terre ; même le cours
du Ciel eft la raifon qui regle le chaud & le froid,
& le temperament qui fe trouve entre l'un &
l'autre & qui gouverne tout ce qui eft fur la terre,
& delà vient que le rational eftoit fi bien attaché
au manteau , qui eft la figure de la terre. Or les
deux mots Grecs *delofis* & *aleteia*, dont le premier veut dire éclairciffement ou doctrine , &
l'autre verité , que quelques-uns tiennent qui
eftoient écrits fur le rational : Ces deux mots ,
dis-je , nous aprenent qu'il n'y a jamais d'erreur
dans la raifon, fur laquelle eft apuyée la conduite
que Dieu tient , & que la verité de cette raifon
vient jufqu'à la connoiffance des hommes par
plufieurs preuves & divers éclairciffemens.

C'eft pourquoi nous fçavons la raifon du mouvement du foleil & de la lune , de la durée des
années , des mois , des heures, & du temps ; de la
temperature des faifons & des vents, & enfin de
l'œconomie établie parmi tous les eftres du monde, recevant naturellement cette connoiffance de
Dieu, qui nous enfeigne lui-même la raifon de la
ftructure d'un édifice qu'il a bafty , & où il demeure. Le bonnet avec fon ruban de jacinthe
marque particulierement le Ciel; & la lame d'or
dans laquelle eftoit gravé le Nom de Dieu, qui y
eftoit atachée fur le front du Grand-Prêtre , nous
montre que tout ce qui eft ici bas fe gouverne par
la volonté de Dieu.

Je penfe auffi que les mêmes chofes nous font
reprefentées fous d'autres noms par les quatre
Ezech. 1. Cherubins & par les quatre Animaux d'Ezechiel,

qui font mélez les uns parmi les autres, de telle
forte qu'en voyant la fituation de l'un & la maniere dont il eft difpofé, on voit la difpofition &
la fituation de l'autre. Ils courent avec vîteffe
vers ce qui eft devant eux, & ne reviennent jamais fur leurs pas ; car le temps coule promptement, & laiffant ce qui eft paffé, s'avance vers
ce qui eft à paffer. A l'égard du mouvement continuel où ils font, il eft la figure de ce dont il femble que les Philofophes ayent quelque legere connoiffance, que le cours du monde eft reglé, &
qu'il roule fans ceffe comme une roüe fur fon ef-
fieu. C'eft ce qui fait parler ce Prophete d'une
roüe qui eft dans une roüe, c'eft à dire du temps,
qui eft dans le temps, & de l'année qui roule en
elle-même. Ces roües montent jufqu'au Ciel, où
il y a un trône de faphir élevé fur du cryftal, &
dans ce trône la figure d'un homme affis, dont
la partie de bas eft de feu, & celle de haut d'ambre, pour faire voir que ce qui eft fur la terre
a befoin d'eftre purifié par le feu, & que ce
qui eft au Ciel fubfifte dans fa condition par fa
propre pureté. Même comme la lame d'or du
Grand-Preftre eftoit en haut élevée fur fon
front, Ezechiel met l'ambre à la tefte & à la
poitrine de la figure de l'homme dont il fait
mention.

Il eftoit donc jufte, comme nous l'avons déja
dit en partie, que le fouverain Pontife portant
dans fes habillemens un tableau de toutes les
creatures, fift entendre qu'elles avoient toutes
befoin de l'affiftance de Dieu, & que les lui pre-
fentant de la forte, il expiât ce que chacune avoit
d'impur en fa condition, ne priant pas de la voix
& par l'habillement feulement pour fes parens &

sa famille, mais encore pour tous les estres du monde.

Nous ne nous sommes pas étendus davantage sur l'explication que donnent les Hebreux à ces habits, nous contentant d'avoir comme jetté les fondemens d'un discours que nous vous allons faire, reservant pour un autre temps une infinité d'autres interpretations.

Pour les caleçons de lin, ils disent communément que la cause des generations & de la production des semences regardant la chair, est attribuée à la terre par cette sorte d'habillement que les Prestres portoient sur les cuisses, suivant ce que Dieu dit à Adam, *Tu es de terre, & tu retourneras dans la terre.* Mais ils ajoûtent que cette cause nous est inconnuë, & que nous ne pouvons découvrir de quelle maniere de si petits commencemens peuvent produire tant d'hommes, & tant d'autres creatures si belles.

Nous lisons dans le Levitique que Dieu commanda à Moyse de laver Aaron & ses enfans : Car dés ce temps-là les mysteres du Baptême estoient les signes de la purification du monde, & de la sanctification de toutes choses. Ils ne furent point revêtus qu'aprés avoir esté nettoyez de toutes leurs soüillures ; & ne receurent point les habits Sacerdotaux pour servir dans le sacrifice, que lors qu'estant regenerez, ils eurent pris une nouvelle naissance en JESUS-CHRIST ; car on ne met pas du vin nouveau dans de vieux vaisseaux. Moyse qui les faisoit laver represente la Loy. *Ils ont,* dit l'Evangile, *Moyse & les Prophetes : qu'ils les écoutent.* Et ailleurs : *Tous les hommes depuis Adam jusqu'à Moyse ont peché.* Il faut à leur exemple que nous soyons lavez & purifiez par

Gen. 3.

Lev. 8.

Mat. 9.

l'obſervation des Commandemens de Dieu ; afin que nous eſtant dépoüillez des habits du vieil Homme , nous ſoyons revêtus d'une robe de lin, où il n'y a rien de la mort , mais qui eſt toute blanche ; & que ſortant ainſi du Baptême nous nous mettions ſur les reins la ceinture de la veri-té , & cachions la laideur de nos vieux pechez. C'eſt ce qui a fait dire à David, *Bien-heureux* Eſa. 31. *ſont ceux à qui les iniquitez ont eſté pardonnées , & de qui les pechez ſont cachez.*

Enſuite des caleçons & de la tunique de lin nous prenons la robe de jacinthe; c'eſt à dire que nous commençons à quitter la terre pour nous avancer vers le Ciel. Cette robe que les Septante apellent chemiſette , eſtoit ſeulement à l'uſage du Grand-Preſtre ; ce qui marque que la connoiſſan-ce des choſes relevées n'eſt pas acordée a tout le monde , mais ſeulement aux plus avancez dans la vertu , & à ceux qui ſont parfaits. Elle a eſté por-tée par Moyſe , par Aaron , par les Prophetes , & par tous ceux à qui ces paroles ont eſté adreſ-fées ; *Montez ſur la montagne vous tous qui enſei-* Pſal. 40. *gnez la parole de Dieu en Sion.* Il ne nous ſuffit pas auſſi que nous ayons effacé par le Baptême nos vieux pechez, & que nous conſervions la grace & les lumieres internes que nous y avons receuës,ſi nous n'y ajoûtons les bonnes œuvres. C'eſt pour-quoy on prend encore l'Ephod ou le manteau, que l'on attache au rational , afin qu'il ſoit ferme, & qu'eſtant joints l'un à l'autre,ils ſe ſervent mu-tuellement à ſe ſoûtenir; car la raiſon a beſoin des bonnes œuvres , & les bonnes œuvres de la rai-ſon , afin que celles-là executent ce que l'autre a conceu.

Les deux pierres precieuſes attachées ſur les

épaules du manteau, font ou la figure de JESUS-CHRIST & de l'Eglife, les douze Prophetes qui y eſtoient gravez repreſentant les douze Apôtres qui ont preſché l'Evangile ; ou celle de la lettre & de l'eſprit, où eſtoient renfermez tous les myſteres de la Loy ; l'eſprit eſtant ſur l'épaule droite, & la lettre ſur la gauche. En effet des lettres nous venons aux paroles, & des paroles nous arrivons au ſens.

Certes l'ordre & la diſpoſition de ces habillemens eſtoit admirable, & ils eſtoient un tableau achevé de nos myſteres. Les bonnes œuvres eſtoient ſur les épaules qui tiennent aux bras, & la raiſon ſur la poitrine ; & delà vient encore, que dans les ſacrifices on donnoit la poitrine des victimes aux Preſtres pour leur nourriture. Le rational peut eſtre conſideré en deux manieres, par le dehors & par l'envers ; c'eſt à dire par ce qu'il paroît à nos yeux, & par les myſteres qui y ſont contenus. Il y a douze pieces en quatre rangs, que je croy eſtre l'image des quatre premieres Vertus, la Prudence, la Force, la Juſtice, & la Temperance, qui ſont comme enchaînées l'une avec l'autre ; de ſorte qu'eſtant multipliées par trois ou par quatre, elles font le nombre de douze. Ces quatre rangs de pierres peuvent encore eſtre expliquez des quatre Animaux de l'Apocalypſe, pleins d'yeux devant & derriere, & qui éclairent le monde de la lumiere de JESUS-CHRIST, dont ils ſont rayonnans, tous les quatre ſe rencontrant dans un ſeul, & chacun dans tous les quatre. C'eſt ce qui a donné lieu à quelques-uns de croire que ces deux mots Grecs *delocis* & *aleteia*, dont l'un ſignifie éclairciſſement ou doctrine, & l'autre verité, eſtoient écrits ſur le rational. En

Apoc. 4.

effet quand on est revêtu des habillemens que j'ay marquez, c'est une consequence, qu'il faut que les veritez dont nôtre cœur est plein, sortent par nôtre bouche pour l'instruction des autres. Ainsi le mot de verité, c'est à dire science, estoit écrit sur le rationnal, afin que le souverain Pontife se souvint qu'il devoit estre sçavant pour pouvoir parler; & celuy d'éclaircissement, afin qu'il enseignât au peuple, & qu'il l'éclairât de ce qu'il avoit apris. Que répondront à cela ceux qui soûtiennent que l'innocence de la vie peut suffire à un Prestre ? L'ancienne Loy est conforme sur ce sujet à la nouvelle, & Moyse dit la même chose que l'Apôtre; l'un fait servir le mot de science à l'embellissement des habits des Prestres, & l'autre instruit Timothée & Tite de ce qu'ils doivent aprendre au peuple.

Mais l'ordre qui s'observoit en vêtissant les habits des Prêtres de Moyse estant considerable entr'autres choses, examinons ce qu'en dit le Levitique. On ne prenoit pas le rationnal, & ensuite le manteau, mais le manteau le premier, & ensuite le rational; *Je suis devenu intelligent*, dit David, *en executant vos Commandemens*. Commençons donc à instruire les autres par faire nous-mêmes, de peur que l'autorité de la verité n'estant point soutenuë des bonnes œuvres, elle ne fasse aucune impression sur leurs esprits. *Semez par des actions de justice*, dit le Prophete Ozée; *moissonnez les fruits de vie, & éclairez des lumieres de vôtre science.* Comme s'il disoit; Que vos bonnes actions d'abord vous soient comme les semences de la vie eternelle, dont vous puissiez moissonner les fruits, & puis enseignez les autres. Ce n'est pas estre arrivé au souverain

Lev. 8.

Psal. 118.

Oze. 10.

degré de la perfection, que d'avoir mis le manteau & le rational; il faut les unir & les attacher étroitement l'un à l'autre; de sorte que les actions répondent à la science, & la science aux actions, & qu'elles soient suivies de la verité & de l'éclaircissement que nous en donnerons aux autres.

Si j'avois le temps de vous entretenir des quatre élemens dont je ne vous ai parlé cy-dessus qu'en passant, des deux émeraudes ou sardoines, & des douze pierres precieuses du rational, je vous expliquerois la nature & les qualitez de tout cela en particulier, & vous apprendrois pour quelle raison les habits des Prêtres en estoient enrichis, vous faisant voir plus au long comment, & à quelle vertu chacune de ces choses répond. Mais il suffit que le saint Evêque Epiphanie ait composé sur ce sujet un Livre admirable; car si vous prenez la peine de le lire, vous y trouverez de quoi vous instruire à fonds sur cette matiere. Pour moi je m'aperçois que je passe déja les bornes ordinaires d'une Lettre, toutes mes tablettes estant déja remplies; c'est pourquoi je viens à ce qui reste, & dont je n'ai rien dit, afin de finir ce discours.

Une lame d'or dans laquelle est gravé le nom de Dieu, brille sur le front du Grand-Prêtre; car il nous est inutile de connoistre toutes choses, si toutes nos connoissances ne sont comme couronnées de la connoissance de Dieu. Nous vous vêtissons des habillemens de lin, & de couleur de jacinthe, nous nous ceignons d'une ceinture; les bonnes œuvres nous sont marquées par le manteau que nous mettons sur les épaules; nous couvrons nôtre poitrine du rational, nous sommes

mes éclairez de la verité, & nous enseignons aux autres ce que nous sçavons ; mais tout cela ne peut nous rendre parfaits, si nous n'avons un guide, digne de gouverner cet ouvrage, & si celui qui l'a creé n'est au dessus, & ne veille lui-même sur sa conduite. Ce qui estoit autrefois figuré par la lame d'or, nous est aujourd'hui representé par le signe de la Croix, & le sang de l'Evangile est beaucoup plus precieux que l'or de l'ancienne Loy. Même les éleus d'au- *Ezech. 34* trefois, selon ce que dit Ezechiel, n'estoient marquez au front du caractere de Dieu qu'avec douleur, & nous chantons aujourd'hui avec le Prophete, *Seigneur, la lumiere de vôtre visage luit* Psal. 4 *sur nous.*

Au reste nous lisons dans l'Exode en deux en- *Exod. 28,* droits, que Dieu commanda à Moyse de faire 29. huit sortes d'habillemens aux grands Prêtres ; ce qui fut executé, & cependant le Levitique ne *Lev. 8* fait mention que de sept, dont il y est dit que Moyse vêtit son frere Aaron, & de quelle maniere cela se fit. Il n'y est point parlé des caleçons à cause, je croi, que la foi ne touche point ce que nous devons cacher, & qu'il faut que nous mettions nous-mêmes un voile sur ce qu'il nous faut avoir de plus secret, ne le découvrant qu'à Dieu, qui est le seul juge de nostre pureté. En effet, les autres peuvent connoître nostre sagesse, nostre force, nostre justice, nostre temperance, nostre humilité, nostre douceur, & nos autres vertus ; mais la connoissance de nostre chasteté est reservée à nostre seule conscience, dans laquelle les yeux des hommes ne peuvent penetrer. Si ce n'est qu'à la façon des bestes nous nous abandonnions publiquement aux plaisirs &

K k

aux crimes. Delà vient que S. Paul a dit, *Quant aux vierges, je n'ay point receu de commandement du Seigneur qui oblige à la virginité* : Et il semble que n'estant rien dit des caleçons dans le Levitique, Moyse ait voulu parler de la sorte : *Je n'ordonne point de prendre les caleçons, & ne contrains personne de le faire : Que celuy qui desire d'estre Prêtre les prenne luy-même.* Combien y en aura-t'il de ceux qui passent pour vierges dans le monde, dont la chasteté sera condamnée au jour du jugement ? Et combien y aura-t'il de ceux dont on déchire aujourd'huy la reputation qui recevront de celui qui connoît leur innocence la couronne deuë à leur pureté ? Il faut donc que nous prenions nous-mêmes les caleçons ; que sans y appeller les yeux des autres, nous cachions nous-mêmes ce qui ne doit point estre découvert : C'est pourquoi tenons nos defauts secrets, de telle sorte qu'ils ne soient apperceus de qui que ce soit ; de peur que nous ne mourions de la mort éternelle, s'il en paroist quelqu'un quand nous entrerons dans le Sanctuaire.

Mais il est temps que je finisse, & pour repeter ici ce que j'ai déja dit, les lumieres & la science d'un Prêtre de Dieu doivent estre d'autant plus grandes qu'il faut que tout parle en lui, jusqu'à la démarche, & aux moindres mouvemens de son corps. Qu'il apprenne la verité, & qu'elle fasse du bruit dans ses habits & dans ses ornemens, afin que tout ce qu'il dira & que tout ce qu'il fera, soit pour l'instruction des peuples ; car sans les sonnettes, sans les pierreries, & sans les diverses couleurs, & les fleurs des vertus il ne peut entrer dans le Sanctuaire, ny porter dignement le nom d'Evêque.

J'ai dicté ce discours à la hâte, & tout d'une suite, lorsque le vaisseau se mettoit à la voile, & que les cris des matelots appelloient les voyageurs, y rapportant ce que ma memoire m'a pû fournir, & ce que j'ay pû ramasser dans le rational de mon cœur par mes longues lectures. Et je m'apperçois bien que j'ai plûtost suivi l'impetuosité de mon naturel, que la conduite que doivent garder ceux qui écrivent, m'estant laissé aller comme un torrent sans garder aucune liaison ni aucun ordre. On dit qu'il paroist sous le nom de Tertullien un livre des habillemens d'Aaron que je n'ai point encore vû. S'il tomboit entre vos mains, parce que vous estes à Rome où toutes choses se rencontrent, parce qu'on les y apporte en diligence ; je vous prie de ne pas comparer la petite goute d'eau que je vous envoie à cette grande riviere, car on doit juger de moi par la mediocrité de mon esprit, & non pas par la beauté de celui des grands hommes.

A SALVINE.

Cette lettre est pleine d'excellens avis pour une veuve Chrêtienne.

LETTRE V.

J'APPREHENDE que l'on ne croie qu'il y ait de la vanité dans le devoir que je vous rends aujourd'hui ; qu'il ne semble que je cherche à acquerir de la gloire, en imitant celui qui a dit : *Apprenez de moi que je suis doux & humble de cœur* : Et que je veüille plûtost m'insinuer dans la maison des Grands , & acquerir leurs bonnes graces par le moyen d'une lettre , que consoler & instruire une veuve qui est dans l'affliction. Cependant on ne doit pas avoir cette pensée ; si l'on se souvient qu'il est défendu d'avoir égard à la personne du pauvre en jugeant des autres, de peur qu'on ne commette une injustice, sous pretexte de faire charité. En effet, on doit juger des actions par elles-mêmes, & non par la qualité de ceux qui les font : Car les richesses ne nuisent point aux riches, s'ils sçavent en bien user : Et la pauvreté ne rend point le pauvre plus recommandable, s'il ne prend garde de ne point offenser Dieu dans sa misere. Le Patriarche Abraham & l'exemple d'une infinité d'autres que nous avons tous les jours devant les yeux, sont des témoins irreprochables de cette verité. L'un au milieu de ses richesses estoit amy de Dieu, & les autres surpris en commet-

Mat. 11.

Richesses ne nuisent point à ceux qui en usent bien.

 tant un crime en font châtiez par la juſtice des Loix.

Je parle donc à une veuve qui eſt pauvre dans l'opulence, ne ſçachant pas elle-même ce qu'elle a, dont je ne conſidere point les facultez, mais la pureté de l'ame. Je parle à une perſonne dont je connois la vertu par la voix de la reputation, qui la publie ſans la connoître de viſage ; dont la jeuneſſe rend la continence plus admirable, qui a pleuré la mort d'un jeune mary d'une maniere à ſervir de modele aux gens mariez, & qui l'a ſoufferte comme eſtant parti le premier, & non pas comme l'ayant perdu. La grandeur de ſa diſgrace lui eſt avantageuſe, car elle cherche ſon mary abſent, comme ſi elle devoit ne le trouver qu'en JESUS-CHRIST.

Mais pourquoi écrire à une veuve que l'on ne connoiſt point ? Trois raiſons m'ont obligé à le faire. La premiere, c'eſt qu'il eſt du devoir d'un Prêtre d'aimer tous les Chrêtiens comme ſes enfans. La ſeconde, eſt l'étroite amitié qui a eſté entre le pere du mort & moi. La derniere enfin, & la plus forte, c'eſt que je n'ai pû le refuſer à mon cher Avite qui m'en a prié, qui a ſurpaſſé par le nombre de ſes Lettres les importunitez de cette veuve qui alloit trouver le méchant Juge de l'Evangile, & qui me rapportant l'exemple de celles à qui j'ai écrit autrefois ſur le même ſujet, m'a tellement couvert de confuſion que j'ai plus conſideré ce qu'il deſiroit de moi, que ce qui eſtoit de la bien-ſéance que je fiſſe.

Un autre loüeroit peut-eſtre Nebride de ce qu'eſtant fils de la ſœur de l'Imperatrice, & ayant eſté élevé auprés de ſa tante, le Prince eut pour lui tant d'affection, qu'il lui chercha lui-

K k iij

même une épouse tres-illuftre, & s'affura par cet ôtage de la fidelité de l'Afrique qui remuoit. Pour moi, je dirai d'abord à fa loüange, que comme s'il euft eu quelque préfentiment de la mort qui le devoit bien-toft enlever, il vêcut parmy les grandeurs de la Cour, & les dignitez dont il fut honoré avant l'âge, comme s'il euft crû devoir bien-toft rendre fon efprit à Dieu. L'Ecriture rapporte que Corneille qui eftoit Centenier dans une Cohorte de la Legion appel-lée l'Italienne, fut fi agreable au Sauveur, qu'il lui envoya un Ange, pour lui apprendre que la revelation du myftere de la vocation des Gentils inconnu à faint Pierre, eftoit deuë à fon merite. Cet homme fut le premier des Fidelles circoncis. qui fut baptifé par le Prince des Apôtres, & fon baptême fut le prefage du falut des autres, dont il offrit les premices en fa perfonne. *Il y avoit un homme à Cefarée nommé Corneille, dit l'E-criture, qui eftoit Centenier dans une Cohorte de la Legion appellée l'Italienne; il eftoit religieux & craignant Dieu, avec toute fa famille; il fai-foit beaucoup d'aumônes au peuple, & prioit Dieu inceffamment.*

Act. 10.

Tout ce qui eft dit de ce Centenier convient à Nebride, en y changeant le nom. Il eftoit fi re-ligieux, & aimoit tant la pureté, qu'il eftoit vier-ge quand il fut marié. Il eftoit fi craignant Dieu que fans fonger à fa dignité, il n'avoit commerce qu'avec des Solitaires & des Ecclefiaftiques. *Il faifoit de fi grandes aumônes,* que la porte de fon Palais eftoit tous les jours affiegée par une armée de pauvres; *& il prioit Dieu fi fouvent* qu'il en obtint à la fin ce qui lui eftoit le plus avantageux.

Sap. II. Ainfi on peut dire, *qu'il a efté enlevé de peur que*

son esprit ne fust changé par la malice, car son ame
estoit agreable à Dieu. Aprés cela, je puis à son
occasion, me servir des paroles de S. Pierre. *J'ai*
reconnu qu'il est tres-veritable que Dieu n'a point
d'égard aux diverses conditions des personnes ; mais
qu'en toute condition celui qui le craint & qui fait
des œuvres justes lui est agreable. *Act. 10.*

L'épée, la cuirasse, & un grand nombre de
Gardes qui l'environnoient ne ruinerent point
ses desseins pendant qu'il estoit à l'armée ; parce
que sous les étendars d'un Prince, il combattoit
pour un autre. De même un méchant habit, &
une pauvreté apparente n'avancent point ceux
dont les actions ne répondent point à la dignité
du nom. Même nous trouvons encore dans l'E-
vangile un témoignage avantageux rendu par le
Sauveur en faveur d'un autre Centenier. *Je vous* *Mat. 8.*
dis en verité, ce sont les paroles de JESUS-CHRIST,
que je n'ai point trouvé une si grande foy dans
Israël. Même pour prendre la chose de plus loin, *Gen. 41.*
Joseph dont la vertu a paru également dans la
pauvreté, & parmy les richesses, qui a fait voir
dans la liberté & dans les liens que son ame ne
pouvoit estre esclave ; Joseph, dis-je, qui aprés
Pharaon eut toutes les marques de la Royauté,
plut-il pas tellement à Dieu qu'il fut choisi pour
estre le pere de deux Tribus ? Daniel & les trois *Dan. 1. & 2.*
enfans estoient des premiers de Babylòne, où
ils avoient la Sur-Intendance des Finances ; &
neanmoins leur ame estoit entierement attachée
au service de Dieu, quoi qu'il semblât qu'ils ser-
vissent Nabuchodonosor. Mardochée & Hester *Hest. 8. &*
vainquirent sous des habits precieux leur en- *13.*
nemi par leur humilité, & leur vertu alla jusques-là, qu'ayant esté faits esclaves, ils com-

manderent aux victorieux dont ils estoient sous la puissance.

Je raporte ces exemples pour montrer que l'alliance de l'Empereur, l'opulence, & les dignitez ont servi à faire éclater la vertu de Nebride ; car Salomon nous aprend, *que les richesses servent comme la sagesse.* Que l'on ne m'objecte point ce passage de l'Evangile, *Je vous dis en verité, il est bien difficile qu'un riche entre dans le Royaume des Cieux* ; ni cet autre, *Je vous dis encore une fois, il est plus aisé qu'un chameau passe par le trou d'une aiguille, qu'un riche entre dans le Royaume du Ciel.* Autrement il sembleroit que Zachée Chef des Publicains, & dont l'Ecriture parle comme d'un homme tres-riche, n'avoit pas dû estre sauvé. Le conseil que donne saint Paul dans son Epître à Timothée nous découvre de quelle maniere ce qui est impossible aux hommes ne l'est point à Dieu. *Ordonnez aux riches de ce monde,* dit-il, *de n'estre point orgueilleux, de ne mettre point leur confiance dans les richesses incertaines, mais dans le Dieu vivant qui nous fournit avec abondance ce qui est necessaire à la vie, d'estre charitables & bien-faisans, de se rendre riches en bonnes œuvres, de donner l'aumône de bon cœur, de faire part de leurs biens à ceux qui en ont besoin, de s'acquerir un tresor, & de s'établir un fondement solide pour l'avenir, afin de pouvoir arriver à la veritable vie.* Ces paroles enseignent de quelle maniere un chameau peut passer par le trou d'une aiguille, & de quelle maniere cet animal bossu ayant mis bas son fardeau peut prendre des aîles de colombe pour aller se reposer sur les branches de l'arbre qui a pris racine d'un grain de senevé : ces Chameaux d'Isaye qui aporterent de l'or & de l'encens à la Ville

Mat. 19.

Tim. 6.

du Seigneur, font la figure de ce Chameau bien-heureux. Et même nous lifons dans les Fables *Ifa. 6.* d'Efope, qu'une belette ayant le ventre trop plein ne put fortir par le trou par où elle eftoit entrée.

Nebride donc ayant inceffamment ces mots devant les yeux, *Ceux qui veulent devenir riches,* *1. Tim. 9.* *tombent dans la tentation & dans le piege du dia-* *ble, & en divers defirs,* employo:t à faire fubfi-fter les pauvres ce qu'il recevoit des liberalitez de l'Empereur, & les émolumens des Charges où il eftoit élevé : il fe fouvenoit que Dieu a parlé de la forte : *Si vous voulez eftre parfait, allez, ven-* *Mat. 19.* *dez tout ce que vous avez, & le donnez aux pau-* *vres, venez, & me fuivez.* Et parce qu'il ne pou-voit pas executer ce commandement, ayant une femme, des enfans encore petits, & une famille nombreufe, il employoit *les richeffes injuftes à fe* *Luc. 16.* *faire des amis qui le receuffent dans les Tabernacles* *éternels.* Il ne quitoit pas une fois feulement ce qui l'embaraffoit, comme les Apôtres qui n'a-bandonnerent qu'une fois leur bateau & leurs fi-lets ; *mais il fuppleoit à la pauvreté des autres, afin* *2. Cor. 8.* *que la fienne fuft foulagée un jour par leur abondan-* *ce, & qu'ainfi tout fuft reduit dans l'égalité.*

Celle à qui ce petit ouvrage eft adreffé, fçait fans doute que je ne parle qu'aprés les autres, n'ayant rien vû de ce que je dis, & que ce n'eft point un bien-fait qui m'a porté à raconter cecy à l'exem-ple des Ecrivains de Grece, qui payoient par des loüanges les graces qu'ils avoient receuës d'un Prince. On ne doit point avoir ce foupçon d'un Chrêtien, *Ayant de quoi nous nourrir & de quoi* *1. Tim. 6.* *nous couvrir, nous devons eftre contens ;* ne mangeant que des legumes & du pain noir, les richeffes

me seroient inutiles, & la flaterie qui a toûjours
pour but d'estre recompensée ne me serviroit de
rien, & par consequent il faut croire que je parle
avec sincerité, puis qu'il n'y a rien qui puisse m'o-
bliger à mentir.

Mais de peur qu'on ne se persuade que Nebride
ne merite d'estre loüé que par les aumônes qu'il
a faites, quoi que l'aumône soit d'elle-même
tres-considerable, & que Salomon assure *qu'elle*
éteint le peché comme l'eau éteint le feu ; Je raporterai encore ses autres vertus, dont une seule se
trouve dans peu de personnes en un degré aussi
éminent qu'il les a eües toutes ensemble. Qui est
celui qui a été jetté dans la fournaise du Roi de Babylone sans est e brûlé ? Quel est le jeune homme qui a laissé son manteau entre les mains d'une
Maîtresse Egyptienne ? Qui n'est point effrayé
du recit de ce combat : *Je sens dans les membres*
de mon corps une autre loy qui combat contre la loy
de mon esprit, & qui me rend captif sous la loy du
peché, qui est dans les membres de mon corps. Chose
difficile à croire ! un Seigneur élevé à la Cour,
familier avec l'Empereur, & nourry à une table
dont la mer & la terre entretiennent le luxe de
ce qu'elles ont de plus precieux, eut à la fleur de
son âge plus de pudeur qu'une fille, & ne donna jamais lieu au moindre bruit qui eût porté
préjudice à sa pudicité. Un Seigneur qui estoit
cousin des fils de l'Empereur, avec qui il avoit
fait ses exercices, ce qui seul est capable d'unir
étroitement ceux que le sang n'avoit pas unis, ne
s'enfla point d'orgueil, & ne méprisa point les
autres ; mais se rendant aimable à tout le monde aima les Princes comme ses freres, les crai-
gnit comme ses Souverains, & avoüa que son

Eccles. 3. 33.

Rom. 7.

bonheur dépendoit de leur fortune. Il avoit tellement gagné l'esprit des Ministres, & de ce grand
nombre d'Officiers, où la vanité des Princes veut
faire paroître la grandeur de leur fortune, que
quoi qu'ils fussent avec raison au dessous de
lui, ils crurent cependant lui estre égaux par les
bons services qu'il leur rendoit.

Il est bien difficile de ne point joüir de sa gloire,
& de se faire aimer par des personnes au dessus de
qui l'on est. Quelle veuve n'a point esté assistée
de Nebride, & quel orphelin n'a point trouvé
en lui un pere? Il recevoit les prieres de tous les
Evêques d'Orient, il employoit ce qu'il demandoit à l'Empereur à faire des aumônes, à racheter les esclaves, & à soulager les malheureux, &
il l'obtenoit avec d'autant plus de facilité que l'on
sçavoit que ce qui lui estoit accordé estoit une
grace pour plusieurs personnes.

Mais pourquoi differer à le dire? *Toute la chair* Isa. 40. 6.
n'est que de l'herbe, & sa gloire de la fleur d'herbe :
La terre est retournée dans la terre. Il est mort en
paix, *il a esté mis auprés de ses peres plein de lu-* Sap. 4. 13.
miere & de jours, & estant parvenu à une heureuse
vieillesse ; car les cheveux blancs d'un homme con-
sistent dans sa sagesse, il a rempli en peu de temps
l'espace de plusieurs siecles. Mais il vous a laissé
ses enfans & une femme qui est un trefor de pureté ; le jeune Nebride qui reste au monde est le
portrait du mort, la majesté du pere paroist dans
le fils, & la conformité de leurs ames se faisant
voir au travers de son corps, on peut dire que ce
petit corps est animé d'un grand courage. Il a une
sœur qui est un assemblage de lys & de roses,
& qui mêlant la beauté de son pere avec les
traits de sa mere, est seule une parfaite image de

l'un & de l'autre. L'Empereur ne fait point de difficulté de la porter à son cou, ni l'Imperatrice de la tenir entre ses bras, l'humeur de cette petite fille est si douce qu'elle est l'honneur de toute sa famille ; elle cause, & ses begayemens rendent ce qu'elle dit plus agreable.

Vous avez donc, Madame, des enfans à élever, & que vous pouvez considerer comme vôtre mary. *Psal. 126.* ry. *Les enfans d'une maison sont un don de la bonté du Seigneur, & le fruit des entrailles est une recompense qui vient de lui seul.* Vous avez deux fils pour un mary que vous avez perdu : Rendez à ceux-cy ce que vous deviez à l'autre, & que l'amour que vous leur portez vous console de son absence.

Ce n'est pas peu de chose devant Dieu que bien élever ses enfans : Ecoutez le sentiment de saint *I. Tim. 5.* Paul sur ce sujet. *Que celle qui sera choisie pour estre mise au rang des veuves n'ait pas moins de soixante ans, qu'elle n'ait eu qu'un mary, & qu'on puisse rendre témoignage de ses bonnes œuvres, si elle a bien élevé ses enfans, si elle a exercé l'hospitalité, si elle a lavé les pieds des Saints, si elle a secouru les affligez, si elle s'est appliquée à toutes sortes d'actions pieuses.* Ne vous étonnez pas de l'âge de soixante ans qu'il demande, & ne croyez pas pour cela qu'il rejette les jeunes veuves ; au contraire, soyez persuadée que vous serez choisie de celui *Tim. 4.* qui a dit, *Que personne ne vous méprise à cause de vostre jeunesse ;* car il a plus d'égard à la pureté qu'à l'âge, autrement toutes les veuves au dessous de soixante ans devroient se remarier. Mais l'Apôtre donnant des conseils à l'Eglise, qui estoit en ce temps-là dans sa naissance, & pourvoyant aux necessitez de ceux qui la composoient,

& principalement à celles des pauvres, qui avoient esté commises à ses soins, & à ceux de Barnabé, il veut en ce passage que l'on fasse part des biens de l'Eglise aux veritables veües, qui ne peuvent plus travailler de leurs mains, & qui ont esté éprouvées par leur âge & par leur vie. Le Prêtre Heli devient criminel par les pechez de ses enfans, & par consequent il faut croire que ceux qui demeurent dans la foi, & qui s'apliquent aux exercices de charité & de continence, rendent leurs peres agreables à Dieu; *Timothée*, dit l'Apôtre, *conservez inviolablement* **Tim. 5. 22.** *la pureté.*

Ce n'est pas que je craigne rien de mauvais de vous, mais la charité me porte à vous avertir, à cause que vous estes dans un âge enclin aux plaisirs; croyez donc que ce que je vas dire s'adresse à vos jeunes ans, & qu'il ne vous regarde point; *La veuve qui vit dans les delices est* **Tim. 5.** *morte quoi qu'elle paroisse vivante:* c'est l'avis du Vaisseau d'élection, & ces paroles viennent du tresor d'où celles-cy sont sorties, *Est-ce que vous* **2. Rom. 13.** *voulez éprouver la puissance de* JESUS-CHRIST, *qui parle par ma bouche?* C'est le témoignage de celui qui connoissoit par son experience particuliere la fragilité du corps de l'homme; *Car je n'a-* **Rom. 7.** *prouve pas ce que je fais,* disoit-il, *parce que je ne* **Cor. 9.** *fais pas ce que je veux, mais je fais ce que je condamne.* C'est pourquoi, ajoûte-t'il ailleurs, *je traite rudement mon corps, & je le reduis en servitude, depeur qu'ayant prêché aux autres je ne sois reprouvé moi-même.* Si ce grand Apôtre aprehende, qui de nous peut-estre en seureté? si David & Salomon, qui estoient agreables à Dieu l'un & l'autre, ont esté vaincus comme des hommes, afin que leur défaite nous servist de preservatif, & l'exemple de leur penitence de moyen à nous sauver, qui ne craindra point de tomber dans un chemin si glissant ?

Que l'on ne serve point à vostre table de ces oyseaux qui coûtent tant, & ne croiez pas que ce soit ne manger point de chair que de vous abstenir de manger du lievre & du cerf, puisque l'on ne mesure pas les animaux par le nombre de leurs pieds, mais par la delicatesse & le plaisir du goût ; Je sçai bien que saint Paul a dit, *Que tout ce que Dieu a creé est bon, & que l'on ne doit rien rejetter de ce qui se mange avec action de graces.* Mais il a dit en un autre endroit, *Il est bon de ne point manger de chair & de ne point boire de vin :* Et ailleurs, *Ne vous laissez point aller aux excés du vin, d'où naissent les dissolutions. Tout ce que Dieu a creé est bon* : Ces paroles sont pour les femmes qui aiant encore leurs maris travaillent à leur plaire. Pour vous qui avez enseveli les plaisirs dans le tombeau du vostre, qui avez effacé de vos larmes les parures de vostre visage, & qui avez quité les habits somptueux pour en prendre un de deüil, vous n'avez besoin que de perseverance dans le jeûne : que la pâleur & la negligence vous tienne lieu de perles ; ne couchez point sur un lit de plumes, & n'échauffez point par les bains un sang déja échauffé par l'ardeur de la jeunesse : Ecoutez ce qu'un Poëte Payen fait dire à une veuve chaste, qui veut demeurer dans la continence ; *Celui à qui j'ai esté mariée le premier, a emporté mon amour avec lui en mourant, qu'il le garde dans son tombeau.* Si l'on parle de la sorte d'un verre de nulle valeur, & d'une Payenne, que doit-on dire d'un diamant de

Tim. 4.

Rom. 14.

Eph. 5.

Virg. 4. de Enei.

grand prix, & d'une veuve Chrêtienne? Si une
femme idolâtre rejette les plaifirs par un fimple
fentiment de la nature, que doit-on attendre
d'une Dame Chrêtienne, qu'un époux dans le
tombeau, & un autre avec qui elle vivra un
jour dans le Ciel, obligent à demeurer dans la
continence?

Je vous prie encore une fois de ne pas croire
que j'aie deffein de vous offenfer par des avis
donnez en general à une jeune perfonne; Je vous
écris parce que je crains, & non pas pour vous
faire des reproches, & je voudrois même que
vous ignoraffiez toûjours ce que je crains. La
reputation d'une femme eft une chofe fragile,
c'eft une fleur dont le moindre vent ternit bien-
toft la beauté, & particulierement en un âge
enclin aux plaifirs, & lors que l'on n'eft plus fous
l'autorité de fon mary, dont l'ombre feule lui
eft un azyle affuré. Que fait une veuve au milieu d'une famille nombreufe, parmi une foule
de valets qu'elle ne doit pas méprifer, parce qu'ils
font fes domeftiques; mais avec qui elle doit
rougir, parce qu'ils font hommes? S'il faut que
l'équipage d'une maifon réponde à fa grandeur,
que l'on en donne la conduite à un vieillard
de bonnes mœurs, & de qui la probité foit
digne de celle qui l'aura choifi. Plufieurs Dames dont les maifons n'eftoient ouvertes à perfonne, n'ont pas laiffé d'eftre calomniées à
l'occafion de quelques domeftiques qui paffoient
pour fufpects, foit à caufe de leurs habits fomptueux, de leur embonpoint, & de leur jeuneffe, ou de l'orgueil qu'ils avoient conceu de l'o-
pinion fecrette où ils eftoient de n'eftre pas
haïs, car quoi qu'ils cachaffent cet orgueil, il

paroiſſoit neanmoins quelquefois, en traitant leurs égaux comme s'ils euſſent eſté leurs valets. Recevez cecy comme un avis, afin que vous veilliez avec toute ſorte de ſoin ſur vôtre cœur, & que vous preniez garde à tout ce que l'on peut inventer à voſtre préjudice : Que l'on ne voye point auprés de vous de faiſeur d'affaires trop ajuſté, de ces Comediens qui joüeroient le perſonnage de femme s'il eſtoient ſur un theatre ; de chantre, dont les airs empoiſonnez ſont le langage de ſathan, ni de jeune homme bien mis & friſé. Qu'il n'y ait rien def-feminé & qui aproche de la comedie dans les ſervices qu'on vous rendra. Cherchez de la con-ſolation avec des perſonnes de vôtre ſexe, aiant auprés de vous des veuves & des vierges ; car on juge auſſi des maîtreſſes par les mœurs des ſervantes. Puis qu'il vous reſte encore une mere tres-vertueuſe, & une tante qui n'a jamais eſté mariée, avec qui vous pouvez vous entretenir avec ſeureté, pourquoi vous expo-ſer au danger en recherchant la compagnie des étrangers ?

Liſez ſans ceſſe l'Ecriture ſainte, & vacquez ſi ſouvent à l'oraiſon, qu'elle vous ſerve comme d'un bouclier pour repouſſer les mauvaiſes pen-ſées qui attaquent ordinairement la jeuneſſe. Il eſt impoſſible d'eſtre exempt de ces premiers mouvemens, qui ſont comme les avant-cou-reurs de la paſſion, & qui chatoüillant noſtre eſprit de l'amorce du plaiſir, nous mettent dans l'irréſolution de rejetter la penſée, ou de nous y arreſter. Delà vient que le Sauveur dit dans l'E-vangile ; *C'eſt du cœur que partent les mauvaiſes penſées, les meurtres, les adulteres, les fornications,*

les

les larcins , les faux témoignages , les medifances. Ce
qui nous aprend que le cœur de l'homme eft enclin au mal dés fa jeuneffe , & que l'ame fe trouve partagée entre les defirs de la chair , & ceux
de l'efprit ; fe laiffant aller tantoft à ceux-ci , &
tantoft à ceux-là. Perfonne ne naiſt exempt de
vices , & celui qui en a le moins , eſt fans doute
le meilleur. Delà vient que le Prophete a dit,
J'ay eſté ſi troublé que je n'ay pû parler ; Et en un
autre endroit , *Mettez-vous en colere & ne pechez* Iac. 1;
pas : Je t'aſſommerois de coups ſi je n'eſtois pas
en colere , dit un jour Archytas de Tarente à un
pareſſeux , *Car la colere de l'homme n'acomplit
point la juſtice de Dieu.*

Ce que nous avons dit d'une paſſion peut eſtre
appliqué aux autres ? Comme c'eſt le propre de
l'homme de fe mettre en colere , & d'un Chrêtien de ne pas pecher : De même la chair defire
ce qui eſt de la chair , & entraîne l'ame par des
amorces dans des plaiſirs qui lui donnent la mort :
Mais nous devons éteindre ces plaiſirs dans l'a-
mour de J e s u s - C h r i s t , & par le moyen de
l'abſtinence tenir dans la fujetion une beſte qui
fe revolte. Pourquoi tout cela ? Pour vous apprendre que vous eſtes femme , & par conſequent
fujette aux paſſions , ſi vous ne prenez garde à
vous. Nous fommes faits tous d'un même limon, la même concupiſcence regne parmi la foye
& parmi la bure , elle ne craint point la grandeur
des Rois , & ne mepriſe point la baſſeſſe des pauvres. Ayez plûtoſt mal à l'eſtomac qu'à l'ame ;
Aſſujettiſſez plûtoſt vôtre corps , que fouffrir
qu'il vous aſſujettiſſe.

Ne m'alleguez point le fecours de la penitence,
qui eſt le remede des malheureux ; il faut crain-

dre une bleſſure qui ſe guerit avec douleur : Il vaut mieux arriver au port dans un vaiſſeau qui n'ait point eſté battu de la tempeſte, que s'expoſer à eſtre briſé contre les rochers en ſe ſauvant nud ſur une planche. En un mot, qu'une veuve ne paſſe point en un ſecond mariage, ſous prétexte qu'il eſt toleré ; qu'elle n'écoûte point ces paroles de l'Apôtre, *Il vaut mieux ſe marier que brûler* ; Car ſi l'on ne brûle point, ſe marier n'aura de ſoy rien de bon.

Il faut lire avec précaution ce Pere ſur les ſecondes nôces.

Que les Heretiques ne prennent point icy occaſion de me calomnier. Je ſçay que le mariage, & un lit ſans tache meritent d'eſtre honorez ; mais je ſçay auſſi qu'Adam n'eut qu'une femme, même aprés avoir eſté chaſſé du Paradis Terreſtre. Lamech, homme de ſang, de malediction, & de la race de Caïn, diviſa le premier la coſte en deux, & cét Autheur de la Bigamie en fut incontinent puni par le deluge : Il eſt vray que S. Paul, craignant la fornication écrivit en ces termes à Timothée ; *J'ayme mieux que les jeunes veuves ſe marient, qu'elles ayent des enfans, qu'elles gouvernent leur ménage, & qu'elles ne donnent aucun ſujet aux ennemis de nôtre Religion de nous faire des reproches* ; Il en rend auſſi-toſt la raiſon : *Car déja quelques-unes ſe ſont égarées pour ſuivre ſathan.* Ainſi vous voyez qu'il ne couronne pas celles qui ſont demeurées fermes ; mais qu'il tend la main à celles qui ſont tombées.

Regardez ce que c'eſt qu'un ſecond mariage que l'on préfere ſeulement à un égarement abominable ; *Parce, dit-il, que quelques-unes ſe ſont égarées pour ſuivre ſathan* : C'eſt pourquoi il permet à une jeune veuve qui ne peut pas demeurer dans la continence, ou qui ne veut pas le faire,

de prendre plûtoſt un ſecond mary, que de ſuivre le diable. Un ſecond mary eſt ſans doute
fort à ſouhaiter, puiſqu'on ne ne ſe donne à lui
que pour n'eſtre point à ſathan. Jeruſalem ſe
laiſſa auſſi aller autrefois à la débauche, & s'a-
bandonna à tous les paſſans : elle ceſſa en Egypte d'eſtre vierge, mais eſtant entrée dans le
deſert, & s'ennuyant de la longueur du chemin,
elle receut des Loix qui ne lui eſtoient pas avan-
tageuſes, & de méchans moyens de juſtification,
qui eſtoient plûtoſt un châtiment pour elle qu'un
ſecours.

Il ne faut pas donc s'étonner que les veuves
incontinentes de qui l'Apôtre parle en un autre endroit de la ſorte; *La molleſſe de leur vie les*
portant à ſecoüer le joug de JESUS-CHRIST, *elles*
veulent ſe remarier, s'engageant ainſi dans la con-
damnation par le violement de la foy qu'elles luy
avoient donnée auparavant, ayent obligé ſaint
Paul à permettre la bigamie. Cette Loy, bien
loin de leur eſtre avantageuſe, eſt un méchant
moyen de juſtification, puiſqu'en leur laiſſant la
liberté de ſe marier deux fois, trois fois, & vingt
mêmes ſi elles le vouloient, on leur donne moins
des maris, qu'on ne les empêche de commettre
des adulteres.

Je vous dis cecy, ma chere fille, & vous le re-
pete toûjours, afin qu'oubliant le paſſé, vous re-
gardiez l'avenir. Il y a des veuves comme vous,
dont vous pouvez ſuivre l'exemple, & entr'autres
Judith & Anne, fille de Phanüel, qui demeuroient jour & nuit dans le Temple, conſervant le
treſor de leur pureté par les jeûnes & par les prieres. La premiere, qui eſt la figure de l'Egliſe,
coupa la teſte au diable, & l'autre informée des

mystéres qui devoient s'accomplir, receut le Sauveur entre ses bras.

Au reste, je vous supplie, en finissant cette Lettre, de croire que si elle n'est pas plus longue, le defaut de paroles, ou la sterilité de la matiere n'en est pas cause: Je crains d'estre ennuyeux à une personne que je n'ay point l'honneur de connoître, & j'ay redouté le jugement qu'en feront en secret ceux qui la liront.

L'ELOGE FUNEBRE DE LUCINE,

adressé à Theodore sa veuve.

LETTRE VI.

J'AY esté tellement accablé de douleur en apprenant la nouvelle de la mort de mon cher Lucine, que ce n'est qu'avec beaucoup de peine que j'ay dicté cette Lettre. Ce n'est pas que je le plaigne, puisque je sçay qu'il est passé en une meilleure vie, & que Moyse dit: *Je passeray pour voir cette grande vision.* Mais je suis fâché de n'avoit point vû le visage de celuy que je croyois bien-tost arriver icy. C'est ce qu'a dit un Prophete de la mort, qu'elle estoit cruelle & implacable, separant les freres, & divisant les personnes les plus étroitement unies. Cependant nous devons nous consoler, car le Sauveur nous promet par ces paroles qu'il l'aneantira: *Je seray ta mort, ô mort: Je seray ton appas, ô enfer;* Et il est dit dans la suite: *Le Seigneur fera lever du desert un vent brûlant qui sechera ses veines, & tarira sa source; Car il est sorty une branche de la racine*

Exod. 9.

Os. 13.

Isa. 11.

de Jeßé, & une fleur de la plante d'une Vierge.
C'eſt de cette même fleur qu'il eſt dit dans le
Cantique des Cantiques : *Je ſuis la fleur des*
champs, & le lys des vallées. Cette fleur a eſté Cant. 1.
la mort de la mort, & le Sauveur perdit la vie
pour faire perir la mort. Pour le vent qui ſe
leve du deſert, c'eſt la figure des entrailles de
la Vierge, qui ſans avoir connu d'homme, mit
au monde, par l'operation du Saint Eſprit, un
Enfant pour tarir la ſource de la concupiſcence,
& qui pût dire, *Me trouvant en cette terre de-* Pſal. 62.
ferte, aride, ſans eau, je vous contemplerai dans
vôtre Sanctuaire.

D'ailleurs, l'eſperance de rejoindre bien-toſt
ceux dont nous ſommes ſeparez, eſt une autre
conſolation contre la cruauté de la mort, & la
neceſſité de mourir. De là vient que l'Apôtre
défend de *s'attriſter du ſommeil de ceux qui dor-* 1. Theſſ.
ment ; Puiſque n'eſtant qu'endormis, ils peuvent
eſtre réveillez, & aprés leur réveil chanter avec
les Anges ; *Gloire à Dieu au plus haut des Cieux,* Luc. 2.
& paix ſur la terre aux hommes de bonne vo-
lonté : Car n'y aiant point de peché dans le Ciel,
ou n'y voit que gloire, & on n'y entend que
loüanges & qu'éloges : Mais pour la terre qui
eſt pleine de guerres, & de diviſions, on y ſouhaite la paix aux hommes, & non pas à tous,
mais ſeulement à ceux qui ſont de bonne volonté, & que ſaint Pierre a ſaluëz de la ſorte ; *Que*
Dieu vous comble de plus en plus de ſa grace & de
ſa paix, afin que ſon Tabernacle ſoit dans la paix,
& ſa demeure dans Sion ; C'eſt à dire, dans une
ame fidelle.

Je vous prie donc de regretter Lucine, comme
vôtre frere qui ſeroit allé faire un voiage, & en-

même temps de vous réjoüir de ce qu'il regne aujourd'hui avec JESUS-CHRIST. Car il vous a esté enlevé, *de peur que la malice ne changeast son ame, qui estoit agreable à Dieu, & il a remply en peu de temps l'espace de plusieurs siecles :* Nous sommes sans doute plus à plaindre, nous qui sommes tous les jours aux mains avec le peché, qui en recevons des blessures, & qui rendrons compte de la moindre parole oiseuse. Lui au contraire est victorieux & joüit des fruits de sa victoire, vous regarde du haut du Ciel, & vous assiste dans vôtre travail, vous preparant une place auprés de lui, avec cet amour & cette charité qui vous porterent l'un & l'autre à ne vivre plus dans vostre mariage que comme le frere & la sœur ;

Gal. 3. *Si aprés avoir esté baptisez en JESUS-CHRIST, & estant encore revêtu d'un corps, nous ne sommes plus ni Juifs ni Gentils, ni esclaves ni libres, ni hommes ni femmes, & que nous ne soyons qu'un en lui,* à plus forte raison quand *ce corps corruptible aura esté revêtu de l'incorruptibilité, que ce corps mortel aura esté revêtu de l'immortalité,*

Matth. 22. *les hommes n'auront plus de femmes, ni les femmes de maris, mais ils seront comme les Anges de Dieu dans le Ciel :* Prenez garde que l'on n'oste pas au corps sa substance, mais que l'on monstre seulement la grandeur de sa gloire. Car il n'est pas dit qu'ils seront des Anges, mais seulement comme des Anges. Où il n'y a que de la ressemblance à une chose, l'essence de cette chose ne s'y trouve pas, & par consequent s'il est dit qu'ils seront comme des Anges, c'est à dire semblables à des Anges, ils ne cesseront pas d'estre hommes. Ils seront environnez de gloire, & d'un éclat Angelique, neanmoins ils seront toûjours

hommes ; un Apôtre fera un Apôtre , & Marie
fera Marie , ce qui détruit cette herefie qui promet des biens exceffifs & incertains , pour nous
ofter l'efperance de ceux qui font affurez. Mais
puifque nous en fommes fur l'herefie , quelle
éloquence eft capable de faire l'éloge de Lucine , qui s'eft confervé dans la pureté de la foy
de l'Eglife , pendant que l'Efpagne , & toutes les
Provinces qui s'étendent depuis les Pyrenées
jufqu'à l'Ocean , eftoient infectées de l'erreur de
Bafilide ; qui n'a point fuivi Armagil , Barbelon,
Abraxas , Balfance , & le ridicule Lucibore , ni
ces autres noms monftrueux qui femblent avoir
efté tirez de l'Hebreu pour donner de l'étonnement aux ignorans , aux fimples , & aux femmes,pour leur faire admirer ce qu'ils n'entendent
point?

Irenée Evêque de Lyon , contemporain des
Apôtres , & difciple de Papias , qui l'avoit efté
de S. Jean Baptifte , raporte qu'un apellé Marc
de la fecte de ce Bafilide , fut le premier qui entra dans les gaules,où il enfeigna fes erreurs dans
les Provinces qui font entre le Rhône & la Ga-
romne. Il y feduifit particulierement des femmes
de qualité , à qui il promettoit en fecret de certains myfteres , & dont il gagnoit l'affection par
des voluptez fenfuelles,& par des enchantemens.
Delà il paffa les Pyrenées & vint en Efpagne, où
il s'attacha encore à s'introduire dans les maifons des Grands-Seigneurs , s'y adreffant aux
femmes qui font poffedées de diverfes paffions ,
Qui aprennent toûjours , & qui n'arrivent jamais _{1. Tim. 5.}
jufqu'à la connoiffance de la verité : C'eft ce que
nous trouvons dans les livres que ce grand Prelat
a compofez avec tant d'éloquence contre toutes

les Herefies. Jugez par là de quelle loüange eft digne Lucine, qui ne fe laiffa point furprendre à ces erreurs, *Qui fit des dons de tout fon bien, & qui répandit fes liberalitez fur les pauvres, afin que fa juftice demeurât éternellement.* Il n'affifta pas feulement ceux de fon païs, mais il envoya encore aux Eglifes d'Alexandrie & de Jerufalem dequoi fecourir une infinité de miferables. Je laiffe aux autres le foin de faire l'éloge de cette charité, que eft connuë de tout le monde, pendant que je loüerai la ferveur avec laquelle il s'apliqua à l'eftude de l'Ecriture fainte. Avec quel empreffement me demanda-t'il mes ouvrages ? Parce qu'il fe trouve ici peu de perfonnes qui entendent le Latin, il y envoya fix écrivains pour tranfcrire tout ce que j'ai fait depuis ma jeuneffe : Ce n'eft pas moi qui fuis le plus petit & le dernier des Chrêtiens, & qui pour mes pechez me fuis retiré dans le defert de Bethléem, qu'il a honoré en cela ; mais le Sauveur, qui eft honoré en la perfonne de fes ferviteurs, *Ceux qui vous reçoivent,* dit-il à fes Apôtres, *me reçoivent, & ceux qui me reçoivent, reçoivent celui qui m'a envoyé.*

Recevez donc, ma chere fille, cette lettre comme un gage de l'affection que j'avois pour lui, & me commandez librement tout ce que vous me jugerez capable de faire pour voftre avancement : que la pofterité fçache que celui qui parle de la forte par la bouche d'Efaye, *Il m'a choifi comme une fléche qu'il a cachée dans fon carquois,* a percé du même dard deux hommes feparez l'un de l'autre par une fi grande eftenduë de terres & de mers, & les a uniës d'efprit par l'amour, fans même qu'ils fe conpuffent de vifage. Enfin que le

Pfal. 111.

Mat. 10.

Efa. 42.

Gardien dont le Prophete a dit , *Celui qui garde* Pſal. 120
*Iſraël veille toûjours, & il n'eſt jamais ſurpris du
ſommeil ,* vous garde toûjours dans une ſainteté
de corps & d'eſprit : Que l'Ange qui fut envoyé
à Daniel vienne auſſi avec vous, afin que vous
puiſſiez dire, *Je dors & mon cœur veille.*

A INNOCENT.

*Cette lettre eſt l'hiſtoire d'un miracle qui arriva
du temps de ſaint Jerôme. Une femme fut fauſ-
ſement accuſée d'adultere par ſon mary , & un
jeune homme qu'on diſoit eſtre complice du crime l'aiant avoüé par la violence de la queſtion,
ils furent condamnez l'un & l'autre à avoir la
teſte tranchée , quoi qu'au milieu des plus cruels
tourmens la femme l'eût toûjours nié. Le jeune
homme fut executé le premier , mais la femme
ne put mourir , quoi qu'elle receut juſqu'à ſept
coups.*

LETTRE VII.

VOus m'avez prié bien ſouvent de ne point
paſſer ſous ſilence le miracle qui eſt arrivé
de nos jours, & je me ſuis ſerieuſement défendu d'en écrire l'hiſtoire , ne croiant pas que je
puſſe m'en acquiter aſſez bien , ſoit parce que
le diſcours d'un homme eſt trop foible pour
faire l'éloge de la puiſſance de Dieu, ou que le
loiſir eût comme roüillé la facilité que j'avois
autrefois à parler. Cependant vous me repreſen-
tez que dans ce qui regarde le ſervice de Dieu,

on ne doit point avoir d'égard à la possibilité ;
mais consulter son courage , & que les paroles
ne peuvent manquer à celui qui croit à la parole : Que ferai-je ? Je n'ose vous refuser ce que je
ne puis executer : Je suis un pilote ignorant qui
n'ai jamais conduit une chaloupe sur un estang ;
& neanmoins on m'abandonne le gouvernement
d'un grand navire sur des vagues batuës de la
tempeste. Il me semble que la terre disparoît
déja à mes yeux , que de quelque côté que je me
tourne , je ne vois que le Ciel & de l'eau , que la
mer devient plus affreuse que les tenebres , &
que les flots écumans de colere blanchissent :
neanmoins vous me conseillez d'étendre les voiles , & de prendre le gouvernail. Je vous obeïs
donc , & comme tout est possible à la charité ,
j'espere avec l'assistance du Saint Esprit que j'aurai dequoi me consoler , quelque succés qui ac-
compagne mon voyage. Si j'arrive heureusement au port , je passerai pour bon pilote , & si
mon langage sans politesse est arresté dans les détours de ce discours , vous pourrez vous plaindre
de mon incapacité , sans que vous ayez lieu de le
faire de ma volonté.

Verceil petite ville de Ligurie , qui estoit autrefois tres-grande & bien peuplée , est aujourd'hui
à demy ruinée & habitée de peu de personnes.
L'Intendant y allant faire la visite , selon la coûtume , fit emprisonner une femme de basse ex-
traction qui lui fut amenée par son mary , &
celui qui estoit accusé d'avoir commis adultere
avec elle. Quelque temps aprés on met le jeune
homme à la question , on lui déchire la chair
avec des crochets de fer , & l'on fait en sorte , en
lui ouvrant les côtez , que la douleur y découvre

la verité. Ce malheureux pour se délivrer par une mort d'un moment d'un tourment de longue durée, se declare faussement contre lui-même ; de sorte qu'il fut condamné à la mort avec raison, puisque par son mensonge il ôtoit à une innocente le moyen de se défendre. Pour la femme elle fit voir plus de courage dans un sexe plus foible ; car estant attachée sur le chevalet, les mains liées derriere le dos, elle leva les yeux au Ciel, les yeux, dis-je, qui estoient la seule partie de son corps, à qui les boureaux n'avoient pû donner de chaînes : Bon Jesus à qui rien n'est caché, & qui connoissez le secret des cœurs, dit-elle le visage noyé de larmes, vous estes témoin que si je n'ai voüé point le crime dont on m'accuse, ce n'est pas que je craigne de mourir, mais de vous offenser en faisant un mensonge ; Au contraire je desire de mourir & d'estre dépoüillée de ce corps, pourvû que ce ne soit pas comme une adultere : Et toy infortuné jeune homme, si tu cours à la mort, pourquoi y traîner avec toy une innocente ? Neanmoins je tends le cou à l'épée, & j'en recevrai les coups sans pâlir si je meurs avec mon innocence : car ce n'est pas mourir que remporter en mourant une telle victoire.

L'Intendant se repaissant les yeux de ce cruel spectacle, comme une beste alterée du sang dont elle a une fois goûté, fait redoubler les tourmens, grince les dens en lui-même, & menace le boureau d'un traitement pareil, s'il ne fait avoüer à une femme ce qu'un homme n'a pas eu la force de nier : Secourez-moy Seigneur, s'écria alors cette pauvre femme, on a bien inventé d'autres suplices pour vous. On la lie plus étroitement de ses cheveux même au chevalet, on lui perce les

deux côtez ; on aproche le feu de la plante de ses
pieds , & ses tetons ne sont point épargnez.
Toutefois elle demeure immobile , & il semble
que sa conscience, qui ne lui reproche rien , lui
oste le sentiment au milieu des souffrances. Le
juge inhumain se leve comme s'il eût esté vaincu, on disloque toutes les parties de son corps,
& elle jette les yeux au Ciel pendant que l'autre
avouë le crime , comme s'il avoit pû le commettre seul ; mais elle le nie pour lui & tâche de le
tirer du peril : Brûlez, brûlez, dit-elle , déchirez,
je ne suis point coupable ; si l'on ne me croit pas
aujourd'hui, j'ai un autre Juge qui examinera un
jour le crime qu'on m'impute maintenant : Enfin
le boureau se lasse & soûpire de la douleur qu'il
lui voit endurer, car il ne reste pas en son corps
une partie entiere , & il l'a tellement déchiré
qu'il en a horreur lui-même.

Là-dessus l'Intendant s'emporte de colere: Vous
étonnez-vous , dit-il à ceux qui estoient presens
à ce spectacle , qu'une femme ayme mieux estre
tourmentée que mourir ? Certes une seule personne ne peut pas commettre un adultere, & il y
a plus d'aparence qu'une coupable le nie, qu'un
innocent l'ait avoüé. Il prononce donc une même sentence contre l'un & l'autre ; le boureau les
traîne à la mort, tout le peuple accourt, & l'on
eût dit que la ville demeuroit deserte, tant il en
sortoit de monde. A l'égard du jeune homme ,
il eut la teste coupée du premier coup, & son
corps nagea dans son sang : mais la femme s'é-
tant mise à genoux, & le boureau aiant levé son
épée de toutes ses forces, elle s'arresta sur elle ,
offençant legerement la peau par une petite égra-
tignure marquée de sang. L'Executeur surpris de

la foibleſſe de ſon bras , & du peu d'effet de ſon coup , en redoubla un autre. L'épée tomba encore languiſſamment cette fois , & comme ſi elle eût eu peur de bleſſer une innocente, elle demeura comme engourdie ſur ſon cou ſans lui faire aucun mal. Ce fut-là,que le boureau entra en fureur , & que ramaſſant toutes ſes forces , il jetta en arriere ſa caſaque, dont l'agraphe tomba ſans qu'il s'en aperçût , quand il voulut donner un troiſiéme coup : Vôtre agraphe eſt tombée , lui dit cette femme , ramaſſez de l'or qui vous a tant coûté a gagner, de peur qu'il ne ſoit perdu. Quelle intrepidité ! une femme en cet eſtat ne craint point la mort, elle ſe réjoüit au milieu des coups qui font pâlir un boureau , elle prend plûtoſt garde à une agraphe qu'à l'épée dont on eſt preſt de lui trancher la teſte, & comme ſi c'eſtoit peu de choſe de ne point aprehender la mort,elle rend encore un bon office à celuy qui va la lui donner. Le troiſiéme coup fut porté en vain, ainſi que les autres , quoi qu'on diſe ordinairement qu'il eſt dangereux ; de ſorte que l'Executeur ne ſe fiant plus au tranchant de ſon épée, eut recours à la pointe qu'il voulut enfoncer dans la gorge de l'innocente,aprés n'avoir pû lui couper la teſte : Choſe inoüie ! le fer plia juſqu'au pommeau, ſemblant par-là avoüer à celui qui le pouſſoit qu'il eſtoit vaincu.

Ce prodige eſt ſans doute le miracle de ces trois Hebreux qui chanterent des Hymnes dans la fournaiſe au milieu des flâmes qui ſechoient leurs habits & leurs cheveux ſans les offenſer. Remettons-nous icy devant les yeux l'hiſtoire de Daniel , que les lions, dont il eſtoit deſtiné à eſtre la proye,craignirent & careſſerent de leurs queües.

Rapellons en nôtre memoire celle de Sufanne, inébranlable dans fa foy, qui ayant efté condam- née par un jugement inique, fut fauvée par le moyen d'un enfant rempli de l'fprit de Dieu. Celle-cy fut délivrée par le Juge qui empêcha qu'on ne la fift mourir ; & celle dont nous par- lons aprés avoir efté condamnée à la mort, en fut prefervée par l'épée de fon boureau même. Cependant le peuple s'arma pour fa défenfe ; chacun de quelque âge, & de quelque condition qu'il fût, ayda à mettre en fuite le boureau, & s'amaffant en un cercle eut de la peine à croire ce qu'il voyoit. La ville fut émcüe de cette nou- velle, & tous les Officiers vinrent en foule ; il s'en trouva un entr'autres que le devoir de fa charge obligeoit à faire executer les Sentences : Je fuis donc, Meffieurs, celui dont vous deman- dez la mort au lieu de celle de cette femme, dit- il en fe couvrant la tefte de pouffiere ; fi vous eftes touchez de compaffion, & que vous vou- liez la fauver aprés fa condamnation, il faut fans doute que je periffe, quoi qu'innocent. Le peu- ple touché de fon difcours & de fes larmes, chan- gea tout d'un coup de volonté, & demeurant im- mobile crût qu'il eftoit de la charité d'abandon- ner à la mort celle que par un fentiment de cha- rité il en avoit voulu délivrer un moment aupa- ravant. On fit donc venir un autre boureau avec une autre épée, on lui prefenta la victime, qui n'eftoit plus fecourüe que de JESUS-CHRIST : le premier & le fecond coup l'ébranlerent feule- ment ; mais elle fut bleffée & abatüe du troifié- me. O admirable effet de la puiffance de Dieu ! Celle qui avoit receu jufqu'à quatre coups fans en eftre offenfée, femble mourir infenfiblement

de peur qu'nn innocent ne perde la vie pour
elle. Les Ecclefiaftiques à qui ce foin eftoit commis enfeveliffent le corps , & faifant une foffe
fe difpofent à l'enterrer en la maniere accoûtumée. La nuit furvient , & il femble que ce foit
plûtoft qu'à l'ordinaire , alors on fent battre tout
d'un coup le poux de cette femme , elle ouvre
les yeux , le fentiment lui revient , elle refpire,
elle voit , & elle a affez de force pour dire : Le
Seigneur eft mon protecteur , je ne craindrai
point ce que me feront les hommes.

En ce temps-là une vieille femme qui fubfi-
ftoit des aumônes de l'Eglife mourut, & comme
fi fa mort eût efté un effet de l'ordre de la Providence , fon corps fut mis dans le tombeau qui
avoit efté preparé pour l'autre : Mais un Huiffier
arrive à la pointe du jour qui cherche le cadavre
de l'innocente, & veut qu'on lui ouvre le tombeau, croyant que celle qu'il fçait bien n'avoir
pû mourir que par un miracle , foit encore en
vie ; les Ecclefiaftiques lui montrent le gazon
fraîchement remué, & la terre qui venoit d'eftre
jettée fur le corps , & lui font ces reproches:
Deterrez des os enfevelis , declarez encore la
guerre à des cendres ; & fi cela ne vous fuffit pas,
mettez en pieces ce cadavre , & le faites fervir
de pâture aux oyfeaux & aux beftes. Celle qui a
receu fept coups fans en perdre la vie doit endurer quelque chofe de plus que la mort. L'Huiffier s'eftant retiré couvert de confufion , on conduifit cette femme en une maifon où elle fut af-
fiftée en cachette, & de peur que le Medecin
venant trop fouvent à l'Eglife ne donnât lieu à
quelque foupçon , elle fut menée avec quelques
vierges en une metairie, écartée , ou fous l'ha-

bit d'un homme elle fut guerie peu à peu de sa blessure.

Certes il y a bien de l'injustice dans la justice même ; on veut encore soûmettre à la rigueur des loix une personne que tant de miracles ont justifiée. Mais à quoi m'engage la suite de ce discours ? Il faut ne parler de mon cher Evagre, & je ne serois pas sage si je pensois pouvoir raporter combien il a travaillé en cette occasion pour l'amour de JESUS-CHRIST ; neanmoins le moyen de n'en rien dire dans la joye où je suis, & de passer sous silence la défaite d'Auxence, & la victoire que le Pape, qui estoit presque tombé dans les embuscades des seditieux, a remportée de son ennemi sans se voir offensé après l'avoir vaincu ? Mais je laisse le soin d'écrire cette histoire à ceux qui viendront après moi, & je finis celle que j'ai commencée. Evagre donc alla exprés trouver l'Empereur, le pria avec instance, l'adoucit, & obtint enfin par ses sollicitations la liberté de celle à qui la vie avoit esté renduë par miracle.

L'ELOGE

L'ELOGE FUNEBRE

DE SAINTE PAULE VEUVE,

adreffé à fa fille Euftoche.

LETTRE VIII.

QUAND toutes les parties de mon corps feroient changées en autant de langues, &
que chacune d'elles formeroit une voix humaine,
je ne pourois rien dire qui répondift au merite &
aux vertus de la fainte & de la venerable Paule.
Elle fut illuftre par fa race, mais beaucoup plus
par fa fainteté. Elle fut confiderée par la grandeur
de fes richeffes, mais elle l'eft maintenant beaucoup davantage, de ce qu'elle a voulu eftre pauvre avec JESUS-CHRIST. Elle defcendoit des Gracques & des Scipions, elle fucceda au grand Paul
Emile, dont elle porta le nom. Martia Papiria fa
mere tiroit fon origine de Scipion l'Afriquain ;
cependant elle prefera le fejour de Bethléem à celui de la Ville capitale du monde, & les biquo-
ques de terre & de boüe d'un petit village, aux
lambris dorez des Palais de Rome.

Avec tout cela nous ne nous affligeons point
d'avoir perdu une fi grande Sainte. Au contraire
nous rendons graces à Dieu de ce que nous l'a-
vons euë, ou pour mieux dire, de ce que nous l'a-
vons encore, puifque tout eft vivant en lui, &
que tout ce qui retourne dans fon fein doit eftre
uni au rang des chofes qui nous appartiennent.

M m

Certes nous ne sommes aujourd'hui privez de sa presence que parce qu'elle est allée demeurer dans le Ciel. En effet estant revêtuë d'un corps mortel, elle se plaignoit sans cesse de ce qu'elle estoit dans un exil qui l'éloignoit de son Seigneur, & avoit continuellement ces paroles du Prophete à la bouche : *Helas ! que mon exil est long ! Je vis ici comme une étrangere parmi les tentes de Cedar.* Mon ame est ennuyée de demeurer si long-temps sur la terre. Or on ne doit pas s'étonner qu'elle s'est ennuyée de demeurer dans les tenebres ; car c'est ce que signifie le mot de Cedar, *veu que tout le monde est plongé dans le mal, que sa lumiere est semblable à ses tenebres, & que la lumiere luisant dans les tenebres, les tenebres ne l'ont point comprise;* de sorte qu'elle ajoûtoit : *Je suis étrangere & voyagere devant vous comme l'ont esté tous mes peres, que je desire d'estre dégagée des liens de mon corps, & d'estre avec* JESUS-CHRIST ! Pendant qu'elle estoit accablée des infirmitez, que l'âpreté de ses abstinences causoit à son corps foible & delicat, combien de fois lui a-t'on entendu dire : *Je traite rudement mon corps, & le reduis en servitude, de peur qu'ayant presché aux autres, je ne sois reprouvée moi-même ? Il est bon de ne manger point de chair, & de ne boire point de vin. J'ai humilié mon ame par mes jeûnes. Vous m'avez remplie d'infirmitez. Je n'ai receu que des afflictions, & n'ai trouvé que des épines :* Et dans le milieu des plus vives douleurs dont elle suportoit la violence avec une patience digne d'admiration, elle disoit, comme si elle eust veu le Ciel ouvert : *Qui me donnera les aîles d'une colombe, afin que je m'envole, & que je trouve un lieu de repos ?*

Psal. 119.

1. Joan. 5.
Psal. 138.
Joan. 1.
Psal. 38.
Philip. 1.

1. Cor. 9.

Rom. 14.
Psal. 34.
Psal. 30.
Psal. 31.

Psal. 54.

Je prens à témoin JESUS-CHRIST, tous les
Saints, & l'Ange gardien de cette sainte femme, que la flaterie & la complaisance n'auront
aucune part à ce que je dirai d'elle, ce que je fais
n'estant que pour rendre témoignage à la verité
par un éloge qui sera toûjours beaucoup au deffous de ses merites que toute la terre publie, que
les Prêtres admirent, qui sont la cause des re-
grets de tant de compagnies de Vierges, & qui
la font pleurer par une si grande multitude de
Solitaires & de pauvres. Mais veux-tu, Lecteur,
voir en un moment un abregé de toutes ses vertus ? Elle laissa tous les siens dans la pauvreté,
celle où elle estoit estant encore plus grande que
la leur. Cependant il ne doit pas sembler étrange
qu'elle en ait usé de la sorte avec ses serviteurs
& ses servantes, qu'elle avoit fait ses freres &
ses sœurs ; puisque sans avoir égard à la grandeur de la naissance de sa fille Eustoche, cette illustre Vierge consacrée à Dieu, & pour la consolation de laquelle j'écris ce discours, elle ne
lui laissa d'autres richesses que celles de la foy &
de la grace.

Commençons donc l'histoire de sa vie avec or-
dre. Que d'autres reprenant les choses de plus Famille de
sainte Paule.
haut, & dés l'origine de sa race, raportent, s'ils
veulent, qu'elle eut pour mere Blesille descenduë
des Scipions & des Gracques,& pour pere Rogat,
qui à cause des statuës & de l'illustre suite de ses
ancestres, & de ses grandes richesses, est crû
encore aujourd'huy presque par toute la Grece tirer son origine du Roy Agamemnon, qui ruina
Troye aprés un siege de dix ans. Pour moi je ne
loüerai rien de ce qui lui est étranger, je m'arresterai seulement à ce qui lui est particulier, &

forti d'une fource auffi pure, qu'eftoit celle de fon ame fainte.

· Nôtre Seigneur dans l'Evangile affure fes Apô-tres qui lui demandent quelle fera leur recompen-fe, que ceux qui donneront tout pour l'amour de lui, recevront dés ce monde le centuple de ce qu'ils auront donné, & dans l'autre la vie éter-nelle ; d'où il faut conclure qu'on ne merite point de loüanges pour eftre riche, mais pour méprifer les richeffes à caufe de JESUS-CHRIST, & pour témoigner que l'on a de la creance aux paroles de Dieu, en ne tenant aucun compte des honneurs où l'on eft élevé, au lieu de les prendre pour un fujet de vanité & d'orgueil. Ce que Dieu promet à ceux qui le fervent eft fans doute tres-affuré, & la verité de fa parole fe trouve aujourd'hui ac-complie en la perfonne de fainte Paule. Celle qui a méprifé la gloire qu'elle pouvoit recevoir dans une feule Ville, eft devenuë fameufe par tout le monde, & celle qui n'eftoit connuë que des Ro-mains pendant qu'elle demeuroit à Rome, s'eft renduë, depuis qu'elle eft venuë fe cacher à Bethléem, l'objet de l'admiration non feulement des Romains, mais encore des Nations barbares. En effet eft-il une Province au monde d'où il ne vienne quelqu'un vifiter les lieux faints? & qu'y trouve-t'on qu'on doive davantage eftimer que Paule ? Elle y brille comme une pierre precieufe parmi plufieurs autres dont elle efface le luftre, & comme un foleil qui dés fon lever obfcurcit par l'éclat de fes rayons la fplendeur de toutes les étoiles. Ainfi elle furmonta par fon humilité la vertu & la puiffance de tous les autres, & en fe rendant la moindre de tous, elle fe trouva beau-coup élevée fur tout le refte ; parce que plus elle

Matth. 10.

s'abaissoit, & plus JESUS-CHRIST la faisoit paroître. Elle se cachoit & ne pouvoit estre cachée, elle
fuyoit la gloire, & l'acqueroit en la fuyant ; parce
que la gloire suit la vertu comme son ombre, &
qu'en méprisant ceux qui la cherchent, elle cherche ceux qui la méprisent. Cependant je m'écarte
de la suite de ma narration, & je passe par dessus
les preceptes de la Rhétorique, en m'arrêtant
trop long-temps à chaque chose.

Comme elle estoit d'une famille tres-illustre,
ainsi que nous l'avons marqué, elle fut mariée à
Toxoce, qui tire son origine d'Enée & des Jules ;
delà vient que sa fille Eustoche, cette illustre
Vierge consacrée à JESUS-CHRIST, porte le nom
de Julie, qui vient du nom du grand Jule, qui
estoit fils d'Enée. Ce que je dis n'est pas à cause
que ces hautes qualitez soient fort considerables
en ceux qui les possedent : mais parce qu'on ne
peut assez les admirer dans ceux qui les méprisent. Les personnes du siecle ont de la veneration
pour ceux qui ont ces avantages ; mais pour moi
je ne puis loüer que ceux qui les méprisent pour
l'amour de JESUS-CHRIST, & je les estime d'autant plus lors qu'ils n'en tiennent aucun compte,
que je les considere peu lors qu'ils en font quelque cas.

Paule ayant donc pour ancestres ceux dont je
viens de parler, & sa fecondité aussi bien que sa
chasteté l'aiant fait estimer ; premierement par
son mary, & puis par ses proches, & enfin par
toute la ville de Rome, elle eut cinq enfans, Ble-
sile sur la mort de laquelle je lui écrivis pour la
consoler, Pauline qui laissa pour heritier de ses
biens & de ses grandes resolutions, son saint &
admirable mary Pammaque, auquel j'ai adressé

un petit difcours fur le fujet de fa perte;Euftoche qui demeure encore aujourd'hui dans les lieux faints, & eft par fa virginité & par fa vertu une pierre precieufe & un ornement de l'Eglife. Rufine qui par fa mort precipitée accabla de douleur l'ame fi tendre de fa mere, & Toxoce enfin, aprés la naiffance duquel elle ceffa d'avoir des enfans, ce qui témoigne qu'elle n'avoit defiré d'en avoir que pour plaire à fon mary, qui fouhaitoit avec paffion d'avoir un fils.

Charitez admirables de fainte Paule aprés la mort de fon mari.

Son mari eftant mort, fon déplaifir fut fi grand qu'elle penfa en mourir, & elle fe donna de telle forte au fervice de Dieu, qu'on euft crû qu'elle euft defiré cette mort pour pouvoir avec plus de liberté executer la refolution qu'elle avoit formée de renoncer entierement au monde. Diräi-je qu'elle eftoit fi charitable, qu'elle diftribuoit aux pauvres quafi tous les biens d'une auffi grande & auffi riche maifon qu'eftoit la fienne, & que fa liberalité fe répondoit même fur ceux qu'elle n'avoit jamais veus? Quel pauvre eftant mort n'a point efté enfeveli à fes dépens? Et quel eft le malade languiffant qui n'a point efté nourri de fon bien? Ne les cherchoit-elle pas tres-exactement par toute la ville, & fi quelqu'un preffé de faim & accablé de mifere eftoit fecouru par un autre, ne croyoit-elle pas avoir beaucoup perdu? Elle apauvriffoit fes propres enfans, pour affifter ceux qui eftoient dans la neceffité,& fi quelqu'un de fes proches y trouvoit à dire, elle répondoit que ce qu'elle en faifoit, eftoit pour leur laiffer la mifericorde de Dieu, qui eftoit une fucceffion beaucoup plus grande que la fienne. Elle ne put fouffrir long-temps les vifites, & ce grand abord de monde, que lui attiroit de tous coftez une

maison aussi illustre & aussi élevée que la sienne.
L'honneur qu'on lui rendoit lui causoit une extréme déplaisir, & elle se hasta de se mettre en
estat de n'entendre plus les loüanges qu'on pu-
blioit d'elle.

En ce temps-là des Evêques d'Orient & d'Occident s'estant assemblez par les ordres de l'Empereur, pour terminer quelques divisions qui
estoient arrivées dans les Eglises, elle connut
particulierement deux hommes admirables, Paulin Evêque d'Antioche, & Epiphanie Evêque de
Salamine en Cypre, qui s'appelle aujourd'hui
Constance, qu'elle eut pour hôte. Mais quoi
que Paulin demeurât dans un autre logis que le
sien, elle ne laissa pas neanmoins de joüir du bon-
heur de sa conversation avec autant de facilité que
s'il eût esté logé chez elle. La vertu de ces deux
illustres Prelats aiant esté comme un aiguillon
qui servit à redoubler la sienne, elle forma le
dessein d'abandonner son païs, & pensa continuellement à l'executer, & oubliant sa maison, ses
enfans, ses domestiques, & generalement toutes les choses du siecle, elle n'avoit d'autre passion que de s'en aller seule, & sans estre suivie de
personne, s'il estoit possible, dans ces deserts où
saint Paul & saint Antoine ont fini leur vie.

Enfin l'hyver estant passé, la mer commençant
à devenir navigeable, & ces excellens Evêques
retournant à leurs Eglises, elle les accompagna
par ses vœux & par ses souhaits. Mais pourquoi
differerai-je à le dire ? Elle descendit sur le port,
son frere, ses cousins, ses plus proches, & ce
qui est beaucoup plus que tout le reste, ses enfans même l'accompagnant & s'efforçant par la
compassion qu'ils lui faisoient de faire changer

de resolution à une mere qui les aimoit avec une incroyable tendresse. Déja on déployoit les voiles, & à force de rames on tiroit le vaisseau dans la mer. Le petit Toxoce joignoit les mains vers sa mere sur le rivage, & Rufine preste à marier la conjuroit par ses pleurs, ne l'osant faire par ses paroles, de vouloir au moins attendre ses nôces. Mais Paule élevant les yeux au Ciel sans jetter une seule larme, surmontoit par son amour pour Dieu, celui qu'elle avoit pour ses enfans, & oublioit qu'elle estoit mere pour témoigner qu'elle estoit servante de JESUS-CHRIST. Ses entrailles estoient déchirées, & elle combatoit contre ses sentimens qui n'estoient pas moindres que si on lui eût arraché le cœur : l'affection qu'elle portoit à ses enfans estant si grande qu'on ne pût assez admirer la force qu'elle eut en la surmontant. Il n'arrive rien de plus cruel aux hommes, entre les mains même de leurs ennemis & la rigueur de la servitude, que d'estre separez de leurs enfans : mais on voit ici que contre les loix de la nature une foi parfaite & acomplie non seulement le souffre, mais encore en a de la joie. Et ainsi Paule oubliant sa passion pour ses enfans par une plus grande qu'elle avoit pour Dieu, ne trouvoit de la consolation qu'en Eustoche sa chere fille qu'elle avoit pour compagne dans ses desseins & dans ses voyages. Son vaisseau faisant voile, & tous ceux qui estoient dedans regardant vers le rivage, elle en détourna les yeux pour n'y point voir des personnes qu'elle ne pouvoit regarder sans douleur ; car il est certain que jamais aucune autre mere n'a tant aimé ses enfans, à qui avant que de partir elle donna tout ce qu'elle avoit, ne reservant rien pour elle, & se desheritant soy-même en la terre afin de trouver un heritage dans le Ciel.

Estant arrivée à l'Isle de Pontie, si celebre par l'exil de Flavie Domitille, la plus illustre femme de son siecle, laquelle y fut releguée par l'Empereur Domitien, à cause qu'elle estoit Chrêtienne & voyant les petites cellules où elle avoit souffert un long martyre, il sembla que sa foi y prît des aîles, tant elle se sentit touchée du desir de voir Jerusalem & les lieux saints. Elle trouvoit que les vents tardoient trop à se lever, & il n'y avoit point de diligence qui ne lui semblât trop lente. Elle s'embarqua sur la mer Adriatique, & passant entre Scylla & Caribde par un aussi grand calme que si elle eût passé sur un estang, elle vint à Methone, où mettant pied à terre sur le rivage, & aiant redonné un peu de forces à son corps, naturellement foible, elle passa ensuite les Isles de Malée, & de Cythere, les Cyclades répanduës dans cette mer, & tant de détroits où l'agitation des eaux est si grande à cause qu'elles sont pressées de la terre. Enfin ayant laissé derriere elle Rhode & la Lycie, elle arriva en Cypre, où s'estant jettée aux pieds du saint & venerable Epiphanie, il l'y retint dix jours, non pas, comme il le croyoit, pour lui donner le temps de se rafraîchir du travail qu'elle avoit souffert sur la mer ; mais pour s'occuper à des œuvres de pieté, ainsi que l'évenement le fit connoître. Elle visita tous les Monasteres de cette Isle, & assista autant qu'elle le pût les Solitaires, que l'amour & l'estime d'un homme aussi saint qu'Epiphanie y avoit attirez de toutes les Provinces du monde. Delà elle traversa en diligence la Seleucie, où Paulin qui en estoit Evêque la retint un peu de temps, par la

Ses voyages avant que s'arrester à Bethléem.

grande charité qu'il avoit pour elle. Quoi que l'on fût lors au milieu de l'hyver, l'ardeur de sa foi surmontant toutes difficultez, on vid cette femme, d'une condition si illustre, & qui estoit portée autrefois par des eunuques, continuer son voiage montée sur un asne.

Ayant passé en divers autres lieux d'Egypte, elle arriva à Nitrie, qui est un bourg voisin d'Alexandrie, où l'on voit tous les jours les taches des ames de plusieurs personnes se laver par la pratique des plus excellentes vertus. Là le saint & venerable Isidore Evêque & Confesseur vint au devant d'elle accompagné d'une multitude incroyable de Solitaires ; entre lesquels il y en avoit plusieurs d'élevez à la qualité de Diacres & de Prêtres ; ce qui ne lui donna pas peu de joye, encore qu'elle se reconnût indigne d'un si grand honneur. Que dirai-je des Macaires, des Serapions, & des autres colomnes de la foy de JESUS-CHRIST ? Y en eut-il un seul dans la cellule duquel elle n'entrât, & aux pieds duquel elle ne se jettât ? Elle croyoit voir JESUS-CHRIST en la personne de chacun de tous ces Saints, & ressentoit une joye extrême dans les honneurs qu'elle leur rendoit, parce qu'elle pensoit les rendre à lui-même. Mais qui peut assez admirer son zele & cette force d'esprit quasi incroyable en une femme ? Ne considerant ni son sexe ni la foiblesse de son corps, elle desiroit de demeurer dans la solitude avec les filles qui l'accompagnoient au milieu de ce grand nombre de Solitaires, & peut-estre que tous y consentant à cause de la veneration singuliere qu'ils avoient pour son éminente vertu, elle eût obtenu ce qu'elle desiroit, si le desir encore plus violent de demeurer dans les lieux saints ne l'y eût point rapellée. Ainsi à cause de l'excessive chaleur s'étant embarquée pour aller de Peluse à Mayume, elle revint en Palestine aussi vîte que si elle eût eu des aîles, & parce que son dessein estoit de passer le reste de sa vie à Bethléem, elle s'arresta dans une petite maison, où elle demeura trois ans en attendant qu'elle eût fait des cellules & des Monasteres, & basti des retraites pour les pelerins le long du chemin, où la Vierge & saint Joseph u'avoient pû trouver où se loger.

Ayant raporté jusqu'ici le voyage qu'elle fit estant accompagnée de plusieurs vierges, entre lesquelles estoit sa fille Eustoche ; Il faut à cette heure que je parle plus au long de sa vertu, qui est ce qui lui est veritablement propre. Et je proteste devant Dieu que je prens pour témoin & pour juge, de n'ajoûter ni d'exagerer rien dans le discours que j'en ferai, ainsi que font ordinairement ceux qui entreprennent de loüer quelqu'un ; mais qu'au contraire je retrancherai beaucoup de la verité, de peur qu'on eût peine à la croire, si je la raportois dans toute son étenduë, & aussi afin que mes ennemis, qui selon la coûtume des calomniateurs, cherchent continuellement des occasions de me déchirer, ne m'accusent point d'écrire des choses feintes & imaginaires, & de parer la Corneille d'Esope des plumes des autres oyseaux.

Les vertus de sainte Paule, & entr'autres sa charité envers les pauvres, & son amour pour le prochain.

Paule s'abaissa jusqu'à un tel point par son extrême humilité, qui est la première des vertus d'un Chrêtien, que des personnes qui ne l'auroient point connuë, & que sa grande reputation auroit portées à desirer de la voir, n'auroient jamais crû que ce fust elle, & l'auroient prise pour

la moindre de ses servantes: car estant ordinairement environnée d'un nombre infini de vierges,
elle paroissoit par ses habits, par ses paroles, &
par sa démarche estre la moindre de toutes.
Depuis la mort de son mary jusqu'au jour qu'elle
rendit son ame à Dieu, elle ne mangea jamais
avec un seul homme, quelque saint qu'il fût, &
quoi qu'élevé à la dignité Episcopale. Elle ne fut
aussi jamais aux bains, à moins que se trouver en
danger de sa vie, & elle ne se servoit point de matelats, même dans des fiévres tres-violentes ;
mais elle reposoit sur la terre dure qu'elle couvroit seulement avec des cilices; si l'on peut apeller repos de joindre les nuits aux jours pour les
passer en des oraisons presque continüelles, acomplissant ainsi ce que dit David, *J'aroseray toutes*
les nuits mon lit de mes pleurs, je le tremperay de mes
larmes. Il sembloit qu'il y en eût une source dans
ses yeux ; car elle pleuroit de telle sorte pour des
fautes tres-legeres, qu'on eût estimé qu'elle avoit
commis les plus grands crimes.

Psal. 6.

Lors que nous lui representions souvent qu'elle
devoit épargner sa veüe & la conserver pour
lire l'Ecriture sainte, elle nous répondoit en ces
termes : Il faut défigurer ce visage que j'ai si souvent peint avec du blanc & du rouge contre le
commandement de Dieu : il faut affliger ce corps
qui a esté dans tant de delices: il faut que des ris &
des joyes qui ont duré si long-tems soient recompensez par des pleurs continuelles : il faut changer en l'âpreté d'un cilice la delicatesse de ce beau
linge, & la magnificence de ces riches étoffes de
soye, & comme autrefois j'ai pris tant de soin
de plaire à mon mary, je desire maintenant de
pouvoir plaire à JESUS-CHRIST.

Entre tant de vertus si éminentes il me semble qu'il seroit inutile de loüer sa chasteté, qui lors même qu'elle estoit encore engagée dans le siecle a servi d'exemple à toutes les Dames de Rome ; sa conduite ayant esté telle que les plus médisans n'osoient rien inventer pour la blâmer. Il n'y avoit point d'esprit au monde plus doux que le sien, ni plus rempli d'humanité envers les pauvres ; elle ne cherchoit point les personnes élevées en autorité, & elle ne méprisoit point avec une aversion dédaigneuse ceux qui avoient de la vanité & de la gloire. Lors qu'elle rencontroit des pauvres elle leur faisoit du bien, & lors qu'elle voyoit des riches elle les exhortoit à les assister. Il n'y avoit que sa liberalité qui fût excessive, & prenant de l'argent à interest elle changeoit souvent de creanciers pour conserver son credit, afin d'estre par ce moyen en estat de ne refuser l'aumône à personne. Sur quoi je confesse ma faute, en ce que lui voyant faire des charitez avec tant de profusion je l'en reprenois, & lui alleguois le passage de l'Apôtre : *Vous ne devez pas donner,* *I. Cor. 8.* *en sorte qu'en soulageant les autres vous vous incommodiez vous-même ; mais il faut garder quelque mesure, afin que comme maintenant vôtre abondance suplée à leur necessité, vôtre necessité puisse estre un jour soulagée par leur abondance, & qu'ainsi il y ait de l'égalité :* Et cet autre passage de l'Evangile, *Que celui qui a deux habits en* *Luc. 3.* *donne un à celui qui n'en a point ;* & j'ajoûtois qu'elle devoit prendre garde de ne se mettre pas dans l'impuissance de pouvoir toûjours faire le bien qu'elle faisoit de si bon cœur ; à quoi joignant plusieurs autres choses semblables, elle me répondoit en fort peu de paroles, & avec grande modeſtie, prenant Dieu à témoin qu'elle ne faiſoit rien que pour l'amour qu'elle avoit pour lui ; qu'elle ſouhaitoit de mourir en demandant l'aumône, de ne laiſſer pas un écu à ſa fille, & d'eſtre enſevelie dans un drap qui lui fût donné par charité. Enfin elle ajoûtoit pour derniere raiſon : Si j'eſtois reduite à demander, je trouverois pluſieurs perſonnes qui me donneroient ; mais ſi ce pauvre meurt de faim faute de recevoir de moi ce que je puis aiſément lui donner en l'empruntant, à qui eſt-ce que Dieu demandera compte de ſa vie ? Ainſi je deſirois qu'elle eût plus de ſoin de ſes affaires domeſtiques ; mais l'ardeur de ſa foy l'uniſſant toute entiere à ſon Sauveur, elle vouloit eſtre pauvre d'eſprit pour ſuivre JESUS-CHRIST pauvre, lui rendant ainſi ce qu'elle avoit receu de lui, en ſe reduiſant dans l'indigence par l'amour qu'elle lui portoit ; en quoi elle obtint enfin ce qu'elle avoit deſiré, ayant laiſſé ſa fille chargée de beaucoup de dettes, leſquelles n'ayant pû payer juſqu'icy, elle eſpere de les acquiter un jour, ſe confiant en cela, non pas au moyen qu'elle en a, mais en la miſericorde de JESUS-CHRIST.

Son diſcernement dans ſes charitez.

La pluſpart des Dames ont accoûtumé de faire des preſens à ceux qui publient par tout leurs loüanges, & eſtant prodigues envers quelques-uns, de ne faire aucun bien aux autres ; mais Paule eſtoit tres-éloignée de ce défaut, diſtribuant ſes gratifications ſelon la neceſſité de ceux à qui elle les faiſoit, & pourvoyant ſeulement à leur beſoin, ſans uſer d'un excés qui leur auroit eſté préjudiciable. Aucun pauvre ne s'en retourna jamais d'auprés d'elle les mains vuides ; & ce n'étoit pas la grandeur de ſes richeſſes, mais ſa pru-

dence à bien diftribuer fes aumônes qui lui
donnoit moyen de faire ainfi du bien à tous.
Elle avoit quafi toûjours ces mots en la bouche :
Bien-heureux font les mifericordieux, parce que Dieu Mat. 5.
leur fera mifericorde. Comme l'eau éteint le feu, ainfi Ecclef. 3.
l'aumône éteint le peché. Employez l'argent injufte à Luc. 16.
acquerir des amis qui vous reçoivent dans les Ta- Luc. 11.
bernacles éternels. Donnez l'aumône, & toutes chofes
vous feront pures. Et les paroles de Daniel au Roy Dan. 4.
Nabuchodonofor , lors qu'il l'exhortoit à *rache-*
ter fes pechez par des aumônes. Elle ne vouloit point
employer d'argent en ces pierres qui pafferont
avec la terre , & avec le fiecle ; mais en ces pierres vivantes qui marchent deffus la terre , & dont
l'Apocalypfe dit que la Ville du grand Roi eft Apoc. 21.
baftie : en ces pierres aufquelles l'Ecriture nous If4. 54.
aprend qu'il faut changer les faphirs , les émeraudes , le jafpe , & les autres pierres precieufes.

Mais ces bonnes qualitez lui pouvoient eftre
communes avec plufieurs autres perfonnes ; &
comme le diable fçait qu'elles ne fçauroient paffer le comble de la perfection , il difoit à Dieu ,
après que Job eut perdu tout fon bien , toutes fes
maifons & tous fes enfans: *Il n'y a rien que l'hom-* Job. 2.
me ne donne pour racheter fa vie. Apefantiffez donc
voftre main fur lui ; faites-lui fentir la douleur
dans fa propre chair, jufques dans la moüelle de
fes os , & vous verrez qu'il vous maudira en face.
Ce qui fait que nous voyons plufieurs perfonnes
qui donnent l'aumône, mais fans vouloir rien
donner qui les incommode en leur propre corps,
qui ouvrent liberalement les mains aux neceffitez
des pauvres, mais qui font furmontez par la volupté , & qui ayant feulement blanchi ce qui eft au

dehors font pleins d'offemens de mort au dedans felon le langage de l'Evangile.

Matt. 23.

Paule eftoit tres-éloignée de ces imperfections, fon abftinence eftant telle qu'elle paffoit quafi dans l'excés, & affoibliffoit fon corps par trop de travail & de jeûnes. A peine mangeoit-elle de l'huile, excepté les jours de Fefte, ce qui fait affez connoiftre quel pouvoit eftre fon fentiment fur le vin, & les autres liqueurs delicates, le poiffon, le lait, le miel, les œufs & les autres chofes femblables, qui font agreables au gouft & dans l'ufage defquelles quelques-uns s'eftiment eftre fort fobres, & s'en pouvoir raffafier fans avoir fujet de craindre que cela faffe tort à leur continence.

Sa patience à fuporter l'envie & l'infolence des ennemis de fa vertu.

Il eft fans doute que l'envie s'attache toûjours aux vertus les plus éminentes, & que les montagnes élevées font frapées les premieres du tonnerre ; ce qu'il ne faut pas trouver étrange de voir arriver aux hommes, puifque noftre Seigneur même a efté crucifié par la jaloufie des Pharifiens, & qu'il n'y a point eu de Saints qui n'ayent efté perfecutez par les effets de cette paffion fi cruelle. Le ferpent n'eft-il pas entré jufques dans le Paradis Terreftre, & n'a-t-il pas fait entrer dans le monde le peché par l'envie qu'il conçut contre nos premiers parens? Dieu avoit fufcité à Paule ainfi qu'à David comme une autre Adab Iduméen qui la tourmentoit fans ceffe pour l'empêcher de s'élever, & qui lui tenant lieu de cet éguillon de la chair dont faint Paul fe plaint, lui aprenoit à ne fe laiffer pas emporter à la vanité par l'excellence de fes vertus, & à ne fe croire pas élevée au deffus de tous les défauts des femmes.

Gen. 3.
Sap. 2.
3. Reg. 11.
2. Cor. 17.

Sur

Sur quoi lors que je difois qu'il falloit fouffrir cette envie, & donner lieu à la folie de ceux qui en eftoient tourmentez, ainfi que Jacob avoit fait envers fon frere Efaü, & David envers Saül le *Gen 27.* plus opiniâtre de tous fes perfecuteurs, l'un s'en *1. Reg. 27.* eftant fuy en Mefopotamie, & l'autre ayant mieux aimé fe mettre entre les mains des Phi-liftins, quoi que fes ennemis, que tomber en celles de fes envieux ; elle me répondoit de la forte : Vous auriez raifon de me parler en ces ter-mes, fi le demon ne combatoit pas par tout con-tre les Serviteurs & les Servantes de Dieu, s'il n'arrivoit pas pluftoft qu'eux en tous les lieux où ils pourroient s'enfuir ; fi je n'eftois pas re-tenuë icy par l'amour que j'ay pour les lieux faints, & fi je pouvois trouver mon cher Be-thléem en quelque autre endroit de la terre. Mais pourquoi ne furmonteray-je pas par ma patien-ce la mauvaife volonté de ceux qui me portent envie ? Pourquoi ne fléchiray-je pas leur orgueil *Mtt. 5.* par mon humilité ? Et pourquoy en recevant un fouflet fur une joüe ne prefenteray-je pas l'au-tre, puifque faint Paul me dit : *Surmontez le* *Rom. 12.* *mal par le bien ?* Lorfque les Apôtres avoient receu quelque injure pour l'amour de leur Maî-tre ne s'en glorifioient-ils pas ? *Noftre Sauveur* *Phil. 2.* *même ne s'eft-il pas humilié en prenant la forme d'un* *ferviteur, & en fe rendant obeïßant à fon Pere,* *jufques à la mort & la mort de la Croix, afin de* *nous fauver par le merite de fa Paßion ?* Et fi Job n'avoit combatu & n'eftoit demeuré victorieux dans ce combat, auroit-il receu la couronne de juftice ? & Dieu luy auroit-il dit : *Pourquoy pen-* *Job 42.* *fes-tu que je t'aye éprouvé par tant d'afflictions, fi* *Mat. 5.* *ce n'eft pour faire paroiftre ta vertu ?* L'Evangile

N n

nomme bien-heureux ceux qui souffrent persecution pour la justice : C'est assez d'avoir l'esprit en repos sçachant en nostre conscience que nous n'avons point donné lieu par nostre faute à cette haine de nos ennemis : les afflictions de ce siecle sont des matieres de recompense pour l'autre.

S'il arrivoit que l'insolence de ses ennemis allât jusques à luy dire des paroles offençantes, elle chantoit ces versets des Pseaumes ; *Lorsque le pecheur s'élevoit contre moy, je me taisois. & n'osois pas même alleguer des raisons pour ma défense. J'estois comme un sourd qui n'entend point, & comme un muet qui ne sçauroit ouvrir la bouche. J'estois semblable à un homme qui n'entend rien, & qui ne sçauroit parler pour répondre aux injures qu'on luy dit.*

Elle repetoit souvent dans ses tentations ces paroles du Deuteronome : *Le Seigneur nostre Dieu vous tente pour éprouuer si vous l'aimez de tout vôtre cœur & de toute vostre ame. Et dans ses afflictions & ses peines elle disoit plusieurs fois ce passage d'Isaïe : Vous autres qui avez esté sevrez & tirez comme par force de la mamelle de vos nourrices, preparez-vous à recevoir affliction sur affliction, & prenez courage pour souffrir encore un peu les effets de la malice de ces langues médisantes.* Surquoy elle disoit que ce passage de l'Ecriture lui donnoit une grande consolation, parce qu'elle entendoit par ceux qui sont sevrez, les personnes qui ont atteint un âge parfait, que ce passage exhorte à souffrir coup sur coup tant de diverses tribulations, afin de se rendre dignes d'esperer toûjours de plus en plus, sçachant *que l'affliction produit la patience, la patience l'épreuve, l'épreuve l'esperance, & que l'esperance ne*

Psal. 38.

Psal. 37.

Isa. 28.

Rom. 5.

seduit point : à quoi elle ajoûtoit cet autre endroit de l'Apôtre : *A mesure que nostre homme* 2. Cor. 4.
exterieur se détruit, l'interieur se renouvelle. Il faut
que nos souffrances presentes, qui sont si légeres, &
qui ne durent qu'un moment produisent en nous un
poids eternel de gloire, en tournant nos yeux non pas
vers les choses visibles, mais vers les invisibles ; car
celles qui tombent sous nos sens, sont passageres ; au
lieu que celles qui ne se peuvent apercevoir que par
les yeux de l'esprit, sont eternelles. Et encore que
le temps semble long à l'impatience des hommes, nous ne demeurerons guere sans éprouver
le secours de Dieu qui dit par la bouche d'Isaïe,
Je t'ai exaucé dans ton besoin, je t'ai secouru dans
le temps necessaire pour ton salut. Elle ajoûtoit,
qu'il ne faut pas craindre la malice & la médisance des méchans ; mais plûtost nous réjoüir
de ce que Dieu ne nous refuse point alors son assistance, & l'écouter quand il nous dit par son
Prophete : *Ne craignez ni les injures ni les outra-* Psal. 51.
ges des hommes : car les vers les mangeront comme
ils mangent leurs habits, & la vermine les de-
vorera comme elle devore la laine. Vous vous sauve-
rez par la patience. Les souffrances de cette vie n'ont Luc 21.
point de proportion avec la gloire dont nous joüirons Rom. 8.
en l'autre. Encore que vous éprouviez afflictions sur Pro. 24.
afflictions, supportez-les, sans vous plaindre, pour
témoigner vostre patience en tout ce qui vous arrive ;
car c'est une grande prudence, que soûtenir les tra-
verses avec courage, & une tres grande imprudence
qui se montrer lâche à les souffrir.

Elle disoit dans ses langueurs & dans ses infirmitez ordinaires : *Je ne suis jamais si forte que* 2. Cor. 12.
lors que je suis foible : nous portons un tresor dans 2. Cor. 4.
des vaisseaux de terre, jusques à ce que ce corps

1. Cor. 15.

mortel soit revestu d'immortalité, & que ce qu'il y a de corruptible en nous ne le soit plus. Comme les souffrances de JESUS-CHRIST surabondent en nous, ainsi nous joüissons par son assistance d'une consolation

2. Cor. 1.

surabondante ; comme nous participons à ses peines, nous participons aussi à son bon-heur.

Quand elle estoit triste elle chantoit ce verset du Pseaume, pourquoy es-tu triste, mon ame, & pour-

Psal. 41.

quoy te troubles-tu ? Espere en Dieu, c'est en lui que j'auray toûjours confiance ; car il est mon Dieu, & je ne regarde que luy seul comme l'unique esperance de mon salut.

Quand elle estoit dans quelque peril elle disoit : que celuy qui veut venir aprés moy, renonce à soy-

Luc. 9.

mesme, qu'il prenne sa croix & me suive ; Celuy qui voudra sauver sa vie, la perdra, celuy qui la perdra pour l'amour de moy, la sauvera.

Lors qu'on lui raportoit le mauvais ordre, & la ruine de toutes ses affaires domestiques elle disoit : quand un homme auroit gagné tout le monde

Mat. 16.

à quoy lui serviroit cela s'il perdoit son ame ? & que luy pourroit-on donner en échange pour le recompenser de cette perte ? Je suis sortie toute nuë hors du

Job 1.

ventre de ma mere, & j'entreray toute nuë dans le sepulchre, il ne m'est rien arrivé que par la volonté de Dieu, son nom soit à jamais beny. Ne mettez

1. Joan 2.

point vostre affection au monde, ny aux choses qui sont du monde ; car il n'y a dans le monde que concupiscence de la chair, concupiscence des yeux, & orgueil de la vie, qui ne procede point du Pere que nous avons dans le Ciel, mais du monde : le monde passe & toutes les passions qu'on a pour le monde passent avec luy.

Quand on luy donnoit avis que quelqu'un de ses enfans estoit extremement malade, comme je l'ai veu, & particulierement son Toxoce qu'elle aimoit avec une tendresse extrême ; elle faisoit voir par sa vertu l'accomplissement de ces paroles du Pseaume : *J'ai esté troublé, & au milieu de* Psal. 75. *ce trouble je suis demeuré dans le silence* ; puis on entendoit sortir de sa bouche ces paroles animées de zele & de foi : *Celui qui aime son fils ou sa* Mat. 10. *fille plus que moi, n'est pas digne de moi.* Alors adressant sa priere à Dieu elle lui disoit : *Seigneur,* Psal. 72. *soyez le protecteur & le maistre des enfans de ceux qui sont morts au monde, & qui mortifient continuellement leurs corps pour l'amour de vous.*

Entre ces envieux cachez qui sont les plus dangereuses personnes, il y en eut un qui sous pretexte d'affection lui vint dire, que son extraordinaire ferveur la faisoit passer pour folle dans l'esprit de quelques-uns qui disoient qu'il lui faloit fortifier le cerveau ; elle lui répondit : *Nous som-* 1. Cor. 4. *mes exposez à la veuë du monde, des Anges & des hommes ; nous sommes devenus fous pour l'amour* 1. Cor. 1. *de* JESUS-CHRIST, *mais la folie de ceux qui* Psal. 68. *sont à Dieu surpasse toute la sagesse humaine ;* d'où Psal. 70. *vient que nostre Seigneur dit à son Pere : Vous* Psal. 72. *connoissez ma folie, je passe pour un prodige dans la creance de plusieurs ; mais vous m'estes un trespuissant défenseur. Je me suis trouvé auprés de vous comme une beste, mais je suis toûjours avec vous.* C'est de lui qu'il est dit dans l'Evangile : *Ses* Marc. 3. *parens le vouloient lier comme s'il eust esté insensé, & ses ennemis déchiroient sa reputation, en disant : Il est possedé du diable, & c'est un Samaritain :* Joan. 8. *il chasse les diables au nom de Belzebut Prince* Mat. 12. *des diables.* Mais écoutons de quelle sorte l'Apôtre nous exhorte à mépriser les calomnies : *Nô-* 2. Cor. 1. *tre gloire consiste,* dit-il, *au témoignage que nous* rend noſtre propre conſcience d'avoir vêcu dans le monde ſaintement, ſincerement, & avec la grace de Dieu. Ecoutons noſtre Sauveur lui-même lorſ qu'il dit à ſes Apôtres : *Le monde vous hait par-ce que vous n'eſtes pas du monde, car ſi vous eſtiez du monde, le monde aimeroit ce qui ſeroit à lui.* Ecoutons-le auſſi lors qu'adreſſant ſa parole à ſon Pere, il lui dit dans le Pſeaume : *Vous con-noiſſez le ſecret de nos penſées, & ſçavez que dans toutes les afflictions que nous avons ſouffertes, nous n'avons pas oublié que nous avons obſervé vos com-mandemens, que noſtre cœur ne ſoit point détourné de vous.* *Nous ſommes continuellement perſecutez pour l'amour de vous, & mis au rang des brebis deſti-nées à la boucherie : Mais nous confians comme nous faiſons en l'aſſiſtance du Seigneur, quoi que les hommes nous faſſent, ils ne nous ſçauroient donner de crainte* ; car nous avons lû dans l'Ecriture : *Mon fils, honore Dieu, ne crains que lui ſeul, & il te ſoûtiendra par ſon aſſiſtance.* Paule ſe ſervant de tous ces paſſages de l'Ecriture ſainte, comme d'autant d'armes divines, ſe preparoit à combatre contre tous les vices, & particulierement contre l'envie qui la perſecutoit de la ſorte, & en ſouf-frant les injures elle adouciſſoit l'aigreur des plus enragez. Tout le monde remarqua juſqu'au jour de ſa mort, & ſon extrême patience, & com-bien ſes ennemis eſtoient animez contre'elle de cette cruelle paſſion de l'envie qui ronge le cœur des perſonnes qui en ſont poſſedées, & qui en s'efforçant de nuire à ceux qu'elle hait, tourne ſa fureur contr'elle-même.

Que dirai-je de l'ordre de ſon Monaſtere, & de quelle ſorte elle tiroit profit des vertus des Saints ? *Elle ſemoit, comme dit l'Apôtre, des*

Joan. 15.

Pſal. 43.

Pſal. 117.

Prov. 7.

De ſon ex-cellente con-duite dans les Monaſteres

biens charnels pour en moissonner de spirituels : Elle qu'elle établit.
donnoit des choses terrestres pour en recevoir de ce-
lestes, & elle changeoit des satisfactions de peu de 1. Cor. 9.
durée contre des avantages qui dureront éternellement.

Aprés avoir basti un Monastere d'hommes, dont elle donna la conduite à des hommes ; elle divisa en trois autres Monasteres plusieurs autres vierges tant nobles que de moyenne & de basse condition, qu'elle avoit rassemblées de diverses Provinces ; & elle les disposa de telle sorte, que ces trois Monasteres estant separez, en ce qui estoit des ouvrages & du manger, elles psalmodioient, & prioient toutes ensemble. Aprés que l'*Allelnia*, qui estoit le signal pour s'assembler, estoit chanté, il n'estoit permis à aucune de differer à venir ; mais la premiere, ou l'une des premieres qui se rendoient au Chœur, attendoit la venuë des autres, les excitant ainsi à leur devoir, non par la crainte, mais par la honte de ne les pas imiter. Elles chantoient à Prime, Tierce, Sexte, None, Vêpres, & Matines le Pseautier par cœur, & toutes les Sœurs estoient obligées de le sçavoir, & d'aprendre tous les jours quelque chose de l'Ecriture sainte. Le Dimanche elles se rendoient toutes à l'Eglise du côté qu'elles demeuroient, en trois troupes separées, dont chacune suivoit sa Superieure particuliere, & elles retournoient dans le même ordre ; elles travailloient avec assiduité aux ouvrages qui leur estoient ordonnez, & faisoient des habits pour elles-mêmes, & pour les autres. Il n'estoit pas permis à celles d'entr'elles qui estoient de bonne maison, d'amener de chez elles quelque compagne, de peur qu'en se souvenant de leurs anciennes habitudes, elles ne renouvellas-

fent par de frequens entretiens la memoire des
petites libertez dont elles avoient ufé en leur
enfance. Elles eftoient toutes veftües d'une même forte, & ne fe fervoient de linge que pour
effuyer leurs mains. Leur feparation d'avec les
hommes eftoit fi grande, qu'il ne leur eftoit
pas feulement permis de voir les eunuques, afin
d'ofter toute occafion de parler aux médifans,
qui pour fe confoler dans leurs pechez, veulent
trouver à dire aux actions des perfonnes les plus
faintes. Lorfqu'il y en avoit quelqu'une pareffeu-
fe à venir au Chœur, ou à travailler à fon ouvrage, elle employoit divers moyens pour la corriger; car fi elle eftoit colere, elle ufoit de douceur & de careffes, & fi elle eftoit patiente, elle
la reprenoit fortement, imitant en cela l'Apoftre
lors qu'il dit : *Voulez-vous que je vous reprenne*
avec feverité, ou avec un efprit de douceur & de
condefcendance ? Elle ne leur permettoit d'avoir
chofe quelconque, fçachant que faint Paul dit :
Pourvû que nous foyons veftus & nourris nous de-
vons eftre contens. Et de crainte qu'en s'accoû-
tumant d'avoir davantage elles ne fe portaffent à
l'avarice, qu'aucunes richeffes ne font capables
de contenter, qui devient d'autant plus infatiable
qu'elle eft plus riche, & qui ne diminuë ni par
l'abondance, ni par l'indigence. Si quelques-unes
conteftoient enfemble, elle les accordoit par la
douceur de fes paroles. Elle affoibliffoit par des
jeûnes frequens & redoublez les corps de ces
jeunes filles qui eftoient dans l'âge, où elles
avoient le plus befoin de mortification, preferant
la fanté de leur efprit à celle de leur eftomach.
S'il y en avoit quelqu'une trop curieufe de fa perfonne & de fes habits, elle la reprenoit avec un

1. Cor. 4.

1. Tim. 6.

visage triste & severe, en lui disant, que l'excessive propreté du corps & de l'habit estoit la saleté de l'ame, & qu'il ne devoit jamais sortir de la bouche d'une fille la moindre parole libre, parce que c'est une marque du dereglement de l'esprit, les défauts de l'exterieur témoignant quels sont ceux de l'interieur. Si elle en remarquoit quelqu'une qui aimât trop à parler, qui fût de mauvaise humeur, qui prît plaisir à faire des querelles entre les Sœurs, & qui aprés en avoir esté souvent reprise ne se voulût point corriger, elle lui faisoit faire les prieres hors le Chœur avec les dernieres des Sœurs; elle la faisoit manger séparément hors du Refectoire, afin que la honte gagnât sur son esprit ce que les remontrances n'avoient pû faire. Elle avoit en horreur le larcin comme un sacrilege, & disoit, que ce qui passe pour une faute legere, & comme une chose de neant entre les personnes du siecle, est un tres-grand peché dans un Monastere. Que dirai-je de sa charité, & de son soin envers les malades qu'elle soulageoit par des assistances nompareilles? Mais bien qu'elle leur donnât en abondance toutes les choses dont elles avoient besoin, & leur fist même manger de la viande; s'il arrivoit qu'elle tombât malade, elle ne se traitoit pas avec une semblable indulgence, & pechoit seulement contre l'égalité, en ce qu'elle estoit aussi severe envers elle-même, que pleine de bonté & de douceur envers les autres. Aucune de ces jeunes filles, quoi-que dans une pleine santé, & dans la vigueur de l'âge ne se portoit à tant d'abstinences qu'elle en faisoit, bien qu'elle fût fort delicate de son naturel, & qu'elle eût le corps déja si affoibli d'austeritez, & déja cassé

de vieilleſſe. J'avoüe qu'elle fut opiniâtre à vivre
de la ſorte, & qu'elle ne voulut jamais ſe rendre
aux remontrances qu'on lui faiſoit ſur ce ſujet :
Sur quoi je veux raporter une choſe dont j'ai eſté
témoin.

Durant un Eſté tres-chaud elle tomba malade
au mois de Juillet d'une fiévre fort violente ; &
lors qu'aprés qu'on eut deſeſperé de ſa vie elle
commença à ſentir quelque ſoulagement ; les medecins l'exhortant à boire un peu de vin, d'autant qu'ils le jugeoient neceſſaire pour la fortifier,
& empêcher qu'elle ne devinſt hydropique en
beuvant de l'eau ; & moi de mon côté ayant prié
en ſecret le bien-heureux Evêque Epiphanie de le
lui perſuader, & même de l'y obliger ; comme
elle eſtoit tres-claire-voyante, & avoit l'eſprit fort
penetrant, elle ſe douta auſſi-toſt du tour que je
lui avois fait, & me dit en ſous-riant que le diſcours qu'il lui avoit tenu venoit de moi. Lorſque
ce ſaint Evêque ſortit, aprés l'avoir exhortée
long-temps, je lui demandai ce qu'il avoit fait,
il me répondit : J'ai ſi bien réuſſi en ce que je lui
ai dit, qu'elle a quaſi perſuadé à un homme de
mon âge de ne point boire de vin. Ce que je raporte, non pour aprouver de nous charger incon-
ſiderément d'un fardeau qui ſoit au deſſus de nos
forces, ſçachant que l'Ecriture nous dit : *Ne te*
charge point d'un fardeau plus peſant que tu ne ſçau-
rois porter. Mais, afin de faire voir par cette
perſeverance la vigueur de ſon eſprit, & le deſir
qu'avoit cette femme fidelle de s'unir à ſon Dieu,
auquel elle diſoit ſouvent : *Mon ame & mon corps*
ſont alterez de la ſoif de vous voir.

Il eſt difficile de demeurer dans le milieu en
toutes choſes, & la ſentence des Philoſophes

Prov. 13.

Pſal. 62.

Sa douleur
dans la mort

Grecs eſt tres veritable, *la vertu conſiſte en la
mediocrité*, & ce qui va dans l'excés paſſe pour
un vice; ce que nous pouvons exprimer par ce peu
de mots, *rien de trop*. Cette ſainte femme qui
eſtoit ſi opiniâtre & ſi ſevere dans l'abſtinence des
viandes, eſtoit tres-tendre en la perte de ceux
qu'elle aimoit, ſe laiſſant abatre à l'affliction de
la mort de ſes proches, & particulierement de ſes
enfans; comme il parut en celle de ſon mary, &
de ſes filles, qui la mirent au hazard de ſa vie;
car bien qu'elle fiſt le ſigne de la Croix ſur ſa bouche & ſur ſon eſtomach, pour tâcher d'adoucir
par cette impreſſion ſainte la douleur qu'elle reſ-
ſentoit comme femme & comme mere, ſon
affection demeuroit la maîtreſſe, & ſes entrailles
eſtant déchirées, elles accabloient la force de ſon
eſprit par la violence de leurs ſentimens. Ainſi
ſon ame ſe trouvoit en même temps, & victo-
rieuſe par ſa pieté, & vaincuë par l'infirmité de
ſon corps; ce qui la faiſoit tomber dans une langueur qui lui duroit ſi long-temps, qu'elle nous
donnoit de tres-grandes inquietudes, & la mettoit en danger de mourir, dont elle avoit de la
joye, & diſoit quaſi ſans ceſſe: *Miſerable que je* Rom. 7.
ſuis, qui me délivrera du corps de cette mort? Que
ſi le Lecteur judicieux m'accuſe de la blâmer
plûtoſt que de la loüer, je prens à témoin JESUS-
CHRIST qu'elle a ſervi, & que je deſire de ſervir, que je ne déguiſe rien en tout cecy, mais
que parlant comme Chrêtien d'une Chrêtienne,
je ne raporte que des choſes veritables, voulant
écrire ſon hiſtoire, & non pas faire ſon panegyrique en cachant ſes défauts, qui en d'autres
auroient paſſé pour des vertus. Je les apelle neanmoins des défauts, à cauſe que j'en juge par mon

sentiment, & par le regret qui m'est commun avec tant de bonnes ames de l'un & de l'autre sexe, avec lesquelles je l'aimois, & avec lesquelles je la cherche maintenant qu'elle est absente de nous par la mort.

Elle acheva donc sa course, elle conserva inviolablement sa foy ; elle joüit à cette heure de la couronne de justice, elle suit l'Agneau en quelque lieu qu'il aille. Elle est rassasiée de la justice, parce qu'elle en a esté affamée, & elle chante avec joye : *Nous voyons ce qu'on nous avoit dit dans la Cité du Dieu des vertus, dans la Cité de nôtre Dieu.* O l'heureux changement ! Elle a pleuré, & ses pleurs sont changez en des ris qui ne finiront jamais. *Elle a méprisé des cisternes entr'ouvertes pour trouver la fontaine du Seigneur.* Elle a porté le cilice, pour porter maintenant des habits blancs, & pour pouvoir dire : *Vous avez dechiré le sac dont j'estois couverte, & m'avez comblée de joye :* Elle mangeoit de la cendre comme du pain, & elle mêloit ses larmes avec son breuvage, en disant : *Mes larmes ont esté le pain dont j'ai vêcu jour & nuit,* afin d'estre rassasiée éternellement du pain des Anges, & de chanter avec le Psalmiste : *Voyez & éprouvez combien le Seigneur est doux : J'ai proferé des paroles saintes de l'abondance de mon cœur, & je consacre ce Cantique à la gloire du Roy des Rois.*

Ainsi elle a vû accomplir en elle ces paroles d'Isaye, ou pour mieux dire ces paroles que Dieu prononce par la bouche d'Isaye : *Ceux qui me servent seront rassasiez, & vous au contraire languirez de faim. Ceux qui me servent seront desalterez, & vous au contraire demeurerez dans une soif perpetuelle. Ceux qui me servent seront dans la joye ; vous au contraire serez couverts de confu-*

Marginal references:
- 2. Tim. 4.
- Apoc. 14.
- Psal. 47.
- Jerem.
- Psal. 29.
- Psal. 101.
- Psal. 4.
- Psal. 33.
- Psal. 44.
- Isa. 65.

fion. Ceux qui me fervent feront comblez de bon-heur:
& vous au contraire fentirez vôtre cœur déchiré de telle forte que vous ne vous pourrez empêcher de jetter
des cris de douleur, & de brûler dans l'excés de tant
de maux qui accableront vôtre efprit.

J'ay dit qu'elle a toûjours fuy les cifternes entr'ouvertes, afin de pouvoir trouver cette fource d'eau vive, qui eft Dieu même, & de chanter heureufement avec David; le cerf ne defire
pas avec plus d'ardeur de defalterer fa foif dans
les claires fontaines, que mon ame defire d'eftre
avec vous, mon Dieu : quand fera-ce donc que je
viendray vers vous, & que je paroîtray en voftre
prefence ? Ceci m'oblige à toucher en peu de
mots de quelle forte elle a évité les cifternes
bourbeufes des Heretiques, & les a confiderez
comme des Payens. L'un d'entr'eux, qui eftoit
un dangereux efprit, fort artificieux, & qui
s'eftimoit fçavant, lui fit quelques queftions fans
que je le fceuffe, lui difant : Quels crimes ont
commis les enfans pour eftre poffedez du demon ? A quel âge reffufciterons-nous, fi ce n'eft
en celui-là même auquel nous mourons ? Les enfans auront donc befoin de nourrices aprés leur
refurrection ? Que fi c'eft à un autre âge, ce ne fera donc pas une refurrection des morts, mais une
transformation de perfonnes en d'autres ? Y aura-t'il, ou n'y aura-t'il pas diverfité de fexes ? S'il
y en a diverfité, il y aura donc des nôces, & une
generation d'enfans ; Que s'il n'y a point diverfité de fexes, ce ne feront donc pas les mêmes
corps qui reffufciteront; car les corps que nous avons
maintenant, font fi terreftres qu'ils abatent & appe-
fantiffent l'efprit : Au lieu que les corps qui reffufciteront, feront legers & fpirituels, ainfi que nous

Saint Jerôme confondit des Hereti-ques, qui a-voient fait diverfes que-ftions à fain-te Paule pour tâcher de fai-re naître des doutes dans fon Efprit fur le fujet de fa foy.

Pfal. 4.

2. Cor 15.

l'enseigne l'Apôtre, quand il dit ; *Le corps qui entre dans le tombeau comme un grain que l'on seme dans la terre, est un corps terrestre; mais lors qu'il ressuscitera il sera spirituel.* Par toutes les propositions il pretendoit de prouver, que les ames descendent dans les corps à cause des pechez qu'elles ont commis autrefois, & que selon la diversité & la qualité de ces pechez elles y sont unies à certaines conditions, comme d'estre heureuses par la santé dont joüissent ces corps, & par la noblesse & les richesses de ceux qui les engendrent; ou bien d'estre chastiées de leurs crimes precedens, en venant dans des familles miserables, en informant des corps mal sains, & en y demeurant enfermées durant cette vie, ainsi que dans une prison.

Paule m'ayant raporté ce discours ; & dit qui estoit cet homme, je me trouvay obligé de m'oposer à une si dangereuse vipere, & qui estoit du nombre de celles dont parle David, lors qu'il dit, *N'abandonnez point à la fureur de ces bestes feroces ceux qui confessent vôtre Nom :* & en un autre endroit : *Reprimez, Seigneur, ces bestes venenenses qui font tant de mal avec leurs plumes, qui n'écrivent que des méchancetez, & qui parlent de vous avec une si grande insolence.* J'allai trouver cet homme, & par le secours des prieres de celle qu'il vouloit tromper, je le reduisis à ne sçavoir que répondre. Je lui demandai s'il croyoit la resurrecton des morts, ou s'il ne la croyoit pas. M'ayant répondu qu'il la croyoit, je continüay ainsi. Seront-ce les mêmes corps qui ressusciteront, ou bien en seront-ce d'autres ? Ce seront les mêmes, me dit-il : surquoy je poursuivis : Sera-ce dans le même sexe ou

Sap. 9.

Psal. 73.

Psal. 67.

dans un autre? Estant demeuré muet à cette question, & faisant comme la couleuvre, qui pour éviter d'estre frapée tourne la teste de tous côtez, je lui dis; Puisque vous vous taisez, il faut que je réponde pour vous, & que je tire les consequences qui suivent de ce que nous venons de dire. Si une femme ne ressuscite pas comme une femme, & un homme comme un homme; il n'y aura point de resurrection des morts, parce que chaque sexe est composé de parties, & que ces parties font le corps. Que s'il n'y a ny sexe, ny parties, où sera donc cette resurrection des corps qui ne sçauroient subsister sans les parties qui les composent? Or s'il n'y a point de resurrection des corps, ils ne sçauroit y avoir aussi de resurrection des morts. Et quant à l'objection que vous faites, que si ce sont les mêmes parties, & les mêmes corps, il s'ensuit donc qu'il y aura des mariages; nôtre Seigneur l'a détruite lors qu'il a dit, *Vous vous trompez en ignorant les Ecritures & la* *puissance de Dieu; car après la resurrection des* *morts il ne se fera plus de mariages entre les hom-* *mes, mais ils seront semblables aux Anges:* Or en disant qu'il ne se fera plus de mariages, il témoigne qu'il y a diversité de sexes: Car on ne diroit pas en parlant d'une pierre & d'un arbre, qu'ils ne se marieront point, parce qu'ils ne sont pas de nature à le pouvoir faire; mais on le dit seulement de ceux que la grace & la puissance de JESUS-CHRIST empéchent de se marier, encore qu'ils le pûssent.

Mat. 22.

Luc. 20.

Que si vous me demandez: Comment! nous serons donc semblables aux Anges, puisqu'il n'y a point entreux de differences de sexes? je répons en peu de mots : JESUS-CHRIST ne nous promet pas de nous rendre de même nature que les Anges, mais bien de faire que nôtre vie & nôtre beatitude feront femblables à la leur ; ce qui fait que faint Jean Baptifte avant que d'avoir eu la tefte tranchée, a efté appellé un Ange, & que l'on dit que tous les Saints & les Vierges confacrées à Dieu, durant même qu'ils font encore dans le monde, menent déja la vie des Anges. Ainfi quand nôtre Seigneur dit, que nous ferons femblables aux Anges, il nous promet bien que nous leur reffemblerons, mais non pas que nous changerons nôtre nature en la leur. Dites-moi auffi, je vous prie, comment vous interpreterez cet endroit de l'Evangile, qui porte que faint Thomas toucha les mains de nôtre Seigneur aprés fa Refurrection, & vid fon cofté percé d'une l'ance, & que faint Pierre le vid debout fur le rivage manger du poiffon cuit & du miel, Certes celuy qui montra fon cofté bleffé avoit auffi un ventre & une poitrine, puifque fans cela on ne fçauroit avoir des coftez, veu qu'ils font attachez au ventre & à la poitrine ; celuy qui a parlé avoit une langue, un palais & des dents, car comme l'archet touche les cordes, ainfi la langue touche les dents, & articule la voix, & celui dont on toucha les mains avoit par confequent des bras : Puifqu'il ne lui manquoit donc aucune partie, il s'enfuit neceffairement qu'il avoit un corps tout entier, vû qu'il eft compofé de fes parties, & que ce corps n'eftoit pas un corps de femme, mais un corps d'homme, c'eft à dire, du même fexe, dont il eftoit quand il mourut. Que fi vous m'objectez fur cela ; Nous mangerons donc auffi aprés nôtre refurrection, & comment

Joan. 20.

Ette. 14.

ment est-il donc entré les portes fermées con- *Joan. 20.*
tre la nature des corps charnels & solides ? Je
vous répondrai : Ne prenez point sujet du manger de ruiner par vos petites pointes la foy de
la Resurrection ; car nostre Seigneur commanda *Mat. 5.*
de donner à manger à la fille du Prince de la
Sygnagogue. Et l'Ecriture nous aprend que Laza- *Joan. 14.*
re ayant esté quatre jours dans le tombeau , se
trouva à un festin avec lui , de peur que ces re-
surrections ne passassent pour des chimeres. Que
si à cause qu'il est entré les portes estant fermées,
vous vous persuadez de prouver qu'il avoit un
corps spirituel & composé d'air seulement ; il
faudra donc dire qu'avant même qu'il fût crucifié , il n'avoit qu'un corps spirituel , puisque
contre la nature des corps pesans & solides , il
marcha sur la mer , & que l'Apôtre saint Pierre
qui y marcha aussi d'un pas tremblant n'avoit
qu'un corps spirituel , au lieu que la puissance &
la vertu de Dieu ne paroist jamais tant que lors
qu'il fait quelque chose contre l'ordre de la nature. Et afin que vous sçachiez que la grandeur
des miracles ne témoigne pas tant le changement de la nature, comme la toute-puissance de
Dieu ; celuy qui par la foy marchoit sur les eaux
s'en alloit estre submergé par son infidelité , si
le Seigneur ne l'eût soûtenu en lui disant : *Hom-* *Mat. 11.*
me de peu de foy , pourquoy as-tu douté ? Et certes
j'admire de vous voir demeurer dans vostre opiniâtreté lors que le Seigneur dit luy-même :
Aporte icy ton doigt & touche mes mains , mets ta
main dans mon costé , & ne sois plus incredule ,
mais fidelle. Et en un autre endroit. Voyez mes *Joan. 20.*
mains , voyez mes pieds & reconnoissez que c'est *Luc. 24.*
moy-même , voyez & touchez : car les esprits n'ont

ny chair ny os, ainſi que vous voyez que j'en ay; &
ayant dit cela, il leur montra ſes mains & ſes pieds.

Il faut donc que vous demeuriez d'accord par
ſes propres paroles, qu'il a des os, de la chair,
des pieds, des mains; & vous me venez alleguer
ces globes celeſtes dans leſquels les Stoïques nous
veulent faire croire que les ames des gens de bien
demeurent aprés cette vie, & d'autres imagina-
tions ridicules. Quant à ce que vous demandez,
pourquoi un enfant qui n'a point peché eſt poſſedé du demon; ou en quel âge les hommes reſuſ-
citeront, veu qu'ils meurent à divers âges, vous

Pſal. 35. ſçaurez mal-gré vous que *les jugemens de Dieu ſont*
de grands abyſmes.

Rom. 11. Et que l'Apôtre s'écrie; *O profondeur des ri-*
cheſſes de la ſcience de Dieu! Que ſes jugemens ſont
impenetrables, & que ſes voyes ſont cachées? car qui
eſt celuy qui connoiſt les penſées de Dieu, ou qui a
eſté ſon conſeiller? Or la diverſité des âges n'a-
porte point de changement en la verité des corps:
puiſque ſi cela eſtoit, nos corps ne demeurant
jamais en même eſtat; mais croiſſant ou dimi-
nuant toûjours en forces, nous ſerions donc autant de divers hommes comme nous changeons
de fois de conſtitution, & j'aurois eſté un autre que je ne ſuis à l'âge de dix ans, un autre à
trente, un autre à cinquante, un autre maintenant que j'ay les cheveux tout blancs. Ainſi il
faut répondre ſelon la tradition des Egliſes & ſelon ſaint Paul, que nous reſuſciterons comme
des hommes parfaits, & dans l'accompliſſement
de la beatitude de l'âge de JESUS-CHRIST,
qui eſt celuy auquel les Juifs aſſeurent qu'A-
dam fut crée, & auquel nous liſons que Nôtre
Sauveur nous reſuſcita.

J'alleguay auſſi pluſieurs autres paſſages tant
de l'ancien que du nouveau Teſtament, pour
confondre cet Heretique, & depuis ce jour Paule l'eut en telle horreur, & tous ceux qui eſtoient
infectez de ſemblables réveries, qu'elle les nommoit publiquement les ennemis de Dieu. Je n'ay
pas raporté ce que je viens de dire, comme
croyant refuter par ce peu de mots une hereſie à
laquelle il faudroit répondre par pluſieurs volumes: mais ſeulement afin de faire connoiſtre quelle eſtoit la foy d'une femme ſi admirable, & qui a
mieux aimé attirer ſur elle des inimitiez mortelles des hommes, qu'irriter la colere de Dieu par
des amitiez dangeureuſes.

Je diray donc pour reprendre mon diſcours,
qu'il n'y eût jamais un eſprit plus docile que le
ſien. Elle eſtoit lente à parler, & prompte à entendre, ſe ſouvenant de ce precepte de l'Ecriture
Sainte, *Ecoute Iſraël, & demeure dans le ſilence.*
Elle ſçavoit par cœur l'Ecriture Sainte ; & bien
qu'elle en aimât extremement l'hiſtoire, à cauſe
qu'elle diſoit que c'eſtoit le fondement de la verité ; elle s'attachoit neanmoins beaucoup davantage au ſens allegorique & ſpirituel ; & elle s'en ſervoit comme du comble de l'edifice de ſon ame.
Elle me pria fort qu'elle & ſa fille puſſent lire en
ma preſence le vieil & nouveau Teſtament, afin
que je leur en expliquaſſe les endroits les plus difficiles ; ce qu'ayant refuſé comme m'en croyant
incapable, enfin ne pouvant reſiſter à toutes ſes
inſtances continuelles, je lui promis de lui enſeigner ce que j'en avois apris, non pas de moy-même, c'eſt à dire de la preſomption de mon propre
eſprit qui eſt le plus dangereux de tous les maîtres, mais des plus grands perſonnages de l'E-

L'amour de
ſainte Paule
pour l'Ecri-
ture Sainte.

O o ij

glife. Lors que j'hefitois en quelque lieu, & confeſſois ingenuëment que je ne l'entendois pas, elle ne ſe contentoit pas de cela, mais elle me contraignoit par ſes demandes de lui dire qui eſtoit celle d'entre pluſieurs differentes explications que je jugeois la meilleure.

Je diray auſſi une choſe qui ſemblera peut-eſtre incroyable à ceux à qui ſes admirables qualitez ont donné de la jalouſie. Elle deſira d'aprendre la langue Hebraïque, dont j'ay aquis quelque connoiſſance, y ayant extremement travaillé dés ma jeuneſſe, & y travaillant continuellement, de peur que ſi je l'abandonne, elle ne m'abandonne auſſi; & elle vint à bout de ſon deſſein, tellement qu'elle chantoit des Pſeaumes en Hebreu, & le parloit ſans y rien mêler de l'élocution Latine. Ce que nous voyons faire encore aujourd'hui à ſa ſainte fille Euſtoche, qui a toûjours eſté ſi attachée & ſi obeïſſante à ſa mere, qu'elle n'a jamais découché d'avec elle, n'a jamais fait un pas ſans elle, n'a jamais mangé qu'avec elle, & n'a jamais eu un écu en ſa diſpoſition: mais au contraire elle avoit une extrême joye de voir ſa mere donner aux pauvres ce peu qui lui reſtoit de bien, conſiderant comme une trés-grande ſucceſſion & de tres-grandes richeſſes, le reſpect & les devoirs qu'elle rendoit à une ſi bonne mere.

Mais je ne dois pas paſſer ſous ſilence de quelle joye Paule fut touchée, lors qu'elle ſceut que Paule ſa petite-fille, & fille de Toxoce & de Lete, qui l'avoient euë enſuite du vœu qu'ils avoient fait de conſacrer ſa virginité à Dieu, commençoit dés le berceau, & au milieu des joüets dont ou l'amuſoit, à chanter *Alleluya* avec une langue bégayante, & à prononcer à demy les noms

de sa grande-mere, & de sa tante ; & rien ne lui
faisoit penser à son païs que le desir qu'elle avoit
d'aprendre que son fils, sa fille & sa petite-fille
eussent renoncé à toutes les choses du siecle, pour
se donner entierement au service de Dieu. Ce
qu'elle obtint en partie ; car sa petite-fille est destinée pour prendre le voile, qui la consacrera à
Jesus-Christ, & sa belle-fille ayant fait vœu
de chasteté, imite par sa foy & par ses aumônes les actions de sa belle-mere, & s'efforce de
faire voir dans Rome ce que Paule a pratiqué à
Jerusalem.

Qu'y a-t'il donc, mon ame ? Pourquoi as-tu *Mort de sain-*
tant de crainte de venir à la mort de Paule ? N'y *te Paule.*
a-t'il pas assez long-temps que j'allonge ce difcours par l'aprehension d'arriver à ce qui doit le
conclure, comme si je pouvois retarder sa mort
en n'en parlant point, & en m'occupant toûjours
à ses loüanges ? J'ai navigé jusqu'ici avec un
vent favorable, & mon vaisseau a fendu les ondes sans peine ; mais maintenant cette narration
va rencontrer des écüeils, & la mer qui s'enfle
nous menace l'un & l'autre par l'impétuosité de
ses flots d'un naufrage inévitable ; elle de celui
de son corps par la mort, & moi de celui de la
plus grande consolation que j'eusse en ce monde ;
en sorte que je suis contraint de dire: *Mon Maître,* *Luc. 8.*
sauvez-nous, nous perissons. Et ce verset du Pseau- *Psal. 48.*
me : *Pourquoi vous endormez vous, Seigneur ? Le-*
vez-vous pour nous assister. Car qui pouroit sans
verser des larmes, dire que Paule va mourir.

Elle tomba dans une tres-grande maladie, ou
pour mieux dire, elle obtint ce qu'elle desiroit,
qui estoit de nous quiter pour s'unir parfaitement
à Dieu. Ce fut alors que l'extrême amour qu'Eu-

ftoche avoit toûjours témoigné à fa mere fut encore plus reconnu de tout le monde. Elle ne bou-
geoit d'auprés de fon lit ; elle la rafraîchifloit avec
un éventail ; elle lui foûtenoit la tefte ; elle lui
donnoit des oreillers pour l'apuyer ; elle lui fro-
toit les pieds ; elle lui échauffoit l'eftomach avec
fes mains ; elle lui acommodoit des matelats ; elle
preparoit l'eau qu'elle devoit boire, en forte
qu'elle ne fût ni trop chaude ni trop froide ; elle
mettoit fa nape ; & enfin elle croioit qu'aucune
autre ne pouvoit fans lui faire tort lui rendre le
moindre petit fervice. Combien de courfes fit-el-
le du lit de fa mere à la crêche de Nôtre Sauveur,
& avec combien de prieres, de larmes & de foûpirs le fuplia-t'elle de ne la point priver d'une fi
chere compagnie ; de ne point fouffrir qu'elle vêcût après fa mort, & de trouver bon qu'elles fuffent toutes deux portées en terre dans un même
cercüeil ?

Mais combien nôtre nature eft-elle foible &
fragile, puifque fi la foy que nous avons en
JESUS-CHRIST ne nous élevoit vers le Ciel, & s'il
n'avoit rendu nôtre ame immortelle, nos corps
feroient de même condition que ceux des beftes ?
Ecl. 3. 9. On voit mourir de même forte le jufte & l'impie,
le vertueux & le vicieux, le pudique & l'impudique, celui qui offre des facrifices, & celui qui
n'en offre point, & l'homme de bien comme le
méchant, le blafphemateur comme celui qui
abhorre les fermens ; & les hommes comme les
beftes feront tous reduits en cendre & en pouffiere.

Mais pourquoi m'areftai-je, & fais-je ainfi
durer davantage ma douleur en differant de la
dire ? Cette femme fi prudente fentoit bien

qu'elle n'avoit plus qu'un moment à vivre , & que tout le reste de son corps estant déja saisi du froid de la mort , son ame n'estoit plus retenuë que par un peu de chaleur , qui se retirant dans sa poitrine sacrée faisoit que son cœur palpitoit encore ; & neanmoins comme si elle eût abandonné des étrangers afin d'aller voir ses proches , elle disoit ces versets entre ses dents : *Seigneur , j'ai aimé la beauté de vôtre maison , & le lieu où reside vôtre gloire. Dieu des vertus , que vos Tabernacles sont aimables ! Mon ame les desire de telle sorte que l'ardeur qu'elle en a , fait qu'elle se pâme en les souhaittant , & j'aime mieux estre la moindre de tous en la maison de Dieu , que demeurer dans les Palais avec les pecheurs.* Lorsque je lui demandois pourquoi elle se taisoit , & ne vouloit pas répondre , & si elle sentoit quelque douleur , elle me disoit en Grec , que nulle chose ne lui donnoit de la peine , & qu'elle ne voyoit rien que de calme & que de tranquille. Elle se tût toûjours depuis , & ayant fermé les yeux , comme méprisant déja toutes les choses mortelles , elle repeta jusqu'au dernier soûpir les mêmes versets ; mais si bas qu'à peine les pouvions-nous entendre , & tenant le doigt contre sa bouche elle faisoit le signe de la Croix sur ses lévres. Ayant perdu connoissance , & estant à l'agonie , lorsque son ame fit le dernier effort pour se détacher de son corps , elle changea en loüanges de Dieu ce bruit & ce raclement avec lequel les hommes ont accoûtumé de finir leur vie. Les Evêques de Jerusalem & des autres villes , plusieurs Prêtres , & un nombre infini de Diacres estoient presens , & des troupes de Solitaires & de vierges consacrées à Dieu remplissoient tout son Monastere. Soudain que cette sainte ame

Psal. 35.

Psal. 83.

entendit la voix de son Epoux qui l'apelloit, & lui disoit : *Levez-vous , ma bien-aimée , qui est si belle à mes yeux , venez ma colombe, & hastez-vous; car l'Hyver est passé & toutes les pluyes sont écoulées* ; elle lui répondit avec joye : *La campagne a esté couverte de fleurs , le temps de la moisson est arrivé , & je croi voir les biens du Seigneur dans la terre des vivans.*

Cant. 2.

Honneurs tout extraordinaires rendus à sainte Paule en ses funerailles.

On n'entendoit point alors de cris ni de plaintes, ainsi qu'on a accoûtumé parmi les personnes attachées au siecle, mais des troupes toutes entieres faisoient retentir des Pseaumes en diverses langues. Elle fut portée en terre par des Evêques qui mirent son cercüeil sur leurs épaules ; d'autres alloient devant avec des flambeaux & des cierges allumez, & d'autres conduisoient les troupes de ceux qui chantoient des Pseaumes. En cet estat elle fut mise dans le milieu de l'Eglise de la Créche de nôtre Sauveur. Les habitans de toutes les villes de Palestine vinrent en foule à ses funerailles. Il n'y eut point de cellule qui pût retenir les Solitaires les plus cachez dans le desert, ni de sainte vierge qui pût demeurer dans sa petite chambrette, parce qu'ils eussent tous crû faire un sacrilege, s'ils eussent manqué de rendre leurs devoirs à une femme si extraordinaire. Les veuves & les pauvres , ainsi qu'il est dit de Dorcas, montroient les habits qu'elle leur avoit donnez, & tous les necessiteux crioient qu'ils avoient perdu leur mere & leur nourrice. Mais ce qui est admirable, la pâleur de la mort n'avoit point changé son visage, & il estoit si plein de majesté qu'on l'auroit plûtost creüe endormie que morte. On recitoit par ordre des Pseaumes en Hebreu , en Grec, en Latin, & en Siriaque, non seulement

durant trois jours, & jusqu'à ce que son corps
eût esté enterré sous l'Eglise proche la Crêche de
nôtre Sauveur ; mais aussi durant toute la semaine, tous ceux qui arrivoient considerant ses funerailles comme les leurs propres, & la pleurant
comme ils se seroient pleurez eux-mêmes. Sa
sainte fille Eustoche qui se voyoit comme sevrée
de sa mere, selon le langage de l'Ecriture, ne pou- *Psal. 130.*
voit souffrir qu'on la separât d'avec elle. Elle lui
baisoit les yeux, elle se colloit à son visage, elle
l'embrassoit, & elle eût desiré d'estre ensevelie
avec elle.

Jesus-Christ sçait que cette femme si excellente ne laissa pas un écu à sa fille ; mais qu'au
contraire, comme je l'ai déja dit, elle la laissa
chargée de beaucoup de dettes, & d'un nombre infini de Solitaires & de vierges qu'il lui
estoit tres-difficile de nourrir, & qu'elle n'eût
pû abandonner sans impieté. Qu'y a-t'il donc
de plus admirable que voir une personne aussi
illustre qu'estoit Paule, & qui avoit esté autrefois dans de si grandes richesses, avoir eu tant
de vertu & tant de foy que de donner tout son
bien, & de s'estre ainsi trouvée quasi reduite à
la derniere extremité ? Que d'autres vantent l'argent qu'ils donnent aux Eglises, & ces lampes
d'or qu'ils consacrent à Dieu devant ses Autels ;
personne n'a plus donné aux pauvres que celle
qui ne s'est rien reservé pour elle-même. Maintenant elle joüit de ces richesses&de ces biens *qu'au-*
cun œil n'a jamais vûs, qu'aucune oreille n'a jamais
entendus, & qu'aucun esprit humain n'a jamais pen-
sez. C'est donc nous-mêmes que nous plaignons,
& il y auroit sujet d'estimer que nous envie-
rions sa gloire si nous pleurions plus long-temps

celle qui regne avec Dieu dans l'éternité.

Ne vous mettez en peine de rien, Euftoche, vous avez herité d'une tres-grande fucceffion ; le Seigneur eft vôtre partage ; & ce qui vous doit encore combler de joye, c'eft que vôtre fainte mere a efté couronnée par un long martyre ; car ce n'eft pas feulement le fang que l'on verfe pour la confeffion de la foy qui fait les Martyrs, mais les fervices d'un amour pur & fans tache qu'une ame devote rend à Dieu paffent pour un martyre continuel. La couronne des premiers eft compofée de rofes & de violettes, & celle des derniers eft faite de lys. C'eft pourquoi il eft écrit dans le Cantique des Cantiques : *Celui que j'aime eft blanc & vermeil* ; attribuant ainfi à ceux qui font victorieux dans la paix les mêmes recompenfes qu'à ceux qui le font dans la guerre. Vôtre excellente mere entendit comme Abraham, Dieu qui lui difoit : *Sors de ton païs, quite tes parens, & viens en la terre que je te montrerai :* Elle l'entendit lui dire par Jeremie : *Fuis du milieu de Babylone, & fauve ton ame.* Auffi eft-elle fortie de fon païs, & jufqu'au jour de fa mort elle n'eft point retournée dans la Chaldée : *Elle n'a point regreté les oignons ni les viandes d'Egypte.* Mais eftant accompagnée de plufieurs troupes de vierges, elle eft devenuë citoyenne de la Ville éternelle du Sauveur, & eftant paffée de la petite Bethléem dans le Royaume célefte, elle a dit à la veritable Noëmi : *Ton peuple eft mon peuple, & ton Dieu eft mon Dieu.*

Eftant touché de la même douleur qui vous afflige, j'ai dicté cecy en deux nuits, parce que toutes les fois que j'avois voulu travailler à cet Ouvrage, comme je vous l'avois promis, mes

Confolation à fainte Euftoche.
Apoftrophe à fainte Paule.
Infcription fur fon tombeau.

Cant. 5.

Gen. 2.

Jerem. 50.

Exod. 16.

Ruth. 1.

doigts estoient demeurez immobiles, & la plume m'estoit tombée des mains, tant mon esprit languissant se trouvoit sans aucune force ; mais ce discours si mal poly, & sans ornement de langage, témoigne mieux qu'un plus éloquent quelle est mon extrême affection.

Adieu, grande Paule, que je revere du plus profond de mon ame ; assistez-moi, je vous suplie, par vos prieres dans l'extremité de ma vieillesse, vostre foy jointe à vos œuvres vous unit à Jesus-Christ, & ainsi lui estant presente, il vous accordera plûtost ce que vous lui demanderez. Je laisse une marque de vous à la posterité, qui durera plus que la bronze, & que le temps ne sçauroit détruire. J'ai gravé vostre éloge sur vostre tombeau, & l'ai ajoûté icy, afin que partout où l'on verra ce que j'ai écrit de vous, le Lecteur sçache que vous avez esté loüée & enterrée à Bethléem.

EPITAPHE

DE

SAINTE PAULE

Agamemnon · CElle dont ce tombeau conserve la poussiere
Fut le sang de ce Roy, de ce fier Conquerant,
Qui traînant aux combats la Grece toute entiere,
D'Ilion aux Troyens fit un bûcher ardent.

Les Gracques, Scipion, Paul Emile & cent autres
Que dans Rome autrefois on mit au rang des Dieux,
Ont fait naître son corps, & Christ & ses Apôtres
Ont formé son esprit qu'ont aujourd'hui les Cieux.

La connois-tu, Passant ? Elle se nomma Paule.
Cet auguste Senat, ce Peuple triomphant,
Qui domta l'Univers de l'un à l'autre Pole,
N'ont rien vû de plus saint, ni rien eu de plus grand.

Pour comble de sa gloire Eustoche fut sa fille,
Bethléem cependant fut le bien-heureux lieu
Qui lui vit tout quiter, grandeur, pompe, famille,
Et dans la pauvreté rendre son ame à Dieu.

Ce qui suit estoit écrit sur l'entrée de l'Antre de Bethléem.

VOis-tu, Passant, vois-tu cette roche escarpée ?
C'est-là que sont encor les restes precieux
De Paule dont l'esprit voit JESUS dans les Cieux.
Aux plaisirs d'icy bas cette Sainte arrachée,
Quita ce que le siecle a de plus glorieux :
Richesses, dignitez, enfans, honneurs, patrie,
Et dans cet Antre saint s'en vint finir sa vie.
A vivre à Bethléem son bon-heur consista ;
Car c'est-là qu'est la Crêche où d'une Vierge Mere
L'Enfant vit en naissant l'Orient tributaire,
Et reçût de ses Rois les dons qu'il presenta.

La Bien-heureuse Paule passa de la terre au Ciel le Mardy 26. Janvier sur le soir, & elle fut enterrée le 28. du même mois, sous le sixiéme Consulat de l'Empereur Honoré, & le premier d'Aristenete. Elle demeura durant cinq années à Rome dans sa sainte maniere de vivre, & vingt à Bethléem, & vêcut en tout cinquante-six ans, huit mois, & vingt & un jour.

L'ELOGE FUNEBRE

DE

SAINTE MARCELLE VEUVE,

adreſſé à Principie Vierge.

LETTRE IX.

De la grandeur de la naiſſance de ſainte Marcelle.

VOus deſirez de moy, & me demandez ſans ceſſe, ô Vierge de JESUS-CHRIST illuſtre Principie, que je renouvelle par mes écrits la memoire d'une femme auſſi ſainte qu'eſtoit Marcelle, & que je faſſe par ce moyen connoître aux autres des vertus dont nous avons joüy ſi long-temps, afin qu'ils puiſſent les imiter. Et certes je me plains de ce que vous m'excitez de la ſorte à entrer dans une carriere où je cours ſi volontiers de moi-même, de ce que vous croyez que j'aye beſoin en cela d'eſtre prié, moi qui ne vous cede aucunement en l'affection que vous lui portiez, & qui ſçai que je recevrai beaucoup plus d'avantage que je n'en procurerai aux autres, en repreſentant par ce diſcours les admirables qualitez de celle dont j'entreprens de parler. Si je ſuis demeuré deux ans entiers dans le ſilence, cela ne doit pas eſtre attribué à aucune negligence, comme vous m'en accuſez injuſtement; mais à mon incroyable affliction qui m'abatoit l'eſprit de telle ſorte, que juſques ici j'ai jugé plus

à propos de me taire que rien dire qui ne fût digne de son merite.

Ayant donc à loüer vostre Marcelle, ou plûtost
la mienne, & pour parler encore plus veritablement, la nôtre & celle de tous ceux qui font profession d'estre à Dieu, & qui a esté un si grand ornement de Rome, je n'obferverai point les regles des Orateurs en reprefentant la noblesse de
sa race, la longue suite de ses ayeuls, & les statuës de ses ancestres, qui de siecle en siecle, &
jusques à nôtre temps ont esté honorez des charges de Gouverneurs de Provinces, & de grands
Maîtres du Palais de l'Empereur ; mais je loüerai seulement en elle ce qui lui est propre, &
d'autant plus admirable, qu'ayant méprisé ses
richesses & sa noblesse, elle s'est encore renduë
plus illustre par sa pauvreté & par son humilité.

Marcelle ayant perdu son pere, & estant demeurée veuve sept mois aprés avoir esté mariée,
sa jeunesse, la noblesse de sa maison, la douceur
de son esprit, & ce qui touche d'ordinaire davantage les hommes, son excellente beauté porterent Cereal dont le nom est si celebre entre les
Confuls, à defirer avec ardeur de l'épouser ; &
estant déja fort vieil il lui promettoit de la rendre heritiere de ses grands biens, voülant par une
telle donation la traiter comme si elle eût esté sa
fille, & non pas sa femme. Albine sa mere fouhaitoit fort un si puissant appuy pour sa maison
qui en estoit alors destituée : mais Marcelle dit,
que quand elle n'auroit point refolu de faire un
vœu de chasteté, si elle eût voulu se marier elle
auroit cherché un mary, & non pas une succession. Surquoi Cereal lui ayant mandé, que les
vieilles personnes peuvent vivre long-temps, &

Estant de-
meurée veuve
elle ne veut
point se re-
marier, & re-
fuse le plus
grand party
de Rome.

les jeunes mourir bien-toſt, elle répondit de fort bonne grace ; Il eſt vray qu'une jeune perſonne peut mourir bien-toſt ; mais un vieillard ne ſçau-roit vivre long-temps. Ainſi ayant eu ſon congé, aucun autre n'oſa plus pretendre de l'épouſer.

Sa vertu la met au deſſus de la médi-ſance.

Nous liſons dans l'Evangile de ſaint Luc, qu'Anne fille de Phanuël de la Tribu d'Aſer prophetiſoit, & eſtoit extremement âgée ; qu'el-le avoit vécu ſept ans avec ſon mary ; qu'elle avoit quatre-vingt quatre ans : qu'elle eſtoit ſans ceſſe dans le Temple, & paſſoit les jours & les nuits en jeûnes & en oraiſons, employant ainſi toute ſa vie au ſervice de Dieu, ce qui fait que l'on ne doit pas trouver étrange qu'elle ait veu ſon Sauveur, puis qu'elle le cherchoit aves tant de ſoins & tant de peines. Compa-rons ſept ans avec ſept mois ; eſperer la venuë de JESUS-CHRIST & le poſſeder ; le confeſ-ſer aprés ſa naiſſance, & croire en lui aprés ſa mort ; ne le méconnoiſtre pas eſtant enfant, & ſe réjoüir de ce qu'eſtant homme parfait il regne à jamais dans le Ciel. Je ne voy pas que l'on doi-ve mettre difference entre ces ſaintes Femmes, ainſi que quelques-uns en mettent d'ordinaire ſi mal à propos entre les hommes les plus ſaints,& les Princes meſme de l'Egliſe. Ce que je dis ſeule-ment, pour faire connoiſtre qu'ayant travaillé toutes deux également elles joüiſſent maintenant de la même recompenſe.

Il eſt fort difficile dans une Ville auſſi médiſan-te que Rome, dont le peuple eſt compoſé de toutes les nations du monde. & où les vices triomphent, de ne recevoir pas quelque attaque par les impoſtures des bruits malicieux inventez & ſemez par ces perſonnes qui prennent plaiſir a

blâmer

blâmer les choſes les plus innocentes , & à
vouloir faire trouver des taches dans celles qui
ſont les plus pures. Ce qui fait que le Prophete ſouhaite plûtoſt qu'il n'eſtime , qu'on puiſſe trouver une choſe auſſi difficile & quaſi auſſi
impoſſible à rencontrer qu'eſt celle-ci , lors qu'il
dit : *Bien-heureux ſont ceux qui marchent dans la* Pſal. 118.
voye du Seigneur, & qui ne rencontrent rien en leur
chemin qui leur puiſſe imprimer la moindre tache. Il Pſal. 14.
dit que ceux-là ſont ſans tache dans la voye de
ce ſiecle, qui n'ont point eſté infectez de l'air de
ces bruits malicieux , & à qui l'on n'a point
fait d'injure. Noſtre Sauveur dit dans l'Evangi-
le: *Ayez une opinion favorable de voſtre adverſaire,* Mat. 5.
lors que vous eſtes en chemin avec lui. Mais qui a
jamais entendu publier quelque choſe de deſa-
vantageux de la perſonne dont je parle, & y a
ajoûté creance ? Ou qui eſt celui qui l'a crû
ſans ſe condamner ſoi-même de malice & de
lâcheté ? Marcelle a eſté la premiere qui a confondu le Paganiſme en faiſant voir à tout le
monde quelle doit eſtre cette vertu d'une veuve. Chreſtienne qu'elle portoit dans le cœur, &
paroiſſoit en ſes habits ; car les veuves Payennes ont accouſtumé de ſe peindre le viſage de
blanc & de rouge, d'eſtre tres-richement vêtuës,
d'éclater de pierreries , de treſſer leurs cheveux
avec de l'or , de porter à leurs oreilles des perles
ſans prix, d'eſtre parfumées , & de pleurer de telle ſorte la mort de leurs maris qu'elles ne peuvent
enſuite cacher leur joye d'eſtre affranchies de leur
domination, ainſi qu'il paroiſt lors qu'on les voit
en chercher d'autres , non pas pour leur eſtre aſ-
ſujeties comme Dieu l'ordonne , mais au contraire pour leur commander ; ce qui fait qu'elles

en choisissent de pauvres, afin que portant seulement le nom de maris, ils souffrent avec patience d'avoir des rivaux, & soient aussi-tôt repudiez s'ils osent seulement ouvrir la bouche pour se plaindre. La sainte veuve dont je parle, portoit des robes seulement pour se défendre du froid, & non pas pour montrer à découvert une partie de son corps ; elle ne garda rien qui fût d'or, non pas même son cachet, aimant mieux employer ces superfluitez à nourrir les pauvres, que les enfermer dans ses coffres ; elle n'alloit jamais sans sa mere ; les diverses rencontres d'une aussi grande maison qu'estoit la sienne y faisant quelquefois venir des Ecclesiastiques & des Solitaires, elle ne les voyoit qu'en compagnie, & elle avoit toûjours avec elle des vierges & des veuves de grande vertu, sçachant qu'on juge souvent des maistresses par l'humeur trop libre des filles qui sont à elles, & que chacun se plaist en la compagnie des personnes qui lui ressemblent.

Son amour pour l'Ecriture Sainte.

Psal. 118.

Psal. 1.

Son amour pour l'Ecriture sainte estoit incroyable, & elle chantoit toûjours : *J'ai caché & conservé vos paroles dans mon cœur, afin de ne vous point offenser.* Et cet autre verset où David parlant de l'homme parfait, dit : *Il n'a point d'autre volonté que la loy de son Seigneur, laquelle il medite jour & nuit* ; entendant par cette meditation de la loy, non pas de repeter souvent les paroles de l'Ecriture, ainsi que faisoient les Pharisiens, mais de les pratiquer selon que l'Apôtre nous l'enseigne, lors qu'il dit : *Soit que vous beuviez, ou que vous mangiez, ou que vous vous occupiez à quelque autre chose, faites toutes ces actions pour la gloire de Dieu* ; à quoi se rapportent ces paroles du Prophete Royal : *L'execution de vos Commandemens*

1. Cor. 16.

Psal. 118.

m'a donné l'intelligence ; pour témoigner par là,
qu'il ne pouvoit meriter d'entendre l'Ecriture
sainte qu'aprés qu'il auroit accompli les Commandemens de Dieu. Nous lisons aussi la même
chose dans les Actes, où il est porté que JESUS-
CHRIST *commença à agir & à enseigner* ; car il AB. 13
n'y a point de doctrine, pour relevée qu'elle soit,
qui nous puisse empêcher de rougir de honte, lors
que nôtre propre conscience nous reproche que
nos actions ne sont pas conformes à nos connoissances. En vain celui qui est enflé d'orgueil à cause qu'il est aussi riche qu'un Cresus, & qui par
avarice estant couvert d'un méchant manteau, ne
travaille qu'à empêcher que les vers ne mangent
les riches habillemens dont ses coffres sont remplis, prêche aux autres la pauvreté, & les exhorte à faire l'aumône.

Les jeûnes de Marcelle estoient moderez ; elle
ne mangeoit point de chair, & la foiblesse de son
estomac, & ses frequentes infirmitez l'obligeans
de prendre un peu de vin, elle se contentoit le
plus souvent de le sentir au lieu de le goûter ; elle
sortoit peu en public, & évitoit particulierement
d'aller chez les Dames de condition, de peur
d'y voir ce qu'elle avoit méprisé. Elle alloit en
secret faire ses prieres dans les Eglises des Apôtres & des Martyrs, & évitoit de s'y trouver
aux heûres qu'il y avoit grande multitude de peuple. Elle estoit si obeïssante à sa mere, que cela la faisoit agir quelquefois contre ce qu'elle
auroit desiré ; car Albine aimant extremement
ses proches, & se voyant sans fils, & sans pe-
tits-fils, vouloit tout donner à ses neveux ; &
Marcelle au contraire eust beaucoup mieux aimé
le donner aux pauvres ; mais ne pouvant se re-

foudre à la contredire, elle donna ses pierreries
& tous ses meubles à ses parens, qui estant fort
riches n'en avoient point besoin ; ce qui estoit
comme les dissiper & les perdre, aimant mieux
faire cette perte que déplaire à sa mere.

Il n'y avoit point lors à Rome de femme de
condition qui sçût quelle estoit la vie des Solitaires, ni qui en osaft prendre le nom, à cause
que cela estoit si nouveau qu'il passoit pour vil
& pour méprisable dans l'esprit des peuples.
Marcelle aprit premierement par des Prestres
d'Alexandrie, & puis par l'Evesque Athanase, &
enfin par Pierre (qui fuyant la persecution des
heretiques Ariens, estoient venus se refugier à
Rome, comme à un port assuré de la Foy Catholique) la vie du Bien-heureux Antoine qui n'é-
toit pas encore mort, la maniere de vivre des
Monasteres de saint Pacome en la Thebaïde, &
des vierges & des veuves. Alors elle n'eut point
de honte de faire profession de ce qu'elle connut
estre agreable à JESUS-CHRIST ; & plusieurs
années aprés elle fut imitée par Sophronie, &
par d'autres. L'admirable Paule eut le bonheur
de joüir de son amitié, & Eustoche la gloire
des vierges, fut nourrie en sa chambre ; d'où
il est aisé de juger quelle devoit estre la maîtresse qui eut de telles disciples.

Des loüanges
des femmes.
Elle se prepa-
roit toûjours
à la mort.

Il fait une al-
lusio au mot
de Magde-
leine.
Quelque Lecteur sans pitié se rira peut-estre
de ce que je m'arreste si long-temps à loüer des
femmes ; mais s'il se souvenoit de celles qui ont
accompagné nostre Sauveur, & l'ont assisté de
leur bien ; s'il se souvenoit de ces trois Maries
qui demeurerent debout au pied de la Croix, &
particulierement de cette Marie Magdeleine, qui
à cause de sa vigilance, & de l'ardeur de sa foy a

esté nommé une tour inébranlable, & s'est renduë digne de voir, avant même qu'aucun des
Apôtres, JESUS-CHRIST resuscité, il se con-
damneroit plûtost de presomption, qu'il ne m'acu-
seroit d'extravagance, lors que je juge des vertus,
non pas par le sexe, mais par les qualitez de l'ame,
& que j'estime qu'il n'y en a point qui meritent
tant de gloire que ceux qui pour l'amour de Dieu
méprisent leur noblesse & leurs richesses. Cela fit
que JESUS CHRIST eut une si grande affection
pour saint Jean l'Evangeliste, lequel estant si
connu du Pontife à cause qu'il estoit de bon lieu,
ne put neanmoins estre retenu par la crainte qu'il
pouvoit avoir de la malice des Juifs, de faire entrer saint Pierre chez Caïphe, de demeurer seul
de tous les Apôtres au pied de la Croix, & de
prendre pour mere celle de nostre Sauveur, afin
qu'un Fils Vierge receût une Mere Vierge, comme la succession de son Maître Vierge.

Marcelle passa donc plusieurs années de telle
sorte, qu'elle connût plûtost qu'elle vieillissoit,
qu'elle ne se souvinst d'avoir esté jeune, & elle
estimoit fort cette belle pensée de Platon, que la
Philosophie n'est autre chose qu'une meditation
de la mort; ce qui fait aussi dire à l'Apôtre: *Je* *1. Cor. 15.*
meurs tous les jours pour vostre salut : & à nostre
Seigneur selon les anciens exemplaires: *aucun ne* *Luc. 9.*
peut estre mon Disciple s'il ne porte tous les jours
sa Croix & ne me suit, & long-temps auparavant
à David inspiré du saint Esprit: *nous sommes con-* *Psal. 45.*
damnez à la mort, à cause de vous, & traitez
comme des brebis destinées à la boucherie, & long-
temps depuis l'Ecclesiaste nous a appris cette
belle sentence: *Souviens-toy toûjours de ta mort,* *Eccl. 7.*
& tu ne pecheras jamais. Même nous lisons dans

un éloquent Autheur qui a écrit des Satyres pour l'instruction des mœurs, cet avertissement si utile,

Perse Sat.

Grave la mort dans ta pensée,
Le temps vole en fuyant toûjours ;
Et tu le vois par ce discours,
Car cette parole est passée.

Marcelle, ainsi que je commençois de dire, a donc passé sa vie comme croyant toûjours mourir, & a esté vêtuë comme ayant toûjours son tombeau devant les yeux, s'offrant continuellement à Dieu, comme une hostie vivante, raisonnable & agreable à sa divine Majesté.

S. Jerôme estant allé à Rome fait amitié avec elle.

Lors que les affaires de l'Eglise m'obligerent d'aller à Rome avec les Saints Prelats Paulin & Epiphane ; dont l'un estoit Evesque d'Antioche en Syrie, & l'autre de Salamine en Chypre, & que j'évitois par modestie de voir les Dames de condition, elle se conduisit de telle sorte selon le precepte de l'Apôtre, en me pressant en toutes rencontres de parler à elle, qu'enfin elle surmonta ma retenuë par ses instances & son adresse ; & dautant que j'estois en quelque reputation d'entendre l'Ecriture sainte, elle ne me voyoit jamais sans m'en demander quelque chose, & au lieu de se rendre soudain à ce que je lui disois, elle me faisoit des questions, non pas à dessein de contester, mais afin d'apprendre par ces doutes les réponses aux difficultez qu'elle sçavoit qu'on lui pouvoit former.

J'apprehende de dire ce que j'ay reconnu de sa vertu, de son esprit, de sa pureté & de sa sainteté, de peur qu'il ne semble que j'aille au delà de tout ce que l'on en sçauroit croire, & de crainte d'augmenter vôtre douleur en vous faisant souvenir

de quel bien vous estes privée. Je dirai seulement
que n'ayant qu'écouté comme en passant ce que
j'avois pû acquerir de connoissance de l'Ecriture
sainte par une fort longue étude , & qui m'estoit
comme tourné en nature par une meditation continuelle, elle l'aprit & le posseda de telle sorte,
que lors qu'après mon départ il arrivoit quelque
contestation touchant les passages de l'Ecriture,
on l'en prenoit pour juge : mais comme elle
estoit extrêmement prudente & sçavoit parfaitement les regles de ce que les Philosophes nomment bien-séance , elle répondoit avec tant de
modestie aux questions qu'on lui faisoit , qu'elle
raportoit comme les ayant apris de moi ou de
quelqu'autre , les choses qui venoient purement
d'elle , afin de passer pour écoliere en cela même,
où elle estoit une fort grande Maîtresse ; Car elle
sçavoit que l'Apôtre a dit : *Ne permettez point aux* I. Tim. 2.
femmes d'enseigner, & elle ne vouloit pas qu'il
pût sembler qu'elle fist tort aux hommes , & même aux Prestres , qui la consultoient quelquefois
sur des choses obscures & douteuses.

Estant de retour à Bethléem , nous aprismes
aussi-tôt, que vous vous estiez tellement unie avec
elle , que vous ne la perdiez jamais de veuë ; que
vous n'aviez qu'une maison & un même lit ; &
que toute la ville sçavoit que vous aviez trouvé
une mere, & elle une fille. Le Jardin qu'elle
avoit au fauxbourg vous servoit de Monastere, &
une maison qu'elle choisit à la campagne, de solitude ; & vous vécustes long-temps de telle sorte,
que l'imitation de vôtre vertu ayant esté cause de
la conversion de plusieurs personnes , nous nous
réjoüissions de ce que Rome estoit devenuë une
autre Jerusalem. On y voyoit tant de Monasteres

de Vierges, & un si grand nombre de Solitaires, que la multitude de ceux qui servoient Dieu avec une telle pureté, rendit honorable cette sorte de vie, qui estoit auparavant si méprisée : cependant nous nous consolions Marcelle & moi dans nostre absence en nous écrivant fort souvent, supleant ainsi par l'esprit à la presence, & estant dans une sainte contestation à qui se previendroit par ses lettres, à qui se rendroit plus de devoirs, & à qui manderoit le plus soigneusement de ses nouvelles, & nos lettres nous reprochant de la sorte, nous sentions moins nostre éloignement.

Services rendus à l'Eglise contre les Heretiques par sainte Marcelle.

Lors que nous joüissions de ce repos, & ne pensions qu'à servir Dieu, une tempeste excitée par les Heretiques s'éleva dans ces Provinces, laquelle mit tout en trouble. Ils se porterent jusqu'à un tel comble de rage, qu'ils ne pardonnoient, ni à eux-mêmes, ni à un seul de ce qu'il y avoit de plus gens de bien, & ne se contentant pas d'avoir mis icy tout sans dessus dessous, ils envoyerent jusques dans le port de Rome un vaisseau plein de personnes qui vomissoient des blasphèmes contre la verité. Il se trouva aussi-tost des gens disposez à embrasser leurs erreurs, & leurs pieds bourbeux remplirent de fange la source tres-pure de la foy de l'Eglise Romaine. Mais il ne faut pas s'étonner si ce faux Prophete abusoit les simples, vû qu'une doctrine si abominable & si empoisonnée, a trouvé dans Rome des gens qui s'en sont laissez persuader. Ce fut alors qu'on vit cette infame Traduction des Livres d'Origene, intitulez *des Principes* : ce fut alors qu'ils eurent pour Disciple Macaire, lequel eût esté veritablement digne de porter ce nom, qui signifie bien-

heureux, s'il ne fût point tombé entre les mains
d'un tel maître : ce fut alors que les Evêques qui
font nos maîtres s'opoferent à ce ravage & trou-
blerent toute l'école des Pharifiens ; & ce fut
alors que faint Marcelle , de crainte qu'il ne
femblaft qu'elle ne fift quelque chofe par vanité,
voyant que cette foy fi loüée par la bouche de
l'Apôtre fe corrompoit de telle forte dans les ef- *Rom. 1.*
prits de la plupart de fes concitoiens , que les
Prêtres mêmes & quelques Solitaires, mais principalement les hommes engagez dans le fiecle fe
portoient à embraffer l'erreur, & fe moquoient
de la fimplicité du Pape qui jugeoit de l'efprit des
autres par le fien , elle s'y oppofa publiquement,
aimant beaucoup mieux plaire à Dieu qu'aux
hommes.

Nôtre Sauveur loüé dans l'Evangile ce mauvais
Maître d'hôtel , qui aiant agi infidelement envers fon maître , s'eftoit conduit fi prudemment
dans fes propres interefts. Les Heretiques voiant
qu'une petite étincelle eftoit capable de produire
un tres-grand embrafement ; que le feu qu'ils
avoient allumé eftoit déja au comble de la maifon
du Seigneur , & que les artifices dont ils avoient
déja ufé pour furprendre plufieurs perfonnes ne
pouvoient demeurer plus long-temps cachez, ils
demanderent & obtinrent des Lettres Ecclefiaftiques , afin qu'il parût qu'en partant de Rome,
il eftoient dans la communion de l'Eglife.

Peu de temps aprés Anaftafe fut élevé au faint
Siege ; c'eftoit un homme admirable , & Rome
n'en joüit pas long-temps , parce qu'il n'y auroit
point eu d'apparence que cette ville Imperatrice
qui eftoit le chef de tout le monde, fût miferable-
ment ruinée fous un fi grand Pape : ou plûtoft il

fut enlevé d'entre les hommes & porté dans le Ciel, de peur qu'il ne s'efforçât de fléchir par ses prieres l'Arrest que Dieu avoit déja prononcé contre cette malheureuse Ville, ainsi qu'il se voit dans l'Ecriture qu'il dit à Jeremie : *Ne me prie point pour ce peuple, & ne tâche point de me fléchir, afin que je luy fasse misericorde ; Car quand ils jeûneroient, je n'écouterois pas leurs prieres, & quand ils m'offriroient des sacrifices, je ne les recevrois pas; mais je les détruiray par la guerre, par la famine, & par la peste.*

Jerem. 14.

On me demandera peut-estre, quel raport a tout cecy avec les loüanges de Marcelle. Je réponds qu'il y en a un tres-grand, puis qu'elle fut cause de la condamnation des Heretiques ; car elle produisit des témoins qui ayant esté instruits par eux avoient depuis renoncé à leur erreur : elle fit voir une grande multitude de personnes qu'ils avoient trompées de la même sorte : elle representa divers exemplaires de ce Livre impie *des Principes*, corrigé de la propre main de ce dangereux Scorpion, qui en faisoit glisser le venin dans les ames ; & elle écrivit grand nombre de Lettres pour presser ces Heretiques de se venir défendre ; ce qu'ils n'oserent jamais faire, leur conscience les bourelant de telle sorte qu'ils aimerent mieux se laisser condamner en leur absence, qu'estre convaincus en se presentant. Marcelle a esté la premiere cause d'une si glorieuse victoire ; & vous, mon Dieu, qui en estes le chef & la souveraine origine, vous sçavez que je ne dis rien que de veritable, & que je ne raporte que la moindre partie de ses grandes & admirables actions, de peur d'ennuyer le Lecteur en m'étendant davantage sur ce sujet, & afin qu'il

ne femble pas à mes ennemis que fous pretexte
de la loüer, je veuille me vanger d'eux : mais il
faut venir au reste.

Cette tempeste estant passée d'Occident en
Orient, elle menaçoit plusieurs personnes d'un
grand naufrage. Ce fut alors qu'on vit accomplir
cette parole de l'Ecriture : *Croyez-vous que le Fils* Luc. 18.
de l'Homme revenant au monde trouve de la foy
parmi les hommes ? La charité de la plûpart
estant refroidie, ce peu qui aimoit la verité de
la foi se joignoit à moi : on m'attaquoit publiquement comme leur chef ; & on les persecutoit de telle sorte, que Barnabé même, pour user
des termes de saint Paul, se porta dans cette si-   Gal. 2.
mulation, ou plûtost dans un parricide manifeste
qu'il executa, sinon d'effet, au moins de volonté ; mais par le souffle procedant de la bouche de
Dieu, toute cette tempeste fut dissipée, & alors
on vit l'effet de cette prediction du Prophete :
Vous retirerez d'eux vostre esprit, & aussi-tost ils   Psal. 103.
tomberont & retourneront dans la poussiere dont ils   Psal. 145.
ont esté formez, & en ce même moment tous leurs
desseins s'évanoüiront. Comme aussi cette autre endroit de l'Evangile : *Insensé que tu es, je separerai*   Luc. 21.
cette nuit ton ame d'avec ton corps, & qui possedera
lors tous ces grands biens que tu as amassez avec tant
de soin ?

Comme ces choses se passoient à Jerusalem,   Rome prise
on nous raporta d'Occident une épouventable   & sacagée par
nouvelle, que Rome avoit esté assiegée, & que   les Gots.
ses citoyens s'estant rachetez en donnant ce
qu'ils avoient d'or & d'argent, ou les avoit en-   Mort de la
core assiegez de nouveau, afin de leur faire per-   Sainte.
dre aussi la vie, après les avoir dépoüillez de
leurs richesses. Ma langue demeure attachée à

mon palais, & mes sanglots interrompent mes paroles. Cette ville qui avoit conquis tout le monde, se trouve conquise, ou pour mieux dire, elle perit par la faim avant que perir par l'épée, & il n'y resta quasi plus personne que l'on pût reduire en servitude. La rage qu'inspiroit la faim les avoit portez jusqu'à manger des viandes abominables : ils se déchiroient les uns les autres pour se nourrir, & il se trouva des meres qui ne pardonnerent pas même aux enfans qui pendoient à leurs mamelles, faisant ainsi rentrer dans leur sein ceux qu'ils avoient mis dehors peu de temps auparavant. Moab fut prise de nuit & ses murailles tomberent la nuit. *Seigneur les Nations idolâtres sont entrées dans vostre heritage. Ils ont violé la sainteté de vostre Temple : ils ons saccagé Jerusalem : ils ont donné les corps morts de vos Saints en pâture aux oyseaux du Ciel : ils ont donné leur chair à devorer aux animaux de la terre : ils ont répandu leur sang comme de l'eau tout au tour de la sainte Cité, & il ne se trouvoit personne pour les enterrer.*

Psal. 15.

Virg. Æn. 2.

Quels cris & quels sanglots par leur triste langage
Pourroient de cette nuit raconter le carnage ?
Et qui changeant ses yeux en des sources de pleurs,
Pourroit de tant de morts égaler les douleurs ?
Cette ville superbe & si long-temps regnante,
Tombe & trouve en tombant la fortune inconstante.
Elle nage en son sang & la rigueur du sort
Y montre en cent façons l'image de la mort.

En cet horrible confusion, les victorieux tout couverts de sang entrerent aussi dans la maison de Marcelle. Ne me sera-t'il pas permis de dire icy ce que j'ay entendu, ou plûtost de raconter des choses qui ont esté veuës par des hommes pleins de sainteté, qui se trouverent presens lors qu'elles se passerent, & qui témoignent, ô sage Principic, que l'accompagnant dans ce peril vous ne courûtes pas moins de fortune? Ils assurent donc qu'elle reçut sans s'étonner, & d'un visage ferme, ces furieux, lesquels lui demandant de l'argent, elle leur répondit, qu'une personne qui portoit une aussi méchante robe qu'estoit la sienne, n'estoit pas pour avoir caché des tresors dans terre. Cette pauvreté dont elle faisoit profession ne fut pas capable de leur faire ajoûter foy à ses paroles, mais ils la foüeterent cruellement ; & elle se jettant à leurs pieds comme si elle eût esté insensible à ses douleurs, ne leur demandoit autre grace, sinon qu'ils ne vous separassent point d'avec elle, tant elle avoit peur que vôtre jeunesse vous fist recevoir des outrages & des violences, qu'elle n'avoit point sujet de craindre pour elle-même à cause de sa vieillesse. JESUS-CHRIST amollit la dureté du cœur de ces barbares; la compassion trouva place entre les épées teintes de sang, & vous ayant menées toutes deux dans l'Eglise de saint Paul, pour vous assurer de vôtre vie si vous leur donniez de l'argent, ou pour vous y faire trouver un sepulchre, on dit qu'elle fut comblée d'une telle joye, qu'elle commença de rendre graces à Dieu de ce qu'ayant conservé vôtre virginité, il vous reservoit à finir vôtre vie pour son service ; de ce que la captivité l'avoit trouvée, mais non pas renduë pauvre ; de ce qu'il n'y avoit point de jour que pour estre nourie elle ne sçût bien qu'on lui fist quelque charité ; de ce qu'estant rassasiée de son Sauveur elle ne sentoit pas la faim, & de ce que l'estat où elle estoit reduite pouvoit aussi bien que sa langue lui faire

dire : *Je suis sortie toute nuë du ventre de ma me-*
re, & j'entrerai toute nuë dans le tombeau. La
Iob. 1. *volonté de Dieu soit accomplie, son saint Nom soit*
beni.

Quelques jours aprés que son corps estoit sain
& plein de vigueur, elle s'endormit du sommeil
des justes, vous laissant heritiere du peu qu'elle
avoit dans sa pauvreté, ou pour mieux dire en
laissant les pauvres heritiers par vous. Vous lui
fermastes les yeux. Elle rendit l'esprit entre les
baisers que vous lui donniez ; & trempée de vos
larmes elle sourioit, tant estoit grand le repos
que la maniere dont elle avoit vécu donnoit à
sa conscience, & tant elle estoit contente d'aller
joüir des recompenses qui l'attendoient dans le
Ciel.

Voilà, bien-heureuse Marcelle, ce que je ne
sçaurois trop reverer ; voilà, ô Principie sa chere
fille, ce que j'ai dicté cette nuit, pour m'aquiter
de ce que je vous dois à toutes deux. Vous n'y
trouverez point de beauté de stile ; mais une volonté pleine de reconnoissance envers l'une &
envers l'autre, & un desir de plaire à Dieu, & à
ceux qui le liront.

L'ELOGE FUNEBRE

DE

SAINTE FABIOLE,

adreſſé à Oceen.

LETTRE X.

IL y a pluſieurs années que j'écrivis à Paule cette femme ſi illuſtre par ſa vertu entre toutes celles de ſon ſexe, pour la conſoler de l'extrême déplaiſir qu'elle venoit de recevoir de la perte de Bleſille. Il y a quatre ans que j'employai tous les efforts de mon eſprit pour faire l'Eloge funebre de Nepotien, que j'envoyai à l'Evêque Heliodore; & il y a environ deux ans que j'écrivis une petite lettre à mon cher ami Pammaque ſur la mort ſi ſoudaine de Pauline, ayant honte de faire un plus long diſcours à un homme tres-éloquent, & de lui repreſenter des choſes qu'il pouvoit trouver en lui-même. Ce qui n'auroit pas eſté tant pour conſoler mon ami, que par une ſorte vanité vouloir inſtruire un homme accompli en toutes ſortes de perfections.

Maintenant, mon fils Oceen, vous m'engagez dans un ouvrage à quoi mon devoir m'engageoit déja, & auquel je ſuis aſſez porté de moi-même, qui eſt de donner un jour tout nouveau à une matiere qui n'eſt plus nouvelle, en repreſentant dans leur éclat & dans leur luſtre tant de vertus qui peu-

De la haute naiſſance de ſainte Fabiole.

vent paſſer pour nouvelles, en ce qu'elles ſont extraordinaires. Car dans ces autres conſolations je n'avois qu'à ſoulager l'affliction d'une mere, la triſteſſe d'un oncle, & la douleur d'un mari, & ſelon la diverſité des perſonnes chercher divers remedes dans l'Ecriture ſainte ; mais aujourd'hui vous me donnez pour ſujet Fabiole, la gloire des Chrêtiens, l'étonnement des idolâtres, & la conſolation des Solitaires.

Quoi que je veüille loüer le premier, il ſemblera peu de choſe en comparaiſon de ce que je dirai enſuite, puiſque ſi je parle de ſes jeûnes, ſes aumônes ſont plus conſiderables ; ſi j'exalte ſon humilité, l'ardeur de ſa foy la ſurpaſſe ; & ſi je dis qu'elle a aimé la baſſeſſe, & que pour condamner la vanité des robes de ſoye, elle a voulu eſtre vêtuë comme les moindres d'entre le peuple & comme les eſclaves, c'eſt beaucoup davantage d'avoir renoncé à l'affection des ornemens, qu'aux ornemens mêmes ; parce qu'il eſt plus difficile de nous dépoüiller de nôtre orgueil que de nous paſſer d'or & de pierreries ; aprés les avoir quittées, nous ſommes quelquefois enflammez de preſomption, portant des habits ſales & déchirez, qui nous ſont fort honorables, & nous faiſons montre d'une pauvreté que nous vendons pour le prix des aplaudiſſemens populaires ; au lieu qu'une vertu cachée, & qui n'a pour conſolation que le ſecret de nôtre propre conſcience, ne regarde que Dieu ſeul comme nôtre Juge.

Il faut donc que j'éleve la vertu de Fabiole par des loüanges toutes extraordinaires, & que laiſſant l'ordre dont tous les Orateurs ſe ſervent, je prenne le ſujet de mon diſcours des commencemens de ſa confeſſion & de ſa penitence. Quelqu'autre qu'autre se souvenant de ce qu'il a vû dans le Poëte, representeroit ici Fabius Maximus, *Virg. 6*
Æneid.

Qui par les grands succés d'une valeur prudente
Soûtint seul des Romains la gloire chancelante.

& toute cette illustre race des Fabiens. Il diroit quels ont esté leurs combats, il raconteroit leurs batailles, & vanteroit la grandeur de Fabiole, en montrant qu'elle a tiré sa naissance d'une si longue suite d'ayeuls, & d'une tige si noble & si éclatante, afin de faire voir dans le tronc des preuves de la grandeur qu'il ne pourroit trouver dans les branches. Mais pour moi qui ai tant d'amour pour l'étable de Bethléem, & pour la Créche de nôtre Sauveur, où la Vierge Mere donna aux hommes un Dieu enfant, je chercherai une servante de Jesus-Christ, non dans les ornemens & dans les avantages que les Histoires anciennes lui peuvent donner, mais dans l'humilité qu'elle a aprise & pratiquée dans l'Eglise.

Or, parce que dés l'entrée de mon discours il se rencontre comme un écueil, & une tempeste formée par la médisance de ses ennemis, qui lui reprochent d'avoir quité son premier mari pour en épouser un autre ; je commencerai par faire voir de quelle sorte elle a obtenu le pardon de cette faute, auparavant que la loüer de la penitence qu'elle en a faite dans la suite. De la faute
que commit
sainte Fabio-
le en se re-
mariant du
vivant de son
premier
mary.

On dit que son premier mari estoit sujet à de si grands vices que la femme la plus perduë du monde, & la plus vile de toutes les esclaves n'auroit pû même le souffrir ; mais je n'ose les raporter de crainte de diminuer le merite de la vertu de Fabiole, qui aima mieux estre accusée d'avoir esté la cause de leur divorce, que perdre de reputation une partie d'elle-même en découvrant

Q q

les defauts de son mary. Je dirai seulement ce qui suffit pour une Dame pleine de pudeur , & pour une Chrêtienne. Nôtre Seigneur défend au mari de quiter sa femme , si ce n'est pour adultere, & en cas qu'il la quite pour ce sujet , il ne veut pas qu'il se puisse remarier. Or tout ce qui est commandé aux hommes ayant necessairement lieu pour les femmes , il n'est pas moins permis à une femme de quiter son mari, s'il est adultere, qu'à un mari de repudier sa femme pour le même crime ; & si celui qui commet un peché avec une courtisane n'est qu'un même corps avec elle, selon le langage de l'Apôtre, *la femme qui a pour mari un homme impudique & vicieux , ne fait qu'un même corps avec lui.* Les loix des Empereurs & celles de JESUS-CHRIST ne sont pas semblables, & Papinien, & S. Paul ne nous enseignent pas les mêmes choses ; ceux-là lâchent la bride à l'impudicité des hommes , & ne condamnant que l'adultere , leur permettent de s'abandonner à toutes sortes de débordemens dans les lieux infames , & avec des creatures de vile condition, comme si c'estoit la dignité des personnes, & non pas la corruption de la volonté qui fût la cause du crime. Mais parmi nous ce qui n'est pas permis aux femmes, n'est non plus permis aux hommes , & dans des conditions égales l'obligation est égale.

Fabiole, à ce qu'on dit, quita donc son mari à cause qu'il estoit vicieux ; elle le quita parce qu'il estoit coupable de divers crimes ; elle le quita, je l'ai quasi dit, pour des causes dont tout le voisinage témoignant d'estre scandalisé , elle seule ne voulut pas les publier. Que si on la blâme de ce que s'estant separée d'avec lui, elle ne de-

Mat. 5.
I. Cor. 7.

I. Cor. 7.

mieura pas fans fe marier, j'avoüerai volontiers
fa faute, pourvû que je dife auffi quelle fut la
neceffité qui l'obligea à la commettre. Saint Paul
nous aprend *qu'il vaut mieux fe marier que brûler.*   Rom. 7.
Elle eftoit fort jeune, & ne pouvoit demeurer
dans le veuvage ; *elle éprouvoit un combat dans el-*   1. Cor. 7.
le-même entre fes fens & fa volonté, entre la loy du
corps & celle de l'efprit, & fe fentoit traîner
comme captive, & malgré qu'elle en eût au mariage. Ainfi elle crut qu'il valoit mieux confeffer
publiquement fa foibleffe, & fe couvrir en quelque façon de l'ombre d'un mariage, que pour
conferver la gloire d'avoir efté femme d'un feul
mari, tomber dans les pechez des courtifanes.
Le même Apôtre veut que les jeunes veuves fe
remarient pour avoir des enfans, & afin de ne
donner aucun fujet de médifance à leurs ennemis, dont il rend auffi-toft la raifon en ajoûtant :
Car il y en a déja quelques unes qui ont lâché le pied,   1. Tim. 5.
& tourné la tefte en arriere pour fuivre le demon.
Ainfi Fabiole eftant perfuadée qu'elle avoit eu
raifon de quiter fon mari, & ne connoiffant pas
dans toute fon étenduë la pureté de l'Evangile,
qui retranche aux femmes durant la vie de leurs
maris, la liberté de fe remarier fous quelque pretexte que ce foit, elle reçut fans y penfer une
bleffure, en commettant une action par laquelle
elle croyoit pouvoir éviter que le demon ne lui
en fift plufieurs autres.

Mais pourquoi m'arrefter à des chofes paffées,   Elle fait une
& abolies il y a fi long-temps, en cherchant d'ex-   merveilleufe
cufer une faute dont elle a témoigné tant de re-   penitence de
gret ? Et qui pouroit croire qu'eftant rentrée en   fa faute.
elle-même, après la mort de fon fecond mari,
en ce temps où les veuves qui n'ont pas le foin

qu'elles devroient avoir de leur conduite, ont accoûtumé, aprés avoir secoüé le joug de la servitude, de vivre avec plus de liberté, d'aller aux bains, de se promener dans les places publiques, & de paroistre comme des courtisanes, elle ait voulu, pour confesser publiquement sa faute, se couvrir d'un sac, & à la veüe de toute la ville de Rome, avant le jour de Pasque, se mettre au rang des penitens devant la Basilique de Latran, à qui un Empereur fit autrefois trancher la teste; qu'elle ait voulu, ayant les cheveux épars, le visage plombé & les mains sales, baisser humblement sa teste couverte de poussiere & de cendre sous la discipline de l'Eglise, le Pape, les Prêtres, & tout le peuple se fondant en larmes avec elle?

Quel peché ne seroit point remis par une telle douleur, & quelle tache ne seroit point effacée par tant de pleurs? Saint Pierre par une triple confession obtint le pardon d'avoir renoncé trois fois son Maistre. Les prieres de Moyse firent remettre à Aaron le sacrilege qu'il avoit commis en souffrant qu'on fist le veau d'or. Dieu, ensuite d'un jeûne de sept jours, oublia le double crime, où David qui estoit si juste, & l'un des plus doux hommes du monde estoit tombé, en joignant l'homicide à l'adultere, & voyant qu'il estoit couché par terre, qu'il estoit couvert de cendre, & qu'oubliant sa dignité Royale, il fuyoit la lumiere pour demeurer dans les tenebres, & tournoit seulement les yeux vers celui qu'il avoit offensé, & lui disoit d'une voix lamentable, & tout trempé de ses larmes: *C'est contre vous seul que j'ai peché; c'est en vôtre presence que j'ai commis tous ces crimes. Mais, mon Dieu, redonnez-moi la joye d'estre dans les voyes de salut, & fortifiez-moi*

Joan. 21.

Exod. 32.

Psal. 50.

par voſtre eſprit ſouverain, il eſt arrivé que ce ſaint Roy qui nous aprend par ſes vertus comment lorſque nous ſommes debout nous devons nous empêcher de tomber, nous a montré par ſa penitence de quelle ſorte, quand nous ſommes tombez nous devons nous relever. Vit-on jamais un Roy plus impie qu'Achab, dont l'Ecriture dit; *Il n'y a point eu d'égal en méchanceté à Achab, qui* 3. Reg. 21. *ſemble s'eſtre rendu eſclave du peché pour le commettre en la preſence du Seigneur, avec des excés incroyables ?* Ce Prince aiant répandu le ſang de Nabot, & le Prophete lui faiſant connoiſtre quelle eſtoit la colere de Dieu contre lui, par ces paroles qu'il lui porta de ſa part; *Tu as tué cet homme , & outre cola tu poſſedes encore ſon bien : Mais je te chaſtierai comme tu le merites , & détruirai ta poſterité*, & tout ce qui ſuit ; il dechira ſes veſtemens, il ſe couvrit d'un cilice , il ſe reveſtit d'un ſac , il jeûna , & marche la teſte baiſſé contre terre. Alors Dieu dit à Elie : *Ne vois-tu pas qu'Achab s'eſt humilié en ma preſence ? & parce qu'il eſt entré dans cette humiliation par le reſpect qu'il me doit, je ſuſpendrai durant ſa vie les effets de ma colere.*

O heureuſe penitence qui fait que Dieu regarde le pecheur d'un œil favorable, & qui en confeſſant ſes fautes oblige le ſouverain Juge à revoquer l'Arreſt qu'il avoit prononcé en ſa fureur ! Nous voyons dans les Paralipomenes 2 Paral. 33. que la même choſe arriva au Roy Manaſſé; dans le Prophete Jonas, au Roy de Ninive, & dans Ioan 3. 4. l'Evangile au Publicain, dont le premier ſe ren- Luc. 18. dit digne non ſeulement de pardon ; mais auſſi de recouvrer ſon Royaume : le ſecond arreſta la colere de Dieu preſte à lui tomber ſur la teſte, & le troiſiéme en meurtiſſant de coups ſon eſtomach,

Q q iij

& n'osant lever les yeux vers le Ciel, s'en retourna beaucoup plus justifié par l'humble confession de ses pechez, que le Pharisien par la vaine ostentation de ses vertus.

Mais ce n'est pas icy le lieu de loüer la penitence, & de dire, comme si j'écrivois contre Montan ou contre Novat, *Que c'est une hostie qui appaise Dieu : qu'aucun sacrifice ne lui est plus agreable qu'un esprit touché du regret de ses offenses : qu'il ayme mieux la penitence du pecheur que sa mort ; Leve-toi, leve-toi Jerusalem*, & plusieurs autres paroles semblables qu'il nous fait entendre par la bouche de ses Prophetes. Je dirai seulement pour l'utilité de ceux qui liront ceci, & à cause qu'il convient particulierement à mon discours, que Fabiole n'eut point de honte d'avoüer sur la terre en la presence de Dieu, qu'elle estoit pecheresse, & il ne la rendra point confuse dans le Ciel, en la presence de tous les hommes & de tous les Anges. Elle découvrit sa blessure à tout le monde, & Rome ne pût voir sans répandre des larmes les marques de sa douleur imprimées sur son corps si pâle & si atenüé de jeûnes. Elle parut avec des habits déchirez, la teste nüe, & la bouche fermée. Elle n'entra point dans l'Eglise du Seigneur, mais elle demeura hors du camp separée des autres, comme Marie sœur de Moyse, en attendant que le Prêtre qui l'avoit mise dehors la fist revenir. Elle descendit du trône de ses delices. Elle tourna la meule pour moudre le bled, selon le langage de l'Ecriture. Elle passa courageusement les pieds nuds le torrent des larmes. Elle s'assit sur les charbons de feu dont le Prophete parle, & ils lui servirent à consumer son peché. Elle se meurtrissoit le visage, à cause qu'elle avoit plû

Psal. 50.
Ezech. 18.
Isa. 60.

à son second mary. Elle haïssoit ses diamans &
ses perles. Elle ne pouvoit voir ce beau linge dont
elle avoit esté si curieuse. Elle avoit du dégoût
pour toutes sortes d'ornemens. Elle n'estoit pas
moins affligée que si elle eût commis un adultere,
& elle se servoit de plusieurs remedes pour guerir
une seul playe.

Je me suis long-temps aresté à sa penitence,
comme en un lieu fâcheux & difficile, afin de ne
rencontrer plus rien qui m'areste, lorsque j'entrerai dans un champ aussi grand qu'est celui des
loüanges qu'elle merite aprés avoir esté receüe
dans la Communion des fidelles à la veüe de toute l'Eglise, son bonheur present ne lui fit point
oublier ses afflictions passées, & aprés avoir fait
une fois naufrage, elle ne voulut plus se mettre
au hasard de tomber dans les perils d'une nouvelle
navigation; mais elle vendit tout son patrimoine,
qui étoit tres-grand & proportionné à sa naissance,
& en destina tout l'argent à assister les pauvres
dans leurs besoins; ayant esté la premiere qui établit un Hospital pour y rassembler les malades
abandonnez, & soulager tant de miserables con-
sumez de langueur, & accablez de necessité.

Sainte Fa-
biole vend
tout son bien
pour en as-
sister les pau-
vres, à qui
elle fait de
merveilleuses
charitez.

Representerai-je icy sur ce sujet les divers
maux qu'on void arriver aux hommes? Des nez
coupez, des yeux crevez, des pieds à demy brûlez, des mains livides, des ventres enflez, des
cuisses desseichées, des jambes bouffies, & des
fourmilieres de vers sortir d'une chair à demy
mangée & toute pourie? Combien a-t'elle elle-
même porté sur ses épaules des personnes toutes
couvertes de crasse, & languissantes de jaunisse?
Combien de fois a-t'elle lavé des playes qui jettoient une boüe si puante, qu'aucun autre n'eût

pû seulement les regarder ? Elle donnoit de ses propres mains à manger aux pauvres, & faisoit prendre de petites cueillerées de nouriture à des malades prests à expirer.

Je sçai qu'il y a plusieurs personnes riches & fort devotes qui ne peuvent voir de tels objets sans soûlevement de cœur, se contentant d'exercer par le ministere d'autruy semblables actions de misericorde, & qui font ainsi des charitez avec leur argent qu'elles ne peuvent faire avec leurs mains. Certes je ne les blâme pas, & serois bien fâché d'interpreter à infidelité cette delicatesse de leur naturel. Mais comme je pardonne à leur infirmité, je puis bien aussi par mes loüanges élever jusques dans le Ciel cette ardeur & ce zele d'une ame parfaite, puisque c'est l'effet d'une grande foy de surmonter toutes ces peines. Je sçay de quelle sorte par un juste châtiment l'ame superbe de ce riche vestu de pourpre fut condamnée pour n'avoir pas traité Lazare comme il devoit. Ce pauvre que nous méprisons, que nous ne daignons pas regarder, & la veuë duquel nous fait mal au cœur, est semblable à nous, est formé du même limon, est composé des mêmes élemens, & nous pouvons souffrir tout ce qu'il souffre. Considerons donc ses maux, comme si c'estoient les nôtres propres, & lors toute cette dureté que nous avons pour lui sera amolie par ces sentimens si favorables que nous avons toûjours pour nous-mêmes.

Quand Dieu m'auroit donné cent bouches & cent voix
Quand je ferois mouvoir cent langues à la fois,
Je ne pourois nommer tous les maux déplorables
Qui tourmentoient les corps de tant de miserables,
que Fabiole changea en de si grands soulage-

mens , que plusieurs pauvres qui estoient sains
envioient la condition de ces malades. Mais elle
n'usa pas d'une moindre charité envers les Ecclesiastiques , les Solitaires, & les vierges. Quel
Monastere n'a point esté secouru de ses bien-
faits ? Quels pauvres nus ou retenus continuellement dans le lit par leurs maladies, n'ont point
esté revestus & n'ont point recouvré leur santé
par les largesses de Fabiole ? Et à quel besoin ne
s'est point porté avec une promptitude incroyable le plaisir qu'elle prenoit à bien faire, qui
estoit tel que Rome se trouva trop petite pour
recevoir tous les effets de sa charité ?

Elle couroit par toutes les Isles & par toute la
mer de Toscane. Elle visitoit toute la Province
des Volsques, & faisoit ressentir les effets de sa liberalité aux Monasteres bastis sur les rivages les
plus reculez, qu'elle visitoit tous elle-même, ou
y envoyoit des personnes saintes & fidelles : Et
elle craignoit si peu le travail, qu'elle passa en
fort peu de temps, & contre l'opinion de tout
le monde, jusqu'à Jerusalem, où plusieurs personnes ayant esté au devant d'elle, elle voulut
bien demeurer un peu chez nous,& quand je me
souviens des entretiens que nous eûmes, il me
semble que je l'y vois encore. Bon Dieu ! quelle
estoit sa ferveur, & son attention pour l'Ecriture
sainte ! Elle couroit les Prophetes, les Evangi-
les & les Pseaumes, comme si elle eût voulu se
rassasier dans une faim violente. Elle me proposoit des difficultez, & conservoit dans son cœur
les réponses que j'y faisois. Elle n'estoit jamais
lasse d'aprendre, & la douleur de ses pechez
s'augmentoit à proportion de ce qu'elle augmentoit en connoissance ; car comme si on eût jetté

Elle va en diverses Pro-vinces y faire ses charitez.

de l'huile dans un feu, elle ressentoit des mouvemens d'une ferveur encore plus grande. Un jour
lisant le Livre des Nombres, elle me demanda
avec modestie & humilité, que vouloit dire cette
grande multitude de noms ramassez ensemble :
Pourquoi chaque Tribu estoit jointe diversement
à d'autres en divers lieux, & comment il se pouvoit faire que Balaam, qui n'estoit qu'un devin ;
eût prophetisé de telle sorte les mysteres qui regardent JESUS-CHRIST ; que presque aucun
des Prophetes n'en a parlé si clairement. Je lui
répondis comme je pus, & il me sembla qu'elle en
demeura satisfaite. Reprenant le Livre, & estant
arrivé à l'endroit où est fait le dénombrement de
tous les campemens du peuple d'Israël, depuis la
sortie d'Egypte jusqu'au fleuve de Jourdain ; comme elle me demandoit les raisons de chaque chose, je lui répondis sur le champ à quelques-unes ;
je hesitai en d'autres, & il y en eut où j'avoüai
simplement mon ignorance ; mais elle me pressa
lors encore plus de l'éclaircir de ses doutes ; &
comme s'il ne m'estoit pas permis d'ignorer ce
que j'ignore, elle m'en prioit avec instance, disant toutefois qu'elle estoit indigne de comprendre de si hauts mysteres. Enfin elle me contraignit
d'avoir honte de la refuser, & m'engagea de lui
promettre un traité particulier sur cette petite
dispute ; ce que je reconnois n'avoir differé jusqu'ici par la volonté de Dieu, que pour rendre
ce devoir à sa memoire, afin que maintenant
qu'elle est revestuë de ces habits sacerdotaux,
dont il est parlé dans le Levitique, elle ressente
la joye d'estre arrivée à la terre promise, après
avoir traversé avec tant de peine la solitude de ce
monde, qui n'est rempli que de miseres.

Mais il faut revenir à mon discours. Lorsque nous cherchions quelque demeure propre pour une personne d'une si éminente vertu, & qui désiroit d'estre dans une solitude qui ne l'empêchât pas de joüir du bonheur de voir souvent le lieu qui servoit de retraite à la sainte Vierge; divers couriers qui arrivoient de tous côtez firent trembler tout l'Orient, en raportant qu'un nombre infini de Huns qui venoient de l'extremité des Palus Meotides (entre les glaces du Tanaïs, & cette cruelle nation des Massagetes, où ce que l'on apelle la clôture d'Alexandre, arreste dans leurs limites, par les rochers du mont Caucase, l'irruption de ces peuples si farouches) s'estoient débordez dans les Provinces de l'Empire, & que courant de toutes parts avec des chevaux tres-vîtes, ils remplissoient de meurtres & de terreur tous les lieux par où ils passoient, l'armée Romaine se trouvant lors absente, à cause qu'elle estoit occupée aux guerres civiles d'Italie.

Une irruption des Huns dans les Provinces d'Orient oblige sainte Fabiole de retourner à Rome.

Herodote raporte que sous le regne de Darius Roy des Medes, cette nation assujettit durant vingt années tout l'Orient, & se faisoit payer tribut par les Egyptiens, & les Ethiopiens: Dieu veüille éloigner pour jamais de l'Empire Romain ces bestes feroces. On les voyoit arriver de toutes parts, à l'heure qu'on y pensoit le moins, & allant plus vîte que le bruit de leur venuë, ils ne pardonnoient ni à la pieté, ni à la qualité, ni à l'âge; ils n'avoient pas même pitié des enfans qui ne sçavoient pas encore parler. Ces innocens recevoient la mort avant que d'avoir commencé de vivre, & ne conoissant pas leur malheur rioient au milieu des épées, & entre les mains de leurs cruels meurtriers: la commune opinion estoit

qu'ils venoient droit à Jerusalem, leur passion
violente de s'enrichir les faisant courir vers cette
ville, dont on réparoit les murailles qui estoient
en mauvais estat, par la negligence dont on use
dans le temps de paix. Antioche estoit assiegée,
& Tyr pour se separer de la terre travailloit à retourner en son ancienne Isle.

Dans ce trouble general nous nous trouvâmes
obligez de preparer des vaisseaux, de nous tenir
sur le rivage, de prendre garde à n'estre pas surpris
de l'arrivée des ennemis, & quoi que les vents
fussent contraires, d'aprehender moins le naufrage que ces barbares, non pas tant par le desir de
conserver nôtre vie, que par celui de sauver l'honneur des vierges. Il y avoit alors quelque contestation entre ce que nous estions de Chrêtiens, &
cette guerre domestique surpassoit encore la guerre étrangere. Ayant établi ma demeure dans l'O-
rient, & l'amour que j'avois eu de tout temps
pour les lieux saints m'y aresterent : mais Fabiole
qui n'avoit pour tout équipage que quelques méchantes hardes, & qui estoit étrangere par tout,
retourna en son païs pour vivre dans la pauvreté
au même lieu où elle avoit vêcu dans les richesses
pour demeurer chez les autres aprés avoir logé
tant de gens chez elle, & afin de n'en pas dire davantage, pour donner aux pauvres à la veuë de
toute la ville de Rome, ce que toute la ville de
Rome lui avoit vû vendre. En cela mon affliction
fut que nous perdîmes dans les lieux saints le plus
grand tresor que nous eussions; Rome au contraire recouvra sa perte, & l'insolence & l'effronterie
de tant de langues médisantes de ses citoyens qui
avoient déclamé contre Fabiole, fut confonduë
par les yeux d'un si grand nombre de témoins.

Que d'autres admirent sa compassion pour les pauvres, son humilité & sa foi; pour moi j'admire encore davantage la ferveur de son esprit. Elle sçavoit par cœur le discours que j'avois estant encore jeune, écrit à Heliodore pour l'exhorter à la solitude. En voyant les murailles de Rome elle se plaignoit d'y estre retenuë captive, oubliant son sexe, ne considerant point sa foiblesse, & n'ayant passion que pour la solitude; il se pouvoit dire qu'elle y estoit, puis qu'elle y estoit en esprit. Les conseils de ses amis n'estoient pas capables de la retenir dans Rome, d'où elle ne desiroit pas avec moins d'ardeur de sortir que d'une prison. Elle disoit que c'estoit une espece d'infidelité que distribuer son argent avec trop de précaution, & elle souhaitoit, non pas de mettre une partie de son bien entre les mains des autres pour l'employer à des charitez, mais après l'avoir tout donné, & n'ayant plus rien à soi, de recevoir elle-même l'aumône en l'honneur de Jesus-Christ. Elle avoit donc tant de haste de partir, & tant de peine à souffrir ce qui retardoit l'execution de son dessein, qu'il y avoit sujet de croire qu'elle l'executeroit bien-tôt. Ainsi la mort ne la put surprendre puis qu'elle s'y preparoit

Mais je ne puis loüer une femme si illustre sans que mon intime ami Pammaque me vienne aussitost en l'esprit. Sa chere Pauline dort dans le tombeau, afin qu'il veille. Elle a prévenu par sa mort celle de son mari, afin de laisser à Jesus-Christ un fidelle serviteur; & lui ayant herité de tous les biens de sa femme, en mit les pauvres en possession. Ils contestoient saintement Fabiole & lui, à qui planteroit le plûtost son Tabernacle sur le port de Rome, pour y recevoir les étrangers à l'i-

Admirables vertus de sainte Fabiole, qui avec Pammaque bâtit un grãd Hospital à Ostie, & meurt incontinent aprés.

mitation d'Abraham, & diſputoient à qui ſe ſur-
monteroit l'un l'autre en charité. Chacun fut
victorieux & vaincu dans ce combat, & l'un &
l'autre l'avoüerent, parce que tous deux acompli-
rent ce que chacun avoit deſiré. Ils mirent leurs
biens enſemble, & s'unirent de volonté, afin
d'augmenter par cette bonne intelligence ce que
la diviſion auroit diſſipé.

A peine leur reſolution fut priſe qu'elle fut executée. Ils acheterent un lieu pour recevoir les
étrangers, & ſoudain l'on y vint en foule ; *car la*
charité doit veiller à ce qu'il n'y ait point d'affli-
ction en Jacob, ni de douleur en Iſraël, comme dit
l'Ecriture. La mer amenoit là à la terre des perſonnes qu'elle recevoit dans ſon ſein, & Rome
y en envoyoit pour ſe fortifier ſur le rivage contre
les incommoditez de la navigation. La charité
dont Publius uſa une fois en l'Iſle de Malthe, &
envers un ſeul Apôtre, pour ne donner point lieu
de diſpute envers tous ceux qui eſtoient dans le
même vaiſſeau ; ceux-ci l'exerçoient d'ordinaire ;
& envers pluſieurs perſonnes, & ils ne ſoulageoient pas ſeulement la neceſſité des pauvres ;
mais par une liberalité favorable à tous, ils pour-
voyoient auſſi au beſoin de ceux qui pouvoient
avoir quelque choſe. Toute la terre aprit en même temps qu'il avoit eſté établi un Hoſpital
dans le Port de Rome ; & les Egyptiens & les
Parthes l'ayant ſçu au Printemps, l'Angleterre
le ſçut l'Eſté.

On éprouva dans la mort d'une femme ſi admirable la verité de ce que dit S. Paul : *Toutes choſes*
cooperent en bien à ceux qui aiment & qui craignent
Dieu. Elle avoit, comme par un préſage de ce qui
lui devoit arriver, écrit à pluſieurs Solitaires de

Num. 29.
Act. 28.
Rom. 8.

la venir voir, pour la décharger d'un fardeau qui lui eſtoit fort penible, & afin d'employer ce qui lui reſtoit d'argent à s'aquerir des amis qui la reçuſſent dans les Tabernacles éternels ; ils vinrent, ils furent faits ſes amis ; & elle après s'eſtre miſe en l'eſtat qu'elle avoit deſiré, s'endormit du ſommeil des juſtes, & déchargée de ces richeſſes terreſtres qui ne lui ſervoient que d'empeſchement, s'envola avec plus de legereté dans le Ciel.

Luc. 16.

Rome fit voir à la mort de Fabiole juſqu'à quel point elle l'avoit admirée durant ſa vie ; car elle reſpiroit, & n'avoit pas encore rendu ſon ame à JESUS-CHRIST,

Rome rend de grands honneurs à la memoire de ſainte Fabiole.

Déja la renommée en déployant ſes aîles

Virg. 6.

Avoit tout mis en deüil par ces triſtes nouvelles.

Æneid. 11.

& raſſemblé tout le peuple pour ſe trouver à ſes funerailles. On entend par tout chanter des Pſeaumes. Le mot d'*Alléluia* reſonne dans toutes les voûtes des Temples.

En cent endroits divers on voit de toutes parts
Par troupes s'aſſembler, & jeunes & vieillards,
Qui d'une femme illuſtre entre les Heroïnes
Chantent les actions & les vertus divines.

Les triomphes que Camille a remportez des Gaulois, Papyrius des Samnites, Scipion de Numance, & Pompée du Pont, n'égalent pas ceux de cette femme heroïque, puis qu'ils n'ont vaincu que les corps, & qu'elle a domté la malice des eſprits. Il me ſemble que je voy le peuple qui court en foule de tous coſtez pour ſe trouver à ſes obſeques. Les places publiques, les galeries & les toits mêmes des maiſons ne pouvoient ſuffire pour donner place à tant de ſpectateurs. Ce fut alors que Rome vit tous ſes citoyens ramaſſez enſemble, & chacun croyoit avoir part à la gloire de cette sainte penitente ; mais il ne faut pas s'étonner si les hommes se réjoüissoient en la terre du salut de celle qui avoit par sa conversion réjoüi les Anges dans le Ciel.

Exo. 5.

Recevez, bien-heureuse Fabiole, ce present de mon esprit que je vous offre en ma vieillesse, & ce devoir que je rends à vostre memoire. J'ai souvent loüé des vierges, des veuves & des femmes mariées, qui ayant conservé la pureté de cette robe blanche, qu'elles avoient receuë au Baptême, avoient toûjours suivi l'Agneau, en quelque lieu qu'il allât. Et certes c'est un grand sujet de loüange, que ne s'estre soüillé d'une seule tache durant tout le cours de sa vie ; mais que l'envie & la médisance ne pretendent pas neanmoins d'en tirer de l'avantage. *Si le Pere de famille est bon, pourquoi nostre œil sera-t'il mauvais ?* JESUS-CHRIST a raporté sur ses épaules la bréby qui estoit tombée entre les mains des voleurs. *Il y a plusieurs demeures dans la maison du Pere celeste ; la grace surabonde, où abondoit le peché, & celui-là aime davantage, à qui il a esté plus pardonné.*

Mat. 2.
Luc. 15.

Joan. 14.
Rom. 5.
Luc. 7.

A MARCELLE.

A MARCELLE.

Il lui explique les erreurs de Montan, originaire
de Phrygie, & Auteur de l'Heresie des
Cataphryges.

LETTRE XL.

LE s Actes des Apôtres apprennent en quel
lieu s'est accompli ce qui est écrit dans l'E-
vangile de saint Jean, dont un certain Sectateur
de Montan vous a parlé, où le Sauveur promet
qu'il ira vers son Pere, & qu'il envoira l'Esprit
consolateur, & dit en quel temps il l'envoira.
Il est raporté que le dixiéme jour aprés l'Ascen-
sion de Jesus-Christ, c'est à dire, le cinquantiéme aprés sa Resurrection, le saint Esprit descendit sur les Fideles, qui receurent le don des
langues, de sorte que chacun d'eux parloit la langue de chaque Nation de la terre, d'où quelques-
uns de peu de foy prirent occasion de dire qu'ils
estoient yvres & pleins de vin nouveau ; mais
Pierre s'élevant alors au milieu des Apôtres & de
l'assemblée, parla de la sorte : *O Juifs, & vous* Act. ch. 2.
tous qui demeurez dans Jerusalem, considerez ce que
je vas vous dire, & soyez attentifs à mes paroles.
Ces personnes ne sont pas yvres, comme vous le pen-
sez, puisqu'il n'est encore que la troisiéme heure du
jour. Mais c'est ce qui a esté dit par le Prophete
Joël : Dans les derniers temps, dit le Seigneur, je
répandrai mon Esprit sur toute chair : Vos fils &
vos filles prophetiseront, vos jeunes gens auront des

R r

visions & vos vieillards auront des songes. En ce temps-là je répandrai mon Esprit sur mes serviteurs & sur mes servantes. Si saint Pierre, sur qui le Fils de Dieu a posé le fondement de son Eglise, assure que la Prophetie & la promesse du Sauveur furent accomplies en ce temps-là, pourquoi s'imaginer que l'accomplissement en soit arrivé en un autre temps ? On répondra peut-estre que depuis ce temps-là Agabus & les quatre filles de Philippe ont prophetisé, & que saint Paul met le don de prophetie au nombre des graces du saint Esprit, ayant lui-même prophetisé plusieurs heresies, & ce qui devoit arriver à la consommation des siecles; mais on doit sçavoir que nous desaprouvons moins la Prophetie qui a esté autorisée par la Passion du Fils de Dieu, que celles qui ne s'accordent point avec les veritez du vieux & nouveau Testament.

Prémierement nous sommes d'un different sentiment sur un des principaux points de la Foy, car nous mettons le Pere, le Fils & le saint Esprit en trois Personnes divines, quoi que nous ne leur accordions qu'une substance, & les sectateurs de Sabellius renferment la Trinité dans une seule Personne. Nous tolerons à la verité plûtoft les secondes nôces, que nous ne les permettons, S. Paul ayant commandé que les jeunes veuves se mariassent; & ils les trouvent si criminelles qu'ils prennent pour un adultere celui qui se remarie. Nous n'observons qu'un Carême en une année, selon la Tradition des Apôtres, & ils en font trois par an, comme si trois Sauveurs estoient morts pour nous. Ce n'est pas qu'on ne puisse jeûner toute l'année, excepté le jour de la Pentecoste; mais il y a beaucoup de difference entre un jeûne

Mat. 6.

Act. 21.

1. Cor. 12.

à quoi on eſt obligé, & celui que l'on offre par
devotion. Les Evêques tiennent parmi nous le
rang des Apôtres, & ils ne leur donnent que la
troiſiéme place, mettant à la premiere les Patriarches de Pepuſe Ville de Phrygie, & à la ſeconde ceux qu'ils nomment Canons, & les Evêques enſuite, c'eſt à dire, qu'ils ſont les derniers
de tous ; comme s'ils relevoient de beaucoup leur
ſecte en plaçant les derniers ceux qui ſont les
premiers parmi nous. Ils chaſſent de l'Egliſe celui qui a commis le moindre peché, & nous liſons
tous les jours ces paroles : *J'aime mieux la peniten-* *Ezech.* 18.
ce du pecheur que ſa mort. Celui qui eſt tombé ne ſe *Pſal.* 40.
relevera-t'il pas ? dit le Seigneur, &, *Venez à moi* *Jer.* 3.
vous qui voulez faire penitence, & je guerirai vos
bleſſures. Cette ſeverité ne vient pas de ce qu'ils
offenſent moins Dieu que nous, ſeulement toute
la difference qui eſt entre nous & eux, c'eſt qu'ils
ont honte de confeſſer leurs pechez, comme s'ils
eſtoient Saints, & qu'en faiſant penitence des
crimes nous meritons d'en obtenir le pardon. Je
paſſe ſous ſilence ces myſteres abominables d'un
enfant à la mamelle, & du Martyr qui doit revi-
vre ; & j'aime mieux croire que tout ce qu'on dit,
où il y a effuſion de ſang, n'eſt point veritable. Il
faut plûtoſt convaincre l'impieté de ce blaſphê-
me, que Dieu d'abord voulut dans l'ancienne Loi
ſauver les hommes par le moyen de Moïſe & des
Prophetes ; que n'en ayant pû venir à bout, il
prit un corps dans les entrailles de la Vierge, qu'il
ſouffrit la mort enſeignant ſes veritez ſous la
perſonne de JESUS CHRIST ſon Fils ; & qu'enfin ces deux moyens ne lui ayant pas reüſſi, le
ſaint Eſprit deſcendit ſur Montan, ſur Priſque &
ſur Marcelle, deux femmes ſans jugement ; de

forte que Montan cet eſtropié, & ce demy-homme a une connoiſſance entiere que ſaint Paul n'avoit point, ne voyant icy bas, comme il le dit lui-même, que dans un miroir, & à travers d'un énigme. Ces erreurs ne meritent pas d'eſtre refutées ; le ſeul recit qu'on en fait ſuffit à en montrer l'abſurdité. Il n'eſt pas neceſſaire non plus que je détruiſe dans cette Lettre leurs autres rêveries ; puiſque ſçachant parfaitement l'Ecriture ſainte, elles n'ont fait aucune impreſſion ſur voſtre eſprit, & que vous avez ſeulement deſiré d'aprendre quel ſentiment j'en avois.

A RIPAIRE PRESTRE.

Il répond à la Lettre qu'il lui avoit écrite ſur les erreurs de Vigilance, lui promettant, que s'il lui envoye le Livre de cet Heretique, il y fera une réponſe plus ample & plus préciſe.

LETTRE XII.

AYant receu le premier de vos Lettres, il y auroit de l'incivilité à ne vous pas envoyer des miennes, quoi qu'il y ait de la temerité à faire réponſe aux voſtres. En effet vous y traitez des choſes qu'on ne peut entendre, & dont on ne peut parler ſans commettre un ſacrilege. Vous dites que Vigilance qui devroit plûtoſt eſtre nommé Dormitance, ouvrant de nouveau la bouche infecte de la puanteur de ſon haleine les Reliques des Martyrs, & nous appelle des hommes de cendre, parce que nous les conſervons, & des idolâtres, parce que nous avons de la veneration

pour dès os de morts. Que ce malheureux est
à plaindre d'estre semblable aux Juifs & aux Samaritains, qui croient que les corps des morts
sont impurs, & que les vases qui sont dans les
maisons, où il y en a sont pollus, suivant en cela
la lettre qui tuë, & non l'esprit qui donne la vie !
A nostre égard nous n'adorons ni les Reliques
des Martyrs, ni le soleil, ni la lune, ni les Anges, de peur de rendre à la creature, ce qui n'est
dû qu'au Createur qui est beni à jamais; nous res-
pectons seulement les Reliques des Martyrs pour
adorer en elles celui dont ils ont esté les Martyrs;
nous honorons les serviteurs, afin que la gloire
de cet honneur retombe sur le maître, qui a dit:
Celuy qui vous reçoit, me reçoit. Les Reliques de Matt. 10.
saint Pierre & de S. Paul sont donc impures? Le
corps de Moyse qui fut enseveli par Dieu même,
selon le texte Hebreu, estoit impur? Quand nous
entrons dans les Eglises consacrées aux Apôtres,
aux Prophetes & à tous les Martyrs, nous entrons
dans des Temples d'idoles, & les cierges qui y
brûlent devant leurs tombeaux sont donc des trophées élevez à l'idolatrie? Je passerai plus avant,
& dirai quelque chose contre cet Heresiarque
pour le guerir de sa folie, ou pour le perdre entierement, de peur qu'il ne perde avec lui les
ames des simples par ses horribles sacrileges.

Le Corps de JESUS-CHRIST estant dans le Sepulchre estoit donc impur, & les Anges vétus de robes blanches qui estoient allentour gardoient un
cadavre pollu, puisque Dormitance l'a rêvé long-
temps depuis, ou pour mieux dire, qu'il a vomi
cette damnable doctrine, pour détruire les Eglises
des Saints, comme Julien l'Apostat, ou pour les
changer en des Temples d'Idolatres? Je m'estou-

ne que le saint Evêque, dont on dit que ce Prêtre est dans l'Eglise, endure sa fureur, & qu'il
ne brise pas avec la verge de fer & la verge Apo-
stolique ce vaisseau inutile, *& qu'il ne le livre*
point au démon pour mortifier sa chair, afin que son
ame soit sauvée au jour de Nostre Seigneur JESUS-
CHRIST. Je m'estonne qu'il ne se souvienne
point de ces paroles, *Lors que vous avez trouvé*
un voleur vous couriez avec lui, & vous vous estes
rendu compagnon des adulteres; ny de celles-cy,
J'exterminerai dés le matin tous les pecheurs de la
terre, & je purgerai la ville du Seigneur de tous
les méchans; ni de ces autres, *Seigneur n'estes-*
vous pas témoin que je hay ceux qui vous haïssent,
& que je suis animé de zele contre ceux qui s'elevent
contre vous ?

S'il ne faut point honorer les reliques des Saints,
pourquoi trouve-t'on écrit que la mort des Saints
du Seigneur est precieuse devant ses yeux ? Si les
corps des morts soüillent ceux qui les touchent,
comment celui d'Elisée en a-t'il pû ressusciter un
autre? Comment un corps impur, selon Vigilance, a-t'il pû rendre la vie ? Tous les camps des
Israëlites, & les armées du peuple de Dieu ont
donc esté impures, puisque le corps de Joseph &
ceux des Patriarches y estoient, & que l'on porta
jusqu'à la terre de promission ces cendres impures? Joseph qui estoit la figure du Sauveur a donc
esté soüillé luy-même, aiant pris tant de soin à
faire conduire les os de Jacob à Hebron, & à
faire mettre les cendres impures de son pere avec
les cadavres impurs de ses ancestres?

O la méchante langue qui meriteroit d'estre
coupée ! Teste insensée qu'il faudroit guerir,
afin que celui qui ne sçait pas parler aprist au

1. Cor. 5.

Psal. 49.

Psal. 100.

Psal. 138.

Psal. 115.

moins à se taire. Pour moy je me souviens d'avoir vû autrefois ce monstre furieux, & je tâchai de le lier avec l'autorité de l'Ecriture, comme avec les liens qu'Hypocrate ordonne pour les fous ; mais il s'enfuit, faisant retentir les Alpes & les rivages de la mer Adriatique des mugissemens qui sortoient de sa bouche contre moi, car c'est de la sorte qu'on doit nommer les crieries d'un insensé.

Peut-estre qu'en vous-même vous trouverez à dire que je m'emporte contre un absent : je vous avoüe avec douleur que je ne puis souffrir patiemment de si énormes sacrileges ; car je me souviens de la colere de Phinées, de celle d'Helie, du zele de Simon Cananéen, de la severité de saint Pierre qui fit mourir Ananie & Saphire, & de celle de saint Paul envers le magicien Elymas qu'il rendit aveugle, parce qu'il pervertissoit les voyes droites du Seigneur, & ce qui se fait pour le service de Dieu ne peut passer pour une cruauté. De là vient ce qui est écrit dans la Loy, *Si vostre frere, vostre amy, ou vostre femme même veulent vous détourner de la verité, étendez vostre main sur eux, & répandez leur sang, & vous osterez le peché du milieu d'Israël.*

Aprés cela s'il estoit vrai que les reliques des Martyrs fussent impures, quel eût esté le châtiment des Apôtres qui rendirent les derniers devoirs au cadavre impur de saint Estienne avec tant d'aprests, & qui le pleurerent si amerement, afin que leur tristesse nous fût un sujet de joye ?

A l'égard des veilles que vous dites qu'il condamne pareillement, il semble que cela soit oppofé à fon nom, & que Vigilance veüille dormir, & qu'il n'entende pas le Sauveur qui dit,

Mat. 26. *Quoi ! vous n'avez pû veiller une heure avec moi? Veillez & priez afin que vous ne tombiez point dans la tentation : l'efprit eft prompt, mais la chair eft*

Pfal. 118. *foible.* Le Prophete parle auffi de la forte ; *Je me leve au milieu de la nuit pour vous loüer de la fouveraine juftice de vos Ordonnances.* Nous lifons auffi

Luc. 6. dans l'Evangile que JESUS-CHRIST paffa une
Act. 16. nuit entiere à prier : Et ailleurs nous aprenons que faint Paul & Silas aiant efté mis en prifon, fe mirent en prieres fur le minuit, & chanterent des Hymnes à la loüange de Dieu ; que tout d'un coup il fe fit un grand tremblement de terre, que le geolier qui les gardoit crut en Dieu, & que les Magiftrats, & toute la ville eurent peur. L'Apôtre faint Paul nous dit : *Perfeverez, & veillez dans la priere :* & ailleurs il marque que fes veilles eftoient frequentes. Mais que Vigilance dorme, & qu'il foit étouffé en dormant par l'Ange exterminanteur avec les Egyptiens, pendant que nous chanterons avec David, *Oüy*

Pfal. 120. *certes celui qui garde Ifraël veille toûjours, & il n'eft jamais furpris du fommeil.* Le faint Ange appellé Hir, c'eft à dire vigilant, defcendra fans doute avec nous, & quand il s'endormira, à caufe de nos pechez, nous lui dirons : Levez-vous, Seigneur, pourquoi vous endormez-vous ? Quand nôtre barque fera batuë de la tempefte nous le réveillerons en lui criant, *Maître, fau-*

Mat. 8. *vez-nous, nous periffons.*

Je vous en dirois davantage, s'il eftoit permis d'eftre plus long dans une lettre, ou que vous m'euffiez envoyé les livres de cet Heretique, pour fçavoir à quoi je dois répondre;

car j'ai batu l'air dans ce difcours, ou j'ai plûtoft donné un témoignage de la pureté de ma
foi que combatu contre les impertinences de
cet homme, qui font conuuës à tout le monde. Si vous voulez que je les refute dans un
ouvrage de plus longue haleine, envoyez-les
moy, & je lui ferai entendre ces paroles de
faint Jean Baptifte, *La coignée eft déja dans la* Mat. 3.
racine des arbres, & celui qui ne portera point de
fruit fera coupé & jetté au feu.

A U MÊME.

Ayant receu le livre de Vigilance il le refute dans
cette Lettre.

LETTRE XIII.

ON a vû dans le monde des monftres de
differentes manieres. Efaye parle des Cen-
taures, des Syrenes, & d'autres femblables : Job
fait une defcription myfterieufe de Leviathan, &
de Behemoth : les Poëtes content les fables de
cerbere, du fanglier de la foreft d'Erimanthe,
de la chymere, & de l'hydre à plufieurs teftes.
Virgile raporte l'hiftoire de Cacus. L'Efpagne a
produit Gerion qui avoit trois corps, la France
feule en avoit efté exempte, & on n'y avoit jamais vû que des hommes courageux & éloquens, quand Vigilance, ou plûtoft Dormitance,
a paru tout d'un coup combatant avec un efprit
impur contre l'Efprit de Dieu. Il foûtient qu'on

ne doit point honorer les sepulcres des Martyrs, ni chanter *Alleluya* qu'aux Festes de Pasque ; il condamne les veilles, il appelle le celibat une heresie, & dit que la virginité est la source de l'impureté. En un mot il semble que son corps soit animé de l'esprit de Jovinien, comme l'on dit que celui de Pithagore le fut autrefois de l'ame d'Euphorbe ; de sorte qu'il faut répondre à l'un comme à l'autre. Je lui dirai donc avec raison, *Race maudite, prepare tes enfans à la mort à cause des pechez de leur pere.*

Jovinien aprés avoir esté condamné par l'Eglise Romaine, vomit son ame parmi la bonne chere plûtost qu'il ne la rendit : Celui-ci est un Quintilien muet dans les cabarets, & se sert de l'artifice de l'autre pour infecter de son crime la pureté de la foi : Il attaque la virginité, & dans les festins des seculiers fait des invectives contre les jeûnes des Saints ; il fait le Philosophe parmi les bouteilles, & c'est là seulement qu'il se plaist à entendre les Cantiques de David & ceux des enfans de Choré. Ce que je dis est moins une raillerie qu'une plainte legitime, ne pouvant retenir mon ressentiment, ni passer sous silence l'injure qui est faite aux Apôtres & aux Martyrs. Malheur étrange ! on dit que des Evêques participent à ses crimes, si neanmoins on doit appeller Evêques ceux qui ne conferent point le Diaconat qu'à un homme marié, qui ne croyent pas que la pureté soit compatible avec le celibat, rendant témoignage de la sainteté de leur vie par le mauvais soupçon qu'ils ont des autres ; & qui enfin ne conferent ▓ Sacrement de l'Ordre à personne s'ils ne voyent sa femme ou enceinte, ou portant des enfans entre ses bras. Que devien-

dront les Eglises d'Orient , d'Egypte , & celle de
Rome, où l'on ne reçoit personne qui ne soit
vierge , ou qui ne quitte sa femme s'il en a une ?
Voila les erreurs de Dormitance , qui lâchant la
bride à la concupiscence , en redouble l'ardeur
par ses instructions , quoi qu'elle soit tres-vehe-
mente, & particulierement dans la jeunesse : de
sorte que nous ne differons plus des bestes ni des
chevaux , & nous sommes ceux dont a parlé
Jeremie, *Ils m'ont paru estre des estalons, chacun* Ierem. 25.
hennissant aprés la femme de son prochain. Sur quoi
le saint Esprit donne cet avis par la bouche du
Prophete, *ne ressemblez pas au cheval & au mulet* Psal. 31.
qui sont sans raison ; ajoûtant ensuite pour Dormitance & ses Sectateurs , *à qui il faut serrer la*
bouche avec un mords & une bride.

Mais il est temps de leur répondre en raportant
icy leurs propres termes, de peur qu'on ne m'acu-
se encore d'avoir inventé le sujet de ce discours
pour exercer ma Rhetorique , comme l'on l'a dit
de la lettre que j'écrivis en France à une mere &
à une fille qui vivoient separement l'une de l'autre. Les saints Prêtres Ripaire & Didier m'ont
porté à entreprendre ce petit ouvrage, m'assurant
que leurs Paroisses sont infectées de ce venin par
le voisinage de celui qui le répand, & ils m'ont
envoyé par nôtre frere Sisine les livres qu'il a vo-
mis accablé de son yvresse. J'aprens même par
leurs lettres qu'il y en a quelques-uns qui favorisant son parti donnent les mains à ses blasphêmes. Je sçai qu'il n'est ni sçavant ni éloquent, &
qu'il auroit de la peine à défendre une verité ;
neanmoins à cause des hommes du siecle & de
quelques petites femmes *chargées de pechez , qui* 2. Tim. 3.
aprennent toûjours & qui n'arrivent jamais jusqu'à

la connoiſſance de la verité, je répondrai à ſes
impertinences pour ſatisfaire au deſir de deux
hommes de bien, qui m'en ont prié dans leurs
lettres. Certes, il eſt digne du lieu d'où il tire
ſa naiſſance, & celui qui deſcend des Brigands
que Pompée preſſé d'aller à Rome triompher
d'Eſpagne qu'il avoit ſubjuguée, chaſſa des Pyrenées & ramaſſa dans une ville, qui de là fut nommée Gomenge, fait encore aujourd'hui des cour-
ſes dans l'Egliſe de Dieu, où il ne porte pas l'é-
tendart de Jesus-Christ, mais les livrées du
diable. Le même Pompée ayant défait les Brigands & les Pyrates de Cilicie, bâtit en Orient
une autre ville qu'il nomma de ſon nom : entre
la Cilicie & l'Iſaurie : mais les loix de nos anceſtres s'obſervent religieuſement dans celle-ci,
& il n'y eſt point né un Domitance. La France
ſeule ſouffre un ennemi domeſtique, un homme dont l'eſprit eſt égaré, & qui a beſoin des
remedes d'Hypocrate, elle l'entend dans l'Egliſe
proferer ces blaſphêmes. *Eſt-il neceſſaire que vous
reſpectiez avec tant de ſoûmiſſion, ou même que vous
adoriez je ne ſçai quoi que vous portez dans un
petit vaſe en l'adorant ?* Et cet autre rapportée
au même Livre, *Pourquoi baiſer & adorer de la
pouſſiere couverte de linge ?* Et enſuite, *Nous voions
que les coûtumes des Idolâtres ſe ſont quaſi introdui-
tes dans l'Egliſe ſous pretexte de Religion. On y allume de grands cierges en plein midi, on y baiſe &
on y adore un peu de je ne ſçai quelle pouſſiere,
enfermée dans un petit vaſe &c. & couverte d'un
linge precieux :* C'eſt rendre ſans doute un grand
honneur aux Martyrs, que vouloir éclairer avec
de méchans cierges ceux que l'Agneau aſſis ſur ſon
Trône éclaire avec tout l'éclat de ſa Majeſté.

Insensé que vous estes, qui a jamais adoré les Martyrs ? qui a jamais pris un homme pour un Dieu ? Paul & Barnabé déchirant leurs habits ne declarerent-ils pas qu'ils n'estoient que des hommes, lorsque les Lycaoniens croyant qu'ils fussent Jupiter & Mercure, voulurent leur sacrifier des victimes ? Ce n'est pas qu'ils ne fussent preferables à deux hommes morts ; mais on vouloit par une erreur d'idolâtrie leur rendre un honneur qui n'est dû qu'à Dieu. Il en arriva autant à saint Pierre, qui prenant par la main Corneille qui le vouloit adorer, lui dit : *Levez-vous, je ne suis qu'un homme non plus que vous.* Osez-vous donc parler de la sorte ? *Nous adorons,* dites-vous, *je ne sçai quoi que nous portons dans un petit vase.* Qu'entendez-vous par ce *je ne sçai quoi* ? Je desire de l'aprendre, expliquez-vous davantage, & blasphêmez avec une liberté entiere ; *Un peu de poussiere,* dit-il, *enfermé dans un petit vase, & couvert d'un linge precieux.* Il est faché qu'on couvre les reliques des Martyrs d'un voile precieux, & qu'on ne les met point dans des torchons, ou qu'on ne les jette pas sur un fumier, pour l'adorer lui seul endormi dans son yvresse. Nous commettons donc des sacrileges quand nous entrons dans les Eglises des Apôtres ? Constantin en commit un en raportant les saintes reliques d'André, de Luc, & de Timothée à Constantinople, où les demons rugissent auprés d'elles, & où ces esprits, dont est possedé Vigilance, avoüent qu'ils sentent les effets de leur presence ? L'Empereur Arcade est un impie qui a transferé de Judée en Thrace les os du Bien-heureux Samüel long-tems aprés sa mort ? Tous les Evêques qui ont porté

Act. 10.

dans un vafe d'or une chofe fi abjecte, & des cendres répanduës dans de la foye, font non-feulement des impies, mais encore des infenfez? C'a efté une folie aux peuples de toutes les Eglifes de venir au devant de ces Reliques avec autant de joye que s'ils euffent vû un Prophete vivant, & en fi grand nombre que la foule en augmenta depuis la Paleftine jufqu'à Calcedoine, chantant d'une commune voix les loüanges de Dieu ? Sans doute qu'ils adoroient Samüel au lieu de JESUS CHRIST, dont il a efté le Levite & le Prophete : Vous croyez que Samüel eft un mort, & c'eft en cela que vous blafphêmez. *Le Dieu d'Abraham, le Dieu d'Ifaac, & le Dieu de Jacob,* dit l'Evangile, *n'eft point le Dieu des morts, mais le Dieu des vivans.* S'il eft vrai qu'ils font vivans, ils ne font pas detenus dans une prifon, comme vous l'avoüez vous-même ; car vous dites que les ames des Apôtres & celles des Martyrs font dans le fein d'Abraham, où dans un lieu de rafraîchiffement, ou fous l'Autel de Dieu, & qu'ils ne peuvent eftre prefens dans leurs tombeaux, ni où il leur plaift, parce qu'eftant d'une condition trop relevée pour eftre enfermez dans des cachots comme des meurtriers, il eft jufte de les placer plus honorablement, & de les mettre dans des Ifles agreables, & dans les champs Elyfées. Vous impoferez donc des loix à Dieu ? Vous tiendrez donc dans les fers les Apôtres jufqu'au jour du Jugement, de peur que ceux qui fuivent l'Agneau en quelque lieu qu'il aille, n'acompagnent leur Seigneur ? Si l'Agneau eft par tout, il faut croire que ceux qui font en fa compagnie font par tout comme lui. Pendant que les demons parcourent le monde, & que leur extrême vîteffe les rend

Marc. 12.

prefens en tous lieux, les Martyrs aprés avoir répandu leur fang, feront-ils enfermez dans leurs tombeaux fans en pouvoir fortir?

Vous foûtenez auffi dans une Lettre, que pendant que nous vivons nous pouvons prier les uns pour les autres, mais qu'aprés nôtre mort les prieres que l'un fera pour l'autre ne feront point écoutées; les Martyrs même ne pouvant obtenir la vengeance de leur fang. Si les Apôtres & les Martyrs encore revêtus d'un corps, & dans l'obligation de prendre foin de leur propre falut, peuvent prier pour les hommes, à plus forte raifon ils peuvent le faire aprés avoir remporté la victoire & avoir efté couronnez. Moyfe, qui feul obligea Dieu à pardonner à fix cens mille combatans, & faint Eftienne le premier des Martyrs de JESUS-CHRIST, qu'il imita parfaitement, & qui demanda pardon pour fes boureaux, auront-ils moins de pouvoir, eftant avec le Sauveur, qu'ils n'en avoient en ce monde? Saint Paul qui affure que Dieu lui accorda la vie de deux cens foixante & feize perfonnes qui navigeoient avec lui, fermera la bouche quand il fera dans le Ciel, & il n'ofera pas dire un mot pour ceux qui ont receu fon Evangile par toute la terre? Vigilance ce chien vivant, fera preferable à ce lion mort; on le pourroit croire fi l'on demeuroit d'accord que faint Paul fût mort quant a l'ame. D'ailleurs les Saints ne font pas appellez morts, mais endormis; de-la vient qu'on dit que Lazare qui devoit refufciter, dormoit, & qu'il eft défendu aux Theffaloniciens de s'affliger du fommeil de ceux qui n'eftoient qu'endormis.

Exod. 32.
Act. 7.

Act. 17.

Pour vous vous dormez en veillant, & vous écrivez en dormant, lors que vous raportez ce paſſage : *Qu'aucun aprés la mort n'oſe prier pour un autre ,* tiré d'un livre apocryphe , que vous & vos Sectateurs liſez ſous le nom d'Eſdras. Pour moi je ne l'ai jamais vû ; car pourquoi voir ce qui n'eſt point receu dans l'Egliſe ? Voudriez-vous point auſſi m'objecter l'autorité de Balſame de Barbele, le treſor de Manichée, & le nom ridicule de Leuſibore, & comme vous eſtes au pied des Pyrenées & ſur les confins d'Eſpagne, remettre au jour les impertinences de Baſilide, qui eſt un ancien Heretique condamné par tout le monde ? Vous raportez encore dans vôtre livre un certain paſſage, comme ſi vous pouviez en tirer une induction avantageuſe, & vous l'attribuez à Salomon, qui n'en fut jamais l'Auteur, afin d'avoir un nouveau Salomon pour vous ſeul, comme vous avez un Eſdras qui vous eſt particulier. Faites davantage, liſez toutes les revelations dont on prétend que les Patriarches & Prophetes ſont Auteurs, & quand vous les ſçaurez par cœur, debitez-les parmi les femmes de la lie du peuple, ou propoſez qu'on les liſe dans les tavernes, pour engager plus facilement à boire le peuple ignorant qui écoutera ces ſotiſes.

Pour ce qui eſt des cierges, nous n'en allumons point en plein midy, comme vous nous en calomniez ſans fondement ; nous nous en ſervons ſeulement en veillant la nuit, afin de ne pas la paſſer dans les tenebres, & de ne pas nous endormir comme vous. Et puis ſi quelques Seculiers ſimples & ignorans, & quelques femmes, *qui ont du zele pour Dieu, mais non pas ſelon la ſcience,* en brûlent pour honorer les Martyrs, que vous en coûte-t'il ? Les Apôtres autrefois trouverent

Mat. 26.

à

à redire que le parfum fût perdu, mais le Sauveur les en reprit ; il n'avoit sans doute pas plus de besoin de parfum que les Martyrs ont de la lumiere des cierges, & neanmoins le zele de cette femme qui en répandit en son honneur fut approuvé ; ainsi ceux qui allument des cierges par un mouvement de leur foy ; car l'Apôtre dit : *Que chacun agit selon qu'il est pleinement persuadé* Rom. 14. *en son esprit*, en feront recompensez. Aprés cela les appellerez-vous idolâtres ? J'avoüe que tous les fideles sortent de l'idolatrie, puis que nous ne naissons pas Chrestiens, & que nous ne le devenons qu'en renaissant à JESUS-CHRIST par le baptême. Mais sous pretexte que nous avons autrefois adoré les idoles, n'adorerons-nous pas aujourd'hui le Sauveur, de peur qu'il ne semble que nous lui rendions le même honneur que nous avons rendu aux idoles ? Une chose estoit execrable, à cause qu'elle se faisoit pour les idoles,& elle est aujourd'hui aprouvée, parce qu'elle se fait pour les Martyrs.

Dans toutes les Eglises d'Orient, même dans celles où il n'y a point de Reliques, on allume des cierges en plein jour quand on lit l'Evangile, non pas pour dissiper les tenebres, mais pour donner des marques d'une joye parfaite. Les vierges de l'Evangile tenoient leurs lampes allumées. Il est commandé aux Apôtres d'en avoir aux mains d'ardentes, & il est dit que saint Jean Baptiste *estoit une lampe ardente & luisante*, pour marquer Luc. 12. sous une lumiere corporelle, celle dont le Prophe- Jean. 5. te parle de la sorte : *Vostre parole est la lampe qui* Psal. 18. *éclaire mes pas, & la lumiere qui luit dans les sentiers où je marche.* L'Evesque de Rome fait donc mal en offrant des sacrifices sur les os venerables

de S. Pierre & de saint Paul, qui ne font, si vous
en estes crû, qu'un peu de vile poussiere, en prenant leurs tombeaux pour les Autels de JESUS-
CHRIST ? Tous les Evêques du monde commettent donc une faute, méprisant Vigilance
comme un yvrogne, & entrant dans les Eglises
des Saints, où l'on garde un peu *de vile poussiere,*
& je ne sçai quelle cendre envelopée de linge, qui
estant impure souille ceux qui en aprochent, & qui
ressemblent aux sepulchres blanchis des Pharisiens qui n'étoient que poussiere, & que corruption au dedans ?

Aprés avoir vomi ce blasphême, vous continuez de la sorte : *Donc les ames des Martyrs ai-*
ment encore leurs cendres, elles sont auprés d'elles,
& elles rodent alentour ; de peur que s'il venoit quel-
que pecheur, elles ne pûssent pas entendre ses prieres
estant absentes. Monstre qu'on devroit reléguer
aux extremitez de la terre, vous vous moquez
des Reliques des Martyrs, & calomniez les Eglises de Dieu avec Eunomius Auteur de cette Heresie : Vous n'avez pas horreur d'estre de sa compagnie, nous reprochant aujourd'huy ce qu'il a
reproché à l'Eglise ? En effet ceux qui sont infectez de ses erreurs, ne mettent point le pied
dans les Eglises des Apôtres & des Martyrs,
n'ayant de la veneration que pour Eunomius,
dont ils font plus de cas des Livres qu'ils n'estiment l'Evangile, & croyent que les veritables
lumieres de la verité sont en lui ; ainsi que d'autres Heretiques assurent que le saint Esprit est des-
cendu sur Montan, & que Manichée est lui-même le saint Esprit.

Tertulien a combatu contre vostre heresie dans
un Livre admirable qu'il a composé contre vos

erreurs, car il y a long-temps qu'elles ont esté répanduës dans l'Eglise, & vous ne devez pas vous
glorifier d'estre Auteur d'une impieté nouvelle. Il
a donné pour titre à son ouvrage *le Scorpiaque*,
nom qui a du raport avec celui de qui cette heresie a pris naissance, d'autant que par sa piqueure
son venin s'écoula dans toute l'Eglise. Même ces
abominables opinions se nommoient autrefois
l'heresie de Caïn, & aprés avoir esté long-temps
endormies, ou pour mieux dire éteintes, elles ont
esté enfin réveillées depuis peu par Dormitance.
J'admire aussi que vous ne soûtenez pas qu'on ne
doit point endurer le Martyre ; car si l'effusion
du sang des boucs & des taureaux n'est point
agreable à Dieu, il desire encore moins qu'on
lui répande celui des hommes. Soit que vous
teniez ce langage, ou que vous n'osiez vous declarer ouvertement là dessus, on poura toûjours
avec justice croire que c'est vôtre veritable sentiment ; puis qu'assurant, comme vous faites, que
l'honneur qui est rendu aux Reliques des Martyrs, ne leur est point dû, vous ne voulez pas par
consequent qu'ils répandent leur sang qui ne
merite aucune veneration.

A l'égard des veilles que les Fideles font souvent dans les Eglises des Martyrs, il y a environ
deux ans que j'en parlai dans une Lettre que
j'écrivis au saint Prêtre Ripaire. Si vous croyez
qu'il faille abolir cette coûtume, pour ne pas
sembler celebrer souvent la Feste de Pasques, à
laquelle cette ceremonie s'observe tous les ans,
je vous répondrai qu'il ne faut donc point aussi
celebrer le Dimanche, de peur de renouveller
plusieurs fois en un an le mystere de la Resurrection de nôtre Sauveur, & que nous ne com-

mencions d'avoir, non une seule Feste de Pasque, mais plusieurs chaque année.

Si de jeunes gens & quelques femmes peu sages commettent quelques irreverences pendant ces veilles, vous ne devez pas en accuser les personnes saintes qui ont de la devotion, puisque pareilles impietez se commettent même aux veilles des Festes de Pasque. D'ailleurs les irreverences & les crimes de quelques-uns seulement ne font point de tort à la Religion ; car ils font les mêmes fautes en particulier & dans leurs maisons, ou dans celles des autres, ces veilles n'estant point la cause, ni l'occasion de ces dereglemens. Si la perfidie de Judas n'ébranla point la Foy des Apôtres, les veilles que nous celebrons avec pieté, ne doivent point estre détruites par l'indevotion de quelques-uns de ceux qui y assistent, & qui font plûtost excitez à veiller à la conservation de leur pureté, qu'à s'endormir dans leurs dissolutions. Ce qu'il est bon de faire une fois, ne devient point mauvais pour estre recommencé souvent. S'il est à propos d'éviter une faute, il ne faut pas dire que la cause en arrive de ce qui se fait souvent, mais de l'occasion qui se presente rarement. Il ne faudra donc pas continuer les veilles à la Feste de Pasque, de peur que les adulteres qui attendent long-temps cette occasion, n'acomplissent leurs desseins criminels, & qu'une mauvaise femme ne s'en serve pour pecher avec d'autant plus de facilité, que son mary ne poura pas la retenir enfermée. Car on se porte toûjours avec plus d'ardeur vers les choses qui se rencontrent plus rarement.

Puisqu'il est impossible de renfermer dans ce discours, tout ce que j'ai apris des Lettres que les

SaintsPeres m'ont écrites sur ce sujet: je m'arrefte-
rai feulement à quelques propofitions tirées du
livre de cet Impie. Il fe declare contre les miracles qui fe font dans les Eglifes des Martyrs, difant qu'ils font inutiles aux fidelles, & qu'ils ne
fervent qu'à ceux qui n'ont pas la foy ; comme
s'il s'agiffoit de fçavoir pour qui fe font les miracles, & non point par quelle vertu ils fe font.
Mais je veux que les miracles ne foient que
pour les infideles, afin que n'aiant point voulu
ajoûter foy aux paroles & à la prédication, ils
foient attirez à croire par les prodiges. Nôtre
Seigneur faifoit les miracles en faveur des incredules, & toutefois il ne faut pas le blâmer,
parce que ceux pour qui il les faifoit ne croyoient
point ; ils font au contraire d'autant plus dignes
d'eftre admirez que les efprits les plus obftinez
eftoient par leur moyen comme entraînez à la
foy. C'eft pourquoi vous ne devez point dire
que les miracles font pour les infideles ; mais
je vous demande que vous m'expliquiez comment il fe peut faire qu'un peu de pouffiere, &
je ne fçai quelle cendre ait tant de vertu. Je voy
bien, malheureux que vous eftes, ce qui vous
fait de la peine, & ce que vous aprehendez.
Cet efprit impur qui vous fait écrire ces chofes,
a efté fouvent tourmenté par cette pouffiere que
vous dites eftre fi méprifable, & il en eft encore
aujourd'hui tourmenté : & pendant qu'il cache
fes peines en voftre perfonne, il les reconnoît
dans les autres : Mais vous direz peut-eftre comme les Impies Porphyre & Eunomius, que ce font
des illufions de demons, qui ne crient point veritablement, mais feulement en apparence, faifant femblant d'eftre tourmentez.

Si vous avez quelque confiance aux avis que je puis vous donner, vous entrerez dans les Eglises des Martyrs, & sans doute vous serez délivré. Vous y rencontrerez plusieurs de vos compagnons, & vous ressentirez, non l'ardeur des flammes des cierges allumez sur les sepulchres des mêmes Martyrs; mais d'autres qui sont invisibles, & alors vous demeurerez d'accord de ce que vous niez presentement. Alors vous direz vostre nom, & comme vous parlez, sous le nom de Vigilance; alors vous vous écrierez hautement que vous estes Mercure, à cause de vôtre avarice; ou ce Dieu Nocturne dont il est parlé dans l'Amphitrion de Plaute, qui estant endormi avec Alcmene, joignit ensemble deux nuits pour continuer son crime, & mettre Hercule au monde; ou bien vous declarerez que vous estes Bacchus à cause de vôtre yvrognerie, de la bouteille qui est à vôtre côté, de vôtre visage enflammé, de l'écume qui vous blanchit les lévres, & des paroles injurieuses que profere continuellement vostre bouche. De là vient que lors de ce tremblement de terre qui arriva inopinément en vostre Païs pendant la nuit, lorsque tout le monde ayant esté éveillé par le bruit, voulant passer pour le plus avisé de tous, vous haranguiez tout nu, raportant l'histoire de nos premiers parens dans le Paradis terrestre. Lorsque leurs yeux furent ouverts, ils eurent honte de leur nudité, & se couvrirent de feüilles; Vous au contraire n'ayant non plus d'habit sur le corps que de foy dans l'ame, saisi d'une frayeur subite, & estant encore plein du vin dont vous vous estiez enyvré le soir precedent, vous parûtes en cet estat devant les yeux des Saints pour faire connoistre voſtre prudence. Voila quels ſont les ennemis de l'Egliſe ; Voila quels ſont les Capitaines qui combatent contre le ſang des Martyrs : Voila quels ſont les Orateurs qui declament contre les Apôtres, ou plûtoſt les chiens enragez qui aboient contre les Diſciples du Fils de Dieu. Pour moi je vous avoüe ma foibleſſe, & je crains que la ſuperſtition n'en ſoit la cauſe. Si par hazard je me mets en colere, ou que je me laiſſe emporter à quelque paſſion, ou ſi je me trouve importuné de quelque fantôme durant la nuit, je ne ſuis pas aſſez hardi pour entrer dans les Egliſes des Martyrs ; car mon corps & mon eſprit ſe trouvent également abatus de crainte. Cela ſans doute vous donnera occaſion de vous mocquer de moy, & vous le prendrez, & il paſſera auprés de vous pour une foibleſſe d'eſprit, & une rêverie de femme. Mais je veux bien eſtre ſemblable à ces ſaintes Femmes qui eurent la gloire de voir les premieres la Reſurrection de Nôtre Sauveur, qui en porterent la nouvelle aux Apôtres, à qui elles furent recommandées en la perſonne de la ſainte Vierge. Empliſſez-vous de vin, & plongez-vous dans la bonne chere avec vos compagnons. Pour moi je jeûnerai avec ces vertueuſes femmes, & en la compagnie des hommes ſaints, dont on voit ſur le viſage des preuves de la pureté, & qui par la mortification de leur exterieur font juger de la modeſtie de leur ame, telle qu'elle doit eſtre dans de parfaits ſerviteurs de JESUS-CHRIST. Mais je m'aperçois que quelque choſe vous donne encore de l'inquietude, & que vous craignez que ſi la ſobrieté & la continence ſont une fois receuës en France, le revenu de vos cabarets ne diminuë, & que

vous ne puiſſiez pas tenir table ouverte pendant
la nuit pour faire des veilles à l'enfer. J'ai encore
apris par les mêmes lettres , que contre l'autorité de ſaint Paul, ou plûtoſt contre celle de
ſaint Pierre, de ſaint Jean & de ſaint Jacques, qui
toucherent dans la main de cet Apôtre , & dans
celle de ſaint Barnabé , pour preuve de la com-
miſſion qu'ils leur donnoient de ſe ſouvenir des
pauvres ; vous declamez contre les aumônes
qu'on envoye à Jeruſalem pour la nourriture des
fidelles qui y ſont en neceſſité. Si je répons à cela , vous ne manquerez pas de m'objecter que
je parle pour mes intereſts ; parce que ſi vous ne
fuſſiez venu à Jeruſalem faire vos liberalitez, &
y répandre les charitez dont vos amis vous
avoient chargé; moi & tous ceux qui y ſont nous
eſtions en danger de mourir de faim. Je vous
répondrai neanmoins ce que ſaint Paul dit preſque dans toutes ſes Epiſtres, où il ordonne aux
Egliſes qui ſont parmi les Idolâtres, que chacun
donne le Dimanche ce qu'il pourra, afin de l'envoyer à Jeruſalem pour la ſubſiſtance des fidelles ; promettant de le porter lui-même , ou de le
faire porter par quelqu'un de ſes Diſciples , ſelon
qu'il le trouvera à propos.

AB. 24. Le même Apôtre parlant à Felix , ainſi qu'il
eſt raporté dans les Actes., lui dit; *Eſtant venu*
aprés pluſieurs années pour faire des aumônes à ma
nation, & rendre mes offrandes & mes vœux à Dieu,
ils m'ont trouvé purifié dans le Temple. Il pouvoit
ſans doute diſtribuer en d'autres lieux , & à d'autres Egliſes , qu'il inſtruiſoit des myſteres de la
foy dans leur naiſſance, ce qu'il avoit receu en
aumône des autres : Mais il avoit deſſein de
le donner aux fidelles de Jeruſalem , qui aprés

avoir abandonné leurs biens pour l'amour de
JESUS-CHRIST, s'eſtoient donnez à ſon ſervice
avec toute l'affection de leur cœur.

Je ſerois ſans doute ennuyeux en raportant
tous les paſſages qui ſont raportez dans ſes
Epîtres, où il declare qu'il deſire avec paſſion d'aller à Jeruſalem y diſtribuer lui-même l'argent
qui lui a eſté mis entre les mains , non pour fo-
menter leur avarice ; mais afin de les ſoulager
dans leurs beſoins , & de les garantir de la faim
& du froid.

Cette coûtume s'obſerve encore aujourd'hui
parmi nous dans la Judée & parmi les Hebreux,
que ceux qui meditent le jour & la nuit la Loy
du Seigneur , & qui n'ont que Dieu ſeul pour
leur partage ſur la terre , ſoient entretenus des
charitez de leurs Confreres avec une juſte proportion ; en ſorte que les uns ne ſoient point à leur
aiſe, pendant que les autres gemiſſent dans l'indigence ; mais avec tant d'égalité, que l'abondance
des uns ſerve à la neceſſité des autres.

Vous me répondrez ſans doute, que chacun
peut faire cela dans ſon propre pays, & que l'on
ne manquera jamais de pauvres qu'il ſoit neceſſaire d'aſſiſter. Je conviens avec vous que faire
l'aumône à toute ſorte de perſonnes, aux Juifs
même & aux Samaritains , quand on en a le
moyen , eſt une action charitable & digne de
loüange : Mais ſaint Paul nous commande d'avoir
particulierement ſoin de ceux qui ſont de même
foy que nous. Et c'eſt de ceux-là que ſe doivent
entendre ces paroles de Nôtre Seigneur raportées
dans l'Evangile ; *Employez vos richeſſes injuſtes à* Luc. 16.
vous faire des amis, afin que lors que vous viendrez à
manquer ils vous reçoivent dans les Tabernacles éter-

nels. Croyez-vous que ces pauvres qui font esclaves de leurs passions au milieu de leur misere &
de leurs necessitez, puissent posseder les Tabernacles éternels, estant privez des biens de ce
monde, & de l'esperance de ceux de l'autre vie?
Car Nôtre Seigneur ne dit pas que les pauvres
sont bien-heureux, mais ceux-là seulement qui
sont pauvres de cœur & d'affection, voila comme il en est parlé : *Heureux celui qui pense atten-*
tivement au pauvre ; le Seigneur le délivrera lors
qu'il sera lui-même dans l'affliction. Il n'est pas
besoin d'une grande prudence pour faire l'aumône aux pauvres que l'on rencontre dans les rües
& dans les places publiques ; mais il faut du discernement pour la faire à ceux qui ont honte de
la recevoir, & qui aprés l'avoir receuë, ont regret de se voir obligez de recevoir des biens perissables & de peu de durée, pour lesquels on reçoit des recompenses éternelles.

Pour ce qui est de ce que vous dites, que ceux
qui emploient leurs biens de telle sorte qu'ils en
distribuent aux pauvres les revenus à mesure
qu'ils les reçoivent, font mieux que ceux qui
vendant leurs heritages en donnent le prix tout
d'un coup : Ce n'est pas moi, c'est nostre Seigneur lui-même qui le leur commande? *Si vous*
voulez estre parfait, allez, vendez ce que vous avez,
& donnez-le aux pauvres, puis venez & me sui-
vez. Ces paroles s'adressent à celui qui veut estre
parfait, & qui quitte, comme les Apôtres, son
pere, sa nacelle, & ses filets. Vous loüez celui qui est au second & au troisiéme degré, nous
le jugeons comme vous digne de loüange ; mais
nous reconnoissons cependant que le premier
rang est preferable au second & au troisiéme.

Ce que vous avancez avec une langue d'Aspic contre les Solitaires, ne doit pas les obliger à renoncer à leur profession. Si tout le monde, dites-vous, se renferme dans des Cloîtres, & se retire dans le desert, par qui les Eglises seront elles desservies ? Qui travaillera au salut des ames de ceux qui sont dans le monde ? Je vous répondrai avec les mêmes raisons : Si tout le monde est insensé comme vous, qui aura de la sagesse? Il faudra, suivant vostre opinion, blâmer la virginité ; car si tout le monde en fait profession, on ne se mariera plus, la race des hommes perira, il n'y aura point d'enfans, & les sages-femmes seront reduites à la mendicité, & Dormitance se trouvant seul dans son lit y gelera de froid. C'est une vertu tres-rare & recherchée de peu de personnes, & plût à Dieu qu'elle le fût d'autant de gens qu'il y en a peu dont il est dit, *Il y en a beaucoup d'apelez, mais peu d'Elûs.* D'ailleurs ce n'est pas l'exercice d'un Solitaire d'enseigner ; mais de pleurer, & soit qu'il le fasse pour ses propres pechez, ou pour ceux des autres, il doit attendre toûjours l'arrivée de son maître avec crainte & tremblement ; connoissant la foiblesse & la fragilité du vaisseau qu'il porte, il doit aprehender les mauvaises rencontres, de peur que tombant il ne soit cassé. C'est pour cette raison qu'il évite de regarder les femmes, & particulierement celles qui sont jeunes, & asservit tellement son corps, qu'il aprehende même, où il semble que la seureté est plus grande.

Vous me demanderez pourquoi je me suis retiré dans le desert. C'est afin que je ne puisse point vous entendre ni vous voir ; c'est afin que vos extravagances ne me soient point un sujet d'emportement, & que je ne devienne point la proye des tentations comme vous ; que je ne perde point la pureté de mon ame en regardant une femme débauchée, & que je ne fois point entraîné malgré moi à commettre une action criminelle par quelque beauté raviffante. Vous me répondrez que ce n'eft pas là combatre, mais s'enfuir : Demeurez ferme fur le champ, me direz-vous, & vous prefentez à vos ennemis les armes à la main, afin de remporter la victoire, & d'eftre couronné. Mais je fuis perfuadé de ma foibleffe, & je ne veux point m'expofer au combat fous l'efperance de la victoire, de peur qu'au lieu de la remporter je ne fois vaincu moi-même. Si je m'enfuis, il eft certain que je ne feray point bleffé & fi je tiens ferme fur le champ, il faut que je demeure victorieux, ou que je fois vaincu. Pourquoi quiter ce qui eft affuré pour une chofe incertaine ? Il faut éviter la mort, ou par les armes, ou par la fuite. Vous pouvez en vous engageant dans le combat eftre auffi toft vaincu, que vaincre, & lorfque je m'enfuis fi je ne puis eftre victorieux, je ne puis au moins eftre vaincu. On ne dort jamais en feureté auprés d'un ferpent ; il fe peut faire qu'il ne me mordra point, mais auffi il peut arriver qu'il me mordra. Nous apellons les femmes avec qui nous demeurons, nos meres, nos fœurs, & nos filles, n'ayant point de honte d'employer ces noms de pieté à couvrir nos débauches. Vous qui avez embraffé la vie de Solitaire, que faites-vous dans l'apartement d'une femme ? A quel deffein vous entretenir en particulier & tefte à tefte avec elle ? Un amour exempt de crime attend facilement une occafion

de parler qui ne soit point suspecte. Il faut rai-
sonner de l'avarice & des autres vices dont la
solitude nous delivre, de la même maniere que de
l'amour & de la volupté ; & la raison pour laquelle nous nous éloignons des villes , c'est
pour n'estre point contraints de faire ce à quoi
nous sommes plûtost portez par nôtre volonté,
que par nôtre inclination naturelle.

J'ai dicté, comme je l'ai déja dit, cette Lettre
en une seule soirée, pour satisfaire aux prieres
des saints Prêtres dont j'ai parlé, nôtre Frere Si-
fine estant pressé de partir pour aller en Egypte
y soulager les saints Solitaires dans leurs besoins ;
quoi-que les blasphemes extravagans de celui
contre qui je combats , meritent plûtost d'estre
refutez avec des paroles pleines d'indignation,
qu'avec des passages de l'Ecriture sainte. Si Dormitance se réveille, qu'il me charge, selon sa
coûtume, d'injures & de calomnies, & qu'il me
déchire, comme il fait les saints Apôtres, & les
Martyrs, j'employerai une nuit entiere à répondre à lui, & à ses Compagnons, à ses Disciples, & à ses Maîtres, qui tiennent qu'on doit
estre rejetté du ministere des Autels, si l'on n'est
mary d'une femme enceinte, & que l'on n'ait
mis des enfans au monde.

CONSOLATION A UN MALADE.

LETTRE XV. ET DERNIERE.

JE suis persuadé que vous n'avez point besoin de la consolation des autres, puisque la force de vôtre esprit releve la foiblesse d'un corps abattu & attenué. Cependant l'on cherche & l'on desire naturellement du secours dans l'adversité, du remede dans la maladie, du soulagement dans l'inquietude, & une planche dans le naufrage. La consolation que reçoit un frere de son frere, est sans doute un des plus puissans remedes ; & la nourriture que l'on tire des paroles & de la douceur de l'entretien, aporté du soulagement aux personnes accablées ; quoi qu'elle n'agisse sur aucune des parties du corps, neanmoins elle rétablit interieurement un homme par une vertu secrete ; elle rend la santé comme un medecin, & aide les forces naturelles à resister à la pesanteur des douleurs. C'est pourquoi il est écrit : *Un frere sera élevé pour avoir assisté son frere.* Ainsi estant tellement occupé aux affaires du Seigneur, que je ne puis vous soulager dans vôtre affliction par une visite, je vous écris comme vous m'en avez prié ; je tâche par cette lettre de vous rendre plus supportables les afflictions qui servent d'épreuve à vôtre vertu, & de fortifier en quelque maniere un homme qui est déja affermi par sa qualité de Chrêtien. Nous ne pouvons estre victorieux, ni meriter d'estre recompensez dans le Ciel, sans avoir genereu-

sément combatu. Une vertu pareſſeuſe, & qui ne
ſçait ce que c'eſt que combatre, ne remporte
point de victoire, & celui qui prefere la vie de
ſon corps à la gloire d'eſtre couronné, ne triomphe jamais de ſes ennemis. Celui qui trouve la
vie dans la mort, n'eſt point ébranlé par la cruauté de la mort, il lui eſt avantageux de donner
tout ſon ſang, ce lui eſt un ſujet de joye de combatre avec l'affliction, & d'endurer de grandes
bleſſures ; & enfin il lui eſt glorieux de rendre en
combatant une ame à celui à qui il la doit : car
la raiſon nous enſeigne qu'il y a de l'avantage à
s'acquiter genereuſement d'une dette qu'on ne
peut s'exempter de payer. Supportez-donc, mon
cher frere, ſupportez les longues afflictions par
leſquelles il plaiſt à Dieu de vous éprouver.

Quel courage auroit encore des forces pour
ſupporter des douleurs ſi ſenſibles, & des maladies, qui ſelon toutes les apparences, ne finiront
qu'avec moi.

Le Malade.

Celui que la tempeſte ſurprend ſur la mer, ne
peut ſe diſpenſer de combattre contre les perils ;
perſonne ne s'expoſe volontairement aux dangers, mais quand on y eſt une fois expoſé, la neceſſité le force non-ſeulement à s'y oppoſer,
mais encore à combattre vaillamment.

S. Jerôme.

Mais un autre déplaiſir redouble mes peines,
& m'accable d'une inquietude mortelle, je ſuis
ſurpris d'eſtre ce ſeul qui ſoit mis à de ſi dures
épreuves, & qui ſoit obligé à ſupporter une maladie ſi douloureuſe & ſi obſtinée ; j'en connois
d'autres qui ont eſté châtiez moins ſeverement,
& qui ont eſté couronnez à la fin d'un combat
qui n'a pas duré ſi long-temps. Pourquoi le Seigneur ne m'expoſe-t'il point dans un combat pa-

Le Malade.

reil à celui des autres? pourquoi ne me châtie-
t'il point comme eux.

Puifque vous avez les armes à la main dans
un combat fi difficile, ne penfez point à ceux qui
font engagez dans un combat plus aifé, puifque la recompenfe eft proportionnée à la qualité
de l'action. Si l'on exige des plus braves des
actions plus heroïques & plus éclatantes, le prix
qui leur eft preparé eft auffi plus grand; & il eft
honteux à un guerrier courageux d'eftre comparé avec celui qui a moins de valeur que lui. C'eft
eftre grand que de furmonter de grandes difficultez; & celui-là merite pardeffus les autres les
bonnes graces de fon Roy, qui remporte une victoire qui lui a efté conteftée long-temps, & par
de grands ennemis. D'ailleurs le butin & la proye
égalent toûjours le combat. Un Roy dans fon
camp proportionne fes ordres à la force de ceux
à qui il les donne, & un medecin fait prendre des
remedes tels que la maladie les demande. Un
malade ne prefcrit point au medecin la maniere
dont il veut eftre gueri, un foldat ne choifit
point le lieu où il veut eftre envoyé en fentinelle, ni un efclave le bâton dont il faut qu'il foit
puni; ce qui dépend de la volonté d'un fouverain, n'eft point dans le choix de celui qui lui eft
foûmis. Puis donc que nous fommes fous la domination de la puiffance d'enhaut, & que les
miferes de ce monde nous rendent fujets à plufieurs châtimens differens, de mefme qu'un efclave ne choifit point de quel châtiment il faut
qu'il foit puni, & que le choix en dépend de la
volonté de fon Maître: Nous ne devons point at-
tenter fur l'autorité du noftre, faire choix de
nos bleffures, & des combats où nous voulons
remporter

remporter la victoire ; le pouvoir de celui qui frappe, ne dépend point de la volonté de celui qui reçoit les coups. C'est le devoir du Souverain de corriger, & celui du sujet est d'endurer. Le Roy commande, le soldat obeït ; car un Roy ne commande rien de déraisonnable, il exige de ses troupes des expeditions proportionnées à leurs forces ; il envoye les plus braves aux occasions les plus redoutables, & les moins vaillans à celles qui sont égales à leur courage. Ainsi le foible ne succombe point sous les efforts d'un ennemi puissant, & le brave ne ternit point sa gloire en triomphant d'un ennemi moins vaillant que lui, de sorte que par cette conduite personne ne craint d'estre abaissé, & tous esperent également la victoire. Un medecin qui blesse pour guerir une blessure, n'est point un ennemi ; un pere qui caresse ses enfans à coups de verge, ne fait rien de contraire à l'affection qu'il leur porte ; car les verges d'un pere sont les instrumens dont se sert son affection. Si donc le châtiment & les coups sont une marque d'amour, puisqu'ils partent de l'affection, cherissez un medecin qui vous frappe, puisque ses coups vous donnent la santé, l'affection ne fait rien sentir qui ne soit profitable. Voilà pourquoi le Seigneur a dit. Je tuërai & je ferai vivre, je frapperai & je guerirai.

Estre battu est donc une marque d'affection ? Le Malade,

Sans doute ; car l'affection cesseroit d'estre affection, si elle ne corrigeoit pas les fautes. Comme il y a toûjours quelque chose à guerir dans l'homme, elle frappe pour guerir, à l'exemple des medecins qui donnent la santé en blessant, ce qu'ils ne font pas sans donner lieu au malade de se plaindre d'eux. C'est ainsi que parmi les tribus

S. Jerôme.

T t

lations de cette vie exposez aux coups du Seigneur qui nous guerit, nous nous plaignons de lui comme les malades se plaignent du medecin qui leur rend la santé. Servez-vous donc, mon frere, servez-vous du remede de la patience, supportez la pesanteur des tentations, surmontez les dangers en souffrant, qu'un esprit ferme & resolu soûtienne & guerisse un corps abattu ; que la vertu regne dans un corps esclave des douleurs, que vostre ame triomphe au milieu des dangers. Il y a long-temps qu'elle sçait les combats qu'elle doit soûtenir contre les tentations : en se mettant sous le joug du Seigneur, elle a esté avertie de s'armer contre les afflictions : *Mon fils*, dit le Seigneur, *lors que tu prens le joug de Dieu, arreste-toi dans la justice & dans la crainte, & prepare ton ame aux tentations.* Si donc les tentations nous sont avantageuses, il ne faut pas s'estonner que nous y soyons exposez. C'est ce que S. Pierre nous apprend dans son Epistre : *Ne vous estonnez pas, dit-il, des afflictions, elles vous arrivent pour vous tenter, de peur que vous ne perissiez parmy les tempestes du monde.* La vie d'un Chrestien est battuë par une infinité de bourrasques, & devient plus illustre par les tourmens & par les afflictions. C'est ce que Salomon nous enseigne, quand il dit : *Unissez-vous au Seigneur & souffrez, afin que vostre vie embellisse jusqu'à la fin.* Nostre vie est un voyage de mer qui aime les tempestes, & qui se déplaist dans le calme, nous cessons d'avancer quand les vents sont abaissez, & nous sommes exposez au peril, quand nous ne sommes point dans le peril. En effet l'on ne sçait si celui-là appartient au Sauveur, qui n'est point purifié par les vents de l'affliction, qui est la mere de la gloire, qui

n'eſt point nourri par les oppreſſions, qui n'eſt
point éprouvé par les châtimens, & qui n'eſt
point gueri par les bleſſures. Les coups & les
tentations partant de l'amour du Sauveur, qui à
l'exemple du medecin nous guerit en nous faiſant
ſouffrir, il eſt certain que celui qui n'eſt point
expoſé à ces coups & à ces tentations, n'eſt point
aimé du Sauveur. Mais ſi le Sauveur m'aime, direz-vous peut-eſtre, pourquoi ſuis-je accablé de
triſteſſe par ſes châtimens, pourquoi les bleſſures
qu'il me fait troublent-elles mon eſprit ? Si je reçois des coups de celui qui m'aime, ſon affection
ſans doute n'eſt pas veritable, puiſqu'elle me traite, comme ſa haine me traiteroit, & j'aime mieux
qu'il me haïſſe, afin qu'il ne me frappe plus. Bien
loin de cela, prenez garde d'eſtre haï, puiſque
l'on vous aime toûjours, car l'amour ſe contente
de corriger, & la haine menace du ſupplice ; l'a-
mour inſtruit ſeulement, & la haine prononce
l'arreſt de condamnation. D'ailleurs c'eſt la faute
de l'homme ſi Dieu le haït, ou s'il eſt irrité contre lui. Dieu haït l'homme quand il en eſt offenſé, il eſt irrité contre lui, quand il ne le prie pas
aprés l'avoir offenſé ; c'eſt attirer ſur ſoi la haine
de Dieu, que commettre des actions criminelles,
& que ne vouloir pas le prier aprés les avoir com-
miſes. Au reſte Dieu aime l'homme comme un
artiſan aime l'ouvrage qu'il a fait, mais il haït les
méchantes actions qui cauſent la perte & la
deſtruction de cet ouvrage, & haïſſant ces actions
il ne peut pas aimer celui qui en eſt l'autheur. Delà vient que Salomon dit : *Dieu haït l'impie & ſon*
impieté. Il vaut donc mieux en ce monde, qui perira avec le temps, & dont la vieilleſſe eſt un ſigne
de la ruine prochaine, recevoir de l'amour du

Sauveur des blessures qui servent à nostre guerison, que d'attendre de sa haine une maladie incurable, & vivre malheureusement condamné par un arrest. Il vaut mieux souffrir entre les mains du medecin une douleur legere & de peu de durée, que de renvoyer le medecin, & tomber dans des tourmens qui durent toûjours. Aprés cela si vous vous estonnez que les souffrances soient une marque de l'affection de celui qui vous aime, vous devez aussi vous estonner que les remedes du medecin facent souffrir ceux qu'il guerit, & qu'ils chassent le mal en faisant endurer du mal. Il est impossible à celui qui veut remedier à une douleur, de ne point causer de douleur, & il en fait sentir en guerissant, afin qu'achettant la santé avec des souffrances, elle nous soit plus precieuse. Celui donc qui est aimé, ne peut assez estre mis à toute sorte d'épreuves; celui que l'on veut corriger ne peut s'exempter de souffrir les coups de celui qui l'aime; celui que l'on veut guerir, ne peut estre offensé par l'âpreté des remedes, estesvous surpris de cela? Un malade à la guerison de qui l'on employe le fer & le feu, attend son salut des perils, mesme il y a beaucoup de maladies qui ne se guerissent que de cette maniere. Les medecins qui travaillent à rendre la santé, font prendre pour remedes, & non pas pour éteindre la soif, des breuvages si amers, que l'on ne peut les boire sans se couvrir le front de rides; si vous considerez le visage de celui qui les boit, il paroist triste & inquiet, il faut cependant qu'il les boive pour recouvrer sa santé. O l'avantageuse incommodité de la medecine! On contraint un homme à boire quand il n'a point de soif, mesme la soif tient quelquefois lieu de remede. En effet

les Medecins ordonnent par fois des diettes, ils
déchargent les corps par des jeûnes & des abstinences, & les rendent plus robustes par la foiblesse : Mais ce que j'ai dit jusques icy, ne doit
point estre comparé à ce que je dirai dans la suit-
te. Il y a des malades à qui l'on enleve la peau, à
qui l'on coupe les os pour les empescher de mourir : il y en a d'autres à qui l'on coupe avec le fer
des tumeurs, il y en a quelques-uns que le feu
rafraîchit en les brûlant, & qu'une poudre mor-
dicante déchire pour les guerir : Pour tout dire
en un mot, l'homme souffre beaucoup entre les
mains du Medecin, afin de conserver sa vie. Ce
peril-là est sans doute necessaire où l'on trouve à
souffrir des maux qui nous tiennent lieu de bien-
fait. L'on est assurément en danger entre les mains
du Medecin, mais l'on est perdu si l'on s'en retire. Il faut esperer la vie au milieu des tourmens,
& la mort est certaine si l'on cesse de se servir de
ses remedes. Il vaut donc mieux quand la necessité le demande, estre dans le peril, que perir entierement, & je croi qu'il est plus utile de souffrir quelques douleurs qui nous sont avantageuses, que de mourir en ne les souffrant point. C'est
à dire qu'il vaut mieux souffrir de l'incommodité
des remedes, que ne pouvoir estre gueri. Je parle conformement aux sentimens du Medecin celeste, & ce que je dis doit plutost estre appliqué
à la santé de l'ame, qu'à celle qu'un art douteux
& incertain procure à un corps mortel. Il nous
est donc plus utile que le Seigneur nous reprenne,
qu'il nous châtie, & qu'il nous guerisse par ses
coups, qu'estre privez de ses remedes comme des
malades incurables. En effet, il éloigne de sa
presence ceux qu'il voit infectez d'une maladie

sans remede, & errans de vice en vice, comme de la poussiere ou de la paille poussée par des tourbillons de vent. C'est ce qu'il dit lui-même, *Que les pecheurs s'éloignent de moy, je ne veux point sçavoir par où ils marchent, puisque leur lumiere est esteinte, ils gemiront pendant leur vie, ils seront semblables à la paille qui est élevée par le vent, & à la poussiere qui est emportée par la tempeste.* Il ne veut point sçavoir par où marchent ceux qui ne tiennent point le chemin qui conduit au Ciel, car il ne faut aller que vers Dieu, & tenir en JESUS-CHRIST un chemin serré & difficile à cause des tentations, mais qui nous conduit dans un lieu étendu & plein de seureté. C'est par ce chemin seulement que l'on va au Ciel, tous les autres menant à l'enfer : Voici comme en parle Salomon, *Il y a des chemins qui semblent droits aux hommes, mais ils trouvent à la fin la douleur & la tristesse.* Ceux qui se laissent flater par les attraits & par les tromperies de cette vie, marchent par ces chemins, mais le temps les surprend, & la mort les reçoit & les enveloppe : une malheureuse felicité les conduit à la mort comme un vaisseau que la tempeste brise contre les rochers. Il faut que ceux qui joüissent d'une prosperité incertaine, & qui goûtent les plaisirs d'une vie mal-assurée, tombent sans pouvoir estre relevez, ainsi que l'on voit tomber ceux qui marchant sans défiance glissent sur un marbre uny, ou abysment sur des pavez qui enfoncent sur leur pas. Delà vient que Salomon a dit, *La cheute des pecheurs arrive inopinément comme celle de celui qui glisse sur un pavé.* Ceux-là sans doute ne meritent point d'estre mis à l'épreuve par quelques afflictions, on leur prepare une maladie qui durera toûjours, ils ne sont point dignes

d'estre frappez comme les justes de la main du
Sauveur, & de passer ensuite avec lui des coups
à la gloire : C'est à eux à qui s'adressent ces paroles de David, *Ils ne sont point dans la pensée des*
hommes, ils ne seront point affligez comme les hom-
mes, de là vient qu'ils sont remplis d'orgueil. Vous
voiez donc que l'on méprise ceux qui sont indignes d'estre châtiez de la main du Medecin, &
que l'on corrige amoureusement ceux qui meritent d'estre châtiez. Dieu qui est le Pere & le
Medecin de tous les hommes, frappe de telle
sorte ses enfans & ses malades, qu'il guerit les
uns & corrige les autres sans en tuer aucun.
Heureux celui qui en est battu ! il porte les marques de son affection ; heureux celui que des
coups de la main de Dieu guerissent, châtient &
corrigent ! qu'il s'écrie avec le Prophete Roy :
Heureux celui que vous reprenez Seigneur, & à qui
vous enseignez vostre loy !

Ainsi puisqu'il plaist au Sauveur que nous
soions sujets à diverses afflictions, & que nous
menions une vie qui veut estre épurée par les miseres : Supportons comme une épreuve de nostre
vertu des afflictions que l'on nous a predites depuis long-temps ; souffrons avec courage tant de
traverses differentes, où nostre naissance nous a
exposez. Il ne faut pas s'estonner que les hommes soient accablez en ce monde de tant de maux
divers, puisqu'il n'y a personne qui naisse en
riant, & que ce n'est qu'avec des larmes que l'on
commence à voir le jour. Quand nostre mere
nous a enfantez, nous avons appris en pleurant
ce que c'est que le monde, & nos premieres souffrances ont esté la cause de nos premieres larmes ;
Aussi Salomon assure *qu'en naissant il a receu une*

vie semblable à celle des autres, qu'il a marché sur
une terre pareille à la leur, qu'il a proferé ses premiers begayemens en pleurant, & qu'il a esté nourri
parmi les soins & les embarras ; car la naissance des
Rois n'est point differente de celle des autres : tous
naissent & meurent également ; il faut que ceux
qui sont venus passent, puisque nostre vie n'est
qu'un voyage. L'on passe en la vie, dit Salomon, &
l'on en sort de la même maniere : Que sert-il donc de
chercher la prosperité ou la joye ? L'on y apprend d'a-
bord à pleurer, dés mon enfance je n'ai rien veu dans
le monde que des sujets de larmes, nous avons pleuré en naissant, & nous pleurerons quand nous
mourrons : Vie fâcheuse & de peu de durée, dont
on void la fin dés le commencement, dés que
l'on est né l'on est mort. J'en prens a témoin
ceux qui sont morts, qui croyoient ne point mourir. Puis donc que nous sommes nés pour mourir ; surmontons par nostre patience comme des
voyageurs ce qui nous arrive en chemin. On
triomphe des maux que l'on endure avec resolution ; on sent plus vivement le mal que l'on souffre sans courage : le bien même nous incommode si nous n'en jouissons pas avec fermeté ; l'on
a sans doute besoin du secours de sa vertu, & de
considerer la recompense qui est promise dans le
Ciel, lors que l'on vit de telle maniere que l'on
est obligé de desirer la mort, comme ceux qui
sont sur la mer desirent d'arriver au port. En effet parmi les traverses du siecle, parmi les douleurs que causent les maladies, desire-t'on pas
plutost de mourir, que de mener une vie languis-
sante de longue durée ; La mort, dit Salomon, est
plus avantageuse qu'une vie pleine d'amertume, &
un repos assuré, qu'une langueur continuelle. Il vous

eſt plus utile, dit-il ailleurs, *de mourir que de vivre;
car la mort met en repos tous les hommes.* Il eſt certain
que l'on deſire avec paſſion de voir la fin des traverſes dont nous ſommes accablez ; cependant
comme il n'a pas dépendu de nous de naiſtre, il
n'eſt pas en noſtre pouvoir de mourir quand il
nous plaiſt ; car s'il eſtoit en noſtre pouvoir de
mourir quand il nous plaiſt , il ſeroit auſſi en
noſtre pouvoir de ne pas mourir ; de là vient
qu'au milieu des afflictions de cette vie nous nous
entretenons de la mort & du repos que nous y
rencontrons. En effet c'eſt une conſolation dans
la triſteſſe , de parler des plaiſirs ; ceux qui voya-
gent ſur la mer en uſent de la ſorte , & parmi les
perils qu'ils eſſuyent dans les tempeſtes , & entre
les rochers ils trouvent du ſoulagement à s'entretenir de la ſeureté dont ils joüiront au port ;
Car quoi que pour cela l'on n'y arrive pas plu-
toſt , il eſt pourtant naturel de deſirer une condition plus avantageuſe ; Mais puiſqu'il ne dépend
point de nous de joüir de cette condition plus
avantageuſe, & que nous ſommes dans la neceſſité de l'attendre , combattons , cependant genereuſement contre les traverſes : Or c'eſt combattre genereuſement que ne point ſuccomber , &
que ſupporter des maux qui nous conduiront à la
joüiſſance des biens que nous trouverons dans
la mort, dont la douceur ne ſera point troublée
par des maladies,& par la crainte d'une nouvelle
mort. L'on ne triomphe point , l'on n'arrive
point à une gloire éternelle ſans avoir ſenti les
atteintes de l'affliction & de la miſere , l'on ne
termine ſon voyage, & l'on ne vient au port qu'à
travers des tempeſtes : celui-là ſeulement peut
paſſer pour avoir triomphé, qui s'eſt ouvert le

chemin à la victoire par sa vertu, qui a écrasé tout ce qui donne de la crainte aux autres, & mis à la chaîne ce qui n'avoit point encore esté vaincu.

Le monde est semblable à la mer, sans estre agitée par les vents elle est enflée, même pendant le calme elle éleve des flots menaçans & terribles, & quoi qu'elle ne fasse point de mal aux voyageurs, cependant son immense étenduë, & la suite continuelle de ses ondes leur imprime je ne sçai quelle crainte. De même nous qui voyageons au travers des embaras de cette vie, nous sommes souvent ébranlez par les seules menaces des maux, & particulierement ceux qui sont enrôlez sous les étendars de Jesus-Christ. Je vous ay déja dit que le monde estoit semblable a la mer, où le calme est rare, où les tempestes sont frequentes, où l'on craint, où l'on apprehende, où les maladies nous surprennent, & où enfin l'on ne trouve de la seureté que dans le port. Les afflictions nous accablent de toutes parts, mais il est de nôtre vertu d'endurer jusqu'au port, c'est à dire jusqu'à la mort. Un Pilote conserve un vaisseau au milieu des dangers, le courage de l'homme est le pilote qui doit le conserver, quoi qu'attaqué d'une infinité de tempestes ; mais l'on attend avec plus de joye, & l'on reçoit avec plus d'honneur un vaisseau qui a bravé l'orage & les vents : une foule de peuple qui l'attend sur le port, le void arriver avec un plaisir extréme, & il y trouve une seureté pleine de gloire. Il est beau de voir dans un camp un soldat armé, mais un paresseux qui ne se connoist pas lui-même dans l'armée, & qui n'y est point connu des autres, paroist un spectacle hideux. Il ne faut pas donc

trouver defavantageux un peril où l'on trouve
des prix à remporter ; un foldat ne doit point reculer ou craindre dans une occafion où la victoire
l'attend. C'eft eftre malheureux dans fon bon-
heur, que n'avoir point merité de combattre contre des malheurs qui couvrent de gloire. Celui qui
n'a point eu à démefler avec l'affliction, ignore
jufqu'où va fa vertu ; un foldat qui a toûjours
efté enfeveli dans la non-chalance, ne fçait point
quelles font fes forces, & il ne fe connoift point
foi-même. Celui qui n'a jamais efté à la guerre, n'a jamais triomphé ; celui qui ne veut point
fupporter le poids des armes, ne gofte jamais le
plaifir de remporter des prix. Nous devons donc
pratiquer ce qui nous conduit à la recompenfe,
& fouhaiter ce qui nous acquiert de la gloire.
Ainfi puifque nous avons à combattre contre plufieurs tentations. Il fe prefente quelque chofe qui
mette nos forces & noftre courage à l'épreuve, &
qui ébranle noftre corps, recevons-le comme un
bienfait fingulier ; noftre vertu doit eftre ferme
& conftante comme un rocher au milieu de la
mer, contre qui les ondes fe viennent brifer avec
impetuofité, & qui n'en eft point ébranlé. Lors
donc que l'adverfité & les miferes appellent un
homme au combat, & le forcent à fe battre, qu'il
paroiffe armé du bouclier de la vertu, affeuré parmy les perils, heureux dans le malheur, joyeux
dans la trifteffe, & plein de fanté dans la maladie,
& que fa patience le rende victorieux dans le
combat. On triomphe des maladies du corps
quand l'ame fçait les fupporter ; c'eft pourquoi
lorfque le corps eft abattu de maladie, il faut,
pour ainfi dire, faire un corps de referve de vertu
confiderable, & preparer ce qui ne peut ployer

fous la foiblefle, & recevoir atteinte du temps.

Armez-vous donc, mon frere, armez-vous de la foi que rien ne fçauroit vaincre ; endoffez cette cuiraffe impenetrable que Dieu a forgée pour les Chrêtiens ; oppofez ce bouclier aux langueurs qui vous accablent, & vous triompherez de voftre maladie ; foyez victorieux pendant que l'on vous bat ; c'eft ainfi que le merite d'un Chrêtien augmente par l'adverfité, & fe fortifie par les miferes. Eftre ébranlé par les traverfes, eftre éprouvé par les tribulations, font les exercices de la milice Chrêtienne. Un veritable Chrêtien fent croître fes forces dans les douleurs ; fa jeuneffe revient dans les tortures, & il la conferve en triomphant des tortures. Il doit donc entretenir fes forces & fon courage par des efcarmouches perpetuelles, & combattre fans ceffe contre les perils. Il doit au milieu des écüeils du fiecle travailler à arriver au port de la felicité éternelle, & recevoir avec un pouvoir abfolu fur lui-même, les coups falutaires qu'il reçoit de la main du Medecin. Il doit, dis-je, s'élever au faifte de la gloire par l'ufage des miferes, & s'avancer vers la recompenfe par la fouffrance des maux. Toute forte d'affliction nous tient lieu d'une occafion propre à faire connoître noftre refolution, & nous ouvre le chemin à une couronne. Saint Paul accablé d'une infinité de traverfes, & combatant comme un foldat de JESUS-CHRIST, contre l'âpreté d'une maladie tres-obftinée, parle de la forte : *Je feray gloire de mon infirmité, afin que la grace de JESUS-CHRIST foit en moy ; car il m'eft permis de me glorifier dans les maladies, dans les mépris, dans les befoins, dans les perfecutions & dans les afflictions.*

à cause du Sauveur, car quand je suis foible, c'est alors que je suis fort. Et en un autre endroit: *Toutes les fois que je suis affoibli, je suis mieux éprouvé, & mes foiblesses ne me déplaisent point.* Et ailleurs, priant le Sauveur qu'il le délivre des aiguillons de la chair, il fait connoître qu'il sçait bien que la vertu s'entretient par la foiblesse. *Je sens*, dit-il, *un aiguillon de la chair; ce sont des coups de sathan, afin que je ne m'éleve point. J'ai prié toutefois le Sauveur qu'il m'en délivrât, & il m'a dit que sa grace me suffisoit, & que la vertu se perfectionnoit dans la foiblesse;* car enfin la vertu ne se fortifie que par des experiences rudes & difficiles. Nostre vie est un vaisseau qui se plaît dans les tempestes, & qui n'arrive jamais plus heureusement au port, que quand il est battu par les vagues, & emporté par les vents. Il est impossible d'estre heureux auprés de Dieu, si l'on n'a esté purifié par les afflictions & par les miseres de cette vie. Celui-là doit estre estimé veritablement pauvre & mal-heureux, qui est enseveli dans la bouë des plaisirs & de la volupté. Celui-là est veritablement mal-heureux, qu'une felicité aveugle tient plongé dans les vices. Celui-là est mal-heureux, qui n'est point éprouvé par les tentations; car celui qui ne combat point, ne remporte point de prix; celui qui craint les armes de l'ennemi, ne remporte point de victoire. C'est une marque de peu de courage, de craindre ce qui paroît redoutable; c'est une marque de paresse & de lâcheté, de prendre le party où l'on est en seureté. Un courage oiseux & qui n'est point exercé dans les combats, est un merite imparfait & languissant; sans les combats la vigueur n'a point de force, la generosité est abattuë, & la gloire obscurcie. Un brave soldat doit donc toûjours estre sous les armes, & chercher les occasions de faire éclater son courage parmy les hasards ; les blessures sont les parures de celui qui aime la guerre ; il faut de l'usage & de l'experience pour s'instruire à surmonter les travaux, & pour connoître ce que l'on vaut. Un corps exercé par de frequentes fatigues, est plus fort & plus robuste ; le travail continuel augmente les forces des laboureurs, leurs mains s'endurcissent en cultivant la terre avec beaucoup de peine. Un vaisseau qui a esté souvent battu de la tempeste, a appris à arriver au port au travers des perils, à surmonter les vagues, & à combattre contre l'orage. Une armée aguerrie sçait éviter les fléches des ennemis, & pour meriter l'estime de son General, trouver la victoire dans les blessures. Ceux qui courent ordinairement, ont le corps agile & dispos. L'exercice est le maistre qui leur a enseigné à avoir cette agilité.

Mais pourquoi s'étendre davantage sur cette matiere ? Personne n'arrive à un degré plus éminent de perfection que par les tentations ; ce n'est que par-là que l'on triomphe, que l'on est couronné. Il est donc necessaire qu'en supportant d'abord de legeres afflictions, nous nous accoûtumions à supporter les plus rudes & les plus âpres. La fin de la milice où nous sommes enrôlez, est de traverser d'un pas ferme toutes les difficultez, & de supporter courageusement le fardeau des miseres. Le chemin du Ciel ne nous est ouvert, qu'au travers des douleurs, des afflictions & des souffrances ; & celui qui n'est point exposé aux tentations, ne marche point par ce

chemin. Dieu appelle au Ciel celui que les souffrances y conduisent accompagné de la victoire, & des couronnes d'une éternelle durée l'y
attendent. Cependant nous commande-t'il de
faire quelque chose d'impossible, & qui aille au
delà des bornes d'un juste commandement ? Exi-
ge-t'il de nous quelque chose qui soit au delà
de nos forces ? Tout ce que nous demande ce Juge équitable, est proportionné à nôtre pouvoir. Saint Paul est un témoin irreprochable de
cette verité. *Dieu est juste*, dit-il, *& il ne per-
mettra pas que nous soyons exposez à des tentations
au delà de ce que nous pourrons en supporter.* Soyons
persuadez que Dieu nous conduit de la mesme
manière qu'un maître conduit ses écoliers ; il
demande plus de travail à ceux dont la vivacité
de l'esprit brille entre les autres. Mesme nous
donnons aux animaux soûmis à nôtre puissance
des fardeaux qui répondent à leurs forces, nous
en donnons de plus pesans aux plus forts, de legers aux foibles, & l'habitude qui fortifie la vertu par l'exercice, leur acquiert insensiblement
un degré souverain de force. C'est ainsi que dans
nos commencemens nous n'avons à supporter
que de legeres afflictions, afin que nous nous
preparions à supporter dans la suite les plus rudes & les plus fâcheuses. Cette verité est confirmée par quantité de passages de l'Ecriture sainte.
Cependant je l'appuyerai par un exemple tiré de
l'Histoire prophane ; car quand un bien est commun, il est permis de nous servir de la part que
nous y avons. Pensez-vous que les Lacedemoniens haïssent leurs propres enfans, dont ils mettent les corps tendres & delicats à de dures
épreuves ? Ils les font foüetter publiquement,

& alors qu'ils font tous déchirez & demi morts, ils les exhortent à endurer courageufement les coups, & à fouffrir bleffure fur bleffure. Faut-il donc que vous vous étonniez fi Dieu, qui recompenfe de fa gloire les vainqueurs, vous expofe vous & fes autres enfans à de fi penibles tentations ? Voila ce qu'il promet à ceux qui auront tout enduré : *Celui*, dit-il, *qui perfeverera jufqu'à la fin, fera fauvé.* Et en un autre endroit : *Venez à moi vous tous qui travaillez & qui eftes chargez, & je vous donnerai le repos.* Une fouffrance paffagere & de peu de durée, eft le prix de l'éternité ; la fermeté avec laquelle vous aurez fupporté la tribulation, vous fera à jamais une fource feconde de plaifirs. Parmi nous on cherche dans l'efclavage à regner, on achete la feureté par des perils, on acquiert le repos par des travaux, & par des fueurs. Car *la vertu*, dit faint Paul, *fe fortifie par les infirmitez.* Il eft fans doute plus avantageux de fupporter les langueurs d'un corps affligé de quelque legere maladie, que de porter dans un corps fain & robufte une confcience condamnée à des tourmens éternels. Même la plûpart deviennent malades, à caufe de leurs pechez qui leur rendent le corps inutile à fes exercices ordinaires ; quand le corps n'eft atteint d'aucune infirmité, il tombe dans un relâchement languiffant, & precipite avec lui l'homme qui fe porte bien dans un abyfme de crimes. Croyez-vous que ceux-la joüiffent de la liberté ou de la fanté, qui font engagez dans les plaifirs ? Ils ne font pas chargez de liens à la verité, mais l'impudicité les tient attachez à des entraves indiffolubles ; ils font arreftez dans les pieges des plaifirs comme des oifeaux qui font

tombez

tombez dans les embuscades des chasseurs, qui s'embarassent, & qui s'enferrent davantage en tâchant de s'enfuïr. Il n'y a assurément que les malades qui se portent bien. Celuy-là est en santé que Dieu reprend par quelque sorte de châtiment que ce soit ; car il ne témoigne son affection aux hommes qu'en les châtiant ; *Je reprens*, dit-il, *& je châtie ceux que j'aime*. Que l'on ne croye pas donc que l'on soit en santé pour ne sentir aucune infirmité, & pour ne point user des remedes de la maladie. C'est estre extremement malheureux, qu'estre non-chalamant assoupy parmy les douceurs d'une trop grande felicité, qu'estre flaté par les apparences d'une santé trompeuse qui nous seduit, & qui sera suivie d'une maladie d'éternelle durée, dans laquelle l'homme tout entier souffrira des douleurs inconcevables. On arrive à cette maladie par autant de chemins qu'il y a de sortes de voluptez ; l'on y arrive par tout ce que l'impureté nous suggere, quand nous sommes une fois engagez dans le vice, il nous traîne à la mort par un labyrinthe, d'où l'on ne peut sortir pour rentter dans le bon chemin, & nous y courons comme les ruisseaux qui ne se rencontrent jamais vers leur source : Les pecheurs s'imaginent passer agréablement la vie, mais ils en trouvent la fin pleine d'amertume par les maux qui les attendent à la mort : Que sert-il d'avoir couru heureusement, s'il faut mourir quand la course est finie ? En vain un vaisseau traverse les mers, surmonte les vagues, & brave les vents, s'il perit au port, & s'il n'y porte que les débris de son naufrage ; Il vaut donc mieux arriver heureusement au port de la gloire sous la conduite des souffrances, que

V u

perir pour une éternité, aprés avoir confommé dans les delices une vie de courte durée.

Aprés cela, mon frere, il est certain que la pauvreté est preferable aux richesses, la difformité a la beauté, les mépris aux loüanges, l'esclavage à la liberté, la foiblesse aux forces, & la bassesse aux grandeurs. C'est ce que dit David dans un de ses Pseaumes ; *Il m'est avantageux, Seigneur, que vous m'ayez abaissé, afin que je connoisse vostre justice.* Il est plus utile d'estre abaissé par un arrest de la conduite du Ciel, qu'estre condamné avec le monde : *Les jugemens de Dieu* dit saint Paul, *nous servent de correction, de peur que nous ne soyons condamnez avec le monde :* Supportons donc, sans murmurer, les avantages qui nous reviennent de l'affection du Sauveur, qui nous distribuë ses corrections, comme un Medecin distribuë ses remedes. Un Medecin se sert quelquefois du fer & du feu : Ne nous estonnons donc point que JESUS-CHRIST, qui est le Medecin de nos ames, nous trouble par des traverses, nous éprouve par des maladies, & nous purifie par des miseres. Nostre courage doit souffrir qu'on le mette à l'épreuve du feu comme les vases ; C'est ce que dit l'Ecriture sainte, *La fournaise éprouve les vases du Potier, & les tentations éprouvent les hommes :* Et en un autre endroit, *L'or, l'argent, le plomb, le fer, & tout ce qui passe par le feu en est purifié.* Les vases se plaignent-ils au Potier de ce qu'il les met dans la fournaise, & les éprouve en les brûlant ? D'ailleurs si le feu ne prononce en faveur des vases, & ne les trouve bons, ils ne peuvent servir à rien ; de même si nous ne resistons à l'épreuve des tentations, nous sommes inutiles au Potier qui nous a forniez, qui nous fait paſſer par le feu pour nous guerir, qui nous vend pour nous affranchir, & qui nous afflige pour nous ſauver : Il n'y a rien de ſi impur qui ne ſoit purifié par les tentations. Elles rendent aux plus ſales leur premiere blancheur, comme le feu rend à l'acier roüillé ſon premier éclat, & fait quitter à l'or & à l'argent ce qu'ils ont d'impur. Ainſi que l'on void des arbres coupez produire heureuſement de nouvelles branches, la ſterilité ſe changer en fecondité, & la racine d'un tronc ſec & uſé porter des fruits en abondance ; de même une maladie nous défait de ce que le peché nous avoit apporté de ſuperflu, & des taches dont une vieilleſſe nonchalante nous avoit infectez. C'eſt pourquoi, mon frere, ſoiez perſuadé que la maladie de voſtre corps eſt un remede qui vous guerit. Ce corps qui eſt la ſeule partie de vous-même, qui a beſoin de forces & de ſanté, eſt tourmenté de maladie de peur qu'il ne vous tourmente lui-même ; lui qui ne peut reſiſter aux coups de la vieilleſſe, qui paſſe comme l'herbe qui ſeche, & dont la fleur tombe. Delà vient que l'on a dit, *La chair eſt ſemblable à l'herbe, ſa beauté eſt ſemblable à la fleur de l'herbe ; l'herbe ſeche & ſa fleur tombe, mais la parole du Seigneur demeure à jamais.* Ne murmurons donc point de ce que noſtre corps, qui paſſe comme une herbe qui ſeche, & dont la fleur tombe, ſoit affligé de maladies. D'ailleurs ſa ſanté donne ordinairement la mort à l'ame, & ſoûleve les plaiſirs contre ce qui eſt utile à l'eſprit : Souvent elle fait mettre bas les armes aux ſoldats de la chaſteté. Il eſt donc de noſtre intereſt que noſtre corps ſoit harſelé par de continuelles ſoufrances, noſtre aveuglement va jufques à l'aimer, & nous nous foucions peu qu'il ferve de prifon à noftre ame. Sans avoir égard à lui, regardons comme un trefor, & recevons comme un bien-fait tout ce qui nous arrive. Il eft dangereux à celui qui eft à la folde de JESUS-CHRIST, de defirer d'eftre toûjours dans le calme ; c'eft une marque de peu de courage d'apprehender la tempefte ; c'eft eftre malheureux que ne point connoiftre le malheur ; c'eft eftre heureux que le connoiftre, & fçavoir combatre contre lui ; En effet, tous les coups que nous recevons, comme je l'ay déja dit, partant de la main du Sauveur comme un bienfait, que celuy qui n'eft point expofé aux tentations apprenne qu'il n'en eft point aimé. Auffi l'Ecriture dit, *Voftre Dieu vous tente pour connoiftre fi vous l'aimez de tout voftre cœur & de toute voftre ame :* Et en un autre endroit, *Mon fils, ne méprifez point la correction de Dieu, & ne le quittez point aprés qu'il vous aura repris ; car il reprend celuy qu'il aime.* Et ailleurs, *Ne méprifez point la correction du Seigneur, car il caufe la douleur, & donne le rafraîchiffement, il frape, & fes coups gueriffent.*

Le Malade. Plût à Dieu que je fuffe expofé aux tentations comme les autres, que je ne fouffriffe que par intervalles, & dans l'efperance d'eftre gueri un jour ! Plût à Dieu que je puffe au moins, pendant quelques intermedes favorables, joüir de la fanté ! Faut-il que la maladie ait pris un empire fi abfolu dans tout mon corps, qu'elle ne puiffe jamais en eftre bannie ; que je traîne jufques à la fin de ma vie cette fatale compagne quoi ! je ferai auffi long-temps malade que vivant ? Mon fang eft glacé dans mes veines, un

engourdissement secret arreste mes pas, & je
n'ay pas la liberté de faire le moindre exercice :
Je ne puis me mettre à genoux pour prier Dieu,
selon ma coûtume ; mes doigts, dont la situation naturelle est pervertie, me sont devenus
inutiles : en un mot tout mon corps immobile
semble estre enseveli dans lui-même. Suis-je le
seul qui ait merité d'estre châtié si severement,
d'estre frappé si rudement, & d'estre accablé
par des maux d'une si longue durée ?

Et de grace, mon frere, étouffez ces plaintes **S. Jerôme.**
dans le silence, laissez-vous consoler par le Prophete qui parle à vous en ces termes : *Unissez-*
vous à Dieu, & souffrez, afin que vostre vie soit
augmentée à la fin : recevez tout ce qui vous arrive-
ra, & le supportez dans la douceur, & faites voir
de la patience dans les souffrances, puisqu'elles éprou-
vent un homme, comme le feu éprouve l'or & l'ar-
gent. En vous rapportant des passages des Prophetes, dont les paroles sont les loix à qui vous
devez obeïr, je puis encore me servir de plusieurs belles maximes des Payens, qu'ils ont tirées de l'Ecriture sainte, & que vous devez écouter comme autant de commandemens : Voila
quelle est la premiere, *Le feu éprouve l'or, &*
l'affliction les gens de bien. En voicy une autre,
Il n'y a personne plus malheureux que celui à qui il
n'est jamais arrivé d'infortune ; car il n'a jamais
trouvé d'occasion de se connoistre soy-même, tout lui
ayant toûjours succedé selon ses desirs. Il est dit
en un autre endroit, *Je vous estime malheureux*
de n'avoir jamais est malheureux, vous n'avez
point eu d'ennemi depuis que vous estes au monde ;
Personne ne sçait quelles sont vos forces, vous ne le
sçavez pas vous-même. En effet il faut avoir esté

V u iij

dans l'occasion pour se connoistre, & l'on n'apprend ce que l'on vaut que par la tentation. Un autre a dit : Estre long-temps heureux, & vivre sans inquietude, ce n'est point goûter l'autre partie de la vie. Endurons donc avec constance les afflictions, puisqu'elles nous apprennent ce que nous ne sçavons point, qu'elles produisent la felicité, & qu'elles purifient la vertu. Ainsi que le feu donne à l'or son éclat & sa beauté, de même celui qui n'est point tenté par les afflictions ne connoist point une partie de sa felicité ni de ses forces. Salomon nous l'apprend lui-même par ces paroles ; *Celui qui n'a point esté tenté en quelque chose, ne sçait ce qu'il est. Benissez donc dans la maladie le Seigneur, comme vous l'avez loüé dans la santé :* Croiez que ces mots du Prophete Poëte s'adressent à vous, *Je benirai le Seigneur en tout temps, j'aurai toûjours ses loüanges en la bouche.* Fortifiez-vous par ces paroles de Job ; *Si nous recevons le bien de la main du Seigneur, pourquoi ne recevrons nous point aussi le mal qu'il nous envoye ? Le Seigneur nous donne, le Seigneur nous oste, que sa volonté soit faite, que son nom soit beny.* C'est donc mal fait que murmurer contre lui pendant la tentation, puis qu'il ne nous afflige que pour nous délivrer de nos vices, qu'il ne nous exerce que pour nous couronner, & qu'il ne nous frappe que pour nous donner une occasion d'estre victorieux.

Mais pour vous consoler dans vos souffrances, il ne sera pas inutile de vous rapporter icy quelques exemples ; car quoi que la qualité des personnes soit differente, neanmoins les combats des Chrêtiens ont toûjours quelque rapport entre-eux. Ce que vous endurez paroistra peu de

chose , si vous considerez ce que Job , qui estoit
l'amy de Dieu a souffert, il semble que Dieu
ait moderé les afflictions , afin qu'elles vous con-
vinssent , & qu'elles fussent proportionnées à
vos forces. Vous n'estes pas autant affligé que
Job l'a esté , mais vous l'estes plus que les autres hommes. Les combats de Job sont grands ,
& les vostres ne sont point petits ; car en imitant un grand homme , tel que Job , il faut absolument que vous lui ressembliez. Ce Patriarche estoit un Seigneur tres-riche , dont Dieu
lui-meme a fait l'éloge : *As-tu remarqué* , dit-il ,
*mon serviteur Job ? Il n'y a personne sur la terre qui
lui ressemble : c'est un homme sans bruit , qui craint
veritablement Dieu , qui ne fait aucune mauvaise
action, & qui conserve son innocence.* Cet homme
tel qu'il est icy dépeint , surmonta par sa patience les traverses que ses ennemis & des larrons
lui susciterent par la permission du Seigneur. Il
resista par sa justice à une infinité de maux; Il
ne crut point faire de perte quand il se vid dépoüillé de toutes ses richesses : Il demeura ferme & constant , lors que ses enfans furent accablez sous les ruines d'un bâtiment , & les
blessures dont tout son corps fût couvert , ne l'é-
branlerent point. C'est ainsi que le juste devient
victorieux par les coups qu'il reçoit. Les serviteurs de Job refuserent de le servir , les vostres
vous servent actuellement ; vos amis vous con-
solent par de frequentes visites , ils sont fâchez
de vostre maladie , & s'il se pouvoit faire , ils la
partageroient avec vous. Il n'y a mon frere , il
n'y a que nostre courage , qui nous tirant des
tempestes de cette vie , nous conduit dans un
port de tranquillité ; le jour approche de sa fin ,

les fignes de vieilleffe que l'on void au monde, font voir qu'il n'eft pas loin de fa chûte. Le Ciel nous attend aprés la victoire : tout perit, tout eft enfeveli dans fes ruines, fans aucune efperance de retour : Il n'en eft pas de même à nôtre égard : aprés la decadence du monde, aprés la mort de nôtre corps, nous joüirons d'une fanté qui ne fera point troublée par l'atteinte d'aucune maladie. C'eft pourquoi, mon frere, en l'eftat où vous eftes, fervez-vous de telle forte de voftre courage, que la maladie de voftre corps vous foit une occafion pour faire paroiftre voftre vertu. On ne peut point dire qu'un arbre foit fort s'il n'a efté battu par les vents, & par les tempeftes. Endurez, endurez donc, que rien ne vous ébranle, & quand vous feriez immobile de toutes les parties de vôtre corps, dévoüez au moins voftre langue pour publier les loüanges du Seigneur.

FIN.

TABLE
DES MATIERES.

TABLE

DES MATIERES.

TABLE

DES MATIERES.

TABLE

DES MATIERES.

TABLE.

TABLE

DES MATIERES.

TABLE

Fin de la Table des Matieres.

PRIVILEGE DU ROY.

LOUIS par la grace de Dieu, Roy de France & de Navarre : A nos Amez, & Feaux Conseillers, les Gens tenans nos Cours de Parlement, Maîtres des Requestes Ordinaires de nôtre Hostel, Grand Conseil, Prevost de Paris, Baillifs, Seneschaux, leurs Lieutenans Civils, & autres nos Justiciers qu'il appartiendra ; Salut. LOUIS GUERIN Libraire à Paris, & ancien Adjoint de sa Communauté, nous ayant fait rémontrer qu'il auroit acquis du sieur Couterot son Confrere le droit des Privileges que nous lui avons cy-devant accordez pour l'impression *des Lettres de S. Jerôme, traduites en François par le sieur* PETIT, & que pour en donner au public une nouvelle Edition, il auroit besoin de nos Lettres de continuation de Privilege, nous lui avons permis & accordé, permettons & accordons par ces Presentes de reimprimer, ou faire reimprimer par tel Imprimeur qu'il voudra choisir, lesdites Lettres, en tels Volumes, forme, marge, caractere, & autant de fois que bon lui semblera, pendant le temps de huit années consecutives, à compter du jour de la datte des Presentes, & de les vendre, ou faire vendre, & distribuer par tout nôtre Royaume, faisant défense à tous Libraires-Imprimeurs, & autres, d'imprimer, faire imprimer, vendre & distribuer lesdites Lettres, sous quelque pretexte que ce soit, même d'impression étrangere & autrement, sans le consentement de l'Exposant, ou de ses ayans cause, sur peine de confiscation des Exemplaires contrefaits, de quinze cens livres d'amande contre chacun des contrevenans, aplicable un tiers à nous, un tiers à l'Hôtel-Dieu de Paris, l'autre tiers audit Exposant, & de tous dépens, dommages & interefts, à la charge d'en mettre, avant de les expofer en vente, deux Exemplaires en nôtre Bibliothéque publique, un autre dans le Cabinet des Livres de nôtre Château du Louvre, & un en celle de nôtre tres-cher & Feal Chevalier, Chancelier de France, le fieur Phelypeaux, Comte de Pontchartrain, Commandeur de nos Ordres, de faire reimprimer lefdites Lettres dans noftre Royaume, & non ailleurs, en beau caractere & papier, fuivant ce qui eft porté par les Reglemens des années 1618. & 1686. & de faire enregiftrer les Prefentes és Regiftres de la Communauté des Libraires de noftre bonne Ville de Paris ; le tout à peine de nullité d'icelles, du contenu defquelles nous vous mandons & enjoignons de faire joüir l'Expofant, ou fes ayans caufe, pleinement & paifiblement, ceffant, & faifant ceffer tous troubles, & empêchemeus contraires. Voulons que la copie defdites Prefentes, qui fera imprimée au commencement ou à la fin defdites Lettres, foit tenuë pour deuëment fignifiée, & qu'aux copies collationnées par l'un de nos Amez & Feaux Confeillers, & Secretaires, foy foit ajoûtée comme à l'Original. Commandons au premier nôtre Huiffier, ou Sergent, de faire pour l'execution des Prefentes toutes fignifications, défenfes, faifies, & autres actes requis & neceffaires, fans demander autre permiffion, & nonobftant clameur de haro, chartre Normande, & lettres à ce contraires ; car tel eft nôtre plaifir. Donné à Fontainebleau le neuviéme jour de Novembre, l'an de Grace mil fept cens un, & de nôtre Regne le cinquante-neuviéme. Par le Roy en fon Confeil. LECOMTE.

Regiftré fur le Livre de la Communauté des Libraires & Imprimeurs, conformément aux Reglemens. A Paris ce feiziéme jour de Novembre 1701.

Signé P. TRABOUILLET, Syndic.